# 갑오왜란과
# 아관망명

지은이 _ 황태연(黃台淵)
서울대학교 외교학과를 졸업하고, 같은 학과 대학원에서 「헤겔의 전쟁 개념」으로 석사학위를 받았다. 이어 독일 프랑크푸르트 괴테대학교에서 『지배와 노동(*Herrschaft und Arbeit*)』(1991)으로 박사학위를 받았다. 1994년 동국대학교 정치외교학과 교수로 초빙되어 현재까지 동서양 정치철학과 정치사상을 연구하며 가르치고 있다.

갑오왜란과 아관망명

초판 1쇄 발행 2017년 1월 10일

지은이 | 황태연
펴낸이 | 이요성
펴낸곳 | 청계출판사
출판등록 | 1999년 4월 1일 제1-19호
주　소 | 경기도 파주시 교하읍 문발리 560번지 301-501
전　화 | 031-922-5880　　팩　스 | 031-922-5881
이메일 | sophicus@empal.com



ISBN 978-89-6127-060-1 93910

※ 책값은 뒤표지에 있습니다.
※ 잘못된 책은 바꾸어 드립니다.

# 갑오왜란과 아관망명

황태연 지음

## Japanese Aggression of 1894 and Royal Asylum in Russian Legation

청계

# 머리말

몇 년 전 어떤 비중 있는 학자가 우리나라 역사에서 치욕스런 역사를 제쳐놓고 영광스런 역사만을 다루어야 한다고 강변하면서 고구려, 통일신라, 세종대왕, 이순신, 영·정조 등의 업적만을 연구대상으로 열거하고, 병자호란, 고종시대, 대한제국 멸망사, 일제시대 등을 '치욕의 역사'로 폄하했다. 이 선택적 역사서술의 주장에 맞서 나는 '치욕의 역사'도 엄연히 우리의 역사이고, 또 이런 '치욕의 역사'일수록 더욱 철저히 연구되어야 하며, 사람들이 근대사를 잘못 배워 이를 '치욕의 역사'로 여기지만 이 역사도 잘 뜯어보면 결코 '치욕의 역사'가 아니라 '거룩한 역사'라고 반박한 적이 있다. 치욕을 당하는 민족적 시련기는 바로 민족의 창의력과 도덕심이 최고조에 달하고 살신성인殺身成仁의 희생정신과 용맹이 하늘을 찔러 전봉준·서상철·홍계훈·이강년·허위·이준·이상설·안중근·임병찬·김좌진·홍범도·김구·이봉창·윤봉길과 같은 불세출의 영웅들과 수많은 의사義士·지사들, 그리고 이름 없는 무수한 민초들이 "일백 번 고쳐 죽어도" 변치 않는 일편단심의 거룩한 적성赤誠으로 맹활약을 펼쳤던 시기이기 때문이다.

만고천하에 흥해보지 못한 나라 없고 망해보지 않은 나라 없다. 제국諸國의 이런 변화무쌍한 흥망성쇠를 보는 대국적·통시적 관점에서는 멸망의 역사도 무의미한 역사일 수 없는 것이다. 멸망에도 '거룩한

도道'가 있는 법이고, 거룩한 도가 있는 멸망이라면 거기에는 우리가 꼭 천착해야 하는 '거룩한 의미'가 들어 있기 때문이다.

갑오·을미·병신 3년(1894-1896)과 대한제국기에 고종과 근왕세력은 근대화 개혁을 추진함과 동시에 숨 돌릴 틈 없이 왜적과 치열하게 투쟁해야 했다. 하지만 그들에게 주어진 전략적 선택지는 매우 협소한 것이었다. 그들의 선택지는 60여 년 세도정치로부터 물려받은 조선의 문약성文弱性과 풀지 못한 군사·토지문제, 매관매직·부정부패의 봉건적 정치관행, '전근대와 근대의 격차'에 중첩된 '동서 간 문명격차'로 인한 거친 문화적 소용돌이와 가치혼란, 대원군·청국·일제·친일괴뢰 등에 의해 번갈아 자행된 왕권의 제약과 파괴, 이로 인해 '진정한' 고종치세가 8년(1896-1903)으로 단축된 헌정사적 비극, 음양으로 부단하게 밀고 들어오는 일제의 정치경제적 침투와 연달은 침략전쟁, 그리고 이를 묵인하고 두둔하는 영·미 제국주의, 우등민족과 열등민족을 가르고 열등민족을 우습게 아는 각종 제국주의 논리에 의해 부추겨지는 맹렬한 정복경쟁 등에 의해 지극히 제한되어 있었기 때문이다.

고종과 근왕세력에게 주어진 전략적 선택지의 이러한 극한적 협애성 때문에 대한제국은 고종황제를 능가하는 그 어떤 초인의 노력으로도 중국제국과 러시아제국을 이긴 일본을 물리칠 수 있을 것이라고 확언할 수 없는 절망적 상황에 처해 있었다. 이런 상황에서도 대한제국과 대한국민들은 아관망명 이후 8년 동안 근대화 개혁과 식산흥업을 위해 몸부림쳤고 또 그 결과로 정치사회를 괄목할 정도로 전변시키고 경제를 비약적으로 발전시켜 오늘날 대한민국의 기반이 된 엄청난 정치적·문화적·경제적 업적을 이룩하는 한편, 왜적이 러일전쟁에 앞서 도발한 제2차 침략(1904년 갑진왜란)에 맞서 6년 동안 시체가 산을 이루고 유혈이 강물을 이루도록 마지막 피 한 방울까지 다 쏟아부으며 혈전을 벌였다. 그러나 주지하다시피 이런 혈전에도 불구하고 대한제국은 이 갑진왜란을 막아내지 못하고 마침내 멸망하고 말았다.

그러나 저런 사악한 제국주의 시대에 나라가 망하더라도 그 망국 과정에 '거룩한 도'가 있느냐 없느냐에 따라 분명한 변별이 있는 것이다. "나라가 망하는 데는 거룩하게 망하는 길이 있고, 더럽게 망하는 길이 있다. 일반 백성들이 의義를 붙들고 끝까지 싸우다가 복몰覆沒하는 것은 거룩하게 망하는 것이요, 일반 백성과 신하가 적에게 아부하다 꾐에 빠져 항복하는 것은 더럽게 망하는 것이다." 이것은 1894년 열아홉 살 김구가 동학봉기에 실패한 후 피신해 있던 마을에서 만난 고능선高能善이라는 시골선비가 김구에게 들려준 말이다. 김구는 이 말을 잊지 않고 『백범일지』에 옮겨놓았다.

'거룩한' 멸망의 경우에는 사람들이 그 거룩한 애국애족의 대의를 계속 이어가서 언젠가 자기 나라를 되찾는 반면, '더러운' 멸망의 경우에는 한번 망국은 영원한 망국이 되고 만다. 우리를 되돌아보면, 고종을 중심으로 의義를 위해 끝까지 싸우다가 힘이 다해 망국을 강요당한 '거룩한' 대한세력은 이후에도 민족혼의 맥을 끝내 놓지 않고 독립투쟁을 계속해 36년 만에 나라를 되찾아 대한민국을 일으킨 반면, 왜적에 붙어 망국을 부채질한 '더러운' 친일매국세력은 자기 나라를 무너뜨리는 데 앞장서 국망을 초래하고 일제에 붙어살다가 36년 뒤에는 일제와 함께 망국을 다시 겪어야 했다. 따라서 그들에게 8·15 해방은 '해방'이 아니라 '또 한 번의 국망'이었던 것이다. 주지하다시피 그들이 자기들의 떳떳한 조국 '대한제국'을 버리고 숭배한 '대일본제국'은 '부도덕과 잔악殘惡의 화신'이자 '대동아의 공적共敵'으로서 '역사의 쓰레기통' 속으로 영원히 사라지고 말았다.

그런데도 대한제국 시대와 그 전후前後시기를 서술하는 우리 국사학계의 역사관은 일제식민지 시대에 짜인 기존의 '해석 틀'을 아직도 벗어나지 못하고 있다. 국사학자들은 대한제국 전후의 역사를 대개 임오군란, 갑신정변, 청국간섭과 민씨정권, 동학란, 청일전쟁, 갑오경장, 을미사변, 단발령, 아관파천, 대한제국, 독립신문과 독립협회·만민

공동회, 러일전쟁, 을사보호조약, 군대해산, 한일합방으로 이어지는 사건들의 해석 틀로 기술한다. 이런 유형의 사건열거 방식에 의해 부지불식간에 규정당한 해석 틀에서 갑오왜란에 맞선 동학농민전쟁과 단발령에 항거한 의병항쟁은 임오군란이나 청국간섭 시기의 민씨정권과 함께 암암리에 반근대적·반동적 반란으로 채색되고, 친일괴뢰들이 주도하거나 좌지우지한 갑신정변·갑오경장·독립신문·독립협회·만민공동회 등은 근대화의 시도였지만 아쉽게도 민비·고종·근왕파·친로親露세력의 저지와 탄압으로 인해 실패한 '안타까운' 사건들로 정리된다. 그리고 '을미사변'과 '아관파천'은 일대 '민족적 수치'로 재단裁斷되고, 대한제국은 러일전쟁 후 을사보호조약·군대해산·한일합방을 거쳐 간단히 멸망할 '모의模擬국가'로서 역사기술에서 아예 빼버리거나 기술하더라도 독립협회를 탄압한 친로親露·반동 전제국가로 간단히 비하된다. 그리하여 대한제국과 그 전후의 역사는 개탄스럽게도 '일제와 친일괴뢰들의 친일개화 노선을 거부하고 실패와 치욕을 거듭 자초하며 비상한 각오 없이 한가하게 세월을 허송하다가 자멸해버린 '치욕의 역사'로 둔갑한다. 따라서 저런 식의 사건열거에 의해 규정된 '해석 틀'은 그 자체가 본질적으로 친일적·식민사관적인 것이다.

또 이런 친일적·식민사관적 해석 틀에서는 두 개의 대전란이 감쪽같이 실종되고 만다. 이 두 전란은 경성과 왕궁, 그리고 전국 각 지방의 단계적 무력점령으로 '조선의 명줄'을 끊은 갑오년의 일제침략전쟁인 '갑오왜란'과, 갑진(1904)년 2월부터 6년간 경향구분 없이 전국 각지에서 자행된 피비린내 나는 무수한 유혈전투를 통해 '대한제국의 명줄'을 끊은 제2차 침략전쟁인 '갑진왜란'을 말한다. 또한 갑오년 당시 60만 명이었던 교도敎徒의 수가 갑오항일전쟁에서 그 절반을 잃고도 고종황제에 의해 동학이 공인된 1907년 200만 명(『고종실록』, 1907년 7월 11일), 1919년 300만 명(혹자들에 의하면 '600만 명')으로 급증해 당시 치열한 '종교경쟁'에서 모든 서양종교를 다 이겼던 동학의 질풍노도 같은 확산과정과 이 동학운동을 통한 근대적 '국민'의 형성, 동학조직을 통한 3·1만세운동의 조직과 확산, 대한제국에서 양성된 3만 신식군대, 이 3만 '국군'이 '민군'(의병)과 하나로 통합된 '국민군國民軍'으로서의 대한독립의군(대한독립군)의 결성과 40년 장기전쟁의 시작, 대한제국의 근대화 성과와 비약적 경제성장, 고종과 왕후의 분투 등도 모조리 감쪽같이 시야에서 사라지고 만다.

따라서 저 친일적·식민사관적 해석 틀 안에서는 제아무리 식민사관 극복의 기치를 내걸고 제대로 된 역사를 써보려고 해도 그것은 왕권을 찬탈하고 왕후시해를 부추기거나 두둔한 김홍집·유길준·박영효·서광범·서재필·안경수·김윤식·윤치호와 같은 친일괴뢰와 일제밀정 또는 친일파를 개화세력으로 대접하고 고종과 우리 민족을 세상물정에 어둡고 유약한 우민愚民으로 비하하는 노골적 '자학自虐의 역사'가 되지 않으면, 복화술로 친일파를 은근슬쩍 '개화'를 위해 노력한 양가치적 인물군으로 되살리고 슬그머니 국왕을 탓하며 우리 민족을 얕보는 '자책自責·자비自卑·자굴自屈·자멸自蔑의 역사'가 되지 않을 수 없는 것이다. 왜냐하면 저 해석 틀에 따른 역사기술은 불가피하게 절체절명의 일제침략전쟁들을 실종시키고 국왕과 민초들의 항일전쟁을 반근대적·반동적인 것으로 변조하는 반면, 친일괴뢰들과 일제밀정들의 매국적 망국책동은 국왕과 우민愚民의 반동적 저지로 '안타깝게' 실패한 근대화 시도로 미화하기 때문이다.

국사학자들은 지금까지 이런 해석 틀의 국사를 우리에게 가르쳐왔고, 필자를 포함한 한국인들은 중고등학교 때부터 대학교까지 줄곧 이런 틀의 국사를 배우는 것을 강요당해왔다. 지금도 6-7개의 고등학교 국사교과서는 모두 이 틀로 국사를 기술하는 관행으로부터 전혀 벗어나지 못하고 있다. 이런 상황에서 그 어떤 국정 국사교과서를 만들려고 한다면, 그것은 국사를 소위 '뉴라이트'의 신新친일주의 관점으로 더욱 노골적으로 왜곡하고, 나아가 '학문의 자유'마저 파괴하고 말 것이다. 우리 국사를 늘 자기들의 독점물로 여기는 일반 국사학자와 뉴라이트 국사학자가 쓰는 국사는 거의 다 친일파 미화, 자민족 비하, 독재 정당화 등의 측면에서 '은근성'과 '노골성'의 차이밖에 없기 때문이다. 이것이 바로 우리 국사, 특히 우리 근대사를 정치와 전쟁, 정치학과 외교안보론에 문외한들인 국사학자들과 인문학자들에게만 맡겨둘 수 없는 이유이고, 정치철학자가 우리 근대사 탐구에 본격적으로 개입할 수밖에 없는 이유인 것이다.

이 책에서 필자는 저런 식의 사건열거에 의해 규정된 기존의 '친일적·식민사관적 해석 틀'을 과감하게 내동댕이치고, 일제가 '청일전쟁'과 '러일전쟁'의 국제 전역戰域으로 덮어 완전히 지워버리려고 했던 '갑오왜란'과 '갑진왜란'이라는 두 개의 일제침략전쟁을 복원하고 이에 맞서는 국민과 국왕의 연합항전을 중심으로 이 시기의 역사를 재구성했다. 이 책의 서론에서 자세히 정의된 이러한 새로운 '국민사관적' 해석 틀에서야 비로소 대한제국과 그 전후前後의 근대사가 제대로 보이기 시작한다.

이 새로운 '국민사관적' 해석 틀에서는 가령 고종과 동학농민군이 서로 싸우는 적이 아니라 일제가 도발한 갑오왜란에 대항하는 '연합군'으로 나타난다. 그리고 이런 관점에서 보아야만 전봉준이 고종으로부터 받은 거의擧義밀지도 수많은 사가들이 무던히도 밟고 지나간 사료 더미 속에서 비로소 과학적 시선의 밝은 조명을 받으며 제 모습을 드러낼 수 있고, 삼국간섭도 조선국왕 부처의 노력과 무관하게 우연히 '일어난' 사건이 아니라, 일정한 수준에서 고종과 민왕후가 대對러시아 비밀외교의 적극적 정치공작으로 '일으킨' 사건으로 밝혀지는 것이다. 나아가 을미왜변은 일제가 민왕후의 '인아거일引俄拒日' 정책(러시아를 끌어들여 일제를 몰아내려는 정책)에 의해 사라질 위험에 처한 갑오왜란의 전과戰果를 지키기 위해 갑오왜란의 연장선상에서 자행한 천인공노할 '전쟁범죄'라는 것도 백일하에 드러나게 된다.

그리고 이 '국민사관적' 해석 틀에서 보면, 일제가 조선의 패배를 조선인의 마음속 깊이 각인하기 위해 강요한 단발령에 대한 거족적 항거는 우리 민족이 과거 몽고족과 만주족에 의해 강요된 변발·단발령을 둘 다 물리치고 끝내 우리의 풍습과 민족혼을 지켜 결국 독립을 쟁취한 항쟁전통에 따라 조선의 패배를 심적으로도 승복시키려는 왜적의 기도를 단호하게 분쇄하고 민족적 자존심을 지켜낸 고귀한 정신적 혈투였던 것이다. 그리고 아관'파천'은 전통적 의미의 파천(도성을 버리고 지방으로 피란 가는 국왕의 도주, 즉 'royal flight')이 아니라 고종이 갑오왜란을 계기로 주둔하기 시작한 왜군과 날뛰는 친일괴뢰들을 물리칠 망명정부를 세우기 위해 감행한 근대국제법상의 '망명'(asylum)이라는 것, 나아가 러시아공사관에서 수립된 내각은 '제1차 국내망명정부'이고 대한제국은 대일對日 독립투쟁을 위해 새로운 '확장된 망명지' 경운궁에 세워진 임시정부로서 '제2차 국내망명정부'라는 사실이 드러남으로써 당대의 비상하게 긴박한 역사상황이 제대로 읽힐 수 있다. 그리고 이 '제2차 국내망명정부'는 1919년 상해에서 수립된 '해외망명정부'의 전신, 즉 대한민국임시정부의 전신이고, 대한제국의 재빠른 근대화와 비약적 경제성장에 기반을 둔 3만 대한국군은 1907년 이후 대일 '국민전쟁'과 '독립전쟁'을 벌인 국민군과 독립군의 기간장병들이었다는 사실, 그리고 현재 우리 대한민국의 근대적 기틀이 이미 대한제국에서 만들어졌고 그 국호 '대한민국'도 이때 이미 창제되어 사용되었다는 것 등이 새로 발굴된 사료에 근거해 움직일 수 없는 사실史實로 명증된다.

이런 논변의 내용들은 필자가 일차적으로 추구하는 주제다. 따라서 이차적으로 펼치는 비판적 논변들은 불가피하게 그간 국사학자들에 의해 생산된 수많은 통설들을 필자에 의해 새로 발굴된 사료에 근거한 치밀한 실증, 실증된 내용들의 일관된 공감적 이해와 해석, 기존 사료의 정교한 재해석의 열기로 가차 없이 불사르는 일련의 '역사과학적 소각장'이 될 수밖에 없다.

이 책 『갑오왜란과 아관망명』은 갑오·을미·병신 3년의 역사, 기존 국사책에서 민족적 치욕만이 드러나고 친일괴뢰들의 망국책동이 — 후쿠자와유키치(福澤諭吉)가 가르친 — '문명개화' 활동으로 미화되는 이 '3년의 역사'를 무수한 생령生靈들의 목숨 건 혈투로 일제와 친일괴뢰들의 망국책동을 분쇄한 '거룩한 살신성인의 혈사血史'로 읽어낸다. 한국 근대사론 전체는 이 3년을 어떻게 해석하느냐에 따라 그 진위眞僞·선악·성패가 결판난다. 잔학무도한 일제의 침략전쟁과 민족적 시련의 역사 속에서 수치와 치욕만을 읽고 친일괴뢰들의 훼절을 미화하는 학자는 그 역사에 같이 담겨 있는 거룩한 의미를 읽어내지 못하고 그 결과로 이 거룩한 의미를 앞뒤 역사와 연결시키지 못한다. (이로 인해 이런 사가들은 서두에 언급한 학자처럼 역사를 선택적으로 읽으려 드는 것이다.) 이 책은 민족적 시련 속에서 그 '거룩한 의미'를 사실 그대로 읽어내기 위해 연구의 전력全力을 이른바 '치욕스럽다'고 하는 이 '3년'에 집중시켰다.

갑오·을미·병신년, 이 '3년'의 연구에 전력을 쏟은 이 책은 곧 이어 출간될 『백성의 나라 대한제국』, 『대한제국과 갑진왜란』 등의 연작으로 집필된 것이다. 이 저작들의 집필구상은 오래되었다. 6년 전 동서통합적 정치철학 연구가 한 단계 매듭지어졌을 때 필자는 이 동서통합적 정치철학의 관점에서 영·정조 이후 유교국가 조선과 근대한국의 역사를 새롭게 재해석하려는 계획을 세웠고, 위에서 약술한 줄거리를 기회 닿는 대로 주변 학자들에게 얘기해왔었다. 지금 집필작업은 필자가 그간 줄기차게 얘기했던 줄거리에 따라 이루어지고 있다. 이 집필구상에서 나온 최초의 저작은 『대한민국 국호의 유래와 민국의 의미–국호에 응축된 한국 근대사』(2016)이다. 그리고 이 책 『갑오왜란과 아관망명』에 이어 이미 탈고된 『백성의 나라 대한제국』과 『대한제국과 갑신왜란』은 금년 상반기 안에 나올 예정이다. 그리고 지금은 조선후기와 대한제국기 우리 민족의 자생적 근대화 철학을 다룬 『한국 근대화의 정치사상』의 집필도 거의 끝난 상태다. 이 책도 조만간 세상에 선보일 것이다.

역사서는 역사소설처럼 써서는 아니 된다. 하지만 제대로 된 역사서는 미학적 감동을 역사소설에 양보하더라도 지적 희열과 도덕적 의미 면에서 아주 재미있고 의미심장한 어떤 역사소설도 능가해야 한다고 생각한다. 필자는 어떤 역사소설보다도 더 큰 재미와 더 많은 도덕적 의미를 느낄 수 있도록 이 책을 쓰려고 노력했다. 그러나 이런 노력이 얼마나 성공했는지는 필자로서 알 수 없다. 오로지 독자들로부터 부디 좋은 평가가 있기만을 기대할 따름이다.

기존의 국사학계와 정치·경제학계의 '신新친일파들'에게 가공할 충격을 주는 불시의 '도시락폭탄'으로 여겨질 이 새로운 역사해석으로 필자가 받게 될지도 모를 음해비방 수준의 비판에 대해서는 이미 초연하기로 작정했다. 하지만 필자에게 한 수를 가르쳐주는 '구제적救濟的 비판'이나 우호적 비판이라면 언제든 쌍수를 들고 환영할 것이다. 이 일련의 역사책들을 출간하면서 필자는 오로지 이 집필작업이 한국 근대사를 새롭게, 제대로 읽는 데 한 가닥 도움이 되기만을 간절히 바랄 따름이다.

2017년 1월

서울 바람들이에서

죽림竹林

# 목 차



## 제1장 갑오왜란: 왜적의 조선침략과 국왕생포

## 제2장 항일전쟁: 국왕과 백성의 연합항전



## 제3장 갑오괴뢰정부의 친일괴뢰군 편성과 사이비개혁

## 제4장 일본의 보호국화 정책

## 제5장 을미왜변: 갑오왜란의 연장전

## 제6장 아관망명과 국내망명정부의 수립

# 서 론

### 1. 무엇이 문제인가?

이 글에서는 사가들과 국민들이 우리 역사에서 '가장 치욕스럽게' 여기는 '갑오경장', '을미사변', '아관파천'이 벌어진 1894년에서 1896년까지 3년간의 역사를 탐색한다. 이 탐색에서 새로운 사료해석 방법에 의해 새로운 관점에서 새로운 역사기술이 기도된다. 이 새로운 관점에서 보면 이 시기는 왜적倭敵의 침략에 맞서는 국왕과 백성의 치열한 연합항쟁 시기로 나타난다. 그리하여 1894년의 '갑오경장' 기간은 '갑오왜란'으로, 1895년의 '을미사변'은 '을미왜변'으로, 1896년의 '아관파천'은 '아관망명'으로, 아관망명정부는 항일독립투쟁을 위한 '국내망명정부'로 새로이 자리매김된다.

따라서 우리가 이 3년의 역사를 '치욕스럽게' 느껴온 것은 바로 대부분의 남북 국사학자들이 일제의 관점을 넘겨받아 대변해온 일제와 친일괴뢰들의 식민사관에서 비롯된 것임이 자연스럽게 드러난다. 이 남북 국사학자들의 그릇된 '일식日式 조선사관' 때문에 우리는 그간 나라에서 검인정하거나 국정으로 만든 국사책에서 우리의 근대사를 읽으며 뼈저리게 괴로운 좌절감과 수치심을 느끼는 '집단적 역사병歷史病'을 앓아왔던 것이다.

그러나 새로 발굴되는 정확한 사료들과 이 사료의 공감적 해석에 입각하면 저 3년간은 실은 치열한 항일투쟁의 거대한 역사, 우리 민족의 가장 희생적이고 따라서 가장 장엄한 항쟁의 역사, 1945년 9월까지 계속되고 영광의 '대한민국'이 수립됨으로써야 마감되는 장구한 51년 '장기전쟁'이 시작되는 시기, 아니 국왕과 만백성이 혼연일체가 되어 수행한 위대한 애국적·거국적 '국민전쟁'이 개시되는 시기였기 때문이다. 이런 침략에 대한 온 국민의 항쟁은 나폴레옹의 침략에 맞서 게릴라투쟁을 벌인 스페인 농민군 외에 세계사에 유례가 없는 것이고, 임금이 나라가 이미 망한 상태에서도 포기하지 않고 러시아공사관으로 '국내망명'을 감행해 외적에 계속 항쟁한 국왕의 불요불굴의 치열한 투쟁은 아예 당시까지의 세계사에 유례가 없을 뿐만 아니라 이후 세계사에도 없었던 일이다.

'가장 치욕스런 역사'가 실은 이처럼 '가장 장엄하고 가장 위대하며 가장 창조적인 역사'였다는 이러한 사실史實이 그간 제대로 파악되지 아니했기 때문에 조선 후기와 대한제국의 역사가 식민사관과 친일사관에 의해 굴절되어 '부끄러운 사건들의 연쇄'로 도색되었고, 나아가 1894년 갑오왜란으로 망한 조선이 '대한제국'으로 부활한 쾌거가 독립협회·만민공동회의 국가변란에 부속된 소극笑劇으로 축소·왜곡되고, 1904년 갑진왜란으로 망한 대한제국이 '대한민국'으로 부활하는 '위대한 탄생'이 미군의 진주에 기댄 초라한 사건으로 그려졌던 것이다. 이 시기에 대한 역사인식의 중요성이 이렇게 아주 크기 때문에 그간 그릇된 말들을 쏟아놓은 남북한 국사학자들의 빗나간 언설들에 대한 구체적이고 치밀하고 혹독한 비판이 필수적일 것이다. 이 혹독한 비판에서 '정치철학적 욕설'도 삼가지 않을 것이다. 이를 통해 아마 독자들은 우리 역사를 정치사상적 개념과 방법론, 이 양자에 다 취약한 '국사학자'의 관점에서가 아니라, 정치사상적 개념과 방법론에 강하고 연구대상의 치밀한 분석에 훈련된 '정치철학자'의 관점에서 볼 때 우리의 근대사가 어떻게 달라지는지를 실감하게 될 것이다.

국내외 사가들은 대부분 고종이 1896년 2월 11일 단행한 '아관이차俄館移次' 또는 '아관이어移御'를 '아관파천播遷'으로 불러왔다. 우리말 사전에 '파천'은 "임금이 도성을 떠나 다른 곳으로 피란하는 일"을 뜻한다. '파천'의 이 어의語意는 첫째, 임금이 도성을 떠났다는 의미, 둘째, 도성과 '다른' 곳, 즉 지방으로 갔다는 의미, 셋째, '피란避亂했다'는, 즉 '내외의 난적이 도성에 들이닥쳐 일으킬 전란상태가 무서워 도망갔다'는 의미 등 적어도 세 가지 의미를 담고 있다. 그러나 '아관이차'는 이 세 가지 의미 중 어디에도 들어맞지 않는다. 아관이차 시에 고종은 첫째, 결코 도성을 떠난 적이 없고 도성 안에서 다만 거처를 옮겼을 뿐이고, 둘째, 고종은 지방으로 가지 않았고, 또 왜군이 전국을 점령한 상태였기 때문에 지방 어디로도 갈 곳이 없었다. 셋째, 그때 상황은 난적 왜군이 곧 들이닥칠 난리 직전 상황이 아니라 이미 군사적으로 점령된 상태였던 데다 '무서워서 도망친' 것이 아니었다. '무섭기'는 거처를 경복궁에서 아관으로 잠행하는 '이차移次'의 감행이 더 위험하고 '더 무서운' 것이었다. 적군에 대한 항전을 계속하기 위해 투쟁의 커맨드포스트(CP)를 외국이 공식적으로 제공하는 안전지대로 옮기는 것은 '도망'이 아니라 '망명'이다. 따라서 '아관파천'은 그 많은 사가들이 광복 70년이 흐르도록 바로잡지 못한 그릇된 명칭이다. 고종은 1896년 2월 11일 새벽 7시 30분 아관이차와 동시에 러시아황제가 비밀리에 제공한 도성 한복판의 아관 집무실에서 신속하고 과감하게 새로운 정부를 수립해 친일괴뢰정부를 타도하고 조금도 '무서워함' 없이 바로 왜군철수 요구로써 항일독립투쟁을 재개했기 때문이다.

'파천'과 달리 우리말로 '망명'은 "혁명적 전복활동이나 그 밖의 정치적 이유로 박해 또는 억압을 받고 있거나 그럴 위험에 처한 사람이 이를 피하기 위해 외국으로 몸을 옮기는 것"을 뜻한다. 국제법적 의미에서 '망명'은 "to find (to seek and to gain) asylum in a foreign country", 즉 "외국에서 비호권을 구하고 얻는 것"을 뜻한다. 러시아공관은 당시 국제법상 불평등조약에 따라 외국영토나 다름없는 '치외법권' 지역(extraterritorial area)이었다. 따라서 고종은 왜적과 친일괴뢰정부에 의해 억류·유폐된 상태에서 자신의 아내 민왕후가 시해당하는 전대미문의 유혈박해를 겪던 차에 극비외교를 통해 러시아황제로부터 러시아공관 내에서의 특별한 비호의 허가를 얻어 친일괴뢰정부를 전복하고 왜적을 물리칠 계기를 창출하기 위해 아관으로 '망명'한 것이다. 따라서 고종이 일국의 국왕임에도 왜군과 친일괴뢰들을 '무서워'해서 자신의 군왕적 채신과 국위를 고려할 겨를도 없이 러시아공관으로 '도망쳤다'는 의미를 가진 '아관파천'이라는 말은 억류상태를 벗어나 투쟁하기 위해 러시아공관에서 비호권을 얻었다는 정확한 의미에서의 '아관망명'으로 교체되어야 할 것이다.

1896년 '아관망명'은 상해임시정부와 우리 대한민국이 그 국호를 통해 그 정통성을 계승한 '대한제국'이 창건되는 역사적 시발점이고, 러시아공관과 여기서 가까운 덕수궁(경운궁)은 대한제국이 출범하는 역사적인 제1·2차 망명지들이다. 따라서 대한민국이 기원한 이 역사적 시발점에서 고종이 취한 행동이 1919년 상해 프랑스 조계지로의 애국지사들의 '망명'과 같은 '망명'이 아니라, 단순히 군주의 채신을 구긴 '도주', 즉 '아관파천'이라면 오늘날 대한민국의 위신도 함께 '구겨지는' 것이다. 따라서 '아관파천'이냐 '아관망명'이냐 하는 문제는 단순히 역사적 사건의 옳고 그른 이해와 명칭문제만이 아니라, 오늘날 대한민국의 국위를 바로세우고 대한민국에 대한 후세 국민들의 자부심을 지키는 문제와도 직결되어 있다. 그리고 곰곰 생각해보면 근대사와 대한제국에 대한 국민의 치욕스런 느낌의 원천은 대한제국의 '망국'이라는 사실보다 이 '아관파천'이라는 사건개념적 명칭의 그릇된 의미가 주입하고 증폭시켜 잘못 고착시킨 '파탄 난', 아니 아예 '갈 데까지 가버린' 그 '고종 이미지'와, 이런 고종 이미지와 직결된 '일장춘몽' 같은, 아니 일종의 '병정놀이' 같은 '대한제국' 이미지일 것이다.

## 2. 갑오왜란·을미왜변·아관망명을 보는 관점

우리나라 국사학자들은 대부분이 조선총독부 조선사편수회 '촉탁' 벼슬을 한 이병도(李丙燾, 1896-1989)의 '제자들의 제자들'과 '또 그 제자들'이다. 그래서 그런지 국사학자들은 거의 아관으로의 '망명'을 '고종이 도성을 떠나 다른 곳으로 피란했다'는 뜻의 '파천'으로 부르며 왜적이 '무서워서' 국왕이 '채신머리' 없이 '도성'에서 '지방'으로 '도망친' 그릇된 이미지만을 부각시키며 한가하게 국왕의 채신이나 국위만을 논단하고 고종의 경복궁 억류·유폐와 치외법권 지역으로의 긴급망명의 긴박한 역사현장의 생생한 의미를 아무 공감 없이 지워버린다. 그 심리를 깊이 들여다보면, 이것은 당시의 국가상황을 '전쟁상태(belligerency)'로 관념하지 않는 안이한 역사관에 기인한다.

이 안이한 역사관은 당시 동학농민군과 의병이 지실했던 이 망국적 '전쟁상태'를 몰각하기 때문에 부지불식간에 친일적 역사기술로 경도될 수밖에 없는 것이다. 이런 까닭에 본론에서는 1894년 6월 왜적의 불법적 반도침입과 서울침공, 그리고 경복궁침공과 국왕의 생포와 유폐, 제2동학농민봉기군과 전국 각지의 의병들에 대한 '섬멸전쟁'을 통한 지방침공 등 왜적의 일련의 군사행동을 왜국의 침략전쟁으로서의 '갑오왜란'으로 입증하고 또 그렇게 규정할 것이다. 이로써 이때 들어온 일제 왜군이 촌시도 철병한 적 없이 1945년 9월까지 51년 3개월 동안 계속 주둔했다는 사실, 그리고 우리 민족은 이 기간 동안 한시도 쉬지 않고 '영구항전'을 벌였다는 사실을 환기시킬 것이다.

나아가 갑오왜란과 동시에 들어선 군국기무처나 김홍집내각을 '개혁정부'가 아니라, 친일괴뢰들의 '사이비개혁·반反개혁정부'로 규명할 것이다. 이 괴뢰정부는 '경장' 또는 '개혁'을 양두구육책으로 내걸고 진정한 근대화 개혁을 외면하거나 왜곡시키고 반개혁적으로 봉건유제를 확고히 하고 일본의 침탈이권이나 챙겨주었으며 어리석게도 두발형태·의관 등과 같은, 민족의 집단적 정체성이 걸린, 그러나 다른 핵심적 개혁이 이루어지면 저절로 이루어질 전통적 풍속을 무단武斷으로 폐지해 국가분란을 유발하고 이로써 정부명령의 유효범위를 한성으로 좁혀 개혁다운 개혁을 불가능하게 만들었기 때문이다.

군사강점된 전 국토와 궁궐 안에 국왕과 더불어 유폐당한 왕비는 이런 군사강점과 유폐상태를 돌파하려고 뭇 대신들처럼 관념적 '인아거일引俄拒日'(러시아를 끌어들여 일본을 밀어내는) 또는 인아척왜引俄斥倭 전략을 머릿속에서 상상하기만 했던 것이 아니라 대담하게, 그리고 끈질기게 진짜 '인아거일'을 실천적으로 추진했던 유일한 용자勇者였다. 왕비, 그녀는 이런 의미에서 진정 '후기 조선의 유일한 진짜 남자'였다. 이 '조선의 유일한 남자다운 남자'에 대해 자행된 을미왜변은 갑오왜란의 연속선상에서 '인아거일' 전략과 철병요구를 저지하기 위해 일왕과 일본정부의 명을 받은 왜군이 일으킨 야만적, 발악적 전쟁범죄로 조명될 수 있다.

그리고 을미왜변에 이어지는 고종의 아관이차 단행은 불요불굴의 의지로 경복궁 억류와 유폐상태에서 '탈출'해 갑오왜란을 일으킨 왜군에 반격을 가하기 위해 단행된 절체절명의 '망명'으로 입증될 수 있을 것이다. 이런 입증에는 필자가 객관적 관점에서 '망명'이라고 규정할 뿐만 아니라 '공감해석학적'으로 고종 자신도 이를 만국공법의 관례에 따라 '망명'으로 간주했을 것이라고 예감하고 이 공감해석학적 '예감'을 사료상의 '고종의 말'로 입증할 뿐만 아니라, 당시 국내외 기록들이 아관이차를 '파천'이라고 불렀는지, '망명'이라고 불렀는지도 규명할 것이다. 이런 규명작업을 통해 외국인들은 거의 다 '망명(seeking or finding asylum)'이라고 부르고, 『실록』은 '이어'나 '이필주어移蹕駐御', 또는 '이차'라고 부르고, 일본공사관과 일본신문 『한성신보』, 그리고 친일파들은 거의 모두 다 '파천'이라고 부른 사실을 밝혀낼 것이다.

아관망명은 갑오왜란과 을미왜변에 대한 고종의 최대 반격이자 그 당시로서 가능했던 최대의 항전이었다. 그리고 이 아관망명의 길은 고종의 거의擧義밀지를 받은 충군애국세력과 민초들의 의병투쟁을 통해 서울주둔 왜군수비대와 친일괴뢰군 '친위대'를 대거 지방으로 출동하게 만듦으로써 타개된 것이다. 아관망명정부에 이어 수립된 대한제국도 갑오왜란에 대한 항전의 한 방식으로 백성들의 사무친 반일복수심과 열화 같은 항일의식에 의해 추동된 칭제요청 상소운동을 통해 창건된 것이다. 따라서 아관망명과 대한제국 자체가 갑오왜란과 을미왜변에 대한 군민의 연합항전인 셈이다. 따라서 이 책에서는 동학농민봉기와 아관망명, 그리고 이를 통한 국내망명정부의 수립과 대한제국의 창건을 갑오왜란에 대한 군민君民의 연합항전으로 입증해낼 것이다.

동시에 치외법권 지역 '아관'이 제공한, 세계사적으로 특유한 '국내망명지'가 어떻게 국제정치적으로 보장되고, 어떻게 다시 '아관'으로부터 가까운 '덕수궁'으로 확장되는지도 밝혀낼 것이다. 이것에 잇대서는 당연히 덕수궁이라는 '제2차 국내망명지'에서 창건된 대한제국의 국가성격이 '정상正常국가'가 아니라, 제2차 국내망명지의 '비상계엄국가'임을, 또는 훗날 등장하는 중국 상해의 '해외망명정부'는 고종의 '국내망명 임시정부'의 연속선상에 있는 '국외망명 임시정부'임을 밝혀낼 것이다. 이 뒷부분의 주제는 특히 이 책에 이어 나오는 『백성의 나라 대한제국』(2017)에서 상론될 것이다.

### 3. 역사방법론 - 공감적 해석학과 국민사관

당시 왜인과 친일괴뢰들은 '갑오왜란'을 '갑오경장'이라는 가설무대로 위장하고, '아관망명'을 '아관파천'이라는 부끄러운 명칭으로 포장하고, 경운궁의 대한제국기를 '아관파천'의 연장기간으로 격하시켰다. 지금까지 대부분의 사가들은 친일윤색의 이 '갑오경장'과 친일도색의 '아관파천'의 관점에서 역사를 기술했다. 이런 까닭에 '갑오경장'에서 '아관파천'을 거쳐 '경운궁 환어'에 이르는 시기는 치열한 항일투쟁의 시기가 아니라, 패배·굴복·치욕의 시기로 기술되고, 이런 가운데 암암리에 한국 근대화에서 일제와 친일괴뢰들이 한 짓이 좋은 것도 많다는 식으로 그들의 '개화' 역할이 긍정되었다. 그러나 당시 조선인들은 그 시대에 단순히 '부끄러움'과 '치욕'만을 느낀 것이 아니라, 왜인들과 친일괴뢰들로 인한 '고통과 공분'을 느꼈고 왜적과의 싸움 속에서 '강렬한 애국심과 투지, 그리고 투사다운 용기'를 함양하고 발휘했다. 조선인들이 당시 '수치심과 굴욕감'을 느꼈다면, 그것은 조국에 대한 것이 아니라 왜적에 굴종해 아부하는 친일괴뢰에 대한 민족적 수치심과 왜적에 대한 민족적 굴욕감이었다.

오늘날 그 시대 역사를 되돌아보는 우리는 같은 인간으로서 민중과 국왕, 그리고 동학농민군과 의병의 분노와 애국심, 항일투쟁 의지와 용기를 공감하고 친일괴뢰들의 비겁함과 노예근성을 교감적으로 감지하고 수치심을 느낀다. 독재를 마음속으로까지 받아들이도록 우리의 '신성한' 장발에 바리캉을 들이대던 독재시대를 체험한 우리 대한국민은, 아니 몽고족이 30여 년 항몽전쟁 이후, 그리고 만주 호로胡虜들이 병자호란 이후 강제한 단발조치도 슬기롭게 물리치고 민족정기를 보존해온 우리 민족은 나라의 패망을 심복하도록 단발을 강제한 왜인과 친일괴뢰들의 강제단발령에 대한 우리 백성의 민족적 공분을 공감적으로 이해할 수 있다. 그렇기 때문에 이 민족적 공분에 공감하는 모든 사가는 이 공분을 결코 '반근대적 저항심리'로 폄하하지 않을 것이다.

그러나 우리 역사학계에는 동학농민군의 투쟁을 보수적·반근대적 투쟁으로, 단발령에 대한 의병봉기를 '개화'에 대한 무모한 반근대적 저항의 증거로 보는 사가들이 너무 많다. 이것은 이들이 실증주의 사학에 매몰되거나 — 서양철학과 서양정치사상을 제대로 알지도 못하면서 — '양물숭배주의'에 젖은 연구방법에서 비롯된 것이다. 그들은 비언어적 사건, 행위, 언어적 사료, 기타 부호적 텍스트 등에 대한 교감과 공감이 없다. 물론 이 말은 '교감(Nachgefühl, vicarious feeling)'과 '공감(Mitgefühl, empathy)', '감정이입(Einfühlung, feeling-into)'과 '감정전염(Gefühlsansteckung, emotional contagion)', 관념적 '역지사지'('입장 바꾸기', '관점전환', '관점인계' 등)의 기본개념들의 차이에 대한 이해를 전제로 하는 말이다.

따라서 본론으로 들어가기 전에 이 글에서 고수하는 역사방법론을 먼저 간략히 밝혀두고자 한다. 역사해석에서 언어소통적 합리성에 매달리는 '관념적 해석학'(위르겐 하버마스의 '합리적 해석학'이나 슐라이어마허나 한스-게오르크 가다머 식의 '철학적 해석학')에 따르면, 언어로 된 화행話行(speech act) 텍스트는 '절대적인' 것이다. 이 해석학에서 언어적 해석자는 필자나 화자의 관점에 자신을 놓는 화행적 역지사지에 의해 텍스트를 해석한다. 이로 인해 이 해석학은 텍스트의 언표에 담긴 감정적 의미연관, 화자의 표정과 대화상황의 감정적 분위기와 정서, 텍스트의 필자와 독자(화자와 청자)를 포괄하는 사회적·전통적·역사적 공감대, 그 시대의 공감된 감정과 의도 등을 무시하고, 말과 문장의 어의語義에 매여 변화무쌍한 역사적 어의변질, 필자나 화자의 수사적 설득전술과 언변술, 허언과 실언, 과장과 축소, 화행적 오류와 오해, 왜곡과 작화, 어줍지 않은 이해 등을 소홀히 한다.

언어의 비非감정적·논리적 표현양식, 소통적 합리성, 화자와 청자 간, 또는 화행자話行者와 해석자 간의 관점교환 등에 매달린다면 말없는 사건이나 행위, 그리고 무언의 흔적(유물·유적)은 말할 것도 없고 심지어 언어적 사료텍스트도 결코 이해될 수 없을 것이다. 언어란 애당초 화자와 청자, 화행자와 해석자 간의 '공감'과 객관적·배경적 준거틀(framework)로서의 '공감대'가 없으면 아무리 역지사지의 관점교환을 잘하더라도 객관적으로 이해될 수 없는 것이다. 또한 남자 화자와 여자 청자, 군주와 백성이 공감을 통해서는 서로 잘 이해할 수 있지만 역지사지나 관점교환을 통해서는 이해가 불가능하다. 남자는 결코 여자가 될 수 없고 여자도 결코 남자가 될 수 없으며 군주는 백성이나 역사가가 될 수 없고 백성이나 역사가는 군주가 될 수 없어서 결코 역지사지를 통해 서로 입장이나 관점을 바꿀 수 없기 때문이다. 따라서 역사가가 국왕 고종이나 민왕후를 공감적·교감적으로는 잘 이해할 수 있지만, 관점을 서로 맞바꾸는 관념적 '역지사지'를 통해서는 그들과 그들의 텍스트를 '죽어도' 이해할 수 없다. 역사가는 '죽어도' 고종이나 민왕후가 될 수 없기 때문이다. 이와 같이 '역지사지'란 애당초 불가능한 것이고, 하버마스가 주장하듯이 화행話行 중에 '너', '나', '그'라는 대명사를 서로 바꿔 부른다고 해서 관점교환의 '역지사지'가 실제로 벌어지는 것이 아니다. (그 누가 성공적으로 '역지사지'했다고 생각한다면, 그것은 '공감'을 '역지사지'로 오인하는 착각일 뿐이다.) 따라서 화행자와 해석자 간의 불가능한 관점교환에 의한 '언어텍스트의 언어적 해석'이라는 동어반복의 '언어실증주의적' 해석방법으로는 텍스트의 심층의미에 끝내 접근할 수 없는 것이다.[1)]

그러므로 '자연적 해석자'로서의 모든 일상적 언어행위자들은 결코 '언어적 텍스트의 언어적 해석'을 기도하지 않는다. 그들은 모든 말과 텍스트를 공감적으로 이해하고 '언어적 해석' 자체도 다시 공감적 해석의 대상으로 대한다. 텍스트의 완전한 이해는 오로지 텍스트언어에 내포된 감정적 의미연관, 필자와 독자(화자와 청자) 간의 정서적 연관, 발화發話현장의 정서적 분위기나 화자와 청자의 의도와 감정 또는 이에 대한 기술記述 등을 해석자의 뇌의 전운동피질적 시뮬레이션(교감·공감 작용)에 의해 지각하는 '교감적·공감적 해석'에 의해서만 가능한 것이다.

물론 이것은 주객분리적인 '공감'을 주관 없는 '감정전염'이나 한낱 주관적일 뿐인 '감정이입'과 구별할 것을 전제로 하는 말이다. '공감'과 '교감'은 '감정전염'이나 '감정이입'과 달리 주관과 객관이 분명히 구분되는 '객관적 이해'를 가능케 하는, 따라서 '과학적' 이해와 해석

1) 하버마스의 '합리적 해석학'과 가다머의 '철학적 해석학'에 대한 비판은 참조: 황태연, 『감정과 공감의 해석학(2)』(파주: 청계, 2015), 1914-2007쪽.

의 기능을 담당할 수 있는 감정능력이라고 정의할 수 있다. '교감'은 타인의 감정을 단순히 인지하는 것이고, '공감'은 타인의 감정에 대한 교감적 인지를 넘어 타인의 감정에 동조해서 유사한 감정을 자신의 마음 안에서 재생하기까지 하는 감정작용이다. '교감'은 뇌과학적으로 보면 대뇌의 전운동피질의 거울뉴런으로 이 감정과 의도를 산출하는 타인의 얼굴·손·몸의 육체적 움직임(얼굴표정·눈동자·손짓·몸짓)을 시뮬레이션함으로써 상대방의 감정과 의도를 인지하는 것이고, '공감'은 이것을 넘어 내가 감정의 뇌인 변연계의 작동을 통해 타인의 감정과 동일한 감정을 재생해 느끼는 것이다.

우리는 절친한 친구의 기쁨을 인지하자마자 바로 친구와 동일한 기쁨을 느낀다. 그럼에도 우리는 이 기쁨이 나의 기쁨이 아니라 친구의 기쁨이라는 것을 안다. 친구의 감정과 나의 감정을 객관적으로 구분하는 것이다. 이때 우리는 '공감'하는 것이다. 그러나 우리는 미워하는 사람이 기뻐할 때 그 기쁨을 능히 알지만 이 기쁨에 동참하지 않는다. 이때 우리는 미운 사람의 기쁨을 단순히 '교감'하는 것이다. 이 경우 우리는 남의 감정을 알되 같이 느끼지 않고 나의 감정과 남의 감정을 객관적으로 엄격히 구분한다. 공감은 우리에게 '뜨거운 이해'(실감 나는 이해)를 가능케 하고, 교감은 '차가운 이해'(타인의 감정에 대해 거리를 둔 냉정한 이해)를 가능케 한다.

감정이입과 감정전염은 이와 다르다. '감정이입'은 나의 감정을 남에게 또는 사물에 이입시켜 이입된 감정을 남과 사물의 감정으로 느끼는 감정작용이다. 이 감정이입은 사회적으로 약속된 상징물에 대한 '상징적 감정이입(symbolic feeling-into)'과 임의의 대상에 대한 '연상적 감정이입(associative feeling-into)'으로 나눌 수 있다. '상징적 감정이입'은 사회적으로 약속된 상징적 기표記標에 사회적 약속과 반복경험을 바탕으로 그것에 조응하는 특정감정을 이입해서 이 감정을 기의記意로 공감해 읽어내는 것이다. 소리와 글의 언어(입말과 글말)는 대표적 상징과 상징체계이고 언어는 감정이입 없이 이해할 수 없다. 우리는 가령 '학교'라는 단어의 발성음파를 듣거나 글자를 보고 사회적 약속에 의해 이 단어의 음파나 글자와 매치된 대상의 양태와 활동에 대한 경험적 느낌과 감정을 이입시킴과 거의 동시에 이 이입된 느낌과 감정을 공감적으로 이해하는 것이다. (따라서 감정이입적 이해는 엄밀히 말하면 긴밀히 연결된 '감정이입'과 '공감'의 두 계기가 들어 있다.) 국기·국화 등 기타 공적 상징들도 약속된 감정을 이입함과 동시에 이를 공감적으로 이해한다.

반면, '연상적 감정이입'은 어떤 모양의 대상이 경험으로 아는 어떤 다른 실재대상과 유사하면 이 다른 실재대상을 연상해서 그 유사한 모양의 대상에 이전의 실재대상의 기旣경험된 느낌과 감정을 이입해 공감적으로 이해하는 것이다. 우리는 전언傳言과 설명에서 화자가 유사하게 대상이나 상황을 묘사하면 거기에 감정을 이입해서 실제상황으로 복원해 이해하고, 배우가 실재와 유사한 행동을 요약적으로 연기해 보여주면 거기에 감정을 이입하고 실재를 감정적으로 복원해서 그 연기를 이해한다. 또한 조각작품·바위·구름·별 등 죽은 사물이라도 실재의 그 무엇과 유사한 모양을 하고 있으면 거기에 실재대상의 기旣경험된 느낌과 감정을 이입해 로댕의 '생각하는 사람'으로 공감·이해하거나, '장군바위'라고 공감적으로 해석하거나 '양떼구름', '새털구름' 또는 북두성의 '국자모양' 별자리, '물병자리', '쌍둥이자리', '전갈자리', '목동자리', '은하수'라고 부른다. 따라서 이 경우처럼 '연상적 감정이입'은 대중적 보편성을 얻으면 사람들 사이의 일정한 보편성을 얻을 수도 있다. 그러나 객관성(객체성)은 없다. 사람조각이라도 진짜 사람이 아니고, 구름이라고 불러도 실제로 양떼나 새털이 아니고, 별도 국자나 물병, 쌍둥이나 전갈, 목동이나 강물이 아니기 때문이다.

한편, '연상적 감정이입'은 때로 개인적 주관으로 흘러 객관성과 보편성을 잃기도 한다. 가령 어떤 사람이 우연히 눈에 들어온 찢어진 창호지에서 특정한 종류의 '꽃'이나 '사람 얼굴'을 보는 것, 얼핏 본 자연적 바위의 형상에서 '말', '소', '호랑이' 등을 보는 것, 파도의 특정한 용동聳動 형상을 '용틀임'으로 여기는 것, 어두운 삼림의 형상에서 '허깨비'를 보는 것 등은 남이 동조할 수 없는 사적 느낌 또는 개인적 착시감이다. '연상적 감정이입' 작용은 이와 같이 사회적 약속과 대중의 광범한 반복경험에 바탕을 두지 않을 때 사람마다 다른 사私감정과 주관적 착시로 전락할 위험이 있는 것이다. 이런 연상적 감정이입의 경우에는 객관성만이 아니라 인간적 보편성마저 상실되고 만다.

하지만 감정이입은 언어이해·상징작용·문예·예술활동 등에서 유용하게 활용된다. 앞서 시사했듯이 어떤 구름 무더기에서 '양떼'나 '솜털'을 보는 것과 같은 '감정이입' 능력이 없으면 문학이나 연극·영화를 이해할 수 없다. 아무것에나 자기감정을 이입해 '가상적 실제'로 재구성하는 이런 주관적 능력이 없다면 실제의 행동이나 감정을 어설프게 흉내 내어 부분적으로만 표현하는 연극배우의 연기를 보고 어찌 감동받을 수 있겠는가?

반면, '감정전염'은 거꾸로 남의 감정이나 분위기에 휩쓸려 주관과 주체성을 상실한다. 이 경우는 주관 없이 타인의 감정만이 지배한다. 공감능력이 아직 생기지 않은 생후 6개월 이전의 아기는 다른 아기가 울면 따라 울고, 군서동물들은 우두머리의 놀람에 일제히 놀라고, 군중은 동일한 군중심리에 따라 부화뇌동한다. 이것이 감정전염이다. '감정전염'은 주객이 분리되지 않는다. 따라서 감정전염은 주관성도, 객관성도 확보할 수 없으므로 이해와 해석의 주객관성을 보장할 수 없다. 그러나 감정전염은 동물 떼나 유아에게만 나타나는 것이 아니라 성인 남녀들이 잔치·무도장·궐기대회 같은 데 모여 같이 즐기거나 같이 휩쓸릴 때도 많이 활용된다.

결국 감정이입과 감정전염은 둘 다 주객구분과 객관적 보편성의 확보가 어려워 과학적 연구에 쓸 수 없다. 반면, 공감과 교감은 엄정한 주객구분을 통해 이해와 해석에 객관성과 보편성을 보장하는 인간의 감정능력이다. 따라서 공감과 교감은 과학적 객관성과 보편성을 둘 다 담보할 수 있다.[2] 감성의 반대인 이성(지성)도 객관성과 보편성을 담보할 수 있다. 하지만 감정적 의미를 감지할 수 없는 이성은 구체적 인간들의 사회적 존재와 행위의 감정적 의미를 이해하고 해석하는 데 주안점을 두는 인문·사회과학의 하나인 역사학에서는 무용지물에 지나지 않는다. 역사학에서 이성은 최초단계의 자료추적과, 공감에 의해 포착된 감정적 의미들을 하나로 모으는 최종적 단계의 체계적 정리·서술序述에만 쓸모가 있을 뿐이다.

"일본이 명치유신을 통해 새로워졌으니 이를 따라 조선도 유신하는 것이 좋다"고 주장한 친일괴뢰들의 텍스트나, 친일괴뢰들이 소위 '갑오경장' 과정에서 어쩌다가 왜인의 관점에 맞서 내뱉은 반감적 언변과 자기주장을 '자율개혁'의 증좌로 이해하는 해석자는 아마 이 명문화된 단어와 문장을 절대시하는 '관념적 해석'의 피상적·허위적 내용을 '진리'로 주장할 것이다. 왜냐하면 이 해석자는 청자가 화자의 '개떡 같은' 비겁한 기본심리를 공감적으로 감지하는 능력, 즉 역사적으로 형성된 공감대 속에서 '화자가 개떡같이 말해도 찰떡처럼 알아듣는' 국민적 청중의 공감적 이해능력, 언어상황의 정서적 분위기와 감정적 의도, 당대 국민의 사회적 공감대('민심') 등을 무시하고 고의의 언변술적 위계僞計, 과장과 축소, (자기)기만적 허언과 허위적 수사修辭, 왜곡과 괴담, 오인과 실언, 작화와 공담空談 등이 가득 담긴 언어텍스트를 절대시하는 언어실증주의적 해석, 즉 '언어관념적 해석'에 빠질 것이기 때문이다.

특히 우리는 1890년대 조선 말기와 대한제국기의 사료 더미의 비대칭성에 유의해야 할 것이다. 이 시기의 사료로는 『일본공사관기록』,

2) '공감'과 '교감', 감정전염'과 '감정이입'의 구분에 관해서는 참조: 황태연, 『감정과 공감의 해석학(1)』(파주: 청계, 2014), 77-80쪽, 85-136쪽, 753-754쪽.

수많은 기타 일제기록들, 친일파(김옥균·박영효·유길준·서재필·윤치호·이인직·이광수)·일제밀정(서재필·윤효정·이규완)·용일容日분자(김윤식·정교·황현)·반反고종·친일역모자(이규완·이승만) 등의 저서와 기록, 개인일기와 자기정당화 에세이, 이들의 미담·일화집과 전기, 동학과 의병운동에 적대적인 『독립신문』·『황성신문』·『매일신문』·『제국신문』 등 신문·잡지류, 그리고 동학·민중사상·민족종교를 '이단'과 '사설邪說'로 모는 성리학유생들의 문집과 유고집들이 넘쳐난다. 반면, 백성의 신음소리와 비명소리, 동학농민·의병·해산국군의 아우성·분노·함성, 이들의 전투와 투쟁일기, 활자화되지 않은 민중적 혁명철학(개벽사상·일군만민·신존왕주의·민중종교), 고종이 무수히 발령한 밀명과 밀지, 말은커녕 족적도 남기지 않은 친일괴뢰와 일제 앞잡이들의 불궤음도不軌陰圖와 흉계, 음모와 밀정행각 등은 아예 공개·발설되거나 기록된 적이 거의 없고 비밀리에 기록된 적이 있더라도 식민지시대를 통과하면서 거의 다 민가의 곳간바닥과 일제의 창고 속에서 훼손되거나 망실되어버렸다. 이런 식으로 사료의 구조는 극히 비대칭적이다. 이 '삐뚤어진' 기록사료에 언어실증주의적 해석방법으로 접근한다면 그것은 저 비언어적 비명과 분노, 신음소리, 아우성과 함성, 항쟁과 전투, 아무런 흔적도 남기지 않는 음모와 흉계 등 모든 표정·몸짓·행위의 의미를 놓치고 편향된 기록사료들만을 절대시하게 됨으로써 불가피하게 십중팔구 친일적·반反고종·반反민비·반反민중·반민족적 역사해석을 낳을 수밖에 없을 것이다. 이것은 '마당이 삐뚤어졌다고 장구마저 삐뚤어지게 치는 꼴'이다.

그러나 공감적으로 접근한다면, 저 언어텍스트로 된 사료들의 의미를 더 정확히, 더 깊이 이해하고 저 비언어적 비명과 신음소리, 분노와 함성, 아우성과 울부짖음, 무력항쟁과 전투, 불궤음도와 흉계 등의 의미도 아울러 포착할 수 있다. 언어로 된 '사료텍스트'와 말없는 사건 및 행위에 '공감적·교감적'으로 접근한다면, 언어텍스트의 어의적 의미보다 말하고 행동하는 사람의 의도('감정적 의미')를 더 중시하고 말하는 사람의 참된 화행話行의도와 말없는 행위자의 감정적 의미를 공감과 교감을 통해 이해하고, 기록의 삭제 또는 교묘하거나 화려한 언어로 은폐되거나 미화되는 침략·부왜附倭·괴뢰행각 등 악행들, 표리부동하거나 말없는 행위·사건들의 감정적(단순감정적·공감감정적·도덕감정적) 의미도 빠짐없이 그리고 정확하게 파악할 수 있기 때문이다. 이 방법만이 '마당은 삐뚤어졌어도 장구는 바로 치는 것'이다. 언어적 기록사료와 비언어적 또는 언어말살적 행위·사건들을 이렇게 공감과 교감에 의해 이해·해석하는 방법을 다른 저작에서 '공감적 해석학'이라고 부르고 이미 다각도에서 상론한 바 있어, 여기서는 그 저작을 시사하는 것으로 그칠 것이다.[3)]

해석자는 '텍스트'와 사건의 감정적 의미구조와 텍스트상황, 그리고 말없는 행위와 사건의 정서적 분위기와 진실한 감정의미, 역사이해의 준거 틀로서 역사적으로 형성된 사회적 공감대, 즉 '민심'(화자와 청자를 공히 포괄하는 '공감장共感場')만이 아니라, '텍스트'에 담긴 오류, 이에 대한 화자의 불충분한 이해와 오해(자기기만), 거짓과 실언, 작화와 공담, 의도된 설득전술적 위계僞計논변, 궤변과 교언巧言, 반어와 과언誇言 등에도 주목하게 된다. 따라서 우리의 논제에서 필자는 공감적 해석자로서 가령 1894-1895년 '갑오경장' 세력과, 동학농민봉기와 의병에 참여한 민중의 언행 속에서 전술적 위언僞言(동학농민군의 대對관군 호소문 속의 '대원군 봉대奉戴'), 또는 거의 언어화·문자화되지 않은 신존왕주의적 '일군만민一君萬民' 사상을 담은 최저강령적 「무장포고문」이나 실언과 오해(중앙집권제를 근대행정제도로 보는 왜인과 친일괴뢰들의 착오와 오해), 또는 언어텍스트와 정반대되는 함의를 가진 양두구육책(가령 갑오경장내각의 고도로 기만적인 신분해방 의안과 '과부 재가자유' 의안) 등이 있었고 이를 지켜본 일부 식자대중도 일시적으로 속았을 수 있다는 데 유의한다.

---

3) 참조: 황태연, 『감정과 공감의 해석학(1·2)』. 특히 다음을 보라: 『감정과 공감의 해석학(2)』, 2007-2200쪽.

대중들이 은연중에 일시적으로 속을 수 있음을 인정함에도 불구하고 공감적 해석자는 우리가 민족 고유의 정서를 대변해온 장구한 역사의 대중적 공감장 또는 이심전심의 '민심의 바다'와 이를 배경으로 한 화자와 청자 또는 행위자의 항구적 공감대(민심)와 대화·행위상황의 기본정서, 그리고 이것을 이해할 수 있는 역사해석자의 공감능력을 무엇보다도 중시한다. 따라서 '공감적 해석자'로서의 사가는 저 텍스트와 사건들을 누구나 타고난 공감·교감능력에 의해 오랜 역사적 공감대와 현장의 기본정서 속에 녹여 이해함으로써 1894년 이래 격동기의 사료텍스트와 사건들을 당대의 대중적 공감장 속에서 느끼고 겪었을 역사적 대중과 인물들의 기본정서와 감정적 기본의도를 탐지해내고자 노력할 것이다.

다른 한편, 역사학을 포함한 모든 인문사회과학은 가장 기본적으로 타인의 '자아'에 대한 앎을 전제한다. 타인의 자아, 즉 '타아他我'의 형태적 모습에 대한 앎은 타아의 보이는 육체적 특징과 의상衣裳에 대한 오감의 지각적 '인식'을 통해 가능하지만 타인의 볼 수도, 만질 수도 없는 '자아'에 대한 앎은 공감적 이해와 해석을 통해서만 가능하다. '자아의 존재감'도 감각이나 감정인 한에서 교감이나 공감을 통해서만 포착할 수 있기 때문이다. '사물' 또는 '사물의 존재'와 달리 눈에 보이지도, 손에 잡히지도 않는 '자아', 즉 '자아의 존재'는 '돌멩이·흙·금속 등 사물의 존재'와 달리 '자아의 존재감'이다.[4] 그런데 역사학은 이미 먼 과거 속으로 사라져서 더 이상 눈에 보이지 않는 역사적 인물의 '타아'에 대한 앎을 가능하다고 전제하고 이 앎을 추구한다. 이 앎은 구체적으로 어떻게 가능한가? 이 앎도 교감과 공감을 통해서 가능하다. 아니, 오로지 교감과 공감을 통해서만 가능하다. 역사적 '인간이해', 즉 역사적 인물들의 타아에 대한 이해와 해석은 깊은 학습을 요할

---

4) 황태연, 『감정과 공감의 해석학(1)』, 815-816쪽.

지라도 원칙적으로 가능한 것이다.

우리는 역사적 인물의 얼굴도 알지 못하거나, 근대인의 경우 사진으로 얼굴을 알더라도 다른 생생한 대면접촉 경험을 가지고 있지 않다. 따라서 이것은 깊은 학습을 요하는 것을 빼면 완전성형자의 자아 정체성을 파악하거나 안면인식불능증(prosopagnosia)을 가진 사람이 타아의 얼굴을 보고 그 존재를 실감해야 하는 경우와 유사하게 난감한 상황에 처한다. 하지만 우리는 역사적 인물도 비록 쉽지 않을지라도 교감·공감을 통해 그 개인적 정체성을 더듬더듬 인지한다. 역사가들은 이 '더듬거림' 때문에 역사적 인물에 대한 인지와 평가를 두고 극심한 논쟁을 벌일지라도 결국 대강의 개요에서 그 인물의 타아를 이해하고 이 이해를 공유할 수 있다.

우리는 대개 역사적 인물의 '얼굴'도 '표정'도 본 적이 없지만, 어록과 기록 자료에 의해 그들의 역사적 행적·성정·생각·의도·계획 및 상황을 공감적으로 이해한다. 우리는 이런 기초지식을 학습해서 일정한 상황에 처할 때마다 어떤 특정한 역사적 인물이 보였을 표정·제스처·마음·감정·자세와 각종 신체변화 등을 부지불식간에 본능적·경험적으로 재구성하고, 그의 속마음·감정·의도를 교감적으로 인지하고 변별하고 공감해 역사적 인물의 자아의 실재성과 그 쾌락론적(공리적)·유희적·미학적·도덕적 정체성을 이해하고 해석한다. 막스 셸러가 고대 아테네의 참주 페이시스트라토스의 공감적 이해를 논의했듯이[5] 역사적 인물의 경우에는 역사가들이 이 개인을 육체적으로 보았다는 보고로부터 출발하는 것이 아니라, 고대 아테네에서 페이시스트라토스가 전개한 정치적 활동의 개인적 단위체에 대한 분명한 감지와 공감적 재구성으로부터 출발하기 때문이다. 이를 통해 역사가들은 충분한 공감적 근거에서 페이시스트라토스의 타아에 역사적 실재성을 부여한다.

---

5) Max Scheler, *Wesen und Formen der Sympathie* (1912년 초판의 제목을 바꾼 증보판, 1922), hrg. v. Manfred S. Frings (Bern·München: Francke Verlag, 1973 [6. Aufl.]), 236-237쪽.

하지만 수많은 사람들이 악마를 육화된 모습으로 보았다고 보고할지라도 이 악마에게 어떤 실재성도 귀속시키지 않으려고 하듯이, 우리는 논란할 것 없이 '악마'로 평가받는 '역사적 악인'에게도 그 실재성을 인정하는 데 인색하다. 우리는 자잘하고 사소한 역사적 '악인들'을 기록에서 삭제하거나 기록 자료 속에 묻어놓고 그들의 개인적 정체성과 이름을 역사적 망각 속에 '익사'시킨다. 그러나 역사적 악인이 워낙 거물이라서 하릴없이 그를 오래 기억할 수밖에 없는 경우에는 이 악인을 부정적 도덕감정과 도덕감각 차원에서 교감적으로 인지하고 늘 경멸감 속에서 대한다.

하지만 역사적·문예적 기록이 남아 있는 훌륭한 역사적 인물들의 경우에 우리는 이들에게 공감하고 공감적 실재성을 인정한다. 따라서 "중요한 역사가, 소설작가, 연출가"는 "교감체험 재능을 고도로 보유하면" 되고 자신들의 대상이나 인물들과의 "공감은 조금도 가질 필요가 없다"는 셸러의 명제는[6] 페이시스트라토스와 관련된 자신의 저 '공감적 인지' 명제와 모순되는 잘못된 명제일 것이다. 소설가와 연출가, 그리고 소설의 독자와 연극 관객이 소설과 연극 속에 등장하는 주인공들을 교감을 넘어 공감적으로 실감하듯이 역사가도 역사적 인물에 대해 교감을 넘어 공감적으로 실감하기 때문이다. 역사가는 더 듬거려 인지되는 실재일지라도 역사적 '실재'의 인물에 대한 공감적 실감의 이해를 전제해야 하는 것이다. 찰스 쿨리가 역사적 인물의 자아의 존재감에 대한 공감적 인지와 관련해 논했듯이[7] 기억이나 기록에 남은 역사적 인물의 자아에 대한 '공감적 실감'의 이해는 결코 불가능한 것이 아니다. 다만 여기서 강조하고자 하는 것은 역사학과 문학, 또는 공감과 감정이입이 유사하다는 것이 아니라, 역사적 인물에 대

6) Scheler, *Wesen und Formen der Sympathie*, 20쪽.

7) Charles H. Cooley, *Human Nature and the Social Order* (New Brunswick·London: Transaction Publishers, 1902·1922·1930·1964·1984, 7th printing 2009), 172-173쪽.

한 이해도 '공감적 실감' 없이 '교감'으로만 이해하는 것은 미흡하다는 것이다. 악인이 아닌 모든 역사적 인물, 특히 위인偉人에 대한 완전한 이해는 '공감적 실감'을 요한다는 말이다.

그런데 역사 속의 인물이 '위대한' 인물이 아니라, 악랄한 인물인 경우에도 공감적으로 실감해야 할까? 타아에게서 드러나는 '표현들'의 외감적 지각 내용에 대한 내감의 교감적 인지와 그 마음·감정·의도의 독해(거울뉴런의 전운동피질적 시뮬레이션)와 쾌통·재미·미추·시비변별에서 타아에 대한 자아의 판단이 전적으로 부정적이라면, 정상인은 타아의 일정한 존재에 공감하지 않고, 즉 이 타아의 일정한 존재의미와 심정을 내 영혼 속에 전혀 재현해 실감하지 않고 오히려 강한 반감 속에서 무시한다. 타아의 일정한 존재, 가령 타아의 개인적 정체성이나 악한 타인의 도덕적 정체성, 또는 천하박색, 추남, 맵시를 모르는 '색상테러리스트' 등의 미학적 정체성에 대한 반감은 타아의 존재 일부에 대한 거부감과 부정적 태도다. 이때 우리는 타아의 일정한 부분을 교감하기만 할 뿐이고, '공감적으로 실감하지' 않는다. 하지만 우리는 이 경우에도 미움·거부감·반감 또는 추악한 감정·시기질투·경멸 등 부정적 감정을 표함으로써 타아를 부정적 방식으로, 그러나 공감적 실감의 경우만큼이나 강렬하게 '실감'한다. 아무튼 우리는 역사적 인물에 대한 긍정적·부정적 방식의 공감과 교감을 통해 역사적 인물의 자아정체성을 더듬더듬, 그러나 결국 충분히 파악할 수 있다는 것이다.[8)]

한편, 공감적 해석학의 역사방법은 본질적으로 '비판적'이다. 공감적 역사해석학은 백성 또는 국민의 기쁨과 고통, 즐거움과 괴로움, 도덕감정, 도덕감각(시비지심), 도덕적 비난 등의 제반 감정에 공감하는 관점에서 사료와 역사적 행동을 이해한다. 따라서 백성에게서 고통과

---

8) 역사적 인물의 재구성과 이해에 대한 상론은 참조: 황태연, 『감정과 공감의 해석학(1)』, 829-832쪽.

괴로움, 신음과 눈물을 야기하고 백성에게서 도덕적 비난을 받는 역사상의 인물과 그 행동을 비판하고 그 반대인 경우의 인물과 행동을 찬양한다. 따라서 실증사가들이 '역사에는 가정(if)이 없다'라고 되뇌며 기존의 역사적 사실을 '비판이 불가한 것'으로 성역화하는 것에 단연코 반대하고 역사적 행동의 다른 대안이 있을 때는 있는 대로 역사적 가정을 언급하고, 그럴 여지가 없더라도 백성의 도덕감각에 따라 역사적 지도자의 도덕적 희생과 살신성인을 했어야 하는 역사적 '가정'을 언급하고 가차 없는 비판을 서슴지 않는다. 이런 가정이 없다면 역사의 공감적 언술과 비판이 불가능하고 그러면 우리는 역사해석을 실증사가들에게 '헐값'에 팔아넘겨야 할 것이기 때문이다.

공감적 역사해석은 백성의 감정의 관점에서 진행되는 비판인 한에서 역사에 대한 '나라 있는 백성', 따라서 '나랏일에 참여하는 백성'(국민)의 관점을 중심에 놓는 '국민사관國民史觀'을 낳는다. 역사는 당연히 '왕조사王朝史'나 '국왕의 역사'를 포함하지만 이것으로 그칠 수는 없다. 그리고 '국민'은 타민족들과의 관계에서 대외적으로 '민족'으로 나타나지만, 그렇다고 '국민'은 이 대외적 '민족'으로 그 의미를 다하는 것이 아니다. 따라서 '국민사관'은 '민족사관'의 협소한 관점을 포괄하고 초월한다. 즉, '지양止揚(Aufheben)'한다. '국민'은 무엇보다도 대내적 자치와 참정參政의 주체인 것이다. 따라서 국민사관은 국민과 정부(국왕)의 관계를 중심에 놓는다. 그것은 때에 따라 협력관계일 수도 있고, 갈등관계일 수도 있다. 국민사관은 국민과 국왕(정부)의 이 협력과 갈등을 역사기술의 핵심으로 삼고, 국민의 독자적 성장과 정부의 능동적·수동적 동태, 그리고 양자의 상관적 변화발전에 관심의 초점을 맞추고 단순한 '왕조사'나 '민중사', 그 어느 쪽으로도 치우치지 않는다.

나아가 '국민사관'은 계급이나 신분에 갇히지 않는다. '국민사관'은 국민이 자치와 참정의 주체이고 역사의 주체인 한에서,[9] '신분'에 대해 비판적으로 대하고, '계급들'에 대해서는 중립적이다. 특정한 역사시기에 국민의 대부분이 '농민계급'이거나 '노동자계급'이어서 국민사관이 '농민친화적' 또는 '노동자친화적' 경향을 갖지 않을 수 없다고 하더라도 '국민사관'은 이 경향을 '계급사관'으로 단순화하고 고정시키는 것을 거부한다. 상대적 소수일지라도 농민이나 노동자가 아닌 국민의 나머지 계급들도 엄연히 '국민'에 속하고 따라서 수적으로 적다는 단순한 이유에서 결코 소홀히 취급되어서는 아니 되기 때문이다. 계급사관의 이론적 위험성과 결함은 시각의 계급적 협소성과 편파성에만 있는 것이 아니라, 계급개념의 경직성과 유한성에도 있다. 가령 농민계급이나 노동자계급(블루칼라계급)은 역사가 흐르면 주력생산자의 지위를 잃을 수도 있다. 그럼에도 계급사관은 이런 사실을 무시하고 사라져가는 한시적인 계급의 유한한 관점을 경직되게 견지할 위험이 있는 것이다. 가령 2000년대의 역사는 블루칼라계급의 관점에서 기술된다면 왜곡과 편향을 면치 못할 것이다. 따라서 국민사관은 계급사관을 '지양止揚'하고, 동시에 노동자·농민계급·변혁집단을 합해 '민중(인민)'으로 이해하고 이들의 관점에서 역사를 기술하고자 하는 계급사관의 한 변형태인 '민중사관'도 지양한다.

또한 국민사관은 정부나 왕조가 국민과 협력적이고 국민을 잘 대변할 경우에 왕조사관에 접근할 수 있지만, 결코 왕조사관으로 흡수되지 않는다. 이때에도 국민의 움직임은 자율적이고 정부와의 협력적 접촉보다 더 많은 측면을 포괄하기 때문이다. 또한 국민사관은 주어진 시대의 국민적 공감대와의 합치를 증명하는 사료를 매우 중시하고 이 때문에 실증사관과 아주 흡사하게 보일 수 있지만, 임의의 사료가 아니라 국민적 공감의 합치와 가치판단을 뒷받침하는 사료를 중시하는 점에서 실증사관과 본질적으로 다르다. 국민적 공감대와 합치되는

---

9) 자치와 참정의 주체로서의 조선 고유의 '국민' 개념에 대해서는 참조: 황태연, 『대한민국 국호의 유래와 민국의 의미』(파주: 청계, 2016), 78-83쪽.

의미를 담은 사료를 제일로 치는 국민사관은 국민적 공감대와 합치되는 의미를 담은 사료를 제일로 치고 진짜 사료라 하더라도 국민적 공감대와 배치되거나 이 공감대를 해치고 공격하는 자들의 '진솔한' 반국민적(반민족적)·반동적·친일적 확신이나 자포자기적 논지를 담은 사료들을 참고자료 수준으로 격하하는 식으로 사료들에다 국민의 공감 정도에 따라 의미론적 위계(semantical hierarchy)를 부여함으로써, 사료들의 가치를 평준화하거나 사료에다 사건의 파장에 따라 양적 위계를 부여하는 식으로 역사에서 국민적 소망, 의미, 도덕적 지향을 제거하는 19세기풍의 가치중립적 실증사학이나, 일상적 이야기들을 실증적으로 채집·열거하는 20세기풍의 연대기적 실증사학을 넘어서는 것이다.

나아가 국민사관은 국민의 대외적 측면도 대내적 측면 못지않게 중시하므로 민족사관과 유사한 관점을 공유한다. 하지만 국민사관은 민족이 국민의 전 측면을 포괄하지도 않고 또 그간 민족사관이 대외적으로 국력을 강화한 독재자나 권위주의 국가를 찬양하거나 '무조건 통일'을, 아니 '민족통일'이라면 북한체제로의 통일도 찬성하는 오류도 저질러온 만큼 민족사관의 '정치철학적 빈곤'을 경계한다. 결론적으로 공감적 해석학의 국민사관은 왕조사관, 실증사학, 민족사관, 계급사관, 민중사관을 공히 부분적으로 포괄하지만 동시에 뛰어넘는 제3의 입지, 즉 '내재적 초월'의 입지에 서 있다.

물론 국민사관도 국민의 시대적 공감대가 후진적이거나 일시 뒤틀릴 수 있으므로 오류를 피할 수 없을 것이지만, 다른 사관에 비해 오류를 덜 저지를 것이다. 그리고 국민이 후진적이거나 어긋남의 오류를 저지르더라도 국민은, 그리고 국민만이 이 오류에 대해 역사적 책임을 질 수 있다. 국민 외에 아무도 역사적 오류의 책임을 감당할 자격도 없고 이 오류로 인한 고난을 감당할 능력도 없기 때문이다. 그리고 '국민적' 오류라도 역사적 당대에 해소될 가능성이 전혀 없는 것도 아니다. 국민과 정부의 관계를 중심에 놓는 국민사관의 관점에서 국민을 진정으로 사랑하는 정부나 지도자는 근본적으로 중요한 한 축인 한에서 '국민적' 오류라도 이 정부와 지도자에 의해 수정될 수 있기 때문이다. 또 이때 국민적 공감대의 편향은 획일적이지 않을 것이다. 왜냐하면 국민 중 후진적 집단과 선진적 집단이 미래지향을 두고 갈등관계에 놓일 수밖에 없고 이런 까닭에 이 시기의 국민적 공감대는 분열·다원화되어 있을 수밖에 없을 것이기 때문이다. 따라서 국민사관에서는 국민적 공감대의 편향과 오류가 선진적 국민집단과 선도적 정부·지도자 사이의 역동적 연대·협력 속에서 극복되는 과정을 평가하거나, 이 과정에서 상대적으로 바른 해법을 발견하고 평가할 가능성이 열려 있다. 반면, 다른 사관들에서는 사가의 개인적 의견에 입각한 자의적 평가나 당대에 유행하는 철학이나 이데올로기에 입각한 자의적 평가의 길밖에 없는 것이다. 따라서 국민사관은 오류문제에 있어서도 다른 사관과 역사방법들에 대해 방법론적으로 절대적 우위는 아닐지라도 적어도 상대적 우위를 확보하고 있다고 말할 수 있을 것이다.

한편, 언어텍스트를 소홀히 하지 않되 언어텍스트에만 매이지 않는 공감적 해석학의 역사기술도 결국 입말과 글말의 언어로 표현되어야 한다. 그러나 공감해석학적 역사기술의 언어는 '사실적 언술(factual discourse)' 또는 '실증적 언술(positive discourse)'에 그치지 않고 오히려 '공감적 언술(empathetic discourse)'을 위주로 삼는다. '공감적 언술'은 누구나 공감할 수 있는 감정적 의미를 내포한 언술을 가리킨다. 가령 "3·1만세운동은 1919년 3월 1일에 일어났다"는 기술은 무의미한 사실확인적 언설(constative assertion)로서의 '사실적 언술'인 반면, "3·1만세운동은 고종황제 국장일 이틀 전날 일어났다"는 기술은 고종황제의 독살에 얽힌 애통과 분노의 함의를 담은 '공감적 언술'이다. 또 "3·1운동 때 독립만세를 불렀다"는 기술은 한낱 '사실적 언술'에 불과하지만, "3·1운동 때는 '조선독립'이 아니라 '대한독립' 반세를 불렀다"는 기술은 고종황제의 대한제국과 3·1만세운동 간의 정서적 연관성을 환기시키고 당시 대한국민의 충군애국 감정을 드러내는 '공감적 언술'이다. 또 가령 "갑오경장의 '과녀의 재가 자유' 조항은 집강소의 폐정개혁 12개조의 '청춘과부 개가허용' 조항보다 더 광범하고 더 혁신적인 것이다"는 명제는 '실증적 언술'로서 그릇된 논변인 반면, "재가와 삼가三嫁를 불륜으로 간주하고 수절녀를 열녀로 칭송해온 400년 세월 속에서 10대·20대 청춘과부조차 수절해야 했던 까닭에 청춘과부의 경우에는 등을 떠밀어서라도 재가시키는 것이 화급한 일이 된 시대에 인습대로 재가를 불륜의 치욕으로 여기는 과녀 일반에게 내려진 추상적 재가 '자유'는 '자유롭게' 치욕을 멀리하고 수절을 택하라는 '성억압'의 이명異名이거나, '자유'의 이름으로 종래의 '과부보쌈'이나 '과부의 등을 떠미는 재가 강제'마저 엄금해서 개가를 아예 불가능하게 만든 조항에 불과한 것이다. 반면, 「폐정개혁 12개조」의 특화된 '청춘과부의 개가허용' 조항은 장차 30·40대 과부문제의 해결을 내다보며 화급한 '10대·20대 과부문제'를 선결先決하려는, 과부문제 일반의 '뇌관' 또는 '급소'를 때리는 최상의 해법이었다"는 명제는 '공감적 언술'로서 당대의 역사적 현실을 제대로 이해한 논변이다.

'공감적 해석학'은 이런 언술형태의 차이만을 가져오는 것이 아니다. '공감적 해석학'은 공감이 가는지, 가지 않는지에 따라 상반되는 여러 사료텍스트들 중 옳은 텍스트를 감지해내고 빈도수가 높은 기록이라도 단 한 번의 기록이나 희귀한 기록에 비해 거짓되거나 그릇된 것임을 판별해내게 하는 데 결정적으로 기여한다. 또한 '공감적 해석학'은 기존의 역사기술이 공감되지 않아서 뭔가 이상하거나 꺼림칙하게 느껴지는 경우에 그 문제점이나 오류를 발견하고 교정하는 데 크게 기여한다. 이것은 이후 논의에서 틈틈이 실제로 확인할 수 있을 것이다.

# 제1장 갑오왜란: 왜적의 조선침략과 국왕생포

## 제1절 조선침략의 개시

### 1) 침략의 사전준비

왜국정부는 1868년 명치유신 이래 군대육성에 온 국력을 기울여 1873년 이미 국민개병제적 징병제를 도입하고 병과별로 훈련된 3만 명의 보병부대와 군함 9척을 보유했으며, 1894년 초에는 보병 12만 명의 7개 보병사단(28개 보병연대, 7개 기병연대, 7개 포병연대, 7개 공병연대, 7개 치중병輜重兵[수송병] 대대)으로 증강되어 있었고, 해군은 군함 31척과 수뢰정 24척을 보유하고 있었다.[1] 왜국정부는 이런 무력에 자신을 갖고 이미 1894년 5월부터 동학농민전쟁을 계기로 조선을 정복하기 위해 전쟁을 벌이기로 결정하고 1894년 6월 5일 히로시마(廣島) 참모본부 내에 일왕 직속의 '대본영'을 설치했다. 그리고 후쿠자와유키치(福澤諭吉)가 제안한 '천황의 친정親征' 개념에 따라 히로시마에 일왕의 '행재소'도 세웠다.[2] 왜군 참모본부는 동학농민봉기를 기화로 1894년 6월 9일부

---

1) 참조: 국방부전사편찬위원회, 『義兵抗爭史』(서울: 국방부전사편찬위원회, 1984), 35-36쪽.

2) 참조: 야스카와주노스케(安川壽之輔), 이향철 역, 『후쿠자와 유키치의 아시아침략 사상을 묻는다』(서울: 역사비평사, 2011·1912), 166쪽. 후쿠자와는 갑신정변 직후 천진조약을 둘러싼 중일교섭과 관련해 1885년 1월부터 대륙침략에서의 '천황친정론'을 주장해왔었다. "본인이 특히 기대하고 소망하는 바는 천황의 친정親征 준비 바로 그것이다. … 우리

터 15일까지 8,000여 명의 왜군 혼성여단을 조선에 파병해서 무단 상륙시켰다. 이 8,000여 명의 왜군은 히로시마에 사령부를 둔 일본보병 제5사단 내의 보병혼성 제9여단을 주축으로 조직된 혼성여단이었다.[3)]

이에 앞서 왜군 참모본부는 5월 하순 데라우치마사타케(寺內正毅) 대좌를 중심으로 비밀리에 조선파병을 위한 수송준비를 하게 했고, 5월 30일 조선을 정찰하고 돌아온 이지치코오스케(伊地知幸介) 소좌의 복명을 받아 사실상 파병을 결정하고, 6월 1일에는 육군대연습을 핑계로 급거 일본우편회사 소속의 선박들을 징발했다.[4)] 이에 앞서 5월 31일 오오토리게이스케(大鳥圭介) 조선주재 일본공사는 무쓰무네미쓰(陸奥宗光) 외상에게 "조선의 농민군이 정부군을 격파하고 서울로 들어가는 것은 일본에게 '극히 반겨야 할 기회이지 걱정할 일'이 아니기 때문에, 이를 이용해 '동양정계의 일신一新천지를 열기' 위해 조속히 출병해야 한다"고 건의하면서 청일공동으로 농민봉기를 진압하고 "조선정부를 혁신할 것"을 제안했다.[5)] 이어서 6월 2일 이토히로부미 정부는 즉시 참모본부 차장 가와카미소로쿠(川上操六) 등을 각의에 참여시켜 중의원 해산과 더불어 조선파병을 공식 결정했다. 이 파병결정은 조선정부가 청국에 파병을 요청한 시점보다 하루가 더 이르다.[6)]

---

신하의 충정으로서는 천황폐하의 위광에 의해 우리 군이 큰 공을 세우기를 기대하는 것이야말로 만전의 책략이기 때문에 … 진쿠(神功)황후의 고례에 따라 몸소 바다를 건너셔야 한다고까지 생각지 않지만 … 임시로 시모노세키를 행재소로 정하고 … 봉련鳳輦과 금기錦旗의 위엄 당당하게 바다 일대를 사이에 두고 조선, 중국에 맞선다면 전군은 용기백배해 기꺼이 적을 몰살하게 될 것임은 손바닥 들여다보듯이 될 것이다. … 이번의 담판으로 만일 평화를 얻어내지 못하게 된다면 기필코 천황의 친정을 단행해야 한다." 후쿠자와유키치, 「천황의 친정 준비는 어떠한가」, 慶應義塾 編, 『福澤諭吉全集』 제10권, 184쪽. 야스카와, 『후쿠자와 유키치의 아시아침략 사상을 묻는다』, 378쪽에서 재인용.

3) 나카츠카아키라(中塚明)(박맹수 역), 『1894년, 경복궁을 점령하라!』(서울: 푸른역사, 2002), 18쪽.

4) 박종근, 『淸日戰爭과 朝鮮』(서울: 일조각, 1989), 15쪽.

5) 『陸奥宗光關係文書』(일본국회도서관 헌정자료실). 박종근, 『淸日戰爭과 朝鮮』, 16쪽에서 재인용.

6) 박종근, 『淸日戰爭과 朝鮮』, 15-16쪽.

6월 2일 이토 총리는 오오토리 공사에게 해군 육전대를 대동하고 귀임할 것을 명하고, 오오시마요시마사(大島義昌) 소장 휘하에 혼성여단을 파견하기로 결정한 것이다. 그리고 6월 5일 오오시마는 야에스야마(八重山) 전함에 오오토리가 이끌 488명의 육전대와 20명의 순사를 싣고 요코스카(横須賀)항을 출항해 9일 인천에 상륙했다. 그리고 오오토리 공사는 10일 이 육전대를 이끌고 서울로 침입했다. 또한 히로시마 왜군 대본영은 청군이 6월 6일 산해관을 출발한다는 소식을 듣고 선수를 치기 위해 혼성여단이 다 완성되기도 전에 히로시마의 보병 제11연대 1,024명을 선발대로 파병했다. 6월 6일 산해관을 출발한 청군은 9일 아산에 상륙했고, 왜군 보병 제11연대의 선발대는 12일 인천에 상륙했다. 그리고 6월 15일에는 2,700명의 왜군 대부대가 인천에 상륙한다. 이와 동시에 일본 상비함대 사령관 이토오스케유키(伊東祐亨)의 지휘하에 기함 마츠시마(松島)를 추가로 파견해 군함 6척을 인천에 집결시키고 부산에 타카오(高雄) 전함을 정박시켜 두는 등 왜군함의 반수를 조선연안에 파견했다.[7]

2) 서울점령

왜군 혼성여단의 주력부대는 6월 22일 인천을 떠나 서울로 침입해 남산 봉화대에 대포를 설치하고 성곽을 부숴 길을 만들고 포진했다. 또 북악산 중턱에도 포를 설치하고 병력을 주둔시켰다. 이러한 움직임에 대해 조선 외아문이 항의하고 힐문했으나 이들은 듣지 않았다.[8] 그리고 당시 서울 사람들이 '왜성대'로 낮춰 불렀던 남산의 일본공사관 '화성대和城臺' 위에는 6문의 포좌가 구축되었다.[9] 이 남산과 북악

---

7) 박종근, 『淸日戰爭과 朝鮮』, 16-17쪽.

8) 金允植, 「沔陽行遣日記」, 『續陰晴史(上)』(서울: 국사편찬위원회, 단기4293), 고종31년 5월 21일조. 국사편찬위원회 한국사데이터베이스, 『한국사료총서』 제11집.

9) 키쿠치겐조(菊池謙讓), 『近代朝鮮史(下)』(大陸硏究所, 소화12[1935]·소화15[1940]), 290쪽.

산 위에서 보면 왕궁은 대포 한 방으로 명중시킬 수 있는 목하의 지근 거리에 있었다. 왜적은 용산 부근에 막영幕營을 설치했지만, 6월 26일에는 각종 병과가 막영을 떠나 한성 안으로 침입했고, 포병중대는 경복궁 부근의 너른 땅에 포를 방열해놓았다.[10] 이때 『동경조일신문』은 "우리 병은 서울, 인천의 요지를 점령하고 막영을 쳐 한 치의 틈도 없고, 또한 한강의 수로를 장악해 선박지권船泊之權이 모두 아군에게 들게 되었다"고 보도하고 있다.[11] 동시에 왜군 혼성여단 나가오카게이시(長岡外史) 참모는 참모본부에 7월 5일 "목하 여단의 배비配備에서는 서울 동남서東南西의 여러 도로를 쥐고 서울의 사활을 제압함이 실로 손안에 있다"라고 보고하고 있다.[12] 따라서 일본인 교수 와다하루키(和田春樹)는 "일본군이 인천에 상륙해 서울 교외를 점령한" 이 행동을 "완전한 침략"으로 규정한다.[13]

왜적은 애당초 6월 29일 경복궁침공을 계획했으나 일단 연기했다.[14] 그 대신 왜군은 위력시위용 서울행군을 개시한다. 보병 양연대 중 제11연대는 짝수 일에, 제21연대는 홀수 일에 서울가도를 행군했다. 7월 18일부터는 두 연대가 연일 행군했다.[15] 경복궁 주변의 행군은 경복궁침공을 위한 예행연습인 동시에 조선인에 대한 위력시위였다. 왜군들이 각 성문을 나누어 지키고 있어 출입이 용이치 않고 20일에는 왜병들이 군대를 배열해놓고 궁 앞에서 조련을 하고 있었기 때문에 조선인들은 놀라 허둥댔다.[16] 경복궁침공 전에 이미 군사침략은 시작된 것이다.

---

10) 『東京日日新聞』, 1894년 7월 5일.

11) 『東京朝日新聞』, 1894년 7월 15일.

12) 防衛廳 防衛硏修所戰史部 所藏, 「第五師團混成旅團報告」, 325-333쪽. 박종근, 『淸日戰爭과 朝鮮』, 51쪽에서 재인용.

13) 와다하루키(和田春樹), 『러일전쟁과 대한제국』(서울: 제이앤씨, 2011), 32쪽.

14) 박종근, 『淸日戰爭과 朝鮮』, 55쪽.

15) 『第一軍站部陣中日誌』(1894. 7. 8.), 防衛廳 防衛硏修所戰史部 所藏. 박종근, 『淸日戰爭과 朝鮮』, 53쪽에서 재인용.

16) 『淸光緖朝中日交涉史料』 卷15, 5-6, 1181, 1188호. 박종근, 『淸日戰爭과 朝鮮』, 53쪽에

3) 경복궁침공과 국왕의 생포

이어서 왜적은 미리 만전의 준비를 갖추고 22일 늦은 밤부터 경복궁침공을 개시했다. 22일 밤 10시 오오토리 공사, 스기무라후카시(杉村濬) 서기관, 오오시마 혼성여단장과 휘하 장령들이 모여 일본공사관(왜성대) 안에 빽빽하게 들어차 있었고, 운현궁으로 가는 자, 소위 소시(壯士)패를 모으는 자, 왜군 주둔지로터 온 전령 등으로 왜성대가 온통 북새통이었다. 왜군 제11연대 제1대대 이치노헤효오에(一戶兵衛) 대대장은 22일 오후 7시 국왕과 조선군이 병기를 가지고 나오는 것을 막기 위해 제3중대에게 동대문과 광희문을, 제4중대에게 동북문을 점령하라고 명했다. 제3중대는 다음 날 새벽 2시에 막영을 출발한다. 제1·2중대에게는 23일 새벽 4시에 왜성대에 집합해 왜성대를 지키고 포병은 보번정步番丁에 포열해 시위용 발사를 하라는 명령을 하달했다.[17] 그리고 오오토리는 23일 0시 30분 혼성여단에 대해 "계획대로 실행할 것"을 요청했다. 경복궁침공·점령에 대한 현지 지휘를 맡은 타케다히데노부(武田秀山) 중좌는 오전 2시 반에 남대문에 한 중위를, 서대문에 소위를 파견하고, 대기 중의 나머지 왜군은 오전 4시부터 "계획"대로 "운동을 시작하라"고 명령했다.[18]

일본정부는 '청일전쟁'이 '조선의 독립을 위한 정의의 전쟁'이라는 위장선전으로 '갑오왜란'을 은폐하려는 저의가 들통나면 국제사회에서 곤란해질 것임을 지실했기 때문에 이 '계획'의 존재와 실시 사실을 감추려고 무진 애를 썼다. 그들은 서로 전쟁정책을 잘 아는 마당에 경복궁침공 계획과 이 사건을 외교기록에서 복화술로 에둘러 언급하거나 부드럽게 축소해서 언급했고,[19] 왜군 참모본부가 발간한 『명치

서 재인용.

17) 防衛廳防衛研修所 所藏, 「第五師團混成旅團報告」, 67쪽. 박종근, 『清日戰爭과 朝鮮』, 57쪽에서 재인용.

18) 防衛廳防衛研修所 所藏, 「第五師團混成旅團報告綴」, 7월 23일. 박종근, 『清日戰爭과 朝鮮』, 57쪽에서 재인용.

이십칠팔년 일청전사』(1904) 등 일본 공식 전사기록에서는 마치 우발적 총격사건인 양 철저히 조직적으로 위조했다.[20)]

그러나 갑오왜란을 첫 포화로 만방에 알리는 경복궁침공 계획과 실시상황은 갑오왜란 100주년이 되는 1994년 3월 나카츠카아키라(中塚明)에 의해 『일청전사日淸戰史초안』(일청전쟁 제5편 제11장 제3초안 '성환회전 전 왜군 혼성여단의 정황 부附 그 조선왕궁에 대한 위협적 운동')의 형태로 발견되고 1997년 공개되기에 이른다. 이 『초안』에 따르면 '조선왕궁에 대한 위협적 운동' 계획은 이렇게 짜인다. 오오시마 여단장은 7월 21일 오오토리 공사를 방문해 '1개 대대로 위협한다'는 공사의 제안을 바꿔

---

19) 오오토리 공사는 무쓰 외상에게 보낸 공식전문에서 이렇게 보고하고 있다. "조선정부가 본 공사의 전신에 설명된 제2의 요구에 대해 심히 불만족스런 회답을 했기에 할 수 없이 왕궁을 포위하는 단연한 조치를 취했다. 본 공사는 7월 23일 이른 아침에 이 수단을 취했으며, 조선병이 일본병을 향해 발포해 양쪽이 서로 포격했다." 日本外務省 편, 『日本外交文書』[제27권 제1책](東京: 日本國際聯合協會, 1953), 419호 문서 「조선국정부의 회답이 불만족스럽기 때문에 왕궁을 포위하는 조치를 취한 취지보고의 건」. 오오토리는 '침공'을 '포위'로 축소하고, 조선병의 당연한 퇴치사격을 단순한 발포로 얼버무리고 있다. 7월 23일 오후 5시의 「왕궁을 포위했을 때의 정황보고의 건」(위 문서 421호)에서 이렇게 기술하고 있다. "대략 15분간 발포가 계속되었으나 지금은 모두 정밀靜謐해졌다. … 본 공사는 외국 사신들에게 회장回章을 보내, 일한日韓 간 담판과정에서 용산에 있는 우리 군대 일부를 경성으로 진입시킬 필요가 있어 오전 4시경 입경해 왕궁 뒤편 언덕에 진을 치기 위해 남문에서 왕궁을 따라 나아가는데 왕궁호위병들과 길거리에 배치되어 있던 많은 조선병사들이 우리 군대를 향해 발포해 우리 군대도 어쩔 수 없이 발포하게 되었으며 왕궁으로 들어가 왕궁을 지키게 되었다고 알렸다." 오오토리는 '어쩔 수 없는 발포' 운운하며 '침략 사실을 감추기 위해 부심하고 있다.

20) 『명치 이십칠팔년 일청전사』는 궁궐침공을 이렇게 위조하고 있다. "도중 왕궁 동쪽을 통과하려고 하자 왕궁수비병과 그 부분에 주둔하던 한병韓兵이 돌연 우리 군대를 향해 사격해서 우리 군대도 또한 급작스럽게 응사방어했다. 또한 이 규율 없는 한병을 물리치지 않는다면 언제 사변을 다시 일으킬지 예측할 수 없으므로 마침내 왕궁으로 들어가 한병의 사격을 무릅쓰고 그들을 점차 북쪽 성 밖으로 내쫓고, 일시 그들을 대신해서 왕궁의 사방을 수비했다. 이미 야마구치(山口)는 국왕이 옹화문 안에 있다는 소식을 듣고 부하의 발포를 제지하고 국왕의 행재소로 향했다." 參謀本部 編, 『明治二十七八年日清戰史』 第1卷(1904). 나카츠카, 『1894년, 경복궁을 점령하라!』, 29쪽에서 재인용. 무쓰도 "왕궁 근방에까지 이르렀을 때 별안간 조선군대 측에서 발포를 해와 우리 군은 즉시 이들을 추격해 성문을 밀어제치고 궁궐 내로 진입했다"라고 거짓 기술을 하고 있다. 陸奧宗光, 『蹇蹇錄』(東京: 岩波文庫, 1943). 무쓰무네미쓰(김승일 역), 『건건록』(서울: 범우사, 1993·1994), 80쪽.

"절차를 생략하고 곧바로 여단을 진격시켜 이 일을 맡도록 할 것"을 제안해 합의를 보았다. 그리고 보병 21연대장 타케다 중좌에게 은밀히 작전계획 입안을 지시했다. 이 작전계획은 갑오왜란의 전쟁 성격을 증명하는 데 대단히 중요하므로 전문을 공개한다. 그 계획은 다음과 같다.

### 조선왕궁에 대한 위협적 운동 계획

1. 부서 및 임무

여단사령부는 경성공사관으로 옮긴다.

보병 제11연대(연대장 중좌 니시시마스케요시[西島助義])

- (연대)본부는 용산에 남겨 연대장으로 하여금 그곳에 주둔한 제대의 지휘를 맡게 한다. 단, 군기軍旗를 호위하는 장교 이하 35명의 부대를 여기에 소속시킨다.
- 제1대대(대대장 소좌 이치노헤효오에)

- (대대)본부, 제1중대(중대장 대위 마치다사네요시[町田實義]), 제2중대(중대장 대위 카와나미타마키[河南環])는 거류지 수비를 위해 오전 4시 화성대에 집합해서 종루까지 시가 쪽을 경계한다. 단, 제1중대 1소대(소대장 소위 노마분타로[乃萬文太郎])는 오전 2시 출발해 남대문에, 제2중대 1소대(소대장 중위 이마이타케시[今井建])는 동시 출발 서대문에 도착해 외부로부터 입경하는 모든 군대를 위해 문을 열 것. 파괴해도 관계없음.
- 제3중대(중대장 대위 쿠와키타카모토[桑木崇台])는 오전 2시 반 출발, 동대문과 남소문 점령을 맡는다.
- 제4중대(중대장 대위 시모에다칸이치로[下枝觀一郎])는 오전 2시 출발, 동소문 점령을 맡는다.

- 제2대대(대대장 소좌 하시모토마사요[橋本昌世])

- 본부, 제5중대(중대장 대위 나카히데아키[仲東白]), 제7중대(중대장 대위 후쿠다나카이치[福田半一])는 오전 3시 출발, 입경해 종루 부근에서 시가 동부와 북부 경계를 맡는다.
- 제6중대(중대장 대위 타카미사토루[田上覺])는 오전 3시 반 출발, 이하응의 저택에 도착해 이하응의 호위를 맡는다.
- 제8중대(중대장 대위 오노마키타[小野萬龜太])는 용산 막영지에 남겨 제3대대장의 지휘 아래 그곳 수비를 맡는다.

• 제3대대(대대장 소좌 마츠모토이오키[松本箕居])

- 본부, 제9중대(중대장 대위 키무라이스케[木村伊助]), 제11중대(중대장 대위 오하라분페이[小原文平])는 제8중대와 더불어 당현當峴동방고지의 남단부터 아현동에 이르는 사이의 선을 점령, 경계한다.
- 제10중대(중대장 대위 시즈마히로스케[靜間浩輔])는 오전 3시 출발, 주력으로 서소문, 1소대로 남대문 점령을 맡는다.

보병 제21연대(연대장 중좌 타케타히데타카)

• 연대본부와 제2대대(대대장 소좌 야마구치케이조)는 공병 1소대와 더불어 오전 3시 출발, 왕궁으로 들어가 왕궁 수비를 맡는다. 단, 제5중대(중대장 대위 스기오카나오지로[杉岡直太朗])는 군기호위임.

• 제1대대(대대장 소좌 모리마사타카[三祇敬])

- 본부와 제4중대(중대장 대위 오가사와라마츠카게[小笠原松熊])는 오전 3시 반 출발해 입경하고 친군 장위영을 개방해 점령하고 또한 광화문 앞 교통을 차단하는 것을 맡는다.
- 제1중대(중대장 대위 하토리히사시[服部尙])는 오전 3시 반 출발, 아현산을 점령하고 왕궁수비대 및 제11연대 막영지와 연결해 장교가 지휘하는 2분대로 오전 4시부터 서대문을 수호하며 기타 포병 호위, 연대막영지 순라, 식사운반 및 필요한 경우 외인 보호를 맡는다.
- 제3중대(중대장 대위 가와무라타케모토[河村武叉])는 오진 3시 반 출발, 입경

해 왕궁 동북고지 점령을 맡는다(이 고지에는 호포대가 있어 포문 방향이 공사관을 향하고 있기에 만일의 위험을 고려해 이 같은 병력배치가 있음)
- 기병 제5대대 제1중대(중대장 대위 토요베신사쿠[豊邊新作])는 여단장 호위를 맡는다.
- 야전포병 제5연대 제3대대(대대장 소좌 나가타히사시[永田龜])는 아현동 북방고지에 방열하고 시위한다.
- 공병 제5대대 제1중대(중대장 대위 아시자와마사카츠[芦澤正勝]) 21소대(소대장 소위 츠차야요시하사[土屋善龜])는 보병 21연대장의 지휘를 받고 그 외는 용산 막영지에 남아 명령을 기다린다.
- 각대는 한어韓語통역을 배치한다.

2. 약속

하나. 한병韓兵이 발포할 때는 정당방위를 위해 이에 응사할 것.

하나. 한인韓人 가운데 경성을 떠나는 자는 동소문·동대문·남소문에서 허락할 것. 한병의 퇴거도 또한 그와 같다.

하나. 구미인은 가능한 한 아현산으로 피하도록 할 것. 단, 어떤 경우에도 사대문 밖으로 나가는 자에게는 호위병 두 명을 딸릴 것.

하나. 가능한 한 사격하는 것을 피하며 각국 공사관 방향으로 탄환이 날아가지 않도록 주의할 것.

하나. 만약 사격을 하지 않을 수 없는 경우에는 각대 상호사격 한계에 주의해 위해를 피할 것.

하나. 국왕의 신체를 상하지 않도록 주의할 것. 사건발생 이전 국왕이 몰래 빠져나가지 못하게 막는 일은 공사가 맡는다(국왕이 북한산으로 피신하려고 한다는 소문이 6월 하순 이래 수차례 퍼짐).[21]

---

21) 「조선왕궁에 대한 위협적 운동 계획」. 『日清戰史草案』(日清戰爭 第5篇 第11章 第3草案). 나카츠카, 『1894년, 경복궁을 점령하라!』, 66-69쪽 수록.

'정당방위 응사'를 운위하는 이 계획은 경복궁 침입이 남의 집에 침입한 강도가 주인의 방어조치에 대항하는 격의 적반하장 술책으로 국왕을 포로로 잡는 것을 핵심목표로 하는 침공작전임을 여실히 드러내주고 있다. 그리고 왕궁에 직접 침입한 부대는 제21연대 연대장과 제2대대장이 이끄는 제2대대라는 것도 확실하게 알 수 있다.[22)]

이어서 『일청전사초안』은 이 계획의 비밀유지 및 실행대비와 관련해 이렇게 기록하고 있다. "위의 계획은 처음부터 비밀로 하여 아직까지 각대에 공식적으로 하달하지 않았다. 각 부대장에게만 훈시하고 부대에는 '23일이 밝기 전부터 경성으로 행군한다'라고만 공식 전달했다. 이렇게 해서 출발해야 할 각 부대는 22일부터 집합, 야영하며 때가 오기를 기다렸다." 그리고 『일청전사초안』은 이 계획의 핵심취지를 이렇게 분명하게 정리하고 있다.

> 이상의 계획을 생각하건대, 보병 제21연대장이 직접 인솔하는 동同 연대 제2대대와 공병 1소대로 이루어진 일단의 부대를 동작의 핵심으로 삼아 이 부대로 하여금 불시에 왕궁으로 침입해 한병韓兵을 구축하고 국왕을 포로로 잡아(虜; 뒤에 이 '虜' 자를 사선으로 긋고 오른 쪽 여백에 '奉[받들다]' 자를 써넣음 – 인용자) 그것을 수호하도록 하는 데 있음. 그리고 그 외의 모든 부대는 외부를 맡아 그 일부는 주로 경성의 모든 병영의 한병을 감시하고 무기를 압수해 왕궁을 돕지 못하게 하며, 핵심부대가 목적을 달성할 수 있게 돕는다. 또한 일본과 구미歐美의 관민 모두와 이하응 일파에게 위해를 끼치지 못하도록 하고 다른 일부는 만일의 경우를 대비해 경성의 여단 막영지를 수호하는 일을 맡는다.[23)]

---

22) 청일전쟁 직후 박문관博文館에서 발행한 『日淸戰爭實記』는 제21연대 제1대대 모리마사타카 소좌가 국왕을 생포하고 알현한 것으로 거짓 기술하고 있다. 참조: 박종근, 『淸日戰爭과 朝鮮』, 58쪽.

23) 『日淸戰史草案』(日淸戰爭 第5篇 第11章 第3草案). 나카츠카, 『1894년, 경복궁을 점령하라!』, 70쪽 수록.

『일청전사초안』은 경복궁침공이 우연한 불의의 사고가 아니라, '계획적 침공'임을 스스로 토설하고 있다. 위 계획에 따르면, 경복궁침공의 핵심목표는 '국왕의 생포'이고, 이 일을 행하는 '핵심부대'는 제21연대 제2대대이며, 나머지 부대들은 모두 공병소대를 대동한 이 핵심부대 1,030여 명의 핵심작전을 외곽에서 지원하기 위해 동작한다.

또한 이 작전계획은 이 국왕생포 작전이 실패하는 경우에도 대비하고 있다. "국왕을 받드는 것이 일본공사가 희망하는 바지만, 그 도주를 막기 위해 신체를 상하게 하는 일이 있으면 쉽지 않은 큰 사건을 불러일으킬 염려가 있기에 공사는 설령 왕이 도망가도 그 신체에 해를 가하지 말 것을 여단장에게 요구했다. 이 같은 공사의 뜻은 국왕이 도주하더라도 이하응을 섭정으로 삼아 임시정부를 조직한다는 안이 있었기 때문이다. 즉, 왕궁을 위협하고 협박할 때 창의문을 개방할 수 있었기 때문이다." (물론 이 '이하응섭정안'은 그 당시 여건에서 실행했다면 대원군의 민심상실로 완전히 실패했을 것이 틀림없는 어리석은 대안이다.) 이 구절은 제3초안의 손질과정에서 새로 추가된 내용이다. 이것으로 7월 23일(음력 6월 21일)의 왕궁점령은 결코 한일 양국 병사들의 우연한 충돌에서 빚어진 것이 아니라, 본국정부의 명령을 받은 일본공사관과 일본육군 혼성여단이 하나가 되어 사전에 주도면밀하게 준비한 작전계획에 근거했다는 사실, 그리고 그 작전은 국왕의 생포 및 왕궁과 그 주변의 서울 중추지역의 전면적 점령이었다는 사실이 이 기록에 의해 명백히 밝혀졌다.[24]

『일청전사초안』은 '조선왕궁에 대한 위협적 운동 계획'에 따라 실행된 조선왕궁 침공과정에 대해서도 상세하게 기록하고 있다. "모든 준비가 완전히 끝나자 여단장은 밤을 새우며 시기를 기다렸는데 23일 오전 0시 30분쯤 '계획대로 실행하라'는 공사의 전보가 도착했다. 이

24) 박종근, 『淸日戰爭과 朝鮮』, 70쪽.

를 기점으로 혼성여단은 7월 23일 조선왕궁에 위협적 운동을 일으킨다."『일청전사초안』에 따라 침공과정을 서술하자면 이렇다. 7월 23일 오전 0시 30분 공사의 전보를 받은 오오시마 여단장은 모든 부대를 향해 계획을 실행할 것을 명령하고 또한 사람을 시켜 서울-의주 간과 서울-인천 간 전선을 절단해 이 일이 청나라에 빠르게 전해지는 것을 막으면서 막료들을 이끌고 일본공사관으로 지휘부를 옮겼다. 핵심부대(제21연대 제2대대)를 이끄는 타케다 중좌는 제6중대로 하여금 남대문 쪽으로 입경해 왕궁 동쪽의 건춘문에 도착, 안에서 문이 열릴 때까지 기다리도록 먼저 파견하고, 자신은 다른 부대를 지휘해 왕궁 서쪽의 영추문으로 들어가기 위해 서대문을 통해 입경한다. 단, 왕궁의 모든 문이 폐쇄된 경우에는 처음부터 파괴하고 침입할 각오이며, 이를 위해 가와우치노부히코(河內信彦) 중위에게 제5중대의 2분대를 딸려 공병소대와 함께 문을 여는 일과 그 문을 수비하는 일을 맡겨야 하므로 이 부대를 선두로 한다. 그다음으로 제7중대, 제5중대의 순서로 행진한다.

이렇게 작정하고 타케타 중좌가 지휘하는 부대가 영추문에 도착했는데, 대문이 굳게 닫혀 있어 들어갈 수 없었다. 북쪽 금화문을 살펴보았지만 역시 막혀 있었다. 결국 영추문을 부수기로 결정하고, 공병소대가 폭약을 장치해 시도해보았으나 폭약의 양이 적어 파괴하지 못했다. 세 번 더 시도해보았지만 결국 부수지 못하고 도끼를 써도 부술 수 없었다. 이에 긴 장대를 성벽에 걸어놓고 고용통역관이 먼저 기어올라 문 안으로 들어갔고 이어서 가와우치 중위가 장대에 의지해 벽을 넘어가 안에서 문을 열고자 했으나 역시 실패했다. 결국 안과 밖에서 도와 톱으로 빗장을 절단하고 도끼로 대문을 부수어 가까스로 문을 열었는데, 이때가 오전 5시였다. 가와우치 중위의 2분대가 먼저 돌입하면서 문을 지키고 제5중대와 제7중대가 진입했으며 제7중대는 함성을 지르며 곧바로 광화문으로 나아가 조선 수비병을 구축하고 점령한 다음 안에서 광화문을 열어젖혔다. 그리고 그 1소대는 다시 건춘문으로 이동해 안에서 문을 열었다. 그사이 조선 수비병은 저항 없이 모두 북쪽으로 퇴각했다. 처음 민영순이 통솔하는 평양 구영병舊營兵 500명은 서별궁과 의빈부에 분산 주둔했는데, 이때 서별궁의 병력이 교체되어 내병조內兵曹로 들어갔고 경리청經理廳 병력 200명은 신영新營을 수비하고 있었다.

제6중대는 예정대로 남대문으로 들어가 오전 4시 20분 건춘문에 도착했는데, 문밖에 있던 조선병사들이 이들을 향해 포격과 사격을 가하자 즉각 응사했다. 5시가 조금 지나 영추문으로 들어온 7중대 1소대가 도착해 안에서 문을 열어 곧바로 문 안으로 진입했다. 건춘문으로 들어온 제6중대는 다시 북방의 춘생문, 신무문, 순거문을 점령하라는 임무를 부여받고 병력을 나누어 조선병사를 추격하면서 왕궁 내부를 지나 북쪽으로 일제히 행진했다. 그런데 춘생문으로 향하던 부대가 왕궁 북부 외곽에 이르자 북쪽 소나무 숲에서 북쪽으로 퇴각한 왕궁 호위병들인 듯한 조선병사들의 사격을 받고 응사했다. 이때 제3중대는 근처 왕궁성벽의 외부에서 남쪽의 병사와 총격전을 벌이고 있었다.

이때 제5중대는 군기를 호위하면서 타케타 연대장, 야마구치 대대장과 함께 광화문 안에 있었는데 북쪽에서 총성이 들려오자 연대장은 군기호위 임무를 광화문을 수비하던 제7중대에 넘기고 야마구치로 하여금 제5중대를 이끌고 제6중대를 지원케 했다. 제5중대는 즉각 건춘문 안에서 성벽 안쪽을 따라 북진했다. 야마구치 대대장은 건춘문 누각에 올라 일반적인 정황을 관찰한 뒤 제5중대를 뒤따랐다. 이때 외부독판 조병직이 궁내에서 나와 오오토리 공사와의 면담을 청했다. 야마구치는 허락하고 호위병을 따라 광화문으로 나가게 했다. 제5중대가 지원하자 제6중대에 맞서 저항하던 조선병사들이 속속 왕궁성벽을 넘어 백악 방향으로 퇴각하면서 양쪽 사격이 가까스로 멈추었다. 때는 오전 7시 반이었다. 따라서 총격전 전투는 오전 4시 20분부터 이때까지 무려 세 시간 남짓 계속된 것이다.

왕궁을 점령하자 국왕을 찾는 것은 핵심부대 21연대 제2대대장 야마구치 소좌의 급무가 되었다. 『일청전사초안』은 "이제 핵심 동작으로 남아 있는 것은 단지 왕궁 내부를 수색해 국왕을 수중에 넣는 데 있다"라고 한 원문을 "이제 핵심은 그저 왕궁 내부를 수색해 국왕의 소재를 발견해 포위하는 데 있다"로 손질해놓고 있다. 야마구치는 제5중대와 제6중대 2분대에 수색을 명했다. 잠시 후 "국왕이 옹화문 안에 있고 조선병사가 지키고 있다"는 보고가 들어왔다. 야마구치는 부하들의 사격을 제지하고 직접 왕이 있는 곳으로 갔다. 국왕은 옹화문 안의 함화당에, 왕비와 후궁들은 집경당에 있었는데, 전투가 시작되자 왕비가 함화당으로 거처를 옮겨 국왕과 함께 있었다. 야마구치가 도착했을 때 제5중대의 병력 일부가 이미 옹화문 안에 있고 한 왜군 장교가 조선관리와 담판 중이었다. 우포장 김가진 등 여러 한리韓吏들이 야마구치에게 "외무독판이 지금 오오토리 공사가 있는 곳으로 가서 담판 중이니 그가 돌아올 때까지 병사들을 옹화문 안으로 들여보내지 말라"고 요구했다. 그러자 야마구치는 "문 안에 있는 조선병사들을 보라. 만약 그들이 가지고 있는 무기를 내게 넘겨주지 않는다면 요구에 응할 수 없다"라고 주장했다. 김가진 등 한리들이 말을 듣지 않자 야마구치는 칼을 빼들어 군대를 명하고 김가진 등을 질타하면서 문 안으로 돌입하려고 했다. 그들은 크게 놀라 대대장의 요구를 받아들여 국왕의 재결을 얻을 때까지 미루기를 청했고 잠시 후 문을 열고 나와 조선병사들의 무기를 내주었다.

야마구치는 즉각 국왕 알현을 청해 "지금 뜻하지 않게 양국의 병사들이 교전해 전하의 마음을 괴롭게 한 것은 외신外臣이 유감으로 여기는 바입니다. 그렇지만 귀국 병력이 이미 우리에게 무기를 내주었습니다. 우리 병사들이 옥체를 보호해 결코 위해가 미치지 않게 할 것입니다. 전하, 이것을 이해해주시오"라고 감언이설과 거짓말을 늘어놓았다. 이때부터 옹화문 안에 있는 조선병사들의 무기는 물론이고, 문 안에 숨겨둔 무기들까지 모두 순거문 밖으로 옮겼다. 제5중대를 옹화문에 집합시켜 궁궐 주위에 초병을 배치해 경계했다.

야마구치의 왜군부대는 국왕의 소재를 어떻게 알았을까? 그리고 무기회수를 막은 사람들이 한리였다는 기록이 맞을까? 혼성여단의 전투보고서는 오전 5시 40분 왕궁으로 들어온 우포장 김가진에게 국왕의 소재를 물어 길을 인도하게 했다고 기록하고 있다. 그리고 "외무독판이 지금 오오토리 공사가 있는 곳으로 가서 담판 중이니 그가 돌아올 때까지 병사들을 옹화문 안으로 들여보내지 말라"고 요구하며 무기를 몰수하려는 왜군을 가로막은 사람은 김가진 등 '한리'가 아니라 '국왕' 자신이었다고 기록하고 있다.[25] 따라서 이 기록에 따르면 국왕의 소재를 알려준 자는 김가진이다. 그러나 『코리안 리포지터리(한국휘보)』에 의하면 조희연일 수도 있다. "왜군이 1894년 7월 23일 왕궁을 장악하기 전에 조희연은 아무런 중요한 지위도 없었으나 그날 거의 왜군과 동시에 궁궐로 들어갔고, 왜군과 같이 행동한 것으로 추정된다. 그는 한국군 장군으로 임명되었고, 그 직후 군부협판으로, 또 군부대신 대리로, 그리고 오래지 않아 군무대신으로 임명되었다. 그는 왜군이 대련을 장악할 때 그곳에 시찰차 파견되었지만, 그의 부재 시에 그의 집무실에서 횡령자금으로 얘기되는 상당한 불법 사항이 발견되었고 귀환 도중에 해임되었다. … 지난 10월 8일 왕궁이 침입당하고 왕후가 살해당할 때 조희연은 미우라(三浦)가 도착하자마자 궁궐에 있었고 아마 왕후를 살해한 지 두 시간도 되지 않아 군부대신에 임명되어 조선훈련대의 지휘가 맡겨졌다."[26] 이 보도로 보면, 국왕의 소재를

---

25) 「混成旅團報告」(從 明治 二十七年 六月 至同年 九月 混成第九旅團 第四 師團 報告; 日本防衛廳 防圍研修所 所藏), 7월 23일 기록. 나카츠카, 『1894년, 경복궁을 점령하라!』, 82쪽에서 재인용.

왜군에게 알려준 친일괴뢰는 조희연일 수도 있다. 그리고 『혼성여단보고』에 의하면, 야마구치가 "칼을 빼들고 군대를 명해" 위협한 대상은 한리들이 아니라 바로 국왕이었던 것이다. 아무튼 경복궁침공 작전이 완전히 끝난 때가 오전 9시였다. 경복궁침공과 국왕생포를 위한 왕궁 내외의 전투가 장장 다섯 시간 동안 진행된 것이다.

그러나 왕궁 주위의 전투는 서울 조선군의 항전으로 오후 2시를 넘기며 계속되었다. 『일청전사초안』은 경복궁 주위의 조선 측 군사시설을 모조리 점령해 무장을 해제시킨 사실에 대해서도 상세히 기록하고 있다. 곳에 따라 "조선병사들은 심히 항거했다". 특히 경복궁 북쪽의 고지에서 시작된 조선군의 총격은 "오후 2시경에 이르러서도 그치지 않았다".[27] 얼마 뒤 왜군은 국왕으로부터 '사격중지 왕명'을 강취해 와서야 완강한 조선군 진지를 접수할 수 있었다. 왜군은 오전 3시 대원군을 데리러 마포에 도착한 제6중대(중대장 대위 타카미사토루[田上覺])가 대원군의 버티기로 인해 오전 11시에야 대원군을 강제 납치해 왔으며, 오후 3-4시경 경복궁 외곽의 조선군의 저항을 진압한 뒤 왜군사령관은 보병 제21연대 제2대대에 왕궁수비를 명령하고 약간의 부대를 왕궁 외곽 요소에 남기고 나머지 왜군은 오후 5시부터 6시 사이에 용산 막영지로 철수했다. 이로써 전 작전이 일단락되었다.[28]

왜군 제11연대 제1대대 이치노헤효오에(一戶兵衛) 대대장이 22일 오후 7시 제3중대에 동대문과 광희문을, 제4중대에 동북문을 점령하라고 명령함으로써 개시된 경복궁침공·국왕생포 작전은 실은 이렇게 이틀간 무려 22시간 동안 진행된 군사작전이었던 것이다. 왜군이 "국왕을 총검으로 협박했고" 다시 "총검을 들고 문자 그대로 국왕을 보호하고 있던 조선병사의 무장을 해제시킴으로써 무방비 상태가 된 국왕

26) *The Korean Repository* (February 1896), 'The Outlawed Army Officers', 89-90쪽.
27) 나카츠카, 『1894년, 경복궁을 점령하라!』, 83쪽.
28) 나카츠카, 『1894년, 경복궁을 점령하라!』, 84쪽.

을 포로로 삼은 것"이 이 왕궁침공 작전의 "진상"이었다.[29] 그러나 공식전사 『명치 이십칠팔년 일청전사』는 이를 "양국 군대의 예기치 못한 충돌"로, 그리고 총검에 의한 국왕의 생포를 "옥체를 보호하는 것"으로 위조했던 것이다. 오오토리는 8월 5일 조선주재 일본영사들에게 "다음 날 23일 오전 3시경 보병 1개 연대 포·공병 약간을 남문·서문으로 출동시켜 왕궁 가까이 나아가게 했더니, 조선군이 먼저 발포해 이에 항거했으므로 우리 군대도 이에 응전해 곧 왕궁으로 쳐들어가 대항하던 조선군을 축출하고, 국왕·왕비 및 세자궁을 보호해 모시고 그대로 왕궁을 호위하고 있습니다"라고[30] 완전히 외교적인 미사여구로 왜곡해 기술하고 있다.

그리고 경복궁 점령과 동시에 왜군들은 포로가 된 국왕으로부터 강취한 정전(停戰)명령을 이용해 왕궁수비군과 친영군의 무장을 해제시키고 나서 막대한 병기를 강탈하기 시작했다. 왜군이 탈취한 무기는 각종 대포 30문(이 중 8문은 크루프 산포山砲), 기관포 8문, 모젤·레밍턴·마르티니 등 최신식 소총 3,000정, 무수한 잡무기, 군마 15두, 조선화폐 몇 가마, 방대한 양의 탄약 등이었다. 여기에는 성능이 우수한 독일제 연발총도 다수 들어 있었다. 국왕이 나와 이 무기몰수를 저지하려고 했으나 왜군은 거절했다.[31] 탈취한 무기는 수효가 너무 많아 이미 보낸 왜군 수송병 240명으로는 도무지 감당할 수 없어 병참부, 야전병원, 위생대의 인원까지 총동원해 운반했다. 탈취목적은 조선병이 재기해 다시 자신들을 공격하는 후환을 없애는 것이었다.[32] 이후 왜군

---

29) 나카츠카, 『1894년, 경복궁을 점령하라!』, 77쪽.

30) 『駐韓日本公使館記錄(이하 '일관기록')』, 十.諸方機密公信往 二, (11) '1894년 7월 23일 王闕근방에서의 日韓양군의 충돌과 日軍의 아산진격'(기밀 제147호, 1894년 8월 5일), 大鳥圭介→원산·부산·인천·경성 영사.

31) 박종근, 『清日戰爭과 朝鮮』, 64쪽.

32) 防衛廳 防衛硏修所 所藏, 「第五師團混成旅團報告綴」(1894年 7月22-23日條). 박종근, 『清日戰爭과 朝鮮』, 65쪽에서 재인용.

은 무장해제를 서울에서 지방으로 확대해나갔다.

갑오왜란이 닥치자 서울시민들은 왜군의 인천상륙과 서울침입부터 풍신수길의 임진왜란을 상기했다. 일본외무성의 보고에 의하면 서울과 인천에서는 "쌀과 땔나무 값이 폭등하고 인민은 곤란을 당해 내란(의병 – 인용자)을 일으킬 우려"가 있었다.[33] 왜군이 서울 성내를 행군하고 있던 6월 23일부터 "이고 지고 피란하는 사람이 길을 잇고 부잣집 또는 귀인의 가족들은 이미 8-9할까지 시골로 탈주했다".[34] 7월 23일 범궐犯闕격전 시에는 "하늘에 울려 퍼지는 포성에 나른한 잠의 꿈을 깬 한인韓人 수만 명은 일시에 당황해 도망 다녔다". 가구와 물건을 짊어진 남녀가 "길을 가득 채워 그토록 광윤廣潤한 종로 근방도 입추의 여지"도 없고 "사민士民이 도망가는 참상은 차마 눈뜨고 볼 수 없는" 상태였다. 도망갈 수도 없는 빈민들은 그저 망연자실해 주저앉아 있었다.[35] 풍설과 유언비어로 가두정치를 하던 "호랑이들의 두루마리"를 든 조선정객들의 왕래가 그날 밤 각별하게 빈번했고 삼청동의 횡문과 죽동의 정객들이 남산 기슭의 일본공사관이나 러시아공사관과 빈번히 왕래했으며, 성내 시민들은 어린것들의 손을 끌고 노인들을 어깨에 짊어지고 혹은 교자나 말 등에 혹은 소달구지에 사람과 화물을 잡스럽게 가득 적재하고 동대문으로, 남대문으로, 서대문으로 피난하는 행렬이 홍수를 이루었다.[36] 갑오왜란에 전쟁책임이 있는 스기무라후카시 일본공사관 서기관도 "성내주민의 6-7할은 피란을 하여" 서울 번화가에도 행인의 수가 극히 적어 새벽하늘의 별처럼 불과 몇 명 헤아릴 정도였다"라고 적고 있다.[37] 조선백성의 피란행렬

---

33) 日本外務省 編, 『日本外交文書』[제27권 제II책], 225쪽.

34) 『東京日日新聞』, 1895년 7월 9일; 『東京朝日新聞』, 7월 6일.

35) 『東京日日新聞』, 1895년 7월 30일. 박종근, 『淸日戰爭과 朝鮮』, 196쪽에서 재인용.

36) 菊池謙讓, 『近代朝鮮史(下)』, 286쪽.

37) 杉村濬, 『苦心錄』, 56쪽.

은 도성만이 아니라 전국에 걸쳐 일어났다.[38]

김윤식은 『속음청사』에서 당시 서울의 절망적 상황을 이렇게 적고 있다.

> 21일(양력 7월 23일) 일본병들이 궁궐에 들어와 안팎을 둘러싸서 갑신년 12월 정변 때처럼 안팎을 격절隔絶·불통시켰고, 밖으로 경대부와 재상들의 여러 귀가貴家에는 다 병력을 파견해 둘러싸고 지켰다. 온 도성이 달아나고 숨어서 인적이 끊어지고 우리나라 사람들은 감히 고개를 내밀지 못했다. 오직 일병日兵만이 가득 몰려다니며 인가에 난입해도 아무도 감히 수하誰何하지 못했다. 도성 안 사람들은 다 속수무책으로 하늘만 멍하니 바라보았다. 각 병영의 군대는 거개가 도망가 흩어지고 소지한 무기는 다 일병들에게 탈취당해서, 조석 간에 무슨 화액禍厄과 변고가 생길지 몰랐다. … 시사時事가 이와 같으니 이를 어찌할 것인가. 통곡 또 통곡이다.[39]

서울 안팎에는 단 한 명의 조선군도 남아 있지 않았다.[40] 서울 안팎이 이런 지경이었으므로 김윤식 같은 대관大官도 통곡하고 또 통곡하고 있었다. 이것으로만 봐도 제2의 임진왜란으로서의 갑오왜란이 조선 백성들에게 얼마나 가공할 충격을 가했는지를 알 수 있다.

경복궁은 7월 23일 침공 이후 8월 24일까지 왜군이 안팎으로 점령하고 있었다. 8월 24일에야 왜군은 소총 200정을 조선군에 반환했고 소총을 반환받은 조선군은 이날부터 궁궐수비에 들어갔다.[41] 왜군이

---

38) 참조: 박종근, 『清日戰爭과 朝鮮』, 196쪽.

39) 金允植, 『續陰晴史(上)』, 325쪽. 『續陰晴史』 卷七, 高宗 31年 甲午 正月~12月, 高宗 31年 甲午 6月.

40) 『일관기록』, 十.諸方機密公信往 二, (2)'事變後 大闕內의 動靜과 內政改革進行 및 外交上의 變更'(1894년 7월 27일), 大鳥→陸奧.

41) 『일관기록』, 七.歐文電報往復控 四, (61)'대궐수비병의 철수 및 무기의 반환 보고'(1894년 8월 25일), 경선공사관→陸奧: "노츠(野津)와 협의한 후 우리 군대는 8월 24일 대궐에서 철수하고 그때부터 조선 군대가 대신 들어섰음. 소총은 이미 200정이 조선정부에 반환되

왕궁을 봉쇄한 한 달 동안 조선 대신과 관리들은 왜성대에서 발급한 '문표門票'가 없으면 궁문출입이 불가능했다.[42] 왜군의 총검이 번득이는 이런 공포분위기 속에서 소위 '갑오경장'의 막이 올랐던 것이다.

4) 군용전신선·병참기지의 무단설치와 전신선의 강탈

왜군은 조선에 대한 무단침공의 개시와 동시에 조선정부로부터 철도이권을 강탈해 우선 경인철도와 경부철도를 긴급히 부설해 당장의 조선침략과 대륙침략의 수행과정에서 병력수송에 이용하고자 했다. 그러나 이 기도는 조선정부의 저항, 철도이권에 관심을 가진 각국 공사관의 경합적 요구, 일본자본주의의 미성숙으로 말미암은 자본력 부족 등으로 인해 결국 좌초되었다.[43] 그러나 군용전신선의 전국적 불법설치와, 기존의 조선전신선 강탈은 밀어붙였다.

왜군은 1894년 6월 조선침략을 개시하면서부터 조선정부의 항의에도 불구하고 무단으로 군용전신선을 전국적으로 가설하고 각지에 병참기지를 설치하기 시작했다. 이것에서 일본이 갑오년 군사작전으로 조선을 영구 정복하려는 침략의도가 더욱 선명하게 드러난다. 왜군의 전신선 가설 이전에 조선에는 경인선·경의선·경부선·경원선 등 네 줄기의 전신선이 이미 가설되어 있었다. 그중 경인선과 경의선(소위 '서로전신선')은 조선정부가 조청전선조약(1885. 6. 6.)에 따라 청국으로부터 차관을 얻어 착공하여 1885년 10월에 완공했었다. (이 전신선은 조청조약 5조에 의거해 일단 청국이 관리하되, 1895년까지 차관을 다 상환한 뒤에는 명실상부한 조선소유로 넘어가 조선정부가 관리하게 되어 있었는데,[44] 조선정부는 이미 차관총액 10만 량 중 3만 6,500량을 상

---

었으며 8월 25일이나 8월 26일에 추가로 200정이 반환될 것임. 나머지는 군사적 측면의 불안으로 지금은 반환하지 않을 것이나 사태가 좀 더 안정되면 그것도 즉시 반환하겠음."

42) 『일관기록』, 十.諸方機密公信往 二, (2)'事變後 大闕內의 動靜과 內政改革進行 및 外交上의 變更'(1894년 7월 27일), 大鳥→陸奧.

43) 참조: 박종근, 『淸日戰爭과 朝鮮』, 110-117쪽.

환한 상태였다.[45]) 다른 한 줄기는 조선이 1888년에 가설한 경부전신선(소위 '남로전신선')이었다. (나가사키와 부산 사이는 1884년 일본이 가설한 해저전신선에 의해 이미 연결되어 있었다.) 조선의 경부전신선은 서울-공주-전주-대구-부산을 잇는 것이다. 이어서 조선정부는 1889년 공주에서 청주를 잇는 지선을 가설했다. 그리고 다른 한 줄기는 1891년 조선정부가 건설한 경원선이었다. 이것은 서울-춘천-원산을 잇는 줄기였다.[46])

그러나 왜군은 이 전신선들을 외면하고 서울을 침공하면서부터 무단으로 군용전신선을 깔기 시작했다. 그들은 조선정부의 반대를 무시하고 7월 8일 군용 경인전신선 가설에 착공하여 12일 개통시켰다.[47]) 타국의 영토에 군용전신선을 가설하는 행위는 그 자체가 불법적 영토침략이었다.[48]) 당연히 조선군은 이 전신선을 절단하려고 나섰다. 7월 중순경부터 일단의 조선병사들이 전신선을 절단하자 왜군은 전신선을 산간으로 옮겼다. 그러나 조선병사들은 또다시 이 산간전신선을 절단하여 철거해버렸다. 경상좌도 수군절도사 이병승이 "일본인이 전선을 설치한다고 제멋대로 내지를 돌아다니는데도 수사水使의 직책에 있는 몸이면서도 금지하지 못했으니 황공하여 대죄待罪합니다"라고 아뢰는 기록을[49]) 보면, 당시 조선관리들이 왜군의 전신선 무단설치와 내지침입을 주권침해와 침략으로 여겼음이 틀림없다. 그래서 조선병사들이 산간전신선까지 절단하여 철거해버린 것이다. 이에 왜군은 이

---

44) 電氣通信事業八十年社編纂委員會 편, 『電氣通信事業八十年社』(서울: 大韓民國 遞信部, 1966), 45-47쪽.

45) 伊藤博文, 『秘書類纂 朝鮮交涉資料』[1936](서울: 태산문화사, 1984). 박종근, 『淸日戰爭과 朝鮮』, 118쪽에서 재인용.

46) 박종근, 『淸日戰爭과 朝鮮』, 118쪽.

47) 日本防衛廳 防衛研修所 所藏, 「第五師團混成旅團報告綴」(1894年 7月 12日條). 박종근, 『淸日戰爭과 朝鮮』, 119쪽에서 재인용.

48) 참조: 박종근, 『淸日戰爭과 朝鮮』, 119쪽.

49) 『高宗實錄』, 고종31(1894)년 6월 22일(양력 7월 24일).

전신선 보호를 위해 병력을 투입하여 조선군을 불법적으로 체포했다.[50] 이 체포도 주권침해이고 침략행위였다.

또 왜군 대본영 참모총장 타루히토(熾仁) 친왕은 6월 27일 혼성여단장 오오시마 소장에게 조선반도를 남북으로 종단하는 경부京釜군용전신선을 가설할 것을 명했다. 이를 위해 2개 지대支隊를 편성하여 제1지대는 부산에서부터 착공하여 대구를 거쳐 청주로 북상하고 제2지대는 서울에서 착공하여 청주로 남하하도록 했다.[51] 일본정부도 이 명령에 의거해 군용전신선 가설을 결정했다. 이에 따라 7월 초순 경부간 군용전신선 부설을 위해 왜군 공병대와 인천의 인부 1,000명 중 일부가 내지로 파견되었다. 경부군용전신선은 군사정복 작전을 위해 조속한 완성을 목표로 4개 구로 나눠 동시에 착수·준공되었다.[52] 일본정부와 오오토리 공사는 군용전신선 계획단계에서 이 전신선 침략작전을 정당화하기 위해 1894년 6월 18일 조선정부를 압박해 이것을 '내정개혁안'에 집어넣었다. "전국 중요 성시城市를 통과하는 견고한 전신을 가설함으로써 통신왕래편을 열 것"이라는 규정이 그것이다.[53] 이 전신선 공사의 강행과정에서 이를 주권침해로 보고 이에 반대하는 오오토리 공사와 왜군 간에 손발이 안 맞는 경우가 잠시 있었지만, 아무튼 조선정부의 반대에도 불구하고 7월 14일 경부전신선 가설 공사는 개시되었다. 이 전신선은 8월 16일 개통되었고,[54] 이 전신선의 관리는 12월 5일 왜군 대본영의 관할로 넘어갔다.

경부전신선 가설 작업의 경우 처음부터 왜군들이 조선의 전신국을 탈취하고 주민에게 행패를 부렸기 때문에 조선인들과 잦은 충돌을

---

50) 『東京朝日新聞』, 1894년 7월 18, 20, 25일.

51) 『일관기록』, 五.機密本省及其他往來, (32)'電線架設 명령전달의 件'(1894년 6월 27일), 熾仁親王→大島義昌.

52) 박종근, 『清日戰爭과 朝鮮』, 119쪽.

53) 박종근, 『清日戰爭과 朝鮮』, 119-120쪽.

54) 박종근, 『清日戰爭과 朝鮮』, 120-122쪽.

빗었다. 8월 보름(음력 7월 22일)경에 한 첨사가 대구에 있을 때 쓴 서신에는 "일인이 동래에서 서울에 도착하여 새롭게 전기를 설치하고 또한 동래, 대구, 상주, 문경 등 여러 곳에 각각 진을 쳐서 군대 수천 명씩을 두었고 또한 대구의 전국電局을 빼앗아 전국위원을 쫓아냈다. 그들이 부린 행패로 말하면 조그마한 것은 다 듣기 어려울 정도다"라고 되어 있다.[55]

또한 왜군은 기존의 전신선을 무단 탈취하여 사용했다. 왜군은 왕궁침공 작전과 동시에 서울 조선전신국, 서울 청국전신국, 조선기기국을 무단 점령하고, 조선인 직원도 감금했다. 왜군은 경의선에도 새로운 군용전신선을 부분적으로 가설한 다음 기존의 경의·경원선도 불법 점거하여 사용했다. 그리고 이를 조선정부와의 '가假조약안'을 통해 조선정부로 하여금 추인하게 했다. 조선의 기존 전신선의 전신국은 서울, 인천, 평양, 의주, 부산, 대구, 전주, 청주, 원산 등 10개소에 있었는데, 왜군은 이 전신국들을 차례차례 무력 점령하여 무단 사용했다. 왜군은 전신기기의 접수와 동시에 서울과 마찬가지로 조선인 기사를 감금하여 강제노역을 시킴으로써 왜인기사의 부족분을 메웠다. 왜군의 북진에 따라 이런 짓은 반복되었다. 그럼에도 왜군은 전신기기와 기술인원들이 부족했다.[56]

왜군은 1895년 1월 일본정부와 조선정부 사이의 '한일전선설치조관속약續約개정'을 통해 조선 전역의 군용전신선을 '영구히' 장악하고 또한 그 밖의 모든 조선전신선과 장래 설치될 모든 전신선도 강제매입이나 일본의 독점부설권 획득을 통해서 영구히 점거하려고 기도했다.[57] 물론 조선정부는 이에 나름대로 저항했다. 아무리 친일괴뢰정부라고

55) 『隨錄』, 「甲午·李僉使在漢抵本官家書」, 『동학혁명자료총서(5)』. 국사편찬위원회 한국사데이터베이스.

56) 박종근, 『淸日戰爭과 朝鮮』, 122-124쪽.

57) 박종근, 『淸日戰爭과 朝鮮』, 125쪽.

하더라도 강제로 조직된 이 괴뢰정부의 대다수인은 "일본이 겉으로 조선의 자주독립을 주창함에도 기실 기회를 타 그 이익을 흡수하려고 하는 자들"이라고 생각하고 있었기 때문에 그들의 요구의 자가당착성을 지적하며 왜군의 강취를 합법화하려는 기도를 방어했다.[58] 그러나 왜군은 모든 군용전신선을 계속 불법 설치·운영했고, 강탈한 조선전신선도 조선에 반환하지 않았다. 시모노세키강화조약(1895. 4. 17.) 이후에도 왜군은 이 상태를 그대로 견지했고, 왜군부대를 조선 각지에 계속 주둔시켰다. 일제가 경의선과 경원선을 조선에 반환한 것은 고종과 백성의 저항과 반환요구가 더욱 격렬해진 아관망명 이후 시점인 1896년 7월이었다. 그래도 군용전신선 중 경부선은 왜군이 계속 불법 장악했고, 이 불법장악은 1945년 일제패망 후 9월까지 지속되었다.[59]

5) 축청逐淸위탁과 '조일맹약(조일동맹조약)의 강취

오오토리는 7월 23일 경복궁 점령과 국왕생포 이틀 뒤인 7월 25일(음력 6월 23일) 조선정부가 청군을 조선반도에서 구축하는 문제를 자신에게 위탁하도록 강제하여 이 위탁을 강취했다. 그러나 이 '축청逐淸위탁'의 강취는 대원군의 늑장전술에 걸려 적시를 넘기고 말았다. 그리하여 때늦게 강취된 이 축청위탁은 청군에 대한 왜군의 공격을 정당화하는 데 쓸 수 없었다. 왜군은 이 위탁을 강취하기 하루 전인 1894년 7월 24일 이미 풍도 앞바다에서 청군수송선을 공격하여 800여 명의 청군을 몰살시켰기 때문이다.

하지만 왜군은 조선반도 안에서의 군사적 지방정복 작전과 청일전쟁의 계속수행을 뒷받침하고 타국의 전쟁개입을 막기 위해 조일공수동맹을 시급히 필요로 했다. 그리하여 7월 26일 오오토리는 조일맹약(조일동맹조약)을 강취했다.

---

58) 박종근, 『淸日戰爭과 朝鮮』, 126-127쪽.

59) 박종근, 『淸日戰爭과 朝鮮』, 128-129쪽.

조일맹약(조일동맹조약)

[대조선국·대일본국] 정부는 [조선력으로 개국503년 6월 23일, 일본력으로 명치27년 7월 25일] 조선국정부에서 청병淸兵을 철퇴시키는 일사一事를 조선국 경성주재 일본국 특명전권공사에게 위탁하여 대신 힘써주도록 약속한 이래 두 나라 정부에서 청국에 대한 공격과 방어에 서로 도와주는 입장에 서게 되었다. 이와 관련하여 관계되는 사항을 명백히 밝힘과 아울러 두 나라가 일을 함께 이루어갈 것을 기약한다. 이에 두 나라 대신이 각각 전권을 위임받아 체결한 조약은 다음과 같다.

제1조 이 동맹조약은 청병을 조선국경 밖으로 철퇴시키고 조선국의 독립과 자주를 공고히 하며 조선과 일본 두 나라가 누릴 이익을 추구하는 것을 기본으로 삼는다.

제2조 조선국은 일본국이 청국에 대한 공수쟁전攻守爭戰을 담당할 것을 승인했으므로 군량 등 제반사항을 미리 주선하고 반드시 도움과 편의를 양여하는 데 힘을 아끼지 말아야 한다.

제3조 이 동맹조약은 뒤에 청나라와 평화조약이 체결되는 날을 기다려 파약한다.

이를 위하여 두 나라 전권대신들은 기명날인하여 증빙을 밝힌다.

대조선국 개국503년 7월 26일, 외무대신 김윤식.
대일본국 명치27년 8월 26일, 특명전권공사 오오토리게이스케.[60]

---

60) 『高宗實錄』, 고종31(1894)년 7월 22일. 이 기사는 앞선 날짜에 기입된 것으로 보아 나중에 잘못 삽입한 기사일 것임.

대원군은 앞서 러시아공사 웨베르를 인견하는 자리에서 "일본이 조선에 대하여 바라는 개혁은 너무 급격한 것이어서 좀 당혹하는 바가 있다"라고 하고 "청일 양국이 전쟁을 오래 계속한다고 하면 크게 동양평화에 방해가 될 것이므로 어떻게 하든지 각국의 주선에 의하여 조화되어야 할 것"임을 밝힌 바 있었다.

오오토리는 이를 탐지하자 즉시 본국 무쓰에게 보고했고 무쓰는 오오토리에게 친전을 보내어 "일본이 조선의 독립을 위하여 청국과 교전하고 있음에도 불구하고 대원군이 이를 마치 강 건너 불 보듯 하고 있는 것을 비난하고 청일 양국만이 교전국의 지위를 차지하고 조선은 마치 중립국과 같은 태도를 취한다면, 첫째, 타국의 간섭을 초래할 염려가 있고, 둘째, 일본정부가 대병大兵을 조선에 파견하는 명의名義가 없어져 드디어 타의 비난을 받을 염려가 없지 않으므로 차제에 조선으로 하여금 일본과 동맹하여 청국과 교전한다는 실증을 나타내도록 충분히 진력할 것"을 훈령한 바 있다. 이에 오오토리는 대원군·김윤식 등을 윽박질러 대청공수동맹의 「조일맹약」을 강취해 낸 것이다. 이로써 타국의 전쟁개입과 조선원조 기도를 막고 군량과 인마를 조선의 전국 각지에서 강매强買하거나 총검으로 징발할 수 있는 정치적·법적 기반을 마련했다.

## 제2절 강탈

### 1) 국보의 약탈

또한 경복궁 점령과 동시에 왜군들은 조선왕궁 안팎의 국가보물을 가차 없이 약탈했다. 황현은 이에 대해 이렇게 말하고 있다. "이에 일병들은 사방을 수색하고 다니며 대궐 내의 보화와 열조列朝의 진품珍品과 종묘의 기명器皿 등을 찾아 모두 인천항으로 싣고 갔으니 우리나라가 수백 년 동안 쌓아두었던 국보가 하루아침에 없어지게 되었다. 그리고 서울에는 조그만 군대도 없고 한 자루의 병기도 없게 되었다."[61] 괴뢰정부에 입각入閣한 김윤식도 "내별고에 쌓아놓았던 전화錢貨잡물은 모두 왜인에게 도둑맞아 완전히 비게 되었다"고 적시하고 있다.[62] 그리고 국왕의 밀사 민상호는 천진에서 이홍장에게 "오백 년간 중국으로부터 받은 인물印物을 왜倭가 모두 수거해 갔다"고 이르고 있다.[63]

이후에도 왜군의 약탈행위는 계속되었다. 9월 왜군은 평양공격 당시 병장기 외의 전리품을 약탈했고, 20관들이 16상자(총 320관)의 금·은괴를 배에 실어 일본으로 수송했다.[64] 조선의 보물을 절취·탈취한 것은 우발적 약탈이 아니라, 왜군의 공식적 군령사항이었다. 왜군의 '전시청국보물수집방법'의 머리에는 전시 청국에 인원들을 출장시켜 그 '보물'을 수집하고 매수케 한다고 적혀 있다. '보물'이란 "중국과 조선의 역대 고물古物"과 "일본의 국광國光을 발양케 할 물건"을 말한다. 이를 위해 평시에는 물론 일체의 호好기회를 이용하여 그 실행을 꾀하고, 전시 수집은 "평시에 도저히 얻을 수 없는 명품을 얻는 데 있다"라고 하고 있다.[65] '전시청국보물수집방법' 결정은 1894년 가을의 일

---

61) 黃玹, 『梅泉野錄』 卷之二 갑오(1894) 고종31년 6월 20일(음). 황현(이장희 역), 『매천야록 梅泉野錄(상)』(서울: 명문당, 2008), 717쪽. 기존 번역문을 손질 후 인용함(이하도 같음). 『오하기문梧下記聞』에서는 조금 달리 적고 있다. "여러 병영의 자재와 기계무기는 왜군의 소유가 되었다. 이에 왜인들은 사방을 뒤져 무릇 궐내의 재보와 누조累朝의 진완법기珍玩法器, 종묘의 술독과 제기를 다 쳐 싣고 가 인천항구의 왜관으로 수송했다. 국가가 수백 년 쌓은 것이 하루아침에 쓸려가버렸고, 서울에는 촌척의 병기도 남아 있지 않았다(諸營資械皆爲倭有 於是倭人四搶 凡闕內財寶 累朝珍玩法器 宗廟尊罍簠簋之屬 皆梱載以去 委輸仁川港館 國家數百年之積一朝蕩然 而京師無寸兵)." 황현(김종익 역), 『오하기문梧下記聞』(고양: 역사비평사, 1994), 151쪽. 번역본을 원본으로 인용하지만 원문대조를 통해 적절치 못한 번역들을 고쳐서 인용했다. 이하도 같다.

62) 金允植, 『續陰晴史(上)』, 6월 26일조.

63) 『淸光緖朝中日交涉史料』 제16, 9, 1303. 박종근, 『淸日戰爭과 朝鮮』, 65쪽에서 재인용.

64) 야스카와, 『후쿠자와 유키치의 아시아침략 사상을 묻는다』, 221쪽.

65) 『齊藤實關係文書』(일본국회도서관 헌정연구실 소장). 박종근, 『淸日戰爭과 朝鮮』, 66쪽

이지만 그 이전에 확정된 사안일 것이다.[66] 조선과 중국의 보물약탈은 일본의 재야노흉老凶 후쿠자와도 이미 갑오왜란·청일전쟁 참전왜군들에게 권장한 전시임무이기도 했다.[67]

왜군들은 민영준·응식·형식 등 서울의 민씨들의 사가私家도 약탈했다. 형조참의 지석영이 민영준을 죽일 것을 상소했으나 임금이 허락지 않고 버티는 사이 민영준은 위험을 피해 사가를 버리고 달아났다. 서울사람들 사이에 민영준은 그의 사가와 재물만 팔아도 나라의 3년간 군비를 쓸 수 있다는 재부를 긁어모았다고 소문이 났었다. 그래서 그랬는지 오오토리는 왜군을 몰아 경복궁을 침공함과 거의 동시에 민영준의 집을 제일 먼저 노략질하고 그 사가를 몰수했다.[68]

2) 인부·우마의 강제징발과 군량 강탈

왜군은 '번루물煩累物(비전투원)의 수반'을 줄이기 위해 내린 참모본부의 '인량어적因糧於敵' 훈령에[69] 따라 모든 군량을 조선에서 구하고 조선인들을 불법 징발하여 군량운반 인부로 썼다. 오오토리 공사가 청일전쟁이 '조선의 독립을 위한 의전義戰'이고 일본과 조선은 우방이라는 억지 논변을 내세워 지방관들로 하여금 왜군의 군사작전에 따른

---

에서 재인용.

66) 박종근, 『淸日戰爭과 朝鮮』, 66쪽.

67) 후쿠자와는 말한다. "눈에 띄는 것은 노획물밖에 없나니, 아무쪼록 이번에는 북경을 뒤져 금은보화를 긁어모으고 저 관민을 가릴 것 없이 아무것도 남기지 말고 빠뜨리지 말고 부피가 많이 나가는 것이 아니라면, '창창 되놈들의 옷가지라도 벗겨 가져오는 것이 야말로 바라는 바니라. 그 가운데는 유명한 고서화, 골동, 주옥, 진기珍器 등도 많을진저. … 한밑천 잡는 거야." 「漫言」(1894. 9. 20.), 慶應義塾 編, 『福澤諭吉全集』 제14권, 570쪽. 야스카와, 『후쿠자와 유키치의 아시아침략 사상을 묻는다』, 396-397쪽에서 재인용.

68) 황현, 『오하기문』, 182쪽.

69) 명치27년(1894) 6월 29일 참모총장 타루히토신노(熾仁親王)가 혼성여단장 오오시마요시마사에게 내린 '비전투원 감소 훈령'. 日本防衛廳 防衛研修所 所藏, 『自明治二十七 六月至同二十八年 六月 命令訓令 大本營副官府』 청구번호: 戰役·日淸戰役·15 所收, 49號文書. 나카츠카, 『1984년 경복궁을 점령하라!』, 191-193쪽.

군량수송을 돕게 하는 관명官命을 조선국왕으로부터 강취해냈지만, "군량을 적에게서 구하라"는 참모본부의 '인량어적' 훈령은 조선을 확실하게 '적국'으로 규정한 훈령이었다. 따라서 조선관민은 '인량어적'을 수행하라는 관명을 따르지도 않았고 왜군에게 협조하지도 않았다. 스기무라 서기관은 말한다.

> 서울사건으로 출발을 늦추었던 혼성여단은 7월 25일 출발을 시작했다. … 출병을 위해 많은 인마의 도움이 필요했으므로 누차 조선정부에 협조를 의뢰했다. 그래서 의정부는 일본병이 통행하는 지방의 책임자에게 왜군의 요구에 응해 인마, 그리고 기타 편리를 제공하고 편리에 충당된 일체의 비용은 일본병대로부터 받으라는 공문을 보냈다. 그러나 지방의 관민은 모두 의심을 품고 관명에 따르지 않았다. 그들은 '이것은 왜당倭黨의 소행이며 우리 정부의 참뜻이 아니다'라고 생각했다. 얼마 전까지 관민 모두가 은연중에 일본을 적대시해 음식과 인마 공급을 거절해왔는데 하루아침에 적군과 우군의 지위를 바꾸는 것이었기 때문에 지방 관민이 의심하는 것은 당연했다. … 나는 비상수단을 쓰기로 결정했다. 군대에서 기민한 병졸 20명을 선발하게 하고 거기에 순사 20명을 섞어 그들을 경성 근교의 요로(용산, 노량, 동작진, 한강, 동문 밖 등)에 나누어 파견해 통행하는 우마를 짐을 실었든 안 실었든 모조리 차출해오도록 지시했다.70)

왕궁점령과 국보·재물강탈 및 절취와 동시에 공사관과 혼성여단은 하나가 되어 이같이 곧바로 조선의 인부와 우마를 강탈하기 시작한 것이다.

왜군은 '조선의 독립을 위한 의전義戰'이라는 위장구호를 걸고 청일전쟁을 일으키고 수행한다는 구실 아래 부산에서부터 황해도·함경도

---

70) 스기무라후카시(杉村濬), 『재한고심록在韓苦心錄』(1904), 한상열 역, 『서울에 남겨둔 꿈』(서울: 건국대학교출판부, 1993), 132-134쪽.

지역까지 조선 전역을 군사적으로 점령해나갔다. 이 과정에서 왜군은 지방 조선군 및 의병, 그리고 동학농민군과 조우하여 전국 각지에서 전투를 벌이고 산중과 바다 도서까지 의병과 농민군을 추적했다. 당연히 왜군의 조선인부·우마·군량강탈과 보물·재물강탈도 전국적으로 확대되었다. 황현은 "청병淸兵이 육지를 따라 숨어 달아나 귀국하자, 대동강으로부터 의주만에 이르기까지 군읍은 다 약탈당했고, 수령들은 다 달아나 숨었고, 마을은 쑥대밭이 되어 밥 짓는 연기가 수백 리에 걸쳐 끊어졌다"고 적고 있다.[71]

## 제3절 '갑오왜란': 왜군의 군사작전의 침략성

### 1) 조선정부의 입국불허를 무시한 무단침입

조선정부는 6월 7일 일본공사관으로부터 왜군 파병의 통고를 받은 즉시 스기무라후카시 일본공사관 서기관에게 엄중 항의하는 동시에 주일 조선공사 김사철을 시켜 일본정부에 철병을 요구했다. 그리고 9일에는 참의교섭통상사무 민영호와 미국인 외무고문 르장드르(Charles W. LeGendre)를 인천에 급파하여 오오토리 공사가 데리고 온 해군 육전대의 서울 침입을 저지하려 했고, 10일에는 협판교섭상사사무 이용직을 양화진에 파견해 왜군의 입성을 담판으로 저지하려고 했다.[72]

나아가 조선정부는 6월 11일(음력 5월 8일) 전주화약과 왜군의 침입 등 새로운 정세에 대처해, 오오토리게이스케 공사가 6월 11일 혼성여단장에게 보낸 협의서에 의하면, "일단 청병淸兵의 출원出援을 청구했지만 그 후 일본이 파병, 입한入韓하는 사태를 만나자 이 사태를 매우 두려워해 거듭 청병이 상륙하지 않고 곧 되돌아갈 것을 청구했다".[73]

71) 황현, 『매천야록(상)』, 792쪽.

72) 박종근, 『淸日戰爭과 朝鮮』, 18쪽.

조선정부는 왜군을 철퇴시키기 위해 이제 필요가 없어진 청군에게까지 자주적으로 철병을 요구함으로써 왜군철병 요구를 강화했다.

그러나 오오토리는 이를 물리치고 왜군을 몰고 서울로 침입했다. 이에 독판교섭통상사무 조병직은 오오토리와 스기무라를 불러 왜군 경성침입의 부당성을 지적하고 즉시철병을 강도 높게 요구했다. 그러나 오오토리 공사는 막무가내로 군사작전을 밀어붙였다.[74]

2) 조약상의 국제법적 불법성

왜군 파병은 이중적 의미에서 '침략'이었다. 일본은 청일淸日 간의 '천진조약'(1885)이나 조일朝日 간의 '제물포조약'(1882)의 한 조항("일본공사관은 병사 약간을 두고 경위警衛한다")을 들어 파병을 정당화했다. 그러나 천진조약은 중국과 일본 간에 맺어진 조약으로서 일단 조선에 대해 법적 효력이 전무했고, 또 여기에는 군사파병 시의 상호통보 절차만을 규정한 것이고, 군사파병을 위해서는 별도로 조선정부의 요청이나 허락을 받아야 했다. 청군은 조선정부의 파병요청을 받은 반면, 왜군은 조선정부의 요청이나 파병·상륙허락을 받지 않은, 말하자면 '침략적 불청객'이었다. 게다가 천진조약 3조에 엄격히 의거한다면 6월 11일 전주화약으로 사건이 진정되었으므로 파병된 왜군은 즉시 철수하고 다시 주둔하지 않아야 한다. 천진조약 3조는 "장래 조선국에 변란이나 중대사건이 일어나 중일 양국 혹은 1국이 파병을 요할 때는 마땅히 우선 상대방 국가에 문서로 알릴 것이며, 그 사건이 진정되면 즉시 철회하고 다시 주둔하지 않는다"라고[75] 명기하기 때문이다. 전주

73) 日本防衛廳 防衛研修所戰史部 所藏, 「第五師團混成旅團報告」, 박종근, 『淸日戰爭과 朝鮮』, 36쪽에서 재인용.

74) 박종근, 『淸日戰爭과 朝鮮』, 18쪽.

75) 「텐진조약, 1885년 4월 18일」, 미야지마히로시·와다하루키·조경달·이성시 외 지음(최덕수 외 역), 『일본, 한국병합을 말하다』(파주: 열린책들, 2011), 「부록: 근대 한일관계사 관련사료 및 연표」, 442쪽.

화약 이후에도 일본이 조선에 왜군을 계속 주둔시키는 것은 오히려 천진조약의 이 3조를 위반하고 있는 것이다.

조선의 요청이나 허락이 없는 상태에서 일본이 일방적으로 파병할 수 있는 유일한 합법적 근거는 제물포조약의 "일본공사관은 병사 약간을 두고 경위한다"는 조항이었다. 그러나 이 '병사 약간'은 모호한 표현이지만 일본 측의 1개 대대 주둔 요구를 조선 측이 거부한 체약 당시의 취지로 보면 반드시 1개 대대(1,000명) 미만이어야만 했다.[76] 따라서 어느 조약을 보아도 8,000명에 달하는 파병은 불법이고, 이 병력의 조선상륙은 일단 그 자체로서 법적으로 '침략'이었다.

둘째, 왜군은 청군과 왜군의 개입위험에 공동대처하기 위해 체결된 동학농민군과 조선정부군 간의 1894년 6월 11일 '전주화약'으로 내란 상황이 종식되었으나 공관과 거류민 보호를 핑계로 조선의 인천과 부산에 무단 상륙하여 대거 용산에 주둔했고, 6월 23일경부터는 도성 내에서 위력시위용 군사행군을 개시하고, 7월 들어서는 한성의 요소요소를 점령하고, 마침내 1894년 7월 23일 새벽 4시 왕궁을 침범하는 '조선왕국에 대한 위협적 운동'이라는 군사작전을 수행하여 조선군과 전단戰端을 여는 한편, 야마구치게이조(山口圭藏) 대대장이 이끄는 21연대 2대대의 특공조를 통해 조선왕궁수비대를 유혈격파하고 왕의 처소를 급습하여 국왕을 생포했다. 그다음, 왜군은 생포한 국왕으로부터 '강취强取'한 '사격중지 왕명'을 이용해 23일 오후 2시까지도 완강히 저항하는 도처의 조선군을 제압하여 무장 해제시키고 왕궁 근처와 한성지역의 여러 병영을 무력 점령했다. 동시에 궁궐에서 수많은 보물들을 약탈했다. 그리고 전국 각지에 군용전신선을 설치하고 방방곡곡에 병참부대를 전개하는가 하면 이 전신선을 파괴하고 병참부대를 공격하는 동학군과 의병을 격퇴·추적하며 전신선과 병참기지를 무

76) 박종근, 『淸日戰爭과 朝鮮』, 23쪽.

단 설치하고 군사력으로 방어, 유지했다. 이것은 현행범적 행동으로 보여준 명백한 '침략'이었다.

3) 당대인과 오늘날 학자들의 침략성 인지

이런 의미에서 왜군의 파병과 군사작전 전개는 ① 조약상의 국제법적 불법성과 ② 현행범적 침략행동이라는 이중적 근거에서 조선에 대한 명백한 '침략전쟁'이었던 것이다. 그리고 그것은 조선인의 관점에서 '갑오왜란'이었다. 이런 까닭에 조선의 모든 유생과 의병, 그리고 동학군들은 당시 이 침략에 직면하여 상소문과 격문을 통해 풍신수길의 임진왜란을 상기시켰다.[77] 전봉준도 남원에서 1894년 8·9월경 왕궁침범 사실을 접하고,[78] 이 사태를 풍신수길의 임진왜란과 같은 것으로 인지했다. 그는 "금년 6월(양력) 이래 일본군이 그치지 않고 계속 우리나라에 온 것, 이는 반드시 우리나라를 병탄하고자 하는 것이라

77) 황해도 서흥부사 홍종연洪鍾淵은 청군과 내통했다는 혐의로 왜군 제5사단에 의해 일시 구금당한 적이 있었다. 『總理交涉事務衙門日記』, 고종31년 9월 2·12일. 高麗大學校亞細亞問題硏究所 舊韓國外交文書編纂委員會 편, 『舊韓國外交文書(3)』(서울: 高麗大學校出版會, 1967), '日案' 2178·3203호, 고종31년 9월 2·12일. 유생 시절 홍종연은 외부협판과 총리대신에게 이런 내용의 서신을 보냈다. "일본이 특명전권대사를 파견하고 군력을 기울여 우리의 보전을 위해 꾀하고 의義를 이루려 하니 자못 감동적인 일이긴 합니다만, 우리는 개국 이래로 내치와 외교를 스스로 담당해오고 남의 제어를 받지 않았으니 본래 자주국이었습니다. 어찌 일본의 권유를 기다릴 필요가 있겠습니까. … 아! 저들 일본은 지난날 임진·계사년에 명분 없는 군사를 일으켜 우리 강토를 쳐들어와 백성을 짓밟아 시혈屍血이 산하를 메웠으며 수급首級을 수레로 날라 높은 무덤을 이루기까지 했으니, 우리가 저들에게 무슨 원한을 끼쳤기에 저들은 우리의 원수가 되어 백세토록 잊지 못하는 꼴이 되었습니까. 지사들이 생각하면 참으로 눈이 찢어지고 머리칼이 곤두설 일이니 더 말해 무엇하겠습니까. 그런데 근래에는 시의에 따라 노여움과 슬픔을 참고 그들과 수호·통상하면서 점차 이웃나라와의 교제를 성숙시켜 함께 개화를 기약코자 하던 참에 어떻게 갑신의 사변이 있을 수 있습니까. 그 사변의 속사정은 행인들도 다 아는 일로 저들의 속셈이 드러났는바, 西鄕隆盛의 정한론征韓論에 따르지 않았음을 많이 후회하고 있으며 만일 천하의 현재 시세와 함께하여도 더 영화롭지 못한 것은 무엇 때문입니까. 豊臣이 함께 집어삼키려던 것과 일맥상통한 행동거지였던 것입니다." 『일관기록』, 一.通常報告 附雜件, (17)'閔泳駿과 李冕相 問答 등에 관한 件' 중의 「儒生 洪鍾淵이 外部督辦과 總理大臣에게 올린 書翰」(발신년도 미상).

78) 박종근, 『淸日戰爭과 朝鮮』, 213쪽.

고 여겨 임신(임진의 오기)년의 화란禍亂을 생각했다".[79] 전봉준은 왜군의 무력범궐과 국왕생포 사태를 '정복(병탄)전쟁'으로 간파한 것이다. 그는 "일본군대가 대궐로 들어갔다는 말을 듣고 필시 일본인이 우리나라를 병탄하고자 하는 뜻인 줄 알고 일본병을 쳐서 물리고 그 거류민을 국외로 구축할 마음으로 다시 기병을 도모했다(日本軍隊가 大闕로 드러갓단 말 듯고 必是 日本人이 我國을 倂呑코져 ᄒᆞᄂᆞᆫ 뜻신 쥴 알고 日本兵을 쳐물니고 其居留民을 國外로 驅逐ᄒᆞᆯ 마음으로 다시 起兵을 圖謀했다)"라고 말했다.[80] 이런 까닭에 제1차 봉기에서 척왜양斥倭洋·제폭구민除暴救民·광제창생廣濟蒼生, 즉 반제반봉건의 양면목표를 내걸었던 동학농민군은 제2차 봉기에서 급선무를 즉각 '척왜斥倭'로 단일화할 수 있었던 것이다.[81] 따라서 왜군의 조선불법상륙과 서울점령·궁궐침범 작전, 그리고 9-12월 제2차로 봉기한 동학농민군과 전국 각지의 의병에 대한 왜군의 군사작전은 모조리 '갑오왜란'의 범주에 드는 것이다.

고종과 민왕후도 왜군의 무력범궐과 뒤따른 일련의 군사행동을 명백히 '전란'으로 인식했다. 왕후는 왜군의 범궐 직후 대원군이 정권을 장악한 뒤 시골로 잠적한 민응식에게 음력 1894년 7월 28일 보낸 비밀서한에서 "여기는 주상 전하의 정황 깨끗지 못하시며 전란 후 지금 병환으로 편치 못하다"라고 쓰고 있다.[82] '전란 후'라는 표현으로 보아 이 '전란'은 청일전쟁이 아니라 '범궐왜란'을 가리키는 것이다. 이 '전란'이 청일전쟁을 가리키는 것으로 본다면, 이것은 시제時制를 무

---

79) "本年 六月以降 日本兵 陸續我國に來る 是必ず我國を倂呑せんと するならんと 昔時壬申の禍亂を思ひ出し…" 『東京朝日新聞』, 명치28(1895)년 3월 5일. 『동학농민혁명사료총서』 22-23권, 국사편찬위원회 한국사데이터베이스.

80) 「全琫準判決宣言書」. 東學關聯判決宣告書, 乙未(1895년), 三十七. 全琫準(泰仁). 『동학농민혁명사료총서』 18권. 국사편찬위원회 한국사데이터베이스.

81) "(왜적에) 국가가 멸망하면 생민이 어찌 하루라도 편할 수 있을까 하고 인민들이 의구심을 갖고서 나를 추대해서 수령으로 삼고 국가와 멸망을 함께할 결심으로 이 거사를 도모했다." 『東京朝日新聞』, 명치28(1895)년 3월 5일.

82) 「명성황후 민비의 친필 한글밀서」. 『문학사상』(1974년 10월호), 414쪽.

시한 풀이일 것이다. 음력 1894년 7월 말경, 즉 양력 9월 말경 한창 진행 중이었던 청일전쟁에 '전란 後'라는 표현은 적합하지 않기 때문이다. 이 비밀서한을 보면 우리는 범궐의 전화戰禍를 겪은 직접당사자들인 고종과 왕후도 7월 23일 왜군의 범궐과 이어진 일련의 군사행동을 '전란'으로 규정하고 있었음을 알 수 있다.

또한 동학농민군의 일원이었던 동학간부도 이를 '갑오전란'이라고 부른다. 동학단부 신택우가 최시형에게 "갑오전란으로 인하여 우리 도를 비방하여 평하고 원망하는 사람이 많으니 어떤 방책으로 능히 이 원성을 면할 수 있습니까?"라고 묻는 것이[83] 그 예다.

일본인 학자들은 7월 23일 왜군의 궁궐침공과 그 이후 이어진 지방침입의 침략·정복전쟁의 성격을 덮기 위해 이 사건을 역사기술에서 빼버리거나, 청일전쟁 과정에서 벌어진 단순한 일개 '정변'으로 묘사했다.[84] 한국 사가들도 대개 범궐사건이나 '1일 전쟁'으로 기술한다.[85] 그러나 오늘날 선각적 학자들은 왜군의 무력범궐과 일련의 군사작전을 왜군의 침략전쟁, 즉 '갑오왜란'으로 부른다. 가령 조동걸은 최초로(1989년) 왜군의 무력범궐과 이어진 군사작전을 '갑오왜란'으로 이해하고 그렇게 불렀다.[86] 그리고 권영배도 이어서 이 전쟁을 '갑오왜란'으로 명명했다.[87] 그리고 의병투쟁사를 연구하는 재야지식인도 본능적 정서 속에서 '갑오왜란'으로 규정한다.[88] 최근에는 일본인 학

83) 『海月神師法說』「吾道之運」(34-1): "申澤雨問曰因甲午戰亂而吾道批評怨聲者多矣 如何方策能免此怨聲乎."

84) 가령 키쿠치겐조는 "七月二十三日政變"이라고 부르고 있다. 菊池謙讓, 『近代朝鮮史』, 288쪽.

85) 유영익은 "7월 23일의 '전쟁'"이라고 부름으로써 '51년 지속된 왜란'을 '1일 전쟁'으로 축소한다. 柳永益, 『甲午更張硏究』(서울: 일조각, 1990), 13쪽. 진정 안이하기 짝이 없는 역사인식이다.

86) 조동걸, 『한말 의병전쟁』(천안: 독립기념관 한국독립운동사연구소, 1989), 25쪽.

87) 權寧培, 『檄文類를 통해서 본 舊韓末 義兵抗爭의 性格』, 1995년 경북대학교 박사학위논문, 13-15쪽.

88) 이태룡, 『한국 의병사(하)』(서울: 에이케이 커뮤니케이션즈, 2014), 32-34쪽.

자들 중에서도 범궐로 시작된 군사행동을 '전쟁'으로 규정하는 학자들이 나타났다. 히야마우키오(檜山幸夫)가 일찍이(1990년) 이 사건을 "일본과 조선의 전쟁"으로 규정했고,[89] 하라다교이치(原田敬一)는 2008년 경복궁침공을 "일조日朝전쟁"이라 부르자고 제안한 바[90] 있다. 그리고 와다하루키(和田春樹)는 "조선을 노린 전쟁" 또는 "조선에서의 전쟁"이라는 뜻에서 "조선전쟁"이라 부르고, '조선전쟁'을 '청일전쟁의 시작'으로 해석한다.[91]

그리고 이노우에가츠오(井上勝生)도 이를 '일한日韓전쟁'이라고 부른다.[92] 물론 그는 전쟁이라면 체포된 '적'은 만국공법의 전쟁법규상 살육되어서는 아니 될 '포로'이지만 붙잡힌 농민군과 의병은 일본 대본영의 명령에 따라 '모조리 살육되었기' 때문에 서울·경복궁침공과 이어지는 지방침공을 '전쟁'으로 부르는 것에 대해 유보적이라고 말하기도 한다.[93] 그러나 의용군·민병대 등 게릴라군의 교전자격은 오늘날도 전쟁법상 불분명하다. 전통적 국제법에 따르면 무기를 들고 침략·정복·점령군에 저항하는 문민은 전쟁법규 위반자로서 포로대우 없이 군법에 의거해 즉결처분될 수 있다. 이 국제법 규정을 참조하면 동학농민군과 의병의 군인자격, 즉 '교전자격'이 부인되어 체포된 저항농민이 살육되더라도 왜군의 전투행위는 붙잡힌 적의 포로대우 여부와 무관하게 '침략전쟁' 또는 '정복전쟁'으로 인정될 수 있는 것이다. 왜냐하면 왜군이 동학농민군을 전쟁법규 위반자로서 포로대우 없이

89) 檜山幸夫, 「7·23 경성사건과 일한외교」, 『한』 제115호(1990년 6월). 나카츠카, 『1894년, 경복궁을 점령하라!』, 31쪽에서 재인용.

90) 原田敬一, 『日清戰爭』(2008). 와다하루키, 『러일전쟁과 대한제국』, 31쪽에서 재인용.

91) 와다하루키, 『러일전쟁과 대한제국』, 31, 33쪽.

92) 이노우에가츠오(井上勝生), 「일한전쟁을 재검토하다」, 剛德상 편저, 『カラ版 錦繪の中の朝鮮と日本』(東京: 岩波書店, 2007).

93) 이노우에가츠오(井上勝生), 「동학농민군의 섬멸작전과 일본정부」, 88쪽, 미야지마히로시·와다하루키·조경달·이성시 외 지음(최덕수 외 역), 『일본, 한국병합을 말하다』(파주: 열린책들, 2011).

군법에 의거해 즉결처분할 수 있으려면 왜군의 전투행위가 '전쟁'임을 전제하기 때문이다. 이 점에 대한 이오누에의 국제법적 판단 착오를 교정하면 그도 범궐 후 군사정복 작전을 '유보 없이' 전쟁으로 인정할 것이다.

4) 51년 장기전쟁으로서의 '갑오왜란'

왕후, 전봉준, 의병장 등을 포함한 당시 조선인들의 사태인식, 범궐 작전계획서의 발굴, 최근의 새로운 국내외 논의 등을 근거로 우리는 6월 26일 서울점령과 7월 23일 경복궁의 침공, 그리고 이후 이어진, 전국 각 지방에 대한 왜군의 일련의 무력점령 활동을 '전쟁'으로 규정해야 할 것이다. 그러나 일본 학자들이 제안하듯이 '조선전쟁'이니, '조일전쟁'이니, '한일전쟁'이니 부르는 것은 국제법적 침략범죄성을 불분명하게 호도하는 측면이 있는 명칭이기에 일본이 조선을 침략한 전란이라는 뜻에서 이 전쟁은 — '임진왜란'에 빗대어 — '갑오왜란'으로 불려야 한다. 여기서 일본을 '왜'로 낮춰 부르는 이유는 남의 나라를 침략하는 범죄국가를 중립적으로 불러서는 아니 되기 때문이다. 그러므로 우리나라에서나마 일본을 그 경멸적 명칭 '왜'로 부르고 일본의 침략으로 일어난 전란을 '왜란'이라고 부르는 것이 옳다고 생각한다.

이런 관점에서 끝내 조선을 군사 정복하여 끝내 멸망시키는 이 침략전쟁의 성격과 지속적 양상을 더 본격적으로 규명해야 할 것이다. 조선의 명운에 직접적이고 장기적인 영향을 미치게 되는 것은 청일전쟁이 아니라, 이 청일전쟁에 의해 가려진 갑오왜란이었기 때문이다. 와다하루키의 '조선전쟁' 개념을 바탕으로 최덕규는 이 전쟁을 이렇게 규정한다. "일본의 한국침략으로 시작된 조선전쟁은 한국강점으로 이어진 동시에 독립을 되찾고자 한 대한제국의 독립전쟁을 촉발했다. … 1945년까지 한국과 일본제국은 전쟁 중에 있었다고 해야 할 것이다."[94]

갑오왜란을 통해 조선에 주둔하기 시작한 왜군은 청일전쟁 종전 후에도 6,255명의 후비보병부대(육군의 경우 예비역 4년을 마친 뒤 편성되는 후비역 재향군인들 중에서 소집된 군대로, 한국의 '동원예비군' 다음에 편성되는 '일반예비군' 중 소집된 군대에 해당)를 남겼고 아관망명 이후 이 늙은 후비보병부대를 1,250명의 젊은 정예상비병과 헌병으로 교체함으로써 한때 그 수효를 줄이기는 했으나 다시 몰래 병력을 늘려가면서 조선에 계속 주둔했고, 제2차 봉기 이후에도 도처에서 산발적으로 계속 봉기한 동학군과 의병에 대한 침공작전을 계속 수행했다. 이 침공작전은 1895년 을미의병, 1905년 을사의병, 1907년 정미의병에 대해서도 계속되었고, 이 과정에서 을사년과 정미년부터는 왜군의 한국주둔군이 민군·국군 연합의병과의 전투를 위해 계속 그 규모를 늘려나가 의병을 만주로 구축하고 전국 각지를 군사적으로 완전히 장악한 1910년 마침내 군사정복을 완료했다. 이 왜군이 한반도에서 철병한 것은 1945년 9월이었다.

1894년 6월 갑오침략으로 들어온 왜군이 증감을 반복하며 계속 주둔했다는 의미에서 갑오왜란은 1896년 아관망명으로부터 1903년까지 일시 소강상태를 거쳐 1904년 2월 6일부터 마산·인천·전주·부산·대구·서울·평양 등 경향 각지를 무력 점령하는 '갑진왜란'과 러일전쟁(1904년 2월 8일)을 통해 다시 격화되어 1910년 국내전쟁의 패배(일제의 한국강점)와 이후 국외독립전쟁을 거쳐 1945년 9월까지 51년 3개월 동안 지속된 것으로 이해될 수 있다. 이렇게 보면 중간에 발발한 을미왜변도 우리 민족이 치른 갑오왜란에 속하고, 크게 보면 '아관망명'의 결행과 친일괴뢰정부의 전복, 그리고 대한제국의 왜군철병 투쟁과 상해임시정부가 이끈 독립투쟁도 다 갑오왜란기의 항일투쟁에 속하는 것이었다. 따라서 근현대 일본과의 관계에서 우리나라가 치른 전쟁은 '임

94) 최덕규, 「해제」, 와다하루키, 『러일전쟁과 대한제국』(서울: 제이앤씨, 2011), 85쪽.

진왜란'과 '갑오왜란'의 두 전쟁으로 정리될 수 있다. 그러나 '임진왜란'이 '임진왜란'과 '정유재란'으로 나뉘듯이, 갑오왜란도 '갑오왜란'(1894. 6. 12.~1896. 2. 11.)과 '갑진재란'(1904. 6. 2.~1945. 9.)으로 나뉘게 된다.

갑오왜란의 목적은 조선의 군사강점을 통한 보호국화였다. 이 '조선의 군사정복과 보호국화'의 목적으로부터 ① 조선국왕의 생포, ② 친청親淸 민씨정권의 무력전복과 친일괴뢰정부의 수립, ③ 국내전쟁을 통한 동학농민군과 의병에 대한 공격·섬멸과 지방정복, ④ 청국과 조선의 주종관계(불평등한 영구동맹관계)를 단절시키기 위한 청일전쟁이 도출된다. 보통 사가들은 군사적 관점에서만 보아 갑오왜란이 명시적 유혈군사작전으로 개시된, 또는 갑오왜란의 첫 포성이 울린 왜군의 경복궁침범과 조선의 군사강점을 거꾸로 청일전쟁의 수행에 인부와 말, 그리고 군량을 대고 전신선과 병참기지를 전개하고 수비하기 위한 '부수적' 선결작전으로 생각한다. 하지만 일본정부의 본래적 전략의도에서 보면, 일본의 궁극적 전략목표는 군사정복과 이를 통한 '조선의 보호국화'였다. 그리고 갑오왜란은 '조선의 보호국화'를 위한 '조선정복전쟁'인 것이다. 청일전쟁은 이 '조선정복전쟁'으로서의 갑오왜란을 위해 부수적으로 필요한 지류支流의 전쟁일 뿐이다.

그리고 갑오왜란에서 전사하거나 학살된 조선군과 동학농민군, 그리고 의병의 수가 청일전쟁에서 희생된 중국군과 일본군을 합친 수를 훨씬 상회한다는 것도 청일전쟁에 대한 갑오왜란의 압도적인 역사적 비중을 가늠케 한다. 1894년 10월부터 이듬해 2월까지 5개월 동안 왜군과 전투하다가 전사한 동학농민군의 숫자는 확실히 도합 3만 명을 넘고, 열악한 위생·의료 조건 등으로 결국 사망에 이른 전상자戰傷者까지 합치면[95] 5만 명에 이르며 '동도'로 몰려 학살된 동학교도와 일반 농민들까지 합하면 총 '피살자'의 수는 20만 명,[96] 또는 30-40만

---

95) 조경달(박맹수 역), 『이단의 민중반란』(서울: 역사비평사, 2008), 329쪽.

96) 李敦化, 『天道教創建史』(서울: 천도교중앙종리원, 1943), 69쪽. 『東學思想資料集(2)』(서

명으로 추정된다.[97] 여기에 일본군에 의해 사살된 일반 의병과 1894년 7월 이후 전사한 왕궁수비대 등 조선군까지 합하면 아무튼 1895년 1월까지의 갑오왜란 희생자만 보더라도 20만을 훌쩍 넘을 것이 확실해 보인다. 반면, 청일전쟁에서 일본군 전사자는 1,418명이었고 병사자들까지 포함한 총 사망자 수는 약 2만 명이었으며, 청국 측의 사망자는 대만에서의 희생자를 포함하더라도 약 3만 명에 불과했다.[98]

당시 조선정책의 입안과 관련하여 오오토리 공사보다 더 중요한 조선주재 외교관이었던 미국유학파 우치다사다스치(內田定槌) 서울총영사는 조선의 보호국화와 청일전쟁에 관하여 최초로 솔직한 입장을 토로한다.

> 우리 제국정부가 조선 국정에 간섭하는 것은 종래 이 나라를 독립국으로 공인했음에도 불구하고 스스로 그 독립의 권리를 침해하는 경향도 있습니다. 그러나 이는 아주 부득이한 일입니다. 그 불합리함을 피하고 아울러 여러 외국의 방해를 피하기 위해 이번에 조선정부에 간곡하게 무엇이 이롭고 무엇이 해로운 것인가를 설명하고 장래 조선이 우리 일본제국의 보호를 받게 하는 조약을 체결해 내정개혁에 관해서도 역시 제국정부의 보조를 받게 하는 특약을 맺어, 제국정부는 조약상의 권리로 조선정부의 내치, 외교에 간섭하는 것이 매우 긴요하다고 생각합니다. 비록 조선에게 우리 일본제국의 보호를 받게 하는 조약을 체결하게 하려고 해도, 조선

---

울: 아세아문화사, 1979).

97) 참조: 吳知泳, 『東學史』(초고본), 「義軍과 官兵接戰」, 『동학농민혁명자료총서』 1권, 국사편찬위원회 한국사데이터베이스; 吳知泳, 『歷史小說 東學史』(京城: 永昌書舘, 昭和15年[1940] - 오지영의 서문은 昭和13년[1937]으로 되어 있음), 154쪽(1979년 영인본 및 1992년 오지영전집본과 쪽수 동일). 박맹수는 동학농민전쟁에 당시 조선 총인구(1,050만 명)의 4분의 1을 훨씬 상회하는 300만 명이 참전하여 30만 명이 희생되었다고 한다. 나카츠카아키라, 「동학농민전쟁의 역사를 걷는다」, 145, 154쪽. 나카츠카아키라·이노우에가쓰(츠)오·박맹수, 『동학농민전쟁과 일본』(서울: 모시는사람들, 2014).

98) 이노우에가츠오, 「동학농민군 섬멸작전과 일본정부」, 77쪽.

> 정부가 과연 이를 승낙할 것인지 아닌지 또 청국정부를 비롯한 다른 외국정부가 반대를 하고 나서지 않을지 등의 걱정도 있습니다. 그렇지만 제국정부는 이미 수천의 대병大兵을 경성과 인천 두 곳 사이에 주둔시키고 있으므로, 우리 외교관의 협상 여하에 따라서는 의외로 쉽게 조선정부의 승낙을 얻을 수 있을 것이라고 생각합니다. 하지만 이런 경우에는 청국정부로부터의 반대가 물론 있을 것이므로 우리 제국정부는 그 목적을 달성하기 위해 이후 이곳에서 청국과 결전을 하겠다는 각오를 해야 할 것입니다. … 우리나라가 청국과 교전하는 것은 조선을 우리의 보호국으로 만드는 조약을 체결하기 위한 것이므로 그 방해를 제거하기 위해 가장 필요한 일입니다.[99]

1894년 6월 26일 이미 우치다는 '청국과의 결전'을 촉구하고 이 청일결전을 조선의 정복과 보호국화를 위해 '가장 필요한' 전쟁으로 규정하고 있다. 조선의 보호국화를 갑오왜란과 청일전쟁의 전략적 목적으로 설정하는 것은 전쟁 전 우치다의 이 논의로부터 시작하여 8월 4일 오오토리의 재차 보호국화 건의를 거쳐 1894년 8월 17일 일본내각회의를 통해 잠정적 공식정책으로 확정된다. 이렇게 하여 조선의 정복과 보호국화는 일본의 본래 전쟁목적으로 공식화된다.

따라서 갑오왜란이 조선의 정복과 보호국화를 '직접' 달성하는 본연의 전쟁이라면, 청일전쟁은 갑오왜란을 통한 조선의 군사정복과 보호국화 조치에 대한 중국의 주종관계적 간섭과 방해를 사전에 제거하는 데 '부수적' 차원에서 '가장 필요한' 전쟁인 것이다. 조선의 군사정복과 보호국화라는 본연의 목적 관점에서 1894년 7월 이래의 갑오왜란은 본本전쟁이었고, 청일전쟁은 어디까지나 갑오왜란으로부터 파생된 부수적·지엽적 전쟁이었을 뿐이라는 말이다. 두 전쟁의 이 본말

99) 『일관기록』, 二.京城·釜山·仁川·元山機密來信, (3)'對韓政策에 관한 意見 上申의 건'(機密第26號, 1894년 6월 26일), 內田定槌→陸奧宗光.

규정은 갑오왜란에 투입된 왜군 규모를 능가하는, 청일전쟁에 투입된 왜군 규모나 전역戰域의 광대성과 무관하게 내려질 수 있는 것이다. 청일전쟁이 일본정부의 전략목표상 조선강점을 위한 갑오왜란에 복무한 전쟁이었고, 갑오왜란에서 전사·학살된 조선인의 수가 청일전쟁의 전사자 합계보다 적어도 4배 많았으며, 청일전쟁의 전역도 주로 조선의 육지와 주변해역이었기 때문이다.

왜군의 조선침략으로서의 갑오왜란의 본질을 제대로 알기 위해서는 왜군의 협소한 '군사작전' 관점에서가 아니라 이렇듯 일본정부의 거시적 '대한對韓전략'의 관점에서 보아야 할 것이다. 갑오왜란이 '침략'임을 명시적으로 드러내는 일본의 군사행동은 왜군의 경복궁침범이고, 갑오왜란의 개시를 알리는 첫 포격은 조선왕궁수비대가 궁궐을 내습하는 왜군을 향해 가한 방어사격이었다. 박종근은 갑오왜란의 첫 유혈군사작전으로서의 이 경복궁침범의 목적을 ① 국왕이 왕궁으로부터 탈출하는 것을 방지하여 국왕을 '포로'로 생포하는 것, ② 조선정부가 청군의 '구축'을 일본에 의뢰하도록 강요하기 위한 것, ③ 민씨정권을 '타도'하고 친일적 '개화정권'을 수립하는 것으로 들었다.[100] 이것은 세목으로 보면 맞는 것 같아 보이지만 조선강점의 전략목표에서 보면 ① 국왕을 포로로 생포하는 것을 제외하면 ②는 '조선의 군사정복과 보호국화'라는 핵심목표에서 심히 빗나간 청일전쟁 중심의 기술적 이해이고, '개화' 운운하는 ③은 조선의 자주적 입장과 갑오경장의 결과 관점에서 보면 실로 가당치 않은 말이다.

조선정부를 군사적으로 위협하여 왜군에 대한 '청군구축' 의뢰를 강취하는 것은 진정 사소한 일이고 청일전쟁의 전단戰端은 이런 복잡한 절차가 아니고도 청군과 왜군 간의 '우발적 군사충돌'이니 뭐니 하여 얼마든지 간단히 조작해낼 수 있었다. 일본이 이런 '청군구축

100) 박종근, 『淸日戰爭과 朝鮮』, 72쪽.

의뢰 강취' 노력은 사건의 본질이 아니라 서구제국의 이목에 갑오왜란과 조선의 무력정복을 감추기 위한 포장이었을 뿐이다. 또한 군사적으로 급박해지자 왜군이 '청군구축 의뢰 강취' 하루 전에 풍도 앞바다에서 해상이송 중의 청군을 무단 공격함으로써 전단을 열었기 때문에 '청군구축 의뢰 강취'는 무용지물이 되고 말았다.

그리고 ③ "민씨정권을 타도하고 친일적 개화정권을 수립하는 것"은 '조선의 보호국화'라는 일본의 전략목표를 시야에서 놓친 것이다. '친일괴뢰정권'은 '조선의 보호국화'를 위해 필수적인 것이다. 일본의 전략목표를 시야에서 놓치면 친일괴뢰성을 감추기 위한 '개화'라는 양두구육의 위장책僞裝策이 마치 일본과 괴뢰정권의 진실한 의도인 양 전면에 크게 부각되게 된다. 이런 까닭에 박종근은 '친일괴뢰정권'을 부지불식간에 '친일적 개화정권'이라고 얼마간 미화해서 부르고 있다. 흔히 '갑오경장'이라고 부르는 격이다.

그러나 시세에 어두운 유생들도 유교적 상식으로 왜군의 도래를 이웃의 원조가 아니라 적대행위로 규정하고 왜군을 이웃이 아니라 적으로 규탄했다. 부호군 이남규李南圭(1855-1907)는 왜군의 범궐 이틀 뒤에 올린 상소문을 통해 왜군의 이런 적성敵性과 침략성을 명확하게 규명하고 있다.

> 신이 말하려는 것은 이보다 더 급한 것이 있습니다. 이번에 일본인들이 병력을 이끌고 도성문으로 들어오는데 외무 관청의 관리가 극력 제지했으나 듣지 않았습니다. 신은 그 의도가 어디에 있으며 그 병력의 명분이 무엇인지 모르겠습니다. 만일 이웃나라의 환란을 도우려는 것이라고 한다면 우리는 구원을 요청한 일이 없으며, 만일 상인을 보호하려는 것이라고 말한다면 그들이 걱정 없도록 우리가 보호하고 있습니다. 구원을 요청하지 않았는데도 도와주겠다고 한다면 이것은 진상을 꾸며대는 것이고, 걱정할 것 없이 보호하는데도 보호하겠다고 한다면 이것은 우리를

의심하는 것입니다. 앞의 것으로 말하면 이것은 의리가 아니고 뒤의 것으로 말하면 신의가 아니니, 이렇게 그들을 추궁한다면 그들이 무슨 말로 대답하겠습니까? 이웃나라와 사귀는 도리는 오직 의리와 신의뿐입니다. 이 두 가지가 수립되지 않고서는 우호관계를 보장한다는 것을 신은 듣지 못했습니다. 『춘추』의 맹세에서는 먼저 '간사한 자를 보호하지 말고 악의를 품지 말라'라고 하고, 다음에 '재난을 구제하고 변란을 돌보아준다'고 했으니, 그 완급의 순서가 참으로 명백합니다. 그런데 갑신년(1884)의 정변 때 도망친 흉악한 무리들을 저들이 숨겨주었으니, 이것은 간사한 자를 보호하고 악의를 품은 것으로 공공연히 두둔한 것입니다. 『춘추』의 맹세로 따지면 이미 위반한 것입니다. 이번에 그들의 병력이 구휼을 위해 출동한 것이라고 해도 벌써 완급의 순서를 그르친 것인데 더구나 구휼을 위한 것도 아니고 방위를 명분으로 내세우고 있으나 또한 방위할 만한 걱정거리도 없는 데야 더 말할 것이 있겠습니까? 설사 참으로 방위해야 할 걱정이 있더라도 우리가 응당 약조에 따라 보호할 것인데, 저들이 많은 군사를 마구 동원해 우리 경내에 들어와 단속도 무시하고 우리나라 도성문으로 들어오면서 조금의 거리낌도 없이 굴어 우리 백성들을 더욱 소란스럽게 하는 것은 무엇 때문이겠습니까? 신은 거기에는 무슨 거짓이 있고 우리나라에 사람이 없는 것으로 여긴 것이라고 생각합니다. 우리나라가 비록 작기는 하지만 그래도 조그마한 무기 하나가 없어서 천 리의 강토를 가지고도 그들을 두려워하며, 잔뜩 움츠러들어 고개를 떨어뜨리고는 그들이 하라는 대로 내버려둔 채 감히 뭐라고 한마디도 못한단 말입니까? 도성 안에 저들이 점포를 열도록 승인한 것도 식견 있는 사람들은 오히려 부끄럽게 생각하는데, 더구나 그들의 군사가 주둔하는 것을 승인하고 금지하지 못한단 말입니까? 외무 관청의 관리가 이치와 의리로 따지면서 성실과 신의를 베풀면 저들은 꼭 물러가지 않지만은 않을 것입니다. 만일 이치와 의리, 성실과 신의로 움직일 수 있는 대상이 아니라면 그것은 적이지 이웃이 아닙니다. 적과 이웃이 되어 속으로

는 의심을 품은 채 겉으로 괜찮은 척하면서 끝내 무사한 경우는 있은 적이 없습니다.[101]

이남규는 일본공사와 왜군의 원조·개혁 운운하는 행동을 "만일 이치와 의리, 성실과 신의로 움직일 수 있는 대상이 아니라면 그것은 적이지 이웃이 아닙니다"라고 하여 일언지하에 왜군의 적성敵性을 갈파하고 있다. 그러면서 왜국의 개혁원조에 호응해 장차 개혁을 논의할 친일괴뢰들을 미리 조선의 '국체國體'를 들어 논리적으로 제압하고 이런 개혁논의를 망조亡兆로 천명하고 있다. "논의하는 사람들은 필시 신의 말이 시의를 고려하지 않고 사세를 헤아리지 않은 채 큰일을 함부로 말해 이웃나라의 힐책을 불러온다고 하겠지만, 이것은 구차하고 고식적인 말일 뿐입니다. 무릇 나라가 나라 됨은 국체가 있기 때문입니다. 국체가 존중되지 않는데도 시의에 적중하느니 사세에 합당하느니 하는 말을 신은 들은 바 없습니다. 옛날에 서성徐盛(오나라 장수)은 한마디 말로 위魏나라 사신의 교만을 꺾었으며, 호전胡銓(금나라와의 화의를 거부한 남송의 관리)은 한 장의 글로 강한 금나라의 군사를 물리쳤습니다. 이 두 사람이 어찌 정말로 시의를 고려하지 않고 사세를 헤아리지 않은 채 큰일을 함부로 말해 이웃나라의 힐책을 불러일으킨 것이겠습니까? 단지 구구한 하찮은 뜻으로도 나라는 망할 수 있다고들 합니다. 그러니 국체는 존중되지 않을 수 없습니다. 국체가 존중되지 않으면 나라는 아무리 망하지 않으려고 해도 망하지 않을 수 없을 것입니다(體不可不尊 體不尊 國雖欲無亡 不可得也)." 이남규의 이 상소문은 향후 일제와 친일괴뢰들이 '일제원조'와 '경장'의 명분으로 야기할 조선 국체의 훼손과 파괴 과정을 미리 보여주는 것 같은 예리한 선견지명의 예견을 담고 있다.

---

101) 『高宗實錄』, 고종31(1894)년 6월 23일(음력 7월 25일); 이남규, 「비적의 소요와 왜병의 도성진입을 논한 상소」, 199-201쪽. 『수당 이남규 문집(1)』(파주: 한국학술정보, 2007).

동시에 이남규는 조금 뒤에 다른 상소를 올려 왜군의 도성 난입을 '미증유의 변괴' 또는 '미증유의 대변괴'로 규정한다.

> 아 저들은 사신이 방위를 핑계 삼아 요새에 병력을 주둔시켜 온 도성을 둘러서 개미처럼 벌처럼 모여 진을 쳤으니 이것만도 이미 나라 있은 이래로 있어본 적이 없는 변괴입니다. 그런데 전하를 나아가 알현할 때 방자하게도 등결이 수레를 타고 입궐했으니 그 거조가 놀랍고 해괴합니다. … 감히 패만悖慢한 언사를 통역해서 아뢰고 차자로 적어 올리면서 '자주'니 '독립'이니 하는 등의 말로써 겉으로는 충성을 바치는 척하면서 실제로는 협박해 다그쳤으니, 이 또한 나라가 있은 이래로 있어본 적이 없는 대변괴입니다.102)

이남규는 왜군이 피침국의 '자주'나 '독립', 또는 '개혁'을 내세워 침략을 기만적으로 은폐한 갑오년 군사침략을 실로 예리하게 단순한 '갑오왜란'이 아니라, '대변괴의 갑오왜란'으로 갈파하고 있다.

정세에 어두워 국가의 우적을 혼동하며 동학농민군을 왜적과 협력해서라도 진압해야 한다는 용일이적容日利敵 의식 속에서 줄곧 동학혁명 과정을 기록한 황현은 괴뢰관군과 왜적이 연합하여 동학군을 '토벌'하는 것을 긍정적으로 묘사하는가 하면103) 이런 말도 중구난방으로 늘어놓고 있다. "왜군이 이르는 곳마다 전투를 다하지 않고 다만 불러 어루만져 민심을 얻는 일에 전념했다. 사람들은 그럴수록 그 뜻의 좋지 못함을 더 두려워했다. 내무부에서 토지세를 쌀 대신 화폐로 대납하라고 지시하고 … 기타 잡세와 요역을 없앴다. 민간은 이를 아주 편해 했다. 이에 앞서 '요순삼년'이라는 노래가 있었는데 혹자는 이것을 여기에 갖다 붙이며 이제부터 어깨를 쉬게 할 수 있다고 여기

102) 이남규, 「왜와의 절교를 청한 상소」, 206쪽. 『수당 이남규 문집(1)』.
103) 참조: 황현, 『오하기문』, 268-269쪽.

면서 점차 살기 좋아질 거라고 말했다."[104] 그러나 왜적과 괴뢰정부에 대해 이런 말을 늘어놓던 황현 같은 봉건적 지방유생도 늦어도 왜적대장이 지방 각지에 '대일본제국 동학정토군'의 명의로 군령을 하달했을 때는 왜적이 침략군인 줄을 뒤늦게나마 깨닫게 된다.

> 왜장 미나미쇼시로오(南小西郎)가 각 읍에 명령을 전달하면서 서두에 '대일본제국 동학정토군'이라고 적고 운운했다. 그것은 대강 조선을 바로 제 나라의 속국으로 여긴다는 것을 뜻하니, 이를 본 자들은 이에 놀라 어지러워했다.(倭將南小四郎[西郎의 오기]傳令列邑 而首署大日本帝國東學征討軍云云 其意蓋以朝鮮直爲其屬國. 見者駭之)[105]

대본영 직속 토벌대장 독립 제19대대장 미나미 소좌가 각 고을의 현감과 군수들에게 직접 군령을 하달하고 '일본' 국명을 사용하면서 조선관청을 '속국'의 관청처럼 취급하자 뒤늦게나마 시골유생들도 왜군의 정체가 '정복군'이라는 것을 알게 된 것이다.

뒤에 상론하듯이 김홍집 등 괴뢰정부의 주역들도 백성들이 자신들을 '왜당倭黨'으로 간주한다는 것을 잘 알고 있었다. 이것으로 우리는 애국세력이든 매국세력이든, 서울유생이든 시골유생이든, 평민이든 양반이든 당대의 모든 백성이 왜군의 '동학토벌 군사행동'을 '침략'으로, 왜군을 (조선을 청국으로부터 해방시키는) '해방군'이나 '동학토벌군'이 아니라 '왜적'으로 인지하고 있었다고 결론지을 수 있다.

104) 황현, 『오하기문』, 322쪽.

105) 황현, 『오하기문』, 319쪽.

# 제2장 항일전쟁: 국왕과 백성의 연합항전

왜군의 침략행위에 대해 조선군과 조선백성은 무력방어전으로부터 단순한 사보타지에 이르기까지 광범한 유형의 반일항쟁을 전국적으로 전개하기 시작했다. 그리하여 전국은 곧 전쟁터가 되었다. 그리고 곧 왜군의 진격로, 수송로, 약탈지가 되어갔다. 왜군은 조선반도의 요충지와 조선의 전신선, 그리고 항만을 무력 점령하여 무단 사용했고, 조선군과 백성들은 이에 도처에서 게릴라식 저항을 전개했다.[1)]

왜적에 대한 동학농민군과 조선백성들의 공격은 조선왕궁침공 사건을 기점으로 격렬해졌고, 군용전선에 대한 파괴도 현저해졌다. 동학농민군은 왜군의 범궐이 알려지자 2차 봉기 전부터 산발적으로 왜적에 대한 격렬한 반격을 개시한 것이다. 일본외무성 외교사료관 소장「명치26년 4월에서 28년 9월까지 한국동학당 봉기 1건」이라는 파일에는 1894년 8월 이후부터 동학당 봉기에 대한 끊임없는 보고문서가 답지해 있다. 이 파일을 보면, 전주화약 이후 일단 소강상태에 들어간 것처럼 보였던 동학동민군의 봉기는 청일전쟁 개시 시점부터 다시 격렬해져 각지에서 계속되고 있다. 왜군의 사살·체포와 왜군군용전

1) 박종근,『淸日戰爭과 朝鮮』, 186-187쪽.

선의 절단, 왜군병참기지에 대한 격렬한 공격과 파괴는 각지에서 봉기한 조선백성의 분노를 생생하게 보여준다. 따라서 이후 본격적으로 일어나는 갑오농민군의 가을 2차 봉기는 1차 반봉건 봉기와 명확하게 성격을 달리하는 항일봉기였다. 가을 재봉기는 왜적의 범궐과 침략에 대한 항일전쟁이 주된 동기였기 때문이다.[2)]

## 제1절 중앙조선군의 방위작전과 항전

조선군의 무력방어는 경복궁침공 시점부터 개시되었다. 조선군이 최초의 사격을 개시한 전투는 1894년 7월 23일(음력 6월 21일) 4시 20분에 개시된 건춘문 전투였다. 이것은 왜군 보병 제21연대 제2대대가 영추문을 파괴하고 왕궁으로 돌입한 시각(오전 5시)보다 40분 앞선다. 당시 경복궁 수비대(시위대)는 조선에서 가장 강력한 부대로 알려진 기병箕兵(평양병)에서 선발된 500-600명으로 편성되어 있었다. 왕궁수비대는 왜군의 야습에 과감하게 항전했다. 왜군이 대궐문을 폭약으로 파괴하는 데 시간을 소모하는 사이에 창화문에 주력을 쏟아 필사적으로 왜군을 격퇴했다. 건춘문으로 들어오려는 왜군부대는 위에서 시사했듯이 타케다 중좌가 이끄는 제21연대 제2대대(핵심부대) 소속의 제6중대였다. 이들은 계획대로 남대문 쪽으로 입경하여 왕궁 동쪽의 건춘문에 도착, 안에서 문이 열릴 때까지 기다리고 있었다. 제6중대는 예정대로 남대문으로 들어가 오전 4시 20분 건춘문에 도착해 있었다. 그러자 문밖에서 이를 본 궐내 평양병들은 이들을 향해 포격과 사격을 가해 수십 명의 왜군을 사살했다. 황현은 소문을 바탕으로 『오하기

2) 참조: 나카츠카아키라(中塚明), 「갑오농민전쟁과 일본: 조선왕궁 점령사건 및 그 뒤의 일본」, 54-55쪽. 동학농민혁명기념사업회 편, 『동학농민혁명의 동아시아적 의미』(서울: 서경, 2002).

문』에서 이를 이렇게 기록하고 있다.

> 6월 21일(양력 7월 23일) 왜인은 범궐하여 맹약을 강요했다. 왜국은 5월(양력 6월) 이래 날마다 우리 정부를 위협하여 그 나라의 국제를 따르도록 했고 대신들은 안출할 바를 알지 못하고 5일 연기기한을 거듭 넘겨 이견을 핑계로 시일을 끌어 청국의 지원이 도착하기를 기다렸다. 이날 새벽 오오토리게이스케는 먼저 궁성을 포위하고 군대를 돈화문(건춘문의 오류)으로 진입시켰다. 이때 대궐 기영병箕營兵(평양병) 예호자隷扈者(호위군) 500명이 마침 궐내를 지키고 있어 서양대포를 연속 발포하여 왜군 수십 명을 죽였다. 이에 곁문(영추문을 가리킴)의 지름길을 끼고 중희당에 이른 왜군(제21연대 제2대대)이 주상을 위협하여 중지시키게 하니, 주상은 사알司謁(정6품 왕명전달자)을 보내 '망동하지 말라, 위반자는 씨족을 멸한다'는 칙지를 알렸다. 기영병들은 통곡하고 총을 부수고 군복을 찢고 성을 넘어 도주했다.[3]

황현은 『매천야록』에서 경복궁침공 전후의 상황을 이렇게 좀 더 자세히 복원하고 있다.

> 6월 20일, 왜인은 범궐하여 동맹을 맺도록 겁박하고 대원군 이하응을 맞아 입궐시켜 국사를 논하게 했다. … 오오토리게이스케(大鳥圭介)는 이날 새벽 군병을 이끌고 경복궁에 들이닥쳐 문을 부수고 돌입하여 별전別殿에까지 이르므로 호위군과 시신侍臣들이 다 도주하고 오직 양전兩殿만 남아 계셨다. 군병들이 흰 날 선 칼로 양전을 에워싸니 양전은 전율, 실조失措했다. 양전이 그 연고를 힐문하려고 했으나 옆에 통역할 자가 없었다. 이때 마침 안경수가 들어왔다. 안경수는 일본어를 잘했다. 고종은 크

3) 황현, 『오하기문』, 146-147쪽.

게 기뻐하며 그에게 통역을 하라고 했다. 이때 대조규개는 칼을 빼들고 고함을 치며 "국태공國太公이라면 임금에게 금일 같은 일이 없었을 것이니 국태공을 속히 데려오시오"라고 했다. 대원군 이하응이 들어오자 오오토리게이스케는 고종의 교지를 받아 대신들을 불러들였다. 도열한 군병들은 대궐문을 지키면서 이름을 점고點考하여 들여보냈다. 김홍집·김병시·조병세·정범조 등이 차례로 들어오고 그 후 심순택이 도착하자 그는 손을 저어 들지 못하게 하여 심순택은 들지 못하고 그곳을 물러나와 조방朝房에 앉아 사흘을 보냈다. 여러 대신이 들어갔으나 놀라고 두려워 감히 저항하지 못하고 빠른 시일 내에 변법하는 것을 논의했다. 오오토리게이스케는 대원군을 궁중에 붙잡아 두었다. 이때 대궐 안에 있던 각사는 다 흩어졌고 어공御供도 없었다. 임금의 굶주림이 심해서 운현궁에 음식을 진상하라고 명했으나 그것이 궐문에 이르면 파수왜병들이 마구 집어먹어서, 임금 앞에 이르면 빈 밥상이었다. 이에 임금은 성찬盛饌을 차리지 말라고 다시 명했다.[4)]

『갑오실기』의 기록은 기영병의 숙영지(신남영)·이동·사용무기·전투장소, 제21연대 제2대대의 침입과 기영병의 총격의 선후관계 등의 측면에서 『오하기문』의 기록보다 좀 더 정확하다.

6월 21일 해 뜨는 시각에 일본병사 기천 명이 와서 경복궁을 포위하고 영추문 밖에 도착했다. 그들은 문의 자물쇠가 열리지 않자 나무사다리를 올라 궁궐 담장을 넘어 들어왔다. 또 동소문으로부터 불을 질러 돌입해 문의 자물쇠를 파괴하고 문을 열고, 어소御所 집경당의 전폐殿陛 아래로 곧장 들어와 빙 둘러 포위하고 문마다 파수를 서서 조신朝臣과 액속掖屬의 입궐을 다 불허했다. 기영箕營 병정 중에 신남영에 있던 자들이 곧장

4) 황현, 『매천야록(상)』, 714-716쪽. 『오하기문』, 147-150쪽도 보라.

건춘문으로 들어와 일병日兵을 향해 총을 쏘았다. 이때 안경수가 안에서 나와 급히 총 쏘는 것을 중지시켰다. 기병箕兵들은 분해서 즉시 군복을 벗고 궁에서 나와 병영으로 돌아갔다.[5)]

신남영에 수영戍營하던 평양 출신 기영병들은 용감하게 건춘문으로 돌입하여 장시간 왜군과 전투를 벌이던 중 먼저 영추문을 통해 난입하여 국왕을 생포한 왜군 제21연대 제2대대가 강취한 사격중지 왕명을 안경수를 통해 전달받고 전투를 중단할 수밖에 없었다. (안경수가 이미 이때부터 '왜군 앞잡이'로 역할하고 있다는 것은 주목해야 할 일이다. 왜냐하면 그는 경복궁침공이 있기 달포 전 오오토리에게 왜군에 의한 군사정변을 일으킬 것을 제언하는 말을 하고 그 뒤에 계속 일제밀정 노릇을 했기 때문이다. 안경수의 정체에 관해서는 뒤에 상론한다.)

나카츠카의 기술에 의존해 전투상황을 재구성해 보자. 당시 궁궐시위대는 독일제 연발총 등 우수한 무기로 무장하고 있었고 병사들의 전투의욕도 왕성했다. 이 때문에 왕궁에 침입한 왜군 1개 대대는 관문각 부근에서 왕궁수비대 평양병과 충돌해 약 30분가량 교전하고 오전 5시 30분에 총성이 가장 격렬해져 쌍방 간에 사상자가 속출하기 시작했다. 시위대는 의분이 충천하여 맹렬하게 왜군을 공격해 몰아붙였다. 따라서 이런 의분상태의 시위대에게 국왕의 정전명령은 일대충격이었다. 그러나 왕명은 거역할 수 없었다. 7시 반경 경복궁전투의 총성이 겨우 멈추는 듯했으나, 이후에도 산발적인 전투는 계속되었다.

일본공사 오오토리와 혼성여단 참모 나가오카게이시(長岡外史) 소좌

5) 『甲午實記』, 1894년 6월 21일(음)자. 『東學亂記錄(上)』, 『한국자료총서』, 국사편찬위원회 한국사데이터베이스: "二十一日 平明 日本兵幾千名來 衛景福宮 至迎秋門外 門鑰未開 登木梯 踰宮墻而入 且由小東門衝火 而突入破門鑰 開門直入時御所緝敬堂殿陛下 環衛把守各門 朝臣及掖屬竝勿許入 箕營兵丁在新南營者直入建春門 向日兵放銃 安駉壽自內而出急止之 箕兵忿然卽脫軍服而出歸去."

가 입궐할 때 북한산 기슭에 매복해 있던 조선병들은 나가오카를 저격했다. 나가오카는 총알이 비껴가서 가까스로 살았으나, 이는 범궐한 왜군 전체를 긴장시키기에 충분했다. 그리고 "오전 6시 전후 심히 저항했던" 왕궁의 북방고지의 조선군은 "오전 8시 40분"까지 사격을 계속했다. (사격을 중지한 것은 왜군에 이미 생포된 국왕의 강취된 사격중지 교지 때문이었다.) 그러나 왕궁 북쪽 백악 정상과 남쪽 진지에서 조선군의 사격이 계속 그치지 않았고 오후 2시에 이르러서도 아직 그치지 않아 "국왕의 사자를 보내 한병韓兵의 사격을 제지시켜서야" 겨우 "총성이 완전히 끊어졌다."[6] 국왕의 사격중지 명령에도 불구하고 조선군의 총격전이 오후까지 계속된 것을 보면, 왕명이 왜군에 의해 강취된 것임을 일부 조선군 장병들이 간파했다는 것과 함께 조선군의 저항의지가 매우 맹렬하고 완강했다는 것을 알 수 있다.

또한 궁궐 밖 병영에 주둔한 조선군들도 왜군의 무장해제 기도에 격렬하게 저항했다. 친군 장위영을 점령하기 위해 갔던 왜군은 왕궁 안에서 터져 나오는 왜군의 함성을 듣고 나서 오전 5시가 지나 조선군을 향해 점령한다는 뜻을 선언하고 문 안으로 들어가려고 했다. 그러나 "한병 20-30명이 총을 들고 가로막았다". 또 왕궁에서 친군 통위영으로 간 병사가 있다는 것을 알고 오전 0시 50분 제11연대 제2대대 제7중대가 무기를 압수하기 위해 갔을 때 통위영 조선군의 격렬한 저항에 부딪혔다. "한병은 순응하지 않았으며 또한 저항할 기세를 보였다. 이에 중대는 통위영에 틈입할 목적으로 서문에 이르렀으나 문이 닫혀 들어갈 수 없었다. 곧 동문으로 우회하여 영을 포위했다. 한병은 이에 맞서 사격했고 중대도 또한 응사했으며, 마침내 문쪽 서문으로 향했는데, 또 한병의 저항에 부딪혀 그 1개 소대로 하여금 발사하게 한 뒤 서문을 부수고 진입했다. 이때 한병 모두 낭패하여 무기를

6) 나카츠카, 『1894년, 경복궁을 점령하라!』, 186쪽.

버리고 북문을 통해 도망갔으며, 제7중대는 이미 해당 영을 점령하고 있었다(오후 3시)."[7] 『일청전사초안』은 마치 왜군이 통위영의 저항을 무력으로 제압한 것으로 거짓 기술을 하고 있으나 이것도 사격중지 왕명을 이용한 제압이었다. 일본신문 보도에 의하면 각 영군들은 왜군의 공격에 항전했지만 이때에도 "국왕은 사람을 파견하여 친위병의 공격을 중지시킨다. 우리 또한 총을 발사하지 않았고 이 때문인지 충돌은 곧 끝났다".[8]

『매천야록』은 경복궁침공에 대한 조선군의 저항, 사격중지 왕명에 의한 전투포기 상황과 분노에 대해 이렇게 적고 있다.

> 오오토리게이스케가 범궐했을 때 평양병 5백 명(600명의 오기 – 인용자)이 때마침 호위에 복무하다가 병기를 계속 터트리고 요란하게 사격을 가했다. 이에 오오토리는 협문을 통해 임금의 처소에 가서 임금을 위협해 "망동자는 참한다"는 교지를 선포하게 했다. 이에 병사들은 다 통곡하면서 총통銃筒을 부수고 군복을 찢고 탈주했다. 또 여러 영병營兵들은 서로 이끌어 하도감에 모여 "우리는 비록 병졸로서 천한 무리이지만 다 국은을 두터이 입었다. 지금 변괴가 이 지경에 이르렀다. 궁중의 일은 알 수 없으나 저들이 여러 영병이 해산하지 않은 것을 안다면 반드시 궁중에 대해 감히 횡포를 떨지는 못할 것이다. 만약 의외의 일이 있으면 한번 결사決死를 원한다"라고 맹세했다. 그리고 바로 대포를 빙 둘러 걸고 담장에 방열하고 거수拒守했다. 왜병이 궐에서 나와 병영을 겁탈하려고 하자 영내 대포들이 일제히 발포했다. 이에 오오토리게이스케는 주상의 교지를 얻어 무기를 내놓게 만들었다. 제영諸營은 분해서 절규하며 크게 소리치고 칼을 빼 돌을 치니 통곡소리가 산이 무너져 내리는 것 같았다. 제영의 자재와 병기는 다 왜군의 소유가 되었다.[9]

---

7) 『日清戰史草案』.

8) 『時事新報』, 1894년 7월 30일자.

중앙의 조선군은 저항의지가 충천하고 무기도 부분적으로 독일제 대포와 최신식 무기로 무장하고 있어 전투력도 뛰어났으나 이처럼 모두 다 국왕으로부터 왜군이 강취한 사격중지 명령에 의해 전투를 중단하고 우수한 무기를 다 빼앗기고 만 것이다. 일본은 생포한 국왕을 이용해 다시 한 번 조선군의 저항을 저지시키는 데 성공한 것이다.

일제강점기에 조선총독부 지휘 아래 이왕직실록편찬위원회가 편찬한 『고종실록』은 7월 23일 왜군의 궁궐침공으로 발발한 갑오왜란을 아무 일이 아니라는 듯이 이렇게 짧게, 그리고 일상적 사건으로 왜곡하여 기록하고 있다.

> 일본군사들이 대궐로 들어왔다. 이날 새벽에 일본군 2개 대대가 영추문으로 들어오자 시위군사들이 총을 쏘면서 막았으나 주상이 중지하라고 명했다. 일본군사들이 마침내 궁문을 지키고 오후에는 각 영에 이르러 무기를 회수했다.[10]

그리고 『고종실록』은 다음과 같은 밋밋한 왜곡주석을 달아놓고 있다. "지난번 청淸나라 원병이 아산에 주둔했는데, 일본공사 오오토리게이스케가 마침 본국으로 돌아갔다가 변고를 듣고 5월 7일에 임소任所로 돌아왔다. 일본정부에서는 곧바로 제물포조약에 의하여 공관을 보호한다는 이유로 군사를 출동시켰다. 이렇게 되자 청나라 공사 원세개는 5월 16일에 경성을 떠나 본국으로 돌아갔다. 같은 달 23일 오오토리 공사는 임금을 알현하여 세계의 대세를 논하고 내정을 개혁할 의견을 진술한 다음 5개 조항으로 된 안案을 올리니, 내무독판 신정희, 내무협판 김종한과 조인승에게 명해 노인정에서 일본공사와 만나서 토의하게 했다. 일본군사들이 6월 21일 입궐해 호위했다. 이날 대원군

---

9) 황현, 『매천야록(상)』, 716-717쪽. 『오하기문』, 150-151쪽도 보라.

10) 『高宗實錄』, 고종31(1894)년 6월 21일(양력 7월 23일).

이 명을 받고 입궐해 개혁을 실시할 문제를 주관했는데, 일본공사 오오토리게이스케도 뒤에 입궐했다. 이날 일본군사가 회수해 갔던 무기는 뒷날 모두 반환했다." 『고종실록』은 이같이 왜군의 왕궁침공 작전을 "일본군사들이 6월 21일(양력 7월 23일) 입궐해 호위했다"라고 왜곡하고 있는 것이다.

## 제2절 지방 각지의 저항

서울과 왕궁이 점령당한 뒤 유일한 항일군사력은 중앙에서 지방으로 쫓겨 내려와 의병화된 전 조선군, 지방 각지 여기저기서 산발적으로 봉기하는 의병, 그리고 동학농민군밖에 남지 않았다. 특히 호남 전역과 충청·경상도 각지에 은거한 동학조직과 동학농민군은 유일하게 '준비된' 항일무력이었다. "한반도의 절반 이상 지역에서 수십만의 민중이 동학농민군에 참가해" 고작 "죽창과 화승총 같은 무기"로 "침입해 온 일본군과 대항해" 승리의 기약이 없는 싸움을 "싸운 것"이다.[11]

### 1) 낙향 평양병의 평양전투와 황해도 관찰사의 저항

지방에서 의병화된 전 중앙조선군부터 먼저 살펴보자. 왕명에 따라 전투를 중단하고 병영을 떠난 조선병사들은 항전을 포기한 것이 아니라 지방으로 내려가 왜군의 지방정복 기도에 맞서 항일전쟁을 준비했다. 조선군은 조선을 도우러 온 청병淸兵을 왜군과 손잡고 공격하는 것을 애당초 '역천逆天'으로 여겼다. 가령 7월 25일경 혼성여단장 오오시마가 아산·성환의 청군을 공격하기 위해 서울을 떠나면서 조정에 조선병사 3,000명을 보탤 것을 강요했고 이 강요에 의해 조정이 흩어

11) 이노우에가츠오, 「동학농민군 섬멸작전과 일본정부」, 73쪽.

진 군졸들을 모아 수천 명의 대오를 만들고 음식을 실컷 먹여 왜군을 따라 아산 방면의 성환으로 보내려고 했을 때, 조선 장졸들은 이구동성으로 "지금 적국 일본을 도와 청국의 구원救援군대를 습격하는 것은 필시 하늘이 돕지 않을 것이다"라고 말하고, 또 "왜군이 필히 우리에게 향도를 맡겨 군대의 앞부분으로 삼을 것인바, 이는 고래 싸움에 새우가 죽는 것이고 이는 사지死地"라고 말하면서 "가자"고 크게 고함치고 일시에 다 흩어져버렸다.12)

그러자 왜군은 왜군 단독으로 아산으로 남하했다. 왜군은 소사에서부터 말에 재갈을 물리고 송림 속으로 행군해 성환 역참의 북동쪽으로 가서 지형이 높은 곳에 진을 쳤다.

조선 조정의 청병請兵을 받고 들어온 청군의 섭사성聶士成 부대는 6월 9일 아산에 도착해 둔포에 주둔하고 있다가 7월 23일 왜군이 경복궁을 침공했다는 소식을 듣고 둔포로부터 한성 탈환을 위해 북상했다. 섭사성은 해가 저문 때 소사와 10리 거리인 성환에 도착하여 석식을 하던 중에 왜군과 조우했다.13)

높은 곳에 진을 친 왜군은 어두운 밤에 청군을 향해 계속 대포를 쏘며 공격하기 시작했다. 전투는 동틀 녘까지 6시간 동안 계속되었다. 왜군은 무려 1,700여 명이 사망했지만, 청군은 겨우 300여 명이 전사했다. 그러나 섭사성의 청군은 병력이 적어 오래 버티지 못하고 남하했다. 청군은 공주 쪽으로 남하하면서 왜군과 계속 접전을 벌여 왜군에게 큰 타격을 가했다. 이 때문에 왜군은 더 추적하지 못했다.14)

섭사성의 청군이 공주에 도착했을 때 공주의 조선관리들은 조선 전체가 이미 왜군에게 넘어간 것으로 여겨 섭사성 부대를 냉대했고, 일반 백성들은 물·야채·간장 등을 몇 배의 가격으로 팔아 폭리만 취했

12) 황현, 『매천야록(상)』, 732쪽. 다음도 참조: 황현, 『오하기문』, 170쪽.

13) 참조: 황현, 『오하기문』, 171쪽.

14) 참조: 황현, 『오하기문』, 171쪽.

다. 이 때문에 청군은 기아 속에서 행군을 할 수밖에 없었지만, 왜군과 달리 털끝만큼도 약탈하지 않았다.[15]

섭사성 부대는 길을 남으로 우회하여 충북 청주로 가서 한강 상류를 건넜다. 섭사성의 잔병들은 굶주리고 병들어 전투를 수행할 수 없을 지경이 되었다. 그런데 이때 경복궁에서 왕명에 따라 철수하여 길을 가득 메우고 대오가 흩어진 채 평양으로 돌아가던 평양병들을 만나 합류했다. 그리하여 청군과 평양병 연합부대는 관서지방에서 남하하는 왜군과 청석관에서 마주치자 바로 교전에 들어가 왜군을 크게 물리쳤다. 섭사성 부대와 평양병은 곧바로 안주로 내달려 평양성으로 들어갔다.[16] 성환에서 남하하며 전투를 벌이던 중 왜적에 쫓기다가 섭사성의 본부대와 갈라진 청군 500명은 여기저기 떠돌다가 돌아갈 곳이 없자 논산의 동학군 대본영으로 몰려가 동학군 가담을 애원해 동학군으로 들어가기도 했다.[17] 동학농민군을 토벌하러 온 청군이 되

---

15) 참조: 황현, 『오하기문』, 171-172쪽. 그러나 황현은 평양성 싸움에서 패배한 청군은 북으로 패주하면서 가는 곳마다 약탈을 일삼은 반면, 왜군은 약탈하지 않았다고 친일적인 기록을 남기고 있다. 나아가 그는 관서지방 사람들이 혹시라도 청군이 이길까봐 앞장서 왜군을 인도하고 패전 전부터 평양성 안에서 왜군과 내응했다는 믿지 못할 말도 하고 있다. 황현, 『오하기문』, 188쪽. 모든 일본신문의 어느 구석에서도 기사화된 적이 없는 이런 일들은 왜군보다 동학군을 더 적대하는 양반사대부 황현의 '봉건적 용일이적容日利敵' 의식의 소산으로 보인다. 『매천야록』과 『오하기문』 전편에 걸쳐 드러나는 황현의 '봉건적 용일이적' 의식은 봉건적 양반의식에 사로잡혀 왜란상황에서도 우적을 혼동하고 동학농민들의 반反봉건적 혁명사상을 '이단'으로 규정하여 동학혁명을 왜군의 힘을 빌려서라도 진압해야 한다는 성리학적·실학적 시각에서 왜적倭敵을 용납하고 이롭게 하는 의식을 가리킨다. 이 점에서 황현의 경술년 자살은 특명전권대사로 러시아를 다녀온 뒤에 줄곧 친일행각을 벌인 민영환의 을사년 자살처럼 '자살이 아니면 그 죄를 씻지 못한다'는 의미에서 자업자득의 자기변명용 또는 면피용 자살인 셈이다. 이런 자살은 결코 '살신성인'의 '도덕적 자살'이 아니라서 이토를 저격한 안중근의 살신성인의 '자발적 죽음'과 같은 면죄의 효과를 주지 않는다. 훗날 안중근은 민영환에 대해 이렇게 평했다. "사후에 충신의 이름을 얻기 위해 자신의 명예를 위해 자결한 것이 아니겠는가." 『統監府文書』 7권, 一.安重根關聯一件書類(哈爾賓事件書類 一~六, 伊藤公遭難事件書類 一~四, 安重根及合邦關係事類 一~三, 하얼빈事件憲兵隊報告一~三), (287)'安應七 제5차 진술내용'(1909년 12월 5일).

16) 참조: 황현, 『오하기문』, 211쪽.

17) 吳知泳, 『東學史(3)』(1926년 초고본), '淸國敗殘兵이 義軍에 投合'.

레 동학군이 된 것이다.

이렇게 하여 평양병 600명도 1894년 8월경 섭사성 부대와 함께 평양에 입성해 원대 복귀하고 평안도 병사 200명과 연합해 전선을 구축하고 항일전에 임했다. 당시 일본신문의 보도에 의하면, 종래부터 평안도 지방의 인민은 "날렵하고 사나우며" 또한 반일적인 데다, "7월 23일 왕궁의 변變에도 동도同道의 병사들은 먼저 총을 발사해" 왜군을 상당수 사상시킨 바 있는데 "잔병이 도망쳐 돌아와 이러한 상황에 이른 뒤 더욱 적기敵氣를 더해 대동강변에 둑을 쌓아놓고 일본병이 오면 청군을 도와 모두 죽이려고 하고 있었다". 또 황주성에서는 "성곽의 총구멍을 통해 한병韓兵이 총격을 가했다". 그리고 조선병사들은 왜군 척후병들을 사로잡거나 사살해 왜군의 척후활동을 저지했다. 황해도·평안도에서는 왜군의 "척후병들이 중국군에게보다 조선인에게 고통을 당하는 일이 많았다". 1894년 8-9월 왜군 척후병이 생포되거나 살해된 것은 "모두 조선인들에 의한 것이었다".[18]

또 평양감사는 8월 중순 평안도 강계포수 1,500명을 징발하여 평양감사의 명의로 연광정鍊光亭에 본진을 두고 성내 객사를 막사로 삼았고 왜군을 기다렸다. 평양성문에는 조선군 초병을 배치했고, 청군도 이 막사 부근에 초병을 세웠다.[19] 평양성 내의 청국병력은 15,000명 정도였다. 1894년 9월 15-16일 마침내 조선·청국 연합군과 왜군 간의 평양회전이 벌어졌다. 왜군의 평양성전투는 왜국 육군이 탄생한 이래 벌이는 최초의 본격적인 전투였는데, 전투는 하룻밤 만에 조선·청국 연합군의 패배로 나타났다.[20] 9월 16일 날이 밝기 전 어두운 새벽에 사단장 노즈미치츠라(野津道貫) 중장 휘하 17,000명의 왜군은 평양을

---

18) 『東京朝日新聞』, 1894년 8월 28일, 9월 9일, 9월 20일, 9월 23일자 기사.

19) 「二十七八年戰役戰況情報」(戰史部 所藏), 朝擾 第28號. 박종근, 『淸日戰爭과 朝鮮』, 197쪽에서 재인용.

20) 와다하루키, 『러일전쟁과 대한제국』, 34쪽.

완전히 점령했다.[21]

황해도 관찰사 민병석閔丙奭은 친일괴뢰정부에 의해 해임당했음에도 불구하고 그대로 임지에 눌러앉아 청군과 제휴해 반일정책을 전개했다. 이것은 국왕의 밀지를 따른 것으로 보인다. 평안도 관찰사 정현석鄭顯奭과 평안도 병마절도사 이용관李容觀은 청군과 제휴해 인민에게 무기를 나눠주고 왜군과 싸웠다. (물론 일본공사는 친일괴뢰정부에 이들의 처벌을 강요했다.) 그리고 황해도 황주 이북 및 의주 연도의 각 지방관은 왜군에 대한 협력을 거부하기 위해 모두 이임해 도피했다. (물론 오오토리는 후임 지방관 파견을 강요했다.)[22]

일반 백성들도 항전에 떨쳐나섰다. 우선 강제 징용된 조선인부들은 왜군에 대한 협력을 거부했다. 왜군의 성환 청군공격에 동원된 인부들은 거듭 군량을 실은 우마를 끌고 밤사이 모두 도망쳤다. 『일청전사 초안』에 의하면, 조선 마부들이 군량을 실은 조선 우마를 끌고 도망쳐 왜군 급양대는 7월 26일 중식에 충당할 백미가 부족하여 밥을 짓지 못했다. 할 수 없이 포병대대와 보병 제11연대 제2대대 후대미의 절반을 급양대와 나눠 간신히 중식을 해결했다. 하지만 이날 진력해 강제 징발한 마부들은 틈만 나면 말을 끌고 도망치려고 했다. 결국 보병

---

21) 『일관기록』, 七.和文電報往復拱, (11)'平壤戰鬪에서 日本軍 대승리'(1894년 9월 13일 오후 6시 45분 수신), 師團長 野津→大鳥: "어제 15일 平壤에 있는 淸國 군대 약 2만 명을 사방에서 포위 공격을 행하여 이를 모조리 사살한 대승리를 거두었다. 적병 사상자는 무수하여 지금 조사 중이다." 다음 19일 전문에 비추어 보면 '9월 13일' 발신일자는 주야로 전투를 치른 뒤에 일어난 일수日數착오로 보인다. 七.和文電報往復控, (34)'平壤戰鬪 詳報'(1894년 9월 19일), 野津→大鳥: "나는 벽두에 平壤을 한쪽 방향에서 공격하는 것이 곤란함을 알고 사방에서 날을 정하여 일시에 포위 공격하려는 책략을 결정했다. 이달 초부터 元山·朔寧 및 開城에서 諸隊를 전진시켰다. 그리하여 이달 10일 나는 黃州에 도착하자마자 한 渡船場을 大同江의 鐵島 상류로 선정하여 몸소 사단의 本隊를 이끌고 곤란을 무릅쓰고 11일부터 점차 배로 大同江을 건너 바로 전진을 시작, 다시 본대의 제대를 나누어 강서와 증산甑山 양兩 가도를 취하여 西方에서 전진했다. 15일을 기하여 앞의 제대와 연락하고 사방에서 일시에 공격해서 대격전 후 적병을 산란시켜 16일 날이 밝기 전에 평양을 탈취했다. 적의 사망자만 전쟁터에 남아 있을 뿐인데 약 1,000명이 있었다. …."

22) 참조: 『舊韓國外交文書』「日案」3卷, 57, 64, 75, 78쪽.

제21연대 제3대대에 속한 마부와 말이 모두 사라지고 말았다. 이 때문에 제3대대장 고시마사츠나(古志正綱) 소좌가 다음 날 출발에 지장을 초래한 책임을 느끼고 7월 27일 오전 5시 자살하기에 이르렀다.[23] 그러나 자살의 이유는 책임감만이 아니라 선량한 타국에 대한 침략전쟁에 대한 회의도 있었을 것이다.[24]

또한 왜군이 북진해 황해도에 들어오자 황해도 인민들의 민심이 일변했고, 일본인들에게 복수하려는 농민들이 왕왕 일어났다. 일본인이 여행하면 소수인 경우에 이들에게 돌을 던져 통행을 막았다.[25] 왜군 혼성여단장 오오시마가 왜군 참모본부에 보고한 보고서에 의하면, "개성부 인민들은 국왕을 되찾기 위해 당黨을 모았다".[26] 지방에서 배왜排倭감정은 실로 극에 달하고 있었다. 인민들은 왜인만 싫어하는 것이 아니라 왜군에 협력한 조선인 부역자나 이 부역자를 위해 음식물을 주선하는 조선인도 증오해 '쪽발이 앞잡이'로 보고 위해를 가했다. 타살하는 경우도 비일비재했고 왜인타살은 특히 평양에서 극에 달했다.[27] 왜군의 북진로 연변의 관민들은 왜군에 대한 협력을 일절 거부했을 뿐만 아니라 왜군과 부역자를 공격한 것이다. 일본공사는 서둘러 왜군에 협력할 것을 호소하는 칙사를 파견케 했지만, 칙사로 파견된 이용한李用漢은 도중에 증발해버렸고, 왜군과의 동맹을 위해 파견된 장위궁 집사, 조선군 장교, 병사, 경관들도 다 소리 없이 증발해버렸다.[28]

---

23) 『日淸戰史草案』「第2冊 決定草案」第14章. 나카츠카, 『1894년, 경복궁을 점령하라!』, 21쪽에서 재인용.

24) 참조: 나카츠카아키라, 「청일전쟁을 둘러싼 기억」, 35-37쪽. 나카츠카아키라·이노우에가쓰오·박맹수(한혜인 역), 『동학농민전쟁과 일본』(서울: 모시는사람들, 2014).

25) 참조: 『東京朝日新聞』, 1894년 9월 20일자.

26) 日本防衛廳防 衛硏修所 所藏, 「第五師團混成旅團報告綴」 第22號. 박종근, 『淸日戰爭과 朝鮮』, 197쪽에서 재인용.

27) 참조: 박종근, 『淸日戰爭과 朝鮮』, 197-198쪽.

28) 참조: 博文館, 『日淸戰爭實記』 第4編, 17쪽. 박종근, 『淸日戰爭과 朝鮮』, 198쪽.

2) 왜군 전신선과 병참기지에 대한 백성의 공격

조선백성의 저항은 서울-부산 간 경부가도街道에서도 왜군 전신선과 병참기지를 따라 거세게 일어났다. 일본기사에 의하면 일본공사관원이 평양회전의 대승소식에 대한 방문榜文을 종로 등지에 써 붙이자 두세 명의 조선인이 당장 나서서 "개새끼(한국어 – 원주原註)"라고 욕하면서 찢어발겨버렸다. 공사관원들이 다시 방문을 붙이고 호위를 세우기까지 했으나 조선인들은 또 찢어버렸다. 공사관원들은 방문을 찢은 조선인들을 가차 없이 포박하려고 했으나 무수한 조선인들이 무리를 지어 방해했기 때문에 체포하지 못했다. 이로 인해 서울 도처가 몹시 소란스러웠다.[29] 게다가 일본병들은 서울시내에서 서울사람들의 돌팔매를 얻어맞기 일쑤였다.[30]

충청도와 경상도에서도 경부가도를 기점으로 반일저항이 고조되었다. 이 가도가 왜군의 지방 침공로로 쓰이고 있었고, 게다가 왜군이 이 가도를 따라 군용전선을 가설하는 데 조선인 인부와 군량미를 강제로 징발하고 있었기 때문이다. 부산에서 서울을 거쳐 평양에 이르는 반도종단로의 요소요소에는 왜군병참기지들이 설치되고 있었다. 이 병참기지들은 왜군의 북진에 따르는 군대와 무기탄약의 수송, 군량과 우마·인부의 징발과 도로 정비, 그리고 군용전신선의 방비, 왜군과 전신선을 공격하는 조선인민과의 전투 등을 위한 것이었다. 1894년 10월 5일까지 설치된 경부가도의 왜군병참기지는 21개소(부산, 구포, 물금점, 삼랑진, 밀양, 청도, 대구, 다부, 해평, 낙동, 태봉, 문경, 안보, 충주, 가흥, 장호원, 이천, 곤지암, 조현, 송파진, 서울)였다. 인천과 대동강 사이의 병참기지는 14개소(인천, 용산, 고양, 파주, 장단, 개성, 김천, 흘수, 서흥, 검수, 봉산, 황주, 중화, 어은동)였다.[31] 전국의 백성들은 단순 농민봉기나 의병봉기를 통해 병참기

---

29) 『郵便報知新聞』, 9월 28일자; 『東京朝日新聞』, 9월 29일자. 박종근, 『淸日戰爭과 朝鮮』, 198-199쪽에서 재인용.

30) 박종근, 『淸日戰爭과 朝鮮』, 199쪽.

지와 전신선을 공격했다.

3) 의병봉기의 시작: 서상철의 안동의병

가장 이른 농민봉기는 이미 경복궁침공 직후인 1894년 7월 말과 8월 초부터 등장한다. 7월 30일 경기도 남양(오늘날 화성)지역에서 농민들이 봉기했고, 8월 9일에는 충청도 이인利仁에서 농민들이 봉기했다.[32] 이 농민봉기들은 반反괴뢰정부 봉기인지 항일봉기인지 그 성격이 밝혀지지 않았지만, 아직 봉기 시점이 경복궁침공 직후이자 김홍집괴뢰정부가 모습을 드러내기 전인 점과 남양과 이인이 둘 다 호남·충청 동학세력의 영향권인 점을 고려할 때 동학군 지역조직에 의해 주도된 자연발생적 형태의 '항일농민봉기'로 보인다. 아무튼 갑오친일괴뢰정부는 이 두 봉기로 인해 크게 당혹했다. 왜군과 괴뢰정부는 이 농민봉기에 대한 왜군의 무력진압 여부를 두고 대립했다. 괴뢰정부는 왜군침략으로 국민감정이 일촉즉발에 처한 상황에서 왜군의 무력진압 작전이 도리어 봉기를 격화시켜 전국으로 확산시킬 것을 우려한 것이다.

곧이어 지방점령을 위한 갑오왜란의 계속수행과 청일전쟁에 따른 왜군의 군사작전을 방해하기 위해 왜군 군용전신선을 절단하고 병참기지를 공격하는 인민봉기들이 속출하기 시작한다. 1894년 8월 6일 경상도 청도에서 조선백성들이 일본 전신선 기사를 폭행한 사건을 시작으로 전신선 공사방해와 전신선 파괴사건이 빈발한다.[33] 이튿날 7일에는 대구에서 폭동이 일어나 전신선을 크게 파괴했다.[34] 8월 12일에는 대구에서 조선인 100여 명이 군용전신선을 가설하기 위해 작업 중인

31) 박종근, 『清日戰爭과 朝鮮』, 199쪽.

32) 박종근, 『清日戰爭과 朝鮮』, 199-200쪽.

33) 박종근, 『清日戰爭과 朝鮮』, 127쪽.

34) 참조: 日本防衛廳防 衛硏修所 所藏, 「第五師團混成旅團報告綴」, 8월 11일조. 박종근, 『清日戰爭과 朝鮮』, 127쪽에서 재인용.

일본 인부들을 폭행하고 작업을 방해하는 일이 발생했다. 이 와중에 몇몇 조선인이 왜군들에 의해 체포되었다. 그 후 낙동 등지에서는 전신선 절단사건이 발생했다.[35] 이때 경부선은 완공하여 개통 직전이었는데, 경상도인들은 대구와 상주 간 전신선을 20리가량 절단하여 개통을 지연시켰다.[36] 경의선은 청일전쟁 개전 후 평산 임시군용전신국에 조선인들을 기사로 사용했으나 선무사 이용한이 도피하자 기사들도 모두 도피했고, 조선인들은 이 전신선을 절단했다.[37] 8월 하순에는 동학당이 일어나 경상도 인민을 무임으로 사역케 한 죄로 함창현의 현관縣官(현령과 현감)을 포박하여 책했고, 함창현 인민에게는 일본의 용역에 응하지 말 것을 당부했다. 따라서 현관縣官(종5품 현령과 종6품 현감)의 명에 응하는 사람이 없어졌고, 많은 현관들이 두려워 사직하거나 거처를 몰래 옮겨 행방불명 상태가 되었다.[38]

고종의 밀지를 받지 않고 자발적으로 일어나 왜군병참기지를 공격한 항일의병은 전 금부도사 및 헌릉참봉 서상철徐相轍(1860-1896) 의병장이 이끈 의병부대가 가장 빠른 것으로 기록된다. 서상철은 8월 2일(음력 7월 2일)자로 된 '격문'에서 이렇게 천명한다. 이 격문은 이후 의병 격문의 모범으로 반복되는 글이므로 전문을 다 인용해보자.

방榜

호서충의湖西忠義 서상철 등은 특별히 대의로써 우리 동토東土의 뜻있는 군자 및 우리 호적에 올라 있는 모든 사람에게 포고하노라. 산에 올라가서 고함을 지르면 사면이 모두 호응하는데, 그것은 소리가 높거나 커서

35) 『時事新報』, 1894년 8월 15일자.

36) 『東京日日新聞』, 1895년 8월 15일자.

37) 박종근, 『淸日戰爭과 朝鮮』, 128쪽.

38) 日本防衛廳 防衛硏修所 所藏, 『中路兵站監部陣中日誌』, 67쪽. 박종근, 『淸日戰爭과 朝鮮』, 200쪽에서 재인용.

그런 것이 아니라 그 소리를 들은 사람이 많기 때문이다. 그러므로 집집마다 전달하여 일깨워주고, 또 모두 한 몸이 되어 돌려가면서 살펴보시기 바라노라. 지금 임금께서는 누란의 위기에 놓여 있는데, 안일하게 앉아서 돌아보지 않으며 신하된 자로서 불구대천의 원수(不戴之讐)를 두고도 아무 각성이 없이 다만 피할 줄만 알고 모두가 자기의 사사로운 일만을 꾀해, 변란이 일어난 지 한 달이 지났으나 아직까지도 적연하게 들리는 바 없으므로('조정의 신하들과 삼천리 대관유향帶官儒鄉들이 누구 한 사람 거의擧義하는 자가 없으므로' - 『日案』), 이것이 어찌 우리 열성조가 500년 동안 아름답게 길러온 의리라고 하겠는가? 이 삼천리강토에서 관을 쓰고 허리띠를 두르고 사는 마을에 혈기를 가진 사람이 한 사람도 없단 말인가? 옛날 임진란이 일어나던 해에 어가가 파천하여 임금과 백성이 진흙길에 빠져 죽음에 이르지 않은 사람은 백성 중 한 사람도 없었다. 지금 생각하면 위로는 관리·신사, 아래로는 필부에 이르기까지 그때 사망한 분들의 자손이 많을 것이다. 그러나 종묘사직에 오르내리는 영령들께서 밝게 살펴보셨고, 또 만일 중국이 원정하여 다시 수복하지 않았더라면 결국 그들에게 짓밟혔을 것이다. 오직 저 일본은 우리의 백년 원수일 뿐이다(惟彼日本卽我百世之讐敵也). 그런 까닭에 지사들은 지금까지 남쪽을 돌아보며 이를 갈고 있어 그 중얼거리는 소리가 종종 끊이지 않고 있다. 이와 같이 아무 일 없는 평일에도 이런 마음이 있는데, 어수선한 유사시에 어찌 이런 마음이 없겠는가? 조약을 들어 말하더라도 그것은 우리나라가 당연히 우리나라의 일을 한 것인데, 어찌 그들이 정해야만 하는가? 그리고 우리 임금을 위협하고 백관을 핍박한 것과 호위병을 쫓아내고 무기고를 약탈한 것은 신민들도 너무나 슬퍼하여 차마 말할 수가 없으니 임진년보다 심한 일(甚於龍蛇者也)이다. 머리를 깎아 오랑캐의 옷을 입히는 것과 음낭을 베어내고 사람 가죽을 상납케 한 것은 그들의 마음속에 달게 여겨온 것으로서 온 나라가 같이 듣는 일이다. 그뿐 아니라 일본병사들은 방방곡곡 어느 곳이든 없는 곳이 없으므로 비록 십승지 명산(十勝名山)이 있다하더라도 어찌 도피할 수가 있겠는가? 그렇다면 우리 동토의 임금과 백성들을 하나도 빠짐없이 다 죽이고야 말 것이니 이것은 나아가도 죽고 물러나도 죽게 될 것이다. 그렇다면 어찌 손을 묶어두고 앉아서 죽음을 기다릴 수 있겠는가? 그리고 천하의 대세를 논해보더라도 대청국大淸國은 100년 동안 중화를 지배한 종주국으로 우리 종사가 섬기는 나라다. 그러므로 그들을 배반하는 것은 상서롭지 못한 일이니, 의리에 있어 어찌 밝다고 하겠는가? 왜인은 자주독립이란 말로 우리를 달래기도 하고 위협도 하고 있다. 니시무라도키히코(西村彦一)의[39] 서한만 보더라도 상국을 능욕하여 국교를 해치고 이간질을 하고 있지만, 소위 조정에 있는 신하들은 하나같이 지각없이 일본인을 대궐로 불러들여 스스로 죽을 수 없어 단지 주상이 치욕을 당하는 것을 보고만 있으니(所謂在廷之臣一無知覺 召[招]日人入闂 不能自死徒見主辱 – 『나엄수록』본에는 이 구절이 없음), 이와 같은 무리들은 개나 돼지도 먹지 않을 것이므로 입에 담을 것도 없다. 서양의 여러 나라 중에는 러시아와 영국·미국 등이 가장 크지만 일본은 함부로 자국이 더 높은 위치에 있다고 생각해 공사를 멸시하거나, 혹은 영국병사를 문죄하는 일까지 있었고 지난해에는 러시아 태자를 구타해 각국이 화해를 권하는 일이 있었으므로, 일본을 후원하는 나라가 없을 것임을 알 수 있다. 그리고 청나라 병사 10만 명이 현재 인천항에 포진하여 있고 또 소사에서 전투를 치루고 있으니, 이것은 일대 쾌거다. 그런데 우리 임금께서 어찌 청나라를 도와 일본을 토벌하려고 하지 않겠는가? 그들의 억제를 받고 있기 때문에 뜻대로 하지 못하고 있을 뿐이다. 그러나 일본인들의 성품은 매우 조급해 언제나 두려워하는 마음을 갖고 있기 때문에, 그들이 전진할 때는 비록 용감하지만 후퇴할 때는 반드시 속히 물러가므로, 만일 그 기세가 한번 꺾이면 파죽지세로 후퇴할 것임을 기대할 수 있을 것이다. 그리고 일본의 총과 대포가 비록 편리하기는 하나

---

39) 니시무라도키히코는 조선이 항복한 병자년의 수치를 들어 조선으로 하여금 청국에 등돌리고 일본과 합하도록 하자는 글을 지은 일본의 자칭 경사慶士다.

탄환이 날아가는 거리는 50보 미만이며 발사 횟수도 3, 4차에 불과하고 손에 열기가 생길 만하면 더 쏠 수가 없게 되니, 한 번 발사해서 100여 보를 날아가며 끊임없이 연발로 나가는 우리 조총보다도 못하다. 세상에 험악한 사람들은 혹 일본의 세력을 과장해 인심을 현혹하고 혹은 새벽에 떠오르는 해에 비유해 두 마음을 품기까지 하니, 이런 사람은 매우 지혜롭지 못한 사람이다. 그리고 우리나라의 국운은 803년을 누릴 수 있다는 '순順'자의 참서讖筮가 있어, 이 백억조나 된 백성들이 복수심을 갖고 의거를 하는 날에는 어찌 한 사람이 100명을 당하고 10명이 1만 명을 대적하지 못하겠는가? 저 수적讎敵멸망은 이 한 번의 의거에 있으니, 이 격문이 도착하는 날, 팔도에 충의가 있는 사람들은 이번 달 25일 일제히 안동부의 명륜당으로 오시어 적도賊徒를 토벌할 기일을 약속해주면 매우 다행으로 생각하겠다.

7월 2일

이 격문이 도착하는 즉시 1본을 등사하여 경내 백성들이 돌려가면서 보게 하고 원본은 그날 밤에 바로 가장 가까운 읍으로 전달하고 그 읍에서 다시 다른 읍으로 전달하고, 이와 같이 하면 듣지 못하고 알지 못한 사람이 없을 것이다. 그러나 만일 중간에서 지체하는 읍이 있으면 이는 불충불의한 사람의 짓이라고 생각된다. 그 수효를 미루어 보면 자연히 알게 되니, 기어이 죽이고야 말 것인바 모두 이 말을 명심해 어기지 말기 바라노라. 그리고 지금 부자가 있으면 아들이 나오고 형제의 경우에는 아우가 나와서, 충의에 분발하고 노력을 아끼지 않을 사람은 어떠한 일도 구애받지 말고 제각기 창검을 갖고 대기하기 바라노라.[40]

---

40) 「湖西忠義徐相轍布告文」. 『羅巖隨錄』, 『동학농민혁명사료총서(2)』 국사편찬위원회 한국사데이터베이스; 『일관기록(1)』, '안동난민거괴 서상철의 격문 입수의 건'(1894년 9월 28일), 부산총영사 室田義文→大鳥圭介.

왜국은 임진왜란 이래 원수적국이다. 서상철은 그 왜군이 이번에 "주상을 겁박하고 백관을 핍박하고 수비병을 구축하고 무기고를 탈취하는" 변란을 획책했으니, 이에 대처하여 거족적으로 일어서야 함에도 불구하고 "소위 조정 신하라는 자들이 한 명도 지각이 없어 일본인을 불러들여 입각하고 스스로 죽을 수 없어 단지 주상이 욕을 당하는 것을 보고만 있다"라고 조정대신들을 탄핵함과 동시에 "범궐의 변이 난 지 한 달이 지나고 있음"에도 조야가 적막하다고 탄식하고 있다.

서상철은 초야의 우리라도 나서서 거의해야 한다고 주장한다. "지금 25일(以今二十五日) 안동의 명륜당으로 집결할 것이다"라고 하고 격문이 쓰인 날자가 범궐이 있은 지 열하루 째인 7월 2일(양력 8월 3일)로 되어 있으나 "범궐의 변이 난 지 한 달이 지나고 있음"이라는 구절을 보면 8월 내내 사용될 격문임을 염두에 두고 쓴 것으로 보이고 "지금 25일" 안동명륜당으로 모이라고 한 것으로 보아 거병한 것은 8월 27일 또는 9월 초로 보인다.[41] 초모에 시간이 더 필요했을 것이기 때문에 실제 집결 양상은 1894년 9월 15일부터 분주해져 의병은 9월 20일경에 대오를 갖췄을 것이다.

서상철 의병 3,000여 명은 9월 22일 상주 함창의 왜군 태봉台峰 병참기지로부터 동쪽으로 15리 떨어진 안동부 부근에 집결해 마침내 9월 24-25일경 이 병참기지를 공격하고 예천 방향으로 정찰 나온 태봉기지 부장 타케우치모리카(竹內盛雅) 대위 등을 사살했다.[42] 태봉병참부는 왜군 100여 명을 투입해 진압에 나서고, 태봉 부근의 왜군부대도 동원한다. 그러나 대구 부근에서도 인민이 봉기해 전신선을 절

41) 박종근, 『淸日戰爭과 朝鮮』, 203쪽.

42) 『第一軍站部陣中日誌』, 1894년 9월 22·26·27일條; 부산총영사 室田義文(무로타요시후미)의 보고. 日本外務省 소장, 「韓國東學黨蜂起一件」 公第226號, 機密60號. 박종근, 『淸日戰爭과 朝鮮』, 204-205쪽에서 재인용. 강효숙은 타케우치 왜군 대위가 '사살'된 것이 아니라 '행방불명'되었다고 말한다. 강효숙, 「제2차 동학농민전쟁시기 일본군의 농민군 진압」, 『한국민족운동사연구』 52(2007), 13쪽. 그러나 아마 '사살'이 맞을 것이다.

단했고, 또 대구로 침투해 대구병참기지를 노렸다. 왜군은 수백 명의 전투병력을 보내 병참기지 수비병력과 협력해 진압작전을 펴며 서상철 의병부대를 추격했다. 이에 서상철 의병부대는 분산해 싸웠는데 그중 600명 정도의 의병부대가 용궁龍宮 부근 석문石門에서 왜군을 맞아 '격렬하게 발화방어發火防禦했다'. 이 싸움은 10월 하순까지 계속되었다.[43] 이후 서상철 의병은 점차 왜군에 밀리면서 청풍 쪽으로 철수했다.[44]

왜군은 조선의 지방군을 '의병토벌'에 동원했으나, 조선지방군과 지방관들은 비협조적이었다. 지방관청은 '의병토벌'에 본래부터 소극적이었으며, 독촉을 받으면 형식적으로 병력을 조금 보내고, 어물어물 요구들을 깔고 뭉갰다. 이에 오오토리 공사는 이것이 군사작전에 '중대한 지장'을 초래한다고 항의해댔다.[45]

서상철 의병 외에도 항일의병은 경부선·경의선 부근 지방에서 맹렬하게 일어났다. 이 의병들의 격문은 대개 서상철의 격문 내용과 대동소이했다. 이 의병들은 반일무력항전 운동의 시발이었고, 제2차 동학농민전쟁의 전주곡이었다.[46] 의병들의 주요 공격 목표는 (1) 왜군 병참기지, (2) 왜군 전신선, (3) 일본상인, (4) 친일괴뢰 지방관청과 친일부역 민간인이었다. 의병들은 "왜군의 화물을 운반하기 위해 고용된 자는 마땅히 살해해야 한다"고 생각했기 때문이다.[47]

이에 왜군은 조선백성의 전신선 파괴, 전신국·병참기지 공격에 병참부의 왜군과 조선지방군을 동원하여 방비를 시도하고 전신선 절단

---

43) 강효숙, 「제2차 동학농민전쟁시기 일본군의 농민군 진압」, 15쪽; 『第一軍站部陣中日誌』, 1894년 9월 29·30일條. 박종근, 『清日戰爭과 朝鮮』, 207쪽에서 재인용; 金正明 編, 『日韓外交資料集成(4)』(東京: 巖南堂書店, 1967), 159쪽, 杉村→陸奥, 明治27년 10월 19일 電信.

44) 조동걸, 『한말 의병전쟁』, 26쪽.

45) 『舊韓國外交文書』 「日案」 3卷, 80쪽.

46) 박종근, 『清日戰爭과 朝鮮』, 210쪽.

47) 日本外務省 소장, 「韓國東學黨蜂起一件」 公第267號.

을 밀고하는 자에게 현상금을 거는 한편, 예하부대에 전신선 절단사건과 관련된 마을을 초토화하고 야간 배회자를 무조건 사살하라는 명령을 하달했으나 전신선 습격은 조금도 기세가 누그러지지 않았다.[48] 조선인민의 전신선·병참기지 습격은 왜군의 조선전신선 강탈과 침략작전에 대한 방어벽 역할을 했다. 이에 병력부족을 느낀 왜군과 일본정부가 새로운 부대를 추가로 조선에 파병하기로 결정할 정도였다. 조선파병이 결정된 6개 중대 가운데 3개 중대는 10월 30일 이미 일본을 출발했다.[49] 제2차 동학농민봉기 이전에 벌써 이런 추가파병 조치를 취한 것을 보면 이때의 의병운동이 얼마나 격렬했는지를 짐작할 수 있다. 의병의 이 격렬한 반격으로 전신선·병참기지 방비를 위한 왜군의 비용지출과 병력소모가 급증할 수밖에 없었다. 조선정부는 이 사실을 알고 끈질기게 조선전신선의 반환을 요구하고, 왜군이 설치한 군용전신선의 불법성을 지적하며 그 양도를 요구했다. 아관망명 후 대일본압박을 더욱 강화한 고종은 드디어 경의선과 경인선을 되찾게 된다.[50]

## 제3절 고종의 거의擧義밀지와 의병전쟁

고종은 왜군의 경복궁 점령과 동시에 경복궁 안에 억류, 유폐되어 일본의 보호국화에 필요한 친일괴뢰정권 수립, 갑오왜란의 계속수행과 청일전쟁을 위한 왜군 군사작전 등에 필요한 각종 왕명을 '강취'당하고 있었다. 그러나 고종은 일방적으로 당하고만 있지 않았다. 그는 겉으로 당하는 척하면서 물밑으로 비밀리에 조선백성의 거국적 봉기와 거의擧義를 명하여 동학농민군과 의병들의 거병을 촉진하려고 노력했다.

---

48) 박종근, 『淸日戰爭과 朝鮮』, 128쪽.

49) 박종근, 『淸日戰爭과 朝鮮』, 211쪽.

50) 박종근, 『淸日戰爭과 朝鮮』, 129쪽.

1) 별입시와 거의밀지의 전달체계

갑오왜란에 항전하는 의병은 서상철 의병처럼 고종의 거의擧義밀지를 받지 못한 상태에서 자발적으로 거병한 경우도 예외적으로 있었지만, 대규모 항일거병은 원칙적으로 고종의 밀지를 받고 일어났다. 고종은 왜군과 괴뢰정부를 감쪽같이 우회하여 거의밀지를 전달하는 과정에서 이른바 '별입시別入侍'를 활용했다.[51]

'별입시'는 본래 임금을 사적으로 뵙는 것을 가리켰지만 나중에 그런 사람을 뜻하게 되어 마치 정부 관직의 직함과 구별되는 별개의 직함처럼 여겨졌다. '별입시'의 시초는 원래 민승호가 독단전횡 끝에 폐출된 대원군의 경우를 타산지석으로 삼아 민왕후의 독단을 견제하여 결과적으로 민왕후를 보호하기 위해 설치한 윤번제 궐내 입직제도에서 기원했다.

> 갑술(1875)년 초에 임금이 친정을 시작했는데, 안에서는 명성황후가 주관하고 밖에서는 민승호가 그것을 받들어 행했다. 황후는 총명·민달하고 권변지략(權略)이 풍요로워서 항상 임금을 좌지우지하고 임금이 미치지 못하는 것을 메워주었다. 처음에는 임금을 빙자하여 자신의 애증을 나타냈지만, 시간이 가면서 전횡이 날로 심해져서 임금이 도리어 제어되었다. 민승호는 운현궁이 멋대로 전횡하다가 폐출된 것을 경계 삼아 임금께 권하여 조정이 귀히 여기고 그 시대에 명망이 있는 자들을 뽑아 차례로 돌아가면서 입직케 하여 기무機務에 참예參預하도록 하고 이를 '별입시'라 일컬었다. 이에 김병시·김영수·김보현·정범조·윤자덕·조인희와 제 아우 민겸호 등이 이 일에서 함께했다.[52]

---

51) 참조: 오영섭, 『고종황제와 한말의병』(서울: 선인, 2007), 27-29쪽.

52) 황현, 『매천야록(상)』, 141-142쪽. 그러나 『오하기문』에서는 맥락 없이 좀 다르게 말한다. "승호는 성품이 매우 우매했으나 이하응의 독단으로 빚어진 실책을 거울삼아 마침내 자기 쪽의 중요한 벼슬을 지낸 집안과 명성이 높은 벼슬아치 및 소론 가운데 성격이 부드럽고 근신勤愼한 사람을 모아 돌아가면서 대궐에 숙직하도록 조처했는데 이를 가리켜 별입시라

별입시는 이렇게 찰스 2세 추밀원 개혁(1679년) 이전 영국의 전통적 추밀원樞密院(Privy Council)의 밀실 멤버와 같이 기무에 참예(참여)하여 밀물모획密勿謨劃, 즉 국왕과의 긴밀한 면의面議를 통해 기밀정무의 논의·수립을 하는 사람으로 출발했지만 시간이 가면서 국왕의 신경망과 수족 같은 존재로 발전하게 되었다. '별입시'라는 비공식 직함으로 불린 이 영향력 있는 인물들은 공식적 정부기구를 우회하여 별도로 임금을 직접 독대하여 보고하고 의정議定하고 명을 받았던 것이다.

그러는 중에 '별입시'는 차츰 개항·개화에 따른 기무참예 비선秘線기제로 발전하고 나날이 그 수가 늘어갔다. 국왕이 해외사정에 많은 관심을 쏟고 있던 개항 초기에 청국과 일본을 여행한 사람들의 직접 보고를 받을 일이 많았기 때문이다. 그리하여 임오군란 이후 다시 개화정책을 가동할 때 별입시의 수는 눈에 띄게 늘기 시작했다.[53]

고종은 개화에 필요한 재원의 확보를 위해 관직매매·광산개발·어염전매·홍삼매매·차관도입 등 각종 방법으로 개혁자금을 형성했었다.[54] 궁궐 안팎에서 개혁자금 형성을 위한 사업들을 관장하는 별입시는 무려 400-500여 명에 달했는데, 경향 각지에 거주를 둔 별입시들의 신분은 대개 전현직 고관대작이었지만, 때로 상인이나 노비에 이르기까지 다양한 계층을 망라했다. 황현은 이렇게 기록하고 있다.

> 개화한 이래 각국을 영접하고 대접하여 전권공사를 파견했는데 그 비용이 1년에 억만 냥이나 되었다. 세자궁의 기도와 상으로 내리는 것은 늘어

---

고 했다. 저 김병시·김보현·심순택·정범조·윤자덕과 같은 이들이 무리로 이에 부응했다." 황현, 『오하기문』, 26쪽.

53) 1882년 임오군란 이후 등장한 김옥균·박영효·홍영식·서광범 등도 별입시 출신이고, 1880년대 중반 고종의 개화정책을 보좌한 김가진·조존두(친청파), 정병하·전양묵(친미파), 김학우·김유원(친러파) 등도 별입시로 입신한 인물들이다. 1880년 별입시의 활동과 면면에 대해서는 참조: 이노우에가쿠고로(井上角五郎), 『漢城之殘夢』(1891). 이노우에가쿠고로(한상열 역), 『서울에 남겨둔 꿈』(서울: 건국대학교출판부, 1993), 43, 69쪽.

54) 오영섭, 『고종황제와 한말의병』, 27쪽.

> 갈 뿐 줄어들지 않았으며, 천하의 진기한 보배가 창고에 넘쳐났다. 또 임오·갑신년의 변란을 겪자 어두운 밤만 되면 항상 재난이 일어날까 두려워 종국은 매일 밤 전기등 수십 개를 아침까지 켜놓았다. 전기등 하나는 엽전 3천 꾸러미나 되었으니 그 나머지 자질구레한 비용지출은 이루 다 적을 수조차 없었다. 국가재정은 이미 바닥이 나 적절히 조치할 수 없었으므로 관직을 팔아 충당하는 것도 부족하여 또 크고 작은 과거科擧까지 팔았으며 여기에 더하여 물 좋은 아전 자리까지 팔았다. 한편으로는 광산을 열어 석탄을 캐고 생선과 소금, 구리와 무쇠까지 독점했다. 무릇 시장에 유통되는 모든 물건은 세금을 받지 않은 것이 없었다. 또 홍삼을 독점하여 민영익으로 하여금 중국에 내다 팔게 했고, 그래도 부족하여 서양과 일본에서 빚까지 냈는데, 그 액수가 억만 냥에 이르렀다. 대저 재물을 만들어내자면 각자 맡아서 관장하는 이들이 있어야 하므로 위로는 공경대부에서부터 아래로는 종이나 장사꾼들에 이르기까지 끌어들이지 않는 사람이 없었다. 이들은 대부분 '별입시'라고 불렸는데, 이때 별입시가 400-500명에 이르렀다.[55]

1880년대부터 고종 퇴위 후까지 별입시는 국왕과 왕비를 보좌하기 위해 밤낮으로 궁중을 드나들며 무시로 고종을 뒷받침했다.[56] '별입시'는 신지식을 습득한 사람들에게, 특히 시무時務에 밝은 유능한 평민과 천민들에게 신분을 뛰어넘어 빠르게 입신할 수 있는 중요한 통로이기도 했다.[57]

별입시가 다종다양한 만큼 그 안에서 별입시를 상하로 차별하는 관념이 형성되었다. 궁내부 중심의 정치가 불가피했던 대한제국기에는 별입시의 역할이 아주 커져 정부를 소외시키는 통에 정부와 언론

---

55) 참조: 황현(김종익 역), 『오하기문』(고양: 역사비평사, 1994), 43쪽.

56) 오영섭, 『고종황제와 한말의병』, 27쪽.

57) 오영섭, 『고종황제와 한말의병』, 178쪽.

쪽으로부터 이른바 '별입시 비판'과 '궁금숙청宮禁肅淸(잡인출입을 막아 궁금=궁궐을 깨끗이 하는 것)' 요구도 일었지만,[58] 1904년 2월 6일 왜군 전함이 진해만을 점령함으로써 개시된 갑진왜란 시기에는 고종은 지방에서 의병을 일으켜 '국민전쟁'을 수행하기 위해 별입시를 집중적으로 활용했고, 또 왜군이 서울·진해·인천·부산·원산·함경도 등을 침략·정복하고 엄혹한 군정을 실시할 때 대한제국의 전신전화가 왜군의 징발로 무용지물이 돼버려서 다른 전달수단이 전무한 마당에 별입시는 비밀리에 황명과 군자금을 전해 국민전쟁을 위한 거의擧義와 전쟁수행을 명하고 지휘할 수 있는 '유일한' 수단이었다.

황현은 대한제국기에 증가된 별입시의 상하분류에 대해 이렇게 기술하고 있다. "이때 별입시의 명색이 나날이 증가해서 청별입시廳別入侍, 계별입시階別入侍, 지별입시地別入侍 등이 있었다. 청별입시는 궁내부의 관청에 오른 자이고, 계별입시란 계단에 나열한 자이고, 지별입시는 마당에 서 있는 자다. 위로는 대관으로부터 시작해서 아래로는 무당·백정·장사치의 유형에 이르기까지 참여하지 않는 자가 없었으므로 주상은 능히 다 기억하지 못하고 나아가 알현하면 그때마다 고개를 끄덕일 뿐이다."[59] 청별입시·계별입시·지별입시가 바로 별입시의 계급서열이었던 것이다.

고종은 갑오년부터 불가피하게 거의밀지를 비밀리에 전달하는 데에 다양한 별입시들을 집중적으로 투입했다. 거의를 촉구하는 데 종사한 대표적인 별입시들을 거명해보자면, 이범진, 심상훈, 한규설, 허위許蔿, 이유인, 신기선, 주석면, 강석호, 강창희, 김승민, 김연식, 민경

---

58) 1898년 김홍륙독다사건 이후 대대적인 별입시 비판이 일어 일시 17인을 제외한 나머지 별입시들의 궁궐출입이 금지되기도 했다. 『독립신문』, 1898년 9월 15·20·22·24·26일. 1898년 9월 궁금숙청령 실시 이후 새로 정해진 공인 별입시는 17명이었는데, 그중 민씨가 9명, 다른 성씨가 8명이었다. 10월에 대신들이 올린 별입시는 28명이었다. 『皇城新聞』, 1898년 9월 30일; 10월 19일.

59) 황현, 『매천야록(상)』, 360쪽.

민, 민병한, 민형식, 원용상, 이민화, 이봉래, 이상천, 이소영, 이용태, 이정래, 정환직, 최병주, 홍재봉 등이었다. 자신의 휘하에 다시 겸인傔人, 문객 등 많은 수하집단을 거느린 이 고위 별입시들은 고종의 밀지를 받아 전달하거나 보여주며 경향 각지의 유력자·명망가·무용가武勇家 등과 연계하여 의병항전을 촉진하고 연합하도록 조종했다.60)

판서급(2품) 이상의 고위직을 역임한 명망 있는 전직관리 집단에 속한 고위 별입시들로 이루어진 고종 근왕세력은 자신들이 직접 지방으로 낙향하거나 수하들을 보내 재야세력과 연대하여 거의를 추진했다. 당시 근왕세력의 별입시 밀사들은 옥새가 찍힌 고종의 밀지, 고종이나 총신 별입시가 내린 특별당부나 권고, 또는 총신 별입시가 임의로 제작한 고종의 밀지 등을 가지고 경향 각지를 돌며 재야의 거의를 독려한 것으로 조사된다. 별입시 밀사들은 ① 고종의 밀지나 직접 구두당부·권고 등을 재야에 전달하여 그들의 거병에 공식적 정당성을 부여하고, ② 전국 각지를 유력遊歷하며 거병진작 활동을 펴고, ③ 직접 초모하여 의병장 직위에 올라 항일전투를 치르기도 하고, ④ 대규모 연합의진義陣의 전략전술과 재정조달을 책임지는 총독장·모사장·참모장·중군장·참모·종사 등의 직책을 맡아 항일전을 같이 치르기도 했다. 따라서 전기 의병전쟁은 재야세력만의 자발적 독자전쟁이 아니라 중앙의 근왕세력과 긴밀한 연계하에 연합조직으로 추진된 전국적 항일독립 국민전쟁이었다.61) 후기 의병전쟁의 기라성 같은 의병장들도 거의 예외 없이 고종의 밀지나 혹은 밀지에 준하는 당부와 격려를 받은 다음에 비로소 거의했다.62)

---

60) 참조: 오영섭, 「한말 의병운동의 발발과 전개에 미친 고종황제의 역할」, 『동방학지』 128(2004), 63-67쪽, 78-81쪽, 82-85쪽.

61) 오영섭, 『고종황제와 한말의병』, 29쪽. 고위 별입시의 수하나 문객들이 소지한 밀지의 내용에 관해서는 참조: 오영섭, 「한말 의병운동의 근왕적 성격」, 『한국민족운동사연구』 15(1997), 49쪽.

62) 오영섭, 『고종황제와 한말의병』, 27쪽.

고종은 대한제국 창건 이후에 항일독립항전에서도 별입시를 여러 가지 임무에 계속 활용했다. 따라서 친일파들에게 별입시는 눈엣가시였다. 따라서 친일파 윤치호는 "풍설을 들으니 시종 이기동 씨가 특주特奏하여 가라사대 본래에 소위 별입시들이 무난히 출입하는 까닭에 궁중이 청숙치 못하다 하여 요사이는 별입시들이 함부로 궐내에 출입들을 전과 같이 못 한다더라"라고 별입시를 헐뜯고,[63] 또 "궁내부 관인 민강호·최병주·윤상욱·이상설·김홍수 5씨는 별입시로 항상 한 방에서 함께 거처한다니 정의情誼가 더욱 자별할 듯하다더라"라고 비아냥대고,[64] "하나는 가로되 별입시들이 대궐 안에 무난히 출입들 하여 성상 폐하의 총명을 옹폐하고 화복을 천단히 지으니 국정이 문한한지라 이제부터는 별입시들을 일병 퇴척하여 궁금을 엄숙히 하고 맑게 할 일이다"라고[65] 하는 등 수많은 기사로 거듭 비난했고, 독립협회는 별입시의 퇴척을 거듭 요구했다.[66] 이것은 고종의 별입시의 공공연한 존재와 뚜렷한 역할을 반증하는 것이다.

2) 전통적 의병개념의 수정

이쯤에서 오늘날까지 의병연구에 지대한 영향을 미친 박은식(1859-1925)의 의병개념을 재고해야 할 것이다. 박은식은 의병을 이렇게 규정한 바 있다. "의병이란 민군民軍이다. 국가가 위급할 때에 의리로 즉각 일어나 조정의 징발령을 기다리지 않고 종군한, 적개심에 불타는 사람들이다."[67] 그러나 갑오왜란 이후 동학농민군과 기타 의병은 대부분 '조정의 징발령을 기다리지 않고 종군한' 것이 아니라 고종과

63) 『독립신문』, 1898년 7월 30일 「잡보」.
64) 『독립신문』, 1898년 8월 3일 「잡보」.
65) 『독립신문』, 1898년 8월 16일 「잡보」.
66) 『독립신문』, 1898년 9월 17일 「잡보」; 9월 21일 「잡보」.
67) 박은식, 『한국독립운동지혈사』(서울: 소명출판, 2008), 71쪽.

근왕세력의 거의밀명擧義密命에 따라 거병했거나 궁내부 별입시나 내관, 그리고 군대해산 전후에는 아예 해산당할 또는 해산당한 '국군'이 거병했다. 따라서 순수한 '민군'으로서의 박은식의 의병개념은 애당초 거론될 수 없는 것이었다. 박영효를 추종하던 편향에서 고종의 무능을 비판하는 쪽에 서 있던 정교鄭喬조차도 "이(아관망명)에 앞서 각처 의병은 모두 밀칙密勅을 받고 일어났다(先是各處義兵 皆受密勅而起)"고 인정하고 있다.68) 따라서 박은식의 저 의병개념은 당대의 숨 가빴던 '물밑정치'의 심층과 저류를 전혀 몰랐던 국외자의 관점에서 내려진 개념일 것이다.

박은식은 황해도 황주의 시골 성리학자로 지내다가 뒤늦게 상경하여 개신유생으로 돌변하고 독립협회 언저리에서 당시 '국내망명정부'의 처절한 정치를 남궁억이나 윤치호보다 더 '수박 겉핥기'로 알고도 다 아는 척하며 『황국신문』의 선부른 논객으로 대한제국기를 보냈던 터라서 궁내부와 별입시의 운용, 황제밀지와 의병 간의 비밀연계, 익문사(대한제국정보기관)의 운용 등의 '지하정치'(underground politics)를 전혀 모른 채 정치권 언저리나 변두리에서 비분강개·좌충우돌하던 인물군에 속한 '아웃사이더'였기 때문이다. 따라서 박은식은 민·관을 넘나드는 이력에서 중앙정계의 웬만한 귓속말과 극비첩보들을 뒤늦게나마 또는 부정확하게마나 두루 꿰뚫었던 정교(1856-1925) 같은 '관리 출신 서울내기'의 정보 수준에 미달할 수밖에 없었던 것이다. 그러므로 대한제국 전후 시대의 민족사를 정확하게 알기 위해서는 성리학적 이단론의 잔존영향에서 동학을 홍건적과 유사한 혹세무민 집단처럼 경멸조로 묘사한 반면, '친일파의 소굴'로 변한 독립협회를 '신사들의 모임'으로 치켜세우는 박은식의 다른 논변들과 함께 그의 의병개념은 차제에 분명하게 배격되어야만 할 것이다.

---

68) 정교, 『大韓季年史(상)』, 139쪽(卷之二 高宗皇帝, 建陽元年). 『한국사료총서』 5집, 국사편찬위원회 한국사데이터베이스. 정교(이철성 역), 『대한계년사(2)』(서울: 소명, 2004), 160쪽.

갑오왜란으로부터 경술국치 전까지 전국 각지에서 충군애국 의리와 항일의식에 따라 거의를 준비하던 수많은 우국지사들은 중앙의 구국세력인 고종세력과 연대해 창의했다. 한말 의병운동은 기존 연구자들의 주장처럼 재야세력만의 자발적 민족운동이 아니라 고종세력과 재야세력의 합작품이었던 것이다.[69] 따라서 1894년부터 1920년에 이르는 의병·의군의 거의擧義 이유와 조건이 명약관화해진 지금 이 마당에는, 당시 '세상물정'을 모른 채 비분강개의 순수한 '의분'과 '자발적 거의'만을 강조하는 박은식의 순진한 의병개념을 버리고 이 새로운 사실적史實的 의병개념을 따르는 것이 옳다고 여겨진다. 따라서 1894년 이래 대한제국 전후의 '의병'은 문민이나 해산군인이 국왕으로부터 비밀리에 또는 공개적으로 서면 또는 구두로, 그리고 사전·사후에 직간접적으로 거의擧義 명령을 수명受命함으로써 그 국민적 공의성公義性을 인정받아 '왕의 군사'가 된 군인들로 정의될 수 있다. 따라서 1910년 국치 전후 고종의 밀칙을 받기 어렵게 된 최후의 의병들은 모두 고종태황제가 1909년과 1912년의 거의밀칙과 '혈조血詔' 등에서 사용한 용어들('광복', '만회독립', '독립의군')에서 따와서 자기 부대의 명칭을 '독립군'이나 '광복군'으로 바꿔 달았던 것이다.[70]

---

69) 오영섭, 『고종황제와 한말의병』, 29쪽.

70) '독립의군부'를 조직하라는 고종의 밀지에는 '광복'과 '독립의군부'가 등장한다. "攸恃唯爾 爾等其體 戮力光復 凡在爵賞 誓指山河! 玆降血詔 組織獨立義軍府. 爾等須糾合多士將率百姓 克期進取. 膚奏厥功. 嗚呼 知悉. 當日啓下 命獨立義軍府總務總長(오로지 그대들만 믿는바, 그대들은 이를 체득하고 힘을 모아 광복하라. 무릇 관작과 상이 있을 것을 산하에 맹세하노라. 이에 혈조를 내리니 독립의군부를 조직하라. 그대들은 모름지기 많은 재사들을 규합하여 백성을 이끌고 진취를 기약하라. 그 공을 아름답게 아뢰라. 오호! 지실하라. 당일로 계하하여[啓告를 비준해] 독립의군부 총무총장을 명한다)." 이구영 편역, 『湖西義兵事蹟』(제천: 제천군문화원, 1994), 835쪽. 또 고종이 '광복'을 쓴 사례는 다음을 보라: "아! 그대들은 또한 곧 심력을 통일하여 우리 대한을 광복하는 데 써서 자손만대 길이 의뢰케 하라." 「諭西北間島及附近各地民人等處」(1909년 3월 15일), 『宮中秘書』(李王職實錄編纂會, 1927). 왕실도서관장서각 디지털아카이브. 원문: "嗚呼-라, 爾尙克一乃心力ᄒᆞ야 用光復我大韓ᄒᆞ야 子孫萬世-惟永賴케 ᄒᆞ라." 또 1912년 순종이 임병찬에게 내린 밀지의 끄트머리에 '만회독립'(즉, 광복)이라는 구절이 있다: "內糾義勇之士 外援文

국왕의 밀칙을 받은 의병은 '왕사王師'(왕의 군대)에 속하는 '천졸天卒' 이다. 따라서 밀칙을 받은 의병은 바로 '천졸'로서의 자부심이 대단했다. 가령 무과 출신 이강년은 광무제(고종황제)의 밀칙을 받았다. 그는 갑오년 동학농민전쟁 때 문경의 동학군을 이끌고 왜군과 탐관오리를 무찔렀고 1907년 광무제가 강제퇴위를 당하자 영춘永春에서 다시 의병을 일으켜 강원도 여러 곳에서 왜군과 싸워 큰 전과를 올린 의병장이다. 이강년은 "우리는 고종황제의 밀칙을 받았으니 우리 군사는 천졸天卒이라"고 말한다.[71]

따라서 자발적으로 거의한 자칭 '의군'은 '민군'으로서 이강년처럼 사전이나 사후에 끝내 국왕으로부터 특정한 또는 일반적인 거의교지를 받지 못해 '천졸', '천군'이 되지 못했다면, 그 뜻이 아무리 주관적으로 의로울지라도 객관적으로 '의병'이 아니라 '비적'이다. 또한 가령 유인석柳麟錫(1842-1915), 이소응李昭應(1861-1928)의 의병처럼 아관망명(1896년 2월 11일) 직전 밀지를 받고 거의했으나 거의한 후에 국왕으로부터 다시 받은 의병해산명령에 불복하여 병장기를 내려놓지 않고 관군과 전투를 계속한다면, 거의밀지를 받았던 의병도 '비적'으로 전락하는 것이다. 따라서 해산명령을 받은 1896년 2월 18일 이후의 유인석·이소응 등 위정척사세력의 성리학적 유생부대는 '비적'이 되었던 것이다. 또한 갑오년에 동학농민군을 '토벌'하기 위해 국왕의 밀지 없이 자발적으로 봉기한 성리학유생들의 소위 '창의군'이나 '민보군'도 '의병'이 아니라 '비적'인 것이다.

반면, 1차 봉기 후에 전주화약을 맺고 전라감사에 의해 공인된 집강소를 운영했고 이를 추인하는 당시 섭정 대원군의 교지를 받았고,

---

明列强 以濟蒼生 挽回獨立(안으로 의용지사를 규합하고 밖으로 문명열강을 잡아 창생을 구하고 독립을 만회하라)." 임병찬, 『義兵抗爭史(遯軒遺稿)』(마산·서울: 한국인문과학원, 1986), 284-285쪽(券之七 「年譜」, 壬子 九月 二十八日[1912년 9월 28일]).

71) 權用佾(權淸隱), 「丁未倭亂倡義錄: 權淸隱履歷誌」, 215쪽. 『창작과 비평』(1977 겨울호).

또 국왕의 거의밀지에 따라 2차 봉기한 전봉준의 동학농민군은 분명 '의병'이었다. 이 새로운 의병개념에 비추어 보면, 거의의 자발성과 순수성, 성리학적 위정척사 사상 등에 초점이 맞춰진 그간의 실증적 의병연구는 철저히, 그리고 전면적으로 뜯어고쳐져야 할 것이다. 많은 의병연구들이 '비적'이나 '가의假義(가짜 의병)'를72) '의병'으로 논하는 연구를 포함하고 있기 때문이다. 국왕의 밀지를 받은 '천졸' 의군과 '비적' 간의 천양지차를 뭉개 없애는 것은 어느 모로 보나 정치철학적으로 납득할 수 없는 일이다.

자발적으로 봉기한 민군이 이렇게 사전·사후의 거의밀지·밀유·밀칙 또는 공개 교지를 받아야만 '천졸'로서 자부심을 갖고 '의병'이 될 수 있었다는 것은 유교국가 조선에서 왕명 없이 병장기를 들고 대규모 군사를 모으는 것이 자칫 '반역'일 수 있다는 당시 유생과 백성들의 일반화된 존왕주의적 충군애국忠君愛國 관념의 당연한 귀결이었다. 이것은 1894년 9월 23-25일경 안동에서 3,000여 명을 초모하여 거의한 서상철과 전직 공조참의 이만도李晩燾(1842-1910)의 접촉과 행동거지를 보면 좀 더 분명히 알 수 있다. 앞서 시사했듯이 서상철의 의병은 고종의 밀지를 받지 않고 거의했다. 동학군을 '사邪'로 보고 위정척사를 외치던 이만도는 7월 14일(양력 8월 15일) 사전에 서상철이 제천에서 보내온 통문을 접했었다. 또 그는 7월 20일(양력 8월 21일) 예안향교로 찾아와 거병을 촉구하는 서상철을 직접 만났었다. 그러나 승지를 지낸 이만도는 서상철의 대의에 공감했음에도 임금의 영이 없어 주저하다가 참여하지 못하고 있었다. 하지만 그는 초모관 이용호李容鎬가 가져온 국왕의 밀지를 보고서야 비로소 거의를 결심했다. (그러나 이용호가 왜군에 붙잡히는 바람에 이만도는 거의의 뜻을 접었고, 나중에 을

72) '가의'는 동학농민군에 가담했다가 떨어져 나가 '동학'을 팔며 떠돌던 부랑배집단, 활빈당, 녹림당, 기타 이름 없는 의적집단들처럼 토색질을 위해 '의병'의 이름을 파는 '가짜 의병'을 말한다.

미왜변과 단발령이 겹쳐 발생해서야 거의했다.)[73] 이것을 통해 유자들의 거병에는 밀지로 전해온 왕명이 얼마나 중요했는지를 알 수 있다. 동시에 서상철이 이끈 민군은 이만도가 이용호를 통해 받은 국왕의 거의밀지에 의해 사후적·간접적으로나마 자동적으로 추인되어 '의병'의 지위를 얻었다는 것도 쉽사리 알 수 있다. 실천선상에서는 늘 선각과 후각, 선진과 후진이 있기 마련인 것이다.

유교국가의 존왕사상에 따르면 아무리 적이 침입한 전시라 하더라도 왕명 없이 대규모 군사를 모으는 것은 자칫 '역적행위'로 간주될 위험이 있다. 포로로 잡힌 국왕의 속뜻이 어디에 있는지 알 수 없는 상황에서는 더욱 그렇다. 그리고 동아시아에도 막 적용되기 시작한 서양국제법에 따르면 '교전국의 정규군이 아닌 사람이 무기를 들고 적대행위를 하는 경우(가령 점령군에 대한 문민의 적대행위)'는 전쟁범죄가 된다. 따라서 선각자 서상철은 선진적 사리판단으로 정확하고 과감하게 행동한 한편, 이만도는 유교국가의 존왕사상에 비추어 보든, 이만도가 몰랐을 만국공법에 비추어 보든 후진으로서 매우 사려 깊게 행동한 셈이다.

전기 의병장들은 후기 의병장들과 마찬가지로 거의 다 서면이나 구두로 고종의 밀지를 받았기 때문에 창의倡義의 깃발을 높이 들고 중소 의병부대들을 통합하여 수천 명 단위의 대규모 의병부대를 형성할 수 있었다. 그들은 밀지를 받은 후 초모와 병기확보, 군량미 마련, 포군砲軍(산포수)·민군의 급료 마련에 시일이 필요해서 빠르면 3-6개월, 길면 1년 뒤에 거병했다. 의병장들은 의병의 초모와 군기軍紀·사기士氣유지 및 군비軍費모금에 절대적으로 긴요했기 때문에 고종의 밀지나 신표信標 같은 왕의 신물信物을 매우 중시했다. 한성침입 즉시 왜군을 적대세력으로 규정하는 상소를 올렸던 전 부호군·형조참의 이남규

---

73) 참조: 김희곤, 「거룩한 순국을 택한 이만도」, 『순국』 통권259호(2012, 8.); 국방부전사편찬위원회, 『義兵抗爭史』, 103쪽.

는 1906년 초 최익현에게 보낸 서신에서 "의대 속에 감춘 밀조密詔만이 온 나라의 신민들이 우러러 바라보는 바다"라고 했다.[74]

그리고 임병찬林炳瓚(1851-1916)은 1904년 2월 6일 갑진왜란이 발발하자 1904년 2월(음력 1월) 바로 고위 별입시 민영소에게 밀지를 내려달라고 청했으나[75] 3월 27일(음력 2월 11일) "시기가 잠시 그렇지 않으니 하여튼 일절 망동하지 말라"는 부정적 답변을 받았다.[76] 그러다가 임병찬은 을사늑약 사건(1905년 11월 18일) 3개월여 뒤인 1906년 3월 27일에 철원 출신 김 아무개를 통해 밀지를 받아 거병했다.[77] (고종은 1905년 11월 17-18일 을사늑약 이후부터 다시 거의밀지를 내리기 시작한다.) 고종은 1912년에도 임병찬에게 밀조密詔를 보내 '독립의군부' 전남 순무대장으로 임명하고 거의를 명하기도 했다. 1913년경에도 심지어 아나키스트 이정규李丁奎는 이회영과 같이 국내에 잠입하여 항일

---

74) 이남규, 「최찬정 익현에게 답함」(1906), 125쪽. 이남규(홍승균 역), 『수당 이남규 문집』(서울: 한국학술정보, 1999).

75) 임병찬, 『義兵抗爭日記(遯軒遺稿)』, 56쪽(卷之二, 「書 - 上閔輔國泳韶書」): "憂憤所激敢構通草 而此係上徹然後 可以分撥者 … 詔勅祇受之日 謹當秘不發口(근심과 분노가 격해진바, 감히 통문초안을 짓고 이와 관련하여 위에 알린 연후 분발할 수 있을 것인데 … 조칙을 받기에 이르는 날 삼가 마땅히 비밀로 하고 입을 열지 않을 것입니다)."

76) 임병찬, 『義兵抗爭日記(遯軒遺稿)』, 184쪽(券之六, 「日記 - (丙午)倡義日記」, 甲辰 2월 11일): "京城磚洞 閔輔國泳韶 答書曰 雖有此意 時機姑不然 切勿妄動何如(경성 부동 민영소 보국이 답서를 했는데 '시기가 잠시 그렇지 않으니 하여튼 일절 망동하지 말라'고 했다)". 또 279쪽(券之七, 「年譜」, 甲辰 광무8년): "正月以倡義事發通 自政府大臣以下 皆以謂時機不然故旋寢(정월 창의의 일로 통문을 보냈는데 정부대신 이하가 다 시기가 그렇지 않다고 하므로 돌아와 쉬었다)". 또 참조: 임병찬, 「遯軒問答記」, 114-115쪽. 독립운동사편찬위원회 편, 『獨立運動史資料集(2) - 義兵抗爭史 資料集』(서울: 고려서림[재출간], 1984).

77) 임병찬, 「遯軒問答記」, 114-115쪽. 독립운동사편찬위원회 편, 『獨立運動史資料集(2) - 義兵抗爭史 資料集』(서울: 고려서림[재출간], 1984). 이 밀지는 최익현의 밀지와 다른 별도의 밀지다. 그러나 김종수는 임병찬이 '최익현을 보호하기 위해' 최익현이 가진 밀지가 자신이 베껴준 자기 밀지의 사본이라고 '둘러댄' 것으로 해석한다. 김종수, 「돈헌(둔헌의 오독) 임병찬의 생애와 복벽운동」, 『전북사학』 제44호(2014), 143쪽 각주65 및 147쪽. 사료상으로는 어느 견해가 옳은지 단정할 수 없지만, 그렇게 '둘러대는' 것이 최익현을 보호하는 데 무슨 효과가 있다는 것인지 상식적으로 이해가 되지 않아서 필자로서는 김종수의 주장을 수긍하기 힘들다.

운동을 벌이면서 "지방 부호를 움직이려면 가장 좋은 방법은 궁중에 연락하여 고종황제의 밀지를 받는 것이었다"고 말할[78] 정도로 고종의 밀지는 거의의 정당성과 유효성을 확보하기 위해 1919년 3·1운동기에 이르기까지도 줄곧 유효한 동원력을 가졌었다.

## 제4절 고종의 거의밀지와 동학농민군의 재봉기

### 1) 전봉준의 1차 봉기와 대원군 밀약설의 허구성

1894년 7월부터 대원군과 그 손자 이준용 등 그 측근세력들은 동학농민군을 봉기시켜 청군과 연계하여 왜군을 물리치고, 고종을 폐하고 이준용을 등극시켜 권력을 장악할 '사악한' 반역의도에서 동학세력과 접촉했다. 그러나 고종은 대원군과 별도로 단순한 왕권회복 차원을 넘어 항일독립전쟁 차원에서 1894년 가을부터 동학군과 접촉을 개시하여 무력항쟁을 명했다. 고종과 민왕후는 민형식·민응식·민영소·민영환·민영달·심상훈·이재순·이경식 등 근왕세력을 극비리에 '별입시'로 불러들여 밀지를 하달함으로써 항일투쟁을 본격화했다.[79] 이로써 고종과 근왕세력은 동학농민군이 재기하여 북상하는 데 가장 강력한 영향력을 행사했다. 그리하여 1894년 가을경에는 대원군만이 아니라 고종의 근왕세력도 동학농민군과 내응하고 있다는 소문이 파다하게 퍼져 있었다.[80]

황현도 이런 소문을 들었다. "태공부太公府의 관원이 대원군의 고유문告諭文을 가지고 남원에 도착했다. 김개남은 그를 잡아들이라고 하

78) 李丁圭, 「友堂 李會榮 略傳」, 『又觀文存』(서울: 삼화인쇄, 1974), 36쪽.

79) 참조: 『일본외교문서』 제27권 27책, No.496, 146-147쪽; 『大阪每日新聞』, 1895년 1월 10일.

80) 오영섭, 『고종황제와 한말의병』, 92쪽.

여 거의 죽을 지경까지 곤장을 때리고는 가두었다. 이 무렵 또 들리는 소문에는 승지 이건영이 임금의 밀지를 받들고 김개남의 진중으로 들어가 '무기를 버리지 말고 협력해 왜군을 토벌하라'고 유시하니, 김개남이 예우함이 심히 공손했다고 들었다. 혹자는 서장옥이 운현궁에 은닉해 거처하다가 대원군의 비밀서찰을 전했는데, 그것은 '지난번의 고유문은 실로 왜군의 위협으로 인한 것이므로 신중히 하여 들은 것을 믿지 말고 동학군을 정돈해 북상해서 같이 국난을 타개하자' 운운하는 내용이었다."[81] 그러나 국왕과 반대로 동학을 이단의 적도賊徒로 보는 어리석은 시골유생 황현은 "적당賊黨이 와언訛言하여 백성을 현혹하는 것인데 과장해 퍼트린 것을 어리석은 백성은 자못 믿었다(此皆賊黨訛言惑民者也 夸張盛傳 愚民頗信之)"라고 하여 밀지를 위조로 몰아붙임으로써 자신이 국왕과 반대되는 노선을 걷고 있지 않을까 하는 두려움과 불안감을 불식시켰다.

왜군 측은 1894년 10월 중순까지도 대원군·이준용 세력의 충동으로 동학군이 재봉기에 돌입했다고 판단했다. 나아가 왜성대와 왜군은 동학군과 대원군의 연계가 이미 1차 봉기 이전부터 있었던 것이 아닌가 하고 의심했던 것으로 보인다.

서울총영사 우치다사다스치는 1894년 6월 5일 임시대리공사 스기무라에게 대원군을 만나 동학군에 대한 그의 우호적 진술을 들은 왜국순사 와다나베테즈타로오(渡邊鷹平)의 서면보고를 전하고 있다. 1894년 6월 3일 대원군을 면회하여 전라도지방 민란의 상황을 물어보았더니 대원군이 이렇게 말했다고 한다.

81) 황현, 『오하기문』, 262쪽: "太公府官員齎大院君告喻文至南原 金開南命捽入棍打幾死因囚之. 時又聞承旨李建榮奉上旨 入開南陣中 喻勿釋兵協力討倭 開南禮遇甚恭. 或稱徐長玉匿處雲峴宮 傳大院君密札 曰向之告喻實緣倭脅 愼勿信聽 整軍北上 同赴國難云云." '李建榮'은 '李建永'의 오기다.

> 이번 백성들의 소요는 동학당이 아니라 백성들이 지방관의 폭정으로 고통을 당해 견딜 수 없었기 때문에 봉기한 것이다. 그중에는 비범한 인물도 가담하고 있어 그 책략 행위가 놀랄 만한 일도 많다. 아마도 쉽사리 진정하기가 어려울 것으로 생각한다. … 경성에서도 반드시 봉기할 것이다. 그러나 절박한 것은 아니다. 만약 일어나는 일이라도 있게 되면, 민씨 무리들은 발의 뼈까지도 남지 못할 것이다. 나 자신은 일체 관계하지 않지만 옛날에 군사를 통솔해본 일도 있어 그 정도의 일은 안다. … 만약 봉기하는 상황이 있게 되면 편의상 통보하겠다. 그러나 이번 일은 일본 공사관에는 결코 해를 끼칠 염려는 없음을 나는 보증하는 바다. 다만 공사와 영사가 이때에 민씨 무리들과 자주 왕래하다가 혹 그 해를 입게 될지도 모른다. … 민씨 무리를 제외하고는 인물이 없다고 생각하겠지만 이곳에도 인물이 있으나 아직 나타나지 않고 있을 뿐이다.[82]

대원군이 말하는 "비범한 인물"은 '전봉준'으로 보인다. 대원군은 동학군이 민씨정권을 타도하기를 바라면서 은근히 왜국공사관도 민씨들과 교류하지 않는 것이 좋을 것이라고 경고하고 있다. 이것은 정황상 대원군과 동학군의 연계를 의심케 하기에 충분한 언설이다. 그러나 일본 공사관은 이에 대한 물증을 확보하지 못한 것으로 보인다.

우치다는 "경성에서도 반드시 봉기할 것이다"라는 대원군의 희망적 예견을 듣고 불안을 느껴 군대 파견을 요청한다. "당국자가 걱정하는 것같이 또 대원군이 명언明言하는 것같이 실제로 이곳에서 그러한 불온한 계획을 하고 있는 자가 있는지 없는지는 아직 확실하게 탐지하지 못했습니다만 … 만약 만에 하나라도 이곳에서 그러한 소동이 일어날 경우에는 모든 일을 제쳐놓고 인천항에 정박한 우리 경비함에서 병력을 상륙시켜 우리 두 공관 및 거류민을 호위하는 것은 물론입

---

82) 『일관기록』, 二.京城·釜山·仁川·元山機密來信, (1)'警備를 위한 水兵 上陸方法에 대한 意見上申'(機密號外, 1894년 6월 5일), 별지, 內田定槌→杉村.

니다."[83] 이때 왜인들은 민씨정권의 부패와 무능에 신물이 난 백성들 사이에서, 심지어 동학군들 사이에서도 다시 '총아'로 떠오르는 대원군을 친일괴뢰정권 수립에 끌어들여 왜군의 침입에 대한 조선인들의 반발과 동학세력의 대적對敵기세를 꺾을 아이디어를 얻었을지 모른다.

하지만 왜인들은 1차 봉기 전후에 동학군과 대원군 간의 연계에 대한 확증이 없었던 것으로 보인다.

> 동도東徒가 … 그들이 믿는 대원군과 미리 기맥을 통했는지 여부는 의문에 속하지만, 전명숙(전봉준)의 인물 정도로 미루어 보면 그의 최초 봉기가 반드시 대원군을 기대했던 것이 아님은 분명하다. 단지 그는 지략이 풍부하고 동도東徒의 의기意氣도 역시 한계가 있으므로 대원군이라는 목상木像을 대중의 눈앞에 세워 조종을 편하게 하려고 한 것 같다.[84]

당시 왜성대와 왜국신문들은 동학군과 대원군의 연계, 특히 1차 봉기 전후의 연계에 대해서 이렇듯 공식적으로 전혀 아는 바가 없었다.

그러나 훗날 왜인들은 20세기 들어 이에 관한 픽션을 지어낸다. 이 픽션을 처음 쓴 사람은 민왕후 시해에 가담한 왜국 낭인 기쿠치겐조(菊池謙讓)였다. 그는 1910년 10월에 발간한 『조선최근외교사 대원군전』에서 근거 없이 동학농민전쟁 당시 조선과 일본에서 소문이 무성했던 '대원군과 전봉준의 밀약설'을 사실로 기술했다. 그러나 이 책은 전체가 픽션을 논픽션처럼 쓴, 허구로 가득한 책이다.[85] 따라서 저 밀약설도 근거 없는 허구일 가능성이 높다.

그런데 신기한 것은 한국인들이 쓴 1920년대의 글에서도 동학군과

---

83) 『일관기록』, 二.京城·釜山·仁川·元山機密來信, (1)'警備를 위한 水兵 上陸方法에 대한 意見上申'(機密號外, 1894년 6월 5일), 內田定槌→杉村.

84) 『二六新報』, 1894(명치14)년 11월 14일, 「東學黨の眞相(5); 東徒と大院君」. 『동학농민혁명자료총서』. 국사편찬위원회 한국사데이터베이스.

85) 참조: 하지연, 『기쿠치겐조, 한국사를 유린하다』(서울: 서해문집, 2015).

대원군 간의 긴밀한 연계설 또는 밀약설이 등장한다는 것이다. 이 연계설이 한국인의 글에서 처음 등장하는 것은 동학농민전쟁 당시에 양호도찰兩湖都察을 맡아 남북접을 조정하는 데 성공한 오지영(1868-1950)의 『동학사』 초고본(1926)에서다.

> 창의문을 세상에 전포傳布하고 일어서던 날은 정월 초순간이었었다. 전봉준이 전주 구미리龜尾里로부터 남으로 향하던 때에 동행이 된 사람은 서장옥·송희옥 등과 그 외에도 몇 사람이 있었다. 일설에는 운현궁 집사람 나성산과 소모사 이기영李基榮 등과도 동모同謀가 있었다고 하는 것이며 유림 측과 보부상 등이며 기름장수·유기장수·사탕장수 등이며 솔장사파派까지라도 서로서로 연락을 지었었던 것이다.[86]

그러나 여기서 호가 '성산'인 '나성산'은 1894년 8월(음력) 대원군의 지시에 따라 농민군을 동원하러 호남으로 내려갔던 '나주사'인데,[87] 그가 1894년 정월(음력)에 전봉준과 동행했다는 말은 의심스럽기 짝이 없다. 8월 이전 기록에서는 어디에도 그의 이름이 등장하지 않기 때문이다. 그리고 "소모사 이기영"에 대한 언급도 전혀 신빙성이 없다. 왜냐하면 대원군이 그를 소모사로 임명한 것은 8월 이후이기 때문이다. 오지영은 음력 8월 이후의 일을 음력 '정월 초순' 이전의 일로 착각한 듯하다. 그래서 그런지 오지영은 『동학사』 발간본(1940)인 『역사소설歷

86) 吳知泳, 『東學史(3)』(1926년 초고본), '倡義文 內譯': "倡義文을 世上에 傳布하고 이러서든 날은 正月初旬間이엿섯다. 全琫準이 全州 구미리龜尾里로붓허 南으로 向하든 째에 同行된 사람은 徐璋玉 宋喜玉 等과 其外에도 몃사람이 잇섯다. 一說에는 雲峴宮 집사람 羅星山과 召募使 李基榮 等도 同謀가 잇셧다고 하는 것이며 儒林側과 褓負商等이며 油鍮宕糖商等이며 솔장사派까지라도 서로서로 連絡을 지엿섯든 것이다."

87) 「李秉輝供草(三次)」. 『동학농민혁명사료총서』 18권, 국사편찬위원회 한국사데이터베이스. 대원군의 밀서전달 행위에 연루되어 조사를 받던 이병휘에게 문초자가 "당신은 혹시 나주사羅主事를 아느냐"고 묻자 그는 "단지 그 호가 성산星山이라는 것만 들었을 뿐이고 그 사람은 당초 모른다"라고 대답하고, "그가 어디로 갔느냐"는 물음에는 "전라도로 갔다고 들었을 따름이다"라고 답했다.

史小說 동학사東學史』(1940)에서 위 내용을 삭제했다.[88)]

그러나 오지영은 『동학사』 초간본에서 전봉준과 대원군의 접촉 사실에 대해 상술하고 있다.

> 세상에서 떠드는 것과 같이 대원군과 관계가 있다 함도 또한 그럴듯한 이유가 있는 것이 다 뭐냐 하면 대원군이 마음속에는 □□(개혁)의 사상이 있고 또는 억강부약抑强扶弱하는 기□(氣岸)이 있으며 외적의 침략侵掠을 배척코자 하는 주의主義를 가졌음으로 하여 그리하는 것이다. 선생(전봉준)이 일찍이 경성에 올라가 대원군을 찾아본 일이 있었다고 하는데 선생이 대원군을 날마다 보아도 한 말도 일찍이 개구開口한 일이 없었다. 하루는 대원군이 선생을 조용히(從容이) 청하여 이를 물어보았다. 그대는 무슨 일로 하여 나를 찾아왔으며 나를 보았으면 어찌 말이 없는가. 사람이 서울 와서 세도 집을 찾아다니는 법이 다 각기 소회所懷가 있어 그리하는 것이어늘, 그대는 어찌 홀로 말이 없는가. 그대의 소회가 과거科擧인가 혹은 소송인가. 아무거나 말을 하라 하였다. 선생 왈 사람이 누가 소회가 없으리오만은 나의 소회는 말하기 어렵습니다. 과환청科宦(科官)請이나 소송청請 같은 것은 나의 소회가 아니오. 무슨 소회가 있으나 대감 생각이 어떠하실는지 몰라 말을 못하고 있나이다. 대원군 왈 무슨 소회가 있으면 있는 대로 다 말하라. 선생 왈 나의 소회는 나라를 위하여, 인민을 위하여 한 번 죽고자 하는 바이라고 말했다. 이로부터 선생과 대원군 사이에는 무슨 밀약이 있은 듯하다고 세평이 있었던 것이다.[89)]

이 글의 대강은 발간본 『역사소설 동학사』(1940)에도 다시 나타난다.[90)]

---

88) 吳知泳, 『歷史小說 東學史』, 110쪽(1979년 영인본과 쪽수 동일). 그러나 아세아문화사는 이 영창서관 발간본을 '역사소설'이라는 관식어 없이 복간했다(1973). 1979년 영인본도 이 관식어가 없다. 참조: 오지영, 『東學史』, 『東學思想資料集(2)』(서울: 아세아문화사, 1979).

89) 오지영, 『東學史(3)』(1926년 초고본), 「東學史 四·義軍首領 全琫準等 京城에 押送」.

유사한 내용은 이돈화의 『천도교창건사』(1943)에도 보인다.

> 전봉준은 30세 때에 도에 들어 수도修道에 지극하더니 그윽이 이지異志를 품고 시국을 개혁코자 하여 사방을 주유하면서 동지를 규합하여 도인道人을 달래어 자못 도중道中 명망이 높았었다. 그는 갑오기병하기 3년 전에 경사京師에 올라 대원군 문하에 출입했더니 필경은 아무 소구所求가 없음에 대원군이 이상히 생각하고 전봉준에게 묻되 "세상이 다 벼슬을 구하여 나의 문하객이 되어 있거늘 그대는 3년이 지나도록 아무 소망을 말하지 아니하니 그 뜻이 어디 있나뇨"라고 한데 전봉준이 다만 "벼슬에 뜻이 없노라" 대답하고 돌아왔다 한다. (일설에 의하면 때에 대원군이 실의하고 있는 것을 보고 전봉준이 대원군을 달래어 정부개혁의 계책을 서로 밀약하고 돌아와 동란을 일으켰다 하니라.) 대개 전봉준이 3년간을 경사에 머문 것은 경사의 군사적 형편과 정치적 허실을 조사한 것이니 전봉준의 이번 거사(此擧)는 그 뜻이 이미 오래였음을 알 수 있다.[91]

오지영의 기술과 이돈화의 기록을 보면 전봉준이 대원군을 직접 만난 것은 사실인 것 같다. 만난 시점은 아마 전봉준이 상소 소두疏頭 노릇으로 명성을 얻은 보은집회 이전, 아마 1890년경이었을 것이다. 그는 서울 생활을 청산하고 보은집회에 들러 고향 정읍으로 내려가는 중이었을 것이다. 대원군과 전봉준의 접촉 시점이 보은집회의 "교조신원운동이 끝난 다음"이었다면,[92] 3년간 경성에서 체류했다는 말은 순 빈말이 되고 말 것이다. 접촉 시점이 보은집회가 끝난 뒤일 경우에 이 집회(1893년 3-4월)로부터 1차 봉기("창의문을 세상에 전포傳布하고 일어서던" 음력 "정월 초순")까지 기간은 채 1년이 되지 않기 때문이다. 그리고 이돈

---

90) 吳知泳, 『歷史小說 東學史』, 162-163쪽(1979년 영인본과 쪽수 동일).

91) 李敦化 編述, 『天道教創建史』, 57-58쪽(147-148쪽).

92) 배항섭, 「대원군과 전봉준의 밀약설 고찰」, 『역사비평』 41(1997), 145쪽.

화가 전봉준의 거사의지가 대원군과의 만남보다 오래되었다고 말하는 점에서 대원군에 대한 전봉준의 접근은 권력을 잃고 실의에 빠져 있던 대원군을 부추겨 자신의 거사에 이용하려는 전략적 접근이었다고 할 수 있다.

하지만 이 때문에 전봉준과 대원군 간에 '밀약'이 맺어졌다고 단정할 수는 없다. 『천도교창건사』의 위 인용문에서 괄호 속에 들어 있는 '일설'로서의 밀약설은 소문을 적은 것으로서 신빙성이 없기 때문이다. 동학농민전쟁 기간 내내 주요 동학지도자로서 왜군과 줄곧 전쟁을 치른 오지영도 '밀약설'을 대원군과 전봉준의 정치적 울분과 변혁의지의 피상적 유사성에 근거한 '세평'으로 치부하고 있다. 그리고 발간본 『동학사』인 『역사소설 동학사』(1940)에서 오지영은 "그와 같은 추측"을 "정말 그의 실지상태를 철저히 알지 못하고 하는 말"로 규정하고, 전봉준에 대한 '불철저한' 지식에서 밀약에 대해 추측하고 떠들어대는 '세평'을 "그의 창의문 중에 척외斥外의 문구가 있고 또는 그가 경성으로부터 나려오자 그 일이 생기었으므로 그것을 의아疑訝하는(의심하는) 말이다"라는 말로 평가절하하고 있다. 전봉준의 "본의"는 결코 대원군을 위한 정권탈환에 있는 것이 아니라 "국가와 백성을 위함",[93] 즉 "나라를 위하여, 인민을 위하여 한 번 죽고자 함"에 있다는 것이다.

전봉준과 대원군은 밀약은커녕 밀착된 연계도 없었고 다만 한 번 만난 뒤 헤어진 원격상태에서 "모두 상대방을 이용하려는" 계책을[94] 추구했을 뿐이다. 다만 차이는 대원군이 동학군의 무력을 이용하려 한 반면, 전봉준은 관군과의 대적 시에 관군의 사기를 떨어뜨리기 위해 중앙정계의 민씨들과 친일파, 그리고 지방관속들이 모두 두려워하는 '대원군(국태공)'이라는 '이름'만을 이용하려고 했다는 데 있을 뿐이다.

『동학사』 초고(1926)와 『천도교창건사』의 초고는 1940년대 초 발간

93) 오지영, 『歷史小說 東學史』, 163쪽.

94) 배항섭, 「대원군과 전봉준의 밀약설 고찰」, 145쪽.

되기 전인 1920년대에 장안에서 여기저기 지식인들 사이에 나돌았던 것으로 보인다. 왜냐하면 김병준의 글(1928)과 김상기의 글(1931)에서도 유사한 내용들이 반복되고 있기 때문이다. 김병준은 「민중으로 일어난 갑오대변란, 동학군 도원수 전봉준」에서 아무런 전거를 제시하지 않고 서울에 상경하여 운현궁에 말없이 기류寄留하던 중 대원군이 이를 이상히 여겨 말을 붙인 사실과 함께 "깊은 교결交結" 또는 "깊은 결탁"과 "내응약속", 즉 "내응외원外援의 밀약"을 맺고 고향으로 내려온 것으로 기술하고 있다.[95] 그런데 김병준의 기술에서 특이한 것은 동학당이 봉기 이전(1893년 가을)에 암살 직전의 김옥균과도 밀약을 맺었었다는 말이다.[96] 그러나 그의 대원군 밀약설은 『동학사』와 『천도교창건사』의 내용을 반복하기 때문만이 아니라 이 김옥균 밀약설 때문에도 신빙성을 잃고 있다.

김상기는 "천도교인들 사이에 전하는 바"에 의거하여 전봉준의 상경, 운현궁 기류 3년, 오랫동안 말없이 출입함에 대원군이 먼저 말을 붙인 것, 내응밀약 등을 기술하고 있다. 그리고 기쿠치의 밀약설도 인용하고 있다.[97] 특이한 것은 전봉준의 처가 7촌 친척이자 그의 비서인 송희옥宋熹玉의 손자 송용호宋龍浩가 대원군의 밀사 나성산羅星山에 대해 증언한 것을 소개한 것이다. 송용호가 "전봉준이 전주 구미리龜尾里에 살던 때 대원군의 밀사 나성산이라는 사람이 전봉준을 찾아와 얼마 동안 두류逗留하면서 때로 전봉준, 김개남, 송희옥과 같이 구수응의鳩首凝議하던 것을 목격했다고 하여 대원군과의 내응밀약이 갑오 전에 맺어졌다고 주장했다"는 것이다.[98] 그러나 이 말은 오지영의

95) 金秉濬, 「民衆으로 이러난 甲午大變亂, 東學軍都元帥 全琫準」, 15, 18쪽. 『별건곤』 제14호(1928년 7월 1일).

96) 金秉濬, 「民衆으로 이러난 甲午大變亂, 東學軍都元帥 全琫準」, 19쪽.

97) 金庠基, 『東學과 東學亂』(서울: 한국일보사, 1975), 110-111쪽. 이 책은 1931년 『동아일보』에 연재된 글을 모아 출판한 것이다.

98) 金庠基, 『東學과 東學亂』, 111쪽.

『동학사』에 나온 말의 반복이다. 그리고 김상기는 송용호의 말을 직접 들은 것인지, 아니면 어디에서 전해들은 것인지, 또는 그의 인터뷰를 읽은 것인지 전혀 전거를 밝히지 않고 있다. 김상기의 기술은 천도교들 사이의 소문(또는 오지영과 이돈화의 초고), 기쿠치의 주장, 전거 없는 송용호 등을 인용함으로써 신빙성을 결하고 있다. 그래서 그런지 김상기는 1차 봉기 이전 대원군과 전봉준 간의 연계나 밀약 여부에 대한 "정확한 자료가 없으므로 … 속단을 아직 피하려 한다"고 결론지었다.[99]

1차 봉기 이전 전봉준과 대원군 간의 연계에 대한 그 밖의 사료라는 것들도 다 소문 차원을 넘지 않는 것이거나 대원군 쪽의 실패한 일방적 시도, 아니면 단순한 일시적 또는 간접적 접촉 사실들로서 신빙성이 떨어진다. 정교는 1893년 2월 동학교도들의 광화문 복합상소 때 "대원군이 일찍이 몰래 동학당 수만을 불러 서울로 오게 하여 장차 불궤하여 그의 손자 이준용을 추대하려고 도모했으나 일은 끝내 이루지 못했다(時大院君陰召東學黨數萬 來會京城 將謀不軌 而推戴其孫埈鎔 事竟不成)"라고 기록하고 있다.[100] 이것은 대원군 쪽의 '실패한 일방적 시도'다. 또 서울의 각국 외교관들 사이에서도 동학교도들의 배후에 대원군이 있다는 '소문'이 돌았었다. 서울주재 미국공사 허드(Augustine Heard)는 1893년 또는 1894년 초 워싱턴으로 "대원군이 무장봉기를 준비하고 있다"고 보고했다.[101] 그러나 이것은 '소문'을 보고한 것이고, 소문은 소문일 뿐이다.

1893년 3-4월 보은집회 때에도 대원군은 동학군과 연결하려고 시도했지만 이 시도도 허사로 끝났다. 운현궁 사람들의 밀서 심부름을 하다가 붙잡힌 이병휘의 공초에 의하면, 대원군의 사람 정인덕鄭寅德

99) 金庠基, 『東學과 東學亂』, 111쪽.

100) 鄭喬, 『大韓季年史(상)』, 70쪽. 『대한계년사(1)』, 199쪽.

101) George A. Lensen, *Balance of Intrigue: International Rivalry in Korea & Manchuria, 1884-1899*, 2nd vol. in two volumes (New York: University Press of Florida, 1982), 121쪽.

이 "이李 대감(대원군)은 본디 큰 뜻이 있어 지난해 동학도들이 보은에 모였을 때 박동진朴東鎭을 시켜 뜻을 통하게 했는데, 모인 사람은 수만 명에 지나지 않았고, 또 자기 손에는 한 조각의 권세도 없어서 끝내 어찌할 수 없었다"고 말했다는 것이다.[102] 이것도 대원군과 전봉준 간의 밀약은커녕 대원군과 동학군 일부 간의 밀약이나 연계와도 무관한 '실패한 일방적 시도'에 속한다. 이것들은 다 뜬소문에 불과하거나 대원군이 고종과 중전을 폐하고 이준용을 옹립하려는 데 동학도들을 이용하려다가 동학도들의 호응이 없어 실패한 사례들이다.

그렇다면 1차 봉기 이전에 전봉준과 대원군 간에 가벼운 만남 외에 긴밀한 연계나 밀약 같은 것이 없었다면 청군과 왜군이 개입하기 전까지의 1차 봉기 기간에는 이런 연계나 밀약이 있었나? 뮈텔 신부는 1895년 4월 20일 일기에서 민왕후가 보낸 것으로 보이는 홍계훈이 동학군을 동원하여 고종과 중전을 폐위하고 이준용을 옹립하려는 음모의 핵심인물인 대원군은 "처음부터, 말하자면 청국인들이나 일본인들의 어떤 개입이 있기 전부터 동학도들과 손을 잡았다"고 말했다고 쓰고 있다.[103] 그러나 이 일기 속의 홍계훈 말은 믿을 수 없다. 대원군이 폐위대상 1순위로 삼은 민왕후의 최측근 홍계훈과 민왕후는 대원군이 동학도들과 옷깃만 스쳤어도 어떻게든 이것을 "손을 잡았다"고 과장하여 대원군을 정계에서 축출하려는 쪽이기 때문이다. 또한 홍계훈은 동학군이 자신을 압박하는 회유문에서 대원군을 봉대奉戴하려고 한다는 글귀를 수차 읽었기 때문에 이미 1894년 5-6월 초토사임무 수행 당시에 동학군의 배후를 대원군으로 넘겨짚고 있었을 것이다. 따라서 뮈텔일기는 신빙성이 없다. 그러므로 청군과 왜군이 개입하기

---

102) 『일관기록』, 三.各領事館其他往復 一, (6)'東學黨事件에 대한 會審顚末 具報'(機密號外, 1895년 9월 2일), [別紙 第2號(Ⅱ) 李秉輝가 제출한 始末書], 一等領事 內田定槌→井上馨.

103) 한국교회사연구소 역주, 『뮈텔주교일기(1)』(서울: 한국교회사연구소, 1986·2009), 1895년 4월 20일.

전까지의 1차 봉기 기간에도 동학군(전봉준)과 대원군 간의 긴밀한 연계나 밀약의 명확한 증거는 찾아볼 수 없다.

2) 관군·관리 위협용 '대원군의 이름' 팔기

문서상으로 보면 동학군이 관속들에게 보낸 '호소문'이나 '회유문' 속에 등장하는 '국태공 봉대' 요구가 동학군과 대원군의 연계에 대한 증거물로 의심받을 수 있겠다. 그러나 동학군이 관속에 대한 압박성 '호소문呼訴文'이나 협박성 '회유문'에서 대원군을 들먹인 것은 밀약이나 긴밀한 연계('손잡는 것')를 뜻하는 것이 아니라 '국태공' 대원군의 두려운 '이름'을 이용해 중앙정계의 배후세력을 과시함으로써 자신들에게 대적하는 관속들을 공포에 떨게 만들려는 위축·협박전술이었던 것으로 보인다.

동학군은 1894년 4월 16일(음력) 영광에서 완영(전주감영)의 유진소(관군병영)에 보내는 통문에서부터 이렇게 국태공을 팔고 있다.

> 우리의 금일 의단義斷은 결단코 다른 의도가 없으며, 탐관오리들이 과오를 고치고 스스로 새로워져 국태공을 받들어 감국監國케 하고 위로 종사를 보존하며 아래로 백성들을 편안케 하여 부자간의 천륜과 군신 간의 대의를 온전하게 하면, 난신적자들이 자연히 자취를 감추게 되고 감히 국가를 해치게 하는 벌레가 되지 않게 될 것이다. 말을 이것으로 그칠 따름이다.
>
> 창의소. 1894년 4월 16일.[104]

동학군은 1894년 5월 19일(음력 4월 18일) 나주목사 민종렬과 그 관속에게도 다음과 같이 국태공을 활용한 협박성 회유문을 보냈다.

---

104) 『隨錄』, 甲午, 「靈光上送彼類通文完營留陣所」.

우리의 금일의 뜻은 위로 국가에 보답하고 아래로는 백성을 편안하게 하는 것이다. 열읍을 지나가면서 탐관오리를 징치하고 청렴한 관리를 포상하고 이폐민막吏弊民瘼을 바로잡고 혁파하고 전운轉運의 폐막을 영원히 변혁제거하고 임금에게 아뢰어 국태공을 받들고 나라를 감독케 하여 난신적자들과 아첨하는 자들을 일거에 파출하는 것을 본뜻으로 하는 이것뿐인데 어찌하여 너희 관속들은 국세와 민정을 생각지 않고 병력을 움직여 공격을 위주로 삼고 살육을 의무로 삼는가? 이것은 진실로 무슨 마음인가?[105]

동학군은 함평에서 5월 20일(음력 4월 19일) 초토사 홍계훈에게도 '국태공'을 이용한 압박성 회유문을 보낸다.

호남유생들은 피맺힌 원한을 안고서 백배하고 엄위嚴威하고 밝히 듣는 각하에게 글을 올립니다. 엎드려 고하건대 저희들은 천지간에 참여하여 교화된 사람들로서 어찌 감히 망령되이 불의의 일을 일으켜 스스로 형벌에 빠지겠습니까? 무릇 '백성이란 나라의 근본이고 근본이 튼튼하면 나라가 강녕하다'는 옛 성인의 유훈이 시무의 대강입니다. … 저희들은 금일의 거사는 부득이한 정황으로 말미암아 병기를 손에 쥔 것으로서 보신을 위한 계책인데, 일이 이 지경에 이르렀다면 억조가 마음을 하나로 하고 팔도에 묻고 상의하고, 위로는 국태공을 받들어 부자의 윤리와 군신의 의리를 온전히 하고, 아래로는 백성을 편안히 하여 종사를 보전하는 것을 지극히 바랍니다. 죽어도 불변함을 맹세하노니 비추어 살펴주시기를 엎드려 바랍니다.[106]

---

105) 황현, 『오하기문』, 87쪽. "吾儕今日之義 上報國家 下安黎民 所經列邑 貪官懲之 廉吏褒之 吏弊民瘼矯之革之 轉運弊瘼 永革祛 聞于天陛 奉國太公監國 亂臣賊子 阿意諂容者 一併罷黜之本意. 止此而已 奈何汝之官司不念國勢民情 動兵各邑 以攻擊爲主 殺戮爲務 是誠何心? …"

106) 황현, 『오하기문』, 88-89쪽. "湖南儒生等抱冤 含血 百拜上書于嚴威明聽之下 伏以生等

동학군은 대원군의 정적 민왕후의 최측근 홍계훈 초토사도 이렇게 '대원군 카드'로 위협하고 있다. 동학군은 전주화약 직전 1894년 6월 5일(음력 5월 4일) 홍계훈에게 보낸 이 항의성 소지문訴志文, 즉 호소문에서도 대원군의 '이름'을 초토사 위협용으로 활용하고 있다.

> 저희들의 이번 거사가 놀라게 하는 것임을 알지라도 거병하여 도륙하는 짓은 누가 먼저 저질렀습니까? 전 방백(김문현)이 허다한 양민을 살육한 것을 생각지 않고 도리어 저희들의 죄상을 말하니, 백성을 선화宣化하고 다스리는 사람이 양민을 많이 죽인 것은 죄가 아니고 무엇입니까? 가짜 도장을 찍어 방을 붙이는 판에 관인을 도장으로 여기겠습니까? 태공을 받들어 나라를 감독토록 하려는 이치가 지당한데 왜 불궤살해라고 합니까?[107]

여기서 '태공'은 '국태공'이다. 대원군의 권위를 이용하여 관군을 공포로 위협하고 적대전선을 호도하려는 회유문은 일종의 관군협박문 또는 관속회유문이다.

대원군(국태공)의 정치참여에 대한 동학군의 요구는 전주화약(6월 11일; 음력 5월 8일) 이후에도 정부관리나 수령에게 폐정개혁이 제출될 때 다시 나타난다. 가령 동학군들이 6월 26일(음력 5월 23일) 장성으로 물러난 뒤 신임 전라감사 김학진金鶴鎭에게 보낸 13개조 폐정개혁요구서가 좋은 사례다.

---

覆載之間參化之人 安敢妄擧不義之事自陷刑辟乎 夫民者國之本也本國(固)邦寧 古聖之遺訓 時務之大綱也 … 生等今日之擧出於不得已之情境 手執兵器聊爲保身之計 而事至此境則億兆同心八路詢議 上奉國太公以全父子之倫君臣之義 下安黎民保全宗社之至願. 將誓死不變 伏乞鑑察."

107) 『兩湖招討謄錄』, '甲午五月初四日 彼徒訴志', 『동학농민혁명사료총서』 6권. 국사편찬위원회 한국사데이터베이스: "生等 亦先王之遺民 安有不正犯上之心 寧容呼吸於覆載之間哉. 生等之此擧 雖知駭(駭) 然擧兵屠戮, 有誰先之. 不念舊伯之殺戮許多良民 反謂生等之罪戾, 宣化牧民之人 多殺良民 非罪而何? 假印揭榜 指署爲印乎? 奉太公監國 其理甚當, 何謂不軌殺害? …"

1. 전운사轉運司를 혁파하고 옛날처럼 읍에서 상납하게 할 것
2. 균전어사均田御史를 혁파할 것
3. 탐관오리를 징습懲習하고 축출할 것
4. 각 읍에서 체납한 향리가 천금체납 범죄를 저질렀으면 당사자를 죽이되 가족을 족징하지 말 것
5. 봄가을에 두 번 바치던 호역전은 옛날의 예대로 호당 1냥씩 배정할 것
6. 각종 항목의 결전은 돈으로 거두되, 부담을 균등하게 나누고 남봉濫捧을 하지 말 것
7. 각 포구에 쌀을 사적 무역하는 것을 엄금할 것
8. 각 읍 수령은 해당 지방에서 산에 매장하거나 장토庄土를 사는 것을 엄금할 것
9. 각국 상인들은 각 항구에서 매매하고 도성에 들어가 시장을 설치하지 말고 임의로 각처로 나가 행상하지 말 것
10. 보부상을 다니는 것은 폐해가 많으므로 혁파할 것
11. 각 읍의 향리는 일을 분담시킬 시에 금전을 청하는 것을 막고 쓸 만한 사람을 골라 일을 맡길 것
12. 간신들이 권력을 농하여 국사가 날로 그르치게 되니 그 매관매직을 징치할 것
13. 국태공이 국정참여에 임하면 민심이 거의 될 듯한 희망이 보일 것.[108]

이 13개조 폐정개혁안의 제13조에 국태공의 국정참여에 대한 요구가 들어 있다. 이 요구는 사실 여부를 떠나 이 요구가 담긴 문서를 읽는 관속에게 큰 압박감과 두려움을 심어주었을 것이다.

여기서 우리는 동학군 문서들 중에서 '국태공 국정참여' 요구나 '국태공 봉대' 구절이 오로지 관속들에게 보내는 회유·호소문에서만 나

108) 鄭喬, 『大韓季年史(상)』, 86쪽(甲午年 5月). 『대한계년사(2)』, 49-50쪽.

타난다는 것, 그리고 전봉준·손화중·김개남 등의 최고지도자급에 의해 고창군 무장면에서 발표된 전봉준·손화중·김개남의 「무장포고문茂長布告文」(1894년 3월 21일, 양력 4월 26일),[109] 호남창의대장의 「백산격문」(음력 3월 25일경, 양력 4월 30일경),[110] 「사개명의四個名義」(3월 25일)[111] 등 포고문·창의문·격문과 내부 사발통문에서는 이런 요구들이 전무하다는 사실에 주목해야 한다. 당시에도 국태공의 이름은 여전히 중앙의 친일괴뢰대신들까지도 벌벌 떨게 만드는 위력을 가지고 있었다.[112] 이런 지경이니 지방관속·초모사·관군들이 동학군의 '국태공 카드'를 어

---

109) 황현, 『오하기문』, 72-73쪽('茂長縣布告'); 吳知泳, 『東學史(3)』(1926년 초고본), '倡義文「內譯」'(甲午 正月 初三日. 湖南倡義所 全琫準 孫和中 金開南等). 황현은 정월 10일(양력 2월 15일) 봉기한 고부난민이 거의 해산한 시점인 3월 3일부터 "얼마 지나서" 안핵사 이용태가 와서 난정과 토색질을 하고 이로부터 "열흘 정도"에 무장에서 수만 명이 봉기했다고 하고 있으므로(「오하기문」, 71, 72쪽) 「무장포고문」은 3월 19-20일쯤 나왔을 것이지만, 오지영이 소개하는 「무장포고문」에는 "甲午正月初三日 湖南倡義所 全琫準 孫和中 金開南等"으로 되어 있다. 고부민란의 봉기일이 정월 10일인 것을 고려하면 이 '정월 초3일'은 오지영의 오기임이 분명하다. 박맹수는 무장봉기일을 '3월 21일'로 제시하고 있다. 이것이 합당한 날짜로 보인다. 박맹수, 『사료로 보는 동학과 동학농민혁명』, 251쪽.

110) 吳知泳, 『東學史(3)』(1926년 초고본), 「檄文」. 이 「격문」에는 '甲午 正月 十七日 湖南倡義所 在古阜白山'이라는 문구가 붙어 있지만, 이 '정월 17일'도 오기로 보인다. 백산재집결은 아무튼 무장봉기보다 뒤이어야 하기 때문이다. 박맹수는 백산재결일을 '3월 25일'로 제시하고 있다. 이것이 합당한 날짜로 보인다. 박맹수, 『사료로 보는 동학과 동학농민혁명』, 253쪽.

111) 정교, 『대한계년사(2)』, 24쪽. 『大韓季年史(상)』. 74쪽: "三月 二十五日 … 四個名義, 一曰不殺人不殺物, 二曰忠孝雙全濟世安民, 三曰逐滅倭夷澄淸聖道, 四曰驅兵入京盡滅權貴 大振紀綱立定名分 以從聖訓." 다음도 참조: 김윤식, 『續陰晴史(상)』, 311쪽(4월 27일); 『일관기록』, 一.全羅民擾報告 宮闕內騷擾의 件 一, (1)'全羅監司書目大槪': "勿傷人害物 忠孝雙全 濟世安民 逐滅洋倭 澄淸聖道 驅兵入京 盡滅權貴 立紀綱定名分 以順聖訓". 정교의 소개와 『일관기록』의 표현이 조금씩 다르다.

112) 이노우에가오루(井上馨)는 본국에 이런 내용의 전문을 보내고 있다. "지난 31일 밤 法務協辦 金鶴羽가 자객에게 암살되었습니다. 이 암살은 대원군의 사주에 의한 것이라 의심되는데 이는 거의 사실일 것임에 틀림없습니다. 그래서 흉악범 수색에 백방으로 진력했으나 대원군의 毒虐에 겁을 먹어 경무청의 인원들도 증거를 찾는 데 힘쓰지 않았습니다. 이와 같은 상황으로 趙義淵·安駉壽·金嘉鎭 등 개화당이라고 일컬어지는 자들도 모두 공포심을 일으키고, 조석으로 그 생명이 위태로움을 걱정하여 현재의 직무에 안심하지 못하고 있습니다. 한 예를 든다면, 지난 6일 안경수·김가진 두 사람이 벌써부터 지방관으로 전임하기를 원하고 있습니다." 『일관기록』, 六.內政釐革의 件 一, (4)'大院君의 東學黨 선동에 관한 件'(894년 11월 10일), 井上馨→陸奧.

찌 대했을 것인지는 어떤 역사적 해석자든 자신의 공감적·교감적 감지능력으로 충분히 이해할 수 있을 것이다.

따라서 우리는 동학군들이 관속과 관군을 위협하고 중앙정계를 혼돈과 갈등에 빠뜨릴 목적으로 '국태공 카드'를 계속 활용했다고 결론지어야 할 것이다. 따라서 이런 문서들에서 '대원군 봉대' 언급이나 '대원군(국태공) 국정참여' 요구는 결코 대원군과 '손잡는' 동맹을 뜻하는 것이 아니라 관속과 관군을 공포에 빠뜨려 무력화하고 중앙정부를 분열시키려는 '고도의 정치적 위협전술'로 보인다. 대원군은 민씨당파의 횡포 속에서 백성들에게 막연한 기대주로 떠올라 있었지만, 봉기한 동학농민군의 눈에는 민씨 척족이나 다름없는, 나라를 망친 부패한 이씨 왕족일 뿐이었기 때문이다.

왜인들은 훗날 체포된 전봉준의 입을 통해 동학군과 대원군의 연계나 밀약을 토설케 하려고 집요하게 문초했었다. 그러나 그들은 전봉준과 대원군의 연계나 밀약이 아니라 동학군을 자기 목적에 동원하려는 대원군 쪽의 일방적 접근시도나 동학군 변두리의 군소인물들과의 접촉증거 외에는 찾을 수 없었다.

### 3) 2차 봉기 밀약설과 사실무근

1차 봉기 전이나 봉기 후에 전봉준과 대원군의 긴밀한 연계나 밀약은 없었다고 결론지어도 좋을 것이다. 그러면 동학농민군의 2차 봉기 때도 대원군의 영향은 무의미했나? 재봉기 때 대원군과 이준용이 동학군의 봉기를 충동질한 열정과 증거는 1차 봉기 때보다 훨씬 강렬하고 뚜렷했다. 대원군은 동학군을 북상시켜 청군과 연합하여 왜군을 물리치려는 전략을 갖고 있었기 때문이다. 그러나 이것도 1894년 9월 15-16일 평양회전에서 청군을 쳐부수고 평양성에 입성한 왜군이 청군에 보낸 대원군의 밀서를 고종의 밀지와 함께 청군진영 안에서 발견하면서 대원군의 정치적 몰락으로 귀착된다.

### ■ 자신의 죽음을 국망과 함께하려는 전봉준의 2차 봉기

전봉준은 1894년 8월 25일(양력 9월 25일)에도 정세가 불리한 것을 들어 재봉기에 반대하고 있었다. 전봉준은 김개남이 장차 남원을 점거할 것이라는 말을 듣고 전주에서 그곳으로 달려갔고 이어서 전봉준에게 충실한 손화중도 도착하여 양력 1894년 9월 25일 남원에서 '3자 전략회의'가 열렸다. 전봉준은 김개남을 설득했다. "지금의 정세를 보면 왜군과 청군이 전쟁을 이어가고 있지만 한쪽이 승리하면 반드시 먼저 우리에게로 병력을 돌릴 것이다. 우리는 비록 수가 많아도 오합지졸이라 쉽사리 도망가고 종내 이것으로써는 뜻을 이루기가 불가할 것이므로 제현諸縣으로 돌아가 흩어져 찬찬히 변화를 관망할 것을 부탁함만 못하다." 이에 김개남은 "대중은 한번 흩어지면 다시 모이기 어렵다"는 것을 들어 듣지 않았다. 손화중은 "우리가 거사한 지 반년이 지나 비록 한 도가 반향과 호응이 있었다고 말할지라도 사족 중에 명성 있는 자들은 따르지 않고 재물을 가진 자들도 따르지 않고 글을 잘하는 사람들은 따르지 않고 있고, 참여한 접장이라고 부르는 자들은 어리석고 천하여 남에게 화를 미치는 것을 즐기고 재빨리 훔치는 것을 기뻐하는 무리들일 뿐이다. 인심의 향배를 가늠해보면 일이 반드시 성공하기 어려울 것이니 사방으로 흩어져 잠시 보전을 기도하는 것만 못할 것이다"라고 논변했다. 물론 김개남은 역시 이 말도 듣지 않았다.[113] 이것은 9월 25일에도 동학군의 전략이 통일되지 않았고, 더구나 전봉준과 손화중은 대원군의 요청과 반대로 계속 관망 자세를 풀지 않고 있었다.

전봉준은 6월 왜군의 조선침입과 7월 23일 경복궁침공 사태에서 '국망國亡의 시작'을 예리하게 간파했다. 왜군이 평양회전에서 중국대군과 싸워 승리한 마당에 왜군에 대한 동학농민군의 싸움은 뻔히 승

113) 황현, 『오하기문』, 227-228쪽.

산이 없는 것이었다. 이런 국망상황에서 1차 봉기 때 걸었던 국가개혁의 희망이나 대원군의 재집권이나 불궤음모 따위는 실로 하찮고 하찮은 것이었다. 따라서 이 새로운 국망상황에 대해 동학군과 전봉준은 승리의 희망을 버리고 나라를 지키기 위해 싸우다가 국가와 같이 멸망하는 새로운 비장한 결정을 내려야 했다. 일본언론의 보도에 의하면 전봉준은 그때의 심경을 이렇게 술회했다.

> 금년 6월(양력) 이래 일본병이 그치지 않고 계속 우리나라에 온 것, 이는 반드시 우리나라를 병탄하고자 하는 것이라고 임신('임진'의 오기)년의 화란禍亂을 생각했고 인민들이 국가가 멸망하면 생민이 어찌 하루라도 편할 수 있을까 하고 의구심을 갖고서 나를 추대하여 수령으로 삼고 국가와 멸망을 함께할 결심을 갖고 이 거사를 도모했다.[114]

이처럼 전봉준은 난중에도 권력탐욕만 부리는 대원군이나 '왜적의 총검 아래에서의 개혁'이라는 망상 속에서 허우적대는 친일괴뢰정부보다 더 멀리, 더 예리하게 '조선의 멸망' 사실을 현실로 이해하고 있었다. 그리하여 그는 추수 농번기가 끝나갈 무렵인 음력 10월 12일(양력 11월 9일)경에 가서야 처절하게 싸우다가 죽을 각오로 봉기 결정을 내렸던 것이다.

따라서 동학군의 재봉기는 결코 대원군의 충동질로 일어난 것이 아니다. 전봉준은 백성이 이미 민심을 잃은 대원군에게 복종하지 않을 것이라고 생각했기에 대원군의 충동질을 무시했다. 운현궁의 충동질이 계속 있었고 전봉준이 대원군의 교시를 전달받은 것은 사실이다.[115] 그는 공초에서 운현궁에서 내려온 박동진과 정덕인을 만난 그

114) 『東京朝日新聞』, 명치28(1895)년 3월 5일.

115) 그러나 박종근은 이 선동을 왜군의 조작으로, 그리고 이에 대한 신문보도도 허위보도로 여겨 선동 자체가 아예 없었던 것으로 오해한다. 박종근, 『淸日戰爭과 朝鮮』, 145-149쪽.

의 비서 송희옥을 통해 "2월 이후 '속히 위로 올라오라'는 운현궁의 교시를 전달받았다"고 말하고 있기 때문이다. 하지만 문서교시가 없었다. 이에 전봉준은 "문자를 보지 못하면 그것은 횡수지설인 것이고 실로 황당한 것에 가깝다"고 힐책했던 것이다. 그리고 자신의 원칙을 "운현궁의 가르침을 굳이 말할 필요 없이 일이 응당 행해야 하는 것이라면 우리는 스스로 맡을 따름"이라고 말해주었다(不必言雲峴宮之爲敎而事之當行者 我自當之云矣)는 것이다. 또 전봉준은 "대원군이 다른 동학에 손을 미친 것이 110명의 무리라고 할지라도 나에 관한 한 처음부터 손을 미친 바 없다"라고 잘라 말했다.[116]

■ 전봉준의 신新존왕주의와 대원군 관련 위증의 불가능성

따라서 왜인들은 「전봉준판결선언서」에 끝내 전봉준과 대원군의 연계·밀약설을 담을 수 없었다. 다만 왜인들은 이에 대한 입증 없이 재봉기의 원인을 '대원군의 충동'으로 규정하는 기이하고 어쭙잖은 논변으로[117] 동학군 봉기의 책임을 대원군에게 씌워 자신들의 행로에 저해가 되는 대원군과 이준용을 중앙정계에서 추방하는 것으로 마무리한다. 왜인들은 이 논변의 기이성과 어쭙잖음을 없애기 위해 공초과정에서 그렇게 여러 번 집요하게 대원군과의 연관성을 캐물었던 것이다.

당시 이랬던 왜인들과 마찬가지로 유영익은 집요하게 전봉준과 대원군의 밀약설을 입증하려고 시도한 바 있다. 허술한 증거들을 바탕

116) 「全琫準供草」, '乙未二月十九日 全琫準 五次(三)問目. 日領事問', 『東學亂記錄(下)』. 국사편찬위원회 한국사데이터베이스, 『한국사료총서』 제10집(하).

117) 우치다는 1895년 9월 2일 이노우에에게 보낸 때늦은 종합보고서에서도 "폭민들의 목적이 어디에 있든 저들이 왜인을 격퇴한다는 명분으로 각지에서 횡행하기에 이른 것은 필경 대원군 및 이준용 등이 이를 선동 교사한 데서 원인이 된 것 같다"고 말한다. 『일관기록』, 三.各領事館其他往復 一, (6)'東學黨事件에 대한 會審顚末 具報'(機密號外, 1895년 9월 2일), 一等領事 內田定槌→井上馨.

으로 그는 이상백이 제2차 봉기를 추진할 때 대원군과 내통했음을 입증했다고 평가할 뿐만 아니라, 제1차 봉기 때도 대원군과 내통했다고 주장한다. 그는 위에서 분석한 소문이나 대원군 측의 실패한 일방적 기도들을 사실인 양 증거로 들이대고 있다.[118] 그러나 이 증거들은 위에서 분석했듯이 '실질이 없는 것'으로 규정되어야 할 것들일 뿐이다.

나아가 유영익은 1894년 5월 19일(음력 4월 18일) 나주 관속들에게 보낸 회유문, 5월 20일 홍계훈에게 보낸 회유문, 1894년 6월 5일 홍계훈에게 보낸 '소지문', 6월 25일(음력 5월 24일) 전라감사 김학진에게 보낸 13개조 폐정개혁 압박문 등에 들어 있는 '국태공'의 국정참여 요구 구절을 근거로 "대원군을 받들어 그를 권좌에 복귀시키는 것이 제1차 농민봉기의 목적이었다"고 주장하면서 "전봉준과 대원군이 제1차 봉기에 앞서 예모했을 가능성이 높으며, 제1차 봉기 당시 전봉준이 대원군을 권좌에 복귀시키는 것을 목표로 삼았음은 의심할 여지가 없다"고 결론짓는다.[119] 이런 시각에서 그는 전봉준의 대원군 관련 법정 진술을 "의리심이 강했던 전봉준이 자신의 후원자이며 스스로 숭앙했던 대원군을 정치적으로 비호하기 위해 — 더욱이 일본인이 임석·감시하고 있던 — 법정에서 위증했다"고 추리한다.[120] 이것은 실로 당시 왜성대의 왜인들의 억측보다 더 왜색적인 주장으로 들린다.

유영익은 동학군 문서들 중에서 '국태공 국정참여' 요구나 '국태공 봉대' 구절이 오로지 관속들에게 보내는 협박성·압박성 회유문에서만 나타난다는 것, 이런 문서들 안에서 '대원군'을 언급하는 것은 관속을 협박하고 중앙정부를 갈등에 빠뜨려 분열시키기 위한 용도의 '고도의 전술'이라는 것을 깨달을 수 없을 만큼 천진난만하게 속단하고 있는 것이다. 그는 당시 왜인들이 온갖 증거들을 들이대며 대원군과 전봉

118) 柳永益, 『東學農民蜂起와 甲午更張』(서울: 일조각, 1998), 12-14쪽.

119) 柳永益, 『東學農民蜂起와 甲午更張』, 14-15쪽.

120) 柳永益, 『東學農民蜂起와 甲午更張』, 12쪽.

준의 동맹 시나리오를 그려보려고 갖은 노력을 다했지만 실패했다는 사실을 지나치게 가볍게 생각하고 있다.

또 전봉준의 '의리의 위증' 주장은[121] 우습다 못해 실로 황당하다. 전봉준에 대한 문초가 이루어진 기간(1895년 2월 9일-3월 10일) 전에 대원군은 이미 동학당 및 청군과 내통하여 국왕과 왕비를 폐하고 이준용을 새 왕으로 추대하려는 역모 사실이 발각당해 1894년 11월 13일 왜성대에 출두하여 이노우에 공사에게 사과하고 이준용의 선처를 부탁하면서 정치에서 손을 떼겠다고 약조해야 했고, 18일에는 운현궁에 열석한 대신들 앞에서 정계은퇴를 선언해야 했다. 이준용과 이재면도 각각 13·14일 왜성대에 줄줄이 출두하여 사과를 했다. 이노우에는 11월 21일 고종을 알현해 대원군의 섭정권 취소를 요구했고, 그리하여 11월 22일 『관보』에 "태공의 뜻을 받들어 오늘 6월 22일(양력 7월 24일)자로 태공께 '모든 업무의 허물을 밝히고 또한 군무軍務의 진보와 위계질서를 밝히라'고 했던 전교를 거둬들인다"는 전교가 게재되었다. 이준용도 통위사 사직을 상주했다. 그러나 고종은 그를 용서하고 사직을 만류했다.[122] 그러나 역모사건의 여파로 11월 26일 이준용은 통위사를 끝내 사직해야 했고, 12월 24일에는 내무대신서리직도 내놓아야 했다.[123] 또 법부협판 김학우가 암살된 10월 31일 이래 이준용은 이 사건의 배후용의자로 쫓기던 끝에 역모죄로 체포될 처지에 있었다. (실제 체포는 1895년 3월 24일 이루어졌다.)[124] 전봉준은 대원군의 밀사들과 자주 접한 자신의 비서 송희옥 등을 통해 고종을 폐위하려고 하는 역모자로서의 대원군과 이준용의 정체를 얼마간 짐

121) 조경달도 전봉준이 의리상 위증한 것으로 본다. 조경달, 『이단의 민중반란』, 290쪽.

122) 『일관기록』, 六.內政釐革의 件 一, (6)'朝鮮政況 보고에 관한 件'(1894년 12월 28일), 井上馨→陸奧. 다음도 보라: 五.機.密諸方往 二, (12)'內政改革을 위한 對韓政略에 관한 보고'(機密第217號 本132, 1894년 11월 24일), 井上馨→陸奧.

123) 오영섭, 『한국 근현대사를 수놓은 인물들(1)』(서울: 경인문화사, 2007), 321쪽.

124) 오영섭, 『한국 근현대사를 수놓은 인물들(1)』, 321쪽.

작했을 것이고, 늦어도 자신에 대한 문초 기간(1895년 2월 9일-3월 10일) 이전에 대원군의 국왕폐위 역모사건이 백일하에 드러났을 때쯤에는 그의 정체를 지실知悉했을 것이다.

강한 '신新존왕주의 의식'을 가진 전봉준이 국왕폐위 역모에 동학군을 이용하려 한 '반역자 대원군'을 개인의리상 보호해주기 위해 위증을 했다? 결코 그럴 리가 없었을 것이다. 물론 전봉준은 공초과정에서나 재판과정에서 관련자들을 보호하기 위해 많은 위증을 했을 것이다. 하지만 역모자 대원군은 그가 의리상 위증까지 해서 보호해줘야 할 가장 꼴찌의 사람이었을 것이다. 대원군을 보호하기 위한 전봉준의 '법정 위증'에 대한 유영익의 주장은 일고의 가치도 없는 것이다. 전봉준이 법정에서 어떤 위증들을 했는지는 다 알 수 없지만, 우리가 오늘날 알 수 있는 분명한 위증은 신존왕주의자 전봉준이 군신의 의리상 고종을 보호하기 위해 고종의 별입시 이건영을 고종의 밀사가 아니라 "민당閔黨으로부터 온 소모사"라고 말하고 "민족閔族으로부터 온 소모사에 대한 감정은 어떠한가?"라는 물음에 "별 감정 없다"고 잘라 말한 것일[125] 것이다.

■ 신新존왕의식의 유래와 개념

전봉준의 가슴에 간직된 이 '신新존왕주의' 또는 '우리 임금 제일주의'는 어디서 왔을까? 이 '신존왕주의'는 동학농민전쟁에서만이 아니라 칭제건원과 대한제국 건국에서도, 그리고 또 제국이 멸망한 뒤에 '대한독립의군'·'대한인대동보국회'·'천도교' 등 충군애국독립단체들이 1919년 3·1만세운동과 대한민국 상해망명정부 수립에 이르기까지 초기 독립전쟁을 벌이는 단계에서도 중요한 정치사상적 동력으로 작용하기 때문에 여기서 본격적으로 상론해둘 필요가 있다.

---

125) 『東京朝日新聞』, 明治28(1895)年 3月 5日, 「東學黨大巨魁と 其口供」. 『동학농민혁명 사료총서(22-23)』. 국사편찬위원회 한국사데이터베이스.

그것은 오랜 기원을 가진 것이다. 주지하다시피 유교국가는 임금과 백성 사이에 방대한 관료체제를 구축하고 있다. 이로 인해 지방에서는 고을수령이 백성과 임금 사이에 끼어 있고, 중앙에서는 정부대관들이 양자 사이에 끼어 있다. 수령과 정부대관은 권귀화權貴化(권력귀족화)되기 쉽고 이들이 '권귀화'되면 백성은 임금으로부터 소외되고, 임금은 백성으로부터 소외되기 쉬웠다. 이런 까닭에 조선국은 국초에 이런 위험을 지실하고 백성이 중간의 권귀權貴(권력귀족)를 뚫거나 뛰어넘어 임금에게 직접 호소하고 임금과 직접 교감할 수 있는 장치를 설치했다. 그것은 백성을 위한 신문고申聞鼓·격쟁擊錚과, 임금을 위한 암행어사였다.

중국 송나라의 제도를 모방한 조선의 신문고는 1401년(태종1) 백성들의 억울한 일을 직접 듣고 해결해줄 목적으로 대궐 밖 문루 위에 달았던 북이었다. 조선개국 초에도 상소·고발하는 제도가 법제화되어 있었으나, 임금과의 직접교감을 통한 최후의 직접 항고·고발 시설의 하나로 신문고를 설치해, 국왕직속기관인 의금부당직청에서 이를 주관, 북이 울리는 소리를 임금이 직접 듣고 북을 친 자의 억울한 사연을 접수하여 처리하도록 했다. 억울함을 호소하려는 자는 서울에서는 주장관主掌官, 지방에서는 관찰사에게 신고하여 사헌부에서 이를 해결하도록 했는데, 이 기관에서 해결을 보지 못한 자는 신문고를 직접 울릴 수 있었다.

이 제도는 조선의 대표적 군민君民직통 민의상달 방법이었다. 그러나 신문고를 울려 상소하는 데에는 제한이 있어서 이서吏胥·복례僕隷가 그의 상관이나 주인을 고발한다거나, 품관·향리鄕吏·백성 등이 관찰사나 수령을 고발하는 경우, 또는 타인을 매수·사주하여 고발하게 하는 경우에는 벌을 주었으며, 오직 종사宗社에 관계된 억울한 사정이나 목숨에 관계되는 범죄·누명 및 자기에게 관계된 억울함을 고발하는 자에 한해 상소 내용을 접수·해결해주었다.

그러나 이와 같은 제한조건에도 불구하고 신속한 사건해결을 위해 사소한 사건에도 신문고를 이용하는 무질서한 현상이 나타났다. 이 때문에 신문고는 사용제한을 한층 엄격히 해나갔는데 『속대전續大典』에 의하면, 자기 자신에 관한 일, 부자지간에 관한 일, 적첩嫡妾에 관한 일, 양천良賤에 관한 일 등 4건사件事와, 자손이 조상을 위하는 일, 아내가 남편을 위하는 일, 아우가 형을 위하는 일, 노비가 주인을 위하는 일(① 형刑이 자기의 신상에 미칠 경우, ② 부자간 또는 형제간의 분간分揀, ③ 적처와 첩 간의 분간, ④ 양인과 천인 간의 분간 등 네 가지 일) 및 기타 지극히 원통한 내용에 대해서만 신문고를 사용하도록 했다.

그러나 신문고는 거의 서울의 관리들만이 실제로 이용할 수 있었다. 신문고제도의 본래 취지와 달리 일반 상민이나 노비, 또 지방거주 관민은 사용할 기회가 거의 없었고 효용도 없게 되었다. 그리하여 연산군 이래 신문고는 폐지되었다. 그러다가 영조47(1771)년 11월에 병조 주관 아래 잠시 부활했으나, 얼마 지나지 않아 다시 허울로 전락했다.

신문고는 이렇게 역사의 무대에서 사라졌다. 격쟁은 신문고가 사라진 뒤 이를 대신해 설시된 군·민君民직통의 교감방식이었다. 격쟁은 『속대전』에서 정식으로 법제화되었으며, 그 뒤 『대전회통』에서 증보되어 완성되었다. 격쟁을 할 수 있는 사안은 ① 자손이 조상을 위해, ② 처가 남편을 위해, ③ 동생이 형을 위해, ④ 종이 주인을 위해 하는 사안 등 네 가지였다. 이 밖의 사안으로 격쟁하는 것은 금지되었다. 다만 민폐에 관계되는 것이면 격쟁을 해도 외람률猥濫律의 적용을 받지는 않았다. 그러나 사리에 맞지 않는 일에 격쟁하는 사람은 외람률이 적용되어 장杖 100에, 유流 3,000리의 벌로써 처벌하고, 수령을 유임시키려고 격쟁하는 자는 장 100에 처하고, 중한 자는 도徒(노역) 3년에 처했다.

수령에게 매를 맞아 죽어서 격쟁하는 자는 사건을 조사해본 뒤 수령에게 죄가 있으면 수령을 처벌하고, 만약 무고이면 부민고소율部民告訴

律로써 격쟁자를 논죄했다. 그러나 사소한 일인데도 해당 도의 관찰사나 수령에게 고하지 않고 외람되게 왕에게 아뢰는 경우는 월소율越訴律로써 논죄하고, 심히 외람된 경우는 상서사부실률上書詐不實律로써 논죄하게 되어 있었다. 명종15(1560)년에는 궁전에 함부로 들어와 격쟁하는 자가 많아져 이들을 처벌하기도 했다. 그리하여 정조1(1777)년에는 위외격쟁추문衛外擊錚推問의 법을 시행했고, 철종9(1858)년에는 왕이 도성 밖으로 거둥할 때에만 격쟁, 소원할 수 있는 법을 정하기도 했다.

신문고를 대신한 격쟁은 만민과 일군一君이 직접 교감, 직접 소통하는 군민직통의 민의상달 제도였지만, 신문고제도처럼 이렇게 제한이 많고 사건의 취급범위가 좁은 데다 위반하면 처벌이 가혹했기 때문에 사실상 곧 허울로 전락했다. 게다가 지방관의 탐학으로 인한 일반적 민막民瘼이나 시폐時弊, 탐오한 지방관 문제는 격쟁사안에서 배제되어 있었다. 따라서 격쟁제도도 신문고제도처럼 시간이 흐르면서 있으나 마나한 것으로 자연히 사멸했다. 이와 나란히 임금의 암행어사도 권력을 남용하고 부패하고 허위보고를 일삼아 갈수록 형식화되고 드물어졌다. 하지만 민중에게는 박문수·이몽룡 등의 '암행어사' 신화처럼 신문고와 격쟁도 각종 이야기 속에서 반복 구술되는 형태로 군민君民직통 민의상달의 제도적 추억과 신화적 여운을 오래도록 남기게 된다.

특히 사대부를 제치고 소민小民(중인·서얼·상민·천민)을 직접 만나 보살피려는 영·정조의 국민일체론적 '백성의 나라'로서의 '민국民國' 건설 노력은 화성거둥 시에 나타났듯이 일시 격쟁의 활성화를 가져왔다. 신문고와 격쟁제도를 잠시 되살려낸 영·정조의 민국이념 추구는 다시 직접적 민의상달의 신화적 추억을 생생하게 불러일으키고, 직접적 민의상달의 이 생생한 신화적 추억은 급기야 임금과 백성이 지방수령과 중앙사대부를 제치고 직접 교감하여 백성의 어려운 민막과 시폐, 억울한 쟁송을 임금과 백성이 대면하는 그 자리에서 해결하는 군민직통·민의상달의 '일군만민一君萬民'체제라는 신화적 이념을 배태시켰다.

그러나 정조 이후 세도정치가 강화되면서 주지하다시피 중앙의 외척·세도가 권귀權貴(권력귀족)체제와, 이들과 혈연·금품·당파관계로 연결된 지방의 수령-이향吏鄕 지배체제도 공고화되었고, 이럴수록 임금은 무력화되어 뒷방으로 물러나고, 군민직통의 민의상달 통로는 완전히 폐색되었다. 그럴수록 일군과 만민이 직접 교감하는 '일군만민체제'라는 신화적 이념은 소민들에게 더욱 간절한 희구로 승화된다.

중앙세도가와 지방수령으로 짜인 권귀들의 중간개입을 배제하고 그간 이 권귀들에 의해 무력화된 왕권을 되살려내 임금을 높이 받들어 모시고 신문고와 격쟁의 신화에서 임금과 직통하여 임금에게 직접 호소하려는 이 존왕적 '일군만민' 신화는 어디까지나 만백성이 아무런 국민적 정통성도 없이 왕권을 찬탈한 중간의 권귀를 척결함으로써 회복된 왕권으로 만기를 친정親政하는 존엄한 임금을 직접 만나 억울한 민원과 민막을 해결하려는 국민의 염원에서 생겨난 것이다. 이런 한에서 군민의 직접교감·직접소통의 일군만민체제라는 신화적 이념은 지고만능至高萬能한 임금에 대한 백성의 민원해결의 간절한 기대와 구원救援의 희구를 담고 있었다. 임금에 대한 이 간절한 기대로부터 당연히 임금에 대한 더욱 열렬한 존숭과 숭상의 정서, 즉 1800년 이래 세도가들에 의해 무력화된 임금으로 하여금 왕권을 회복하고 만기를 친람케 하여 국왕의 존엄과 권위를 활용하여 국정혁신과 정치·사회혁명을 이루고 강화된 왕권을 중심으로 단결해 외적을 막으려는 '새로운' 존왕의식이 발전되어 나왔다. 대내적으로 이 존왕의식의 '새로움'은 그간 세도가들에 의해 무력화되고 구중심처에 유폐당해 영화零化된 국왕을 다시 국정의 중심체로 되살려내 존엄한 통치권자로 떠받들고 세도정치체제를 뒤집어엎는 '존왕도세尊王倒世', 국정개혁을 통한 봉건적 민막의 해결, 권귀척결, 봉건적 신분제의 타파에 대한 지향성 등에 있었다. 그리고 대외적으로 그 '새로움'은 주권국가와 민국적 국민(민족)국가의 건설, '우리 임금'을 높이 받들어 중국황제보다 앞세우려는 척화斥華·독립의식 또는 탈脫성리학·근대적 '조선중화' 의식의 창달, 존귀한 '우리 임금'을 모욕하는 침략적 외세에 대한 경각심과 투쟁의식의 고취에 있었다. 따라서 군주 측의 군민일체론적君民一體論的 민국이념과 백성 측의 존왕주의적 일군만민체제 지향은 상호 호응함으로써 마침내 신분을 타파하고 국민국가를 건설하는 고종의 대한제국 건설에서 하나의 '근대적' 종합에 도달한다.[126)]

일군만민 신화에 담긴 이 '새로운' 존왕의식, 즉 '신新존왕주의'는 중국에 대한 존화주의적尊華主義的 사대주의 또는 모화주의慕華主義와 같은 것을 안중에 둘 수 없는 순수한 '우리 임금 중심주의' 또는 '우리 임금 지존주의'였다. 따라서 이 신존왕주의는 필연적으로 중국 천자에 대해 '우리 임금'을 앞세우고 늘 배청척화排淸斥華 의식을 동반한 점에서 존화(모화)주의적 사대주의 이념에 사로잡혀 '우리 임금'을 중국황제의 뒷전으로 밀어내는 성리학유생들의 취약한 '전통적 존왕주의'와 대척적인 것이었다.

모화(존화)주의에 제약된 '전통적 존왕주의'의 제한성과 취약성은 가령 명나라의 파병요청을 거부하는 광해군에게 비변사 당상관들이 "전하에게 득죄得罪할지언정 천조天朝(즉, 명나라 조정)에 득죄할 수는 없다"고 말하는 것에서[127)] 잘 드러난다. 그리고 이런 발언을 하고도 이 당상관들이 전혀 처벌받지 않았다는 것은 존화주의에 의해 제한된 '전통적' 존왕주의의 본질적 취약성을 잘 보여준다. 천자가 지배하는 세계의 한 신민인 조선사대부가 충성을 실천해야 할 최종적 주체는 조

---

126) 일군만민 신화 또는 군민일체 이념이 불러일으키는 이 민족국가 건설과 신분철폐 동력을 보지 못하는 사람은 이 신화와 이념의 '근대성'을 이해할 수 없다. 이런 까닭에 서영희는 "한 군주 아래 만민이 평등한 정치체제, 즉 민과 왕이 사대부를 배제하고 하나가 된다는 군민일체론이 과연 근대국가의 정치이념이 될 수 있을지는 의문이다"라고 말한다. 서영희, 「국가론적 측면에서 본 대한제국의 성격」, 61쪽. 한림대학교 한국학연구소 편, 『대한제국은 근대국가인가』(서울: 푸른역사, 2006).

127) 『光海君日記』, 中抄本, 1618(광해군10)년 6월 20일.

선 안에서 국왕이지만, 세계무대에서는 명나라 천자였던 것이다.[128] 병자호란 이후 조선사대부들은 겉으로 중원을 장악한 만주오랑캐 청나라의 천자를 받드는 척했으나 내심으로는 청나라를 '중화'가 아니라 '이적'으로 멸시하고 기억과 상상 속의 명나라를 중화로 숭모했다. 이런 망상적 모화론慕華論에서 조선은 여전히 가상적 명나라의 '신방臣邦', 즉 '신하의 나라'에 지나지 않았다.

반면, 일군만민의 '신존왕주의'는 간단히 말하면 '우리 임금'을 제일 높이 받들어 모시는 '우리 임금 제일주의'인 한에서 왕권을 찬탈하고 백성과 임금의 직접교감을 가로막는 일체의 권귀들도 배척하지만 '우리 임금'의 권위를 상대화시키는 일체의 '존화론尊華論'도 용납하지 않는 '척화斥華'의식을 마음속에 가득 품지 않을 수 없었다. 청국에 대한 이 '척화'의식은 병자호란에 대한 민중적 체험과 무관할 수 없는 것이다. 아울러 임진왜란의 민중적 고통체험과 역사적 기억을 매개로 신존왕의식은 자동적으로 '척왜斥倭'도 내포할 수밖에 없는 것이었다. 그리하여 일군만민의 '신존왕주의'는 늘 척왜·척화 성향을 동반했다.

대외적으로 신존왕주의는 임진·병자양란에 대한 기억 속에서, 그리고 이양선의 출몰과 영불연합군에 의한 북경함락(1860)으로 표현된 서세동점의 문명위기 속에서 청국·일본·서양에 대한 강한 방어의식과 '민중적 조선중화론'으로서의 조선중심주의를 동반했다. 이런 점에서 신존왕주의는 대외적으로 근대적 민족국가 건설을 추동할 수 있는 맹아적 민족의식을 품고 있었다. 동시에 이 신존왕의식은 대내적으로 중간에서 왕권을 찬탈하여 임금의 눈귀를 막고 제 이익을 취하는 데 급급한 중앙과 지방의 세도가적 권귀, 즉 수령·이향과 세도가문의 세도정치체제를 배격하는 한에서 본질적으로 왕권의 회복과 강화를 통한 국왕친정체제의 확립, 국정혁신, 신분타파 등의 혁명적 요구를 담

128) 계승범, 「조선후기 중화론의 이면과 그 유산」. 인하대학교 한국학연구소, 『중국 없는 중화』(인천: 인하대학교출판부, 2009), 259쪽.

고 있었다. 신존왕주의가 왕권강화와 더불어 필연적으로 신분타파를 요구하는 것은 권귀·세도집단의 형성을 원천적으로 봉쇄하는 근본적·궁극적 해결책이 각종 신분차별의 철폐밖에 없었기 때문이다. 다시 각종 신분타파가 왜 궁극적 해결책인가? 독자적인 권력이익과 권력기제를 가진 경향京鄕 각지의 세도집단과 같은 중간권귀의 정치적 형성과 존립 기반은 원천적으로 반상·적서·양천차별, 나아가 중앙사족과 향촌사족, 권문세가와 일반사족의 차별 등 각종 사회적 차별을 낳는 봉건적 신분제도에 근거하기 때문이다. 한 임금을 똑같이 받들어 모시는 만민의 수평적 평등과 군민직통정치를 요구하고 전제하는 일군만민체제의 관점에서 권귀에 적대적인 '신'존왕주의는 근대적 신분해방의 '혁명적' 추동력일 수밖에 없었다. 또 이런 의미에서 '신'존왕주의는 그 자체가 '혁명적'이고 '근대적'인 새로운 이데올로기였다.

그리하여 신존왕주의를 불러일으키는 민중의 일군만민체제 신화와 군주 측의 '백성의 나라', '민국' 이념은 1591년 정여립의 대동계사건 이래 물밑에서 번창하던 이씨왕조교체설 또는 정씨왕조도래설로 표현된 『정감록』 버전의 역성혁명적 개벽사상과 묘한 청산·상쇄관계에 서게 된다. 특히 일군만민 이념과 신존왕주의는 영불연합군에 의한 북경함락(1860)이라는 대외적 문명위기와 백성들이 향촌의 수령-이향 지배체제와 투쟁한 임술민란(1862)의 쓰라린 정치적 패배를 겪으면서 일반적으로 확산되었을 뿐만 아니라 형태적 변화와 발전을 겪었다.

임술민란 이후 일군만민 이념과 신존왕의식의 첫 번째 변화는 일군만민 신화와 민중의 신존왕의식이 『정감록』 버전의 역성혁명론적 왕조교체설을 청산하거나 주변으로 밀어낸 것이다. 일상화된 민란을 통해 국왕에게 직접 해결을 구하고 외침外侵을 막고 문명위기를 이기려면 왕권을 무력화하고 가로막는 권귀를 척결하고 기존의 국왕을 중심으로 똘똘 뭉쳐 높이 봉대하는 것이 급선무였기 때문이다. 일상화된 민란과 대외적 문명위기를 체험하면서 생겨난 민중의 일군만민 신화의 이 새로운 변화는 동학사상 속에서 언어화되고 종합되었다. 동학은『정감록』의 역성혁명적·왕조교체설적 개벽사상으로부터 '개벽'만 취하고 역성혁명적 왕조교체설과 도참설적 요소를 털어내고 현존하는 국왕의 권위를 높이는 존왕의식과 이렇게 높여진 왕권을 이용하여 권귀·세도정치체제를 전복하고 신분체제를 타파하는 '존왕개벽' 또는 '존왕멸귀尊王滅貴(임금을 높여 권귀를 타도함)'의 새로운 혁명이념을 발전시킨 것이다. 정감록적 '역성개벽'에서 동학적 '존왕개벽'으로의 사상적 대전환이 이루어진 것이다. 어찌 보면 동학은 자신들의 처지와 생각을 임금에게 전하면 임금이 당연히 자신들의 편에 설 것으로 생각하는 일반 백성들의 일군만민 신화와 신존왕의식의 '무지막지한 혁명적 짝사랑'을 전제했다. 그리하여 동학이란 정치사상적 관점에서 간략히 정의하자면 사대부를 제치고 소민小民을 직접 보살피려는 영·정조 이래 군주들의 새로운 소민우선 민본정치 이념에 대해 아래로부터 모든 세도가적 권귀를 진멸하려는 혁명적 일군만민 이념과 새로운 '존왕개벽' 사상의 형식으로 호응하고 역성개벽론으로부터 역성혁명적 이씨왕조교체설을 털고 세상을 뒤집는 개벽사상만을 계승하여 새롭게 국력을 국왕 중심으로 결집하고 이 국왕 중심의 결집된 국력을 이용하여 새 시대를 개창하려는 혁명적 종교철학이었다. 동학은 임술민란 이후 백성들의 마음속에서 소리 없이 생겨나 간절하게 품게 된 무언의 일군만민 신화와 신존왕주의를 처음으로 언어화·문자화하기 시작한 것이다.

이런 까닭에 동학경전에는 어디에도 '이씨왕조교체설'이나 '정씨왕조도래설'이 나오지 않고, 오히려 조선국에 대한 존중과 당대의 국왕에 대한 흠모찬양, 그리고 영불연합군에 의한 북경함락과 서학의 충격, 청국에 대한 문화적 우월감, 일본에 대한 경멸과 경계 등이 거듭 나오는 것이다. 최제우의 글과 말을 묶은『동경대전』과『용담유사』는 서구제국과 기독교의 군사적·사상적 침략과 문명위기를 전제로 하여 담론을 개시한다. 『동경대전』의 서편序篇 「포덕문」은 천리에 순응하지 않는 '각자위심各自爲心(이기심)'을 조장하는 서양인의 중국 침략과 중국의 맥없는 굴복의 충격, 그리고 이를 배경으로 한 기독교의 득세를 화두로 삼는다.

> 경신년(1860)에 이르러서 서양인들이 부귀를 취하지 않음을 천주의 뜻으로 말하면서도 천하(중국)를 공취攻取하고 교당을 세우고 그 도를 행한다고 전해 들었으니 나는 그것이 그러함이 어찌 그러할까 하는 의심이 들었다.129)

그런데 객관적으로 살펴보면 서양은 강성한 나라임이 틀림없다.

> 서양은 전승하여 공취하여 이루지 않음이 없고 천하(중국)가 진멸하면 역시 순망치한의 탄식(脣亡之歎)이 없을 수 없다. 나라를 도와 백성을 편안케 하는 보국안민輔國安民의 계책이 장차 어디서 나올까?130)

서구의 침공에 중국도 무너졌으니 순망치한의 관계에 있는 우리나라의 '보국안민' 계책이 시급하다는 것이다.

그런데 이 순망치한의 비유에서 어느 나라가 입술(脣)이고 어느 나라가 이(齒)인가? 최제우가 여기서 중국이 무너져 우리나라도 위험해지는 국제정치 현상에다 '입술이 무너지면 이가 시리다'는 비유를 적용하고 있으므로 무너지는 중국이 '입술'이고 위험해지는 우리나라가 시린 '이'다. 즉, 중국은 변방이고 조선이 중심이다. 이같이 최제우는 동서대결구도에서 중국을 중시하되, 조선중심적 순망치한론의 관점에서 조선을 '이'로 비유하여 중심에 놓고 중국을 입 밖의 '입술'로 주

129) 『東經大全』 「布德文」.

130) 『東經大全』 「布德文」.

변화함으로써 '소중화론'을 넘어 '조선중화론'으로 나아가고 있다.

최제우는 이 관점을 다시 강조함과 동시에 서양의 이러한 군사적 위력을 배경으로 기독교가 번창하여 우리나라가 전통적 신념이 무너져 세상과 민심이 일대 문명위기에 빠져들고 있음을 날카롭게 간파한다.

> 무릇 경신(1860)년 4월 천하가 분란하고 민심이 어지럽고 가벼워서(民心淆薄) 아무도 향할 곳을 알지 못했다. 또 괴이하고 어긋나는 언설이 나와 세간에서 끓어올랐다. "서양인들은 도가 이루어지고 덕이 서서 조화造化에 이르고 이루지 못하는 일이 없고, 무기로 공투攻鬪하면 앞을 막아설 사람이 없다. 중국이 소멸하면 어찌 순망치한의 우환이 없겠는가? 도대체 그런 것은 다름 아니라 이 사람들이 도를 서도라 칭하고 학은 천주학이라고 칭하고 교는 성교聖敎이기 때문이다. 이것은 천시를 알고 천명을 받은 것이 아닌가?"[131]

1860년은 영국이 제1차 아편전쟁으로 강취해낸 문호개방 공약의 이행을 강제하기 위해 애로호사건을 구실로 도발된 제2차 아편전쟁(1856-1860)의 마지막 해이고, 동시에 2,000여 명의 영불연합군이 3만여 명의 팔기군 정예부대를 쳐부수어 북경을 함락하고 청국황제의 정원 원명원圓明園을 약탈하고 전파全破한 해이기도 하다. 최제우는 이 북경함락과 중국의 무력한 굴복을 날카롭게 주시하면서 이것이 우리나라의 문명적 확신을 뒤흔들고 있는 것을 정치·군사·문명의 대위기로 본 것이다.

최제우는 이 총체적 위기와 국가난국을 (1) 종교적·정신적 도덕재무장, (2) 일본과 중국에 대한 조선의 문화적 우월성과 독자성을 자부하는 '조선중화론朝鮮中華論', (3) 임금을 받들어 왕권을 강화하고 국왕

---

131) 『東經大全』「論學文」.

을 중심으로 단합하는 '신존왕주의'로 타파하려고 한다.

(1) 종교적·정신적 도덕재무장은 주지하다시피 동학의 창도로 나타나고, 다른 한편으로 동·서도의 보편적 동일성을 인정하면서도 전통에 기인하는 '배움의 차이'를 명확히 하고 서학의 언행불일치와 표리부동성에 대한 정면비판으로 나타난다. 당신이 받았다는 '천도'가 "양도洋道와 다름이 없는가?"라는 질문에 최제우는 "양학洋學은 이것(천도)과 같지만 다름이 있고, (동학이) 비는 것과 같지만 실實이 없다. 그러나 운運(천도의 운행)은 하나다. 도는 같지만 이치는 같지 않다(洋學 如斯而有異 如呪而無實 然而運 則一也 道則同也 理則非也)"라고 답한다. 왜 이치가 같지 않은가? "나의 도는 무위이화일 따름이기(吾道無爲而化矣)" 때문이다.

> 마음을 지키고 그 기氣를 바르게 하고 그 본성을 따르고 그 가르침을 받고 자연의 한가운데에서 조화되어 나오지만(守其心 正其氣 率其性 受其教 化出於自然之中也) 서인西人은 말에 차례가 없고, 글에 흑백이 없고, 조아림(頓)에 천주를 위하는 단초가 없고, 단지 자신을 위하는 모색만이 있고, 몸에는 기화氣化의 신기가 없고, 배움은 천주의 가르침이 없고, 생각에 빎이 없듯이 형形은 있는데 자취가 없어 도가 허무에 가깝고 배움은 천주가 아니니, 어찌 다름이 없다고 할 수 있겠는가?132)

도는 천도로서 동서가 같고 따라서 천주(하느님)도 같다. 따라서 최제우는 마테오리치의 『천주실의』에서 '하느님(한울님)'의 한자어 '천주'라는 말을 빌리는 것도 서슴지 않았다. 그러나 동서의 배움의 이치가 다르니 '학'은 동서가 다르다. 그리하여 "도가 같다고 한다면 그것을 서학이라고 이름하느냐?"는 질문에 최제우는 이렇게 답한다.

---

132) 『東經大全』「論學文」.

> 나도 역시 동방에서 나서 동방에서 도를 받았으니, 도는 비록 천도일지라도 배움은 동학이다. 하물며 땅도 동서로 나뉘는데 서를 어찌 동이라고 하고 동을 어찌 서라고 하겠느냐?[133)]

최제우는 동서가 '같은 천도'를 숭상하지만 배움의 이치가 동서 간에 다르다고 논파함으로써 도의 동서 차이를 강변하는 동도동기론東道東器論(위정척사론)이나 동도서기론東道西器論을 일거에 극복하면서도 동서가 상이한 풍토와 역사 속에서 자기 특색의 습속과 전통을 익히는 점에서, 그리고 동방의 전통과 습속이 '자신만을 위한 모색'을 뒤로하고 '무위이화의 자연조화'를 앞세우는 점에서 '서학(양학)'에 대한 '동학'의 차이를 강조하며 동학의 한국적 당연성과 우월성을 밝히고 있다. 『용담유사』에서도 "소위 서학西學 하는 사람 암만 봐도 명인名人 없대, 서학이라 이름하고 내 몸 발천發闡하겠는가?"라고 노래한다.[134)]

그리고 이어서 최제우는 서학의 언행불일치와 신학적 모순성을 예리하게 논파한다.

> 하원갑下元甲 경신년(1860)에 전해오는 세상 말이 요망한 서양적西洋賊이 중국을 침범해서 천주당 높이 세워 거소위擧所謂하는 도道를 천하에 편만遍滿하니 가소절창可笑切脹(우스워서 창자가 끊어지는 것) 아니런가? 증전曾前에 들은 말을 곰곰이 생각하니 아동방我東方 어린(어리석은) 사람 예의 오륜 다 버리고 남녀노소 아동주졸兒童走卒 성군취당成群聚黨 극성중極盛中에 허송세월 한단 말을 보는 듯이 들어오니, 무단히 한울님께 주소간晝宵間 비는 말이 '삼십삼천三十三天 옥경대玉京臺(천당)에 나 죽거든 가게 하소'. 우습다 저 사람은 저의 부모 죽은 후에 신神도 없다 이름하고 제사조차 안 지내며 오륜에 벗어나서 유원속사唯願速死(빨리 죽기를 바라기만

133) 『東經大全』「論學文」.

134) 『용담유사』「안심가」.

> 하는 것) 무삼 일고? 부모 없는 혼령혼백 저는 어찌 유독 있어 상천上天하고 무엇하고? 어린 소리 말아 싸라! 그 말 저 말 다 던지고 한울님을 공경하면 아동방 삼년괴질 죽을 염려 있을쏘냐? 허무한 너희 풍속 듣고 나니 절창切脹이오 보고 나니 개탄일세.135)

이 「권학가」의 한 소절은, 귀신이 없다고 하면서 부모의 혼백을 추념하는 제사를 부정하고는 자신들은 사후에 혼백이 되어 천당에 가고자 기독교를 믿는 것은 가당치 않고, 천당에 빨리 가기를 바란다면 그것은 '빨리 죽기를 바라는' 꼴이므로 불합리한 데다, 동서의 근대적 현세주의의 바탕이 된, '개똥밭에 굴러도 이승이 낫다'는 동아시아의 전통적 현세주의와 정면으로 배치된다는 놀라운 비판적 논변을 담고 있다.

그리고 (2) 일본과 중국에 대한 조선의 문화적 우월성과 독자성을 자부하는 '조선중화론'은 척왜척화斥倭斥華 정치철학으로 나타난다. 최제우는 「안심가」에서 임진란을 상기하며 육두문자로 왜적의 침략만행을 탄핵하고 다시 척왜의 의지를 다진다.

> 개 같은 왜적 놈아 너희 신명 돌아보라! 너희 역시 하륙下陸해서 무슨 은덕 있었던고? … 개 같은 왜적 놈이 전세임진前歲壬辰 왔다 가서 술 싼 일(숟가락질) 못했다고 쇠술(쇠숟가락)로 안 먹는 줄 세상사람 뉘가 알꼬? 그 역시 원수로다. … 내가 또한 신선되어 비상천飛上天한다 해도 개 같은 왜적 놈을 한울님께 조화 받아 일야一夜에 멸하고서 전지무궁傳之無窮하여놓고 ….136)

바로 이어서 최제우는 임진란 때 원병을 보내준 명나라 황제들의 제사를 지내기 위해 성종 때 설치된 대보단大報壇에 맹세하고 청나라 오랑

---

135) 『용담유사』 「권학가」.

136) 『용담유사』 「안심가」.

캐 '한이汗夷'에 원수를 갚는 반청 독립정신을 주창한다. "대보단에 맹세하고 한이汗夷 원수 갚아보세 중수重修한 한이비각汗夷碑閣(삼전도비) 헐고 나니 초개 같고 붓고(부수고) 나니 박산樸散일세."137) 여기에 병자호란 이래 조선유생들 사이에 공유되어 온 '반청反淸 독립정신'이 표명되고 있다. 이것은 오랑캐 청나라에 맞서 조선을 '유일중화'로 자부하는 반청 조선중화론의 발로다. 최제우가 『용담유사』에서 "국호는 조선이요 읍호는 경주로다. … 아동방 구미산(경주의 주산)은 소중화小中華 생겼구나!"라고 노래하고 있기138) 때문이다. 조선은 '대大중화'이고 경주는 '소중화'라는 발상이다. 여기서 18세기 이래 유생들 사이에 유포된, 조선의 윤리문화에 대한 조선중화론적 자부심을 엿볼 수 있다.

이 조선중화론적 척왜항일·척화반청 사상은 전봉준의 동학농민전쟁 격문에도 그대로 반영되어 나타난다. 전봉준은 1894년 12월의 「경군과 영병에 대한 고시와 백성에 대한 교시(告示京軍與營兵以敎示民)」에서 "척왜와 척화斥華는 그 의리가 일반이라. 두어 자 글로 의혹을 풀어 알게 하노니 각기 돌아보고 충군우국지심忠君憂國之心이 있거든 곧 의리로 돌아오면 상의하여 같이 척왜척화斥倭斥華하여 조선으로 왜국이 되지 않게 하고 동심합력하여 대사를 이루게 하올쎄라"라고 경군과 영군들에게 창의倡義하고 있다.139)

(3) 국왕을 중심으로 단합하고 왕권을 강화함으로써 안팎의 위험을

137) 『용담유사』「안심가」.

138) 『용담유사』「용담가」.

139) 『宣諭榜文竝東徒上書所志謄書』, 「告示京軍與營兵以敎示民」. 『동학농민혁명사료총서(10)』. 국사편찬위원회 한국사데이터베이스. 동학의 배청척화사상을 모르는 일부 사가들은 이 '斥華'를 '斥和'의 오기로 본다. 가령 신복룡, 『동학사상과 갑오농민혁명』(서울: 선인, 개정판 2006). 571쪽 각주45; 柳永益, 『東學農民蜂起와 甲午更張』, 21-22쪽 각주1; 허종호, 「갑오농민전쟁의 성격과 특징」, 원종규 외, 『갑오농민전쟁 100돌 기념논문집』(서울: 집문당, 1995), 166쪽. 하지만 이 고시문을 실은 국사편찬위원회의 한국사데이터베이스의 다른 자료 『동학란기록(하)』『한국사료총서』 제10집[하]도 '斥華'로 쓰고 있다. 또 '斥倭斥和'로 본다면 이것은 의미론적으로 동어반복이라서 말이 되지 않는다. 그리고 위 「고시문」에서 두 번이나 '斥華'로 쓰고 있는 점에서 오자로 볼 수 없다.

극복하기 위한 신존왕주의는 당시 "괴이한 동국참서東國讖書"(『정감록』)에서 나온 '궁궁弓弓'이라는 말이 파다하게 퍼진 불안한 시국에 사람들이 '궁궁'을 '십승지十勝地'(난리가 나도 안전한 열 곳)로 풀어 '궁궁촌'으로 피란 가고 기독교로 풀어 서학에 귀의하는 것을 비판하고 '궁궁'을 '태극지도'(윤회시운輪廻時運) 또는 이에 합당한 '수덕'의 필요성으로 해석하고[140] 정씨왕조설·정도령계룡산도읍설 등을 거들떠보지 않고 세도정치체제에 무력화된 조선 임금을 받들어 모셔 외세퇴치와 국태민안을 기하려는 신존왕주의를 설파한다.

최제우는 조선의 은덕과 임진왜란과 병자호란을 이겨낸 조선 임금 선조와 인조의 성덕을 치하하고 자신의 국가와 고향이 조선과 경주임을 자랑차게 밝힌다. 즉, 『동경대전』에서 "우리 임금(선조와 인조)의 성덕은 해가 임진년(1892)과 병자년(1876)으로 다시 회귀해도 이와 같이 음덕을 남기고 물이 흐르듯이 끊이지 않을 것이다(吾王之盛德 歲復回於壬丙 若是餘蔭 不絶如流)"라고 칭송하거나, "조선에 나서 살며 인륜에 덧붙여 처해 천지가 덮어주고 실어주는 은택을 조아려 느끼고 해와 달이 비춰주는 덕을 입었다"고 감읍하기도 한다.[141] 그리고 '조선의 임금'만이 아니라 '임금 일반'의 존재의 정치적 필수성과 충군의 중요성을 논변한다. 즉, 그는 "세상을 위해 그들(백성)에게 임금을 만들어주고 그들에게 스승을 만들어주니 임금은 법으로 세상을 만들고 스승은 예로써 세상을 가르치는 것이다(然而爲世 作之君 作之師 君者以法造之 師者以禮敎之)"라고 논하고,[142] "임금께 공경하면 충신열사 아니런가? 부모님께

140) 『東經大全』「包德文」: "吾有靈符 其名仙藥 其形太極 又形弓弓"; 『용담유사』「몽중논소문답가」.

141) 『東經大全』「修德文」·「祝文」. 윤석산은 「수덕문」의 "우리 임금"을 "대신사 당시의 임금인 순조를 지칭한다"고 하여 '우리 임금'을 '순조'로 풀이했다. 윤석산 주해, 『東學經典』(서울: 동학사, 2009), 132쪽. 그러나 최제우(1824-1864)는 순조 사망 시 겨우 열 살로서 연대가 맞지 않는다. 최제우의 득도와 포교는 철종연간(1849-1863)에 이루어졌다. 따라서 '우리 임금'은 이전 임진년과 병자년의 두 임금 선조와 인조를 가리켜야 옳을 것이다.

142) 『東經大全』「不然其然」.

공경하면 효자효부 아니런가?"라고 노래하고 있다.143)

이 신존왕주의는 최시형의 경우에도 유사하다. 최시형은 "나라 임금이 법을 지어 만민이 화락한다(國君制法 萬民和樂)"고 말하는가 하면,144) 더욱 구체적으로 유교경전 『서경』을 인용하며 이렇게 말한다.

> 『서경』에 이르기를 "한울이 백성을 내리시어 그들에게 임금을 만들어주고 스승을 만들어주었다"고 하고 "이들(임금과 스승)은 상제를 돕는다"라고 했다. 임금은 교화와 예악으로 만민을 협화協和하고 법령과 형벌로 만민을 다스리고, 스승은 효제충신으로 삶을 가르치고 인의예지로 후생을 완성하니, 이게 다 상제를 돕는 방도이니라. 아! 우리 도인들은 공경히 이 『서경』을 받아들이라.145)

그리고 최시형은 조선이 대한제국으로, 국왕이 황제로 승격한 것을 천도의 순리적 운행으로 받아들이고 자신들의 동학도 이런 상승변화가 있어야 대번영을 누릴 것이라고 하여, 신존왕주의와 조선중화론의 대표적인 소산인 대한제국을 적극 긍정한다. 1898년경 이용구가 "갑오년 이후로부터 우리 국왕이 황제의 이름으로 변하고, 삼정승이 십부대신의 이름으로 변하고, 문호를 개방하여 세계 각국과 통상함으로써 문화와 물품을 수입하는 것이 많으니, 이것이 우리 도에 대하여 이해가 어떠하오리이까?"라고 물으니 최시형은 이렇게 답한다.

> 우리 도(천도)의 운행은 세상과 동귀同歸하니 국정변화도 또한 우리 도의 운행으로 말미암은 것이니라. 우리 도도 이 운행을 맞아 일변한 뒤에야 반드시 대번영에 이르리라. 우리 도의 명의를 머지않아 세계에 펴서 드

143) 『용담유사』「권학가」.

144) 『海月神師法說』「誠敬信」(10-2).

145) 『海月神師法說』「降書」(35-1).

> 날리고, 서울 장안에 넓은 교당을 크게 세우고, 주문 외우는 소리가 충천沖天하리니, 이때부터 도를 현창顯彰하리라. 이후에 또 갑오년과 흡사한 사변이 있으리니 외국병마가 우리 강토 안으로 몰려들어 쟁탈하리라. 이 때를 당해 선처하면 도를 현창하여 (삶이) 용이하나, 만일 선처치 못하면 도를 역환逆還시켜 우환이 생기리라.[146]

"갑오년과 흡사한 사변"이라는 말은 갑진왜란(1904)을 예견한 것으로 보인다. 이것은 실로 '우환'이다. 그러나 최시형은 이때도 임금과 백성의 연합항전(임금의 명으로 거의하는 신존왕주의적 의병전쟁), 즉 갑오농민전쟁과 같은 국민전쟁으로 대처할 것을 주문한다.

> 갑오년의 일로 말하면 그것은 인사人事가 아니요 천명의 역사役事이니, 사람을 원망하고 한울을 원망하나 이후부터는 한울이 귀화歸和를 보이어 원성怨聲을 내는 것이 없어지고 찬성贊成으로 돌아가리라. 갑오년과 같은 때가 도래하여 갑오년의 일을 하면, 우리나라 일이 이로 말미암아 빛나서 세계인민의 정신을 환기시킬 것이니라.[147]

1904년 갑진왜란이 터지자 온 국민과 해산군인이 고종황제의 밀지에 따라 국군과 의병이 연합하여 도처에서 '국민군'을 결성하고 국민전쟁을 벌였으며, 1919년에는 고종이 윌슨의 민족자결주의 선언을 기점으로 항일투쟁을 재개하기 위해 북경망명을 시도하다가 독시毒弑당하자 천도교도들이 중심이 되어 3·1만세운동을 일으켜 '세계인민의 정신', 특히 중국·인도·인도차이나·월남·이집트 인민의 정신을 환기시켜 중국의 5·4운동, 인도·이집트의 대영對英 비폭력·불복종투쟁, 월남의 대불對佛 무력항쟁 등을 격발시켰으니 해월의 예견이 빗나가지 않았다.

146)『海月神師法說』「吾道之運」(34-2).

147)『海月神師法說』「吾道之運」(34-1).

동학은 위정척사론이나 동도서기론과 달리 동서의 '도'의 보편적 동일성을 인정함에도 추상적 세계주의 속으로 한국정신을 휘발시켜 민족혼을 팔아버리지 않았고, 또 서학에 대항하는 동학의 기조에도 불구하고 동학은 위정척사론이나 동도서기론처럼 존화주의나 아시아주의적 동양평화론의 일제日帝이데올로기에 도취되어 중국의 종주권적 강압과 일본의 침략성을 망각하는 우를 범하지도 않았다. 동학은 오히려 신존왕주의를 바탕으로 서양의 침략위험에 대한 '척양斥洋', 고압적 청국에 대한 '척화', 일본의 재침에 대비한 '척왜' 등 '삼척三斥'의 '보국안민保國安民'의 깃발을[148] 높이 든 것이다. 이로써 동학은 서세동점의 문명위기 속에서 국민·민족형성 및 민족적 독립정신의 고취에 결정적으로 기여함으로써 동도동기론(위정척사론)·동도서기론의 존화주의(숭청崇淸사대주의)와 서도서기론적 친서방·숭미사대주의와 일도

148) 최시형이 출판한 『동경대전』에는 '보국안민'이 '輔國安民'(나라를 도와 백성을 편안케 한다)'이라고 쓰여 있다. 『東經大全』「布德門」. 그러나 전봉준은 '保國安民'(나라를 지켜 백성을 편안케 한다)이라고 고쳐 썼는데, 이것은 외적에 대해 나라를 지켜야 하는 때라서 고쳐 쓴 것으로 보인다. 「茂長布告文」에서도 "… 不念保國安民 … 今擧義旗 以保國安民爲死生之誓"라고 하고 있다. 黃玹, 『梧下記聞』「首筆」, 甲午三月. 『동학농민혁명사료총서』 1권. 국사편찬위원회 한국사데이터베이스.(다른 사료들에는 '輔國安民'으로, 심지어 '報國安民'으로 쓰인 경우들이 있지만, 한문에 밝은 황현의 기록을 따른다.) 또 오지영도 『동학사』에서 "… 大將旗幅에는 '保國安民' 四字를 大書로 特書하엿섯다"라고 썼다. 오지영 『東學史』(草稿本), "倡義文內譯". 『동학농민혁명사료총서』 1권. 국사편찬위원회 한국사데이터베이스. 그리고 1909년 12월의 「천도교발문」에도 "水雲大神師쯰셔ᄂᆞᆫ 保國安民ᄒᆞ기를 걱정ᄒᆞ셧ᄂᆞᆫᄃᆡ …"라고 표기하고 있다. 『大韓每日申報』, 1909년 12월 10일 「연재: 天道教發文(續)」. 그러나 천도교 교인 연구자들 중에는 최시형이 출판한 최제우의 『동경대전』에 쓰인 대로 '輔國安民'으로 쓰고 '輔' 자의 의미를 '수레 덧변죽'으로 풀어 '輔國'을 '정교일치'의 뜻으로 해석하자는 의견을 내는 이도 있다. 이종해, 「輔國安民이 옳으냐, 保國安民이 옳으냐」, 『신인간』 제271호(1970), 39-40쪽. 그러나 천도교중앙총부 관계자는 '輔'를 계속 '保'로 쓰는 것은 경전을 고치는 것이 아니라 최제우가 쓴 그대로의 '保' 자를 "되찾아 쓰는 것"이라고 주장한다. 친필을 본 적이 없지만 최제우의 창도동기나 두 경전의 일관된 논변을 살펴보면 명백히 '保' 자인 것을 알 수 있다는 것이다. 원래의 '保'가 '輔'로 바뀐 것은 최시형이 '輔'가 '保'보다 "훨씬 온건해서" 탄압을 피하려고 그렇게 바꿔 인쇄한 데 기인한다고 설명한다. 끝으로 그는 천도교중앙총부가 '保'를 최제우의 본뜻으로 보고 이것으로 통일하는 것을 경전출판위원회의 방침으로 확정했다고 밝힌다. 현기실, 「輔國安民이냐 保國安民이냐」, 『신인간』 제271호(1970), 41-43쪽.

일기론적 친일사대주의를 모두 다 배격·극복하고 신존왕주의를 성공적으로 언어화·종교화했다. 동시에 동학은 교도획득 경쟁에서 천주·개신 기독교를 능가함으로써 국가·사회 전 분야에서 당대에 서양세력을 이긴 유일한 민족세력이었다. 1900년대 기독교는 겨우 3-4만 명의 교도를 가진 군소종교에[149] 불과했던 반면, 동학은 동학농민전쟁 이후 자행된 대살육과 살인적 폭압을 뚫고 무려 200여만 명에 달해 있었기[150] 때문이다.

임술민란 이후 일군만민 신화의 두 번째 변화는 일군만민 이념이 지방의 수령·이향만이 아니라 중앙의 권귀도 배격해야만 실현될 수 있다는 깨달음이 더해진 것이다. 임술민란 당시까지도 봉기한 백성은 민란을 통해 지방수령과 이향을 추방·투옥·논죄하거나 처형한 뒤 고을 경계를 벗어나지 않으면서 임금이 파견하는 선무사나 안핵사에 의한 공정한 판정과 민막의 해결을 기대한 반면, 임술민란 이후 민란을 더 겪은 민중들은 임금의 명을 받들고 중앙에서 내려오는 안핵사나 선무사조차도 수령·이향 편을 들거나 민란참가자들을 부당하게 엄벌하는 사례들을 누차 겪으면서 임금의 눈귀를 가리고 사실을 왜곡하여 보고하는 중앙의 권귀에 대해서도 강한 원한을 품게 된 것이다. 백성의 생각에 이제 일군만민 이념의 궁극적 실현은 자기들의 권력이익만 추구하는 중앙의 세도가적 권귀의 해체와 혁파 없이 이루어질 수 없는 것이 되었다.

---

149) 황현은 1899년 당시 기독교도가 4만 명이라고 말한다. 황현, 『매천야록(중)』, 304쪽.

150) 『高宗實錄』, 고종44(1907)년 7월 11일. 총리대신 이완용과 법부대신 조중응이 보고한 한성부 남서南署 미동美洞 거주 박형채朴衡采의 청원서: "지난 갑자(1864)년에 동학의 우두머리로 사형을 당한 최제우와 무술(1898)년에 죽음을 당한 최시형은 난정사도亂正邪道로 돌아갔기에 사형을 당했으니 시기에 맞는 법을 시행한 결과였습니다. 그러나 그 후 뜻있는 선비들이 이따금 그의 학문과 연원을 탐구해보니 사실은 서학에 대조하여 동학이라고 칭했고, 그 도를 앞을 다투어 숭상하여 동에서 쌓여 서로 점진함이 마치 역참을 설치하고 명을 전하는 것 같아서 지금 그 학을 입고 그 도를 향하는 사람이 무려 200여만 명이나 됩니다."

따라서 19세기 말엽의 민란들은 고을수령을 처리한 뒤 바로 서울로 직향直向하여 중앙의 권귀를 직접 제거하려는 경향을 띠었다. 그리하여 이 시기에 민중과 처지가 비슷한 시골유생도 임금에게 직접 호소할 수 있는 기존의 상소제도를 이용하여, 일반 백성들의 '민회'가 읍내로, 감영으로, 정부로, 임금에게로 아무튼 계속 위로 올라가다가 종내는 임금에게 직접 호소할 수 있게 대궐에 '큰 방울'을 설치할 것을 요청하고 있다. 고종19(1882)년 이은우李殷雨라는 유학幼學은 임금에게 올리는 시정개혁 상소문에서 이렇게 건의한다.

> 정부부터 관장官長의 탐학을 억제하고 각 도 각 읍에 관련 공문을 하달하고, 이런 정해진 방식 외에 관장官長과 관리들이 남봉濫捧(지나치게 거두어 들임)의 폐가 있으면, 대소 민회가 읍내로 가서(大小民會于邑底) 자기 읍에 청원하고, 자기 읍이 신원하지 않으면 감사의 관아에 청원하고, 감사의 관아가 신원하지 않으면 정부에 청원하고, 정부가 신원하지 않으면 (임금께서) 어좌가 서로 바라보는 곳에 높은 누각을 세우고 구리줄을 어좌의 문 처마 앞에 매고 여기에 큰 방울을 하나 달아, 백성들로 하여금 임금이 듣도록 흔들게 하여, 이를 파직과 출척의 기준으로 삼으십시오.[151]

이것은 군민직통·군민직접교감으로 민의를 상달하는 신문고 신화의 재탕이다. 수령에 저항적인 모임인 '민회'를 대변하는 유생 이은우는 때가 1882년인데도 신문고 신화를 되살려 임금이 들을 수 있는 곳에 '큰 방울'을 달아 백성이 이 방울을 울려 임금에게 직접 호소하게 하는 방안을 제시하고 있다. 이 '큰 방울' 방안은 신문고나 격쟁과 마찬가지

151) 『承政院日記』, 고종19(1882)년 11월 19일: "抑制官長之貪虐自政府 行關各道各邑, 定式之外 官長官吏之如有濫捧之弊 大小民會于邑底 呈于本邑, 而本邑未伸 呈于營門, 營門未伸 呈于政府 政府未伸 造起高樓於御座相望之地 繫銅索一段於御座門簷前 懸一大鈴, 令民撓鈴听上 以爲罷黜之典."

로 실용성이 없는 환상적 방안이지만, 적어도 이에 담긴 군민직접교감의 일군만민체제에 대한 민중의 염원을 읽을 수 있다. (그러나 기술이 발달하면 이 방안도 '환상'이 아닐 수 있다. 오늘날 홈페이지나 페이스북을 이용하면 국가원수에 대한 개개 국민의 인터넷 청원은 얼마든지 가능하기 때문이다. 다만 이런 민원처리가 정치의 본령이 아닐 뿐이다.)

1890년대 초부터 시작된 동학의 교조신원운동은 임금에게 상소하여 임금과 직접 교감하면 '우리 임금님'이 교조의 원한을 풀어줄 것이라는 소박한 기대 속에서 반복된 일군만민 신화의 실천이었다. 또한 1894년 2월 고부민란으로부터 시작되어 삼남 전역의 혁명내전으로 발전한 제1차 동학농민전쟁도 이런 향촌의 권귀만이 아니라 중앙의 권귀들까지 척결하고 신존왕주의적 일군만민체제를 수립하는 목표를 지향했다. 그러나 고부민란은 임술민란의 성공과 실패, 그리고 그 극복을 짧은 기간에 다시 한 번 반복한다.

고부민란은 임술민란 이래의 전형적인 향촌 차원의 '민란'으로 시작되었다. 고부 농민들은 관아를 점령한 후에도 고을 경계를 넘기를 꺼렸고, 새 수령이 관대한 회유조치를 내리자 이에 호응하여 다 생업으로 귀순했다. 이 때문에 애당초 중앙의 권귀를 타도하는 것을 목표로 삼았던 전봉준과 그 주도세력은 이때 당혹감 속에서 일단 몸을 숨길 수밖에 없었다. 그러나 안핵사로 내려온 이용태는 민란을 조사한다는 명목으로 새 수령의 조치를 없는 것으로 무효화하고 봉기가담 농민들을 다시 체포하고 부녀자들을 능욕하며 재산을 약탈하는 등 패악을 자행했다. 이리하여 고부농민들은 궁지에 내몰려 앉아서 죽지 않기 위해 목숨을 걸고 고부관아를 다시 쳐부수고 이제는 중앙을 향해 궐기했다.

이런 까닭에 전봉준 등 동학지도자들은 애초부터 중앙에서 파견되는 권귀들의 더 큰 탐학 위험을 내다보고 고부민란 직전 1893년 11월 초의 「사발통문」의 행동강령 제4조에 "전주영全州營을 함락陷落ᄒᆞ고 경사京師(서울)로 직향直向ᄒᆞᆯ 사事"라고 합의해 두었던 것이다. 그리고 음력 1894년 3월 25일(양력 4월 30일) 백산에서 전봉준 동학농민군이 발표한 「사개명의四個名義」 제4조는 "병력을 몰아 서울에 입경하여 권귀를 진멸하고, 기강을 크게 떨쳐 명분을 입정立定하고, 이로써 성훈聖訓을 따르게 한다(驅兵入京 盡滅權貴, 大振紀綱, 立定名分 以從聖訓)"라고[152] 하고 있다. 두 격문이 다 바로 서울로 올라가는 것이다. 물론 중앙의 권귀를 직접 쓸어내 신존왕주의적 일군만민체제를 수립하고 이를 이용해 보편적 신분해방과 척왜·척화斥華 민족국가 건설의 체제변혁을 추진하기 위해서다. 이런 까닭에 동학농민군은 「사개명의」의 제3조에는 "왜이倭夷를 축멸하여 성도를 밝힌다(逐滅倭夷澄淸聖道)"고 하고 있다. '성훈'은 '성군聖君의 훈유訓諭'를, '성도'는 '성군의 왕도王道'를 뜻하므로 이 「사개명의」에도 고종을 '성군'으로 높이 받들어 모시고 국가혁명을 추진하려는 의미의 '신존왕주의'가 표현되고 있는 것이다.

전봉준도 이렇게 중앙권귀를 배격하는 일군만민 이념과 결합된 신존왕주의를 계승하고 있었다. 그의 존왕의식도 전통성리학적인 존화적·신분제적 존왕의식과 정감록적 왕조교체설을 둘 다 극복한 '동학적' 신존왕주의였기 때문이다. 1895년 3월 2일 공초에서 "이씨가 오백년에 이르러 망한다고 운운하는 예언에 대해 어떻게 생각하는가?"라는 물음에 다음과 같이 답한다.

> 모든 사람이 이 예언을 알고 있지만 (그들은) 그것이 어떤 뜻인지는 알지 못한다. 역시 이와 같은 일은 결코 있어서는 아니 되는 것이다. 우리 임금을 폐하고서 또한 누구를 받들겠는가?[153]

---

152) 정교, 『대한계년사(2)』, 24쪽. 『大韓季年史(상)』. 74쪽.

153) 『大阪朝日新聞』, 1895년 3월 3일 「全祿斗の申供」. 『동학혁명자료총서』. 국사편찬위원회 한국사데이터베이스.

이 답변에서 전봉준은 '이씨왕조가 500년 만에 망한다'는 『정감록』 버전의 역성혁명적 이씨왕조교체설을 이렇게 강하게 부정하고 있다. 예언적 이씨왕조교체설·정도령계룡산도읍설의 존재를 알고서도 왕조교체를 "결코 있어서는 아니 되는 것"으로 부정하고 일제와 친일괴뢰들에 의해 무력화된 국왕 고종을 다시 높이 받들어 국가를 지켜내려는 전봉준의 이 존왕주의는 1591년 정여립의 처형 이래 『정감록』 버전으로 떠돌던 역성혁명적 왕조교체설을 폐기한 동학의 정치사상적 발로다. 따라서 전봉준의 이 존왕주의가 「무장포고문」에서처럼 친숙한 전통적 유교언어로 표현되더라도 그 내용은 새롭게 국왕을 중심으로 뭉쳐 대내외적 위기에 대응하려는 19세기 특유의 혁명적 '신'존왕주의를 담고 있는 것이다.[154]

물론 동학농민전쟁 중에도 정씨왕조도래설이 다 극복된 것은 아니었다. 김구도 소년접주로 활동하던 당시에 자기 귀로 들었던 정도령계룡산도읍설과 이씨왕조교체설을 전하고 있다.[155] 또 동학농민군의 1차 봉기 초에도 총대장은 전봉준이 아니라 정도령이라는 설이 나돌았었다. 그러나 이것은 어디까지나 '진인 정도령' 신앙의 '잔재'였을 뿐이고 "일반적인 것은 아니었다".[156]

임술민란 이후 민중과 동학농민군의 신존왕의식은 국왕을 새로운 구원자의 상으로 형상화하여 국민통합을 이루고 이 통합력으로 근대체제를 개창한, 그리고 오늘날까지도 면면히 이어지는 영국·네덜란드·덴마크·스웨덴·노르웨이·일본·태국 등의 존왕의식, 또는 후기절대군주(계몽절대군주)를 본뜬 미국의 대통령주의와 비견될 수 있을 것이다. 찰스 1세를 처형하고 공화제를 해보기도 하고 또 제임스 2세를 축출

---

154) 참조: 조경달, 『이단의 민중반란』, 172-173쪽.

155) 김구, 『백범일지』(파주: 돌베개, 1997·2012), 41-42쪽.

156) 조경달, 「갑오농민전쟁의 이상과 현실」, 171쪽. 동학농민혁명기념사업회 편, 『동학농민혁명의 동아시아적 의미』(서울: 서경, 2002).

해보기도 한 영국이 찰스 2세를 불러들이거나 윌리엄과 앤을 공동국왕으로 받들어 귀족권력을 약화시키고, 200여 년간 귀족공화정을 하던 네덜란드가 오렌지 공을 임금으로 받들어 '네덜란드왕국'을 창건하여 귀족공화국을 청산하고, 일본이 1,000년간 무력하게 죽어지내던 천황을 신격화하여 '존왕도막尊王倒幕'의 길을 갔을 때 이 '존왕주의'는 서양 고대 군왕시대와 봉건시대 절대왕정의 존왕주의나 일본 고대의 존왕주의와 다른 새로운 형태의 존왕사상이었다. 전봉준과 동학농민군의 신존왕주의는 서구와 근대 일본의 이런 존왕사상과 비견될 수 있는 것이다.

유럽과 미국·일본 등지에서 봉건국가의 근대화 과정에서 요청된 '신존왕주의'의 일반개념은 근대 주권국가·국민국가·민족국가 수립과 경제·사회의 근대화를 위해 그간 폐지·추방·약화·무력화된 국왕을 받들어 모시고 그 권위와 존엄을 다시 세워 국왕 중심으로 온 국민을 결속시켜 국가와 사회를 혁명적으로 발전시키는 근대적 정치노선으로 정의될 수 있다. 영국은 제1·2차 내전을 겪은 청교도혁명을 통해 찰스 1세를 처형하고 1649년 1월 크롬웰(Oliver Cromwell)을 호국경(Lord Protector)으로 받들고 왕 없는 귀족공화제를 수립했으나 군사독재와 반란의 항구적 내정 불안을 겪다가 1658년 크롬웰이 죽자 그의 아들(Richard Cromwell)이 호국경에 올랐으나 귀족공화국은 곧 무너지고 말았다. 1660년 왕당파들이 군사독재와 내란에 지친 귀족공화국세력을 밀어내고 왕정복고를 단행한 것이다. (이와 동시에 크롬웰은 그 무덤이 사람들에 의해 파헤쳐져 '부관참시'되었다.) 영국은 크롬웰에 의해 처형된 찰스 1세의 아들 '찰스 2세'를 영입하여 새로 국왕으로 추대했다. 그리고 이로써 왕의 친정과 왕권을 다시 회복하고 왕을 중심으로 내각제적 발전의 행로로 귀족을 정치적으로 후퇴시키면서 일군만민 관계를 확립하고 근대 국민·민족국가를 발전시키고 '대영제국(Empire of Great Britain)'을 건설해나갔다. 이후 영국왕은 대대로 '황제'로 봉대奉戴

되었다. 지금도 왕을 높이 받들고 있는 영국의 이 존왕주의는 10여 년 전에 폐지되어 귀족공화국의 역사 속에서 매장되어버린 군주정을[157] 다시 되살려내어 국왕을 중심으로 '받들어 모시고' 근대화 혁명을 추진한 점에서 이전의 절대군주정 치하의 봉건적 존왕주의와 다른 존왕주의, 즉 '신존왕주의'인 것이다.

네덜란드도 스페인왕의 치하에서 세금과 개신교 탄압문제 때문에 스페인에 대한 독립투쟁을 벌여 스페인의 필립 2세를 물리치자 임금이 없는 사태가 발생했다. 이 황당한 사태에 직면하여 귀족들은 불가피하게 '총독(stadtholder)'을 선출하여 국가원수를 대신하게 하는 귀족공화제를 창출했다. '(7개)통합네덜란드공화국'(Republic of the [Seven] United Netherlands; Republiek der Zeven Verenigde Nederlande), '통합주'(United Provinces; Verenigde Provinciën), 또는 '화란연방'(Dutch Federation; Belgica Foederata) 등 다양하게 불린 '화란공화국(Dutch Republic)'은 1581년에서 1795년까지 214년 동안 존속했다. 그러나 네덜란드는 귀족공화주자들과 왕당파들 간의 복잡다단한 내란과 파란만장한 내부갈등을 겪었고, 국가는 강력성과 통일성을 상실해갔다. 1787년 내전에서 패한 공화파가 프랑스로 달아났지만 나폴레옹군대와 함께 재침하여 기존의 총독을 물리치고 1795년 화란공화국을 폐지하고 바타비아공화국(Batavian Republic, 1795-1806)을

157) 왕정복고 4년 전 크롬웰의 멘토 해링턴은 군주정의 시대를 다시 도래하지 않을 것으로 단정하고 '군주정의 관'에 대못을 박아 땅속 깊이 파묻었었다. 그는 '오세아나', 즉 '영국'의 역사시기를 (1) 군주정의 구성, (2) 군주정의 해체, (3) 공화국의 형성 등 3단계로 나눔으로써 군주정의 시대를 '다시 오지 않을' 과거사로 기술하고 있다. 이것은『오세아나 공화국』의 'The Second Part of the Preliminaries'에서 다루는 내용이다. James Harrington, *The Commonwealth of Oceana and A System of Politics* [1656] (Cambridge·New York: Cambridge University Press, 1992·2008), 47-60쪽. 이에 대해 흄은 이렇게 지적하고 있다. "해링턴은 권력의 균형이 소유권의 균형에 좌우된다는 자신의 일반원리를 아주 확실하다고 생각하여, 영국에서 군주정을 재수립하는 것을 불가능하다고 언명하는 모험을 감행했다. 그러나 왕이 복고되었을 때, 그의 책은 거의 출판되지 않았다." David Hume, "Whether the British government inclines more to absolute monarchy, or to a republic"(1741), 28쪽. David Hume, *Political Essays* (Cambridge·New York·Melbourne: Cambridge University Press, 1994·2006).

수립했다. 이후 나폴레옹 영향하의 화란왕국(Kingdom of Holland, 1806-1810)을 거쳐 다시 곡절 끝에 1815년 '네덜란드왕국'이 되었고, 그간 온갖 풍상을 겪은 네덜란드인들은 마침내 정부와 국가의 흔들리지 않는 존엄성을 확보하기 위해 만장일치의 존왕의식으로 오렌지 공 윌리엄 5세(William V of Orange)의 아들을 '네덜란드의 윌리엄 1세'로 받들어 모셨다. 이로써 귀족들의 지위를 약화시키고 일군만민 관계를 정착시켰다. 오늘날도 흔들림 없이 유지되는 네덜란드왕국은 오래된 왕국이 아니라 이렇게 19세기 초에 창건된 왕국이다.

스웨덴은 18세기 초 북유럽 강국을 추구하던 칼 12세가 전제정치로 국민의 불만을 증폭시키다 사망했고, 뒤를 이은 프레데리크 1세의 왕권은 1723년 의회주의적 헌법의 채택으로 더욱 약화되고, 국가는 정당 간의 쟁투로 세세연년 정정불안에 시달렸다. 게다가 프레데리크 1세는 외교적 혼미를 거듭 야기하며 많은 영토를 상실했다. 그는 나폴레옹전쟁 때 친親나폴레옹 노선을 걷다가 러시아와 싸워 패배하여 핀란드도 상실했다. 그리고 그를 이은 칼 13세는 후사가 끊겼다. 국왕이 '영화零化'되어 군주정이 소멸상황에 처한 것이다. 이에 스웨덴은 정치와 계보 양면에서 완전히 영화된 왕권을 되살리려는 마지막 계책으로 나폴레옹의 힘을 빌리기 위해 1810년 나폴레옹 휘하의 장군 장-밥티스트 베르나도테(Jean-Baptiste Bernadotte, 1763-1844)를 황태자로 지명했다. 베르나도테는 덴마크로부터 노르웨이를 얻는 공을 세웠다. 스웨덴 국민은 나폴레옹의 몰락에도 불구하고 베르나도테의 이 공적을 인정하여 1818년 2월 그를 스웨덴의 '칼 요한 14세' 국왕으로 '받들어 모셔' 베르나도테 왕가를 창설하고 붕괴된 왕권을 다시 살려냈다. 스웨덴은 이 왕권으로 귀족을 정치적으로 무력화하고 국왕 중심의 일군만민체제로 국민을 단결시켰다. 스웨덴의 국가근대화는 이로부터 개시되었다. 베르나도테 왕가가 오늘의 스웨덴 왕가다.

독일은 영국이나 스웨덴과 다른 조건에서 이들 나라와 다른 경로로 신존왕주의를 발전시켜 국가근대화에 성공했다. 독일황제는 선選제후(Kurfürst)들이158) 선출하는 '신성로마제국황제'로 불려왔다. 그러나 신성로마제국황제의 황위는 황제가 없는 대공위大空位시대(1254-1273) 이래 유명무실한 상징물로 이리저리 계승되어오다가 1806년 소멸했다. 독일은 이후 500여 개의 제후국으로 '사백분오백열四百分五百裂'되었고, 독일 지방영지의 군주(Fürst)를 영토주권자로 규정한 베스트팔렌 조약(1648) 이후에는 제후국의 지방할거가 더욱 강화되었다. 독일은 18세기까지 400-500년 동안 사실상 왕이 '영화零化'된 공위空位시대를 살았던 것이다. 그러다가 18세기에 프로이센·오스트리아·바이에른·작센 등의 패권제후들이 등장하면서 이 제후들이 위에서 아래로 주입한 신존왕주의 무드를 타고 스스로를 왕으로 자칭하며 민족국가로 발전하기 시작했고, 이 패권국가들이 다시 작은 제후국들을 통합하고 귀족들을 무력화하면서 이런저런 전쟁을 통해 프로이센과 오스트리아의 두 패자 아래로 정리되었다.

중국의 정치문화와 공맹철학을 수용한 프로이센의 프리드리히 2세는 '왕은 국민의 제1공복'이라는 덕치주의 기치 아래159) 스스로를 '계

---

158) 선제후는 마인츠·쾰른·트리어 대주교, 라인 궁중백 또는 바이에른 공작, 작센 공작, 브란덴부르크마르크 백작, 보헤미아 왕 등 7인이었는데, 프러시아와 오스트리아 간의 7년 전쟁(1756-1763) 이후에는 라인 궁중백이 퇴출되고, 잘츠부르크 공작, 뷔르츠부르크 대공, 바덴 마르크 백작, 뷔르템부르크 공작, 헤센카셀 방백이 선제후로 추가되었다.

159) 프리드리히 2세는 『反마키아벨리론』에서 마키아벨리의 『군주론』을 "폭정과 범죄를 주입하려고 기획된 책"이라고 비판하면서 공맹의 덕치론을 수용하여 왕을 백성의 교활하고 패덕한 절대적 주인으로 만들려는 마키아벨리의 정치철학에 대항하여 "군주는 제 백성의 절대적 주인이기는커녕 백성의 으뜸 노복에 지나지 않는다(the sovereign, far from being the absolute master of his people, is nothing more than their chief servant)"라고 천명했다. Friedrich II, *Anti-Machiavel ou Essai de Critique dur le Prince de Machiavel*, Publie' par Mr. de Voltaire (a Bruxelle, Chez R. Francois Foppens, M. DCC. XL[1740]). 영역본: King of Prussia Frederick II, *Anti-Machiavel: or an Examination of Machiavel's Prince*, published by Mr. de Voltaire (London: Printed for T. Woodward, MDCCLI[1741]), 3쪽. 프리드리히 2세의 정치철학과 공맹의 民維邦本論·덕치철학의 관계에 대해서는 참조: 황태연, 『대한민국 국호의 유래와 민국의 의미—국호에 응축된 한국근대사』(파주: 청계, 2016), 91-97쪽.

몽군주'로 자칭하며 군주와 백성 간에 귀족의 개입 없는 일군만민 직통관계를 확립하고, 수백 년 이래 신성로마황제의 황위를 이어오다가 1806년 황위가 없어진 뒤에도 스스로를 황제로 자칭해온 합스부르크 왕가의 오스트리아 계몽군주 요셉 2세와[160] 경쟁적으로 국가근대화를 추진했고 오스트리아와의 7년전쟁에서 승리했다. 그리고 프러시아의 빌헬름 1세는 다시 보오普墺전쟁(1866)에서 오스트리아를 제압하여 독일지역 단독패권을 확보하고, 이어 보불普佛전쟁(1870)에 승리하면서 오스트리아처럼 프러시아를 '제국'으로 확대·격상시켰다. 프러시아국왕이 1871년 1월 18일 베르사유궁전에서 '독일제국(Der Deutsche Reich)'을 선포하고 '독일황제'로 등극한 것이다.

이러는 과정에서 이전에 없던 새로운 존왕주의가 위로부터 아래로 주입되면서 백성들도 이를 받아들여 이 신존왕주의를 체질화하고 '프러시아국왕(König von Preußen)'을 '독일황제(Der Kaiser des Deitschen Reiches)'로 받들어 모셨다. 그리하여 독일지역에서 제각기 민족국가 건설의 주축으로 기여한 프로이센의 호엔촐레른 왕가와 오스트리아의 합스부르크 왕가는 1918년까지 독일·오스트리아 근대국가를 상징하는 황제가문으로 자리 잡았다.

이탈리아의 에마누엘레 왕가도 근대에 창설된 것이다. 북이탈리아 사보이(사르데냐)왕국은 카부르 총리의 외교와 지략으로 독일·프랑스·오스트리아 세력을 추방하고 중부이탈리아의 로바르드디아·토스카나 왕국 등 작은 봉건제후국들과 도시의 귀족공화국들을 통합했다. 그러자 사보이 왕가에 대한 존왕주의적 봉대의식이 점차 확산되었다. 이것을 배경으로 가리발디는 자신이 의용군으로 정복한 두 시칠리아왕국을 사보이왕국에 바쳤다. 카부르와 가리발디의 통일사업에 힘입어

160) 오스트리아 요셉 2세에 의한 중국정치문화의 수용에 대해서는 참조: 황태연, 『공자와 세계(2)』(파주: 청계, 2011), 725쪽; Lewis A. Maverick, *China - A Model for Europe*, Vol. II (San Antonio in Texas: Paul Anderson Company, 1946), 125-126쪽.

사보이왕국은 1861년 이탈리아왕국으로 발전했다. 이때 이탈리아인들은 사보이왕국의 비토리오 에마누엘레 2세(Vittorio Emanuele II)를 이탈리아의 국왕으로 받들어 모셨다.

이후 신존왕주의의 강화로 강력한 왕권을 가지게 된 에마누엘레 2세는 이탈리아의 잔여 지역에 대한 정복활동을 추진하여 토리노와 피렌체를 점령하고 차례로 수도로 삼았다. 그는 1870년 마침내 로마를 점령하고 1871년 수도로 선포했다. 이렇게 하여 아펜니노반도의 근대통일국가 '이탈리아왕국'이 탄생한 것이다.

주지하다시피 일본의 명치유신 이후 신성한 지존至尊으로 신격화된 일본천황도 사쓰마(薩摩)·조슈(長州)번 사무라이들이 존왕양이尊王攘夷·존왕도막尊王倒幕의 기치로 추진한 신존왕주의 운동의 소산이다. 1854년 미국함대를 이끌고 내항한 미국 페리(Matthew C. Perry) 제독의 강요에 의해 신내천神奈川조약을 맺은 도쿠가와(德川) 막부幕府가 천황에게 조약비준을 요구하자, 사쓰마·조슈·도사(土佐) 사무라이들은 천황의 칙허 없이 멋대로 조약을 체결하고서 비준을 강요한다고 막부를 공격하기 시작했다. 그들은 이 과정에서 전술적 구호로 존왕양이·존왕도막의 기치를 내걸었었다. 사쓰마·조슈·도사 사무라이들은 처음에 '존왕양이'의 기치 아래 양이洋夷와 대결했으나 영국함대의 함포사격에 사쓰마 번도藩都가 초토화되자 서양 무기의 위력을 깨닫고 재빨리 '존왕양이' 기치를 버리고 존왕운동의 기치를 '존왕도막'으로 단일화하여 막부군대를 쳐부수었다. 이어 1867년 명치유신을 선포하고 소위 '대정봉환大政奉還'을 통해 그간 '영화零化'된 천황에게 왕권을 반환하는 의례를 통해 왕정복고를 단행하고 막부체제를 분쇄한 뒤 유신정부를 수립했다. 이어서 사쓰마·조슈 사무라이들의 유신정부는 폐번치현廢藩置縣을 통해 다이묘(大名) 봉건시스템을 분쇄하여 봉건귀족을 정치적으로 무력화하고, 유럽 절대주의 시대의 중앙집권제를 방불케 하는 중앙집권적 행정체제를 수립하고 천왕을 아무도 범접할 수 없는 신성한 지존으로 봉대·신격화했다.

일본의 근대화를 추진한 일본의 천황제도 이와 같이 1850년대 사쓰마·조슈·도사 사무라이들의 존왕운동을 통해 비로소 창출되고 확산된 신존왕주의의 산물인 것이다. 원래 조선국왕이 외척들의 세도정치에 의해 무력화되기 오래전부터 쇼군(將軍)과 쇼군가신단의 막부체제에 의해 무력화되어 있었던 일본천황은 지나가던 사무라이들이 가끔 들러 인사치레로 놓고 가는 곡식으로 연명해온 허름한 왕궁의 빈한하고 무력한 왕, 쇼군의 지위를 비준하기 위해 의례상 반드시 필요하지만 정치적으로 '아무것'도 아닌 '수학적 영零'과 같은 존재였었다. 그러나 사쓰마·조슈·도사 사무라이들은 이 왕을 '높이 받들어 모셔' 그 권위로 즉각 막부타도와 유신정부 수립을 정당화하고 봉건귀족을 약화시켜 위로부터 근대국가를 건설하는 데 성공한 것이다.

미국의 대통령제도 이 '신존왕주의' 맥락에서(만) 이해될 수 있는 것이다. 미국의 '건국의 아버지들'은 영국의 조지 3세와 싸워 독립을 쟁취하자마자 이전의 네덜란드처럼 왕이 없는 국가원수 공백상태에 빠지고 말았다. 미국 국부들은 독립전쟁에 승리하자 국가원수가 사라져버린 이 갑작스런 상황에 당황했지만, 그렇다고 파란만장한 내부갈등과 그치지 않는 내전으로 지리멸렬하게 존재하다가 끝내 멸망한 화란공화국과 그 '총독(stadtholder)'을 미국의 모델로 삼을 수는 없었다. 1770년대 유럽 계몽시대 한복판에서 독립을 쟁취한 미국의 국부들은 공화제를 택하더라도 '귀족공화국'이 아니라 귀족 없는 일군만민체제의 '민주공화국'을, 그리고 저 '총독'보다 안정적인 권력을 가진 '대통령'을 국가원수로 원했다.

열렬한 계몽주의자들이었던 미국 국부들에게 친근하게 다가오는 비근한 모델은 계몽시대의 사상적 분위기상 유럽에서 신존왕주의에 의해 창출된 '후기 절대군주제', 즉 계몽절대군주제였다. 누구나 '시대의 아들'이지 않을 수 없기 때문이다. 그리하여 그들은 '후기 절대군주제'(계몽군주제)를 모방하여 신분제로부터 자유로운 평등한 '만민'이 국가수반과 행정수반을 겸직하는 '계몽군주'를 '대통령'으로 뽑는 대통령제를 창안했다.161) 미국 대통령직의 핵심 아이디어는 만민이 뽑는 '선출직 계몽군주'였던 것이다. 그리하여 인종적 신분 외에 일체의 사회적 신분이 타파된 미국의 정치공간에서 대통령이 전 국민에 의해 '피선被選된 계몽군주'처럼 받들어지며 기대를 한 몸에 받고 언론매체를 통해 국민과 직접 교감하며 일군만민 관계처럼 마치 국민이 대통령과 직통하는 것 같은 정치적 환상과 만족감을 주는 국가리더십이 창출된 것이다.

한편, 프랑스도 복잡다단한 행정을 통해 신존왕주의를 구현하고 근대화를 추진했다. 프랑스는 1789년(정조14년) 미국독립혁명을 지원하다가 재정궁핍에 처한 루이 16세를 타도하는 정치·사회혁명이 일어나 1792년 9월 입법의회를 대체한 국민공회의 복지위원회를 통해 국왕을 처형하고 귀족제를 폐지한 뒤 1793년 1월 공화제를 채택하여, 공화주의적 혁명독재와 공포정치를 폈다. 이 혁명공화정의 상황은 귀족이 없는 평등한 '만민'이 형성되었지만 '일군'은 사라지고 끝없는 정쟁과 반란이 반복되는 왕좌공위王座空位 상황이었다. 인권선언·신분제타파 등으로 인권은 혁명적으로 신장되었지만, 국민단합·국민국가형성·상업화·산업화·교육문화혁신 등 그 밖의 근대화는 완전히 방기되거나 중지되었다. 의회 내에서 5인집정의 집정부(Directoire) 권력을 둘러싸고 싸우는 고만고만한 의원들의 권력투쟁과 권모술수에 지친 프랑스 의회는 1799년 11월 보나파르트 나폴레옹의 '브뤼메르 18일의 쿠데타'에 의해 종말을 고하고, 3인통령제가 도입되어 나폴레옹이 제1통령에 올랐다. 프랑스 정치체제는 이로써 일단 '삼군만민체제'가 정

---

161) Klaus von Beyme, *Die parlamentarische Demokratie: Entstehung und Funktionsweise 1789-1999* (Opladen: Westdeutscher Verlag, 1999), 316쪽. 다음도 참조: 황태연·박명호, 『분권형대통령제 연구』(서울: 동국대학교출판부, 2003), 28쪽.

리되었고, 다시 나폴레옹이 다른 통령들을 없애고 자신이 단독으로 종신통령이 되었다. 이로써 권력귀족 없는 근대적 일군만민체제가 완성되었다. 그러자 하층민중 사이에서 보나파르트 나폴레옹을 초당적·초신분적·초계급적으로 받드는 신존왕주의로서의 '보나파르티즘'이[162] 자생적으로 일어나고 이를 활용하여 나폴레옹 통령은 1804년 2월 국민투표를 통해 황제에 즉위했다. 나폴레옹은 신분과 계급에 초연한 이 초당적 보나파르티즘을 배경으로 국민개병·징병제를 실시하여 국민군을 조직하고 나폴레옹법전을 들고 대륙을 석권하여 근대화했다. 그러나 나폴레옹은 러시아원정에 패배하고 1814년 영국과 대륙 군주들의 대불연합에 의해 패전하여 몰락했다.

그리하여 1815년 마침내 부르봉 왕가의 왕정이 복고되었다. 루이 16세의 동생인 루이 18세가 프랑스 왕위에 올랐다. 그러나 부르봉 왕정은 근대화를 임무로 삼는 신존왕주의적 일군만민체제와 거리가 멀었다. 루이 18세가 죽은 뒤 왕위에 오른 샤를 10세는 귀족제든 봉건특권이든 이것저것 구제舊制를 복원해나갔고 1830년에는 출판자유 폐지, 하원해산, 선거자격 제한 등을 규정한 7월 칙령을 반포했다. 그러자 프랑스 국민은 1830년 7월 바로 봉기하여 샤를 10세의 복고된 앙시앵레짐을 무너뜨렸다(7월혁명). 그리고 보나파르티즘 정신에서 오를레앙 왕가의 루이 필립을 새 군주로 봉대했다.

그러나 부르주아 편향적인 루이 필립 왕정에 의해 소외당한 하층민중들은 1848년(조선 헌종14년) 2월 봉기하여 루이 필립 왕정을 다시 무너뜨리고 내각제 단계의 (영국식) 군주제를 모방하여 내치(당파적·신분갈등

---

162) 마르크스주의적 관점에서 '보나파르티즘'은 주로 부정적 의미로 反엘리트적 레토릭·군부지지·보수주의에 기초한 강력한 카리스마 지도자를 가진 권위주의적 중앙집권국가를 옹호하는 정치적 운동이데올로기를 가리킨다. 강력한 국가원수의 권위에 대한 만민의 탈신분적 존중의식 또는 대중적 만민에 대한 초당파적·초신분적·초계급적 권위주장으로서의 '보나파르티즘'의 마르크스주의적 이해에 대해서는 참조: 황태연, 『지배와 이성』(서울: 창작과비평사, 1996), 43-44쪽.

적·계급대립적 내정권)와 외치(초당적 외정권)를 총리와 대통령이 나눠 갖는 '분권형 대통령제(semi-presidential system)' 공화제를 채택하고 나폴레옹 3세를 대통령으로 선출하여 제2공화국을 열었다(2월혁명). 이 제도는 내치가 본질적으로 당파적·신분갈등적·계급대립적인 권력을 요구하는 반면, 외치·비상권력이 본질적으로 신분갈등과 계급대립에 초연한 초당적 권력을 요청하는 점을 활용한 것이었다. 이것은 일군이 만민을 제압·포괄하는 보나파르티즘의 권위주의를 완화하여 만민이 일군을 자발적으로 떠받드는 새로운 일군만민체제로서의 '신보나파르티즘'을 구현하기에 적절한 면이 있었다.

그러나 나폴레옹 3세는 신분과 계급에 초연한 이 초당적 '신보나파르티즘'을 활용하여 1852년 친위쿠데타와 국민투표를 통해 황제에 등극했다. 그러나 1870년(고종8년) 나폴레옹 3세가 보불전쟁에서 패배하고 포로로 잡힌 뒤 제정은 18년 만에 무너지고 말았다. 프랑스는 달포 동안의 공산주의적 파리코뮌을 거쳐 1871년(고종9년) 다시 공화제를 채택하고 내각제를 도입하여 제3공화국 시대를 개창했다.

그러나 국가원수가 공위된 것이나 다름없는 이 내각제 공화국은 70년 동안 항구적으로 극심한 정정불안에 시달리다가 제2차 세계대전에서 히틀러에게 패전하여 나치스에 의해 점령당하는 사태를 당했다. 하지만 전후 프랑스는 여전히 내각제 공화정을 다시 채택했고(제4공화국) 전전과 마찬가지로 다시 극심한 정부의 불안정과 무기력증에 시달렸다.

그러던 중 1958년 프랑스의 취약한 내각제정부는 알제리 주둔 프랑스군의 쿠데타에 직면하여 1848년 제2공화국 시절의 '분권형 대통령제'의 재도입을 정부의 정치참여 요청에 대한 수락조건으로 내세운 드골에게 정국주도권을 위임했다. 이렇게 하여 프랑스는 분권형 대통령을 다시 채택하여 제5공화국을 개막했다. 프랑스는 이 제5공화국에서 소위 '근대화'를 마감하고 정치현대화의 길로 접어들어 지금까지

정치적 안정과 함께 번영을 구가하고 있다. 그간 프랑스 대통령은 미국 대통령에 비해 실권이 반밖에 되지 않지만 프랑스 고유의 신존왕주의로서 나폴레옹황제 1세와 2세가 누렸던 것과 유사한 초당적 '신보나파르티즘'을 누리며 지금도 나폴레옹처럼 '만인의 어른(precedence over all other persons)'으로서 범접犯接할 수 없는 국가원수로 군림하고 있다. 프랑스의 분권형 대통령은 신분배척·계급대립·지역갈등에 초연하게 수행되어야 하는 외정·비상업무의 고유한 특성에 의해 요구되는 국가원수의 정치적 초당파성으로 특징지어지는데, 신분과 계급에 초연한 자유평등한 '만민'에 대한 대통령의 이 초당파성은 제도적으로 대선후보의 출마 조건으로서의 무당적無黨籍 의무 또는 당직사임(당총재직 사임) 의무에 의해 뒷받침된다.[163]

프랑스는 절대군주제를 철폐한 뒤 미국과 비교가 되지 않을 정도로 엄청난 혁명적 우여곡절을 거쳤지만, 종국에 '18세기 계몽군주제'를 모방한 미국식 대통령제와 조금 다른 '19세기 초 입헌군주제'를 신존왕주의적으로 모방한 '민선 입헌군주제'로서 독특한 '신보나파르티즘' 체제인 '분권형 대통령제'를 발전시키게 된 것이다.[164] 프랑스는 프랑스식으로 왕이 없는 공위상태를 '황제의 국민투표적 선출'이나 '입헌군주로서의 분권형 대통령의 민선'에 의해 수립된, 신분과 계급에 초연한 초당파적 '(신)보나파르티즘'의 일군만민체제에 의해 극복하고 근대화를 완성한 것이다.

이와 같이 서양 제국諸國과 일본의 '신존왕주의'는 영국과 대륙에서 절대군주제가 독립투쟁의 승리나 사회혁명을 통해 폐지되거나 퇴출된 상황, 또는 세도가·쇼군 등 권귀들의 권력찬탈로 왕권이 무력화되

---

163) '분권형 대통령'의 외정·비상업무의 일반적 초당성과 프랑스 대통령선거에서의 대선후보의 무당적 또는 당대표 사임 의무에 대해서는 참조: 황태연·박명호, 『분권형대통령제 연구』, 33-36, 55-56, 58-59쪽.

164) 프랑스의 분권형 대통령제에 대해서는 참조: 황태연·박명호, 『분권형대통령제 연구』, 55-59쪽.

거나 봉건적 지방할거와 사분오열 속에서 왕권이 형해화되거나 파괴된 상황에서 왕권을 입헌군주제적 형태나 계몽군주제적 형태로 (재)창출하거나 (분권형)대통령제의 형태로 이것을 모방하는 것을 가능케 한 정치이데올로기였다. 이 신존왕주의 체제에서 왕이 높이 받들어지거나 대통령에게 권력과 기대가 집중되는 가운데 대외적으로 독립과 주권이 공고화되는 한편, 대내적으로는 다양한 형태의 일군만민적 직접교감 관계가 확립되고 중간권귀들의 기반인 귀족신분이 약화되거나 타파되었다. 존왕주의적 왕권강화를 통한 (전 국민의 지지와 존경을 받는) 근대적 국가통치권의 확립과 국민·민족국가의 건설, 그리고 제국주의국가나 식민지모국에 대한 대외적 독립주권의 확립은 국가근대화의 단초인 한편, 신분의 타파는 정치사회적 근대화의 단초다. 신존왕주의의 이런 정치철학적 이해 속에서 특별히 중요한 점은 미국의 대통령도 내각제로 발전하기 전 영국의 입헌군주나 대륙의 계몽군주를 선거에 의해 재산출한 점에서 간접적으로 신존왕주의의 산물이라는 것이다.

이런 의미에서 조선백성들이 새로운 대내외적 고난과 충격을 겪으면서 일군만민 신화로부터 발전시킨 신존왕주의는 유럽 계몽군주제를 모방한 미국 대통령제에 구현된 유럽의 신존왕주의와 본질적으로 상통하는 것이고, 동시에 일군만민 신화와 신존왕주의를 구현한 대한제국의 계몽절대군주제(계몽전제정)는 신존왕주의라는 사상적 측면에서 유럽 계몽군주제를 본뜬 미국 대통령제와도 당연히 상통하는 것이다. 이런 논의를 통해 좀 더 분명해지는 것은 공화제를 택해야만, 심지어 내각제를 택해야만 '근대화'이고 군주제와 존왕주의의 지평을 넘어서지 않으면 '전근대'에 속한다고 평가하는 우리나라 사학계의 무식한, 아니 정치사상적으로 아주 천박한 사이비근대화론이 이제 말끔히 청산되어야 한다는 것이다.

영국·네덜란드·스웨덴·덴마크·독일·오스트리아·이탈리아·일본 등지의 신존왕론이나 미국과 프랑스의 대통령제에서처럼, 우리나라 신존왕주의의 본질도 세도가문·왜적·친일괴뢰 등에 의해 손상되고 무력화된 고종의 왕권 또는 국가원수 고종의 통치권을 전제적 제권帝權으로 격상시키고 재강화하여 외세를 몰아내고 독립국권과 근대 민족국가를 세우는 데 있었다. 따라서 19세기 말과 20세기 초 조선백성과 동학농민군의 신존왕주의는 아무런 국민적 정통성도 없는 친일파들이 그 권력을 자기들의 수중에 넣은 뒤 일제에게 넘겨주기 위해 내각제를 구실로 왕권을 약화시키려는 이중적 권력찬탈(왕권찬탈과 민권찬탈)이나, 대한제국기의 일부 숭미적崇美的 기독교인들처럼 천박하게 이해한 미국식 대통령제를 선망하여 시도 때도 없이 섣불리 제정帝政을 폐지하려는 공화주의와 정반대의 길을 가는 노선인 것이다.

조선개국 초의 신문고와 격쟁, 영·정조의 민국이념과 소민위주 민본정치 이념으로까지 거슬러 올라가는 멀고 먼 연원을 갖는, 그러나 북경함락과 임술민란 이후 점진적으로 형성된 조선의 신존왕의식과 일군만민체제의 신화적 이념은 1894년 갑오왜란과 동시에 왜적에 대한 국왕과 동학농민군의 연합항전 속에서 동학군에게 전달된 거의밀지들을 중심으로 물밑에서 만개한다. 나아가 갑오년에 만개한 이 신존왕의식과 일군만민체제의 신화적 이념은 3년 뒤 '군왕'을 '황제'로 높이 받들어 모셔 일본·청국황제와 대등하게 만드는 근대적 황제체제의 수립과 정치·사회·경제적 근대화의 정치사상적 동력이 되고, 일제의 한국병탄 뒤에도 국내외의 모든 독립투사에게 1919년 3·1만세운동과 상해임시정부 수립 때까지 한동안 독립투쟁을 추진하는 동력이 된다.

반면, 성리학유생들은 갑오왜란에서 왜군과 손잡고 동학농민군을 '소탕'하는 소위 '창의군'을 조직하거나 지원했고, 유생 중 최익현·유인석 등은 존화주의적 위정척사 의식에서 고종의 칭제와 황제즉위를 반대했다. 그리고 유인석과 이소응은 1896년 아관망명 직후 조선정부의 왜군철군 요구의 전제로 필요했던 의병해산의 왕명을 거역했다. 그리고 최익현과 유인석은 중국의 중화국가의 부활을 고대하며 고종 칭제의 한 이념적 논리가 된 '조선중화론'을 부정하고 제국창건에 반대했다. 나아가 최익현은 을사늑약 이후 고종의 밀지로 거의하면서도 이남규에게 청나라에 원병을 청하는 지령을 내려 왕명도 받지 않고 멋대로 외국군대를 부르는 외환죄外患罪를 저지르는 것도 서슴지 않았다. 나아가 유인석은 끝까지 고종의 명에 맞서 관군과 싸우며 쫓기고 쫓기다가 만주로 도망갔고, 고종이 그를 사면하고 내린 귀국명령마저 거역했다.

잠시 시사했듯이 병자호란 이후 조선유생들은 '소중화론'을 극복하고 조선을 명나라의 정통성을 이은 '중화'로 내세우며 청국을 '북쪽 오랑캐'로 하시下視하는 '조선중화론'을 발전시켰었다. 그러나 최익현·유인석 등 성리학적 위정척사파들은 이 '조선중화론'을 말없이 내팽개치고 시대착오적으로 존화주의를 다시 내걸고 영불연합군과 왜군의 포격에 오갈이 든 청국에 의존하는 노선을 허무하게도 끝까지 견지했다. 그리고 그들은 공히 청국을 '중화'로 존숭하며 '존화'를 '존왕'에 앞세웠기 때문에 이런 존화주의적 위정척사론을 따르기 위해 조선국왕의 '의병해산 왕명'쯤이야 얼마든지 무시할 수 있었던 것이다. 유인석은 일제의 한국병탄을 맞아 1910년 8월 26일 발표한 「성명회 선언서」에서도 "무릇 중국과 동한東韓 사이에는 예로부터 세勢가 서로 의지하고 정情이 서로 친한데, 지금에 이르러 다시 잔디가 난초를 태우는 정세라는 탄식이 나오고 입술이 망하면 이빨이 시리다는 말이 나오고 있다(夫中國東韓之間 自古勢相依情相親 及今更有情勢之芝焚蕙嘆 脣亡齒寒者矣)"고 성명한다.[165] 이것은 한국이 망한 상황에서 나온 말이므로 한국이 '입술'이고, 중국이 '이'라고 표현하는 존화주의적 표현으로서

165) 韓國國民議會(聲明會) 宣言書, 「與淸國政府書」. 윤병석, 『李相卨傳』(서울: 일조각, 1984), 138쪽에서 재인용.

최제우의 순망치한과 정반의 비유다.

19세기 아시아 나라들의 민족주의 태동기에 성리학유생들은 시대착오적 존화주의와 신분주의를 고수하다가 근대화의 정치사상적 반동이 된 것이다. 반면, 동학 등 개벽세력의 일군만민 신화와 신존왕주의는 갑오왜란기에 척왜항전의 정신적 원동력이 되었고, 척왜·척화의 기조로 존화주의와 대일對日·대對서방 사대주의를 분쇄하고 민족주의의 길을 개척하고, 근대적 황제체제 수립과 보편적 신분해방을 추진하는 정치사상적 동력이 되었다. 그리고 신존왕주의는 대한독립의군 결성, 3·1운동, 상해임정수립까지 항일투쟁을 추동하는 기본적 에너지가 되었던 것이다.

4) 고종의 밀지와 동학농민군의 2차 봉기

앞서 시사했듯이 왜인들은 처음에 "폭민들이 왜인을 격퇴한다는 명분으로 각지에서 횡행하기에 이른 것은 필경 대원군 및 이준용 등이 이를 선동 교사한 데서 원인이 된 것 같다"는 명제를 입증하려고 헛되이 노력했다. 그러나 전봉준과 동학군이 "국가와 멸망을 함께할 결심을 갖고" 재봉기의 "이 거사를 도모한" 것은 고종의 거의밀지가 있었기 때문이었다. 상술했듯이 전봉준 등 동학교도들의 '우리 임금 제일주의'로서의 신존왕주의는 존화주의에 의해 상대적으로 격하되는 성리학적·전통적 존왕의식보다 훨씬 더 강렬하고 더 충군애국적이었다. 따라서 고종의 밀지는 성리학유생들에게서보다 동학농민군에게서 더 강력한 동원력을 발휘할 수 있었던 것이다. 또한 임금의 명 없이 병장기를 든 동학농민군에게 고종의 밀지는 임금이 그들의 자의적 거의擧義를 추인해주는 효력까지 있었기 때문에 그들의 사기를 하늘 끝까지 고조시킬 수 있었다.

이용호·송정섭·윤갑병·이건영 등 체포된 밀사들에 대한 심문결과와 삼남에 출동한 토벌군 장교들의 현장보고서가 속속 당도하면서 왜인들도 11월 초순 이후부터 동학세력의 재봉기에는 고종과 근왕세력의 영향력이 결정적이었다는 판단을 내리게 된다. 일본외교문서는 고종 근왕세력을 민씨가 많이 연루되어 있었기 때문에 '민족閔族' 또는 '민당閔黨'으로 간주했다. 당시 왜국신문들도 시간이 흐를수록 일제히 '민당'과 고종에게로 화살을 돌리고 있다.

> 동학당 재연再燃의 원인은 민족閔族의 선동이 기다其多에 거居한다(많음에 있다).

또는

> 동학당의 재흥은 민족閔族의 비어(왜군이 왕성을 포위했고, 대원군의 목에 칼을 대고 위협했다는 유언비어)에 의한 것이다.

또는

> 동학이 다시 크게 흥한 것은 … 민족閔族과 약간의 불평사족들이 선동한 것이다.

또는

> 동학당과 민족閔族의 부흥기도 등 때문에 민심이 흉흉하다.

또는

> 심상훈이 ○○(고종 – 인용자)의 밀지를 받고 동학당에 가담하여 민영달·민영소 무리와 함께 민당의 부흥을 기도했다는 사실이 동학당 선동자라

는 혐의로 포박, 심문 중인 이용호·민응식·송정섭·윤갑병의 공술에서 드러났다.[166]

왜국신문들의 보도들이라서 다 신뢰할 수는 없지만 이 보도들은 이구동성으로 고종이 민씨들과 그 동류들을 별입시로 활용하여 '거의밀지'를 내리고 민씨들과 그 동류들이 동학농민군이나 의병들과의 관계에서 적어도 1894년 전반기처럼 배척받지 않고 오히려 연대하기에 이르렀다는 것을 알리고 있다.[167]

이처럼 시간이 흐를수록 고종의 밀지활동이 점차 여실히 드러나자 이노우에가오루(井上馨) 왜국공사는 고종과 민왕후 면전에서 들으라는 듯이 "민형식·민응식·심상훈 등이 상실한 권력을 되찾기 위해 동학당 교사활동에 종사했다"고 말하는가 하면,[168] "민당이 최근 몰래 밀지를 고쳐서 동학당을 선동한 흔적이 있다"라고 에둘러 항의했다.[169]

하지만 국왕에 대한 일본 측의 추궁은 '민당'을 들먹이는 선을 넘을 수 없었다. 왜냐하면 고종과 민왕후가 완강하게 시치미를 떼고 있었고 또 별입시들과 그 수하들이 국왕을 입 밖에 내지 않았기 때문이다. 그리고 무엇보다도 이노우에가 밀지의 물증을 확보하지 못했기 때문이다. 왜인 측은 국왕을 추궁하는 대신 괴뢰정부를 움직여 국왕의 밀지를 무효화하는 '선유사宣諭使'를 각지로 파견케 했다. '선유사'란 동

166) 차례로 『大阪朝日新聞』, 1894년 10월 5일, 12월 19일, 1895년 3월 14일; 『東京朝日新聞』, 1894년 12월 16일, 1895년 3월 16일, 5월 11일; 『大阪每日新聞』, 1895년 1월 10일. 오영섭, 『고종황제와 한말의병』, 92쪽에서 재인용.

167) 그러나 박종근은 민씨들의 밀지전달을 없었던 것으로 오해하고 민씨들의 동학군 거의擧義밀지를 민왕후에 대한 억제책으로 조작된 것인 양 착각하고 있고, 이에 관한 여러 신문의 모든 보도를 허위보도로 간주한다. 박종근, 『淸日戰爭과 朝鮮』, 150쪽. 물론 이는 무리한 해석이다.

168) 『일본외교문서』, 제27권 27책, No. 496, 146-147쪽. 오영섭, 『고종황제와 한말의병』, 92쪽에서 재인용.

169) 『일관기록』, 五.機密諸方往 二, (14)'朝鮮政況報告' 第2(機密 제227호, 1894년 12월 28일), 井上馨→陸奥.

학당 진멸이 국왕의 진짜 유시이고 거의밀지는 가짜라는 국왕의 유시諭示를 홍보하는 선전관이다. 동학당과 의병을 진압하라는, 강취된 국왕의 유시를 '진짜 유시'라고 선전하는 선유사들은 "근일 비도들이 소요를 일으키니 이것은 전에 없던 왕명의 변란적 거역이나, 의병이라고 칭하니 이런 의병은 참을 만한 것인바, 누가 못 참겠는가?(近日匪徒滋擾 是無前之變拒君命 而稱曰義兵 是可忍也 孰不可忍也?) 협잡간세의 무리가 문적文蹟을 위조하여 국왕의 밀지를 가장하고 인민을 선동하는데 이를 엄중히 처벌할 것이다"라고 포고하고 있다.170) 이것은 고종의 밀지의 존재를 알 수 있는 간접 증거이기도 하지만, 동시에 이 선유공작으로 인해 국왕의 밀지의 효력은 이것을 부정하는 강취된 유시에 의해 부분적으로 무력화되는 상황이 갑오왜란 내내 연출되었다는 것도 부정할 수 없다. 국왕의 포로상황은 이렇게 의병과 동학군에게 불리하게 작용했다. 이것은 임진왜란 때 선조가 의주로 파천하여 안전한 곳에서 각지의 유생들에게 거의교지擧義敎旨를 한 가지로 일관되게 발령할 수 있었던 사정과 상반된 것이다.

한편, 동학군을 공격하는 왜군들은 동학당과 고종 간의 밀계密計의 증거를 잡기 위해 혈안이 되었다. 토벌대장 독립(대본영 직속) 제19대대장 미나미쇼시로오(南小西郞) 소좌는 토벌군에게 이노우에가 지시한 밀지수색 명령을 그대로 전달하여 내리고 있다. 그것은 "중앙정부 내 유력한 인사 및 유력한 지방관들과 동학당의 왕복서류는 비상한 주의를 기울여 이를 거두라"는 명령이었다.171) 이노우에는 대원군을 정부로부터 추방한 뒤 11월 20일에 다시 "우두머리를 포박하여 서류를 압수할 필요가 있으므로 가능한 한 이를 위해 노력하고 포박 또는 압수한 다음에는 취조를 위해 당관當官에게 송부하고", 특히 "그들이 소유한 서류 가운데 대원군, 이준용, 또는 왕비의 관계자로부터 보낸

170) 박종근, 『清日戰爭과 朝鮮』, 209-210쪽.

171) 『東京朝日新聞』, 1894년 11월 20일.

것이 있을 것으로 생각되므로 특히 주의하여 압수하라"는 전보훈령을 보냈다.172)

고종과 민왕후는 1895년 4월 23일 삼국간섭 이후부터 대일항전의 방향을 다변화하여 밀지전달 및 동학농민군과 의병의 거의 촉구를 통한 대일전쟁의 수행을 구미공사관과 선교사들에 대한 지원호소, 특히 인아거일引俄拒日 정책을 통해 왜적을 물리치려는 대對러시아, 대미對美 외교노력과 결부시켰다. 그리고 러시아의 개입유도로 왕권을 어느 정도 회복하려는 순간 이에 대항하여 일본이 을미왜변을 일으키자 고종은 홀로 더욱 절박하게 밀지와 근왕세력을 통해 거의를 촉구했다. 고종은 경복궁 경비병력이 밀지와 근왕세력의 독려로 일어난 춘천 등 지방 의병을 진압키 위해 불가피하게 지방으로 대규모 병력을 파병하게 만듦으로써 전술적으로 서울시내와 궁궐의 경비공백을 야기한 다음, 이 틈새를 이용하여 아관망명을 단행했다. 고종과 의병의 이러한 연대항전은 상술했듯이 1913년까지도 계속된다.

고종은 조선을 멸망시킨 갑오왜란을 맞아 국가수호와 민족보전을 위해 동학농민군과도 연대한 것이다. 고종이 이 연대로 방향을 전환하여 항일전쟁을 계속하게 된 데에는 별입시로 민씨들이 많이 등장하는 것으로 보아 낡은 원칙이나 고정된 사고방식을 과감하게 깨뜨리고 용기 있게 창발적으로 난관을 돌파하는 기질을 가진 민왕후의 영향이 지대했을 것으로 보인다. 그렇다면 이 연대의 궁극목표는 무엇이었겠는가? 이것은 왜군의 대본영 보고문건의 거칠고 적나라한 상황판단에 대한 일본신문의 보도에서 잘 나타나 있다.

> 고립의 형세의 빠진 ○○(고종 – 인용자)과 민당은 최후의 수단으로써 동학당을 이용해 자가의 부흥을 꾀하고자 하여 '○○'에게 친서를 얻어 동학

---

172) 日本防衛廳 防衛研修所戰史部 所藏, 『南部日誌』, 1894년 11월 26일조. 박종근, 『淸日戰爭과 朝鮮』, 145쪽에서 재인용.

당을 설득했고, 이에 동학당은 민가閔家의 세력을 빌려 일본당을 배척하고 그 세력을 확대하기를 희망했기 때문에 이전에 원수 사이였던 양자 간에는 불가사의한 일치가 나타나게 되었다.173)

왜군이 '불가사의하다'고 표현한 이 '일치'에서 전봉준 동학농민군 척왜창의 대장은 무엇을 추구했나? 완전히 신뢰할 수는 없지만 일본신문은 그가 농민군의 무력을 배경으로 근왕세력과 공동으로 "협의체정부 수립"을 의도한 것으로 보도하고 있다.174)

5) 전봉준과 동학도에게 전달된 고종의 밀지

전봉준 또는 동학군 진영에 보낸 국왕의 거의밀지 중 왜군에게 압수되어 남아 있는 (어쩌면 유일한) 밀지의 내용을 한번 보자.

삼남 소모사 이건영을 즉시 파견하여 그대들에게 내밀하게 보이노라

그대들은 선왕의 조정으로부터 교화 속에 내려온 백성들이니 선왕의 은덕을 잊지 않고 지금까지 숭상보존하고 있도다. 조정에 있는 자들은 모두 저들에게 붙어서 안에는 의논할 자가 한 사람도 없으니, 외롭고 외롭게 홀로 앉아 하늘을 올려다보고 통곡할 따름이다. 방금 왜구들이 범궐하여 화가 종사에 미쳐 명이 조석에 달렸다. 사태가 이에 이르렀으니 만약 그대들이 오지 않으면 박두하는 화환禍患을 어찌하랴. 이에 교시敎示하노라(卽遣三南召募使李建永密示爾等. 爾等 自先王朝 化中遺民 不忘先王之恩德 而至今尙存. 在朝者盡附彼 裏內無一人相議 煢々獨坐 仰天號哭而已 方令倭寇犯闕 禍及宗社 命在朝夕. 事機到此 爾若不來 迫頭禍患 是若奈何 以此敎示).

8월 초10일175)

173) 『大阪朝日新聞』, 1894년 12월 16일. 오영섭, 『고종황제와 한말의병』, 93쪽에서 재인용.
174) 『東京朝日新聞』, 1895년 3월 6일.

전봉준은 국왕의 이 밀지를 동도東徒지도자들에게 회람하면서 국왕의 옥체에 화가 미치지 않도록 누설방지에 신중을 기하라고 당부하고 있다.

> 대궐로부터 밀교密教가 와 있습니다. 초모사 이건영을 보내 여기에 도착해서 뜻을 같이했습니다. 그러나 이 말이 왜인에게 누설되면 화가 옥체에 미치므로 내밀하게 숨기는 데 신중에 신중을 기해주십시오. 의룡·월파·화중 형네들 회람(自大內有密教 送召募使李建永到此邊同義 而此說泄於倭則禍及王體 愼愼秘密. 義龍月波和仲 兄宅 輪回).[176]

위 밀지는 왜군에게 압수되었으나 국왕이 이런 일로 인해 왜인들로부터 핍박당한 기록이 없는 것으로 보아 이 밀지가 삼국간섭(1895년 4월 23일) 이후 왕이 잠시 왕권을 회복해 친정을 펼치기 시작한 어느 시점에 뒤늦게 왜성대의 서울총영사 우치다사다스치(內田定槌)의 손에 입수된 것으로 보인다.

국왕이 음력 1894년 8월 동학교도(동도인), 삼남유생, 전직 관리, 보부상 두령 등에게 자신을 구하라고 명하는 또 다른 밀지를 하나 더 보자.

---

175) 『東學文書』, 「義兵召集密諭」. 『동학농민혁명사료총서(5)』. 국사편찬위원회 한국사데이터베이스; 『일관기록』, 三.各領事館其他往復 一, (6)'東學黨事件에 대한 會審顚末 具報'(機密號外, 1895년 9월 2일) [別紙 第2號(I-1): 大院君의 계책에 의해 나온 東學黨 선동 國王密旨], 領事 內田定槌→井上馨. 우치다 영사는 이 밀지에다 "위는 동학당 선동을 위하여 이들에게 발송한 국왕의 밀지이나 아마 대원군의 계책(取計)에 의한 것 외에 다름 아닐 것임"이라고 주석을 달아놓고 있다. 그러나 이것은 고종이 대원군의 계책에 따라 작성한 밀지가 아니라 고종이 자신의 독자적 의지로 내린 밀지일 것이다. 고종이 자신을 폐위하고 이준용을 세우려는 대원군에게 협조했을 리가 없기 때문이다. 하지만 배항섭은 "大院君ノ取計"를 "대원군의 조작"으로 오역한 국사편찬위원회 한국사데이터베이스의 국역문을 그대로 인용하고 있다. 배항섭, 「대원군과 전봉준의 밀약설 고찰」, 166쪽.

176) 『일관기록』, 三.各領事館其他往復 一, (6)'東學黨事件에 대한 會審顚末 具報'(機密號外, 1895년 9월 2일) [別紙 第2號( I—2): 同件 密旨의 漏洩防止 指示文], 一等領事 內田定槌→井上馨. 우치다 영사는 이 당부의 글의 필적을 전봉준의 것으로 확인해주고 있다.

삼남 진신縉紳, 유생, 임진순절 녹훈신 자손과 동도인東道人,
행상·보부상 반수班首 등에게 밀유하노라

오호라! 내가 부족하고 어두워 외람되이 나라의 큰 기틀을 이어받아 이 3기紀에 거듭 변고를 겪고 있으나 덕은 새로울 수 없도다. 하늘이 아직 화禍를 돌이키지 않아서 간신들이 명을 훔치고 왜이倭夷가 범궐하니 종사가 무너지는 급박함이 바야흐로 아침저녁에 처했도다. 죄는 내 자신에 있다. 화가 은택을 없애기에 이르니(禍及無辜) 내가 실로 무슨 말을 하랴? 그럴지라도 국가 500년 휴양休養이 두텁지 않았다고 말하지 못하리로다. 허나 안위에 의지할 지팡이는 삼남보다 앞서는 것은 없도다. 지금 비밀리에 근신近臣을 보내니 본래의 경내로 달려가서 의용군을 소모召募하라. 오호라! 그대들은 나의 부덕이 아니라 선왕의 깊은 인애 때문에 두터운 은택을 입는 것이니 이내 조상의 충량忠亮과 신로藎勞, 이것이 이 밀지를 보내는 것이다. 날을 참고 견디어 창의倡義동제同濟하여 쓰러지는 나라를 부지하고 나의 빈사지명瀕死之命을 구하라. 나라의 윤상淪喪(몰락)이 오직 그대들에게 달려 있고 나라의 부흥도 역시 그대들에게 달려 있도다. 나는 이것으로 그치련다. 많은 말을 하지 못하노라.

갑오 8월 ○일[177)]

이 글의 첫 줄에 등장하는 '동도인東道人'은 '서도인西道人'(황해·평안도인)의 반대말이 아니다. '동도인'이 강원도·함경도인을 가리키는 말로 사용된 사례는 없기 때문이다. 여기의 '동도인'은 '동학도東學徒'를 가리킨다. '동학'은 종종 '동도東道'로 불리었고,[178)] '동학도東學徒들'은 서로

177) 『東學文書』, 「義兵義金召募密諭(三)」.

178) 가령 "東道之全祿道上來自現於會議(동도의 전녹두가 올라와 스스로 회의에 나타났다)". 『隨錄』, 「甲午·京寄」. 또 "이웃마을이 서로 권장하고 친척이 권면하며 사돈 간에 서로 끌어서 끝내 동도東道의 경지로 들어갔다. 입도하지 않은 자는 1만 명 중에 1명뿐이었고, 무리를 지어 도를 출입했다(隣里相勸 族戚勸勉姻親 共携終乃盡 入東道之境 不入道者萬

를 '도인道人'이라고 불렀고 동학에 들어가는 것을 '입도入道'한다고 했다. 따라서 고종은 저 밀지를 동학지도자에게도 보낸 것이다.

전봉준과 김개남에게 고종의 거의擧義밀지를 전달한 이건영李健榮·李建榮·李建永을 우치다·정석모 등 당대 기록자들은 대원군의 밀사로 오인하기도 했고,[179] 오늘날 사가 중의 어떤 논자도 이건영을 대원군의 밀사로 오인한다.[180] 그러나 이건영은 1894년 당시 고종의 가장 대표적인 별입시였다. (이건영은 일찍이 음서로 출사하여 1883년 금광채취 허가를 받았고, 1885년에는 광무사鑛務司에서 삭주·벽동의 금광을 전담하여 운영했다. 1895년에는 군무아문의 주사가 되었고, 부위副尉로 군부 마정국馬政局 마정과원, 일등군사軍司, 경리국과원, 1897년 법부회계국장,[181] 1898년 담양군수, 1899년 탁지부회계국장,[182] 1900년 탁지부회계국장, 군부경리국장,[183] 1901년 육군부령 군부 포공국장,[184] 중앙은행 병설사무위원, 토지소관기초위원, 전기철도사무사판

居其一 作黨出入道)". 『金若濟日記』, 三卷. 甲午七月. 『동학농민혁명사료총서(3)』. 국사편찬위원회 한국사데이터베이스. 또 "湖西 東道首接主 李鍾弼 來至(호서 동도접주 이종필이 도착했다)". 『南遊隨錄』, 「日記第十」 甲午十月. 『동학농민혁명사료총서(3)』. 국사편찬위원회 한국사데이터베이스. 또 같은 책, 「日記第十」 甲午八月과 甲午十一月도 보라. 이 경우의 '동도'는 모두 '東學'을 가리킨다.

179) 위 『일관기록』에서 보듯이 우치다 영사는 이건영이 가져온 위 밀지를 "대원군의 계책에 의해 나온 동학당 선동 국왕밀지"로 판단한 것을 보면, 그는 이건영을 대원군의 밀사로 오인한 것으로 보인다. 대원군의 총아였던 20대 청년 정석모도 이건영을 대원군의 밀사로, 그리고 심지어 가지고 온 밀지도 대원군의 밀지로 오인한다. "이준용이 소년배들과 함께 서로 교묘한 계획을 세웠는데, 몰래 전 승지 이건영을 파견하여 국태공의 명으로 김개남을 회유하여 병사를 일으켜 서울로 올라오도록 했다. 그래서 이건영이 이 밀유를 가지고 나보다 하루 먼저 이미 남원에 도착했다. 이건영은 김개남을 만나 말하기를, '이것이 바로 국태공의 참뜻이니, 이른바 효유문이라고 하는 것은 외면해야 할 것입니다'라고 했다." 『甲午略歷』, 「追開國太公遣余諭東徒歸順」. 『동학농민혁명사료총서』 5권. 국사편찬위원회 한국사데이터베이스.

180) 조경달은 이건영에게 주어진 고종의 다른 밀지들을 보지 못했기 때문에 『갑오약력』에만 의존하여 이건영을 대원군의 밀사로 오인한다. 조경달, 『이단의 민중반란』, 285-289쪽.

181) 『高宗實錄』, 고종34(1897, 광무1)년 10월 19일.

182) 『高宗實錄』, 고종36(1899, 광무3)년 2월 21일.

183) 『高宗實錄』, 고종37(1900, 광무4)년 5월 10일.

위원, 정령正領장교, 사세국장, 1907년 충남관찰사,[185] 중추원참의[186] 등을 역임했다. 이것은 대원군의 사람이라면 걸을 수 없고 오직 국왕의 별입시만이 걸을 수 있는 이력이다.) 그렇기 때문에 전봉준과 김개남이 줄곧 이건영李建榮을 아주 공손하게 예우했다. 이는 "이 무렵 들리는 소문에는 승지 이건영이 임금의 밀지를 받들고 김개남의 진중으로 들어가 '무기를 버리지 말고 협력하여 왜군을 토벌하라'고 유시하니, 김개남이 예우함이 심히 공손했다고 들었다"는, 이미 소개된 황현의 말로[187] 바로 입증된다.

고종의 밀지·밀칙 문제에 황현보다 더 정통한 정교는 충청감사 박제순에게 암살당한 박동진과 박세강도 동학농민군에 파견된 고종의 밀사였던 것으로 말한다. "박제순은 처음에 유길준 패거리에 붙어 (국왕의) 밀칙을 돌아보지 않고 박세강과 박동진을 살해했다. 이 사람들은 갑오년 둘 다 호서로 가서 동도東徒와 연락하여 일본을 배척하고 이들 패거리를 제거하라는 밀칙을 받들었었다. 그래서 사람들은 모두 다 박제순에게 침을 뱉고 그를 비루하게 여겼었다."[188] 이 말이 사실이라면 이건영은 박동진과 박세강이 박제순 패거리에게 암살당한 뒤 이들 대신 파견된 밀사였을 것이다.

고종은 8월 14일 전前 승지 이건영에게 자신을 구할 동학군 등 의려義旅를 호남에서 소모召募하도록 명하는 밀유密諭를 보내기도 한다.

전 승지 이건영李建永에게 밀유한다.

---

184) 『高宗實錄』, 고종38(1901, 광무5)년 2월 4일.

185) 『高宗實錄』, 고종44(1907, 광무11)년 5월 13일.

186) 『高宗實錄』, 고종44(1907, 광무11)년 6월 3일.

187) 황현, 『오하기문』, 262쪽: "太公府官員賫大院君告喩文至南原 金開南命捽入棍打幾死因囚之. 時又聞承旨李建榮奉上旨 入開南陣中 喩勿釋兵協力討倭 開南禮遇甚恭. 或稱徐長玉匿處雲峴宮 傳大院君密札 日向之告喩實緣倭脅 愼勿信聽 整軍北上 同赴國難云云." '李建榮'은 '李建永'의 오기다.

188) 정교, 『대한계년사(7)』, 163쪽.

그대를 호남창의소모사로 삼을 것이니 이 밀유를 지니고 윤음이 이른 즉시 길에 올라 의려를 창솔倡率하고 부지런히 와서 나의 빈사지명을 구해주기를 기대하노라. … 혹시 체포명령이 있으면 나가서 왜군의 위협에 항쟁하지 않는 것은 죄다. 앞서 일이 누설되면 화가 과인의 몸에 미치니 신중하게 힘써라.

갑오 8월 14일[189]

같은 날 고종은 호남 열읍을 다스리는 지방수령들에게도 소모사에게 재정지원을 하라는 밀유를 보낸다.

호남 열읍의 수령들에게 밀유한다.

국운이 불운하여 왜적이 궐을 범하고 종사가 위태로워 국망의 임박이 조석에 달렸도다. 이로 인해 나는 두려운 생각이 드는 것을 이기고 소모관원을 밀파하여 그로 하여금 창의하여 부지런히 오도록 하고자 한다. 그대들이 다스리는 열읍은 어떤 모양을 따지지 말고 상납이 도착하는 즉시 대읍의 소모에는 3,000량, 중읍에는 2,000량, 소읍에는 1,000량을 나눠주고 하나로 군용에 응하게 하고 요청을 듣는 대로 진상하라. 지극한 헤아림이 없으면 돌연 일을 그르칠 수 있으니 이로써 교사하노라.

갑오 8월 14일

이 밀지들이 모두 전 승지 이건영에게 주어진 것으로 보아 위에서 시사했듯이 이건영은 1894년 당시 고종의 가장 대표적인 별입시였음이 틀림없다.

고종은 동학군에게만 거의밀지를 내린 것이 아니라, 음력 1894년 8월 27일(양력 9월 27일)경 윤갑병尹甲炳(농상農商참의)·이용호李容鎬(고종의

189) 『東學文書』, 「義兵義金召募密諭(三)」.

별입시, 의병 소모관)·송정섭宋廷燮(전 교리, 훗날 고종의 비서원승 역임) 등을 통해 삼남의 부자들에게 동학군과 손잡고 거의하라는 밀지도 내렸다.

그러나 관군들은 이들이 전달한 고종의 밀지를 이들이 위조한 것으로 오인한다. 관군의 동학군토벌작전 기록인 『갑오군정실기甲午軍政實記』는 고종의 밀지에 대해 이런 말을 하고 있다.

> 윤갑병·이용호·송정섭이 소모관이라고 자칭하고 동비東匪들과 더불어 창의하여 척왜하라는 밀지를 위조하여 삼남의 부잣집 몇몇 사람들에게 전파했다. 동도東徒가 이를 듣고 다시 더욱 창궐하여 동학당을 불러들여 번성해졌고, 호남동비 괴수 전봉준과 김개남은 호서동비 괴수 최법헌(최시형)과 상호 결맹을 맺고 불궤不軌를 참도僭圖하고 반란의 형세가 뚜렷해져 호남 수십 개 읍에서 군기軍器를 탈취하고 공납을 거두어들였고, 호서 20여 고을에서도 창궐했다. 일본군이 파병되어 온다는 소리를 듣고 최법헌이 홀로 달아났고 그 동학당은 흩어졌으나, 다시 모였다. 이것은 다 밀지를 위조하여 전한 때문이다. 밀지는 많이 노출되었다. 법무아문에서 이용호·송종섭·윤갑병을 붙잡아 가두고 형신刑訊하며 엄히 조사했으나 삼동三冬이 다 가도록 아직 다 밝히지 못했다고 한다.[190]

고종은 조선 멸망에 당해 부유한 유생과 동학군의 연합항전을 밀명密命한 것이다. 얼마나 많은 유생들이 이 밀지를 고종의 진짜 밀지로 알고 응했는지는 알 수 없다. 관군들이야 물론 이 밀지들을 모조리 위조로 간주해야 마음이 편했을 것이다.

그러나 동학농민군들은 왕명 없이 병장기를 든 자신들을 '왕사王師'로 승격시켜주는 이 거의밀지에 낙루체읍落淚涕泣, 북향사배北向四拜하며 용기백배, 의기충천했을 것이다. 하지만 고종은 10월 27일 왜국

---

190) 『甲午實記』, 甲午年 8月 27日. 『동학혁명자료총서』. 국사편찬위원회 한국사데이터베이스.

공사의 서면추궁을 입에 담는 의정부 친일괴뢰들의 압박에 어쩔 수 없이 윤갑병 등이 소지한 밀지가 자신과 무관한 양 꾸미기 위해 이들에 대한 엄한 조사를 윤허한다.[191]

전기 의병에게 내려진 가장 대표적인 밀지는 고종이 아관망명을 위한 여건(궁궐수비를 맡은 훈련대의 일부 병력이 의병진압을 위해 지방으로 파견되어 궁궐수비가 허술해지는 상황)을 조성하기 위해 음력 1895년 12월 15일(양력 1896년 1월 29일) 전 영의정 김병시金炳始에게 내린 거의밀조擧義密詔「애통조哀痛詔」일 것이다.[192] 이 밀지는 김하락·유인석·이소응·최문환·서상열·기우만·허위 등에게도 하루 이틀 시차로 전달되었다. (이 밀지의 내용은 뒤에 소개한다.)

고종이 갑오년에 거의擧義밀지를 내린 사실은 우치다 영사의 공초에서도 여러 차례 드러난다. 1894년 1월 5일 조사에서 이용호李容鎬는 국왕의 밀지에 대해 이렇게 답한다.

영사: 임진주와 달리내에서 만나자는 약속은 언제 했는가.

이용호: 8월 8일인가 9일에 오는 17일에 만나자고 약속했다.

영사: 만나는 것은 무엇 때문인가.

이: 처음 임진주와 이야기했는데, 일본이 우리나라를 개혁한다고 말하지만 그것도 되지 않고 특히 박영효를 이용하려고 하고 있다. 이런 일로는 우리나라를 개혁시켜준다고 말할 수 없다는 의심을 갖게 한다. 영남 3도에 가서 의병을 일으켜 일본을 철저히 토멸하는 일은 불가능하고, 각국의 법도 있으므로 각국에라도 통지하여 담판을 하겠다고 하는 일을 의논했다. 이런 일로 시골에 가게 된 것이다.

영사: 그 목적을 달성하기 위해 그대는 어떠한 수단을 쓰려고 생각했는가.

---

191) 『甲午實記』, 甲午年 10月 27日.

192) 李正圭, 「창의견문록倡義見聞錄」, 99-101쪽(원문: 647쪽). 독립운동사편찬위원회 편, 『獨立運動史資料集(1) - 義兵抗爭史 資料集』(서울: 고려서림 재출간, 1971·1984).

이: 의논한 뒤 임진주가 국왕의 밀유密諭를 받고자 하기에 그것은 용이한 일이 아니라고 말했더니 어떻게 쉬운 일이 되겠느냐고 말했다. 그 후 15일이나 되어 그 밀유를 내 집에 가지고 와서 시골에 가게 되면 송정섭에게도 이야기할 생각이지만 시골에 가기 전에 이야기하면 누설될 우려가 있으므로 시골에 갈 때까지는 이야기하지 않기로 했다.

영사: 밀유란 누구의 것이었나.

이: 국왕의 것이었다.

영사: 어떠한 밀유였는가.

이: 삼남의 의병을 일으키라는 밀유였다.

영사: 그 의병을 일으켜서 무엇을 하려는 것인가.

이: 각국에 알려서 일본의 실책을 힐책할 생각이었다.

영사: 각국의 후원을 얻어 의병이 일본을 공격하겠다는 생각인가.

이: 각국의 법도 있으므로 일본의 실책을 힐책할 생각이었다.

영사: 각국에 법이 있으니 군대를 사용하지 않아도 될 것 아닌가.

이: 각국에 공법이 있는지 상세하게 알 수 없기에 먼저 의병을 일으키는 것이 긴요하다고 생각하여 위와 같이 하게 된 것이다.[193)]

이 문초에서는 국왕의 밀지가 조사대상이 되고 있다. 국왕은 드러난 밀지에 대한 왜국 공사의 힐문이 있는 경우에 '다 조작된 것'이라고 핑계를 대며 피해간 것으로 보인다. 공초상의 진술 외에 물증이 없었기 때문이다.

### 6) 동학농민군의 재봉기와 척왜항전의 개시

1894년 6월 11일 전주화약 이후 농민군의 대부분은 귀향했지만 호

193) 『일관기록』, 三.各領事館其他往復 一, (6)'東學黨事件에 대한 會審顚末 具報'(機密號外, 1895년 9월 2일) [別紙 第2號(Ⅲ-4): 1894년 12월 5일 李容鎬 調査筆記 拔抄], 一等領事 內田定槌→井上馨.

남 일대의 지방행정조직은 실질적으로 마비상태였다. 신임수령의 부임 지체와 지방군대의 도주 또는 괴멸로 행정적·무력적 기반이 없었기 때문이다. 호남 일대는 농민들의 자치기구로 설치된 '집강소執綱所'에 의해 다스려졌다. 전라도 신임관찰사 김학진의 1894년 5월 15일(양력 6월 16일) 효유문에 따르면 집강소는 귀향하는 농민군을 위해 설치된 것이다. 이 기구를 바탕으로 김학진은 전봉준과 협의하여 호남행정에 관한 관민협력을 의논했다. 호남에서는 이렇게 실질적 농민자치가 이루어지고 있었다. 이런 시기에 왜군의 왕궁침공이 벌어진 것이다. 이 범궐사건은 전봉준 등에게 당연히 내려졌을 고종의 거의擧義밀지를 별도로 할 때 동학농민군 재궐기의 직접적 이유였다.

전봉준은 전국에 자자한 왜군의 범궐 소문을 음력 7월(양력 8월) 한 달 사이에 남원에서 들었다. 그러나 대규모 농민군을 모으고 새 곡식을 거둘 때까지 기다리다가 음력 10월(양력 11월)에야 봉기했다. 봉기일자는 음력 10월 12일(양력 11월 9일)경이었다.[194] 만 40세의 전봉준은 체포 후 '왜 재기포再起包했느냐'는 동학농민군 토벌대장 독립 제19대대장 미나미 소좌의 문초에 이렇게 답한다.

> 그 후 귀국(일본)이 개화를 칭하고 처음부터 일언반구의 말도 민간에 전포傳布하지도 않고, 또 격서檄書를 전포하지도 않고 군병을 이끌고 도성에

---

194) 「全琫準供草」, '乙未二月十九日 全琫準 五次(三)問目. 日領事問'. "문: 일병의 범궐을 어느 때 들었는가? 답: 7-8월간에 들었다. 문: 누구에게서 들었는가? 답: 청문이 낭자했으므로 자연히 알게 되었다. 문: 이미 창의를 말했으면 들은 즉시 행해야 마땅한데 왜 10월까지 기다렸나? 답: 마침 내가 병이 났었고 또 허다한 사람 무리들이 일시에 일제히 움직일 수 없는 데다 새 곡식이 아직 걷어 올릴 수 없으니 자연히 10월에 이르게 되었다.(問 日兵之犯闕 聞於何時. 供 聞於七八月間. 問 聞於何人. 供 聽聞浪藉 故自然知之. 問 旣曰倡義則聞宜卽行 何待十月. 供 適有矣病 且許多人衆不能一時齊動 兼之新穀未登 自然至十月矣.)" '己未三月 初七日 全琫準 四次問目.日領事問': 문: "그대가 작년 10월에 재기한 날짜는 어느 날이냐? 답: 10월 12일경이나 확실치 않다.(問 汝於昨年十月再起之日字 卽何日. 供 似是十月十二日間 而未詳.) … 문: 일병의 범궐은 어느 곳에서 어느 때 들었느냐? 답: 7월간에 남원 땅에서 들었다.(問 日兵之犯闕 聞於何處何時. 供 七月間始聞於南原地.)

들어와 야반에 왕궁을 격파하고 주상을 경동驚動케 했다고 하는 소리를 들었다. 그러므로 초야 사민士民들이 충군애국의 마음에 비분강개를 이기지 못하고 의려義旅를 규합했고, 일인日人과 접전하여 일차 이 사실을 물어보고 싶었다.(其後聞則貴國 稱以開化 自初無一言半辭傳布民間 且無檄書 率兵入都城 夜半擊破王宮 驚動主上云. 故草野士民等忠君愛國之心 不勝慷慨 糾合義旅 與日人接戰 欲一次請問此事實.)[195]

전봉준은 "재차 기포起包에 일병日兵이 범궐했기 때문에 다시 일어났다고 했는데 다시 일어난 뒤에 일병에 대해 어떤 조치를 행하려고 했는가?"라는 재차 질문에도 다시 "범궐의 연유를 힐문하려고 했다(欲詰問犯闕緣由)"라고 답했다.[196]

대원군은 박동진·정덕인 등 많은 가까운 동학도들을 보내 재봉기하여 서울로 올라오라고 부추기고 재촉했다. 전봉준도 이들을 직접 만나본 그의 비서 송희옥을 통해 그가 "2월 이후 속히 위로 올라오라"는 운현궁의 교시를 전달받았지만, 이들이 문자 교시도 신표信標도 지니지 않아서 이 교시를 믿지 않고 황당한 횡설수설로 간주하고 있었을 뿐만 아니라,[197] "요즘 늙어서 정사를 볼 기력이 없고 원래 우리나라 정치를 그르친 것도 모두 대원군 때문이기에 인민은 그에게 복종하지 않는다"는 정확한 대원군관觀을[198] 가졌었다. 따라서 전봉준은 고종의 밀지 어명도 아닌 대원군의 교시를 '교시'로 보지 않았을 것이고 따라서 대원군의 교시가 혹시 문자로 되어 있었더라도 '교시'로 취급하지 않았을 것이다.

또한 원래 전봉준은 "운현궁의 가르침을 굳이 말할 필요 없이 일이

195) 「全琫準供草」, '開國五百四年二月初九日 東徒罪人 全琫準 初招問目'.
196) 「全琫準供草」, '開國五百四年二月初九日 東徒罪人 全琫準 再招問目'.
197) 「全琫準供草」, '乙未二月十九日 全琫準 五次(三)問目. 日領事問'.
198) 『東京朝日新聞』, 1895년 3월 5일.

응당 행해야 하는 것이라면 우리는 스스로 말을 따름이다"라는(不必言雲峴宮之爲教 而事之當行者 我自當之云矣) 입장을 취하고 있었다. 따라서 왜군을 구축하고 국왕을 구하려는 전봉준의 척왜봉기는 대원군이 문제가 아니라 전봉준과 국왕의 자발적 의견일치에 의해서만 가능했고, "창의倡義동제同濟하여 쓰러지는 나라를 부지하고 나의 빈사지명瀕死之命을 구하라"는 국왕의 구원救援밀지 외에는 어떤 것도 전봉준의 척왜봉기를 촉발할 신표信標 노릇을 할 수 없었던 것이다.

1894년 10월 12일경, 즉 양력 11월 9일경 전봉준은 전주 근처 삼례에서 기포起包하고, 손화중은 광주에서 기포했다.[199] 김개남은 자신의 근거지인 남원에서 이미 농민군을 거느리고 있었다. 왜군 정찰보고에 의하면 "8월 20일 이래 전라도 각 읍의 동도東徒가 남원에 집합했는데 그 수가 수십만이고", 이들은 "부잣집들로부터 금전과 곡식을 징수하여 남원읍으로 수송하고" 있었다. 또 9월 26일에는 "남원 땅에서 대공론을 여는 일을 두고 집회개최 취지의 격문을 사방에 발하고 이미 집합한 자들이 수만 명에 달하고 각기 병장기를 들고 여기저기서 횡행하고 당외자當外者의 재산을 약탈하므로 길이 위험하여 거의 여행자가 없어지게 되었다". 10월 5일경에는 남원에서 농민군이 "7-8천 개의 당기黨旗"를 새로 만들어 기세를 올리고 있었다.[200]

「전봉준판결선언서」에 의하면, 전봉준은 초토사 홍재희洪在羲(홍계훈)의 관군과 접전하던 중에 요구사항을 다 들어주겠다는 홍재희의 효칙을 듣고 타협하여 폐정개혁 27개 조목을 내고 이를 임금께 상주하기를 청하여 즉시 승낙을 얻고 "동년 5월 5-6일께 쾌히 그 무리를 해산하여 각기 취업하게 하고" 최경선 등 최측근 20여 명을 대동하고

---

199) 「全琫準供草」, '開國五百四年 二月 初九日 東徒罪人 全琫準 初招問目': "昨年十月分, 矣身則起包全州, 孫華仲則起包光州".

200) 日本防衛廳 防衛研修所 所藏, 『中路兵站監本部陣中日誌』, 9월 30일조. 박종근, 『清日戰爭과 朝鮮』, 213쪽에서 재인용.

열읍列邑 각처를 열역유세하며 7월 하순에 태인의 집으로 귀거해 있었다. 그러다 그는 "왜군이 대궐로 들어갔다는 말을 듣고 필시 일본인이 아국을 병합코자 하는 뜻인 줄 알고 일본병을 쳐 물리고 그 거류민을 국외로 구축할 마음으로 다시 기병을 도모하여 전주 근처 삼례역이 토지 광활하고 전라도 요충지이므로 동년 9월 중순경(양력 10월 중순-하순경) 태인을 발정發程하여 원평을 지나 삼례역에 이르러 그곳을 기병起兵하는 대도소로 삼고" 각처 원근 지방 인민에게 격문을 돌리고 전언을 하여 처음에 전라우도에서 4,000여 명의 군사를 모으고 관아에 들어가 군기軍器를 얻고 지방 부자들에게서 금전과 곡식을 징발하고 삼례를 떠나면서 농민군을 더 초모하여 은율과 논산을 지나면서 군세軍勢를 만여 명으로 불리고 "동년 10월 26일(양력 11월 23일)쯤 공주에 다다랐다". 그러나 "일본병이 먼저 주성州城에 웅거해 있기에 전후 두 차례 접전해보았지만 두 번 다 대패했다".201)

전봉준은 민중의 힘을 '척왜'로 단일화하기 위해 분발했다. 전주화약도 반봉건과제를 잠시 뒤로 미루고 일제침략을 물리치기 위해 단일 척왜노선에서 나온 것이고 제2차 봉기도 척왜노선에서 나온 것이다. 전주화약 이후에도 나주 같은 곳에서는 관군이 동학군에게 저항하고 있었다. 이에 전봉준은 나주로 내려가 동족 간 내전을 중지하고 공동으로 외적에 대항하자고 설득하여 나주목사로부터 승복을 받아냈다.202) 그리고 제2차 척왜창의 농민전쟁에서 제1차 농민전쟁에 노골

---

201) 「全琫準判決宣言書」. "그러나" 전봉준은 "더 日本兵을 치려 ᄒᆞ엿더니 日兵이 公州의에 서움직이지 않고 其間의 被告包中이 漸漸逃散ᄒᆞ여 收拾지 못ᄒᆞ게 되엿기로 不得已ᄒᆞ여 ᄒᆞᆫ번 故鄕으로 돌아가 다시 募兵ᄒᆞ여 全羅道에서日兵을막으려ᄒᆞ엿더니 應募者가 업는 탓으로 同謀 三五人과 議論ᄒᆞ고 各其變服ᄒᆞ여 가만이 京城으로드러가 情探코져ᄒᆞ여 被告는 商人뫼도리ᄒᆞ고 單身으로 上京次 泰仁을써나 全羅道 淳昌을 지날 ᄉᆡ 民兵한테 잡힌 것이니라." 이 「판결선언서」과 공초에서는 전봉준이 12월 28일(음력) 순창 피노리에서 '민병'에게 체포되었다고 진술한다. 공초는 참조: 『東京朝日新聞』, 명치28(1895)년 3월 5일. 오지영은 전봉준의 접사接司(부접주)로 있던 김경천이 '관병'과 연락을 취하여 관군에게 체포되었다고 기술하고 있다. 吳知泳, 『歷史小說 東學史』, 166쪽.

202) 이것은 오지영의 기록(『東學史』, 128-129쪽)을 따른 것인데 진위 여부에 대해서는 논란

적으로 반대하여 가담하지 않은 동학 북접을 설득하여 항일남북연합군을 조직하는 데 성공했다.[203]

그리고 전봉준은 11월 11일 호서湖西순찰사 박제순과 기타 백성들에게 한글로 된 이런 호소문을 보냈다.

경군과 영병에 대한 고시와 백성에 대한 교시

무타無他라(다름이 아니라) 일본과 됴션이 ᄀᆡ국開國 이후로 비록 인방隣邦이ᄂᆞ 누ᄃᆡ 젹국累代敵國이더니 성상聖上의 인후仁厚ᄒᆞ삼을 힘입어 삼항三港을 허ᄀᆡ許開ᄒᆞ여 통샹이후通商以後 갑신 십월의 ᄉᆞ흉四凶이 협적俠敵ᄒᆞ야 군부君父의 위ᄐᆡ危殆ᄒᆞ미 됴셕朝夕의 잇더니 종ᄉᆞ宗社의 흥복興復으로 간당奸黨을 쇼멸消滅ᄒᆞ고 금년 십월의 ᄀᆡ화간당開化奸黨이 왜국倭國을 쳬결締結ᄒᆞ여 승야입경乘夜入京ᄒᆞ야 군부君父를 핍박逼迫ᄒᆞ고 국권國權을 쳔ᄌᆞ擅恣ᄒᆞ며 우황 방ᄇᆡᆨ슈령方伯守令이 다 ᄀᆡ화중 쇼쇽으로 인민을 무휼撫恤ᄒᆞ지 안이코 살륙殺戮을 죠ᄒᆞ ᄒᆞ며 ᄉᆡᆼ녕生靈을 도탄塗炭ᄒᆞᄆᆡ 이제 우리 동도가 의병을 드러 왜적을 소멸ᄒᆞ고 ᄀᆡ화를 제어ᄒᆞ며 됴정朝廷을 청평淸平ᄒᆞ고 ᄉᆞ직社稷을 안보할 ᄉᆡ ᄆᆡ양 의병 이르ᄂᆞᆫ 곳의 병정과 군교軍校가 의리를 ᄉᆡᆼ각지 아니ᄒᆞ고 나와 졉젼接戰ᄒᆞᄆᆡ 비록 승ᄑᆡ勝敗ᄂᆞᆫ 업스ᄂᆞ 인명이 피ᄎᆞ의 샹ᄒᆞ니 엇지 불샹치 아니 ᄒᆞ리요? 기실은 됴션기

---

이 있다. 참조: 김양식, 「吳知泳 『東學史』의 집강소 오류와 기억의 진실」, 『한국사연구』 170(2015), 9-10쪽.

203) 최시형이 북접의 기포를 한 것은 흔히 손병희 등의 적극적 참전 주장에 의해 떠밀려 이루어진 것처럼 얘기되지만, 『백범일지』는 달리 기록하고 있다. "우리가 그 방(해월 대도주의 방)에 있을 때 선생께 보고하는 것을 들었다. 그 내용은 '남도지방의 각 관청에서 동학당을 체포하여 압박하는 한편, 고부에서는 전봉준이 벌써 병사를 일으켰습니다', '아무 군수는 도유道儒(동도)의 전 가족을 체포하고 가산 전부를 강탈했습니다' 등이었다. 선생은 진노하는 안색에 순純 경상도 어조로 '호랑이가 물러 들어오면 가만히 앉아서 죽을까? 참나무 몽둥이라도 들고 나가서 싸우자!' 선생의 이 말은 곧 '동원령'이었다." 김구(도진순 주해), 『백범일지』, 46쪽. 이 맥락을 보면 해월은 동도에 대한 탄압에 진노하여 북접 기포를 명한 것이다.

리 샹젼相戰ᄒᆞ쟈 ᄒᆞᄂᆞᆫ ᄇᆡ 아니여를 여시如是 골육샹젼骨肉相戰ᄒᆞ니 엇지 ᄋᆡ닯지 아니리요? ᄯᅩᄒᆞᆫ 공쥬한밧公州大田 일로 논지ᄒᆞ여도 비록 츈간의 보원報怨ᄒᆞᆫ 것시라 ᄒᆞᄂᆞ 일이 ᄎᆞᆷ혹ᄒᆞ며 후회막급이며 방금 ᄃᆡ군이 압경壓京의 팔방이 흉흉 ᄒᆞᆫᄃᆡ 편벽도이 샹젼만 ᄒᆞ면 가위 골육샹젼이라. 일변 ᄉᆡᆼ각컨대 됴션ᄉᆞ람 기리야(라)도 도은(는) 다르ᄂᆞ 척왜와 척화斥倭斥華ᄂᆞᆫ 기의其義가 일반이라. 두어ᄌᆞ 글로 의혹을 푸러 알게 ᄒᆞ노니 각기 돌여 보고 ᄎᆞᆼ군忠君 우국지심憂國之心이 잇거든 곳 의리로 도라오면 샹의ᄒᆞ야 갓치 척왜척화斥倭斥華ᄒᆞ야 됴션으로 왜국이 되지 안이케 ᄒᆞ고 동심합녁 ᄒᆞ야 ᄃᆡᄉᆞ를 이루게 ᄒᆞ올ᄉᆡ라.

갑오 십일월 십일일

동도창의소東徒倡義所[204]

이 고시문은 중국의 종주국 지위를 부정하는 '척화斥華' 의지도 표명했으나[205] '척왜척화'의 구호로 '누대적국' 일본을 물리치는 '척왜'의 급선무를 앞에 내세우며 조선끼리 싸우는 '골육상전'을 중단하고 대의로 돌아와 같이 척왜척화하자고 설득하고 있다. 척왜로 힘을 결집해야 하는 마당에 '척화'까지 거론한 것은 정치적 실수가 아니라 왜군이 청국의 속방체제로부터 조선을 독립시키기 위해 청국과 싸운다는 일본의 간사한 논리를 제압하기 위해, 그리고 동학당을 민씨족과 같은 사대당으로 모는 것을 막기 위해, 또 동학군을 이용하여 고종과

---

204) 「告示京軍與營兵以教示民」.

205) 동학의 배청·척화 사상을 모르는 일부 사가들은 이 '斥華'를 '斥和'의 오기로 본다. 신복룡, 『동학사상과 갑오농민혁명』(서울: 선인, 개정판 2006). 571쪽 각주45; 柳永益, 『東學農民蜂起와 甲午更張』, 21-22쪽 각주1; 허종호, 「갑오농민전쟁의 성격과 특징」, 원종규 외, 『갑오농민전쟁 100돌 기념논문집』(서울: 집문당, 1995), 166쪽. 하지만 이 고시문을 실은 국사편찬위원회의 한국사데이터베이스의 다른 자료 『동학란기록(하)』 『한국사료총서』 제10집[하]도 '斥華'로 쓰고 있다. 또 '斥倭斥和'로 본다면 이것은 의미론적으로 동어반복이라서 말이 되지 않는다. 그리고 위 「고시문」에서 두 번이나 '斥華'라고 쓰고 있는 점에서 오자로 볼 수 없다.

왕후를 폐하려는 역모적 발상에서 청군과 협력하여 왜군을 물리치기 위해 봉기하라고 동학군을 부추긴 대원군의 충동에 의한 봉기가 아님을 과시하기 위해 필수적인 논변이었을 것이다. 또한 이 고시문은 갑신정변과 갑오침략을 다 왜란의 차원에서 동일시하면서, 비록 시점을 헷갈리고 잘못된 글자가 섞여 있기는 하지만('금년 십월' → 금년 7월, '승야입경' → 승야입궐) 갑오괴뢰정권의 주모자들을 왜국과 결맹한 친일괴뢰개화간당으로("ᄀᆡ화간당開化奸黨이 왜국倭國을 쳬결締結ᄒᆞ여") 규정하고 있다. ('체결'은 1894년 8월 26일의 '양국맹약'을 가리킨다.) 그리고 다시 갑오괴뢰들을 승야입궐하여 국왕을 핍박하고 국권을 천단하는 자들로("승야입경乘夜入京ᄒᆞ야 군부君父를 핍박逼迫ᄒᆞ고 국권國權을 쳔ᄌᆞ擅恣ᄒᆞ며"), 그리고 또다시 그들을 백성을 도탄에 빠뜨리고 인민살육을 일삼는 친일괴뢰들("인민을 무휼撫恤ᄒᆞ지 안이코 살륙殺戮을 죠ᄒᆞᄒᆞ며 ᄉᆡᆼ녕生靈을 도탄塗炭ᄒᆞ미")로 규정하고 있다.

친일괴뢰들의 친일 문명개화('서구화' 또는 '서도서기西道西器·일도일기日道日器') 노선의 문제점은 이 고시문에서 여실히 폭로되고 있다. 이 고시문에서 '개화'는, 정확히 말하면 '서구화' 또는 '서도서기·일도일기' 노선은 '근대화'가 아니라, 근대화를 추진해야 할 주체인 민족과 국가를 아예 없애버려 근대화를 시도하기조차 불가능하게 만드는 반反근대화 친일매국기도로 탈바꿈되어 있기 때문이다. 외국의 힘에 의해 강요되어 인민의 저항을 누르며 진행되는 어떤 비자주적 개혁기도든, 즉 민족적 정체성과 국민적 정당성을 잃은 어떤 비자주적 개혁기도든 다 이런 반개혁으로 전락할 것이다. 국가와 민족의 주체성을 파괴하고 수행된 '근대화'는 근대화 과업 중 가장 중요한 과업인 '민족국가'와 '국민국가' 건설 과업과 정면으로 배치되는 것이기 때문이다.

전봉준의 호소 결과, '유도儒道의 수령'으로 동학군을 토멸하려고 '창의군'에 참가했던 공주의 '의장義將' 이유상은 동학군으로 돌아 간부가 되었고, 관군 토벌대장 여산부사 겸 후영영장 김윤식(김갑동)도 전봉준 쪽으로 돌아서 농민군 간부가 되었다.206) 「전봉준판결선언서」에서는 전봉준의 농민전쟁을 저렇게 간단히 서술했지만, 재봉기한 농민군은 서울탈환을 노리고 북상하여 공주에서 11월 하순부터 12월 초에 걸쳐 일진일퇴의 공방전을 여러 차례 벌였다. 이 대전투에는 충청도의 북접군이 가담하고, 후반에는 김개남동학군도 참전하여 일대 결전을 전개했다.

## 제5절 왜적의 충청도·전라도 침공에 대한 항전

### 1) 침공의 법적 기반 마련과 '조일야합' 침략부대의 결성

중앙이 왜군에게 정복되고 나서 남은 미정복지는 지방이었다. 특히 전라도는 6월 11일 전주화약 이래 완전히 줄곧 동학농민군의 지배지역으로서 왜군은 넘볼 수 없었다. 그리고 호남의 동학군은 웅거하는 것으로 그치지 않고 힘을 비축하고 북접과 이견을 해소하고 남북접연합군을 만들어 중앙을 탈환코자 재봉기를 준비해왔다. 전라도 동학군이 10월 초부터 재봉기하여 상경·북상할 기미를 보이자 김홍집괴뢰내각은 공황상태에 빠졌다. 오오토리는 김홍집 '왜총리'에게 동학군진압을 의뢰하게 만들었다. 뒤에 부임한 이노우에는 이 진압의뢰의 수락을 통보했다. '왜총리'는 10월 18일 김윤식 외무대신, 어윤중 탁지부대신을 대동하고 일본공사관을 찾아가 이노우에 공사에게 왜군으로 동학농민군을 진압해달라고 다시 의뢰하고 이를 일본정부가 수용해준 것에 대해 감사를 표했다.207)

이노우에는 이 의뢰를 기꺼이 받아들여 다음 날부터 동학농민군에 대한 공격을 감행했다. 소위 '동학당정토군征討軍'으로 투입된 왜군은

206) 吳知泳, 『東學史』, 141-144쪽.

207) 日本外務省 編, 『日本外交文書』[제27권 제II책], 53-57쪽.

재경 후비보병 제18대대의 제1중대,[208] 후비보병 제6연대 제6중대, 후비보병 제10연대 제4중대 등 3개 중대, 그리고 10월 말에 증파된 후비보병 독립 제19대대(3개 중대) 등 도합 6개 중대(총 병력 약 1,500명)에다 부산·인천 등 조선 전역에 널려 있던 병참부대 등을 합하여 도합 4,000명에 달했다.[209] 그리고 조선의 군병은 친일괴뢰군 '교도중대' 200여 명을 포함해 '양호순무영' 3,200여 명이 동원되었고,[210] 여기에 전국 각지의 성리학유생과 양반부호배의 '민보군', '민군', 또는 '창의군', '수성군' 등 전국의 각종 잡동사니 친일군대까지 합세하여 도합 약 6,000명을 넘었다. 따라서 '조일야합 정토군'의 총 병력은 정예병 7,200명을 포함한 10,000명을 상회했다. 이 친일괴뢰조선군들은 모두 왜군 장교들의 지휘를 받았다. 따라서 '조일야합군'은 실은 모조리 '왜군'이었다. 이 대규모 왜군이 10월 27일을 기해 충청도와 전라도를 '침공'한다.[211] 왜군은 11월 12일 충청도에 들어가고 11월 20일 공주에서 북상하는 전봉준 남접 동학농민군과 회전한다.

### 2) 일제 대본영발發 '싹쓸이학살' 명령의 의미

우선 왜적은 서울의 후비보병 제18대대의 일부와 경부로에 새로 배치된 왜군부대(이전에 경부전신선과 병참기지 방어를 위해 파견된 6개 중대)를 전라도로 급파했다. 그리고 이미 1894년 10월 27일 밤 9시 히로시마 왜군 대본영 가와카미소로쿠 참모차장 겸 병참총감으로부터 야마구치현 히로시마 수비대에서 파견된 미나미 소좌 휘하의 후비보병 독립

208) 참조: 강효숙, 「제2차 동학농민전쟁시기 일본군의 농민군 진압」, 10쪽.

209) 이노우에가츠오, 「동학농민군 섬멸작전과 일본정부」.

210) 이선근(진단학회 편), 『한국사: 현대편』(서울: 을유문화사, 1963), 365-367쪽.

211) 기존 사가들은 동학군에 대한 '진압'이나 '탄압', 또는 '토벌', '정토', '초비剿匪'라는 용어를 써왔다. 이것은 다 주체적 관점이 결여된 '일제시각' 또는 '친일괴뢰 시각'이다. 필자는 이런 말 대신 갑오왜란의 지방확전이라는 관점에서 충청도·전라도 등 지방에 대한 '침공', '침습', '침략' 또는 동학농민군·의병에 대한 '공격'이나 '침습'이라는 용어를 쓸 것이다.

제19대대를 충청도·전라도 침공의 전담부대로 파견한다는 파병명령과, "동학당에 대한 조치"를 "엄렬하게" 하고 "향후 모조리 살육하라"는 '싹쓸이학살' 명령이 전신으로 도착했다.212) 이노우에 공사와 이토 인천병참감의 파병 요청 전보가 도착하기도 전에, 그리고 요청한 2개 중대보다 더 많은 3개 중대를 파견했다. 그리고 10월 27일의 '싹쓸이학살'과 '3개 중대 파병' 명령은 이노우에가 김홍집 '왜총리'에게 동학군진압을 의뢰하게 만든 11월 8일 김홍집·김윤식의 동학농민군 진압 지원 의뢰 내용과 완전히 다르다. 이것은 동학농민군 섬멸작전 명령이 조선정부의 의뢰는커녕 조선주재 왜국외교관·파견군의 입장도 전혀 반영하지 않고 일본정부와 군부를 총괄 대변하는 히로시마 대본영에서 일방적으로 내려졌다는 것을 뜻한다. 이 대목은 갑오왜란의 성격을 좌우하는 것으로서 중대한 문제이므로 천착해볼 필요가 있다.

이것을 이노우에가츠오의 연구에 따라 살펴보자. 남접보다 먼저 기포하여 활동을 개시한 북접 동학농민군들은 10월 초 안성과 죽산에서 기포했고, 17일 이에 맞서 대본영은 서울수비대의 일부병력을 안성과 죽산으로 파병했다. 오오토리는 병참선이 아닌 곳에 왜군을 파병하는 것을 열강에 대해 외교적으로 정당화하기 위해 김홍집과 짜고 '농민군진압' 의뢰를 하게 만들어 10월 18일 김윤식 외무대신으로부터 '진압지원' 의뢰 공문을 받아냈다. 이 의뢰공문은 민란'진압'에 대한 지원 의뢰로서 "비匪의 수는 많지만 대다수는 협도脅徒(협박당해 가담한 자)로서 그 흉하고 완고하고 교화하기 어려운 자는 천백 중 겨우 한둘뿐이고, 초무한 적에 마땅히 양민과 악민惡民을 분별해야 하고 청하건대 귀 군대를 훈계하여 매사에 우리 군관과 상의할 것"이라고 하고 있다.213) 즉, 김홍집내각은 아무리 괴뢰내각이라고 할지라도 농민군에

212) 日本防衛廳 防衛硏修所戰史部 所藏, 『南部日誌』, 1894년 10월 27일. 박종근, 『淸日戰爭과 朝鮮』, 248쪽에서 재인용.

213) 『韓國東學黨蜂起一件』, 金陸外務大臣, 明治27年 1月 13日. 照覆. 이노우에가츠오, 「동

대한 '전쟁'이 아니라 '진압'을 요구한 것이다. 조선·중국에서나 일본에서나 동아시아 전통에서 민란진압은 당연히 난이 일어난 지역의 지방관을 먼저 처벌하거나 지방관을 민란의 선동자와 함께 처벌하고 민란에 가담한 양민들은 훈방하는 방식으로 해결해왔다. 따라서 김홍집괴뢰정부는 이 전통적 방식에 따른 '진압'을 요구한 것이다.

그러나 대본영으로부터 이것과 완전히 다른 '싹쓸이학살 명령'이 내려온 것이다. 그리하여 이 '진압' 과정은 '민란진압' 방식이 아니라 '싹쓸이학살 명령'에 따라 지방정복을 위한 반인도적 '전쟁' 방식으로 진행되었다.214) 일본정부는 외교적 외피로 '민란진압'을 내세우고 음흉하게 조선의 농민군과 의병들에 대해 침략적 정복전쟁을 수행한 것이다. 그리고 이노우에가오루 공사가 10월 27일 저녁 6시에 왜군 2개 중대 증파요청을 타전했지만, 대본영은 이 전보가 일본에 도착하기도 전에 같은 27일 밤 9시에 저 '엄렬嚴烈한' 싹쓸이학살 명령과 3개 중대 증파 명령을 내린 것이다. 이것도 자국의 외교공관과 별개로 대본영으로부터 작전명령이 내려왔음을 말해주는 것이다.215) 한마디로 왜군의 '동학농민군 토멸'은 '토멸'을 가장한, 중앙 친일괴뢰정권의 통치력이 미치지 않는 자치단위들로 독립한 '지방 미정복지'의 추가점령을 위한 왜군의 '정복전쟁'이었던 것이다.

### 3) 왜적의 3로 침공작전

이노우에와 이토의 명령에 따라 11월 12일 후비보병 독립 제19대대(왜군 3개 중대)를 주력으로 용산으로부터 전라도·충청도·경부로 등 세 갈래(서로·중로·동로)로 나눠 '지방침공'을 개시했다. 제19대대의 일개 중대는 서로(수원-천안-공조-전주 가도의 좌우 각역-여산-금구-고부-홍덕)로 들어

---

학농민군 섬멸작전과 일본정부」, 84쪽에서 재인용.

214) 이노우에가츠오, 「동학농민군 섬멸작전과 일본정부」, 82, 84, 85, 87-88쪽.

215) 이노우에가츠오, 「동학농민군 섬멸작전과 일본정부」, 93-94쪽.

이 지역들을 수색·침공하고 영광과 장성을 거쳐 남원을 중심으로 각지에 주둔한 동도를 공격하고, 다른 일개 중대는 중로(죽산[죽전]-청주-성주 가도의 좌우지역-청안-청산 각지)로 들어 침공하고, 또 다른 일개 중대는 동로(경부 간 병참·전신선로)로 들어 좌우 각지에서 수색·침공작전을 시행했다. 중로부대에는 후비보병 제18대대의 시라키세이타로오(白木誠太郎) 중위, 미야모토다케타로오(宮本竹太郎) 소위 이하 하사·병 30명, 시라키와 미야모토가 훈련시킨 친일괴뢰군('교도중대') 200명을 부속시켰다. 서로부대에는 공주에서 괴뢰군으로 분장扮裝하여 끌어모은 통위영·장위영·경리청 조선군 1,000여 명(또는 1,400명)을 부속시켰다.[216] 11월 7일 이노우에 공사는 교도중대가 출발하는 시점에 이들을 왜성대에 모아놓고 일장 연설로 격려했고, 그 지휘를 모두 시라키(白木)와 미야모토(宮本)에게 맡겼다.

미나미 소좌는 조선괴뢰군의 진퇴와 무기소지를 모두 왜군의 지휘에 따르고 왜군의 군율로 지배하도록 명했다.[217] 10월 22일 친일괴뢰정부도 전라감사 김학진으로부터 "남원부에 모인 비적이 5-6만 명이나 되는데 각각 무기를 가지고서 날뛰고 있고, 전주와 금구에 모인 도당들은 일단 귀순했다가 이내 다시 배반했다"는 장계를 받았다. 그러면서도 감사란 자가 "적을 토벌할 방책에 대해서는 한마디도 언급하지 않았으니, 감사의 책임이 원래 이렇단 말인가? 사세로 헤아려볼 때 매우 놀랍고 개탄스러운 일이다"라고 탄식하고 감사를 견책할 것을 상주하여 비준을 받았고, 왜군의 이런 침공작전에 발맞춰 이노우에와 협의하여 10월 22일 호위扈衛부장 신정희를 양호순무사로 임명할 것을 상주하고 비준을 받았다.[218] 그리고 양호순무사 밑에 통위영 정령관 이규태를 좌선봉으로, 장위영 부영관 겸 죽산군수 이두황을

216) 박종근, 『淸日戰爭과 朝鮮』, 218-219쪽.

217) 『東京日日新聞』, 1895년 2월 15일, 3월 29일자.

218) 『高宗實錄』, 고종31(1894)년 9월 22일(양력 10월 22일).

우선봉으로, 경리청영관 구상조, 부영관 겸 서산군수 성하영, 부영관 겸 안성군수 홍운섭, 교도중대장 이진호 등을 지휘관으로 임명하여 총위영·경리영·강화심영沁營 등의 병력 3,000명과 청주진남영 등의 지방군을 포함한 수천 명의 군대를 친일괴뢰군으로 제공했다. 여기에는 지방의 친일·봉건적인 유자·지주 등이 이끄는 상당수의 소위 '창의군'도 참가했다.

그래도 침공군의 중핵은 왜군이었다.[219] 조선괴뢰군은 '교도중대'를 제외하면 군량과 실탄, 무기 등이 허술하고 사기와 군기마저 파탄이 난 상태였다. 양호순무영도 11월 9일 시라키와 미야모토의 명령에 따르도록 훈령을 받았기 때문이다. 이런 와중에 왜군은 침공에 즈음하여 지방관청을 이용하기 위해 '동학당조초의뢰칙지東學黨助剿依賴勅旨'의 반포를 관철시켰다.[220]

국왕이 의주로 피신하여 안전한 곳에 있었던 임진왜란기와 달리 이렇게 갑오왜란기의 왜군은 국왕을 생포한 이점을 최대로 이용하여 동학군과 의병을 조선의 괴뢰화된 중앙·지방관청 및 관군과 협공하여 러시아와의 국경과 가장 먼 남서쪽으로, 즉 전남과 그 도서지역으로 남축南逐할 수 있었다. (왜국정부와 왜군은 동학군과 의병이 러시아와 국경이 맞닿은 함경도로 도주하여 러시아와의 불의의 충돌이 발생할 것을 두려워했다. 그렇다면 갑오왜란기에 국왕이 파천을 생각했다면, 유일하게 파천 가능한 지역은 러시아와 국경을 맞댄 멀고 먼 함경도 최북단이었을 것이다.)

이쯤에서 동학군과 의병이 거의 연전연패하는 까닭을 다시 깊이 생각해볼 필요가 있다. 동학군과 의병은 무기와 군사훈련 면에서 열세였지만 수적으로는 압도적 우위에 있었다. 무기와 훈련의 열세는 동원된 인원수의 압도적 우위에 의해 상쇄될 수 있었다. 따라서 낡고

219) 박종근, 『淸日戰爭과 朝鮮』, 215쪽.

220) 박종근, 『淸日戰爭과 朝鮮』, 219쪽.

부족한 무기와 군사훈련의 결함만을 패전의 원인으로 거론할 것은 못 된다. 아마도 왜군의 압도적 우위와 동학군의 결정적 열세는 국왕의 생포상황에 기인할 것이다. 선조나 광해군의 유지諭旨를 공개적으로 받아 거병하고 관군과 협력하여 왜군과 싸워 거의 연전연승했던 임진왜란기의 의병과 달리, 갑오왜란기의 동학군과 의병은 왜군이 국왕을 포로로 잡은 이점을 맘껏 활용하여 관군과 지방관청을 괴뢰화하여 그들을 관군과 협공하는 불리한 조건 속에서 국왕의 유지를 '밀지'로만 받고 왕명의 떳떳한 명분을 공개할 수 없어 독자논리로 기병하여 왕명의 공개가능한 명분을 확보한 왜군-관군 연합군과 싸워야 했기에 거의 연전연패할 수밖에 없었던 것이다.

왜군은 국왕을 포로로 잡아 중앙과 지방의 관청과 관군을 괴뢰화한 데 그치지 않고 왕명을 이용한 공식적 궤변 칙유로 백성들에게 융단 포격을 자행하여 백성을 정치적 가치관의 혼돈에 빠뜨리고 이데올로기적으로 무력화하기 시작했다. 괴뢰정부는 칙유를 핑계로 중외의 관리와 백성들에게 왜군을 도우라는 의정부 명의의 포고문을 냈다.

> 우리나라는 승평의 날이 오래되고 상도를 안정시키고 옛것을 지켜서 문무관이 안일에 파묻혀 점차로 위축부진한 형세에 있게 되었다. 일본국가는 우의의 중함을 돌아보고 앞장서 나아가 힘을 내서 작은 혐의를 피하지 않고 우리에게 자립자강의 길을 권했고 그것을 천하에 성명했다. 우리나라에서는 그 뜻을 잘 알고 이제 기강을 크게 떨쳐 함께 이어 일어나서 동양의 정국을 온전하게 하려고 하니, 이것은 진실로 다난 속에서 나라를 일으킬 기회이고 전위위안轉危爲安의 때다. 그런데 어찌하여 민심이 안정되지 않는가? 뜬소문을 퍼뜨리며 심지어는 의거를 빙자하여 난이라 칭하는 것을 감히 일으키기까지 하고 있다. 이것은 단지 이웃나라를 원수시할 뿐만 아니라 바로 우리나라를 원수시하는 것이다. 그 해독은 장차 동양의 큰 정국과 관계될 것이니, 이것을 어찌 하늘과 땅이 용납할

> 수 있겠는가? 지난번에 우리 정부에서 일병日兵에 원조를 요청하여 삼로로 진격하여, 그 군사들이 분연히 자신을 돌아보지 않고 적은 수로 무리를 공격한 결과 평정될 날이 그리 멀지 않은 것으로 추계된다. 일본의 결단은 절대로 다른 생각이 없고 오로지 우리를 도와 난리를 평정하고 정치를 개혁하며 백성들을 안정시켜 이웃 화목을 돈독히 하고자 하는 호의라는 것이 족히 명백하다. 그대 지방관리들과 대소 백성들은 이런 뜻을 확실히 알고 무릇 일병이 가는 곳에서 혹시라도 놀라 동요하지 말고 군사행동의 수요를 힘을 다해 공급함으로써 이전 날의 시의猜疑하던 견해를 파하고 백성을 위해 노숙의 고통에 감사하라.[221]

이어 왜군 후비보병 제19연대도 '동학당정토군' 명의로 '유조선국인민諭朝鮮國人民'과 '포고전주성이교민인내동도처布告全州城吏校民人乃東徒處'라는 포고문을 잇달아 냈다. 요지는 왜군이 조선을 청국의 속국화와 간섭으로부터 해방하기 위해 개전하여 청국 수도의 함락도 이제 시간문제가 되었다는 것이다. 그리고 동학은 국가의 해독이고 인민의 심구深仇다. 일본군은 조선국왕의 요청에 응해 진압에 출동했으므로 농민군은 즉시 해산하는 동시에 전봉준을 사살하고 그 목을 바치는 자에게 상금과 작록爵祿을 내릴 것을 약속한다는 것이다.[222] 정부군도 또한 동일한 약속의 고지문을 발표했다.[223]

---

221) 『高宗實錄』, 高宗31(1894)년 11월 4일: "初四日. 議政府奉勅諭 布告中外各道地方官吏大小民人 曰 我國家昇平日久 安常守舊 文武恬嬉 浸浸然有委靡不振之勢. 日本國家 顧友誼之重 挺身出力 不避小嫌 勸我以自主自强之道 聲明於天下. 我國家雅悉其意 方欲大振綱紀 與之代興 以全東洋之局 此誠多難興邦之會 轉危爲安之秋也. 奈之何民心不靖? 胥動浮言 至有藉託義擧 敢行稱亂. 此非徒讎視隣國, 卽讎視我國家也. 其害將有關於東洋大局, 此豈覆載之所可容者乎? 向由我政府請日兵相助 三路進勦 該兵等奮不顧身 以少擊衆平蕩之期 計在不遠. 足以明日國之斷無他意 專欲助我鋤亂 改政安民 以敦隣睦之好也. 惟爾地方官吏及大小民人 明悉此意 凡日兵所到 無或驚擾 軍行所需 竭力應副 以破前日猜疑之見 以謝爲民暴露之苦."

222) 『東京日日新聞』, 1895년 2월 17일자.

223) 박종근, 『淸日戰爭과 朝鮮』, 239쪽.

왜군은 전라도의 대규모 동학군에 대처하기 위해 동로군을 먼저 내려가게 하고 동학군을 서남 방면으로 구축하여 중로·서로군과 협력, 포위공격하려고 계획했다. 이것은 전라도 서남해안이 모두 동도의 땅이므로 이들을 삼면으로부터 구축하여 전라도 서남단으로 밀어붙여 일망타진하기 위한 것이다. 이렇게 하여 동학군이 강원도와 함경도 방면으로 진출할 가능성을 봉쇄한 것이다.[224] 이에 관해 왜군은 일본정부의 방침에 따라 "엄중한 내훈"을 받은 상태였다. 이토 인천병참감과 이노우에 공사는 동학당이 함경도에서 노경露境으로 나가 한로韓露 양국 간에 후일 "곤란한 사정"을 야기하는 일이 없도록 방지하기 위해 부심했다.[225] 왜군은 11월 하순과 12월 초 공주 결전에서 동학군을 공격하여 돌파하고 계속 남으로 밀어붙였다. 그리고 동학군의 본거지인 전라도 해안 일대에는 왜군 군함들이 초계하며 해로를 통한 동학군의 탈출을 저지하고 육전대를 상륙시켜 공격할 준비태세에 있었다.

4) 동학농민군의 공주결전과 우금치전투

남접 동학농민군의 2차 봉기에 최시형은 손병희의 요청으로 북접의 기포를 명하여 남접군과의 연합항전의 길을 텄다. 이렇게 남북연합 동학농민군이 형성되자 전봉준은 남접 동학농민군을 북진시켰다. 2차 봉기 동학농민군과 관군 간의 최초의 전투는 1894년 10월 21일(양력 11월 18일) 청주와 공주의 서북쪽 중간에 위치한 요충지 충청도 목천의 세성산細城山에서 벌어졌다. 삼면이 가파른 절벽이고 동남쪽의 완만한 비탈은 밀림으로 되어 있는 세성산에는[226] 북접지도자 김복용

224) 日本防衛廳 防衛硏修所戰史部 所藏, 『南部日誌』, 1894년 12월 11일조. 박종근, 『淸日戰爭과 朝鮮』, 220쪽에서 재인용.

225) 『東京朝日新聞』, 1894년 11월 20일자.

226) 한우근, 『동학농민봉기』(서울: 세종대왕기념사업회, 1974·2000), 244쪽.

이 농민군을 거느리고 토착민이 세성산 위에 쌓은 보루를 접수하여 그 안에 웅거하고 있었다. 이두황이 이끄는 장위영군은 청주 방면을 '토벌'한 후 공주를 향해 진군을 서두르다가 북으로 방향을 돌려 10월 21일 김복용 농민군을 공격했다. 김복용은 오전 9시부터 오후 5시까지 8시간 동안 친일괴뢰장교 이두황의 1개 중대(4개 소대) 관군과 치열한 전투를 벌인 끝에 무엇보다도 무기의 기술적 격차로 인한 세勢부족으로 성을 버리고 서쪽으로 퇴각했다.[227] 김복용은 체포되어 살해되었다.[228] 서전緖戰의 패배는 공주결전에 대한 불길한 조짐을 예고했다.

전봉준이 이끄는 농민군 본대는 세성산전투가 벌어지는 사이에 논산을 출발하여 공주를 향하고 있었다. 전봉준은 "공주감영이 험한 산과 둘러친 강하로 지리가 형승形勝하여 이 땅에 웅거하며 굳게 지키는 계책을 행하면 왜병이 반드시 용이하게 치고 빼앗지 못할 것이므로 공주로 들어가 왜병에게 격문을 전하고 대치하고자 했다".[229] 공주를 공격한 농민군은 전봉준 농민부대 4만 명, 옥천 포 소속 농민부대 수만 명 등 도합 6-7만 명인 반면, 조일야합군은 조선괴뢰군 810명, 일본군은 200명 등 도합 1,000여 명이었다.[230] 전투는 10월 23일(양력 11월 20일)에 개시되었다. 농민군은 1부대가 먼저 공주 교외의 이인역을 공격했고, 조일야합군이 반격하자 농민군은 산으로 올라갔다. 조일야합군 1부대가 산으로 추격했지만, 전투는 산상의 농민군에게 유리하여 영관 성하영의 정예병 500명과 잡군 1,000명, 왜군 100명으로 이루어진 조일야합군을 물리쳤다.[231]

---

227) 『兩湖右先鋒日記』, 「右先鋒日記一」, 甲午十月(1894년 7월 21일). 『동학농민혁명사료총서(15)』. 국사편찬위원회 한국사데이터베이스.

228) 한우근, 『동학농민봉기』, 245쪽.

229) 「全琫準供草」, 開國五百四年 二月 初九日 東徒罪人 全琫準 初招問目.

230) 『일관기록』, 六.東學黨征討關係에 關한 諸報告, (7)'公州附近 戰鬪詳報'(1894년 11월 22일), 大尉 森尾雅一 발신.

231) 한우근, 『동학농민봉기』, 246쪽.

전봉준 본대는 10월 23일 공주 남쪽 23km에 있는 경천敬天을 점령하고 다시 4km 남쪽의 효포도 점령했다. 그리고 웅치로 진격하여 성하영이 이끄는 경리청군과 이틀간 대치하게 되었다. 옥포농민군도 23일 공주 남쪽 12km 지점의 대표로 진출하여 전봉준 본대와 합류하려다가 도중에 조일야합군의 공격을 받아 퇴각했다. 그리하여 전봉준 본대는 야합군과 단독 대치상태에 들어갔다.

10월 25일 전봉준 본대는 웅치에서 조일야합군과 격돌했다. 전봉준 농민군은 산들을 가득 메우며 진격했고, 전봉준은 가마를 타고 갓을 쓰고 몸소 기를 들고 피리를 불며 일선에서 지휘했다. 그러나 전봉준 농민군은 반나절 격전 끝에 얼마간의 사상자를 내고 어렵사리 경천과 노성까지 퇴각했다.232) 북상한 김개남 5,000군의 합세로 6-7일 동안 대오를 재정비한 농민군은233) 11월 8일 다시 공주를 공격했다. 농민군은 이인과 판치板峙 양방면에서 공격을 개시한 뒤, 효포·웅치·우금치 삼방면으로 진출하여 공주를 포위한 다음, 11월 9일(양력 12월 4일) 총공격을 가했다. 인근의 산들은 농민군으로 가득 메워졌다.

우금치牛禁峙는 이곳을 잃으면 다시 공주를 지킬 방도가 없기에 공주의 요지다. 농민군 20만 명은 향봉산 위로부터 약 1.4km 떨어진 산 위 일대에 모여 있었다. 불을 환하게 지피고 동남쪽을 포위하면서 계속 총과 포를 쏘아댔다. 농민군은 기세를 크게 과시하기만 할 뿐 전진하지는 않고 10일 아침까지 조일야합군과 대치하고 있었다. 10일 오전 10시에 우금치와 가도 사이 약 10리가량 전개되어 전진하던 1만 명의 농민군은 조일朝日야합 침략군을 오른쪽 서편에서 맹렬하게 공격하기 시작했다. 삼화산의 1만여 농민군도 공주의 또 다른 요지인 천연의 험지 오실 뒷산을 향해 빠르게 전진하자 왜병 1개 분대와 조선괴뢰군 1개 분대가 맞섰다. 오전 11시경 우금치산 전방 약 500m

232) 조경달, 『이단의 민중반란』, 315-316쪽.

233) 한우근, 『동학농민봉기』, 246쪽.

떨어진 산 위로 전진했다. 우금치 부근에서 수 시간 동안 격렬한 전투가 벌어졌다. 그러나 왜군과 조선괴뢰군과 왜군의 신식화력에 밀려 우금치 정상으로 퇴각했다.[234]

동학농민군은 공격할 때 목숨을 버릴 각오로 용감하게 돌진했다. 그러나 장거리 사격이 가능한 30여 정의 노획 신식 스나이더 소총 외에 대부분이 화승총으로 무장한 농민군은 조일야합군의 최신식 화력을 당할 수 없었다. 조일야합군은 1,000여 명 전원이 영국제 스나이더 소총, 메이지22년식 무라다 소총(단발장전식 무라다 소총을 1889년에 탄창장전식으로 개량한 소총)[235], 모젤 소총으로 무장하고, 또 독일제 크룹 야포와 개틀링 기관총의 지원을 받았다. 왜군과 괴뢰관군은 이 모든 종류의 화기로 일제 집중사격을 반복했고, 농민군은 무수히 쓰러졌다. 여기서 가장 위력을 발휘한 무기는 6개의 총신이 축을 따라 돌면서 쉴 새 없이 불을 뿜었다는 개틀링 기관총이었다. 이 기관총은 1분에 200발을 발사했다. 이 기관총 1대로 10분에 2,000명을 살상할 수 있었다.

당시 외무대신 김윤식은 동학군과 조왜야합군 간의 무기의 우열 격차를 이렇게 말한 바 있다.

> 대개 비도는 무리를 모아 성세聲勢를 이루나 기실 쓸모없는 무리다. 맨손에 오합지졸이니 비록 수가 많다고 하나 염려할 것이 없다. 그들이 간혹 양총을 들고 있으나 쓸 줄 모르고 탄환이 없으니 토총보다 못하다. 토총의 둔함으로 어찌 양총을 당하랴. 일본군 10명은 수만 명을 당할 것이다. 이는 필지의 세勢로서 기계의 이·불리利不利에 의한 것이다.[236]

---

234) 『일관기록』, 七.各地東學黨征討에 관한 諸報告, (2)'公州附近 戰鬪詳報'(1894. 12. 4.~5.), 大尉 森尾雅一 발신.

235) 국방부전사편찬위원회, 『義兵抗爭史』, 56쪽.

236) 한우근, 『동학농민봉기』, 247-248쪽에서 재인용.

김윤식이 충청감사 박제순에게 한 이 말처럼 농민군은 화력에서 왜군에 비해 이러한 절대적 열세에 처해 있었다.

그럼에도 불구하고 농민군은 우금치와 웅치에서 10월 23일부터 11월 8·9일까지 6-7일간 40-50여 회의 치열한 공격을 이어갔다. 동학군은 여기서 도로나 높은 산 정상을 탈취하기 위해 산을 타고 올라가다 적탄에 쓰러졌고 또 올라가다가 쓰러지기를 수십 번에 걸쳐 반복하는 격전을 치렀다. 동학농민군의 공격 기세는 대단했다. 관군의 한 지휘관은 이 정황을 이렇게 기록하고 있다.

> 적병이 삼면을 빙 둘러 에워쌌다. 처음과 끝이 30리쯤 되어 마치 상산常山의 뱀(머리를 치면 꼬리가 응하고, 꼬리를 치면 머리가 응하고, 가운데를 치면 머리와 꼬리가 함께 응하는 형세를 말함)과 같아 공격하면 당연히 효포와 능치 등지에서 준동하여 곧장 침입하려는 형세가 되었다. 하지만 그들의 의도는 늘 우금치에 있었다. 우금치에 엄한 방비가 있음을 알고 또 돌아서 주봉周峰을 향했다. 견준봉에 주둔한 군사가 공격하자 주봉에 주둔한 군사들이 총을 쏘면서 호응하여 마침내 우금치에서 전투가 벌어졌다. 성하영만이 그 공격을 감당해 형세상 더 이상 버티지 못했다. 그러나 마침내 일본인 군관(왜군 후비보병 제19대대 서로분진대 제2중대 모리오마사이치[森尾雅一] 대위 - 인용자)이 군사를 나누어 우금치와 견준봉 사이에 이르러 산허리에서 나열하여 일시에 총을 발사하고 다시 산속으로 은신했다. 적병이 고개를 넘으려고 하자 또 산허리에 올라 일제히 발사했는데, 40-50차례를 이와 같이 했다.[237]

다른 관군장교의 보고도 이와 유사하게 공주성 싸움에서 보여준 동학농민군의 무용武勇에 대해 말한다.

---

237) 『公山剿匪記』, 「牛金峙之師」. 『동학농민혁명사료총서(2)』. 국사편찬위원회 한국사데이터베이스.

아! 저 비류 몇 만 명의 무리가 4-50리를 이어 포위하여 길이 있으면 쟁탈하고 높은 봉우리가 있으면 다퉈 점거해 동쪽에서 소리를 내고 서쪽으로 가며 좌측에서 번쩍 우측에서 번쩍하고, 깃발을 휘두르고 북을 치면서 죽음을 무릅쓰고 먼저 오르려고 하니 저 무슨 의리義理며 무슨 담략膽略입니까? 그들 실정을 생각하면 뼈와 마음이 떨리는바 우리의 이와 같은 병력으로 전후좌우에서 대비하지 않은 바가 없기 때문에 사람마다 힘을 다해 용기를 내 먼저 오르지 않는 자 없습니다.[238]

일개 관군 장교가 2차 봉기한 동학농민군의 애국적 '의리'와 반일항쟁의 '담략'을 어찌 이해할쏘냐? 그는 일제의 반도침공을 '침략'이 아니라 왜군의 선전대로 조선독립을 '원조'하는 '의전義戰'으로 정당화하는 일제의 관점을 그대로 받아들여 왜군과 손잡고 공주성전투에 친일괴뢰군으로서 참전한 처지이기 때문이다.

순식간에 고봉과 고봉 사이에는 농민군의 시체가 산을 이루고 피가 강을 이루었다. 우금치 돌파를 포기해야 하는 상황이 오고 만 것이다. 동학군은 우금치 정면공격을 포기하고 우금치를 크게 우회하는 측면공격을 마지막으로 시도하고 나서 우금치로부터 노성과 논산 방면으로 퇴각하기 시작했다.[239] 왜군 특공대의 추격을 받으며 전봉준을 따라 논산으로 퇴각한 생존자는 3,000여 명이었다. 그러나 논산에 재집결했을 때 농민군은 사살되고 도망쳐 겨우 500명으로 줄어 있었다. 이런 참담한 패배의 정황을 전봉준은 체포 후 공초에서 "두 차례 접전 후 만여 명을 점고하니 남은 자가 불과 3,000여 명이었고, 그 후 두 차례 접전 후에 점고하니 불과 500여 명이었다(二次接戰後 萬餘名軍兵點考 則所餘者不過三千餘名, 其後又二次接戰後點考 則不過五百餘名)"라고 진술했

238) 『先鋒陣日記』, 「原報狀」. 『동학농민혁명사료총서(16)』. 국사편찬위원회 한국사데이터베이스.

239) 한우근, 『동학농민봉기』, 247쪽.

다.[240] 그리하여 금구까지 패주한 뒤 다시 농민군을 초모해서 수효가 약간 늘었으나 기율이 없어 다시 개전하기 극히 어려웠다. 하지만 왜군이 뒤를 따라붙어 11월 15일(양력 12월 14일) 논산 부근에서 황화대黃華臺전투를, 11월 25일 원평·태인 등지에서 구미란전투를 두 차례 치렀다. 그러나 전봉준부대는 다시 크게 패해 도주했고 그 후 각기 해산했다. 손병희가 이끄는 북접군도 영동지역의 용산전투와 보은지역의 북실전투를 치르며 전세를 역전시키려고 했지만 역부족이었다.[241] 수만 명의 남북 동학농민군은 이렇게 완전히 와해되고 말았다. 그러나 전라도 남부지역의 농민군은 이후에도 항쟁을 계속 이어나갔다.

5) 왜군의 전남침공과 남부동학군의 항전

동학군이 재봉기한 뒤에 전국 각지에서 크고 작은 동학군과 의병의 봉기, 또는 동학군과 의병을 분간할 수 없는 수많은 농민봉기들이 잇달았다. 그리하여 전국은 일대 광대한 전장으로 변했다. 각지의 동학군과 의병의 봉기는 전봉준·김개남·손화중 등의 동학주력군이 패퇴한 뒤에도 계속되었다.

특히 순천·장흥 중심의 전라도 남부 동학군은 동학주력군이 패퇴한 뒤에도 강력한 세력을 유지하고 반격했다. 순천과 좌수영 지방은 1894년 12월 중순 대규모 항일동학군을 일으켰다. 이 동학군은 순천 동학인민과 하동지방에서 온 동학군, 공주패전 후 남하한 잔여 동학 주력군으로 구성되었다. 이 동학군 부대는 봉기에 즈음하여 다음과 같이 선언했다.

처음에 우리 당이 거사한 것은 탐관오리를 제거하고 모든 고관을 주륙함

---

240) 「全琫準供草」, 開國五百四年 二月 初九日 東徒罪人 全琫準 初招問目.

241) 참고: 「全琫準供草」, 開國五百四年 二月 初九日 東徒罪人 全琫準 初招問目; 박맹수, 『사료로 본 동학과 동학농민혁명』, 257쪽.

> 으로써 폐두弊竇를 일신하려고 한 것이었으나 지금 왜인이 멋대로 대병을 움직여 군주를 위협하고 기강을 흐트러뜨리며 병을 주둔시켜 우리를 욕되게 하므로 우리는 먼저 왜병을 물리치는 것이 오늘의 급무다.242)

이 선언은 갑오왜란이라는 상황변경으로 반봉건투쟁보다 반침략·척왜투쟁을 분명하게 앞세우고 있다. 이같이 순천지방 동학군은 진주·강원도 지방의 동학군보다 높은 차원에서 투쟁하고 있었다.243)

순천을 중심으로 한 이 전라도 남부지방은 동학군의 세력이 강하고 전주화약 이래 집강소가 설치되어 농민의 자치에 맡겨진 일종의 '해방구'로서 '영호대의소嶺湖大義所'라고 칭했다. 순천부사는 12월 초 동학군이 요구한 군자금 50만 냥, 목면 50용甬을 조달하지 못해 문초 끝에 사망했다. 이 전라도 남부지방에서 중앙정부의 지휘를 받는 곳은 좌수영·나주·운봉 등 세 곳뿐이었다.244) 전라도 남단을 관할하는 전라도 제일요소인 좌수영은 농민군을 많이 학살한 반면, 왜국 어민을 보호해주었고, 이 때문에 금오도와 나팔도에는 여전히 수많은 일본 어민이 모여 어업에 종사했다. 이런저런 이유에서 좌수영은 동학군의 제1순위 공격목표일 수밖에 없었다.245)

순천지방 동학군은 좌수영을 공격하기 전에 좌수영 영장 김철규에게 서한을 보내 형제들이 서로 싸우는 것은 득책이 아니므로 이제부터 서로 화합하여 "죽을힘을 다해 이류異類의 발호를 제압해야 한다"라고 하며 공동투쟁을 호소했다.246) 그러나 김철규는 동학군을 '역도'로 몰며 공동투쟁 제안을 거부했다. 이에 동학군은 1894년 12월 16일

242) 『東京朝日新聞』, 1895년 8-9일자.
243) 박종근, 『淸日戰爭과 朝鮮』, 230쪽.
244) 『東京日日新聞』, 1895년 1월 7일.
245) 『東京朝日新聞』, 1895년 1월 9일.
246) 『東京朝日新聞』, 1895년 1월 8-9일.

저녁부터 좌수영을 공격하기 시작하여 17일 저녁에 이르기까지 24시간 동안 격전을 벌였다.[247]

1,000명의 순천 동학군은 영문 후문에 있는 종고산에 웅거하여 대단한 기세로 영문을 공격했다. 영병은 200-300명 정도에 불과해서 좌수영은 곧 함락될 상황이었다.[248] 동학군은 순천 본군에 광양 별대別隊가 더해져 수만으로 불어났다. 그런데 이에 앞서 순천·좌수영 부근에 대기하던 두 척의 왜군 군함('쓰쿠바[筑波]'와 '소코[操江]')으로부터 12월 10일 위급한 좌수영을 지원하기 위해 미우라(三浦) 해군대위 휘하의 육전대 100여 명이 상륙하여 영병에 합류해 있었다.[249] 또한 금오도와 나팔도의 왜국 어민들도 자원병으로 합류했다. 그럼에도 동학군은 21일 공격을 재개하여 일거에 좌수영을 박살낼 기세였다. 그러나 22일 왜군 육전대는 250명의 영내 관군 및 왜국 어민과 연합하여 동학군과 교전을 벌였고, 이 때문에 동학군은 순천으로 퇴각하지 않을 수 없었다. 그러는 중에도 왜군을 공격하는 동학군의 야습은 계속되었다.[250]

앞서 왜군은 12월 21일 제19대대를 좌수영으로 급파했다. 그리고 12월 30일 부산병참사령부는 스즈키야스타미(鈴木安民) 대위 휘하의 1중대를 순천으로 급파했다. 이 스즈키 중대는 동학군이 동쪽으로 넘어가는 것을 막기 위해 1895년 1월 4일 우선 하동에 상륙하여 관군 400명과 합세하여 동학군을 공격하며 광양을 거쳐 순천으로 접근했다. 왜군 군함은 1894년 12월 31일 미리 급거 좌수영으로 다시 가서 육전대를 상륙시켜 시라키(白木) 중위가 지휘하는 조선괴뢰군 교도중대의 작전을 지원했다.[251] 좌수영과 그 근방의 관군들은 왜군의 이러

247) 『東京朝日新聞』, 1895년 1월 8-9일.

248) 『東京朝日新聞』, 1895년 1월 7일.

249) 참조: 강효숙, 「제2차 동학농민전쟁시기 일본군의 농민군 진압」, 22-25쪽; 한우근, 『동학농민봉기』, 257쪽.

250) 『東京朝日新聞』, 1895년 1월 8-9일.

251) 강효숙, 「제2차 동학농민전쟁시기 일본군의 농민군 진압」, 16-18, 22쪽; 한우근, 『동학

한 다각적 응원으로 수세에서 공세로 전환했다.

왜군과 괴뢰관군의 이런 본격적인 공격에 직면하여 순천부 광양현의 마을 관리와 인민들은 동도대장 김인배·유하덕·정우경 이하 동학당 간부들을 죽이고 좌수영에 항복했다. 그러자 일부 동학당 부대들도 지휘자를 죽이고 흩어졌다. 그러나 농민군 대부분은 순천 부근의 낙안과 보성으로 탈출하여 그곳의 농민군과 합류했다. 이에 미나미 소좌는 나주에 도착한 뒤 부대를 세 갈래로 나눠 남하해 장흥의 동학군을 공격했다. 장흥의 동학군은 수만에 달해 장흥성을 점령하고 부사를 처단하고 강진도 점령했고, 일부는 영암으로 진격하고 있었다. 미나미의 장흥 공격에는 스즈키 중대, 괴뢰관군 등도 가담했다. 동학군은 강진과 해남으로 몰릴 수밖에 없었다. 왜군 군함은 동학군이 도서로 옮겨가는 것을 막기 위해 전라·경상도의 인근 해역을 초계하고 수색했다. 1895년 1월 22일 전라도 남부지방에 대한 정복활동은 종료되었다.[252]

### 6) 경상도·강원도·이북의 의병항쟁

#### ■경부전신선·병참기지에 대한 경북·충북 동학군의 공격

동학군 재봉기 이전부터 이후까지 계속 일어난 충북·경북지역의 농민봉기는 동학과 기본적으로 다른 반일의병 계통이었지만, 시간이 흐를수록 동학군과 뒤섞여 그 성격을 구분하기 어려워진다. 이 농민봉기는 전라도 동학군의 봉기와 달리 비조직적이고 산발적이었다.[253]

그러나 서상철 의병항쟁이 일단락된 뒤 벌써 1894년 10월 중순부터 의병항쟁이 여기저기서 나타났다. 10월 13일 밀양 부근에 집결한

---

농민봉기』, 258쪽.

252) 참조: 박종근, 『淸日戰爭과 朝鮮』, 231-233쪽.

253) 참조: 박종근, 『淸日戰爭과 朝鮮』, 224쪽.

500-600명의 의병이 밀양을 공격했고, 이에 전운사 정병하가 왜군병참기지에 원조를 요청했다. 의병들은 출동한 왜군들과 교전했다. 13일 동시에 단양 부근의 송면에 1,000여 명의 의병이 문경의 병참기지를 치러 집결하여 왜군 3개 중대와 교전했다. 이처럼 반일의병항쟁은 경부전신선과 경부병참선 연변으로 확대되었고, 서울 부근으로 가까이 갈수록 규모가 커졌다. 10월 15일 이천 동북 10리 땅에 집결한 의병 1만 명은 이천의 왜군병참기지를 공격했고, 여세를 몰아 충주를 공격했다. 10월 24일에는 단양에 집결한 동학군 4,000여 명이 단양부사를 습격했다. 10월 27일에는 동학군 2,000여 명이 안보병참기지를 공격하여 사방을 포위하고 불을 지르고 사격을 가해왔다. 병참기지의 대부분은 소각되고 전신선도 절단되어 군용전신선이 불통이었다. 10월 27일에는 죽산(죽전)에도 의병이 수만 명이나 집결해 있었다. 괴뢰군부는 이에 중앙의 괴뢰정부가 위험하므로 왜군의 원조를 요청하고 있었다. 또한 성주성내에 집결한 의병 1,000명은 왜군 3개 분대를 2시간 동안 공격했다. 28일에도 선산부에 집결한 동학군 수천 명이 낙동병참부를 공격했고, 29일에는 급파된 왜군 2개 분대와 3시간 동안 교전했다. 보은에서도 의병이 봉기했다.[254)]

이에 따라 왜군은 이리저리 군대를 찢어 파견하느라 계속 우왕좌왕하고 병력부족을 겪기 시작했다. 결국 히로시마 왜군 대본영은 인천병참기지 수비대를 증파하고, 곧이어 추가로 본국으로부터 3개 중대를 증파했다. 경부선 수비의 총책을 맡은 자는 제6연대 제2대대장 이이모리노리사다(飯森則定) 소좌였다.[255)]

1894년 11월 13일 괴산에서 봉기한 의병 2만 명은 인천에서 온 2개 대대의 왜군수비대를 만나 격전을 벌여 이들을 많이 사살하고 충주로

254) 참조: 박종근, 『清日戰爭과 朝鮮』, 222-223쪽.

255) 참조: 강효숙, 「제2차 동학농민전쟁시기 일본군의 농민군 진압」, 26-28쪽; 박종근, 『清日戰爭과 朝鮮』, 222-223쪽.

쫓아버렸다. 이에 복수심에 불탄 왜군 4개 분대와 괴뢰관군 400명은 보은으로 진격하여 동학교주 최시형의 가택을 불살랐다. 최시형은 11월 11일 전봉준의 재봉기론에 호응하여 청산으로 가서 12-13일 2만 명을 집결시키고 황동, 영동을 거쳐 전라도로 들어가 전주에 도착했다. 이 봉기는 엄청난 규모이고 정확히 동학군의 재봉기였다. 제2차 농민전쟁이 진압된 이후에도 의병은 여기저기서 이렇게 계속 산발적으로 봉기했다. 1895년 1월 8일에는 영동·청산 간에서 의병이 봉기했고, 종곡에서도 봉기했다. 종곡 북단의 고지나 촌락을 점거한 종곡의병은 세력이 아주 커서 그 수가 1만 명에 달했다. 이 의병부대는 이틀간 왜군과 치열한 교전을 벌여 왜군 소위 등 많은 왜병을 사상시켰다. 1895년 1월 12일 청산·보은에 집결한 동학군 수만 명도 왜군과 교전을 벌였고, 충북 장호원과 원성 부근에 집결한 의병들도 왜군과 접전을 벌였다. 이 충북·경북지방 의병은 이렇게 비조직적·산발적으로 계속되어 단발령 이후의 반일의병으로 연결되었다.[256]

#### ■ 진주·하동 동학군과 왜적의 침입

진주에서는 1894년 10월 12일 5,000명의 농민이 봉기했다. 영남 대의회소 도금찰소都禁察所 김상규는 진주성 아래에다 격문과 함께 탐관오리의 처분과 납세금지 등 폐정개혁 22개조를 게시했다. 이 조목들은 제1차 동학농민전쟁의 폐정개혁 요구와 대동소이하다. 진주의병도 반일적 언행을 보였지만 폐정개혁 요구에는 나타나지 않고 있다.[257]

왜군은 5개 소대를 투입해 진주침공에 나섰다. 총지휘자는 스즈키 대위였다. 10월 27일 하동의 동학군 700명은 스즈키가 보낸 1개 소대와 교전했고, 진주 서쪽 수곡마을에 집결한 동학군은 11월 11일 스즈

---

256) 참조: 강효숙, 「제2차 동학농민전쟁시기 일본군의 농민군 진압」, 28-36쪽; 박종근, 『淸日戰爭과 朝鮮』, 223-225쪽.

257) 참조: 박종근, 『淸日戰爭과 朝鮮』, 227-228쪽.

키의 전 부대와 격렬한 교전을 벌인 끝에 덕산지방으로 물러났다.[258) 농민의병은 11월 16일 응치와 삼봉산에서, 17일에는 광평동에서, 19일에는 성동 등지에서 침공한 왜군과 싸웠다. 11월 하순 왜군은 하동을 침공했다. 하동 근방의 집현산에 웅거한 농민군들은 암석누벽을 쌓고 침입한 왜군에게 완강하게 반격했다. 경상도 관찰사 조병호는 대구부 판관 지석영을 토포사에 임명하고 봉건적 친일민병(창의군)을 동원해 왜군과 공동작전을 폈는데, 이 지역의 농민의병 지도자 김상규와 김권순은 11월 11일 진주전투에서 이들에 의해 생포되어 13일 처형당했다. 또한 농민군 지도자 최학원은 곤양의 금강산전투에서 생포되어 13일 총살당했다. 농민군은 모두 순천 쪽으로 물러났다. 그러나 농민군의 활동은 12월 하순부터 다시 활발해졌다. 원래 "진주에서부터 하동 부근의 동학군은 일시 격퇴되었지만 곧 수천 또는 수백 명으로 각지에 모이고 갑지에서 흩어지면 을지에 모이고 혹은 수백 개의 지역에 동시에 모이는 등 아직 진정되지 않은 상태"에[259) 있었다.

■강원도 동학농민군과 왜군의 강원도침공

강원도 농민군은 거의 다 동학농민군들이었다. 그런데 항일동학군이 아니라, 반봉건적 성격의 동학군이었다. 강원도는 1894년 여름부터 동학신도가 급속히 불어났다. 강원도 동학군 봉기는 충북과 경북의 동학군 및 의병 봉기의 영향을 받으면서 11월 초순부터 평창·정선·원주·영월·삼척·홍주 등에서 궐기하여 지방관청을 점거하고 기세를 올리면서 이듬해 2월까지 계속 왜군과 전투를 벌였다. 봉기군 지도자는 약간의 진사·유학 신분도 끼어 있었지만 대부분 차기석 등 동학접주였다. 농민군은 강릉부를 점거하고 징세삭감 선언, 전답문서 탈취,

---

258) 참조: 박종근, 『清日戰爭과 朝鮮』, 228쪽.

259) 강효숙, 「제2차 동학농민전쟁시기 일본군의 농민군 진압」, 18쪽; 博文館, 『日清戰爭實記』 第10編, 98쪽. 박종근, 『清日戰爭과 朝鮮』, 229쪽에서 재인용.

폐정개혁, 보국안민의 포고 등을 행했다.260) 이런 지향은 제1차 동학농민전쟁의 요구와 합치된다. 강원도 농민봉기에서 척왜항전의 색채가 보이지 않는 것은 병참선에서 멀리 떨어진 지역이라는 지정학적 한계도 작용했지만, 전봉준과 같은 민족 차원의 걸출한 지도자가 없었던 것이 결정적인 한계였을 것이다.261)

그러나 왜군은 강원도 동학군에 신경을 곤두세웠다. 그것은 첫째, 강원도의 봉기가 고조되면 강원도와 가까운 서울과 서울 부근 전신선·병참기지로 비화될 위험이 있고, 둘째, 왜국공관과 왜군이 극도로 두려워하는 의병의 함경도 파급 위험이 있었기 때문이다. 따라서 왜군은 제18대대 이시모리요시나오(石森吉猶) 대위 휘하의 2개 중대를 우선 투입하고 조금 있다가 1개 중대를 증파한다. 이시모리는 괴뢰관군과 성리학적 유생들의 창의군도 지휘했다. 이시모리는 강원도 동네사람들에게 살벌한 인보(隣保)맹약(1. 마을에서 1인이라도 동학에 입도하면 마을 전체 처벌, 2. 동학관계자의 가족을 마을에서 추방, 3. 동도의 침략을 당할 때 마을은 협력방어 구축, 4. 동도를 보고 잡지 않는 자는 처형, 5. 마을사람이 소유한 병기는 관청이 거둠)을 강요했다.262)

1월 하순 차기석 등 동학군 지도자들이 강릉 부근 전투에서 생포되어 처형된다. 이것을 기점으로 봉기는 잠시 수그러드는 것 같았으나 그 후에도 농민봉기는 단속적으로 이어졌다. 1895년 8월 하순에도 국왕의 밀지를 받은 의병이 봉기했다.263)

### ■ 평안도·황해도 동학군 봉기와 왜적의 침공

평안도와 황해도는 왜군의 북침로였다. 따라서 왜군은 북침로 주변

---

260) 참조: 한우근, 『동학농민봉기』, 270-271쪽.
261) 참조: 박종근, 『淸日戰爭과 朝鮮』, 225-226쪽.
262) 참조: 한우근, 『동학농민봉기』, 271-281쪽; 박종근, 『淸日戰爭과 朝鮮』, 226-227쪽.
263) 『時事新報』, 1895년 9월 1일자.

에서 인마와 군량을 강제 징발했고, 이 징발은 평안·황해도가 갑오왜란과 청일전쟁의 전선이 중첩되는 지역이므로 경부로에서보다 가혹했다. 평안도와 황해도 동학군과 의병의 척왜전쟁은 게릴라전 방식으로 끈질기고 집요하고 지속적이어서 왜군들을 도처에서 타격하고 교란했다. 『동경일일신문』은 1895년 3월에도 척왜농민군들이 "마치 밥 위에 앉은 파리처럼 모였다가 흩어지고 흩어졌다가 다시 모이는 양상으로" 투쟁한다고 보도하고 있다.[264]

왜국공사와 왜군은 '양국맹약' 또는 '조일맹약'(1894. 8. 26.)에 따라 이 지역에서 징발을 괴뢰정부가 대신 수행하도록 했다. 청군과 왜군의 평양회전(1894. 9. 15.)을 이틀 앞둔 9월 13일 황해도 지방의 관민이 왜군을 타격하자 오오토리 공사는 괴뢰정부에 이 지역에 대한 선유사의 파견을 요구했다. 이에 따라 파견된 이학규·조희일·권형진의 임무는 갑오왜란과 청일전쟁이 조선의 독립을 위한 것이라고 인민을 기만하는 것이었다. 이 중 권형진은 가장 친일적인 괴뢰로 전력투구했고, 이로 인해 왜군의 포상추천을 받을 정도였다. 왜군의 추천으로 그는 10월 28일 선유사 겸 선천부사가 되었다. 그 후 병참요충지인 안주로 전임되었다. 여기서 그는 청일전쟁이 조선독립을 위한 전쟁이므로 저항하지 말고 왜군에 적극 협력하라는 취지의 고시문을 반포했다.[265]

왜군의 북침과 황해도·평안도 동학농민군의 봉기 상황을 왜군자료와 왜국신문에 바탕을 둔 박종근의 연구에 따라 재구성해보자. 왜군들은 왜상倭商들을 시켜 식량을 징발했다. 따라서 왜군의 북침에 따라 황해·평안도 인민들은 왜군만이 아니라 왜상倭商들에 의해서도 시달려 이들에 대해서도 더욱 경계했다. 인민들은 9월 17일 왜상 4명을 살해했고, 또 11월 25일 1,000명의 척왜농민군은 황해도 재령의 해창海倉에서 미곡을 사 모으고 있던 인천 왜상 5-6인을 습격하여 2명을

264) 『東京日日新聞』, 1895년 3월 2일자.

265) 참조: 박종근, 『淸日戰爭과 朝鮮』, 234쪽.

살해했다. 또 황해도 황주 부근 예천에서도 왜상을 살해했다. 이로 인해 징발이 지지부진할 수밖에 없으므로 왜군은 이와 동시에 직접 나서서 우마와 식량을 강탈했다. 왜군은 앞서 이미 9월 3일 북침로의 예하부대에 강탈명령을 내렸었다. 그러나 11월 23일 재령의 동학군 2,000여 명은 백미강매를 위해 파견된 이리에(入江) 소좌 일행을 공격하여 왜군에게 2명 사살, 다수 행방불명의 큰 타격을 가했다. 이에 왜군은 에가미(江上) 대위 휘하로 여기저기서 군대를 모아와 투입된 150여 명의 병력으로 북침을 재개하여 재령을 점령했다.[266]

왜군의 공격·구축 방향은 다른 곳에서와 마찬가지로 황해도·평안도의 농민군들을 노령 쪽으로 접근하지 못하도록 서쪽 해안으로 내모는 것이었다. 그러나 농민군은 여기저기서 산집散集을 반복하면서 게릴라식 전투를 벌여 왜군을 동분서주케 만들었다. 11월 23일 동학군 6,000여 명은 해주의 서단에서 4시간 동안 왜군과 격전을 벌였고, 11월 25일 2만 명의 해주농민군은 총유전천葱莠全川에서 왜군병참기지 수비대와 교전했다. 농민군의 봉기는 이후 황해도 각지로 퍼져나갔다. 북침작전에 참여한 스즈키아키라(鈴木彰) 왜군 소위도 동학당이 각지에서 모였다 흩어지기를 반복하여 진압이 어렵다고 보고하고 있다. 동학농민군은 왜군병참기지를 공격하며 평산, 강령康翎, 연안, 송화, 장연을 휩쓸었다. 농민봉기는 1895년 2월 상순 일시 진정된 것처럼 보였으나, 3월 초순부터 다시 농민군의 항쟁이 치열해졌다. 농민군은 은파, 강령, 옹진甕津, 송화, 장연, 문화, 신천, 남창, 해주에서 전투를 벌였다. 왜군은 조선괴뢰군과 연대하여 후퇴했던 지역을 재침하기 위해 발악했다. 농민군은 4월 상순경 농번기가 되자 점차 해산했다.[267] 그러나 가을에 이들은 추수농사가 끝나고 을미의병으로 다시 나타난다.

그간 동학농민군의 주공격 목표는 갑오왜란 중 북침의 상징물이자

---

266) 참조: 박종근, 『淸日戰爭과 朝鮮』, 234-235쪽.

267) 참조: 박종근, 『淸日戰爭과 朝鮮』, 235-236쪽.

점령체제의 기간시설인 왜군의 군용 전신선과 병참기지였다. 1895년 1월 24일 농민군은 평양 부근의 전신선 550m를 걷어내버렸고, 28일에는 남포와 마치율 사이 가증리에서 전신선 500m를 절단했고, 3월 14일에는 개성과 장단 간 전신주를 쓰러뜨렸고, 4월 14일에는 서울과 이북 사이에서도 전신선을 절단하여 왜군의 북침을 방해했다. 그리고 동학군 300명은 평산의 전신선 공사장을 급습하여 파괴했다.268) 동학군은 병참기지만이 아니라 병참수송도 타격했다. 그리하여 1895년 3월 왜군 해상운송로의 어은동 하역을 불가능하게 만들었다.269)

황해·평안도의 농민군 봉기가 이렇듯 척왜의 성격만을 지닌 것은 아니었고 반봉건투쟁의 성격도 아울러 가지고 있었다. 그도 그럴 것이 성리학 노선의 봉건지주 유생들은 왜군과 괴뢰관군에 붙어 '민병'으로 불리는 '창의군'을 일으켜 농민군을 공격하는 데 가담했기 때문에 척왜를 위해서는 불가피하게 경향 각지의 이 친일봉건세력들도 같이 청산해야 했기 때문이다. 10월 하순 장연에서 궐기한 동학군 수만 명은 폐정개혁의 기치를 들었고, 12월 13일에는 황주감영을 공격해 감사 정석진에게 상해를 입혔다. 장련·은율·풍주 등에서는 농민군이 기세를 올려 현감과 부사들은 병장기를 빼앗기기도 하고 직책을 내놓고 도주 잠적하기도 했다. 따라서 한동안 이 지역은 해방구가 되었다. 농민군은 지주와 고리대에 대한 부채와 이자를 지불할 필요가 없다고 선포하고 다녔다. 1895년 봄 무렵에는 농민군이 여러 지역을 완전히 장악해 도처에 전주화약 후 전라도와 같은 농민자치구들이 나타났다. 그리하여 부사와 현감들은 교섭할 일이 있으면 동학군의 도소都所에 초대받아 그곳에서 담판을 벌이는 것이 관행이 되었다. 왜군이 동학군 체포를 위해 부사·현감의 협력을 요청해도 아무도 이에 응하지 않았다.270)

268) 참조: 박종근, 『淸日戰爭과 朝鮮』, 236쪽.
269) 참조: 박종근, 『淸日戰爭과 朝鮮』, 237쪽.

가령 황해도 침공부대의 오오즈카(大冢) 왜군 대위가 풍천부사 최병두와 협의했을 때, 부사는 "오늘날은 부사 혼자만의 생각으로 읍을 떠날 수 없다"고 하며 "동학의 도소에 가서 동학수령의 승인을 받고 나서 결정하겠다고 말했다". 이에 오오즈카는 부사로서 어찌 동도의 통제를 받을 필요가 있느냐고 묻고 스스로 결정하라고 요구하자, 부사는 오늘날의 사정으로 어쩔 수 없는 일이라고 말하고 끝내 도소에 가서 동학수령의 인가를 구했다. 동학군의 무력으로 왜군과 중앙괴뢰정부의 지배권에서 해방된 지역들에서 이러한 행태가 일반화되자 어은동의 능곡 병참사령관은 황해감사를 강제하여 이를 막으려고 했지만 감사는 이 왜군사령관과의 만남을 회피했다. 또 황해도 지방관들 중에서는 동학군 진압에 대해 왜군과 상의하는 자가 나오지 않았다. 이만큼 지방관의 비협조는 철저했고, 동학군의 지배력은 강했다.[271]

물론 동학농민군은 농번기에도 활동을 멈추지 않고 의병과 뒤섞여 계속 산발적으로 봉기했다. 1895년 9월 10일 평안도 상원에서 일어난 의병은 괴뢰관군과 교전하여 몰아붙였다. 상원 격문은 왜국이 개화를 구실로 왜군으로 조선왕궁을 점령하여 "보기寶器를 빼앗고 법을 고치고 제도를 바꾸고 장상을 추방하고 군물軍物을 빼앗아" 조선의 지배를 도모하고 있는데 조정의 후은을 받은 고관대작들이 아무도 나서고 있지 않다는 내용이었다.[272] 이것은 서상철의 격문과 맥을 같이하는 것이다. 9월 24일 날짜가 쓰인 이 격문의 명의는 '평안창의사 김'이라고 되어 있는데 김원공인지, 김원교인지 분명치 않다.[273]

9월 18일에는 황해도 장수산성과 재령군에서 청병이 버려둔 양총 200정을 무기로 삼아 산성에 웅거하며 항일전을 전개했고, 안성에서

270) 참조: 박종근, 『淸日戰爭과 朝鮮』, 237쪽; 한우근, 『동학농민봉기』, 263-264쪽.
271) 『東京朝日新聞』, 1895년 4월 9-10일.
272) 『東京朝日新聞』, 1895년 10월 8일자.
273) 『東京朝日新聞』, 1895년 9월 17일자.

는 이중칠과 오동길이, 석현에서는 임종현이, 백천에서는 황일만이 궐기했다. 그러나 이들은 평양훈련대에 의해서도 막지 못했다. 1개 소대의 훈련대 병사들이 출동과 동시에 거의 다 탈영해버렸기 때문이다.[274] 아무튼 이 지방의 농민봉기는 전봉준의 제2차 동학군봉기가 좌절된 뒤 오히려 왕성해졌다가 을미왜변과 단발령 이후 격렬한 을미의병으로 발전한다.

왜군은 동학농민군에 대해 "매우 잔혹한 학살 작전"을 폈다.[275] 1894년 10월부터 이듬해 2월까지 왜군, 조선괴뢰군 및 창의군과 싸우다 전사하거나 피살당한 동학농민군의 수는 엄청났다. 오지영은 증언한다.

> 갑오년 12월(양력 1895년 1월)부터는 조선남방이 관병官兵과 일병日兵의 천지가 되고 말았었다. 동리 동리마다 살기殺氣가 충천하고 유혈이 만지滿地했었다. … 동학군으로서 관병, 일병, 수성군, 민포군에게 당한 참살광경은 이루 말할 수 없었다. 그중에 가장 참혹한 곳으로는 호남이 제일에 거居했고 충청도가 기차其次이며 또는 경상·강원·경기·황해 등 제도諸道에 살해가 많았었다. 전후 피해자를 계산하면 무릇 3·40만의 다수에 달했었고 동학군의 재산이라고는 모두 관리의 것이 되고, 가옥 등 물物은 죄다 불속으로 들어갔으며 기타 부녀강탈·능욕 등은 참아 다 말할 수 없는 것이다.[276]

오지영의 『동학사』는 이렇듯 '피해자'를 30-40만 명으로 추정하고 있다. 상술했듯이 『천도교창건사』는 '피살자'의 수를 20만 명으로 추정한다.[277] 이것은 전투 외 희생자들까지 포함한 것으로 보인다. 조경달

---

274) 참조: 박종근, 『淸日戰爭과 朝鮮』, 239쪽.

275) 와다하루키, 『러일전쟁과 대한제국』, 35쪽.

276) 吳知泳, 『歷史小說 東學史』, 154-155쪽(두세 군데 어색한 조사를 현대화했음).

의 추산에 의하면, 이 기간에 왜군과 전투하다가 전사한 동학농민군은 확실히 도합 3만 명을 넘고, 열악한 위생·의료 조건 등으로 사망한 전상자戰傷者까지 합치면 5만 명에 이를 것으로 추산된다.[278] 이것은 동학군과 무관한 의병 전사자나 가족·동학교도·동학군원조자 등 전투 외의 피살자들을 다 제외한 추정수치다. 의병 전사자, 한성·궁궐·지방전투에서의 항일애국조선군 전사자, 왜군이 색출하여 사살한 비무장 동학도 피살자, 우발적 단독항일백성 또는 소규모 항일집단의 피살자 등까지 모두 다 합하면, 1894년 7월부터 1895년 2월까지 동학·의병 등 재야척왜세력과 애국관군의 총 전사자는 줄잡아 20만 명을 훨씬 상회할 것이다. 따라서 『천도교창건사』와 『동학사』에서 말하는 20-40만 명의 '피살자' 또는 '피해자' 수치는 근거 없는 숫자가 아니다.[279]

이것은 단 7개월 만에 발생한 전사·피살자라는 점에서 대규모 전쟁 재앙이었다. 7개월간 매일 1,000명 이상의 조선인이 전국 각지에서 죽임을 당한 것이다. 참으로 처절한 전쟁이었다. 그러나 1894년에 막이 오른 갑오척왜전쟁은 이렇게 처절한 것으로 그친 것이 아니라, 이후에도 엄청난 희생을 무릅쓰고 의병전쟁·독립전쟁으로 계속되어 고려시대 항몽전쟁 30년을 훌쩍 뛰어넘는 51년 동안 지속된 점에서 가장 처절한 전쟁임과 동시에 한민족의 가장 위대한 영웅적 전쟁이었다.

7) 동학농민군과 의병의 영구항쟁으로의 전화

동학농민군과 의병은 왜군과 괴뢰관군에 의해 1895년 초 동학지도자들과 의병장들이 체포되어 처형된 이후 다 진압된 것으로 잘못 알고 있지만, 동학농민군과 의병은 1910년까지도 전국 산간벽지로 숨어들어 병장기를 놓지 않고 있다가 을미왜변·단발령·을사늑약·정미7조

277) 李墩化, 『天道教創建司』, 69쪽.

278) 조경달, 『이단의 민중반란』, 329쪽.

279) 조경달, 『이단의 민중반란』, 329쪽.

약·군대해산·합일합방 등 역사의 격랑기마다 다시 출현하여 왜군과 친일괴뢰들을 공격하는 영구항쟁을 전개했다. 갑오·을미·을사·정미·임술의병으로 이어지는 의병사는 잘 알려져 있기에 여기서 재론할 필요가 없을 것이다. 그러나 동학농민군의 이후 항쟁에 대해서는 잠시 살펴볼 필요가 있다.

동학농민군은 패배 후 산악으로 들어가 투쟁을 계속했다. 윤치호는 을미왜변으로 왕비가 시해된 것이 알려지기 시작한 1895년 12월 이후 발발하여 1896년까지 계속된 을미의병도 "대부분 동학의 잔당들"이었다고 기록하고 있다.[280] 이후 발간되기 시작한 『독립신문』, 『황성신문』, 『대한매일신보』에서도 산속에서 '보국안민', '제폭구민' 등의 구호를 단 동학군들이 활동하는 소식과 관공서 공격 소식들이 간혹 실렸다. 동학군은 1896년과 1897년에도 여전히 강력한 여세로 남아 있는 지류도 있었고,[281] '남학당南學黨'으로 전화되기도 한다.[282] 또 '영학당英學堂'으로 전화되기도 한다. '영학당'은 영국 예수교를 가칭하고 활동한 동학당이다. 『독립신문』에도 그 활동이 보인다.

> 군창에 있는 선교사 정컨 씨가 신문사에 편지했는데 동학과 비도에게 들었다가 살기를 도망한 놈들이 거짓 예수교 한다고 일컫고 전주·옥구·임피·함열·만경 근처로 다니면서 가칭 양인의 심부름이라 하고 인민에게 토색이 무수하니 교하는 사람이야 이런 일은 도무지 없는지라 거기 관찰사와 원들은 이런 놈들을 잡아서 엄히 다스려 달라고 했더라.[283]

---

280) 『尹致昊日記(四)』(서울: 탐구당, 1975), 1896년 3월 10일.

281) "양근 출주 위관 김구승 씨가 그 근처에 동학군이 있단 말을 듣고 사오차 밤으로 순행하여 근탐한즉 십이월 이십사일 밤에 동학당 삼백 여 명이 양근 구룸개에 둔취하여 방장 모의하거늘 김구승 씨가 바로 달려들어 그 괴수 방무길과 이우연 등을 잡아 진중에 가두고 공초를 받은즉 그 당류가 수천 명인데 도록책을 뺏었다더라." 『독립신문』, 1896년 12월 31일.

282) 『독립신문』, 1899년 5월 22일('남학당 압송'): "일전에 충청남도서 잡아 올려온 남학당 十三명을 경무청에서 十八일에 한성부 재판소로 넘겨 보냈다더라." 남학당에 관한 논의는 참조: 조경달, 『이단의 민중반란』, 400-408쪽.

『독립신문』에는 또 이런 소식도 있다.

> 강화 지방대 참령 윤철규 씨는 군부 훈령 드디어 전라북도 고부 흥덕 등 각 군에 영학당을 치려고 떠나서 그저께 인천까지 당도했는데 전라북도 관찰부에서 전보하기를 그 당 중에 이십 명을 우선 잡고 그 나머지도 차차 진정되게 한다고 한 고로 군부에서 다시 인천으로 전보하여 강화 지방대를 아직 중지시켰다더라.

또

> 군부에서 전주로 훈령하기를 고부 등 군에 창궐한 영학당을 북도 관찰사 이완용 씨가 선유하되 만일 귀화치 않거던 진위대로 탄압하라고 했다더라.[284]

동학당은 1901년 이후에 다시 '활빈당'으로 분화·변모하기도 하며 끈질기게 항쟁을 이어가 이른바 '광무농민운동'의 주력을 이루었다.[285] 그리고 을미년 이후부터 의병과 합류하기도 하고 갈라지기도 하면서 1910년 이후 만주와 연해주 독립군의 거대한 흐름 속으로 유입하게 된다.

동학군은 '동학당', '동비東匪' 또는 '동도東徒'라는 명칭으로 1896년 중반 이후 우후죽순처럼 창설된 신문에서 줄곧 등장한다.[286] 『독립신

---

283) 『독립신문』, 1896년 9월 24일.

284) 『독립신문』, 1899년 6월 6일. 또 "전라남도 고창군에 소위 영학당을 잡아 가두었는데 그 상하고 주려 죽은 자가 이십 명이요 그 공초 중에 동당자가 해도 내 각 군에 있는데 수효는 백구십육 명이라더라." 『독립신문』, 1899년 6월 27일. 『황성신문』에도 보인다. 『皇城新聞』, 1899년 5월 31일; 6월 5일; 23일; 1900년 2월 5일; 3월 1일. 영학당에 관한 논의는 참조: 조경달, 『이단의 민중반란』, 383-399쪽.

285) 참조: 조동걸, 『한말 의병전쟁』, 66쪽.

286) 가령 참조: 『독립신문』, 1897년 2월 6일; 4월 3일; 『皇城新聞』, 1900년 2월 21일('경남동

문』의 1899년 6월 19일자 「비도 모양」이라는 기사는 이렇게 보도하고 있다. "고부군 등지에서 창궐한 비도가 흥덕-고창 양군兩郡 접계에 둔취했는데 머리에는 평양자를 쓰고 혹 흰 수건과 누렁 수건으로 머리를 쌌으며 옷 등에는 도서를 찍었고 큰 기는 하나인데 '보국안민' 네 글자를 썼고 작은 기는 네 개요 영기는 세 개며 서양 총과 조총이 백百여 개라더라."[287] 또 1900년 2월 『황성신문』의 「경남동도」 제하의 기사에는 이런 내용이 보인다. "진주 등지에서 민중이 소취嘯聚하여(군호를 불러 모여) 간혹 동학이라고 칭하여 고을과 동네가 소요騷撓하다고 항설巷說이 낭자하더니 경남관찰사 이근용 씨가 내부에 전고電告하기를 각 군 경내에 전일 동도의 누강漏綱 잔당이 왕왕 소취하여 널리 물결쳐 이목吏目하여 별기정탐別機情探한즉 과연 소문이라. 음우陰雨의 대비가 없어서는 아니 되므로 미리 보고했거늘 현금 동도가 날이 갈수록 불어 퍼져 민정이 날이 갈수록 소요하오니 고성固城의 지방부대를 전칙轉飭하여 병정 1중대를 본부에 파견 주둔시켜 인심을 진정케 함을 청했다더라."[288] 동학도는 다시 수적으로 불어나기 시작한 것이다.

황현에 의하면, 1900년 2월에 해서(황해도)지방과 양호지방에서도 다시 동학도가 일어났고, 5월에는 손숙개孫叔介 접주가 이끄는 29포, 48,000명의 동학교도가 적발되었고,[289] 1905년에는 평안도에서 동학

---

도'); 1904년 9월 26일('진주동도'); 28일('전금동도'); 10월 14일('전북동도', '충남동도'); 15일('사방동학'); 17일('진보봉기'); 21일('去九月에 本郡無賴輩가 干連各郡東徒ᄒᆞ야'); 『大韓每日申報』, 1905년 10월 18일('自取其禍').

287) 『독립신문』, 1899년 6월 19일.

288) 『皇城新聞』, 1900년 2월 21일('경남동도'): "晉州等地에셔 民衆이 嘯聚ᄒᆞ야 或稱東學ᄒᆞ며 或稱英學ᄒᆞ야 州里가 騷撓ᄒᆞ다고 巷說이 狼藉ᄒᆞ더니 昨日에 慶南觀察使李埈鎔氏가 內部에 電告ᄒᆞ기를 各郡境內에 前日東徒의 漏綱餘黨이 往往嘯聚ᄒᆞ기로 廣派吏目ᄒᆞ야 別機情探한즉 果若所聞이라 不可無陰雨之備故로 業已報告ᄒᆞ얏거니와 現今東徒기 日益滋漫ᄒᆞ야 民情이 日益騷擾ᄒᆞ오니 轉飭固城地方隊ᄒᆞ야 兵丁一中隊를 派駐本府ᄒᆞ야 鎭靖人心케함을 請ᄒᆞ얏다더라."

289) 황현, 『매천야록(중)』, 368, 393쪽.

이 크게 일어나 포를 설치했는데, 큰 곳은 수만 명, 작은 곳은 4-5천 명에 이르러 부府나 군에서 금할 수 없을 지경이었다.[290] 1907년에 이르자 동학교도의 수는 무려 200여만 명에 달했고, 고종도 한성부 남서南署 미동美洞에 사는 박형채朴衡采의 청원에 접하여 1907년 7월 11일 마침내 동학을 공인하기에 이르렀다.[291]

이후부터 동학은 포교의 자유를 만끽하며 가톨릭과 개신교를 수십 배 앞질러 교도의 수를 더욱 폭발적으로 늘려나갔다. 그리하여 동학농민군의 항일투쟁은 공인된 동학의 폭발적 교세확장을 기반으로 1907년 이후 더욱 군세軍勢를 확대하게 된다. 1907년 8월 군대해산 이후 동학군은 해산된 한국군 장병들과 합류하여 '독립군'과 '광복군'으로 발전하며 '무궁화꽃'처럼 무궁하게 재생산되었다. 1910년 이후 '독립군'의 큰 흐름 속으로 유입해 들어간 동학군의 길고 긴 항쟁은 실로 '영구항쟁'이라 부르지 않을 수 없을 것이다.

이른바 을사·정미의병에서 갑오동학군에 참여한 경험이 있는 동학교도들은 의병부대의 주력을 형성했고, 평민의병장의 대부분은 동학농민전쟁 경험을 가진 동학교도들이었다. 이런 의병장의 전형적인 유형은 불패신화의 이강년이었다. 무과에 합격하여 선전관에 임명되어 벼슬길에 올랐으나 갑신정변을 겪은 뒤 향리로 물러난 이강년은 고향에 은거하여 학문에만 열중하다가 1894년 동학농민전쟁이 일어나자 동학농민군에 투신했다. 이때 이강년 의병장의 휘하에서 농민군으로 활약하며 심산유곡을 누볐던 많은 농민들은 다수가 훗날 다시 이강년 휘하에서 의병항쟁에 가담하여 보급조달·지형탐색·현지정보망 구축 등 군사작전에 크게 기여했다.

1894년 동학농민군을 탄압하러 일어난 유생들의 창의군 세력과 동학농민군 세력이 후에 하나가 되어 일제와 싸우게 되는 역사적 계기

---

290) 황현, 『매천야록(중)』, 651쪽.

291) 『高宗實錄』, 고종44(1907)년 7월 11일.

들이 많았다. 그 첫 번째 계기는 을미왜변과 단발령이었다. 이 사건들을 계기로 전국 각지의 유생들이 농민대중에게 의병으로 궐기하여 일제침략세력에 맞서 싸울 것을 호소하자, 지하에 숨어 있던 동학농민군 세력은 유생들과 함께 반일·반제국주의의 공통 구호 아래 한데 뭉쳐 의병조직을 이루었다. 특히 을미의진은 대부분 이질적인 두 집단, 즉 유생과 동학농민군으로 조직되었다. 을미의병을 선도한 유생 집단은 항일전쟁을 직접 수행하자니 다수의 자원병들을 필요로 했고, 농민군은 일찍이 자신들이 전개했던 제2차 동학혁명운동의 기본노선과 일치되는 반일·반제국주의 목표를 위해 보다 광범하고 다양한 기반확장이 필요했던 것이다. 따라서 을미의진은 처음 시작할 때 대부분의 지도자가 유생들이었으나 기본대오는 동학농민군이었기 때문에 지도자도 점차 동학군 출신으로 개편되어갔다. 여기에 산중의 포수들은 중간집단으로 유생과 동학군을 연결해주는 역할을 했다. 그리고 이들이 실제 전투에서 주요 전투력을 발휘했다. 특수한 경우에는 승려나 중국인까지도 의병대열에 합류했다. 이리하여 동학군 출신들은 도처에서 아주 다양한 세력과 손잡게 되었다.292)

8) 소위 '창의군'의 준동

임진왜란기와 달리 갑오왜란기에는 국왕이 생포되어 있었고 따라서 왜군은 모든 왕명과 국법을 강취할 수 있었다. 이런 까닭에 봉건지주세력들이 중앙 괴뢰정부의 '선유宣諭'(국왕유시의 선전)에 홀려 괴뢰정부를 따라 왜군과 협력하여 동학군·의병에 대한 공격에 나서기도 하고, 자기의 이익에서 친일반역을 저지르면서도 이 국왕유시에 의해 반역행위를 정당화하기가 쉬웠다. 따라서 왜군에 붙은 부왜이적附倭利敵세력이 전무했던 임진왜란기와 달리 갑오왜란기에는 부왜이적세

292) 국방부전사편찬위원회, 『義兵抗爭史』, 62-63쪽.

력이 여기저기서 자기들의 토지를 지키기 위해 '창의군'의 형태로 출몰해 왜군과 중외 괴뢰군을 따라 종군했다. 따라서 '창의대장'은 동학을 '이단'으로 규정하고 동학농민혁명을 왜적과 협력하여 진압하려는 부유한 봉건적 성리학세력이 압도적이었고, 안태훈처럼 친서방적 기독교인들도 어쩌다 끼어 있었다. 이들은 모조리 근대적 반봉건혁명에 대한 봉건적 반동분자요 왜적을 도운 친일반역·이적분자들이었다. '민병' 또는 '민보군'이라고도 불린 창의군들은 동학을 '이단'으로 적대시해 공격했다. 소작을 부리는 봉건적 토지를 많이 가진 성리학적 봉건유자들은 전봉준의 제2차 척왜농민군이 봉기하자 신경이 날카로워져 창의군을 모집하고 동학군 공격에 가담한다. '항일'보다 '이단박멸'을 앞세운 것이다.[293]

■ 이단문제에 대한 공맹과 정조·고종의 관점

'이단'문제는 당시 조선에서 망국과 흥국을 가르는 중요한 사상문제로 떠올랐다. 따라서 여기서 잠시 이단에 대한 공맹의 입장을 돌아보자. 공자는 "이단을 공격하는 것은 재해災害다(攻乎異端 斯害也已)"라고 하고,[294] 또 "천하가 무엇을 근심하고 무엇을 걱정하랴? 천하가 같은 것으로 귀결되면서도 길을 달리하고, 하나로 합치되면서도 생각을 백 가지로 하는데, 천하가 무엇을 근심하고 무엇을 걱정하랴?"(子曰 天下何思何慮. 天下同歸而殊塗 一致而百慮, 天下何思何慮)라고[295] 하여 아무리 이견과 '이단'이 많아도 다 하나('잘 살자'는 하나의 뜻)로 통하니 걱정할 필요 없다는 '무제한적 사상관용론'을 피력했다. 그래서 맹자도 국민을 도탄에 빠뜨리는 이단에 한하여 부득이하게 비판을 하긴 해야 하지만 이 경우에도 금도襟度를 지켜야 한다고 가르쳤다. 가령 양묵楊墨

---

293) 참조: 박종근, 『清日戰爭과 朝鮮』, 210쪽.

294) 『論語』「爲政」(2-16).

295) 『易經』「繫辭下傳(5)」.

의 사상이 백성을 도탄 속으로 몰아가자 맹자는 어쩔 수 없이 양묵을 비판했는데, 그는 이것을 '호변好辯'(비판하기 좋아해서 현학적으로 머리와 입을 놀리는 논변)이 아니라 '부득이한' 논변이었다고 한다. "어찌 호변했겠느냐? 나는 부득이했었다(予豈好辯哉? 予不得已也)."[296] 그러나 맹자는 이 '부득이한' 비판도 금도가 있어야 한다고 금을 그었다. "묵적에서 달아나면 양주에게로 돌아가고, 양주에게서 달아나면 유가로 돌아온다. 돌아오면 받을 따름이다. 그런데 오늘날 양주·묵적과 논변하는 자들은 돼지를 내쫓아 이윽고 제 우리에 몰아넣고 따라가 묶듯이 한다(孟子曰 逃墨必歸於楊 逃楊必歸於儒. 歸 斯受之而已矣. 今之與楊墨辯者 如追放豚 旣入其苙 又從而招之)."[297] 양주·묵적 추종자들에 대한 탄압을 비판한 것이다.

하지만 성리학자들은 공자의 "공호이단攻乎異端 사해야이斯害也已" 명제를 정이천과 주희처럼 거꾸로 뒤집어 "이단을 전공하는 것은 해롭다"로 이해한 것이다. 정이천·주희·정약용은 "공호이단攻乎異端"의 '공攻'을 '전치專治'로 풀이하되 '전치'를 범조우范祖禹식으로 '전심專心으로 배우다', 또는 '금과옥조로 갈고닦는 것'으로 풀어 "공호이단攻乎異端 사해야이斯害也已"를 "이단을 전심으로 갈고닦는 것은 해로울 뿐이다"라고 정반대로 해독했다.[298] 조선성리학자들은 공자의 제자들이 아니라 정이천과 주자의 제자들이었던 것이다.

그러나 정조는 "공호이단攻乎異端 사해야이斯害也已"를 "이단을 공격하는 것은 재해災害다"라고 이해하여 당시 천주교에 대한 관용의 정치를 강조했다. 정조는 말한다.

'공호이단攻乎異端 사해야이斯害也已'에서 성인의 숨은 뜻을 볼 수 있다. 중국은 이적을 섬기지 않으니, 비록 오랑캐로 하여금 관내로 들어오지

296) 『孟子』「滕文公下」(6-9).

297) 『孟子』「盡心下」(14-26).

298) 朱熹, 『四書集註』「論語」; 정약용, 『國譯與猶堂全書』「經集 II」, 62-63, 65쪽.

못하게는 하더라도 진시황이나 한무제처럼 오랑캐를 모질게 다그쳐 전쟁을 벌여 나라를 병들게 하는 것(窮兵病國)도 당치 않은 것이다. … 이단은 오랑캐와 같은 것이니, 어찌 이단도 역시 궁치窮治할 수 있겠는가?[299]

정조는 여기서 범조우·정이천·주희·정약용 등의 소인유학적 경전변조를 일거에 물리치고, 공자의 본뜻을 재생시키고 있다. 또한 정조는 공자의 '공호이단 사해야이' 명제를 '천주교' 문제에 구체적으로 적용하여 이렇게 말하기도 한다.

어찌 성인이 '이단을 공격하면 해로울 뿐이다(攻乎異端 斯害也已)'라고 말하지 않았으랴! '공攻'이란 말은 전치專治를 일컫는 것인데, (오랑캐들이나 하는) 전치를 일삼는 것은 도리어 '중국은 오랑캐를 섬기지 않는다'는 뜻에 어긋남이 있는 것이다.(聖人豈不言 '攻乎異端 斯害也已'乎! 攻之爲言 專治之謂也, 以專治爲事 反有違於中國不事夷狄之意.)[300]

정조는 여기서 '공攻'을 '전치專治'로 풀이하는 주희의 주석을 받아들이되 이 '전치'를 '전공(전심으로 갈고닦는 것)'이 아니라 '궁치窮治(궁지로 몰아 모질게 다그쳐 다스림)'의 오랑캐 짓으로 이해함으로써 '공호이단攻乎異端'을 오랑캐나 하는 짓으로 본 것이다. 따라서 이단을 '공격'하여 '궁치'하는 짓을 저지르는 것은 오랑캐를 추종하고 섬기는 꼴이다. 그러므로 '공호이단攻乎異端'은 '중국은 오랑캐를 섬기지 않는다'는 원칙에 반한다는 말이다. 이런 해석으로써 정조는 "공호이단 사해야이"를 "이단을 전심으로 갈고닦는 것은 해로울 뿐이다"로 해독한 정이천·주

299) 『正祖實錄』, 정조15(1791)년 10월 25일조. 이런 것을 보면, 다산이 주희를 비판했다고 해서 그가 주희를 완전히 버린 것으로 여기는 것도, 정조가 성리학을 신봉했다고 해서 그가 성리학에 늘 동조한 것으로 여기는 것도 둘 다 그릇된 것이다.

300) 『正祖實錄』, 정조15(1791)년 10월 23일.

희·정약용의 이단탄압적 경전변조를 모두 다 물리친 것이다. 여기서 정조의 논어이해는 정이천과 주희뿐만 아니라, 이들과 유사한 독단적·불관용적 정신에서 주희의 이 오류를 보지 못한 정약용의 경전이해 수준도 능가하고 있다.

모든 면에서 정조를 본받으려고 했던 고종도 정조의 이 관용적 해석을 계승하여 독립협회의 반민족적 발호가 극에 달했을 때 독립협회의 정치사상을 서구 공화주의로 규탄하며 윤치호의 '효수'를 주장하는 성리학자 이문화 등의 상소에 대해 이렇게 비답한다.

> 그대들의 말은 거의 이단을 치는 것과 가깝지 않은가?(爾等之言 不幾近於伐異乎)301)

적어도 정조와 고종으로 대표되는 조선의 임금들은 이처럼 공자철학에 충실하게 '무제한적 관용'의 정신을 대변했고, 그리하여 이단의 사상과 종교에 대해 성리학유생들과 달리 늘 관대했던 것이다.

■ 성리학유생들의 민족반역

당시 동학군을 치러 나선 성리학유자들은 '무지·무도하게' 공자의 무제한적 관용론의 참뜻을 정면으로 거역하며, 그리고 또한 '백성을 도탄에 빠뜨리는 극악한 이단'에 한해 이런 이단을 '부득이' 비판하는 것을 허용하되 그마저도 '돼지를 붙잡아 묶듯이 하는' 지나친 비판, 즉 '탄압'을 금지한 맹자의 뜻마저도 거역하며 '동학 이단'에 대해 왜적과 손잡고 가차 없이 무력공격과 유혈학살을 자행했던 것이다. 봉건유자·관리·조선군·개화세력 등 양반집단이 왜적의 침략에 직면하여 동학농민군과 손잡고 하나로 단결된 무력으로 대적했더라면 아마

301) 『高宗實錄』, 고종35(1898)년 12월 11일.

왜적은 결코 조선 전토를 정복하지 못했을 것이다. 그러나 그들은 이 단합을 외면하거나 분쇄했을 뿐만 아니라, 심지어 '친일괴뢰군'이 되어 왜군의 지휘에 따라 동학농민군을 '초비剿匪'하러 다녔던 것이다. '국가멸망의 시작'은 이들이 왜적의 침략을 당해서도 동학을 왜적보다 더 나쁜 '이단'으로 보고 동학농민군을 유린한 '오랑캐 짓'으로부터 비롯되었다. 이 점에서 '조선개국의 이데올로기'였던 성리학은 또한 '조선망국의 이데올로기'이기도 했던 것이다.

정주程朱 성리학에 도취되어 우적友敵감각을 상실한 대부분의 유생들은 전주화약에 의해 임시로 승인되었었고 또 고종의 밀지를 받고 다시 떨쳐 일어난 합법적 동학농민운동을 혹세무민적 '인민의 아편' 정도로 본 것이다. 환언하면, 이 당시 성리학자들의 동학비방은 "종교는 인민의 아편이다"라고 단언한 칼 마르크스의 합리주의적 종교비방과 동일한 성격의 비판이었다. 그러나 서양을 근대화시킨 공자와 영미의 경험론의 관점에서 보면, '합리주의는 지식인의 아편이다'. 이 명제를 성리학자들의 '동학이단 비판'에 적용하면, 분명 유자들로 하여금 우적을 혼돈케 만들어 왜군과 손잡게 한 '성리학은 유자들의 아편이었다'. 아편이 본인을 죽이는 것으로 그치지 않고 '국망'을 초래하듯이, '정신적 아편' 성리학도 '조선민국'에 대해 동일한 기능을 한 것이다.

조선성리학은 정·주자의 성리학보다 더 성리학적인, 더 기계적인 '성리학 교조주의'였다. 이 교조주의에는 깊은 사상적 사대주의가 깔려 있었다. 자신이 동학 접주 출신인 백범 김구는 일찍이 이를 간파하고 1942년 66세의 노경에 중경에서 외국혁명사상에 따라 좌우로 춤을 추는 청년들을 이렇게 질타하고 있다. "우리 민족의 비운은 사대사상의 산물이라 하지 않을 수 없다. 실질적 국리민복을 도외시한 채 주희학설 같은 것을 원래의 주희 이상으로 강고한 이론으로 주창하여, 사색당파가 생겨나고 수백 년 동안 다투기만 하다가 민족적 원기는 다 소진해버리고, 발달된 것은 오직 의타심뿐이었니, 망하지 않고 어찌하리오? … (그런데 오늘날은) 정주程朱의 방귀를 '향기롭다'고 하던 자들을 비웃던 그 입과 혀로 레닌의 방귀는 '달다' 하니, 청년들이여 정신을 차릴지어다."[302] 백범의 이 촌평은 사대주의적·교조주의적 조선성리학의 이데올로기적 폐해의 정곡을 찌르고 있다. 이에 덧붙여 김구는 조선시대의 성리학적 양반지배체제에 대해 이같이 일갈했다.

> 독재 중에서 가장 무서운 독재는 어떤 주의, 즉 철학을 기초로 하는 계급독재다. 군주나 기타 개인 독재의 독재는 그 개인만 제거하면 그만인데, 다수의 개인으로 조직된 한 계급이 독재의 주체일 때는 이것을 제거하기는 심히 어려운 것이다. … 우리나라의 양반정치도 일종의 계급독재이거니와 이것은 수백 년 계속되었다. … 그러나 모든 계급독재 중에서도 가장 무서운 것은 철학을 기초로 한 계급독재다. 수백 년 동안 조선에 행해져온 계급독재는 유교, 그중에서도 주자학파의 철학을 기초로 한 것이어서, 단지 정치에 대해서만 독재가 아니라 사상·학문·사회생활·가정생활·개인생활까지도 규정하는 독재였다. 이 독재정치 밑에서 우리 민족의 문화는 소멸되고 원기는 마멸된 것이다. 주자학 이외의 학문은 발달하지 못하니 이 영향은 예술·경제·산업에까지 미치었다. 우리나라가 망하고 민력이 쇠잔하게 된 가장 큰 원인도 실로 여기에 있었다. 왜냐하면 국민의 머릿속에 아무리 좋은 사상과 경륜이 생기더라도 그가 집권계급의 사람이 아닌 이상, 또 그것이 사문난적이라는 범주 밖에 나지 않는 이상 세상에 발표되지 못했기 때문이다.[303]

백범도 이렇게 조선사대부의 신분적 계급독재의 이데올로기로서의 조선성리학을 조선망국의 근본원인으로 지목하고 있는 것이다.

---

302) 김구, 『백범일지』, 352쪽.

303) 김구, 『백범일지』, 「나의 소원」, 427-428쪽.

이렇게 조선을 멸망으로 몰아가는 조선성리학적 계급독재 이데올로기에 따라 전국 각지에서 우적도 구분하지 못하는 눈먼 성리학적 창의군은 세력이 크지 않았을지라도 가장 악랄한 친일 행각을 벌이고 왜적과 친일괴뢰군을 따라 마구 준동한다. 창의군의 세력이 가장 거셌던 강원도를 보면, 강릉에서 좌수 최동한(유학幼學), 중군 이운석(출신[과거합격자]), 박동의(유학) 등이 중심이 되어 강릉부 예하 13면에 지시하여 향회를 소집하고 창의군을 조직했다. 이운석을 총지휘관, 이영찬(전 감찰)을 부장으로 한 이 창의군은 관군 100명, 보부상 100명, 사냥꾼 100명을 더해 대오를 강화하고 동학농민군을 공격했다. 나아가 오가작통·인보隣保제도를 도입하여 주민을 볼모로 동학군이 발붙일 여지를 제거했다. 창의군은 곧 출동한 왜군이나 정부괴뢰군과 연합해 동학군에게 큰 타격을 가했다.304) 그러나 이 창의군의 박해가 악랄해져서 괴뢰정부조차도 창의군과 보부상에 의한 동학도의 살상을 금지하는 조치를 발령해야 할 정도였다.305)

창의군은 심지어 해방구가 많았던 황해·평안도 지역에서도 나타나 준동했다. 가령 해주감사 정현석의 아들 정헌시는 '이단과 반역자'의 박멸을 도모하자는 방문榜文을 돌려 창의군을 조직했다.306) 기독교인이자 진사인 수천 석지기 대지주 안태훈과 그 아들 안중근도 한때 이런 창의군을 조직해 동학수령 원용일이 이끄는 동학농민군 2만여 명을 공격했다. 1894년 11월 당시 16세 안중근은 창의군의 '신천의려義旅'로 활동한 것이다. 그는 야밤에 동학군 대장 원용일의 대장소大將所를 공격했다가 날이 밝으면서 동학군에 의해 포위를 당해 사살될 위험에 처했으나 때마침 몰려온 본진 지원병들의 응원을 받아 동학군

304) 참조: 박종근, 『淸日戰爭과 朝鮮』, 226쪽.

305) 참조: 박종근, 『淸日戰爭과 朝鮮』, 227쪽.

306) 「甲午海營匪擾顚末」(甲午十月). 『東學亂記錄(下)』, 『한국사료총서』 제10집(하). 국사편찬위원회 한국사데이터베이스.

2만 명을 물리쳤다. 안중근은 동학농민군 수십 명을 사상시켰으며 동학군에게서 엄청난 전리품을 챙겼다. 안중근은 즐거워하며 "하늘의 은혜에 감사하고 만세삼창을 했고" 군대를 이끌고 지나가던 일본군 위관 "스즈키(鈴木)"로부터 "축하의 뜻을 표하는 서신"을 받았다. 그 뒤 안중근은 천벌을 받았음인지 "그 싸움 뒤에 무서운 병에 걸려 두서너 달을 고통스럽게 보내고 겨우 죽음을 면하고 소생했다".[307]

그런데 이 창의군에는 다른 지방의 창의군과 마찬가지로 사냥꾼과 부랑아가 많았다. 이 부랑아들은 갖가지 구실을 붙여 '동학당 티가 난다'고 운운하며 함부로 양민을 협박하여 재물을 갈취하거나 가옥을 불태웠다. 그들은 이런 잔학하고 악랄한 폭력을 도처에서 자행하고 다녔다.[308]

상술했듯이 창의군은 근대적 반봉건혁명에 대한 봉건적 반동세력이요, 조선을 침략한 왜적에 붙어 척왜동학군과 항일의병을 공격하여 대왜對倭항전을 패배시키는 데 일조한 친일반역·이적세력들이었다. 따라서 가령 안중근의 동학군 토벌활동은[309] 이런 친일반역 이적행위의 범주에 속한 것으로서, 당시 역사가 제대로 흘러갔다면 안중근은 군사법정의 처형대상이었을 것이다. 하지만 안중근은 훗날 정치사상적 성장을 거친 뒤 생각을 고쳐먹고 이토히로부미를 저격하는 영웅적 수훈을 세웠다. 이 영웅적 수훈이 없었더라면 그는 영원히 친일반역·이적행위자로 남았을 것이다. 그의 이토 저격은 그의 과거의 죄과를 면죄해주었을 뿐 아니라, 그를 '민족의 영웅'으로 고양시켜주었다. 안중근의 이런 전향 사례처럼, 창의군을 이끌었던 유자들이라도 과거의 실책을 반성하고 을미왜변 이후에 '의병'으로 변신하는 자들도 적

307) 안중근, 『안중근 의사 자서전(安應七歷史)』(서울: 범우, 2014·2015), 14-18쪽.

308) 『時事新報』, 1895년 3월 12일자.

309) 안태훈은 김구의 동학군과 대치한 인연이 있어 동학군 패배 후 자신을 찾아온 20대 김구를 청년인재로서 보고 각별히 아끼고 보호해주었다. 김구, 『백범일지』, 55-65쪽.

지 않았다. 임병찬이 대표적일 것이다. 그는 김개남을 밀고하여 처형당하게 했지만 을사늑약 이후 고종의 밀명을 받고 의병을 일으켰으며, 1912년에는 고종과 순종의 중복밀명으로 대한독립의군부 사령총장 겸 호남순무대장이 되어 비폭력 정치투쟁(3·1만세운동의 비폭력 정치투쟁의 예고편)을 수행하다가 붙잡혀 유배 중에 1916년 사망했다. 전 주사 백낙구도 갑오년에 동학농민군을 추격하여 섬멸하는 데 앞장섰지만 1906년 11월 전후로 광양에서 의병을 일으켜 왜군과 싸우다 전사했다.[310]

310) 황현, 『매천야록(하)』, 146-147, 148, 222-223쪽.

# 제3장 갑오괴뢰정부의 친일괴뢰군 편성과 사이비개혁

## 제1절 김홍집 친일괴뢰내각의 성격

1) 김홍집내각의 친일괴뢰성

오오토리 왜국공사는 '7월 23일 경복궁침공' 전후에 취한 방침을 침공 11일 뒤에 본국으로 이렇게 개략하여 보고하고 있다.

> 본관이 위에서 진술한 수단(경복궁침공)을 취할 결심을 하게 된 것은, 첫째 이 나라 위정자의 경질을 재촉하여 내정개혁의 실마리를 잡고, 둘째 일청日淸전쟁이 시작되기 전에 조선정부를 개혁파의 손에 넘겨 우리의 움직임에 이익을 도모하려는 계획에 지나지 않습니다. 그리고 첫째의 희망을 달성하기 위해 민영준을 비롯한 여러 민씨 일족의 유력한 자를 제거하고 국왕이 성 밖으로 이어移御하는 것을 예방하고, 대원군을 추대해 정부에 나서게 하고, 이와 동시에 개혁파의 사람들을 정부에 참여하게 함으로써 내정개혁의 실효를 거두려 한 것이었습니다. 모든 일이 우리 계획대로 잘되어서 오늘까지 별다른 착오가 없습니다. 현재 조선정부의 관리와 일반민은 아직도 일·청 양국의 승패를 놓고 속으로는 양국 형세를 관망하는 자가 있습니다만, 아산상륙 후 대세는 이미 결정되고 또한

개혁사업이 날로 진척되므로, 지금에 이르러서는 인심이 점차 정밀靜謐해져 피난 갔던 시민들도 날로 돌아와 시중의 분위기가 반은 옛날로 돌아왔습니다. 또 조선 조정의 요즈음의 상황은 대원군이 정사를 감당한다고 하지만, 모든 정무는 영의정인 김굉집(김홍집)에게 위임되었습니다.[1)]

무쓰 외무상에게 보낸 오오토리 공사의 이 내부보고를 보면 '7월 23일 범궐'은 민씨 중심의 국가 위정자를 경질·제거하고 국왕을 포로로 잡아 조선정부를 친일개화파의 손아귀에 넘기기 위한 것, 즉 궁궐침공을 통해 군사력으로 친일정부를 수립하는 것이고, 이 정부에서 대원군은 허수아비이고 김홍집이 친일정부의 수괴라는 것을 알 수 있다. 게다가 오오토리는 이 보고서 말미에 "저의 소견으로는 조선을 독립국으로 내세워 적어도 그가 혼자 걸어나갈 실력을 갖기까지는 우리의 보호 아래 두고 모든 것을 도와주는 것밖에 없다고 생각합니다"라고 덧붙임으로써 '조선의 보호국화'를 건의하고 있다. 따라서 이 보고서만 보아도 김홍집내각의 정체가 '친일괴뢰정부'라는 것이 확연해진다.

이런 까닭에 고종은 삼국간섭이 있자 인아거일 정책을 취해 왜적의 지배권을 구축하고 왕권회복을 시도하던 중 6월 25일 "작년 6월(양력 1894년 7월) 이래의 칙령 혹은 재가한 것은 모두 짐의 뜻이 아니다"라고 천명했다.[2)] 이로써 고종은 김홍집내각을 괴뢰내각으로 선언한 것이다.

또 일본이 만든 군국기무처와 소위 '갑오경장 정부', 즉 '제1·2차 김홍집내각'은 동학농민군과 의병의 격문 속에서도 줄곧 "소위 조정 신하라는 자들이 한 명도 지각이 없어 일본인을 불러들여 입각하니

---

1) 『일관기록(1)』, 十.諸方機密公信往 二, (10)'7월 23일 사변전후에 취한 방침의 개략과 장래에 대한 鄙見내신'(機密 第146號 本 86, 1894년 8월 4일), 大鳥圭介→陸奧宗光.

2) 『일관기록』, 五.機密通常和文電報往復 一·二 第1策, (105)'왕궁호위병 교체문제로 국왕 내각의 충돌 건'(1895년 6월 26일 오후 9시 발신), 杉村→西園寺. 고종은 7월 9일부 칙령으로 '친정親政'을 선언했다. 『承政院日記』, 高宗32(1895)年 閏5月20日(양력 7월 9일); 『官報』, 開國504年 閏5月20日.

스스로 죽을 수 없어 맨눈으로 주상이 욕을 당하는 것을 보고 있는(所謂在廷之臣 一無知覺 召日入閣 不能自死 徒見主辱)" 친일역적들의[3] '괴뢰정부'로 간주되었다. 일부 일본 사가들도 이 정부를 '괴뢰정부'로 부른다.[4] 김홍집도 백성들이 자기 정부를 '왜당倭黨정부', 즉 친일괴뢰정부로 간주하는 것을 잘 알고 있었다. 황현에 의하면, 김홍집은 "지금 백성 사이에는 조정이 다 왜당이라고 와전되어 있어 서민西民(서북인)들은 조정에 저항하여 관장官長을 맞아들이지 않고 있다"고 토설했다고 한다.[5] 당시 김홍집을 극도로 미워하는 사람들은 그를 '왜대신倭大臣'이라고 불렀다.[6]

당시 애국자들, 가령 홍종우는 오오토리가 범궐했을 때 온종일 괴뢰정부에 모여 있던 대신들을 '매국죄인'으로 공개 탄핵했다.

> 응당 주상이 욕되게 되면 신하는 죽어야 하는 날, 몸을 물에 빠뜨리거나 머리를 깨뜨려 매국의 죄(賣國之罪)를 조금이라도 속죄하는 사람이 하나도 없고, 오히려 걸음을 늦추고 목소리를 낮추고, 지난날 민씨 가문으로 달려가던 자들처럼 얼굴을 온화하게 하고 웃고 희롱하고 있다.(當主辱臣死之日 無一人沈身碎首 少贖其賣國之罪 而猶且緩步低聲 雍容笑謔如 赴曩日諸閔之門者)[7]

그리고 대신들 가운데 고위 무장武將들인 한규설과 이종건을 지목하

---

3) 갑오의병장 서상철의 「격문」. 「湖西忠義徐相轍布告文」; 『일관기록』, '안동난민거괴 서상철의 격문 입수의 건'(1894년 9월 28일), 부산총영사 室田義文→大鳥圭介.

4) 가령 야스카와는 이 정부를 "부당한 전쟁수행을 정당화하는 데" 필요한 "괴뢰정권"으로 규정한다. 야스카와, 『후쿠자와 유키치의 아시아침략 사상 …』, 202쪽. 한편, 강범석은 을미왜변 후 들어선 '제4차 김홍집내각'도 '괴뢰정권'으로 규정한다. 강범석, 『왕후모살 - 을미사변 연구』(서울: 솔출판사, 2010), 7쪽.

5) 황현, 『매천야록(상)』, 792쪽; 황현, 『오하기문』, 224쪽.

6) 황현, 『오하기문』, 167쪽.

7) 황현, 『오하기문』, 168쪽.

여 이렇게 질타했다.

> 저 더러운 자들은 소위 10년 장신將臣들이 아닌가. 팔은 인장을 이기지 못하고 허리는 부符를 이기지 못하면서 저녁에는 김씨문벌을 배격하고 아침에는 (조씨문벌이 사는) 전동磚洞의 길을 달렸다. 창검이 숲 같고 앞에서 ('길을 비켜라'라고) 꾸짖어 길을 열고 뒤에서 옹위 받던 그때는 장신이나, 나라임금이 볼모가 되고 사직을 부숴 외롭게 만들고 병력을 투입하여 대궐문에 이르러 약탈이 종각의 틀에 미치는 이때는 장신이 아닌가? 꺾고 찔러 모욕을 막음으로써 적국의 간계를 분쇄하지 못해 이때를 당했으니 또 응당 독촉하여 삼군을 이끌고 충의를 격려하고 궁궐의 담장을 밖에서 에워싸고 바르게 죽는 것을 보였으면 오오토리가 비록 약더라도 반드시 이와 같은 방종에 이르지 못했을 것이다. 이것이 오히려 불능하다면 소매를 떨쳐 걷고 입궐하여 칼 하나로 격투하다가 전각계단에 횡사하여 우리나라 사람들에게 사죄했다면 이것은 신하 본분의 만분의 일이나마 다했다고 일컬을 것이다. 그러나 돌아보면 간성干城의 무게로써 스스로 하나같이 용관冗官으로 나란히 나아가고 나란히 물러나 제공諸公의 뒤에 인원수나 채우고 있다. 아서라! 아서라! 공公들은 세간의 부끄러움을 모르는가? … 한스런 것은 왜군을 죽이지 못하고 또 간신들을 주살하지 못해 세인들이 조정에 사람이 없다고 말하고 있다는 것이다.[8)]

상해에서 친일역적 김옥균을 처단한 홍종우는 아직 하급관리였음에도 불구하고 왜군과 싸우지 않고 오히려 왜군에 굽신대는 '왜대신들'을 이렇게 면전에서 격렬하게 꾸짖고 있다. 홍종우와 같은 애국자들은 당시에 이미 친일괴뢰 대신들을 이같이 '매국노'로 공개 탄핵하고 있었던 것이다. 이런 까닭에 김홍집 자신도 백성들이 반일감정에서

---

8) 황현, 『오하기문』, 168-170쪽. 다음도 보라. 황현, 『매천야록(상)』, 750-753쪽.

자신의 정부를 '왜당정부'로 여기고 그 자신을 '왜대신'으로 부른다는 것을 알고 있었던 것이다.

그리하여 이제는 일본 사가들도 김홍집정부를 '괴뢰정부'로 부른다. 이런 마당에 한국 사가들이 당시 조선백성과 임금의 뜻에 배치되게 갑오괴뢰정부를 가리켜 '갑오경장정부'라고 미화하거나 '김홍집내각'이라고 중립화해서 부르는 것은 그 자체가 '친일' 담론인 것이다. 이런 친일적 사건명칭과 친일적 담론 속에서는 우리 근현대사가 결코 바로 설 수 없을 것이다.

또한 갑오괴뢰정부에 가담한 친일역적들은 일본 측으로부터 많은 뇌물을 먹기도 했다. 이것은 일본정부가 거액의 공작자금을 제공하라고 지시하고 있는 것에서 알 수 있다.[9] 오오토리도 "금 1만 엔을 즉시 회부해주시기를 바란다"라고 무쓰에게 요청하고 있고,[10] 7월 28일 무쓰는 오오토리 공사에게 "대원군이 만약 금전적 원조를 요청해오면 일본정부가 이미 적당한 금전을 비밀리에 제공할 수 있도록 미리 준비하고 있음을 알리고 이를 위해 인천의 금고에 80,000엔을 준비할 것"을 명하고 있다. 따라서 갑오정부의 '친일괴뢰성'에 대해서는 더 많은 말이 필요 없을 것이다. 다만 일부 사가들이 일제가 침략을 은폐하기 위해 내건 개혁정책의 분석에 쓸데없이 너무 많은 노력을 기울이고 갑오경장 연구를 지나치게 확대하고 삼국간섭 이후 국왕부처에 휘둘린 박영효와 일본공사관 간의 의도 차이를 지나치게 강조함으로써 갑오정부의 '친일괴뢰성'을 가리는 데 이바지해왔다는 것이 문제일 뿐이다.

### 2) 김홍집괴뢰정부의 타율성·자율성 문제

오오토리 공사는 1894년 8월 4일 본국정부에 '조선의 보호국화' 정

9) 일본외무성 편, 『日本外交文書』[27권 I책], 561쪽.

10) 일본외무성 편, 『日本外交文書』[27권 I책], 583쪽.

책을 건의서에서 "조선정부는 이미 개혁파의 손아귀에 들어와서 모든 일에서 우리의 권고를 받아들이는 경향에 있다"고 보고한다.[11] 조선 조정은 일종의 '포로수용소'였고, 김홍집정부는 포로수용소 자치위원회와 같은 처지에 있었던 것이다. 왜군의 포로상태에서 탄생한 김홍집괴뢰정부도 개혁에서 자율성과 독자성을 가질 수 있었을까? 물론 가질 수 있었을 것이다. 포로수용소도 통상 포로들의 자치위원회가 있었고, 유대인들의 게토에도 유대인자치위원회가 있었고, 아우슈비츠 유대인수용소에도 유대인자치위원회가 있었기 때문이다. 그러나 포로수용소의 자치위원회의 경우 전쟁이 끝난 뒤 자치위원회가 아군 포로들의 이익을 대변한 것이 아니라 적국 포로수용소장의 요구에 굴복해 아군 포로들을 해쳤다면 이런 자치위원들은 죄과의 경중에 따라 예외 없이 그들의 조국에 의해 처형되었다. 폴란드의 게토와 아우슈비츠 수용소의 자치위원회는 나치스 독일군에 협력하여 유대인들을 죽였기 때문에 전후에 다 이스라엘 정부에 의해 단죄되었다. 포로수용소의 자치위원들은 전후에 그 행적을 조사하여 재판결과에 따라 방면되든가, 처벌되든가 양단간의 결정을 받았던 것이다. 김홍집정부의 친일괴뢰들도 마찬가지 이유에서 친일괴뢰 신식군대인 '교도중대'와 관군을 투입하여 왜국과 손잡고 동학농민군과 의병을 공격하고 학살하게 했기 때문에 역사가 제대로 되돌아가자 적군에 협력한 포로수용소·게토·아우슈비츠의 자치위원들처럼 단죄되고 말았던 것이다.

따라서 김홍집 친일괴뢰내각에 자율성이 있었느냐는 물음에 대한 대답은 간단하다. 그들이 친일괴뢰들인 한에서 전적으로 타율적이었고 자율성이 있었다면 아마 포로수용소장의 비위에 어긋나지 않는 범위 안에서 인정되는 '포로수용소 자치위원회의 자율성'과 같은 자율성, 즉 왜인들의 이익과 비위에 거슬리지 않는 범위 안에서 구가하

11) 『일관기록』, 十.諸方機密公信往 二, (10)"7월 23일 事變前後에 취한 방침의 개략과 장래에 대한 鄙見 內申'(機密第146號 本86,1894년 8월 4일), 大鳥→陸奥.

는 '꼭두각시들의 자율성'이었을 것이다. 그리고 김홍집정부가 포로수용소의 자치위원회 같은 것에 비유하여 포로상태가 해소된 뒤 판정된다면 김홍집과 그 정부 요인들은 대부분 친일괴뢰 역당으로서 사형에 처해져야 마땅했다. 미상불 1896년 2월 11일 아관으로 망명을 한 즉시 고종은 친일괴뢰 역당의 체포를 명했고, 분노한 백성들은 붙들려 오는 김홍집과 권형진을 보고 저잣거리에서 때려죽여버렸던 것이다.

'갑오경장'을 보는 견해는 종래 세 가지로 대별될 수 있다. 첫째는 '갑오경장'은 일본의 '지도'와 '원조'에 의해 봉건제도를 타파하고 근대적 개혁의 단행에 착수했으나 조선민족의 "병폐인 당쟁"과 "무지몽매"로 좌절되었다는 견해다. 즉, '갑오경장'은 일본이 미개를 문명화하려고 했던 미수사건이다. 둘째는 갑오경장 책동을 일본이 조선을 군사적으로 점령해서 강요한 반半식민지화의 한 과정에 불과하다고 보고 갑오경장 책동의 개혁성을 전면적으로 부정하는 1950년대 북한 사학계의 견해다. 이 견해는 『조선통사』에 의해 대표되었다.[12] 셋째는 '갑오개혁'을 당시의 민족적·봉건적 위기라는 급박한 내외정세에 대응하여 각성한 개화파가 행한 '주동적' 개혁, 즉 조선의 내재적 요구에 주동적으로 즉응卽應한 '합법칙적 (부르주아적) 발전'으로 보는 북한 사학계의 변화된 적극적 평가다. 이것은 1960년대 이후 『조선전사』에 의해 대표되었다. 후술하듯이 남한 사가들은 상당수가 북한의 이 변화된 평가에 암암리에 호응하는 입장을 보여왔다.

북한 사가들은 일본에 의해 강요된 갑오경장의 친일성을 강조하던 원래의 입장을 전면적으로 바꿔 당시 오오토리 공사와 왜국 외무성이 그랬듯이 친일괴뢰들을 '혁신적·근대적 개화파'로 둔갑시키고 갑오경장을 자율적·독자적 '부르주아 개혁'으로 탈바꿈시켰다. 『조선전사』에 의하면, "갑오개혁이 단행되던 시기 정세의 특징의 다른 하나는 격렬

---

12) 과학원 력사연구소, 『조선통사』(과학원출판사, 1958), 105-108쪽. 박종근, 『淸日戰爭과 朝鮮』, 175쪽에서 재인용.

한 농민전쟁에 의하여 혁신관료들의 개혁활동에 유리한 정세가 조성되었다"는 것이다. "이러한 급변하는 정세는 이때까지 보수적인 민가세력의 반동적 폭압 밑에서 '억눌려오던' 혁신세력으로 하여금 기를 펴고 폐정을 혁신하기 위한 개혁활동을 벌일 수 있게 했다"는 것이다.[13] 당시 "혁신세력"은 일본침략군의 왕궁점령과 중일전쟁(청일전쟁) 도발을 전후한 시기에 조성된 "안팎의 세력관계에서의 미묘한 변화"를 유리하게 이용하여 "정권에서 주도적 지위"를 차지할 수 있었고, 일본침략군의 침입으로 조선에서 보수적인 친청세력과 봉건중국의 지위가 약화되기 시작한 그때부터 활동을 "적극화했다"는 것이다.[14] 따라서 7월 23일 경복궁침공 후 친일괴뢰정부의 결성을 "혁신정권의 수립"으로 미화한다. 『조선전사』는 왜군의 군사정변에 의해 부양浮揚되고 왜인의 거액 뇌물에 매수되어 조금 전까지 친청파였다가 친일괴뢰로 전신한 김홍집·김윤식·어윤중·조희연·김가진과 원조친일파 박영효·서광범·안경수·유길준·장박 등을 어이없게도 '혁신세력'으로 부르고 있다. 일본이 청군을 격파하여 조선 내 봉건세력을 약화시킨 이 시기에 "혁신관료들은 조성된 민족적 위기를 타개하며 나라의 근대화를 실현하기 위해 정권장악을 위한 활동을 벌였고", "조선을 둘러싼 열강들 사이의 국제적 모순이 일본침략자들의 침략행동을 제약하여" 일본은 직접행동으로 "조선의 자주권을 파괴하는" 지경까지 가기 어려웠기에 혁신관료배들이 일정한 '주동적' 자율권을 구가할 수 있었다는 것이다.[15] 그리고 『조선전사』는 무쓰 외무대신의 다음과 같은 말을 지나치게 중시한다. "사실 이번 사건은 조선의 내정개혁 문제가 일청日淸 양국 간에 얽혀 있는 이해문제가 해결되지 않음으로 해서 제안되었던 하나의 정책이었는데, 상황이 바뀌어 우리나라 혼자만의 힘

13) 사회과학원 력사연구소, 『조선전사(근대·1)』(서울: 푸른숲, 1988), 332, 333쪽.
14) 사회과학원 력사연구소, 『조선전사(근대·1)』, 341쪽.
15) 사회과학원 력사연구소, 『조선전사(근대·1)』, 338, 339쪽.

으로 해결하게 되었던 것이다. 그러나 나는 처음부터 조선의 내정개혁 자체에 큰 비중을 두지 않았고, 그보다는 조선과 같은 나라가 과연 만족할 만한 개혁을 할 수 있을 것인가 아닌가를 의심했다."[16] 일본 외무대신 무쓰의 이 말에서 알 수 있듯이 일본정부는 조선의 내정개혁을 청국과의 전단戰端을 만드는 '정치적 필요성' 외에 이 내정개혁 자체에 대해 전혀 관심이 없었다는 것이다. 이런 상황에서 군국기무처는 "내정개혁의 구실 밑에 일제의 군사적 압력이 강화되는 조건에서 조선정부로서는 주동적으로 개혁사업을 추진시키는 것이 필요했고", 따라서 개혁방안 마련에서 '주동성'을 발휘할 수 있었다는 것이다.[17] 이런 까닭에 『조선전사』는 왕궁침공 5일 뒤인 1894년 7월 28일 개청開廳된 17인 회의원의 '군국기무처'(7월 28일 개청식)를 친일꼭두각시들을 이용한 왜국공사관의 독재체제가 아니라 "입헌정치"를 준비하는 과도기적 형태의 "협의제입법기관"으로, "군주전제제도를 배제한 근대적 정치체제"로 미화한다.[18]

이 "혁신정권의 한계"는 오직 부르주아지의 취약성으로 인한 "확고한 계급적 기반"의 부재와 "방대한 외국세력이 침입한 조건"일 뿐이다. 그러다가 갑자기 생각났는지 『조선전사』는 "농민군과 동맹하지 못한 것"을 "혁신정권의 치명적인 약점의 하나"로 덧붙인다.[19] 혁신정권이 동맹을 거부한 근본원인은 농민들이 지나치게 진출할 것이라는 지배계급으로서의 한계 때문이었다는 것이다. 왜침상황에서 항일의 과제가 제1급선무이고 이를 위해서는 초계급적·전全민족적 계급동맹이 필수적이라는 것이 공산당의 교리임에도 불구하고 『조선전사』는 갑오왜란 시기에 항일의 과제를 시야에서 놓치고 궁궐을 장악한

16) 무쓰무네미쓰, 『건건록』, 68쪽.

17) 사회과학원 력사연구소, 『조선전사(근대·1)』, 335-336쪽.

18) 사회과학원 력사연구소, 『조선전사(근대·1)』, 342, 344쪽.

19) 사회과학원 력사연구소, 『조선전사(근대·1)』, 344, 345쪽.

왜군의 가호 아래 진행된 조치를 자율적 개혁으로 군국기무처의 갑오경장을 "부르주아개혁"으로[20] 규정하는 '개혁 타령'만 늘어놓고, 친일괴뢰들을 부르주아개혁을 지향하는 '혁신관료'로 오인하고 있다.

그러나 김홍집과 그 무리는 결코 근대화 지향의 혁신관료가 아니었다. 상술했듯이 이들은 개혁구호로 반상차별·서얼차대·노비제도 철폐와 과부재가의 자유화를 내걸었지만 내심 이것을 거부했고 자신들의 행동과 일련의 후속공문으로 그 조치들을 유명무실하게 만들어버렸다. 동학농민군이 추구하는 토지개혁을 경제개혁조치 안에 집어넣지 않고 사유재산제를 법적으로 확립함으로써 봉건적 지주제를 공고화했고, 전통적으로 발전되어온 지방자치제를 말살하고 지방행정제도를 봉건절대주의적 중앙집권제로 되돌린 봉건세력이었다. 이런 까닭에 김홍집괴뢰정권은 지배집단으로서의 계급적 한계 때문이 아니라 개혁의 깃발 아래 감춰진 그 표리부동한 봉건성 때문에, 동학농민군과 손잡기는커녕 반대로 동학군을 섬멸하기 위해 왜군과 손을 잡고 왜군과 관군의 연합군을 편성하여 '동학군 토벌전'에 투입했고 동학군섬멸을 위한 신식군대로서 '친일괴뢰군'을[21] 육성했던 것이다. 이런 의미에서 이 친일괴뢰들은 — 뒤에 상론하는 바 — 1882년과 1886년 이미 신분·노비 해방조치를 취하고 1894년 왜란에 당해서는 동학군지도자들에게 여러 차례 재봉기의 밀지를 내려 동학군과 손잡고 왜적을 물리치려고 한 고종과 정반대 노선을 걸은 봉건적 반동세력이었던 것이다.

뒤에 분석하겠지만, 이 친일괴뢰들이 추구한 나머지 개혁들은 겉으로 근대적 개혁으로 위장되었을 뿐, 조선의 국권과 왕권을 약화시키

20) 사회과학원 력사연구소, 『조선전사(근대·1)』, 346쪽.

21) 김홍집 친일괴뢰정부와 일본교관들이 조직하고 훈련시킨 '교도중대'와 '훈련대'를 '괴뢰군'으로 보는 견해는 참조: 서인한, 『대한제국의 군사제도』(서울: 혜안, 2000), 219쪽; 한용원, 『대한민국 국군 100년사』(서울: 오름, 2014), 65쪽.

고 일본의 이권을 증진시키는 것들이거나 고종의 이전 개혁조치나 동학농민군의 개혁적 요구사항들을 훔쳐 '양두구육책'으로 내걸고 실시하지 못하도록 불구화·왜곡·무력화한 것들뿐이었다. 갑오경장의 개혁은 철저히 타율적이고 철저히 일본에 의해 주입된 것이었기 때문이다.

그러나 강만길은 현행 교과서들이 "강제개혁이라 표현한 갑오경장도 동학혁명정신이 반영된 근대적 개혁으로서의 긍정적 해석이 내려지고 있으며 또 그 해석이 학계의 많은 지지를 받고 있는 사실에 대해 외면하고 있다"고 비판한 바 있다.22) 김홍집정부가 왜군과 손잡고 동학농민군을 학살하고 동학군의 개혁방안들을 훔쳐서 사이비개혁으로 내건 임기응변을 긍정적으로 해석하라는 강만길의 북한식 요구는 실로 가당치 않다. 갑오경장세력들은 자기들이 내건 신분해방조치를 속으로 냉소하고 후속공문들로 무력화하고 토지개혁을 부인하고 봉건지주의 기반을 공고히 해주고 조선의 근대적 독립에 필수적인 군사개혁과 조선군대 육성을 외면할 만큼 매우 봉건적이었기 때문이다.

친일괴뢰정부의 소위 '개혁'의 타율성은 후술하겠지만 오오토리의 '내정개혁안'을 김홍집괴뢰정부의 개혁사안들과 비교하면 금방 드러난다. 갑오경장은 '부르주아개혁'이 아니라 부르주아개혁의 부분적 외피로 가려진 봉건적 '반反개혁'과 친일적 '사이비개혁'이었다. 『조선전사』는 마르크스-레닌주의 역사발전 도식에 맞춰 갑오경장을 '부르주아개혁' 단계로 보기 때문에 갑오왜란에 따른 항일투쟁의 급무나 갑오경장의 봉건적 반개혁성과 친일적 사이비개혁성을 보지 못하는 역사적 '시각장애' 또는 '맹시盲視증세'를 앓고 있다.

이런 까닭에 『조선전사』는 가령 전통적 지방자치제를 말살하고 중앙집권제로 재강화한 지방행정제도 차원의 봉건적 반개혁을 두고 "각면에 향회를 설치하고 그 결정에 따라서 정사를 시행하도록 한" 것도

22) 강만길, 「史觀: 敍述體系의 檢討」, 『창작과 비평』 32(1974. 6.), 415쪽.

"국가정치제도의 점차적 근대화를 지향하는 점에서 주요한 새 조치의 하나였다"는 식의 엉터리 분석을 일삼는다.[23] 그러나 『조선전사』가 적어도 왜군의 조선침입을 "조선에 대한 횡포한 군사적 침략인 동시에 조선인민의 민족적 자주권에 대한 난폭한 유린"으로 규정하고 오오토리의 "내정개혁방안"을 "침략을 가리기 위한 너울"이거나 "제 놈들의 침략에 유리하게 조선 사회를 개편하려는 침략적" 개혁으로 인정하고, "나는 처음부터 조선내정개혁 그 자체에 대해서는 별반 중요시하지 않았다"는 무츠 외상의 의도를 인지했다면,[24] 이 시기에 대한 역사적 분석의 초점은 침략을 가리는 '너울', 즉 침략을 감추는 '가리개' 노릇을 하는 친일괴뢰들의 '개혁책동'에 맞춰서는 아니 되고, 왜군의 침략전쟁에 맞춰졌어야 할 것이다. 그러나 『조선전사』는 분석의 초점을 갑오개혁에 맞춤으로써 그 자체로서 왜군의 침략을 감추는 '가리개' 노릇을 '훌륭하게' 수행하고 있다.

괴뢰정부 아래서의 개혁과 관련해서는 적어도 다음과 같은 사항은 미리 확인해둘 필요가 있을 것이다. 아무리 근대적인 제도라 해도 외국의 강요에 의해 어떤 나라의 시의에 맞지 않게 주체성 없이 모방 차원에서 강제 도입된다면 그것은 그 나라의 정체성을 훼손하고 국권을 약화시킨다는 점이다. 가령 왜국에 의해 강요된 국가재정과 왕실재정의 분리, 내각제, 근대적 신식군제 등 갑오경장의 서구적 제도들은 바로 조선의 주체적 국권과 왕권을 훼손하는 방향으로만 투입되었던 것이다.

하지만 유영익은 이번에는 북한 사학계의 입장과 동일한 논지에서 갑오경장의 자율성과 근대성을 주장한다. 일단 그는 갑오경장을 분석도 하기 전에 거두절미 "한국 근대화의 획기적 계기" 또는 "우리나라 근대화의 획기적 기점"으로 생각한다는 선입견을 서슴없이 내비친

23) 사회과학원 력사연구소, 『조선전사(근대·1)』, 352쪽.

24) 사회과학원 력사연구소, 『조선전사(근대·1)』, 335쪽.

다.[25] 유영익의 논변은 평양회전에서의 왜군승리 이전까지의 김홍집 정부의 자율성과 개혁의 독자성에 대한 인정, 갑오경장의 내용적 긍정 등의 면에서 북한 사회과학원 역사연구소의 『조선전사』의 갑오경장론과 대동소이하다. 그리고 그는 역시 『조선전사』처럼 내정개혁 입안에서의 자율성을 강조하기 위해 '조선의 내정개혁에 대한 무쓰의 무관심' 발언을 인용하는 것도 잊지 않고 있다.[26] "나의 의견은 원래 처음부터 조선정부의 내정개혁에 대해 정치적 필요 외에 다른 의미가 없다고 보았기 때문에 의협정신으로 십자군을 일으킬 필요까지 느끼질 않았다. 조선의 내정개혁이라는 것은 먼저 우리나라의 이익을 찾는 데 있었으므로 우리의 이익이 희생될 필요는 없다고 보았던 것이다. … 나는 처음부터 조선의 내정개혁 자체에 큰 비중을 두지 않았고, 그보다는 조선과 같은 나라가 과연 만족할 만한 개혁을 할 수 있을 것인가 아닌가를 의심했다."[27] 무쓰가 이 말을 한 것은 사실이다. 하지만 유영익은 『조선전사』처럼 무쓰의 이어지는 말을 감춤으로써 사료를 간접적으로 조작하고 있는 셈이다. 무쓰는 이어서 이렇게 말하고 있기 때문이다. "그렇지만 조선의 내정개혁 문제는 바야흐로 외교상 핵심문제가 되어 우리 정부로서는 강력히 실행하지 않으면 안 되게 되었으며, 우리 조야의 여론도 어떤 사정이나 원인 등에 구애받지 말고 같이 협력하는 방향으로 모아지고 있었기에 내외환경상 가장 좋은 때가 아닌가 하고 생각했었다."[28] 이 말은 일본정부가 최초의 무관심 단계를 넘어선 뒤부터 줄곧 조선의 내정개혁에 '강력하게' 개입했다는 말이다. 결국 유영익은 인용조작을 통해 의미를 정반대로 만듦으로써 북한의 『조선전사』를 그대로 추종하는 '종북성향從北性向'

---

25) 柳永益, 『甲午更張硏究』, '서문'(v쪽), 134쪽.

26) 柳永益, 『甲午更張硏究』, 6-7쪽.

27) 무쓰무네미쓰, 『건건록』, 67-68쪽.

28) 무쓰무네미쓰, 『건건록』, 68쪽.

을 보이고 있다. 그의 논변 가운데 『조선전사』와 다른 점이 하나 있다면, 오오토리 공사가 1894년 7월 10일(음력 6월 9일) 남산의 제1차 노인정 회담에서 제시한 「내정개혁방안」을 7월 16일 조선정부의 거부통보와 반발정서로 인해 7월 19일 철회했고, 오오토리의 이 「내정개혁방안」은 이후 다시 거론된 적이 없는 "외교적 사문서"였다고 주장하는 점이다. 그는 오오토리가 내정개혁방안을 철회하게 된 "정치적 고려"로서 "(1) 조선정부는 우리의 거동과 언사에 대해 주의하고 있으며 그 주의가 심히 예민하고", "(2) 조선정부 내에는 참모자가 많고", "(3) 우리 대병大兵의 주둔에도 불구하고, 근래 그들의 완강심은 더욱 굳어지고 있다"고 보고한 오오토리의 전문을 들이대고 있다. 오오토리가 내정개혁방안을 철회했기 때문에 그 이후 조선정부의 개혁방안 입안은 군국기무처가 자율적·독자적으로 추진했다는 것이 그의 결론이다.

오오토리의 서울발 전문을 근거로 들이대는 유영익의 자율성 테제에 꽤 많은 사가들이 수긍하게 되었는바, 이렇게 하여 남한의 유력한 사가들이 갑오경장 분석에서 『조선전사』와 공동보조를 취함으로써 갑오경장론에서 마치 '남북통일'이 이루어진 것으로 보인다. 강만길은 여기서도 동요하는데 소위 '갑오경장'의 '한계성'을 인정하면서도 유영익의 주장을 수용하여 그 '자율성'을 원칙적으로 인정하고 있다.[29] 이기백도 갑오경장이 김홍집의 군기처에 의해 "거의 독자적으로 추진되었던 것"이라고 말한다.[30] 박종근은 갑오경장이 내재적 발전을 수용한 것은 인정하지만 최초의 군국기무처의 작업이 자율적 개혁이었다는 북한 사학계와 유영익의 주장을 긍정하는 한편, 일본의 "불간섭주의 내지는 방관주의"라는 유영익의 주장에 대해서만 비판을 가한다.[31] 왕현종은 유영익의 주장을 비판하는 듯이 의태擬態하지만 "타

29) 강만길, 『고쳐 쓴 한국근대사』(서울: 창작과비평사, 1994·1997), 195-196쪽.

30) 이기백, 『한국사신론』(서울: 일조각, 1999·2015), 313쪽.

31) 박종근, 『清日戰争과 朝鮮』, 175-191쪽, 특히 189-191쪽.

율과 자율의 이중주"라는 절충론적 언어유희로 유영익의 '자율성' 테제를 슬그머니 수용하고 있다.[32] 유영익의 '거포'를 맞고 흔들린 사학계의 동요를 수용하여 이영학도 이렇게 평한다. "그들(개화파들)은 … 중세사회를 와해시키고 근대사회의 틀을 형성해나갔다. 그러나 그 일은 일본의 침투를 용이하게 하는 양면적 성격을 지닌 것이었다. 개화파는 자체 세력의 허약성과 일본정부의 간섭으로 그들 의도대로 정책을 집행하지 못했다."[33] 이영학은 유영익처럼 김홍집 등 친일괴뢰들이 마치 '참된 개혁의도'가 있었던 양 전제하고 있다.

하지만 유영익은 무쓰의 말을 인용하면서 조작했듯이 오오토리의 저 전문도 멋대로 오독·조작하여 내정개혁방안을 철회한 것으로 주장하고 있을 따름이다. 오오토리 공사가 1894년 7월 18일 무쓰 외상에게 보낸 그 전문을 직접 보자.

> 이번에 조선정부에 내정개혁을 권고하는 동안, 우리나라에 실익을 줄 수 있는 철도부설과 전선가설의 권리를 우리가 획득하고 또한 목포의 개항을 청구하라는 훈령을 받아 자세히 알게 되었습니다. 그런데 이번에 우리나라에서 이 나라에 파병한 취지는 애당초 공사관과 인민 보호를 목적으로 한 것이며 더 나아가 내정개혁을 권고하여 조선정부로 하여금 독립을 유지할 힘을 배양할 수 있도록 해서, 그 개혁의 기초가 마련될 때까지 우리나라 호위병을 주둔시켜야 한다는 것이었습니다. 그러므로 본관은 시종 이 방침에 따라 조선정부와 각국 사신에 대해서도 오로지 공평한 말로 이를 대했고, 그들이 항상 품고 있는 우리에게 야심이 있다는 의혹을 풀어주기 위해 노력해왔던 바입니다. 그래서 지금까지 매사를 공평하게, 말하자면 상대방의 이익을 핑계 삼는 자세를 취해왔는데, 오늘날에

32) 왕현종, 『한국 근대국가의 형성과 갑오개혁』, 26-29쪽.

33) 이영학, 「대한제국의 경제정책」, 21쪽. 한국역사연구회 토지대장연구반 편, 『대한제국의 토지제도와 근대』(서울: 혜안, 2010).

> 와서 갑자기 태도를 바꾸어 요구 비슷한 것을 들이댄다면 사실 곤란할 뿐만 아니라, 모든 일을 담판하는 데 있어서 매우 적절하지 못한 방법이라고 생각합니다. … 다시 한 번 현재의 실황을 말씀드리겠습니다. 1. 조선정부는 우리의 거동과 언사에 대해 주의하고 있으며 그 주의는 심히 예민합니다. … 2. 조선정부에는 참모자가 많습니다. … 일의 성질에 따라서는 원세개 외에 영국·미국·러시아의 사신에게도 가끔 상의하는 모양입니다. 지난번에 본관이 제출한 내정개혁안과 같은 것도 그날 밤 즉시 조선정부에서 그 사본을 떠서 각국 사신에게 회람시켰음을 탐문했습니다. … 3. 우리가 대군을 주둔시키고 있음에도 불구하고, 근래 더욱더 그들의 완강심이 굳어지고 있습니다. … 조선정부로 하여금 이것을 받아들여 따르게 할 희망은 더욱 없으며 또한 이러한 제안을 하는 것은 매우 불리한 계책이라고 생각합니다. 그렇다고는 하지만 철도와 전선 두 건은 기밀 제26호 귀하의 서신으로 훈시하신 바도 있고 해서 우리의 권고 조항으로 제출했습니다. 그러므로 저의 어리석은 생각이지만, 이후 형세가 일변하지 않는 한 뜻하신 바를 관철하실 기회가 없을 것으로 생각되오니, 그 제출하는 일은 잠시 유예하여 주시기 바랍니다.[34]

이 전문을 정사하면 철회한 것이 아니라 '잠시' 유예한 것이고, 또 유예한 것도 오오토리의 '내정개혁방안'이 아니라, 무쓰가 내정개혁 권고에 끼워 넣어 청구하라고 훈령한 '철도부설·전선가설권리 및 목포항 개항'이다. 유영익은 '철도부설·전선가설권리 및 목포항 개항' 요구의 잠시유예 결정을 내정개혁방안의 철회 결정으로 오독한 것이다.

일본이 소위 '갑오경장' 중에 노린 이권은 다음과 같이 다양한 분야에 걸쳐 있었다. (1) 경부·경인 간 철도부설, (2) 경부·경인 간 전선가설, (3) 왜인에 대한 내지과세 폐지, (4) 방곡령 전폐, (5) 청국인의 이권(가령

34) 『일관기록』, 九.諸方機密公信往 一, (16)'鐵道 부설과 電線 가설 및 新港開場 要求가 困難한 件'(機密 第130號 本75, 1894년 7월 18일), 大鳥→陸奥.

인천항 매립공사) 취득, (6) 고부 또는 목포항 개항, (7) 해관관리권, (8) 일본화폐 통용, (9) 광산개발권, (10) 연안어업권, (11) 연안해운권, (12) 우편관리권, (13) 삼남지역 지세수취권 등이 그것이다.[35] 무쓰는 이 이권 획득에 비상한 관심을 보였고, 일본은 이 중 경부·경인 간 전선가설, 방곡령 전폐, 청국인 이권 취득, 일본화폐 통용, 광산개발권 등의 이권을 조일잠정합동조관(1894년 8월 20일)과 군국기무처 의안의 형식을 빌려 '갑오경장' 중에 획득하게 된다.

결론적으로 오오토리는 「내정개혁방안강령세목」을 잠시도 철회한 적이 없다. 그것은 군국기무처의 의안 속으로 그대로 주입되었다. 군국기무처의 할 일은 이 「내정개혁방안강령세목」을 '구체화'하는 것이었을 뿐이다. 이런 까닭에 경복궁침공 10여 일 뒤인 1894년 8월 4일 오오토리는 "조선정부는 이미 개혁파의 손아귀에 들어와서 모든 일에서 우리의 권고를 받아들이는 경향에 있다"라고 본국에 타전하고,[36]

---

35) 다음을 참조: "어떻든 간에 현재와 같은 기회를 틈타서 조선에서의 일본제국의 위치를 공고히 해두는 것이 상책이라고 확신합니다. 군사전략적 관계와 실리적 관계에서 일본제국의 기반을 공고히 해두는 것이 한국 조정에 대해 최후 수단을 취할 수밖에 없을 경우를 대비해서 가장 필요할 것입니다. 아래에 그 사정을 진술하려고 합니다. (1) 경부, 경인, 경의 철도선로를 기한을 정해서 일본정부 또는 일본국민의 손으로 부설한다는 약속을 할 것. (2) 電信線은 日淸강화 후에도 몇 년간 기한을 정해서 계속 일본정부에서 관리한다는 약속을 할 것. 위의 2개 조항은 假條約을 정식 조약으로 할 것이며 약간의 수정을 요함. (3) 군함정박에 편리하고 긴요한 장소를 租借하는 조약을 체결할 것. (4) 古阜(혹은 木浦), 大同江을 개항하고 거류지를 설치할 것. (5) 30만 圓을 海關稅를 담보로 대여하고 세관감독으로 일본인을 초빙, 고용하게 할 것. 본 항의 금액은 경상도의 기근을 구제하기 위해 조선정부가 해관세를 담보로 대여해줄 것을 신청해온 것임. … (6) 銀貨 또는 地金으로 500만 圓을 대여하는 件. 전라·충청·경상 3도의 조세를 담보로 충당하고 이의 원리금이 완제될 때까지 3도의 세무 기타 지방사무의 감독자로서 각 도에 일본인을 초빙 고용하게 할 것. (7) 전항의 차용금에 대한 담보로서 3도의 조세 외에 더해서 평양의 석탄갱을 채굴하게 할 것. 단, 일본기사를 초빙, 고용하여 그 채굴을 감독하게 할 것. (8) 각 광산을 시굴하기 위해 일본기사 3명을 초빙, 고용하게 할 것. 위의 각 조항 중 한국 조정에 금전을 대여해주는 것은 조선에 있어서의 우리의 실리적 관계를 공고히 하는 한 수단일 따름입니다." 『일관기록』, 七.內政釐革의 件 二, (10)'內政改革에 관한 貸付金에 대한 上申'(1894년 12월 4일), 井上→陸奥.

36) 『일관기록』, 十.諸方機密公信往 二, (10)"7월 23일 事變前後에 취한 방침의 개략과 장래에 대한 鄙見 內申'(機密第146號 本86, 1894년 8월 4일), 大鳥→陸奥.

1894년 8월 20일 "이번에 일본국정부는 조선국정부에서 내정을 이정釐正할 것을 심히 바랐고 조선국정부도 역시 그것이 바로 급요지무急要之務에 속한다는 것을 인지하고서 권고에 의거하여 권면·여행勵行할 것을 윤약하게 되었고 (「내정개혁방안」의) 각 절을 반드시 명확하게 보증하고 다음부터 진실로 시행한다(此次日本國政府 深望朝鮮國政府釐正內治 朝鮮國政府亦知其寔屬急要之務 至允依勸勉勵行 各節須明保 取次認眞施行)"는 것을 골자로 하는 「조일잠정합동조관」을[37] 체결했던 것이다. 유영익은 이 「조관」에서 "권고에 의거하여"와 "각 절을 반드시 명확하게 보증하고"라는 구절을 중시했어야 했던 것이다.

그렇다면 군국기무처의 개혁방안은 내용적으로 오오토리가 6월 28일 무쓰의 내정개혁 훈령을 받아[38] 보완하여 7월 10일 조선정부에 제시한 「내정개혁방안강령세목」을 얼마나 반영했는가? 이것을 알기 위해서는 오오토리의 「내정개혁방안강령세목」 전체를 먼저 보자.

### 내정개혁방안강령세목

제1조 중앙정부의 제도 및 지방제도를 개정하여 인재를 채용할 것.

1. 관사官司의 직수職守를 명백히 할 것. 내치·외교를 총리하는 기무機務는 이를 모두 의정부에 복구復舊하며 육조판서로 하여금 각각 그 직분을 지키게 하고 세도집권의 폐정弊政을 폐지할 것. 내외정무와 궁중사무를 분명하게 구별하여 궁중에 봉사하는 관리로 하여금 일절 정무에 간섭치 말게 할 것.
2. 외국교섭통상사무를 중히 하며 국가에 대신하여 그 책임에 합당한 대신으로 하여금 이를 주재케 할 것.

---

37) 『高宗實錄』, 고종31(1894)년 7월 20일(갑오).

38) 참조: 『일관기록』, 五.機密本省及其他往來, (34)'朝鮮國內政改革에 관해서 大鳥公使에게 보낸 訓令'(機密送第26號, 1894년 6월 28일), 陸奧→大鳥.

3. 정사를 시행하기에 필요한 관아만을 존립시키고 나머지는 모두 이를 폐지하고 또 갑관아의 사무를 을관아에 합병하여 간편하게 할 것.
4. 현재의 부·군·현의 치治는 그 수가 과다한 듯하므로 마땅히 작량하여 이를 폐합하며 민치에 방해되지 않도록 소수에 그치게 할 것.
5. 사무집행에 필요한 관원을 두며 그 나머지의 용원冗員은 도태시킬 것.
6. 종전의 격식을 타파하고 널리 인재를 등용하도록 개방할 것.
7. 매관賣官의 악폐를 정폐停弊할 것.
8. 시세를 참작하여 관리의 봉급을 정하며 자생양렴資生養廉에 족하게 할 것.
9. 대소관리의 수회색전收賄索錢의 악습을 엄금할 것.
10. 지방관리의 정폐情弊를 교정하는 법을 설치할 것.

제2조 재정을 정리하며 당원當源을 개발할 것.
1. 국가의 수입지출을 조사하며 그 제도를 정할 것.
2. 회계출납을 엄정히 할 것.
3. 화폐제도를 개정할 것.
4. 각 도의 전무田畝를 정사하여 조세를 개정할 것.
5. 기타 제諸 세법을 개정하며 신세新稅를 설정할 것.
6. 불필요한 지출을 감생減省하며 아울러 수입증가방법을 강구할 것.
7. 관도·통구通衢를 마땅하게 수평추광修平推廣하며 경성과 요항要港 간에 철도를 건설建設하며 전국의 중요성시에 통하는 전신을 가설하여 통신왕래의 편리를 도모할 것.
8. 각 개항장의 세관은 한결같이 조선정부가 스스로 이것을 관리하며 타국의 관여를 불허할 것.

제3조 법률을 정돈하여 재판법을 작정할 것.
1. 구법 중 시의에 적당하지 않은 것은 대개 이를 혁폐하며 혹은 신법을

제정할 것.

2. 재판법을 개정하여 사법의 공정함을 밝게 할 것.

제4조 국내의 민란을 진정하여 안녕을 보지하기에 필요한 병비兵備와 경찰을 설정할 것.

1. 사관을 양성할 것.
2. 구식수륙병은 일체 이를 폐하며 다시 재력이 허용되는 범위 내에서 신식병을 증치할 것.
3. 경성과 각 성읍에 엄정한 경찰을 설치할 것.

제5조 교육제도를 확정할 것.

1. 시세를 짐작하여 학제를 신정하여 각 지방에 소학교를 설립하며 자제를 교육케 할 것.
2. 소학교의 설립준비를 기다려 점차 중학과 대학을 설립할 것.
3. 학생 중 준수한 사람을 선발하여 외국에 유학시킬 것.[39]

고종이 1893년까지 진행한 개혁에 비하면 새로울 것도 없고 단지 왜인의 불량한 의도의 권력이익과 이권을 은근슬쩍 극대화할 수 있는 제도변경, 사이비개혁과 반개혁을 가능케 하는 내용들을 담고 있는 이 「내정개혁방안강령세목」은 나중에 군국기무처의 개혁안세목으로 더 세분화되어 나타난다.

또한 다시 공사로 부임한 이노우에가 1894년 11월 20·21일(음력 10월 23일) 어전회의에서 강요한 「20개조개혁안」도 구체성에서만 차이가 있을 뿐 두세 항목을 제외하면 오오토리의 「내정개혁방안강령세목」과 전

39) 『일관기록』, 三.露日關係 三, (16)'朝鮮事件三'(1894년 8월 10일), 別紙甲號 "Proposals Presented by th Otori to the Corean Government concerning reforms and reorganization of Corean Government"; 『고종시대사』 3집 高宗31年 6月 9日.

반적으로 대동소이하다. 20개조는 (1조) 정권의 귀일歸一(정권은 하나의 원류源流에서 나오게 할 것), (2조) 대군주의 정무친재와 법령준수, (3조) 왕실사무와 국정의 분리, (4조) 왕실조직의 확정, (5조) 의정부 및 각 아문의 조직·권한 확정, (6조) 조세·공납의 탁지아문에의 통일과 조세율의 의정, (7조) 세입세출제도의 확립, (8조) 군제 확정, (10조) 형률 확정, (11조) 경찰권의 통일적 확립, (12조) 관리복무규율 제정·시행, (13조) 지방관의 권한을 제한하여 이를 중앙정부에 수람收攬시킴(즉, 중앙집권 강화), (14조) 관리등용 및 면출 규칙 제정, (15조) 시의猜疑·이간의 폐의 중지 및 정치보부 금지, (16조) 공무아문 불필요, (17조) 군국기무처의 조직·권한 개정, (18조) 고문관의 고빙, (19조) 유학생의 일본 파견, (20조) 내정개혁을 국시로 정하여 종묘에 서고誓告하고 신민에게 선포할 것 등이다.[40] 이 중 (18조) '고문관의 설치'는 이전에 본국에 보낸 우치다 영사의 이전 정책건의(1894년 6월 26일)에[41] 따라 조선을 보호국화하는 조치이고, (20조) '종묘서고'는 박영효의 작품으로 잘못 알려진 「홍범14조」의 종묘선서를 말한다.

오오토리의 「내정개혁방안강목」과 이노우에의 「20개조개혁안」은 '고문관의 설치'를 제외하면 대동소이하다. 오오토리의 「내정개혁방안강목」은 이노우에의 「20개조개혁안」과 함께 군국기무처와 김홍집·박영효 연립내각의 개혁방안에 거의 그대로 다시 등장한다. 따라서 오오토리의 「내정개혁방안강령세목」은 결코 "외교적 사문서"가 아니

---

40) 『高宗實錄』, 고종31(1894)년 10월 23일.

41) "애초 이번에 육해군을 이 나라에 파견한 목적은 다만 동학당의 민란에 대하여 조선에 있는 제국 공사관·영사관을 호위하여 제국 臣民의 안전을 보호하는 데 있으며 결코 타의가 없음을 이달 11일자 기밀송機密送 제13호로써 통지했습니다. 우리 공사관·영사관 및 거류하고 있는 제국 신민이 위해를 받을 염려가 있는 데 대해서는 상당한 방법으로 이를 보호해야 함은 물론이고, 모처럼 이와 같은 대병大兵을 파견한 이상 부디 한층 더 유익한 목적으로 사용하기 바랍니다. 그리고 한층 더 유익한 목적이란 다른 것이 아니라 이 조선을 우리 일본제국의 보호국으로 만드는 것입니다." 『일관기록』, 二.京城·釜山·仁川·元山機密來信, (3)'對韓政策에 관한 意見 上申의 건'(機密第26號, 1894년 6월 26일), 內田定槌→陸奧宗光.

었다. 그것은 「20개조개혁안」과 함께 군국기무처의 괴뢰적 개혁논의의 '헌장' 또는 '지침'이었다. 오오토리의 「내정개혁방안강령」의 세목들 중 군대 관련 개혁방안은 친일괴뢰군 외에 조선군대를 싹 없애버리는 흉계이고, 철도·전신·경제·세관·교육 관련 세목들은 일본의 이권을 끼워 넣을 수 있는 세목들이다. 그리고 오오토리와 이노우에의 개혁안에 공히 강조되는 '왕실사무와 국정의 분리'는 근대화의 명분 아래 고종의 왕권을, 따라서 조선의 국권을 무력화하려는 흉계를 담은 것이다.

「내정개혁방안강령세목」이나 「20개조개혁안」은 이 「20개조개혁안」의 마지막 조목(20조: 내정개혁을 국시로 정하여 종묘에 서고誓告하고 신민에게 선포할 것)에 따라 이루어진 「홍범14개조」에 다시 한 번 요약된다. 이노우에에 의해 강요된, 그러나 친일파 국사학자들이 '우리나라 최초의 근대헌법이라고 치켜세우는 「홍범14개조」를 살펴보자. 고종은 1895년 1월 7일(음력 1894년 12월 12일) 이노우에와 박영효의 강요에 의해 다음과 같이 왕세자를 대동하고 종묘 영녕전永寧殿에 나아가 서고誓告한다.

감히 황조皇祖와 열성列聖의 신령 앞에 고합니다. 생각건대 짐은 어린 나이로 우리 조종의 큰 왕업을 이어 지켜온 지 오늘까지 31년이 되는 동안 오직 하늘을 공경하고 두려워하면서 우리 조종들의 제도를 그대로 지켜 간고한 형편을 여러 번 겪으면서도 그 남긴 위업을 그르치지 않았습니다. 이것이 어찌 짐이 하늘의 마음을 잘 받든 때문이라고 감히 말하겠습니까? 실로 우리 조종께서 돌보아주고 도와주었기 때문입니다. 우리 황조가 우리 왕조를 세우고 우리 후손들에게 물려준 지도 503년이 되는데 짐의 대에 와서 시운이 크게 변하고 문화가 개화했으며 우방이 진심으로 도와주고 조정의 의견이 일치되어 오직 자주독립을 해야 우리나라를 튼튼히 할 수 있는 것입니다. 짐이 어찌 감히 하늘의 시운을 받들어 우리 조종께서 남긴 왕업을 보전하지 않으며 어찌 감히 분발하고 가다듬어 선대의 업적을 더욱 빛내지 않겠습니까? 이제부터는 다른 나라에 의거하지 말고 국운을 융성하게 하여 백성의 복리를 증진함으로써 자주독립의 터전을 튼튼히 할 것입니다. 생각건대 그 방도는 혹시라도 낡은 습관에 얽매이지 말고 안일한 버릇에 파묻히지 말며 우리 조종의 큰 계책을 공손히 따르고 세상 형편을 살펴 내정을 개혁하여 오래 쌓인 폐단을 바로잡을 것입니다. 짐은 이에 14개 조목의 홍범을 하늘에 있는 우리 조종의 신령 앞에 고하면서 조종이 남긴 업적을 우러러 능히 공적을 이룩하고 감히 어기지 않을 것이니 밝은 신령은 굽어살피시기 바랍니다.

## 홍 범

1. 청국에 의존하는 생각을 끊어버리고 자주독립의 터전을 튼튼히 세운다.
2. 왕실의 규범을 제정하여 왕위 계승 및 종친과 외척의 본분과 의리를 밝힌다.
3. 임금은 정전正殿에 나와서 시사視事를 보고 정무를 직접 대신들과 의논하여 재결裁決하며 왕비나 후궁, 종친이나 외척은 정사에 관여하지 못한다.
4. 왕실에 관한 사무와 나라 정사에 관한 사무는 반드시 분리시키고 서로 뒤섞지 않는다.
5. 의정부와 각 아문의 직무와 권한을 명백히 제정한다.
6. 백성들이 내는 세금은 모두 법령으로 정한 비율에 의하고 함부로 명목을 더 만들어 불법적으로 징수할 수 없다.
7. 조세나 세금을 부과하는 것과 경비를 지출하는 것은 모두 탁지아문에서 관할한다.
8. 왕실의 비용을 솔선하여 줄이고 절약함으로써 각 아문과 지방 관청의 모범이 되도록 한다.
9. 왕실 비용과 각 관청 비용은 1년 예산을 미리 정하여 재정 기초를 튼튼

히 세운다.

10. 지방관제를 빨리 개정하여 지방관리의 직권을 제한한다.
11. 나라 안의 총명하고 재주 있는 젊은이들을 널리 파견하여 외국의 학문과 기술을 전습 받는다.
12. 장관을 교육하고 징병법을 적용하여 군사제도의 기초를 확정한다.
13. 민법과 형법을 엄격하고 명백히 제정하여 함부로 감금하거나 징벌하지 못하게 하여 백성들의 생명과 재산을 보호한다.[42]
14. 인재 등용에서 문벌에 구애되지 말고 관리들을 조정과 민간에서 널리 구함으로써 인재 등용의 길을 넓힌다.

「홍범14조」도 「내정개혁방안강령세목」이나 「20개조개혁안」과 대동소이하다. 다만 "임금은 정전에 나와서 시사를 보고 정무를 직접 대신들과 의논하여 재결하며 왕비나 후궁, 종친이나 외척은 정사에 관여하지 못한다"는 구절은 두 가지 점에서 특별한 것이다. 첫째, "임금은 정전에 나와서 시사를 보고 정무를 직접 대신들과 의논하여 재결한다"는 구절은 「20개조개혁안」의 '(17조) 군국기무처의 조직·권한 개정(폐지)'에 대구가 되는 것으로서 이노우에가 국왕의 고문관으로서의 자기의 지위에 자신감을 갖게 되면서 고종의 요구대로 고종의 친정을 허용한 구절인데, 고종은 이 구절을 근거로 삼아 김홍집 등 친일괴뢰들에게 반격을 가하여 1895년 1월 11일(음력 1894년 12월 16일) "짐이 지금부터 국정사무를 직접 여러 대신들과 토의하여 재결한다"고 천명하고 종래의 의정부의 처소를 대궐 안으로 이전함과 동시에 의정부를 '내각'으로 개칭하고 규장각을 내각이라 부르는 것을 금했다.[43] 뒤에 상술하는 바와 같이 이노우에와 김홍집은 물론 이러한 왕권의 '완전' 회복을 좌시하지 않고 '내각'을 바로 '초超근대적인' 영국식 내각으로

42) 『高宗實錄』, 고종31(1894)년 12월 12일.
43) 『高宗實錄』, 고종31(1894)년 12월 16일.

변질시킴으로써 고종의 이 조치를 무력화하여 왕권을 약화시킨다. "왕비나 후궁, 종친이나 외척은 정사에 관여하지 못한다"는 뒷부분의 구절은 일본정부의 대對조선 보호국화 정책의 암초인 민왕후와 대원군을 동시에 정계에서 제거하여 조선의 보호국화를 강력히 추진하기 위해 특별히 추가된 구절이다. 1894년 7월 23일 범궐과 동시에 대원군을 정계에 끌어들인 왜적들이 조선정책의 향방을 '보호국화'로 정하면서 이제 동학당 및 청국과 내통하여 고종을 폐하고 손자 이준용을 등극시키려고 한 대원군을 추방하고 민왕후를 원래대로 눌러두려고 한 것이다. 고종 왕위의 찬탈은 고종의 지위의 안전을 요구해온 구미열강의 간섭을 초래하는 일이었기 때문에 일본정부는 이에 각별한 신경을 써왔는데, 뜻밖에도 대원군이 동학당 및 청국과의 — 물론 좌초된 — 연대음모를 통해 왕위를 찬탈하려고 한 것에 대해 놀라고 실망해 이번에 대원군을 아예 제거해버린 것이다.

이 구절을 제외하면 「내정개혁방안강령세목」이나 「20개조개혁안」은 「홍범14조」나 군국기무처의 개혁안에 세분화되어 다시 나타난다. 이런 한에서 갑오경장은 철저히 왜인들에 의해 조종되고 주입된 타율적 개혁이었고, 혹시 자율성이 있었다면 그것은 포로수용소장의 지시를 이행하는 '포로수용소 자치위원회의 자율성'이라는 의미의 자율성이 있었을 뿐이다. 이에 대해서는 재론할 여지가 없다.

### 3) 사이비개혁의 전형적 사례: 친일괴뢰군의 탄생

일제는 갑오괴뢰정부를 수립한 후에 '근대적' 신식군대를 양성한다는 명목 아래 구식군대를 갑자기 전폐하고 동학농민군과 의병을 진압하기 위한 '친일괴뢰군'을 조직하여 훈련시켰다. 이것은 김홍집내각의 사이비개혁의 전형적인 사례에 속한다. 이 군사개혁의 사례 하나만 분석해도 김홍집괴뢰정부가 추진한 국정개혁의 사이비성을 여지없이 폭로할 수 있다.

김홍집내각은 음력 7월 26일(양력 8월 26일) "친위영親衛營을 장차 설치할 것인데 하사관을 교련 육성하는 문제가 가장 긴요하다. 재주가 있고 건강한 사람을 200명에 한해 선발하고 교사教師를 초빙하여 착실히 훈련시키도록 한다"는 군국기무처 의안 결정으로 친일괴뢰군 창설을 공식화했다.[44] 궁궐을 침입하여 국왕을 생포한 전위대대인 왜군 보병 제21연대 제2대대는 1894년 8월 중순경 한성수비를 맡게 되자 바로 장위영, 경리영, 통위영으로부터 20세 이상, 35세 이하의 조선군 중에서 "장래성이 있다고 판단되는 자"로 간주되는 "우수한 병사"[45] 200여 명 정도의 인원을 선발하여 우삼영 내 사관·하사와 더불어 수명의 사관과 십수 명의 하사관을 선발하여 1개 중대를 편성하고 이를 '교도중대'라 칭했다.

이후 매일 하사 이하 병사들을 30명 단위로 훈련을 시켰다. 호령은 모두 일본어였고, 총 인원은 221명이었다. 사에키코레타카(佐伯惟孝) 대위, 시라키세이타로오(白木誠太郎) 중위, 미야모토다케타로오(宮本竹太郎) 소위가 군사훈련을 맡았다.[46] 미야모토는 나중에 (왜군 대본영의 비밀특명을 받고) 민왕후를 직접 시해하게 되는 자다. 히로시마 소재 제11연대의 진중일지에 의하면, 미야모토는 후비대 육군보병 조장으로 1894년 7월 강제징집되어 제11연대 제18대대에 입영했다. 그는 7월 29일 사관사무취급(사관대리)이 되고, 8월 1일 예비견습사관이 되었다. 10월 11일에 가서야 소위에 임관한다. 미야모토는 동학당 토벌을 위해 투입된 교도중대에 동행하여 동학당과의 전투에 참전했다가

---

44) 『高宗實錄』, 고종31(1894)년 7월 26일; 황현, 『오하기문』, 210쪽: "친위영을 설치함에 하사관 교육·양성이 시급함으로 마땅히 힘이 세고 건강한 사람 200명을 선발하고 교관을 초청하여 진짜 훈련을 받도록 한다."

45) 미야모토다케타로오(宮本竹太郎) 소위가 테라우치마사타케(寺內正毅) 당시 대본영 운수통신장관에게 보낸 서한(1894. 12. 26.). 山本四郎 編, 『寺內正毅關係文書』 164-1(1984), '宮本竹太郎 書翰'. 이종각, 『미야모토 소위, 명성황후를 찌르다』(서울: 메디치미디어, 2015), 125-127쪽에 게재된 서한.

46) 박종근, 『清日戰爭과 朝鮮』, 97, 216쪽.

1895년 2월 28일에야 귀경한다. 훈련대가 창설된 뒤에 그는 경성수비대에서 파견되어 다시 훈련대 교관으로 근무한다.[47] 따라서 미야모토는 예비견습사관으로서 교도중대 훈련교관이 된 것이다.

교도중대의 조선인 중대장은 이진호, 소대장은 이민굉, 이겸제, 서인근, 임병길이었다.[48] 이렇게 하여 한국역사상 최초로 '친일괴뢰군'이 탄생한 것이다. 교도중대는 훈련을 마친 뒤 소위 '동학당토벌'에 투입된다. 이 교도중대는 1895년 4월 정식으로 창설되는 본격적인 친일괴뢰군인 '훈련대'의 모태가 된다. 이 훈련대는 을미왜변 시 왕후 시해에 동원된다. 교도중대에서 중대장을 지낸 이진호는 훈련대에서 변신變身한 괴뢰군인 '친위대'의 제2대대장이 되어 춘생문사건을 고변하는 등 계속 친일행각으로 일관한다.

1895년 4월 창설된 '훈련대'는 왜군의 총구 아래서 갑오왜란을 위장하기 위해 진행된 갑오괴뢰정부의 사이비개혁 시기에 궁궐수비를 위해 일본교관에 의해 훈련되어 설치된 2개 대대 규모의 친일괴뢰군대다. 제1훈련대 492명, 제2훈련대 481명 등 2개 대대, 총 973명으로 구성되었다.[49] 제1훈련대 대대장은 이두황, 제2훈련대 대대장은 왜인들이 총애하여 경성수비대 막사 안에서 개최된 민왕후 시해를 위한 비밀회의에도 동석시킨 우범선이었다. 훈련대는 실질적으로 왜군 본영과 일본공사의 지휘를 받는 일본공사관 무관 겸 훈련대 교관 구스노세유키히코(楠瀨幸彦) 중좌에 의해 장악된 명실상부한 친일괴뢰군이었다. 훗날 삼국간섭 이후의 '인아거일引俄拒日' 정책으로 일본의 지배력이 잠시 약화되었을 때 고종은 이 괴뢰군을 중립화하기 위해 훈련대 연대장 자리를 만들어 여기에 홍계훈을 임명했으나 안타깝게도 이 괴

47) 김문자, 『명성황후 시해와 일본인』, 293쪽.

48) 『東京日日新聞』, 1894년 9월 6일; 『時事新報』, 1894년 11월 10일.

49) 참조: 국방부군사편찬연구소, 『한말 군 근대화 연구』(서울: 국방부군사편찬연구소, 2005), 161쪽; 한영우, 『명성황후, 제국을 일으키다』(파주: 효형출판, 2006), 41-42쪽.

뢰군의 반역행동을 막지 못하고 충성스런 홍계훈만 잃고 말았다.

4) '갑오경장'의 사이비성·반개혁성·제한성

왜국이 갑오왜란의 가리개 겸 일본이권 확보용으로 강제 추진하는 친일괴뢰정부의 소위 '갑오경장'은 당연히 '개혁'이 아니라 실은 '사이비개혁'이거나 '반개혁'일 수밖에 없었다. 괴뢰정부는 그 태생적인 친일괴뢰성과 표리부동한 봉건성, 청일 양군의 전국적 군사작전, 그리고 일제침략에 대한 국민의 저항으로 인해 그 유효범위가 애당초 서울과 그 근교에 한정되었다. 괴뢰정부의 지배지역은 농민봉기, 의병운동, 동학농민전쟁, 청일전쟁 등으로 극히 일부에 국한되었다. 군국기무처에서 208개의 개혁조치를 취한 1894년 후반기 지배지역은 갑오년 10월(양력 12월 말까지) 동학군에 점거된 "전라, 충청, 경상, 경기의 대부분, 황해 일구一區" 등 국토의 거의 모든 지역에 미치지 못했다. 게다가 무쓰 일본외상이 서술하듯이 "조선국토는 남북 양쪽으로 분할되어 일청 양국군대가 각각 그 반씩을 점령하는 양상이 되었고, 당해 각 지방에서는 전쟁에 필요한 군수품의 징발로 인한 혼란상황이 되어 조선 전토는 거의 전장과 다름없었다". 그리하여 "조선정부의 통치력이 미치는 곳은 불과 경성과 그 부근에만 한정되어 있었으므로 조선정부가 애써 내정개혁을 실제로 실행하려고 해도 착수할 수조차 없는" 상황이었다.[50] 이에 김윤식은 "어찌하랴 목하 삼남(경남, 전라, 충청)은 동학도의 요란擾亂에, 서도(평안과 황해)는 청일교전에 통로를 방해받아 널리 민심에 호소할 기회를 얻을 수 없다"라고 기술하고 있다.[51] 이 때문에 조세징수가 가능한 지역은 "경기, 강원 2도"뿐이었고 "정부의 조령은 10리밖에 행해지지 않는 상태"였다.[52]

---

50) 무쓰미네미쓰, 『건건록』, 161쪽.

51) 日本外務省 編, 『日本外交文書』[第27卷 第II冊], 10쪽.

52) 박종근, 『淸日戰爭과 朝鮮』, 188쪽.

그리고 을미년에는 왕후를 시해한 왜변으로 괴뢰내각에 대한 의병운동이 더욱 고조된 데다 어리석게도 고작 상투나 머리카락을 자르는 단발령과 전통적 의상을 폐하는 복색변역變易 권고, 음력폐지·양력도입 등과 관련된, 민족의 집단적 정체성이 걸린, 그러나 다른 핵심개혁이 이루어지면 저절로 이루어질 '소소하고 사소한' 주변적 개혁사안들을 '초강경한' 폐지조치로 무단 처리하여 민족의 집단적 자존심을 훼손함으로써 국민저항을 가열시켰다. 이로써 괴뢰정부는 그 어떤 대중적 지지기반도 확보할 수 없었다. 그리하여 갑오괴뢰정부는 과거제 폐지와 새로운 국가고시관리임용제 같은 '개혁다운 개혁'은 시행조차 해보지 못하게 되었다.

## 제2절 고종의 선구적 개혁조치: 신분철폐와 노비해방

김홍집괴뢰정부는 고종이 1886년 이전에 이미 관련법령을 반포하고 동학농민군이 1894년 양력 2월 1차 봉기를 통해 집행한 신분철폐와 노비해방, 그리고 고종이 정력적으로 추진한 신식학교 증설 등 이전의 개혁조치들을 축소하고 왜곡하여 위선적으로 군국기무처의 정책인 양 내걸었다.

### 1) 1882년 신분해방령의 시행

고종은 이미 이전에 강력한 신분타파 조치를 두세 차례 취했고, 동학농민군은 이를 '죽창'으로 집강소를 통해 삼남 전역에 집행했었다. 고종은 1882년 9월 4일(음력 7월 22일)에 이미 서북인, 송도인, 서얼, 의·역관, 서리, 군오(군졸) 등 소외계층에 대한 출사제한을 철폐하는 개혁조치를 발표했다.

> 우리나라에서 문벌을 숭상하는 것은 참으로 천리天理의 공평한 이치가 아니다. 나라에서 사람을 등용함에 있어서 어찌 귀천으로 제한을 둔단 말인가? 이제 경장更張하는 때를 당하여 마땅히 사람을 등용하는 길을 넓혀야 할 것이다. 서북인, 송도인, 서얼, 의원, 역관, 서리, 군오들도 일체 현직顯職에 통용하라. 오직 재주에 따라 추천하되 만일 특이한 재능이 있는 사람이 있으면 중앙에서는 공경과 백관들이, 지방에서는 감사와 수령들이 각기 아는 사람들을 천거하여 전조銓曹에 보내면 내가 선발하여 등용하겠다.[53]

공무담임에서 신분차별을 타파하는 1882년 9월 초의 이 신분해방 조치에 이어 고종은 1883년 2월 5일(음력 1882년 12월 28일)에는 종래의 '세습귀족의 풍속(世貴之風)'을 반성하면서 농민·상인·수공업자의 자식일지라도 출신과 무관하게 학교에 입학할 수 있게 하는 교서를 내렸다.

> 왕은 다음과 같이 말한다. 예로부터 치화治化를 갱신하려면 먼저 선입관을 깨버려야 한다. 우리나라에서 문벌을 세습하는 유풍은 그 유래가 오래되었다. 귀족들은 지서支庶가 수없이 뻗어나가 부모를 섬기고 자식을 기를 밑천이 없고, 천민은 문벌이 한미寒微하다는 이유로 먼 옛날부터 억눌려 살아왔다. 번성하게 하고픈 마음은 비록 간절했지만 도와서 계도하는 것이 어려워 나는 몹시 안타깝다. 지금 통상·교섭을 하고 있는 이때에 관리나 천한 백성의 집을 막론하고 다 크게 재화를 교역하도록 허락함으로써 치부를 할 수 있도록 하며, 농·공·상고商賈의 자식도 학교에 들어가는 것을 허락하여 다 같이 진학하게 한다. 오직 재학才學이 어떠한지만을 보아야 할 것이요, 출신의 귀천은 따지지 말아야 할 것이다.[54]

---

53) 『高宗實錄』, 고종19(1882)년 7월 22일 기사.

54) 『高宗實錄』, 고종19(1882)년 12월 28일 기사.

이 두 번의 반상·적서·양천良賤차별 혁파조치로 봉건적 신분질서는 적어도 공적으로 정치사회적 의미를 완전히 잃었다.

1882·1883년의 신분혁파령의 반포는 중국 및 스위스와 프랑스를 제외할 때 귀족제를 유지하고 있던 모든 구미제국과 일본을 능가하는 것이었다. 이때는 미국도 신이주민(소위 'new arrivals')·히스패닉·아시아인·흑인을 엄격히 가르는 철저한 신분제 사회였기 때문이다.

2) 1886년 노비해방절목의 공포

그리고 이어서 1886년 4월 14일(음력 3월 11일) 고종은 순조가 정조의 유훈을 이어 내노비(내수사노비)와 중앙시노비(중앙관노비)를 해방한 이후에도 잔존해온 사노비私奴婢를 마침내 해방하는 조치를 단행했다. 우선 고종은 1886년 2월 5일(음력 1월 2일) 사노비해방절목을 만들라는 명을 내린다.

> 내수사와 각 궁방, 각사各司 노비의 공물을 없애고 노비안을 불태워버린 것은 바로 우리 순조 임금이 그들을 불쌍히 여기고 돌봐준 성덕盛德과 지인至仁이었다. 그러니 누군들 그 큰 은혜에 감격하지 않았겠는가? 나도 늘 칭송하면서 그 위업을 잘 이어가려고 생각하고 있다. 그런데 개인집을 놓고 말하면 한번 노비라는 이름을 가지게 되면 종신토록 복종해 섬기게 되며, 대대로 그 역役을 지면서 이름을 고치지 못하기까지 하는데, 이것은 인정仁政에 흠이 될 뿐 아니라 또한 족히 화목을 상하게 하는 일단이다. 명분은 자체가 전식典式의 엄격함이 있으므로 사역使役은 단지 당사자 한 몸에만 그치고 다시 세습노역을 짊어지게 할 수 없다는 취지로 한성부의 당상관이 총리대신과 토의해 절목을 만들어 중외에 반포해서 상화祥和를 맞이하게 하라.[55]

55) 『高宗實錄』, 고종23(1886)년 1월 2일.

이와 같이 고종은 교지에서 정조의 노비해방 유훈을 부분적으로 집행한 순조 임금을 직접 언급하며 전면적 노비해방노선을 정당화하고 있다. 이어서 고종은 형조에서 총리대신과 의논하여 만든 노비해방절목을 1886년 4월 14일(음력 3월 11일)부로 반포·시행했다. 세목은 다음과 같다.

1. 먹고살기 위해 노비가 된 구활救活노비와, 빚에 자신을 팔아 노비가 된 자매自賣노비, 세습으로 노비가 된 세전世傳노비는 모두 다만 자신 한 몸에 그치고 대대로 부리지 못한다.
2. 구활·자매노비의 소생은 매매할 수 없다.
3. 세전노비로서 이미 사역 중인 자도 그 한 몸에 그치며, 만약 소생이 있는데 의탁할 곳이 없어서 사역을 자원하는 경우에도 새로운 매입관례(新買例, 즉 고용제)로 값을 치러준다.
4. 자매노비는 비록 하루 동안 사역을 당하더라도 명분이 이미 정해진 뒤에는 쉽게 모면할 수 없으며, 집주인이 몸값을 갚으라고 허락하기 전에는 몸값을 갚겠다고 청할 수 없다.
5. 단지 자신 한 몸에 그치고 대대로 부리지 못하게 하는 만큼 매입한 돈문제는 자연히 제기할 수 없으며, 본인이 죽은 뒤에 절대로 소생에게 징출할 수 없다.
6. 약간의 돈과 쌀에 의한 숙채宿債 때문에 양인을 억눌러서 강제로 종으로 삼는 것은 일체 금지한다.
7. 노비 소생으로서 스스로 변천하겠다고 하면서 분수를 업신여기고 기강을 위반하는 자는 특별히 엄하게 징계한다.
8. 이처럼 규정을 세운 뒤에는 높고 낮은 사람을 막론하고 모든 사람들이 전철을 답습하면서 조령을 어기는 경우 적발되는 대로 법에 따라 감처勘處한다.56)

정조와 순조의 신분해방노선을 잇는 고종의 이 일련의 신분해방조치는 1863년 링컨의 노예해방조치보다 더 실질적인 것이었다. 링컨의 조치는 형식적인 해방조치에 불과했었다. 왜냐하면 미국 흑인에 대한 '법적' 신분차별은 '평등하지만 분리된다(equal but separate)'라는 세그리게이션(segregation) 법제도에 의해 1970년대까지도 유지되었기 때문이다. 반면, 고종의 「노비해방절목」이 제대로 시행된다면 사회제도로서의 노비제를 한 세대 내에 점진적으로, 그러나 완전히 소멸시키는 '혁명적' 노비해방령이었다.

이런 까닭에 박영효는 조국에서 진행된 이 선진적 사회해방과 발전상을 듣고 1888년 일본에서 쓴 「건백서」에서 "신은 '폐하께서 비상의 영단으로 공사노비를 금했다'고 들었습니다. 진실로 우리나라에서 미증유의 거룩한 정사입니다. 하늘은 반드시 희열을 느끼고 후에 응당 보상할 것입니다. 그러므로 신은 이런 이유로 우리 성조聖朝가 장차 흥할 것을 압니다(臣聞 陛下以非常之英斷 禁公私之奴婢. 誠我邦未曾有之聖政也. 天必感悅 後當有報. 故臣因此而知我聖朝之將興也)"라고 말하며 고종을 미국의 링컨 대통령과 나란히 칭송한다. 그러고는 "양반·상민·중인·서인의 등급을 폐할 것"이라고 하여 겨우 고종의 신분해방조치를 반복하고 있다.57) (이런 노비해방을 바탕으로 고종은 대한제국 건국 후에도 다시 한 번 이를 확인하고 이에 정치적 일반사면의 의지를 더한다. 고종은 1898년 6월 "시무에 적합하다면" 과거를 불문하고 유능한 인재를 등용한다는 광무조칙을58) 시행하여 신분제도를 완전히 타파하고 탈신분제적 원칙에 입각하여 공직을 임용했다.)

---

56)『高宗實錄』, 고종23(1886)년 3월 11일.

57) 박영효, 「朝鮮內政에 關한 建白書」(1888), 『한국근대사기초자료집(2)』, 1. 근대교육의 모색, 5. '교육에 관한 건의(朴泳孝)'. 국사편찬위원회 한국사데이터베이스.

58)『高宗實錄』, 고종35(1898, 광무2)년 6월 25일 두 번째 기사.

# 제3절 동학농민군의 폐정개혁과 신분해방령의 집행

고종이 1882(양력 1882-1883)년 신분해방령과 1886년 3월 노비해방절목을 반포하고 시행했음에도 관직등용의 신분제약과 노비제도는 하루아침에 타파되지 않았다. 특히 노비해방절목은 양반지주들의 저항 때문에 일률적으로 시행되지 못했다. 따라서 왕명을 어기고 노비들을 계속 부려먹는 봉건적 항명세력들이 1894년까지도 전국 각지에 여전히 남아 있었다. 노비들은 한문은커녕 한글도 읽지 못해 노비해방령을 알지 못했으므로 양반지주들은 이 해방령을 숨기고 자가노비를 계속 부릴 수 있었기 때문이다.

### 1) 최제우·최시형의 동학사상의 근대적 신분해방론

죽창을 든 동학농민군은 시행과정에서 이렇게 지지부진하게 방치된 고종의 노비해방절목을 실질적으로 실현시키는 집행자로 나타난다. 동학군이 이렇게 고종의 노비해방 위업을 이어 집행할 수 있었던 것은 최제우와 최시형의 동학이 강렬한 신분해방 이념을 품고 있었기 때문이다. 최제우는 1860년부터 '시천주侍天主'를 가르쳤다. '시천주'의 "시侍는 사람의 안에 신령이 있고 밖에 기화가 있다는 것을 한 세상의 사람들이 각자 알고 변치 않는 것이고, 주主는 그 높음을 칭하는 것으로서 부모와 동일하게 섬기는 것(侍者 內有神靈 外有氣化 一世之人各知不移者也, 主者稱其尊而與父母同事者也)"이므로[59] '시천주'는 '사람들이 각자 하느님을 자기 안에 모시고 있고 이 하느님이 밖으로 드러남을 알아서 이 하느님을 변치 않게 간직하고 부모를 섬기듯이 섬긴다'는 뜻이다. 이것은 변함없이 자신을 자중자애함과 동시에 남을 하느님으

---

59) 『東經大全』「論學文」. 윤석산 주해, 『東學經典』(서울: 동학사, 2009).

로 모시고 섬기는 것을 말한다. 이것은 혁명적 인간평등 이념을 표명한 것이다. 이런 까닭에 최제우는 한문을 읽고 쓰는 문필능력에 기초한 지벌地閥·문벌을 백성을 억압하는 말세권력의 산물로 폄하하고 지벌과 문벌의 출신성분을 능가하는 '도덕군자'를 추구할 수 있는 인간의 본질적 평등성을 설파한다. "약간 어찌 수신하면 지벌地閥 보고 가세家勢 보아 추세趨勢해서 하는 말이 아모는 지벌도 좋거니와 문필이 유여裕餘하니 도덕군자 분명타고 모몰염치冒沒廉恥 추존하니 지벌이 무엇이게 군자와 비유하며 문필이 무엇이게 도덕을 의논하노?"[60] 그리고 그는 문벌과 학벌이 높은 교도 강원보에게 이렇게 가르친다. "내 도는 문벌을 높이는 도가 아니니라. 문벌이 무엇이기에 군자에 비교할 수 있겠느냐? 문벌은 사람이 만들어낸 것이 아니냐? 하물며 말세의 사람이 욕심을 채우기 위하여 백성을 누르는 권세로 만든 것이 아니냐? 이는 천리를 위반한 행위이니라."[61] 바로 여기서 양반문벌과 상민의 차이에 대한 혁파, 즉 반상차별의 혁파이념이 노골적인 입말로 표명되고 있다.

나아가 2대 교주 최시형도 포덕6(1865)년 10월 28일(음) 최제우에 대한 '수진향례晬辰享禮'를 검곡에서 거행하면서 "인人은 내천乃天이라 고로 인은 정등正等하야 차별이 없나니 인이 인위人爲로써 귀천을 분分함은 시是ㅣ 천天에 위違함이니 오도인吾道人은 일절 귀천의 차별을 철폐하야 선사先師(최제우)의 지志를 부副함으로써 위주爲主하기를 망望하노라"라고 교설함으로써[62] 반상차별을 '위천違天'의 제도로 탄핵하고 인간의 '정등正等', 즉 '절대평등'을 주창한다. 그리고 포덕7(1866)년 3월

60) 『龍潭遺詞』「道德歌」. 윤석산 주해, 『東學經典』(서울: 동학사, 2009).

61) 『天道教史』(京城: 천도교총부교화관, 1942), 117쪽. 리종현, 「최제우와 동학」, 『갑오농민전쟁 100돌 기념논문집』(서울: 집문당, 1995), 37쪽에서 재인용.

62) 朴寅湖, 『天道教書』(京城: 普書館, 1921), 「第二編 海月神師」, 布德6年 10월 28일, 최제우에 대한 劍谷 '晬辰享禮'. 『天道教書』(동학농민혁명사료총서 28권), 국사편찬위원회 한국사데이터베이스.

10일 최제우 2주기 제사를 거행하면서는 적서차별의 혁파까지도 주장한다. "지금으로부터 우리 도인들로 하여금 적서차별을 두지 말게 하고 대동평등의 의리를 실준實遵케 하라."[63] 이 법설로써 최시형은 반상·적서차별의 혁파를 동학의 교리로 정립했다.

이후에도 최시형은 1880-1890년경 일련의 '법설法說'을 통해 최제우의 '시천주'를 "사람이 바로 하늘이니 사람을 하늘처럼 섬겨라(人是天 事人如天)"라는 명제로[64] 정리하는 한편, 이를 경천敬天·경인敬人·경물敬物의 삼경론三敬論으로 확장하여 생태학적 자연공경으로서 '경물'까지도 강조하고,[65] "지난 때에는 부인을 압박했으나 지금 운을 당하여서는 부인도통으로 사람 살리는 이가 많으니라. 이것은 사람이 어머니의 포태 속에서 자라는 것과 같으니라"라고 하여 '여성도 하늘'이라는 여성해방을 가르치고,[66] 또 어린이의 해방을 역설했다.[67] 1891

---

63) 『天道教書』, 「第二編 海月神師」, 布德7年: "神師 曰 自今으로 吾 道人을 嫡庶의 別을 有치 勿하고 大同 平等의 義를 實遵하라." 1866년(포덕7년) 3월 10일(음), '순도기념제례'. 재일교포 학자 조경달은 『천도교서』의 사료적 가치를 의심하면서 반상·적서차별 타파에 대한 해월법설을 다른 저서들에서 볼 수 없다는 이유에서 의심한다. 조경달, 『이단의 민중반란』, 74쪽. 그러나 『海月神師法說』 「布德(33-13)」에는 반상차별 타파에 대한 해월의 법설이 — 뒤에 상론하듯이 — 더 격렬하고 더 구체적인 말로 반복된다. 조경달은 속단하기 전에 동학경전 사료들에 대한 좀 더 신중한 검토를 했어야 한다.

64) 『海月神師法說』, 「待人接物(7-1)」, 336쪽. 『天道教經典』(서울: 天道教中央總部, 1990).

65) 『海月神師法說』, 「三敬(21-3)」, 358쪽: "셋째는 敬物이니 사람은 사람을 恭敬함으로써 道德의 極致가 되지 못하고, 나아가 物을 恭敬함에까지 이르러야 天地氣化의 德에 合一될 수 있나니라." <內修道文(26-1)>에서도 자연애호를 강조한다: "육축이라도 다 아끼며, 나무라고 생순을 꺾지 말라."

66) 『海月神師法說』, 「婦人修道(18-1)」, 342쪽. 또 「夫和婦順(17-4)」: "부인은 한 집안의 주인이니라(婦人一家之主也)." 그러나 조경달은 이 구절들을 무시하고 "남녀가 각각 식분을 지켜 서로 순서가 바뀌는 일이 없도록 한다"는 해월의 「유훈」 한 구절을 들어 "기성질서의 긍정이자 남존여비의 논리조차 극복하지 못한 것"으로 비판한다. 조경달, 『이단의 민중반란』, 76쪽. 조경달은 남녀순서를 선후순서나 전후순서가 아니라 상하순서로만 좁혀 이해하여 다른 법설들을 무시하고 있다. 조경달의 이런 오해에 대한 비판에는 다음 글이 도움이 된다. 김정인, 「동학·동학농민전쟁과 여성」, 216-217쪽. 동학농민혁명기념사업회 편, 『동학농민혁명의 동아시아적 의미』(서울: 서경, 2002). 조경달은 '근대적' 남녀차별론, 즉 'modern boy'와 'modern girl의 탄생'이 진짜 무엇인지 알려면 루소의 『에밀』에서 전개된 에밀과 '소피'의 차등교육론을 읽었어야 한다. 루소의 근대적 남녀차별론에 대한 상세한

년 3월 최시형은 고종의 1882·1883년 신분혁파령과 1886년 노비해방령의 취지와 거의 동일하게 특히 반상차별·서얼차별·노비제도의 철폐에 관해 명확하고 구체적인 입장을 다시 개진한다. 즉, 최시형은 동도東道의 종교적 영감으로 "하인을 내 자식같이 여겨야" 한다고 설파하는 한편,[68] 반상구별과 서얼차대를 '국가멸망의 도'로 규탄한다.

> 소위 반상의 구별은 사람이 정한 바요 도의 직임職任은 하느님이 시키신 바니, 사람이 어찌 능히 하느님께서 정하신 직임을 철회할 수 있겠는가. 하늘은 반상을 구별함이 없이 그 기운과 복을 준 것이요, 우리 도는 새 운수에 돌아서 새 사람으로 하여금 반상을 경정更定하고 새로 제정하게 한 것이니라. 지금 이후부터 우리 도 안에서는 일체 반상을 구별하지 말라. 우리나라 안에 두 가지 큰 폐풍이 있으니, 하나는 적서구별이요, 다음은 반상구별이라. 적서의 구별은 망가亡家의 근본이고, 반상구별은 망국의 근본이니, 이것이 우리나라 내부의 고질이니라. 우리 도는 두목 아래 반드시 백배 나은 큰 두목이 있으니, 그대들은 삼가라. 서로 공경을 주로 삼고 층절層節을 삼지 말라. 이 세상 사람은 다 하느님이 낳았으니, 하늘 백성으로 하여금 이를 공경하게 한 뒤에라야 가히 태평이라 이르리라.[69]

---

분석은 참조: 황태연, 『공자와 세계(5): 서양의 지식철학(하)』(파주: 청계, 2011), 686-692쪽.

67) 『海月神師法說』「內修道文(26-1)」, 369쪽. "어린 자식 치지 말고 울리지 마옵소서. 어린 아이도 한울님을 모셨으니 아이 치는 것이 곧 한울님을 치는 것이오니, 천리를 모르고 일행 아이를 치면 그 아이가 곧 죽을 것이니 부디 집안에 큰소리를 내지 말고 화순하기만 힘쓰옵소서."

68) 『海月神師法說』「內修道文(26-1)」, 369쪽.

69) 『海月神師法說』「布德(33-13)」, 388-390쪽. 조경달은 해월이 사농공상의 '직분', '분수', 자기 직분에 대한 근면 등을 강조하는 법설을 읽고 "신분제가 무너져가던 당시에 최시형은 그것을 추인한 것이 아니라 오히려 그것을 바람직하지 않은 사태라고 생각하고 있었다"고 무고한다. 조경달은 직분(직업)으로서의 사농공상을 신분으로 오해하여 엉뚱한 비판을 가하고 있다. 가령 대한제국기 광무호적은 사공농상을 직업으로 기록한 반면, 명치호적은 '족적族籍' 난에 사농공상의 '사士'를 신분으로 기록했다. 이것은 광무호적이 호적자의 직업이 교사일 때 '士'로, 농민일 때는 '農'으로, 관가로 진출했을 때는 다시 '士'로 고쳐 쓴 반면, 명치호적에서는 '士'를 종신 '사'로 기록해둔 것에서 알 수 있다. 참조: 손병규,

최시형에 이르러서 동학의 시천주·인시천·인내천의 천리天理에 담긴 근본적 절대평등 이념은 이처럼 더욱 구체적으로 현실변혁을 향해 육박해가고 있었다.

### 2) 동학농민군의 격문과 「폐정개혁 12개조」의 신분해방 조목

이런 동학사상적 배경에서 동학농민군은 음력 1894년 3월 「백산격문」에서 처음으로 최소강령을 조금 뛰어넘는 차원에서 신분해방의 요구를 에둘러 담아 거의擧義를 선포한다.

> 우리가 의義를 일으켜 이에 이른 것은 그 본의가 결단코 다른 데 있지 아니하다. 창생蒼生을 도탄 가운데서 건지고 국가를 반태磐泰 위에다 두자 함이다. 안으로는 탐학한 관리의 머리를 베고 밖으로는 강포한 도적의 무리를 구축하자 함이니, 양반과 부호 앞에 고통을 받는 민중과 방백 수령의 밑에 굴욕을 받는 소리小吏들은 우리와 같이 원한이 깊은 자라. 조금도 주저치 말고 이 시각으로 일어서라. 만일 기회를 잃으면 후회하여도 어찌 못하리라.
>
> 갑오 정월 십칠일. 고부백산의 호남창의소.[70]

여기서 "양반과 부호 앞에 고통을 받는 민중"과 "우리와 같이 원한이 깊은 자"라는 구절은 양반지주에 대한 반反봉건적 신분해방 투쟁을

「明治戶籍과 光武戶籍의 비교연구」, 『泰東古典硏究』 第24輯(2008), 289쪽 및 296쪽. 조경달은 명치호적처럼 '분分', 즉 직분을 신분으로 고착시키고 있기 때문에 저런 비난을 하는 것이다. 조경달의 '명치의식'? 그러나 조선에서는 사농공상 범주가 이미 19세기에 신분적 의미를 잃었었다.

70) 吳知泳, 『東學史(3)』(초고본), '檄文'. 원문: "우리가 義를 擧하야 此에 至함은 그本意가 斷斷他에 잇지 아니하다. 蒼生을 塗炭의 中에서 건지고 國家를 磐泰의우에다 두자함이다. 안으로는 貪虐한 官吏의 머리를 버리고 밧그로는 强暴한 盜賊의 무리를 驅逐하자함이니 兩斑과 富豪의 압헤 苦痛을 밧는 民衆과 方伯守令의 밋헤 屈辱을 밧는小吏들은 우리와 갓치 冤恨이 깁흔 者라. 조금도 躕躇치 말고 이 時刻으로 이러서라. 萬一期會를 이르면 後悔하여도 □지 못하리라. 甲午正月十七日, 湖南倡義所 在古阜白山."

에둘러 선언한 것이다. 「백산격문」은 격한 정서가 흐르는 봉기용 격문이다. 이 격문은 전통적 세계관을 뛰어넘는 동학 고유의 사회해방 요구의 추상적 표명이다.

반면, 고부봉기 이후에 농민군이 신임 고부군수 박원명의 회유정책에 넘어가 다 해산하여 돌아가버리자 금구, 태인, 부안을 거쳐 어렵게 겨우 농민군 3,000명을 모아 잠시 무안에 은거하여 더 많은 농민군을 초모하기 위해 쓴 「무장포고문」은 신분해방의 최고강령을 깊이 감추고 유교적 세계관 속에서 전통적 민란의 요구 수준에 한정된 반부패·반탐학이라는 최저강령만을 담고 있다.[71] 또 동학군이 전주화약 당시에 홍계훈을 통해 조정에 상신한 — 그러나 「전봉준판결선언서」를 통해 14개조만 전하는 — 소위 「폐정개혁 24개조」도 민관화의民官和議를 위한 방안제시인 만큼 다시 「무장포고문」 수준의 최소강령만을 담고 있다.

하지만 6월 11일 전주화약 이후 집강소 차원의 행정원칙에서는 신분해방을 겨냥한 최고강령 차원의 지침들이 등장한다. 오지영에 의하면 당시 전라도 53주에 일률적으로 집강소가 설립되었고, 집강소는 의진義陣이 호위하고 지켰다. 집강소 행정은 주무를 맡은 집강과 나란히 십수 인의 의원議員을 두어 "협의체"로 조직되어 운영되었다. 또 선출된 1인의 도집강이 전도全道를 대표했다. 기존의 대소관리들은 오직 사무에 대한 책임만을 맡았다. 그리고 집강소 행정의 지침이 될 「집강소의 정강」을 수립했다.[72] '12개조 폐정개혁안'으로 잘못 운위되는 이 「집강소의 정강」은 동학농민군이 승리한 마당에 최초로 최고강령 수준의 사회해방지침을 명확한 언어로 구체화하고 있다. 이 집강

71) 조경달은 「무장포고문」을 전봉준이 그리는 '이상적 사회상', 중간권귀들 없이 군주와 만민이 직접 교감하는 '일군만민 사회'의 이상을 담은 최고강령급의 선언으로 착각한다. 조경달, 『이단의 민중반란』, 170-171쪽.

72) 吳知泳, 『東學史(3)』(1926년 초고본), '執綱所의 行政'.

소정강은 오지영의 『동학사』의 초고본과 발간본 『역사소설 동학사』가 조금 다른데, 비교를 위해 둘 다 뜯어보자.

집강소의 정강

| 초 고 본[73] | 발 간 본[74] |
|---|---|
| 1. 인명을 남살濫殺한 자는 벨 것 | 1. 도인과 정부 사이에는 숙혐宿嫌을 탕척하고 서정庶政에 협력할 것 |
| 2. 탐관오리는 거근祛根할 것 | 2. 탐관오리는 그의 죄목을 사득査得하여 일일이 엄징할 것 |
| 3. 횡포한 부호배를 엄징嚴懲할 것 | 3. 횡포한 부호배를 엄징할 것 |
| 4. 유림과 양반배의 소굴을 토멸할 것 | 4. 불량한 유림과 양반배는 징습懲習할 것 |
| 5. 천민 등의 군안軍案은 불지를 것 | 5. 노비문서는 화거火祛할 것 |
| 6. 종문서는 불지를 것 | 6. 칠반七班천인의 대우는 개선하고 백정두상에 평양립平壤笠은 탈거脫去할 것 |
| 7. 백정의 머리에 패랭이를 벗기고 갓을 씌울 것 | 7. 청춘과부는 개가를 허할 것 |
| 8. 무명잡세 등은 혁파할 것 | 8. 무명잡세는 일절(一竝) 시행하지 말 것 |
| 9. 공사채를 막론하고 과거의 것은 같이 시행치 못하게(竝勿施) 할 것 | 9. 관리채용은 지벌을 타파하고 인재를 등용할 것 |
| 10. 외적外賊과 연락하는 자는 벨 것 | 10. ○과 간통奸通하는 자는 벨 것 |
| 11. 토지는 평균분작平均分作으로 할 것 | 11. 공사채를 막론하고 기왕의 것은 일절 시행치 말(幷勿施) 것 |
| 12. 농군의 두레법은 장려할 것 | 12. 토지는 평균으로 분작分作케 할 것 |

※ 발간본 항목의 밑줄은 초간본의 12개조와 공통된 항목을 표시한 것이다.

이 둘을 비교하면 발간본의 12개 항목 중 9개 항목이 초고본과 유사

73) 吳知泳, 『東學史(3)』(1926년 초고본), '執綱所의 行政'.

74) 吳知泳, 『歷史小說 東學史』, 126-127쪽(弊政改革件).

하다. 그러나 초고본의 "1. 인명을 남살한 자는 벨 것", "5. 천민 등의 군안은 불지를 것", "12. 농군의 두레법은 장려할 것" 등 3개 항목은 "1. 도인과 정부 사이에는 숙혐을 탕척하고 서정에 협력할 것", "7. 청춘과부는 개가를 허할 것", "9. 관리채용은 지벌을 타파하고 인재를 등용할 것" 등 발간본의 3개 항목과 일치하지 않는다. 그리고 발간본은 초고본과 달리 한자말로 바뀌고 표현이 순화된 점과 표현이 수식·제한으로 인해 복잡해진 점에서 초고본과 차이가 난다. 이런 차이는 '집강소의 정강'의 지역적·시기적 변화에 기인한 것으로 보인다.

어찌 되었든 오지영은 "이상의 모든 폐해"가 일절 다 혁청革淸되는 바람에 소위 부자·빈자라는 것과 양반·상놈, 상전·종놈, 적자·서자 등 "모든 차별적 각색名色"은 "그림자도 보지 못하게 되었고", 이로 인해 세상 사람들은 동학군의 별명을 지어 부르기를 "나라에 역적"이오, "유도儒道에 난적"이오, "부자에 강도"요, "양반에 원수"라고 하기도 하고 심하면 양반의 후대를 끊으려고 "양반의 불알까지 바르는 흉악한 놈들"이라고까지 말하는 등 아무렇게나 떠들어댔었다고 전한다.[75]

양반지주들과 성리학적 유생·관리들이 '내질렀을' 이런 적대적 언설들은 동학농민봉기의 '혁명성'을 말하는 것들이다. 우리는 여기서 봉기 당시의 창의포고문이나 화의를 위한 제안은 비록 혁명적 도발성이 정교하게 제거된 점에서 기존의 민란에서 주장되어온 것과 별반 다를 것 없는 최저강령으로서의 '보수적 개혁'의 정책방안으로 이루어져 있었던 반면, 약진단계의 격문이나 승리단계의 행정지침은 사회해방을 겨냥하는 최고강령으로서의 '혁명적 변혁' 방안으로 이루어져 있었음을 발견한다.

### 3) 「폐정개혁 12개조」의 '사후창작설' 비판

75) 吳知泳, 『東學史(3)』(1926년 초고본), '執綱所의 行政'.

■「집강소정강 12개조」의 사료적 가치에 대한 일본 사가와 유영익의 부정

광복 전후에 일본 학자들은 『동학사』의 집강소정강 12개 조항을 의문시하면서 그것을 오지영의 '상상의 산물'이라고 평가절하하고 '이러한 가공적인 것을 전제로 동학농민전쟁의 성격을 규정하는 것은 어리석은 것'이라고 비판한 바 있다. 그들이 이렇게 단정하게 된 근거는 『동학사』에 열거된 '폐정개혁안'의 일부 조항들이 전봉준의 공초나 다보하시기요시(田保橋潔)의 『근대일선관계의 연구』, 또는 동학란 때 전주에 갔던 정석모의 『갑오약력』에 없다는 것이었다.76)

유영익은 다시 이 일본 학자들과 같은 논조에서 이 12개조의 사료적 가치를 평가절하한다. 그는 이 폐정개혁 조항이 나오는 발간본 『동학사』가 "역사소설이라는 관식사"를 달고 있는 점, 전거 제시가 미흡하다는 점, 이 12개조 행정지침은 1940년 이전에 발간된 여러 가지 전봉준 및 동학란 관련 논저에서 찾아볼 수 없다는 점, 이 개혁안은 1차 사료에 나타나는 다른 폐정개혁안의 내용과 다르다는 점, 초고본과 발간본의 행정지침이 내용적으로 다르다는 점, 발간본의 개혁방안 중 제10조와 제12조를 제외한 나머지 조항은 '갑오경장'의 개혁방안과 유사하다는 점에서 오지영이 이 '갑오경장'의 개혁방안을 참고하여 『역사소설 동학사』의 폐정개혁안을 "고안"했을 것이라는 추정, 또 "오지영이 1930년 말에 유행했던 사회주의 사상에 영향을 받아 10번째(sic!)와 12번째 조항을 임의로 창안·삽입했을 것"이라는 추정 등을 근거로 들며 『동학사』는 "완전히 믿어서는 안 되는" 일종의 "야사"라고 단정하고 있다.77) 이런 근기에서 『동학사』와 12개조 집강소정강을 제쳐놓으면 나머지 모든 창의문과 격문·통문의 집필자들은 다 "근대적인 도덕적·정치적·사회적 질서를 지향·창출하기보다는 조선왕조의 봉건적 기본질서를 보존·강화하는 데 골몰했던 철저한 유교지식인"

76) 참조: 허종호, 「갑오농민전쟁의 성격과 특징」, 156쪽.

77) 柳永益, 『東學農民蜂起와 甲午更張』, 17-18쪽, 18쪽 각주50.

이라는 것이다. 농민군은 "구조적 제도개혁을 기도하지 않고" 자유민주주의 내지 평등주의 정치사회질서의 창건을 지향하지 않은 그들의 기본사상은 "확실히 보수적"이라는 것이다.[78]

1940년 발간본 『역사소설 동학사』의 '역사소설' 관식사를 무슨 새로운 발견인 양 강조하는 유영익의 이 비판적 일격에 국사학계는 다시 휘청거리면서 오영섭은 이에 전적으로 동조를 표하고,[79] 일부는 모르는 채 침묵하는 모습을[80] 보이고 있다. 또한 조경달은 『동학사』의 「폐정개혁 12개조」를 오지영이 훗날 군국기무처 의안을 받아들여 '고안'했다는 유영익의 주장을 거부하고 "오히려 군국기무처의 의안이 농민군의 요구와 당시 진행되고 있던 농민군의 투쟁을 전제로 하고 있었다"고 주장하고[81] 「폐정개혁 12개조」의 "모든 조항을 완전히 오지영이 단독으로 지어낸 것이라고 생각하지는 않는다"고 말하지만,[82] 다시 자가당착적으로 "『동학사』의 폐정개혁안의 모든 조항이

78) 柳永益, 『東學農民蜂起와 甲午更張』, 21, 26, 27쪽.

79) 오영섭, 「『(역사소설) 동학사』의 12개조 폐정개혁안」, 『시대정신』 68(2015 가을). 오영섭은 『역사소설 동학사』가 어디까지나 사료가 될 수 없는 '역사소설'이고 '12개조'의 '12'라는 숫자나 신분·계급해방 및 토지개혁 관련 정강은 오지영이 사회주의 영향을 받아 지어낸 것이라고 하여 유영익의 비판적 지적을 확대·부연해주고 있다.

80) 신복룡은 『동학사상과 갑오농민혁명』의 개정판(2006)에서 유영익의 비판을 십분 인지하고 있다. 신복룡, 『동학사상과 갑오농민혁명』, 208쪽. 그러나 그는 '역사소설'이라는 비판을 완전히 우회하고 폐정개혁 12개조의 혁명적 조항들을 아무 일이 없는 양 인용하고 있다(331쪽). 배항섭도 유영익의 치명적 비판을 인지한 것으로 보인다. 배항섭, 「전봉준과 대원군 '밀약설' 고찰」, 139쪽 각주1 및 140쪽 각주2. 하지만 그도 『동학사』의 12개조 개혁행정지침 중 토지평균분작 조항을 치밀하게 분석하면서도 '역사소설'이라는 유영익의 비판에 대해 침묵한다. 배항섭, 「1894년 동학농민전쟁에 나타난 토지개혁 구상 - '평균분작 문제를 중심으로」, 『사총』 43(1994). 박찬승과 왕현종도 『동학사』는 '역사소설'이라는 유영익의 치명적 비판을 알고도 비판적 대응 없이 그냥 '부드럽게' 넘어가고 있다. 박찬승, 「1894년 농민전쟁의 주체와 농민군의 지향」, 한국역사연구회, 『1894년 농민전쟁연구(5)』(서울: 역사비평사, 2003) 125-128쪽; 왕현종, 「1894년 농민군의 폐정개혁 추진과 갑오개혁의 관계」, 『역사연구』 27(2014), 150-151쪽. 김양식은 유영익의 비판에 대해 완전히 침묵한다. 김양식, 「吳知泳 『東學史』의 집강소 오류와 기억의 진실」.

81) 조경달, 『이단의 민중반란』, 236쪽.

82) 조경달, 『이단의 민중반란』, 224쪽.

의심스러워진다"고 말하면서 『동학사』의 폐정개혁안을, 1920년대 사회주의의 영향을 받아들인 오지영의 이상이 훗날 반영된 것으로 보는 김태웅의 주장을[83] "가장 타당한 것"으로 수용함으로써[84] 유영익과 부분적으로 동일한 주장을 개진하고 있다.

유영익·김태웅·조경달에 대한 비판을 본격적으로 전개하기 전에 이들의 기본자세에 대한 비판의 개요를 일언이폐지하자면, 그것은 이들이 사회해방과 관련된 '한국 근대화의 내재적인 정치철학적 동력'을 지나치게 무시하여 두 동학교주의 사회해방 법설과 정조·순조·고종의 사회해방법령으로 이어져온 재야와 정부의 '쌍끌이개혁'의 면면한 사상적 흐름을 시야에서 완전히 놓쳤다는 것이다.

■ 사후창작설에 대한 북한 사가 허종호의 반비판의 호도성

일찍이 『동학사』의 폐정개혁 12개 조항을 의문시하고 그것을 오지영의 '상상의 산물'이라고 평가절하한 일본 학자들의 비판을 북한 학자 허종호는 "공초내용 전문과 농민군의 격문, 통문, 창의문 등을 자세히 보면 『동학사』에 기록된 내용이 거의 다 반영되어 있다는 것을 알 수 있다"는 말로 반비판한 바 있다.[85] 그러나 이 반비판은 『동학사』의 폐정개혁 12개조가 다른 어떤 창의문과 격문·통문, 그리고 폐정개혁안에도 나오지 않는 최고강령이라는 사실을 몰각하고 아무런 구체적 근거 제시도 없이 일본 학자들의 비판을 호도糊塗하려고 한 것으로 보인다.

오히려 이 12개조가 동학과 동학농민군의 최고강령이기 때문에 "양반과 부호 앞에 고통을 받는 민중과 방백수령의 밑에 굴욕을 받는 소리小吏들은 우리와 같이 원한이 깊은 자"라는 신분·계급비판을 담

83) 김태웅, 「1920·30년대 오지영의 활동과 『동학사』 간행」, 『역사연구』 2(1993).

84) 조경달, 『이단의 민중반란』, 224쪽.

85) 허종호, 「갑오농민전쟁의 성격과 특징」, 156쪽.

은「백산격문」외에 단지 최저강령만을 담은 다른 문서들에 나올 수 없는 것은 당연한 것이다. 그러므로 허종호는 다른 문서들 안에서『동학사』의 12개조를 발견할 수 없다는 것이 결코 이 12개조를 '상상의 산물'로 격하할 근거일 수 없다고 '반비판'했어야 옳았을 것이다. 그리고 일본 학자들이 일제시대 왜인 학자 다보하시의 책이나, 나이 어린 소년 정석모가 개인적 신변잡사를 기록한 작디작은 소책자『갑오약력』에[86] 12개조가 없다는 것을 이 12개조의 진위를 의심할 근거로 삼은 것은 진정 '어리석기' 짝이 없는 짓이라고 나무랐어야 옳았었다. 허종호의 반비판은 '호도'에 급급한 논변에 불과한 것이다. 또한 이런 식의 반비판이라면『역사소설 동학사』가 어디까지나 '역사소설'에 불과하므로 저 12개조는 허구적 창작물이라는 유영익의 비판은 전혀 감당할 수 없을 것이다.

■ 윤석산의 반비판의 계발적 측면

오직 유영익에 대한 윤석산의 반비판만이 주효한 비판을 가할 수 있는 단초를 제공해주는 것 같다. 그는 과거 동양에서 '소설'이라는 말은 오늘날 허구적 노벨(novel)로서의 '소설'을 뜻하지 않았다고 주장한다. 동아시아 전통에서의 '소설'은 '경사經史', 즉 성인의 말씀인 '경전'과, 성인과 성군이 만들어가는 '역사'의 '큰 말씀'으로서의 '대설大說'과 반대되는 '하찮은 말', 즉 '작은 말'을 뜻한다는 것이다. 그는『동학사』가 출판된 1940년대는 아직 전통적 의미의 '소설'과 노벨로서의 '소설'의 용어가 뒤섞여 쓰이던 시대였고 전통 서당교육을 받고 자란 사람으로서 오지영에게는 "전통적인 동양의 소설"이라는 관념이 자리 잡고 있었을 것으로 판단하고, "자신의 저술을 낮추어 하찮은 글이라는 뜻에서 역사소설이라고 표기했을 것"으로 추정했다. 이런 관점

86) 정석모,『甲午略歷』.『동학농민혁명사료총서』5권, 국사편찬위원회 한국사데이터베이스

에서 "'소설'이 아닌 저술을 '소설'이라고 이름을 붙였다고 해서 오늘의 '소설' 개념으로 보고 해석하려고 한다면 이는 그 관점에 분명 문제가 있다"는 것이다.[87] 『역사소설 동학사』는 오늘날의 의미의 허구적 소설이 아니라 엄연한 사실기록이라는 말이다.

윤석산의 이 주장은 매우 계발적인 측면이 있다. '소설'에 대립되는 '대설大說'이라는 용어는 동아시아 역사상 존재한 적이 없지만, 지금의 문예소설과 다른 의미의 소설, 즉 자질구레한 사실들의 기록으로서의 '소설'이라는 말은 2,000여 년 전부터 사용해왔기 때문에 근본적인 관점에서 그의 이 주장을 근거 있게 발전시킬 수 있을 것이다.

■ 유영익의 「폐정개혁 12개조」의 '사후고안설'에 대한 반비판

'역사소설'의 의미를 천착하기 전에 먼저 유영익의 논변의 무리함을 지적해야 할 것이다.

첫째, 유영익은 '역사소설'이라는 관식사를 달고 있다고 해서 발간본 『동학사』를 믿을 수 없는 사료로 옆으로 제쳐버렸는데, 그건 그렇다 치더라도 이런 관식사가 없는 초고본 『동학사』까지도 아무런 근거도 없이 내던져버린 것은 무리를 범하는 것이다. 그는 이 초고본을 제쳐놓고 전혀 사료로 이용하지 않음으로써 동학농민봉기를 전통적 민란 수준의 '보수적 민란'으로 만들어놓고 있다. 그리고 그는 저 반상차별·서얼차별·노비제도 타파를 겨냥한 최제우·최시형의 동학철학에 비장秘藏된 혁명적 '심지心志'를 전혀 탐구하지 않았다. 이런 까닭에 동학의 신분철폐 이념과 12개조 집강소정강 간의 자연스런 사상적 연관성을 놓쳤고, 또 갑오년 3월 최초의 최고강령적 격문인 「백산격문」도 철저히 무시하고 있다.

둘째, 유영익은 아무런 반성도 없이 자신의 이전 주장을 거꾸로 뒤

87) 윤석산, 「오지영의 『동학사』는 과연 역사소설인가?」, 『신인간』 692(2008. 5.), 70쪽.

집는 자가당착을 범하고 있다. 위에서 밝힌 것처럼 유영익은 발간본의 개혁방안 중 10조와 12조를 제외한 나머지 조항은 갑오경장의 개혁방안과 유사하다는 점에서 오지영이 이 갑오경장의 개혁방안을 참고하여 『역사소설 동학사』의 폐정개혁안을 "고안"했을 것이라고 추정했다. 이 말은 폐정개혁안의 반상·양천차별혁파·노비해방 및 청춘과부 개가허용 조항들은 1926년 『동학사』 초고본 집필 당시에 갑오경장의 신분개혁 조항과 과녀寡女재가 자유허용 조항을 가져다 「폐정개혁 12개조」를 '창작'한 것이라는 주장이다. 그러나 자신의 주저 『갑오경장연구』(1990)에서는 동일한 유영익이 이 주장과 정면으로 배치되게 거꾸로 주장했다.

> 군기처가 개혁사업을 추진하는 동안 … 동학농민군이 반일·반개화의 기치하에 다시 궐기하고 있었다. 이러한 민중의 동향에 민감했던 군기처는 처음에 동학농민군의 폐정개혁요구를 충족시켜주는 개혁의안을 채택함으로써 민심을 수습코자 했다. … 군기처의 의안 중 20여 건은 바로 재기한 동학농민군의 회유 및 진압책과 관련된 것이다. 군기처는 갑오경장 초두에 일련의 평등주의적인 사회개혁을 선언함으로써 민심을 수습코자 했다. 즉, 7월 30일에 채택된 '劈破門閥班常等級 不拘貴賤 選用人材事', '寡女再嫁 無論貴賤 任其自由事', '公私奴婢之典 一切革罷 禁販賣人口事'와 같은 의안과 8월 2일에 채택된 '驛人倡優皮工 竝許免賤事' 등 일련의 '혁명적' 개혁안은 양반 이외의 모든 신분계층과 부녀대중으로부터 지지와 호응을 얻으려는 대원군-김홍집의 정치적 배려에서 나온 것이다.[88]

이것은 친일괴뢰정부가 신분해방·과녀寡女재가 자유허용 조항을 동학농민군의 폐정개혁 요구, 즉 오지영의 『동학사』에 실린 「폐정개혁

88) 柳永益, 『甲午更張研究』, 147-148쪽.

12개조」의 반상·천민신분·노비해방 및 청춘과부 개가허용 조항들을 가져와 갑오경장의 개혁의안에 반영했다는 말이다.

따라서 유영익은 조금 전까지 제대로 하던 말을 훗날 정반대로 뒤집어 '수정·창작'한 것이다. 그러나 그가 이 주장을 뒤집는다는 아무런 자기반성적 언급도 없이 오지영이 훗날(1926년) 갑오경장의 신분·과부해방 조항을 상기해서 이것을 가져다 동학농민군의 폐정개혁지침으로 사후에 '고안'했다고 뒤집어 말하는 것은 그야말로 자가당착인 것이다.

■ '소설'의 원래 의미: 르포르타주 또는 다큐멘터리

마지막으로, 유영익은 『역사소설 동학사』의 '소설'의 의미를 완전히 잘못 파악하고 있다. 일찍이 제자백가 중에는 아홉 번째 '가家'로 '소설가小說家'가 있었다. 육자鬻子·청사자靑史子 등을 '소설가'라고 불렀는데, 『한서』는 '소설가'에 대해 이렇게 기록하고 있다. "소설가류는 다 패관에서 나왔다(小說家者流蓋出於稗官)." 그리고 '소설'은 "가로의 담론과 항간의 말을 길에서 듣고 길에서 아는 체 남에게 말해주는 자가 지어내는 것(街談巷語道聽塗說者之所造也)"이라고 말하고, 이어서 계속 이렇게 설파한다. "공자는 '소도小道일지라도 필경 볼 만한 것이 있고 멀리까지 추구하면 아마 빠져들 것이다. 이런 까닭에 군자는 이를 하지 않는다'라고 말했다(孔子曰 雖小道 必有可觀者焉 致遠恐泥 是以君子弗爲也). 하지만 역시 사라지지 않을 것이다. 동네에 조금 아는 안다니가 입수하게 되면 역시 이것도 철해두고 잊지 않는다. 간혹 어떤 말이 채록할 만하다면 이것도 역시 꼴꾼과 나무꾼의 의론이고 미친 사내들의 의론이다(然亦弗滅也. 閭里小知者之所及 亦使綴而不忘. 如或一言可采 此亦芻蕘狂夫之議也)."[89] 여기서 '패관'의 '패稗'는 피(곡식)의 열매인 '좁쌀(細米)'을 뜻하

89) 『漢書』 제30권, 「藝文志」.

고, '패관'은 정사에 참조하기 위해 좁쌀같이 자질구레한 가담항어街談巷語를 채집하여 왕에게 올리는 말단관리를 가리킨다. 춘추전국시대의 '소설가들'은 다 이 패관 출신이었다. 따라서 "가로의 담론과 항간의 말을 길에서 듣고 길에서 아는 체 남에게 말해주는 자가 지어내는 것"으로서의 '소설'은 '소도'에 관한 소소한 이야기를 기록자가 채집하여 이해와 명확성을 더하기 위해 다듬고 조탁하여 '지어낸' 것일지라도 결코 '허구'가 아니라 르포르타주식의 '사실' 이야기였다. 육자·청사자 등의 소설가들도 '문예적 소설가'가 아니라 재미나 의미가 있는 항간의 특별한 이야기들을 채집하여 이해·깨달음·감동·재미를 더하기 위해 윤색·재구성하여 기록하는 사람들이었다. 아무튼 '소설'은 '대도'에 관한 말씀과 대립되는 '소도'에 관한 이야기이지만, 기록자 자신의 식견을 바탕으로 심층취재를 통해 밝혀진 사건맥락, 사이드 이야깃거리, 에피소드, 교훈과 촌평 등을 종합하여 재구성하는 점에서 단순한 '신문기사'를 뛰어넘지만 결코 허구를 섞은 '기록문학'으로 넘어가지 않는 독특한 기록물로서 오늘날의 '르포르타주'나 '다큐멘터리'에 해당했다. 이후 2,000여 년 동안 '소설'은 이런 의미로 쓰였다.

조선에서도 소설은 항간의 '소도小道'에 관한 르포르타주의 의미로 사용되었다. 세종조에 정인지 등은 이렇게 상소한다. "옛 역사의 기록들을 골고루 모으고 소설의 글까지 곁들여 채집하여 … 인륜에 관계되는 것이면 아무리 작더라도 모두 다 기록하고, 정치에 도움 되는 것이면 반드시 수록하여 빼놓지 않고 … 광범하게 구비함은 실로 임금으로서 다스리는 큰 근본입니다."[90] 또 숙종조에도 "장유張維가 (이율곡의 입산삭발에 관한 김장생의) 그 문답을 기록하여 소설을 지어서 그의 문집에 편입했다"는 기록이 있다.[91] 인조조에도 "반듯하지 못한 일을 논저하는 것은 비록 소설의 간단한 말이라도 다 격발하는

90) 『世宗實錄』, 세종27(1445)년 3월 30일.
91) 『肅宗實錄』, 숙종11(1685)년 5월 26일.

바가 있다(頗事論著 雖小說單辭 皆有所激而發)"라고 기록하고 있다.[92] 영조는 정사에 참조하기 위해 소설을 읽었으나 정조는 읽지 않았다.[93]

구한말에도 '소설'은 이런 뜻으로 쓰였다. 1906-1907년 발간된 『대한자강회월보』에는 '소설'란이 따로 설치되어 있었는데 그 창간호에서 이기李沂는 이런 '소설'을 소개하고 있다. 이 '소설'을 보면 그 뜻을 짐작할 수 있다.

> 안협군安峽郡(현재 이천군 안협면)에 김성자라는 사람이 있는데 언어행위가 아주 졸렬하거늘 그 아비가 매번 이를 걱정했다. 하루는 그가 홀연 사방의 산을 가리키며 '내 반드시 저 산록을 다 가지리라'라고 말했다. 그 아비가 심히 기뻐하여 '이 욕망을 어찌 이룰 것이냐?'라고 묻자 그가 말하기를 '땔나무를 공급함으로써입니다'라고 답했다. 또 아비가 묻기를 '땔나무를 어디에다 그리 허다하게 쓸 거냐?'라고 묻자 그는 '내가 콩을 볶아 한 번 배불리 먹을 것입니다'라고 대답했다. 아, 슬프도다! 사람의 기량의 크고 작음이 진실로 정해진 분량이 있으니 강화할 수 없다. 근일 천하사를 담론하는 자들의 귀추를 보면 콩 볶는 것을 면치 못하고 그치니 탄식할 만하다. 남중국인이 일찍이 북관(함경도지방)에 도착했는데 그 지방 사람이 그가 죽장을 든 것을 보고 말하기를 대나무는 1년에 한 마디씩 자란다 하거늘 변론을 다 끝마쳐도 믿지 않았으니, 옛사람이 더불어 아는 것은 말할 수 있고 더불어 알지 못하는 것은 말할 수 없다고 일컬은 것은 진실로 망령된 말이 아니로다.[94]

---

92) 『承政院日記』, 인조8(1630)년 8월 26일.

93) "임금이 말하기를, '이여송이 신종황제에게 척리戚里가 되는데 경 등은 알고 있는가?' 하니, 독권관讀券官 이천보가 '어느 글에 나옵니까?'라고 물었다. 이에 임금은 '소설에 있다. …'라고 답해주었다(上曰 李如松於神宗皇帝爲戚里, 卿等知之乎? 讀券官李天輔曰 出於何文? 上曰 小說有之 …)." 『英祖實錄』, 영조29(1753)년 2월 29일. 정조는 "나는 소설(小說)에 대해 한 번도 펴본 일이 없으며, 내각에 소장했던 잡서도 이미 모두 없앴다"고 말했다(予於小說 一不披覽 內藏雜書 皆已去之, 此可知予苦心矣)." 『正朝實錄』, 정조15(1791)년 11월 7일.

이 글은 이기가 지었지만, 여기에 쓰인 이야기 소재들까지 지은 것이 아니다. 이 이야기들은 이기가 어디선가 얻어들은 소소한 사실 이야기들을 채록하여 르포식으로 엮어 교훈이나 촌평을 담아 이야기를 만들고 있다. 이 '소설' 기고문에는 김성자와 남중국인에 관한 두 개의 '소설'이 들어 있다. 김성자 '소설'에서 "아, 슬프도다! 사람의 기량의 크고 작음이 진실로 정해진 분량이 있으니 강화할 수 없다. 근일 천하사를 담론하는 자들의 귀추를 보면 콩 볶는 것을 면치 못하고 그치니 탄식할 만하다"는 것은 이야기가 아니라 필자의 세평이고 나머지는 다 '사실 이야기'다. '남중국인 소설'에서도 '옛사람이 더불어 아는 것은 말할 수 있고 더불어 알지 못하는 것은 말할 수 없다고 일컬은 것은 진실로 망령된 말이 아니로다'는 필자의 예리한 평이고 나머지는 사실이다. 함경도에서는 대나무가 1년에 한 마디씩 자라지만 남중국에서는 1년에 다 자라기 때문에 두 사람은 공유된 경험이 없어 말이 통하지 않았다는 말이다.

이기의 이 '소설'은 성호 이익의 '사설僿說'이나 오늘날 신문잡지의 '횡설수설'과 같이 사실적 내용을 담고 있다. 이기는 『대한자강회월보』 2월호에도 3개의 「소설」을 싣고 있다.[95] 또 『대한협회회보』 창간호(1908)는 양계초의 (고래 등의 식생에 관한) '동물 이야기(動物談)'를 '소설'란에 게재하고 있다.[96] 그리고 제2호에서는 "본보에 기사종류는

94) 『대한자강회월보』 제1호(1906년 7월 31일), 「小說」, 62-63쪽. "安峽郡에 有金姓子ᄒᆞ야 語言行爲가 파극졸렬頗極拙劣ᄒᆞ거늘 其父ㅣ 每憂之라. 一日은 忽指四山 曰 吾必有此全麓이리라(내 반드시 저 산록을 다 가지리라). 其父ㅣ 甚喜ᄒᆞ야 問得此欲何爲오 曰 以供薪樵로이다(땔나무를 공급함으로써입니다). 又問薪樵安用許多오 曰 吾將熬豆一飽喫(내가 콩을 볶아 한 번 배불리 먹을 것)이로이다. 嗟呼라 人之器量大小가 固有定分ᄒᆞ야 不可强化라. 近日 談天下事者ㅣ 觀其歸趣則竟未免熬豆而止ᄒᆞ니 可歎也로다. 南中人이 嘗到北關이러니 土人이 見其所携竹杖ᄒᆞ고 曰 竹生一年에 長一節이라ᄒᆞ거늘 雖爲辨論而終 不見信ᄒᆞ니 古人 所謂 可與知者道오 不可與不知者語者ㅣ 誠非妄也."

95) 『대한자강회월보』 제2호(1906년 8월 25일), 「小說」, 60쪽.

96) 『대한협회회보』 제1호(1908년 4월 25일), 「小說(動物談)」, 55쪽.

논설, 교육, 식산, 정치, 법률, 문예, 소설, 내외휘보, 본회회록, 기서寄書(기고문), 관보 등이다"라고[97] 공지하면서 '문예'와 '소설'을 따로 열거하여 소설이 문예물이 아님을 분명히 하고 있다. 오지영은 1908년 당시 이 『대한협회회보』의 회원이었다.[98]

박은식은 1907년 『서우』에 『한서』 「예문지」의 '소설가'를 소개하고 있고,[99] '춘몽자'라는 필객은 1909년 『서북학회월보』에 "대저 국가의 문명 정도는 여항의 소설과 가요를 듣고 그 비융卑隆을 관찰하면" 알 수 있다고 쓰고 있다.[100] 1910년 『대한흥학보』에서도 이런 의미의 '소설'이라는 말이 쓰이고 있다.[101] 또 1908-1909년간 발행된 『호남학보』에 이기는 "(세종대왕은) 자기가 그 폐단이 반드시 여기에 이를 것이라는 것을 알았고 이런 까닭에 마침내 국문(즉 훈민정음)을 만들어 민속을 일변시키고자 했으나 당시 사대부들이 봉승하지 않아 이어 낡은 구습이 버려지지 않고 구차하여 지금에 이르기까지 400년에 오로지 여항의 부녀들이 소설을 읽는 것 외에 쓰는 자가 드무니 애석함을 이길 수 있으랴!"라고 탄식하고 있다.[102] 한글이 '소설'에만 쓰이는 것을 개탄한 것이다. 『호남학보』는 이기가 주도한 잡지인데, 오지영은

---

97) 『대한협회회보』 제2호(1908년 5월 25일), 「會中記事」, 56쪽. "本報에 記事種類는 論說, 教育, 殖産, 政治, 法律, 文藝, 小說, 內外彙報, 本會會錄, 寄書, 官報 等이더라."

98) 『대한협회회보』 제3호(1908년 6월 25일), 「회원명부」, 68쪽.

99) 박은식, 「論幼學」, 『서우』 제8호(1907년 7월 1일), 9쪽. "夫小說一家는 漢志에 列於九流ᄒᆞ얏스니."

100) 春夢子, 「巷謠」 『서북학회월보』 제17호(1909년 11월 1일), 38쪽.

101) 岳裔, 「三要論」, 『대한흥학보』 제12호(1910년 4월 20일), 1-8쪽. "… 君臣上下로부터 閭巷 匹婦匹夫에 至ᄒᆞ도록 事大의 精神이 浹洽ᄒᆞ야 通鑑史略의 類로써 史學의 教科를 삼으며 有明有淸의 號로써 禮制章度를 삼고 自國의 歷史에 關ᄒᆞ야는 是를 小說野史等과 갓치 認ᄒᆞ는 風習이 一般 通行ᄒᆞ야 自主獨立의 氣性이 墜落ᄒᆞ고 屬人依賴의 行動이 日長ᄒᆞ야 不知不識間에 朝鮮民族及 國家의 觀念이 滅絶홈에 至ᄒᆞ엿스니 嗚呼라 彼亦一時에 固屬ᄒᆯ지나 思惟컨ᄃᆡ 亡國의 原因이 全혀 此를 因홈이라 謂ᄒᆞ리로다…."

102) 李沂, 「一斧破劈」, 『호남학보』 2호(1908년 7월 25일), 2쪽. "… 已知其弊之必至於斯故로 遂製國文 (卽 訓民正音) ᄒᆞ야 將欲一變民俗이러니 而當時士大夫ㅣ 不能承奉ᄒᆞ야 因循苟且ᄒᆞ야 于今四百年에 惟閭巷婦女ㅣ 讀小說外에 鮮有用者ᄒᆞ니 可勝惜哉아 …."

이 잡지에 거금 1환을 연조捐助했고,[103] 1909년에는 이 잡지에 축사를 기고하고 이 잡지의 회원이 되었다.[104] 이기가 오지영과 동시대인으로서 같은 잡지들에 간여하고 이 잡지들의 글을 읽고, 또 이 잡지들에 글을 기고한 점에서 오지영도 이기처럼 '소설'이라는 말을 이런 비非문예적·사실적 기록의 의미로 이해하고 사용했을 것으로 보인다. 물론 1930년대에는 서양식의 '소설'이 등장하면서 '소설'이라는 말이 한동안 전통적 의미와 뒤섞여 사용되었을 것이다. 그러나 『동학사』 출판 당시 72세였던 오지영은 이 책에 붙인 '역사소설'의 '소설'이라는 말을 10여 년 전까지도 이기가 많이 쓰던 그 '소설'이라는 말과 같은 의미로 사용했을 것임이 틀림없다.[105] 따라서 이 '역사소설'이라는 말은 유영익이 섣불리 속단하듯이 결코 허구적 문예창작물을 뜻하는 것이 아니라, 사실기술을 뜻하는 말이다. 『동학사』는 이런 의미의 '역사소설'로서 바로 동학운동의 크고 작은 '역사적 사실 이야기들'을 기술한 '역사적 르포르타주'인 것이다.

#### ■ 오지영은 왜 발간본 『동학사』 앞에 '역사소설'이라는 말을 붙였을까?

그렇다면 '역사소설'은 '자잘한 역사 이야기'를 뜻한다. 그런데 오지영은 왜 발간본 『동학사』 앞에 굳이 '역사소설'이라는 말을 붙였을까?

오지영의 의도를 공감적으로 이해해볼 때, 아마 첫째 이유는 그가 독실한 동학 간부 또는 천주교 간부로서 최제우의 『동경대전』과 『용담유사』나 최시형의 『해월신사법설』의 '대도大道 말씀'에 대해 자신의

103) 『호남학보』 제7호(1908년 12월 25일), 58-59쪽.

104) 『호남학보』 제8호(1909년 1월 25일), 1-3쪽, 60쪽.

105) 1920년대에도 르포르타주로서의 전통적 의미의 '소설'이라는 말이 여전히 단독으로 유행했을 것이다. 그런데 『역사소설 동학사』에 붙은 오지영의 「서문」의 날짜는 '소화 13(1938)년 4월'로 되어 있다. 吳知泳, 『歷史小說 東學史』, 5쪽. 이 1938년 시점으로부터 역산하면 오지영은 17-18년 전까지도 고전적 의미의 '소설'이 단독적으로 지배하던 시대를 살았을 것이다. 따라서 본문에서 필자가 '10여 년 전'이라고 표현한 것은 결코 무리가 아니다. 개인의 체험상 10여 년 사이에는 자기가 쓰던 말의 어의를 바꾸지 않는다.

역사책을 '작은 이야기'라는 의미로 낮추는 겸양의 의미에서 사용했을 것이다.

둘째, 당시 일제하의 가혹한 출판·사상검열을 피하기 위해 왜군을 '외적外敵'으로 맞아 싸운 동학농민군의 장렬한 항일전쟁기록을 '항간에 떠도는 자잘하고 하찮은 이야기'인 양 포장하기 위해 '소설'이라는 용어를 사용했을 것이다.[106] 일제의 이런 출판·사상검열의 칼날을 오지영이 예민하게 느꼈음은 『동학사』 초고본의 정강 12개조 중 "외적外賊과 연락하는 자는 벨 것"을 발간본에서는 "□과 간통奸通하는 자는 벨 것"으로 바꿔 '외적'의 자리를 빈칸으로 비워두고 '연락'을 '간통'으로 치환함으로써 도시 무슨 말인지 알 수 없게 만든 것, 초간본의 "방금 우리 조선에 동서의 외구外寇들이 저의 강포함을 믿고 약한 우리를 먹고자 무서운 마음을 버리고 독한 손을 내미니"라는 구절을 "방금 우리나라는 외外□가 독한 손을 내밀어 침략을 꾀하고"로 바꾼 것,[107] 그리고 초고본에서 11쪽에 달하는 '공주접전' 부분을 발간본에서는 달랑 두 쪽으로 줄여놓고 있는 것 등에서 나타난다.

'소설'은 단순한 기록물이나 보고서, 또는 신문기사가 아니라, 이해·깨달음·감동 등을 더하기 위해 르포르타주나 다큐멘터리식의 각색을 거쳐 '재구성된' 이야기다. 게다가 당시는 '소설'이 서양적 '노벨'과 같은 '문예소설'의 의미로도 쓰이는 시절이었다. 따라서 전통적 의미의 '소설'이라는 말도 쉽사리 사상검열관의 눈에 문예적 '신소설'로 오인될 수 있었을 것이다. 따라서 '역사소설'이라는 관식사는 '소설'의 신구新舊 의미가 중첩되어 쓰이는 과도기에 전술적으로 오인가능성을 이용하여 긴가민가하는 사이 일제의 검열칼날을 통과하기 위해 선택한 '회심의 한 수'로 보인다. '소설'이라는 말을 이런 전술적 용도로

106) 윤석산도 "당시의 어려운 출판현실"을 '역사소설'이라는 말을 쓴 또 다른 이유로 고려하고 있다. 윤석산, 「오지영의 『동학사』는 과연 역사소설인가?」, 70쪽.

107) 吳知泳, 『歷史小說 東學史』, 128쪽.

쓰는 사례는 이미 1900년대부터 눈에 띈다. 가령 1908년 일본유학생 단체가 발간한 『대한학회월보』에도 검열 때문에 '소설' 형식을 활용하는 것과 관련된 글이 실려 있다.

> 본보는 발행지 국법세력하에 재在ᄒᆞᆫ 고로 간접비사譬辭로나 소설적으로 기재하는 것 외에는 직접 정치 또는 국제상의 시사時事를 공개 게재하기는 도저히 불가능함.[108]

일제시대에는 오지영만이 아니라 많은 잡지기고자들도 검열을 피하기 위해 이렇게 전통적 '소설'의 형식을 활용하고 있었던 것이다.

결론적으로 발간본 『역사소설 동학사』는 유영익의 주장과 정반대로 '허구적 창작'이나 '야사'가 아니라, 르포르타주나 다큐멘터리식의 '역사기록'인 것이다. 따라서 「집강소정강 12개조」도 결코 갑오경장이나 사회주의의 영향을 받은 '창작물'이 아니라 엄연한 '역사적 사실'의 기록인 것이다. 또 이 「집강소정강」의 신분해방 조항들은 결코 동학의 세계관을 벗어나는 외삽적外揷的 창작물이 아니라, 동학운동의 정치철학적·사회사상적 발전을 그대로 표현하는 조항들인 것이다. 초고본에는 없는 '청춘과부 개가허용' 조항도 결코 오지영이 1940년에 갑오경장의 개혁의안에서 훔쳐다 붙인 외삽물이 아니라, 『경국대전』을 개정하여 재가녀再嫁女의 아들들의 과것길과 청요淸要 벼슬길을 막아버린 성종 임금 이래 재갓길이 막혀버린 10-20대 청춘과부들의 원정을 풀어주기 위해 200여 년 동안 계속 제기되어온 청춘과부 개가허용에 대한 관리와 유생들의 부단하고 절절한 요구, 동학농민전쟁에 참전한 이조이李召史·엄조이嚴召史 등[109] 10-20대 청춘과부 여성동학군

108) 『대한학회월보』 제6호(1908년 7월 25일), 「報說」, 1-3쪽: "… 本報ᄂᆞᆫ 發行地 國法勢力下에 在ᄒᆞᆫ 故로 間接 譬辭로나 或 小說的으로 記載ᄒᆞ기 外에ᄂᆞᆫ 直接으로 政治 又ᄂᆞᆫ 國際上 時事를 公揭ᄒᆞ기ᄂᆞᆫ 到底히 不能에 屬홈 …."

들의[110] 직접적 요구, 그리고 동학 고유의 여성해방 이념 등의 단적인 표출일 뿐이다. 「집강소정강」의 신분해방 조항들은 고종의 1882·1883년 신분혁파령과 1886년 노비해방령, 그리고 최시형의 반상차별·서얼차대·노비제도 혁파 논변과 단지 '논두렁 하나 차이'에 지나지 않는 근접성을 가진 것들이기 때문이다.

"상놈 된 원한이 골수에 사무친" 백범 김구가 18세 때(1893년) "나는 도인이기 때문에 선생의 교훈을 받들어 빈부귀천에 대해 차별대우가 없다"는 동학도의 말을 듣고 "이 말만 들어도 별세계에 온 것 같았고" 또 "동학에 입도할 마음이 불길같이 일어나" 그해에 동도東道에 입도했다는 그의 일지기록을[111] 보면, 동학 자체가 이미 기존 신분질서에

---

109) '조이召史'는 '女史'를 가리키는 호칭이라고 한다. 이능화, 『朝鮮女俗考』(서울: 동문선, 1927·1929), 297쪽. 김정인, 「동학·동학농민전쟁과 여성」, 225쪽에서 재인용. 말을 타고 장흥부를 공격하던 22세의 이조이에 대해 『일관기록』은 전한다: "장흥전투의 틈을 타서 현감을 죽인 것은 여자라는 소문이 있었다. 그런데 그 여자 동학은 사실 미친 사람이었는데, 동학도가 옹립해서 천사天使로 만들어 이용한 것이다. … 그 미친 여자는 좌측지대에 소속되어 순회하던 초모관 백낙중伯樂中이란 자가 붙잡아 민병으로 하여금 엄하게 규문糾問하게 했다. 그전부터 조선에서의 처벌이 매우 엄중하다고는 들었지만, 이 여자를 고문하는 것을 보고 정말로 놀랐다. 양쪽 허벅지의 살을 모두 잘라내어, 그 한쪽은 살을 아주 잘라내서 뼈만 남고 또 다른 한쪽은 피부와 살이 금방 떨어져 나갈 것처럼 매달려 있는 것을 보았다. 그 여자가 압송되어 나주성에 도착했을 무렵에는 거의 죽은 송장 같았다. … 상처 부위가 썩어 문드러져서 악취가 코를 찌르고 대소변은 앉은 채 나오는 대로 내버려두었으며 입은 것이라고는 흰옷 한 벌뿐으로, 그 참담한 꼴은 사람들로 하여금 무의식중에 무참한 감을 느끼게 했다. … 나주에 도착한 뒤 그 여자를 병원에 입원시켜 치료했다. 여러 가지 심문한 끝에 그 여자가 정신착란자라는 것을 확인했다." 『일관기록』, 二.各地東學黨 征討에 관한 諸報告<제1권 제7장의 후반부>, (2)'東學黨 征討略記'(1895년 5월), 後備步兵 獨立 第19大隊 발신.

110) 참조: 조경달, 『이단의 민중반란』, 235-236쪽; 김정인, 「동학·동학농민전쟁과 여성」, 225-226쪽.

111) 김구는 이런 기록을 남기고 있다. 1893년 정초에 동학을 공부하는 해주 어느 집의 양반주인을 찾아갔을 때 "내가 공손히 절을 하니 그 사람도 공손히 맞절을 하고서는 '도령은 어디서 오셨소?'라고 물었다. 나는 황공하여 본색을 말했다. '어른이 되어도 당신께 공대를 듣지 못하련만 하물며 저는 아직 아이인데 어찌 공대를 하나이까?' 그이는 … '천만의 말씀이오. 나는 다른 사람과 달리 도인이기 때문에 선생의 교훈을 받들어 빈부귀천에 대해 차별대우가 없습니다. …' 나는 이 말만 들어도 별세계에 온 것 같았다. 그와의 문답이 시작되었다. … 설명을 듣고 나는 매우 흡족했다. 과거에 낙방하고 난 뒤 관상공부

대한 경천동지할 파괴력으로 민중들을 감격시키고 「집강소정강」의 신분해방절목을 예비하고 있었음을 우리는 어렵지 않게 공감할 수 있는 것이다.

4) 집강소의 갑오정부 사회개혁안 수용설 비판

그런데 오지영이 '나중에', 즉 '1930년 말에' 갑오경장의 반상벽파·노비제혁파 개혁방안을 『동학사』 초고본(1926)과 발간본(1940)에 집어넣어 12개조 폐정개혁정강을 '고안'했다고 주장하는 유영익과 달리, 박찬승은 갑오년 집강소들이 1894년 7월 12일(양력 8월 12일) 이후에 전주와 전라도 군·현에 고지된 군국기무처의 사회개혁법령을 받아들여 시정방침으로 삼았고 당시 집강소에서 근무하기도 한 오지영이 이 시정방침들을 채록하여 집강소강령 12개조로 정리했을 것이라는 색다른 주장을 내놓았다. 박찬승은 "1894년 7월 초(즉, 7월 9일, 음력 6월 7일 – 인용자) 전라감사 김학진과 전봉준 간에 집강소 설치가 공식 합의되고 개화파의 신분제 개혁조치가 고을마다 전파되면서 평민·천민에 해당하는 이들이 대거 동학에 입도해 들어왔다"고 말한다.[112] 이런 논지에서 그는 군국기무처의 신분혁파조치와 동학농민군 내 하층민의 증가현상 간의 인과관계를 이렇게 설명한다.

이 시기에 이들 평·천민층이 동학에 입도하게 된 첫 번째 요인은 동학이 그 내부에서 신분차별을 인정하지 않았던 점일 것이다. 그러나 이들 계층이 더욱 적극적으로 동학에 입도한 것은 7월 12일 전라감영에서 군국

---

에서 마음 좋은 사람이 되기로 결심한 나에게 한울님을 모시고 도를 행한다는 말이 가장 마음에 와 닿았다. 또 상놈 된 원한이 골수에 사무친 나에게 동학에 입도하기만 하면 차별대우를 철폐한다는 말이나 이조의 운수가 다해 장래 새 국가를 건설한다는 말에서는 작년 과거장에서 품은 비관이 연상되었다. 나는 동학에 입도할 마음이 불길같이 일어났다." 김구, 『백범일지』, 41-42쪽.

112) 박찬승, 「1894년 농민전쟁의 주체와 농민군의 지향」, 102쪽.

> 기무처의 신분제 폐지 개혁조치를 각 군현에 널리 알린 뒤였다. 정부에서 반상등급을 벽파하고 공사노비지전公私奴婢之典을 일체 혁파한다는 조치가 있었다는 소식은 평민과 천민들에게는 엄청난 충격과 환희를 가져다주었다. 그러나 양반층은 이러한 조치를 가능한 한 인정하지 않으려 하는 태도를 보였다. 이에 평·천민층은 실력으로써 신분해방, 신분철폐를 쟁취하려고 했고, 그러한 힘을 마련하기 위해 동학에 대거 입도했던 것이다.[113]

박찬승은 여기서 사태를 거꾸로 이해하고 시점들을 혼동하고 있다. 평·천민의 하층민들이 동학군에 들어온 것은 신분해방을 쟁취하기 위한 '힘을 마련하기' 위한 것이 아니다. 이런 '힘'은 저들끼리 뭉치더라도 만들 수 있는 것이다. 그들이 동학과 동학농민군에 대거 가입한 까닭은 이들만이 신분해방을 목표하는 세력이었기 때문이고, 또 전주화약 이후 동학이 사실상 공인되어 금단의 빗장을 풀어 젖히고 지하단체에서 공개적 대중단체로 떠오름으로써 가입을 가로막던 탄압의 두려움이 없어졌기 때문이고, 나아가 전주화약 이후 동학도가 호남을 장악함으로써 동학도의 지위가 부러움과 존경의 대상이 되었기 때문이다. 그리고 친일괴뢰정부의 신분해방조치가 "엄청난 충격과 환희를 가져다주었다"는 논변은 아무런 사료적 증거도 없을뿐더러 이런 논변은 김홍집괴뢰정부의 사회해방조치의 내용과 발표 시점에 대한 정확한 이해의 부족에 기인하는 것이다.

이런 까닭에 한 걸음 더 나아가 박찬승은 "사회적 측면에서의 개혁조치는 오히려 개화파정부가 그 선편先鞭을 친 감이 있다"고 근거 없는 과언過言을 하면서 당시의 사태를 이렇게 이해한다. "2차(sic!) 농민봉기에 참여했다가 각 군현으로 돌아간 농민군들은 이미 6월(양력 7월)

---

113) 박찬승, 「1894년 농민전쟁의 주체와 농민군의 지향」, 102쪽.

경에 각 군현에서 그 세력을 떨치면서 관권을 크게 위협하고 있었던 것이 사실이다. 그러나 전라도 거의 전 지역의 군현에 집강소가 설치되어 관권을 무력화한 것은 7월(양력 8월) 중순 이후였다. 바로 이때 개화파정부의 신분제 폐지조치가 발표되었고, 이는 농민군을 크게 고무시켰다."[114] 그러나 군국기무처의 사회해방조치는 발표 시점과 내용면에서 때늦고 실망스런 것이었다.

우선 우리는 최제우와 최시형의 신분해방선언이 1860-80년대에 다 이루어지고 고종의 신분해방령과 노비해방령이 1882-1886년에 이미 반포되어 있었다는 사실에 주목해야 한다. 또한 전라감사 김학진이 이미 1894년 전주성 입성(음력 5월 8일) 후, 아마 5월 19일 이전에[115] 보낸 1차 효유문에서 동학군들에게 "그대들이 사는 곳인 면리에 집강을 두고" 원소怨訴를 처리하라고 집강소 설치를 권고했다는 것에도 주목해야 한다.

> 조정은 이미 그대들에게 귀화를 허했다. 영문營門도 역시 그러한즉슨 그대들은 귀환하는 날로 즉시 평민일 따름이다. 만일 이웃마을에서 구원舊怨으로 손가락질하거나 만일 관리가 이전의 일로 침색侵索한다면 너희들의 종적이 위태로울 뿐 아니라, 어찌 조정이 너희들에게 귀화를 허했던 본의가 있겠는가? 영문은 마땅히 따로 신칙하여 이를 엄금하고, 그대들로 하여금 안도하게 만들 것을 기약할 따름이다. 그대들은 그대들이 사는 곳인 면리(爾等所居面里)에 각기 집강을 두고 만일 그대들이 억울함을 말해야 할 것이 있으면 당해 집강이 이유를 갖추어 영문에 제소하여 공적 결정을 기다리면 될 것이다.[116]

---

114) 박찬승, 「1894년 농민전쟁의 주체와 농민군의 지향」, 130, 131쪽.

115) 조경달, 『이단의 민중반란』, 202쪽.

116) 『隨錄』, 甲午, 「曉諭文」(金鶴鎭). 『동학농민혁명사료총서(5)』. 국사편찬위원회 한국사 데이터베이스: "朝廷旣許爾歸化. 營門亦然 則余等還歸之日卽平民而已. 若隣里以舊怨指目 若官吏以前事侵索 則非徒爾等蹤跡之簓箎 安有朝廷許爾之本意乎? 營門當另飭痛禁

동학군의 집강소는 이미 음력 5월 초부터 설치되기 시작하여 집강의 권력이 아직 터를 잡지 못했을지라도 5월(양력 6월) 말경에 열읍에 설치가 완료되었을 것으로 보인다. 왜냐하면 황현은 『오하기문』에서 전라감사 김학진이 부임할 무렵, 즉 5월 8일(양력 6월 9일) 무렵의 기록에서[117] "매읍每邑마다 접을 설치하고 이를 대도소라 부르고 대도소에는 1인의 접주를 뽑아서 태수의 일을 행하게 하고 이를 집강이라 부르고 벼슬의 유무를 따지지 않았다"라고 하고 있기[118] 때문이다. 음력 5월 18-19일(양력 6월 21-22일)경에 이미 동학농민군과 이들에 의해 설치된 집강소가 전라남북도의 여러 지역에서 행정권을 다 장악했음은 히다카토모시로(日高友四郎)라는 왜인 미곡상의 일본공사관 보고에 의해서도 확인된다.

> 음력 5월 8·9일경(양력 6월 11·12일경) 전주에서 내려오는 동학군 2,000명가량(그 군대는 네 갈래로 나뉘어 남향했을지라도 도착 시 흥덕에서 목격한 것은 2,000명가량 됨)이 흥덕을 경과하여 무장지방으로 향했다. … 10일을 체류한 후 동도가 별지 병丙호와 같은 포고를 발했기 때문에 안심하여 쌀을 사들이

---

期使爾等安堵乃已而. 爾等所居面里 各置執綱. 如有爾等冤鬱之可言者 該執綱具由訴營門 以待公決事." 다른 자료집에는 이 효유문의 작성 날짜가 "개국 503년 갑오 5월"로 되어 있다. 『曉諭文』, 「開國五百三年甲午五月 再諭道內亂民文」. 『동학농민혁명사료총서(5)』. 국사편찬위원회 한국사데이터베이스: "再諭道內亂民文開國五百三年甲午五月○代觀察使作". 그러나 황현은 이 효유문의 발송 날짜를 6월 3일로 오기하고 있다. 황현, 『오하기문』, 175쪽('全羅監司 金鶴鎭 曉諭文').

117) 이 기록 조금 앞에 황현은 "이 무렵 감학진이 새로 부임하자 관내 장수들과 고을수령들이 모두 전주에 모여들었다"라고 기록하고 있다. 황현, 『오하기문』, 127쪽. 정석모의 『갑오약력』에 의하면, 전주에 들어오지 못하고 삼례역에 머물던 김학진이 마침내 부임하게 된 날짜는 5월 8일이다. "신임 전라관찰사 김학진이 삼례역에 내려와 머물렀으나 전주성 안으로 들어갈 수 없었다. 드디어 관군과 동도에게 사신을 보내 조정의 명으로 화해하게 했다. 이에 동도들이 북문을 열고 성 밖으로 나와서 관찰사와 관군은 비로소 성 안으로 들어갈 수 있었다[5월 8일]." 『甲午略歷』. 「是時 東徒屯聚于長城等地」. 『동학농민혁명사료총서(5)』. 국사편찬위원회 한국사데이터베이스.

118) 황현, 『오하기문』, 129쪽('東學 接組織').

는 데 착수했다. 그런데 근래 동학당은 이르는 곳마다 충만해 홍덕 이남에서 나주 이북 일대의 지방에서는 모든 정치적 명령이 전부 동학당 사람의 손에서 나오고, 지방관은 단지 그 콧김이나 살피는 형편이 되었음을 그곳에서 목격하고 전해들은 바에 의거해 확실히 알 수 있었다.[119]

그리고 음력 5월 8·9일(양력 6월 11·12일)에서 10일이 지난 뒤인 5월 18·19일(양력 6월 21·22일)경에 발포된 동학당 포고문은 다음과 같다.

포 고[120]

우리 도道의 종지는 진실로 보국안민에 있다. 다행히 국왕의 은혜를 입고 지금 귀화하려고 하는바 어찌 천덕天德을 더럽히고 어찌 감히 국명을 어길 것인가. 도인道人이라 칭하면서 본업인 농업에 힘쓰지 아니하고 민심을 선동하면 이는 곧 반란의 무리다. 지금 이후부터는 화해하고 근신하여 다시는 죄를 범하는 일이 없어야 한다. 만일 이같이 포고한 뒤에도 포고한 뜻을 준행하지 않으면 단연코 법에 따라 조처할 것이다. 후회하는 일 없도록 바란다.

갑오 5월 일

의소義所

5월 18·19일(양력 6월 21·22일)경에 나온 이 포고문은 치안유지를 주로 하고 있는 그 내용으로 보아 전봉준과 김학진 간에 양측을 오가는

119) 『일관기록』, 五.軍事關係一件, (8)'全羅道 蝟島에서 東學黨의 掩擊을 받은 日高友四郎의 聞取書'(臨庶第46號, 1894년 7월 23일), 在仁川 二等領事 能勢辰五郎→大鳥圭介.

120) 『일관기록』, 五.軍事關係一件, (8)'全羅道 蝟島에서 東學黨의 掩擊을 받은 日高友四郎의 聞取書'(臨庶第46號, 1894년 7월 23일), 在仁川 二等領事 能勢辰五郎→大鳥圭介. [別紙丙號]: "布告. 吾道之宗旨寔出於輔國安民而幸蒙上恩之澤方今歸化之地何以陋德於天何敢違命於國乎稱以道人不務農業煽動人心則眞是亂徒從今以後一切和解則愼其心而獲罪于上如斯布告之後若不遵行則斷當以法措處矣毋至後悔之地幸甚. 甲午五月 日. 義所."

중간의 심부름꾼들을 통한 집강소 설치교섭이 합의를 내다보는 시점에 발표된 것이 틀림없다.

김학진과 전봉준은 이런 간접접촉 끝에 늦어도 음력 6월 7일 이전, 아마 5-6일경 직접 만나 협상하여 집강소의 인사문제와 치안업무에 관한 약조를 타결한 것으로 보인다. 정석모의 『갑오약력』은 이 만남과 이후 집강소 운영 및 동학군의 움직임을 이렇게 기술하고 있다.

> 6월, 관찰사가 감영으로 전봉준 등을 오도록 청했다. 이때 수성군졸들은 각자 총창을 쥐고 좌우로 정렬해 있었다. 전봉준은 높은 관과 마의(峩冠麻衣) 차림으로 머리를 들고 들어오는데 조금도 기탄이 없었다. 관찰사는 관민상화지책官民相和之策을 상의하고 각 군에 집강 설치를 허했다. 이에 동도가 각 읍을 나눠 점거하고 관아(公廨)에 집강소를 설치하고 서기·성찰省察·집사·동몽童蒙과 같은 각색의 임원을 두어 완연히 하나의 관청을 이루었다. 집강소는 날마다 민재民財 토색을 일삼았다. 소위 읍재邑宰는 이름만 있는 지위일 뿐이고 행정을 할 수가 없었다. 심하면 읍재를 쫓아 보내고 이서吏胥들은 모두 동당東黨에 입적해 목숨을 보존하는 경우도 있었다. 전봉준은 수천의 무리를 거느리고 금구·원평을 점거하면서 전라우도를 호령했으며, 김개남은 수만의 무리를 거느리고 남원성을 점거하고 전라좌도를 통할했다. 그 나머지 김덕명·손화중·최경선 배輩는 각각 어느 한 지방을 점거하고 있다. 그 탐학과 불법은 김개남이 최고였다. 전봉준 같은 자가 동도에 의뢰해 혁명을 도모했으나 소위 거괴배巨魁輩들이 각자 스스로 대장이라 칭하면서 가렴주구를 일삼을 뿐이고 약속을 따르지 않고 있다. 이런 고로 전봉준도 역시 어찌할 수가 없다.[121]

이 기록에서 김학진이 전봉준을 초청해 만난 음력 '6월'을 — 여러 근

121) 『甲午略歷』. 「是時 東徒屯聚于長城等地」.

거를 대며 — '7월'의 오기로 규정하고 사료를 고치려는 기도가 있으나[122] 이런 기도는 다 부질없는 짓이다. 왜냐하면 이 기록에 바로 이어서 "이러한 상태로 7·8월에 이르렀지만 저들의 불법이 갈수록 더욱 거세져서 부호들은 거의 모두 흩어졌다"는 말이 나오고, 또 이어서 "나는 6월 그믐경부터 고산 화평에 사는 지평持平 종숙의 집에 가서 기거했다"는 말이 나오기 때문이다. 저 '6월'을 '7월'로 고치면 이 뒤따르는 기록들과 시간적으로 상치되어 저 글은 시간순서상 어불성설이 되고 만다. 백보 양보하여 그것이 기록자가 7월 사건을 6월 사건으로 오기한 것이라고 하더라도, 연월일의 시간순으로 써가는 기록에서 어찌 6월 사건으로 오기된 7월 사건을 "6월 그믐" 사건 앞에 기록하고, 또 어찌 '이러한 7월 상태로 7·8월에 이르렀다'는 말이 성립할 수 있다는 말인가? 저 사건은 기록대로 '6월 사건'임이 틀림없다. 면리 단위의 집강을 거론한 1차 효유문에 대비할 때 『갑오약력』의 이 기록에서 특이한 점은 집강이 각 읍에 설치된 것으로, 그리고 집강소가 행정보조기관이 아니라 자치관청인 것으로 쓰여 있는 것이다. 이것을 보면 6월 회담에서 전봉준이 김학진 관찰사와 협의해 집강소의 관할범위를 각 군·각 읍 단위로 넓히고 그 지위를 높인 것을 알 수 있다.

그리고 저 '6월'이라는 기록이 옳다는 것은 전봉준이 단신으로 전주감영으로 들어와 김학진을 만나 회담한 일을 기록한 『약사若史』의 내용과 시점에서 거의 일치한다는 것에서도 입증될 수 있다.

> 전봉준이 귀화(무기를 내려놓고 귀향함)를 칭하고 단신으로 감영에 들어와서 감사의 일을 대행해 열읍으로 하여금 순영巡營(감영)의 관문關文(하달공문)과 감결甘結(하달통지문)을 전봉준의 도서圖書(도장)첩을 살핀 후에 거행케 했다. 전봉준은 죄에 치우쳐 여러 날 ○에 형살을 과감하게 가하지

122) 가령 김양식, 「吳知泳 『東學史』의 집강소 오류와 기억의 진실」, 6-8쪽.

> 않아 양호의 큰 화를 이루었다. … 조정은 동비를 초멸하기 위해 [청]나라에 원병을 청해 3,000병이 나와 전주 방향을 취하고 있었다. 그런데 일인이 또 병력을 동원해 성곽을 훼손하고 도성에 들어가 6월 21일(양력 7월 23일) 궁궐을 범했다.[123)]

이 『약사』는 "전봉준이 귀화를 칭하고 단신으로 감영에 들어온" 일이 6월 21일(범궐) 전에 있었던 것으로 기록하고 있다. 따라서 이것은 "6월, 관찰사가 감영으로 전봉준 등을 오도록 청했고, 전봉준이 높은 관冠과 마의麻衣를 차려입고 머리를 들고 들어왔다"는 『갑오약력』의 기록과 부합되는 것이다. 따라서 김학진과 전봉준이 만난 달은 6월(양력 7월)이 틀림없다.

그리고 김학진과 전봉준이 만난 날짜는 위에서 시사했듯이 음력 6월 5·6일(양력 7월 7·8일)경이었을 것이다. 왜냐하면 전봉준과의 회담 후에 나온 것이 틀림없는 김학진의 「4차 도내난민효유문(四諭道內亂民文)」이 6월 7일(양력 7월 9일)에 발표되었기 때문이다. 이 「4차 효유문」은 동학농민군에게 집강에 대한 인사권을 주고 가리기 힘든 무법무뢰배에 대한 단속·경찰행정을 위임해 서정을 집행케 하고 있다.

> 무뢰한들이 동학에 가탁해 흐린 경수涇水가 맑은 위수渭水를 탁하게 만드니, 이는 비단 지방의 환해患害일 뿐만 아니라, 역시 그대들의 원수이기도 한 것이다. 그러나 각 읍에서 염탐해 붙잡을 때 염려되는 것은 혹시 익초와 잡초를 변별하기 어려워 사단을 키우게 되는 것이다. 그대들은 자기 땅에 가서 의리 있는 근신자勤愼者를 택해 집강으로 삼고 보이는

---

123) 『若史』(奎古4254-43) 권2, 甲午1894年 12月 30日 기록 다음 쪽의 글: "(全琫準稱以歸化單身入來 替行監司之事 巡營關文甘結必安[案?]琫準圖書帖後 使列邑擧行. 琫準倚罪 屢日不敢刑殺◯ 成兩湖之大禍. … 朝廷爲勦滅東匪請援于[淸]三千兵出來 方向全州之際. 日人又動兵以來毁城入都 六月二十日日犯闕 ….""

> 대로, 잡는 대로 해당 읍에 넘겨 감처勘處하라. 집강이 혹시 자의로 하기 어렵거든 이름을 지목해 관청에 보고하고 법을 시행해 체포하되, 혹시 제대로 되지 않은 사람에게 맡겨 폐해를 들춰 폐해를 낳는 일이 없어야 하며 ….[124]

이 6월 7일 효유문에서도 집강과 집강소는 '면리' 단위가 아니라 읍 단위에 설치되는 것으로 얘기되고 있다. 이렇게 해서 역사상 최초로 민관합의로, 그리고 역사상 최초로 민중의 자치기구로 모습을 보이는 집강소체제가 등장하게 되었다.

관할범위가 군·읍 단위로 확대된 이 집강과 집강소를 설치하고 여기에 치안을 맡기는 4차 효유문은 전봉준과의 회담에서 합의된 뒤 나온 것임이 틀림없다. 왜냐하면 전봉준은 음력 6월 중 호남 전역에 집강소를 설치하고 집강을 임명하고 서정을 집행하라고 포고령을 내렸기 때문이다. 황현은 말한다.

> 이달(음력 7월, 양력 8월) 보름께 전봉준, 김개남 등은 남원에서 큰 대회를 했는데 무리가 수만이었다. 전봉준은 각 읍에 명령해 읍중邑中에 도소를 설치하라고 포고하고 친당親黨을 세워 집강으로 삼아 수령의 일을 집행하게 했다. 이리하여 도내의 군마와 전량錢糧이 다 적당의 소유가 되었다.[125]

『오하기문』의 두서없는 다른 기록문들과 마찬가지로 이 기록문도 두서없다. 이 기록문에는 두 시점의 일이 붙어 기록되어 있기 때문이다.

---

124) 『隨錄』, 甲午, 「四諭道內亂民文」(開國五百三年 甲午六月 初七日): "無賴之賊假托東學 涇以渭濁 非但地方之患害 卽亦爾等之所讎. 而其於各邑詷捉之際慮或良莠難辨 致滋事端. 爾等各就其土 擇謹愼有義者爲執綱 隨現隨捕 以交該邑勘處. 如或執綱難擅이거든 指名報官 以爲設法捕捉이되 無或任非其人袪弊生弊하며 …."

125) 황현, 『오하기문』, 197쪽(「二筆」: "是月望間 琫準開南等 大會于南原 衆數萬人. 琫準傳令各邑布中邑 設都所 樹其親黨 爲執綱 行守令之事. 於是道內軍馬錢糧皆爲賊有.")

전봉준과 김개남이 남원대회를 개최한 것은 음력 7월이지만, "전봉준이 각 읍에 영을 내려 읍 가운데 도소를 설치하라고 포고하고 친당을 세워 집강으로 삼고 수령의 일을 집행하게 한 것"은 그 이전 시점, 즉 음력 6월로 봐야 할 것이다. 수만이 모인 남원의 동학군대회는 집강소 설치가 완료된 뒤에 개최된 일종의 '승리자축 전진대회'였을 것이기 때문이다.

전봉준이 집강소를 통해 양호지방의 치안을 다스리기 위해 김학진을 만난 시점 문제에서 관심을 전봉준과 김학진의 권력우열 문제로 돌려보자. 『약사若史』는 상술했듯이 1894년 음력 6월 21일(양력 7월 23일) 왜적이 궁궐을 범하기 이전 호남의 지방정치 상황을, "전봉준이 귀화를 칭하고 단신으로 (감영에) 들어와서 감사의 일을 대행해 열읍으로 하여금 순영巡營의 관문과 감결을 전봉준의 도서첩을 살핀 후에 거행케 했다"라고 기록하고 있다.[126] 또 황현은 "김학진이 꼭두각시처럼 일어나 쉬고 기침하는 것조차 마음대로 할 수 없었고 다만 문서를 봉행할 뿐이어서 백성들이 그를 도인道人감사라고 부를" 정도였기[127] 때문에 도내 예하 군읍에 하달하는 공문에서도 "최근에 무뢰잡류를 금하라고 한 일은 전봉준 등이 품신한 것 때문인데 이미 충분히 신칙했고 반복해서 알렸다"라고 말하고 있다.[128] 전봉준은 "이달(7월) 6일(양력 8월 6일)"에도 "동학군을 거느리고" 전주감영에 와서 진심을 다해 토로한 뒤에 열읍 집강에 통문을 지어 보낼 거라고 굳게 약속했고, 또 약속대로 각 읍에 무뢰한 단속을 당부하는 통문을 내렸다.[129] 한

126) 『若史』(奎古4254-43) 권2, 甲午1894年 12月 30日 기록 다음 쪽의 글.

127) 황현, 『오하기문』, 198쪽.

128) 황현, 『오하기문』, 199-200쪽.

129) 황현, 『오하기문』, 199, 200, 201쪽. 김양식 등은 7월 6일의 이 두 번째 만남을 6월 5·6일의 첫 번째 만남으로 착각한다. 그러나 첫 번째 만남 때는 전봉준이 "아관마의峩冠麻衣 차림으로 당당하게 들어왔으나", 두 번째 만남 때는 "동학군을 데리고" 왔다. 따라서 이 기록들은 하나의 동일한 만남을 달리 기술하고 있는 것이 아니라, 각기 다른 만남이다.

편, 김학진 전라관찰사는 동학군의 집강소 설치에 저항하는 고을수령들에게 "화무和撫정국(撫局)을 파괴하지 말라"는 취지의 감결을 계속 내려보내 제압했다.130) 이런 정황이었기 때문에 전봉준은 전주 한가운데 앉아서 도내 집강소를 통해 무뢰배들에 대한 치안을 확보하고, 최제우·최시형에 의해 십수 년 전에 천명된, 그리고 고종에 의해 8년 전 반포된 신분해방의 혁명적 최고강령도 집행할 수 있었을 것이다.

이런 여러 가지 근거에서, 집강소가 도내 열읍列邑을 완전히 장악하고 경찰행정만이 아니라 사회개혁까지 할 수 있는 권력수준에 도달한 시기를 음력 6월 7일(집강 인사권과 치안권을 동학군에게 넘긴 김학진의 효유문이 발령된 날짜)~7월 6일(전봉준이 "동학군을 거느리고" 전주감영에 다시 가서 굳게 약속한 대로 각 읍에 무뢰한 단속을 당부하는 통문을 내린 시점) 사이의 기간, 즉 양력 7월 9일~8월 6일 한 달 사이로 봐도 무방할 것이다.

고을수령, 재지사족, 일반도민들이 동학으로 쇄도하듯이 입도하기 시작한 것은 이 시점보다 더 빨랐다. 황현에 의하면, 이미 전주화약이 맺어진 5월(양력 6월)부터 평·천민들만이 아니라 수령과 사족들 중에서 동학당을 추종하는 사람들이 많아졌고, 백성들은 이런 수령과 사족을 본받아 멀리서 먼지만 봐도 동학에 귀부歸附하여 『동경대전』을 큰 성인의 저술로 여기며 동네마다 강습소를 개설하고 이른 새벽부터 늦은 야밤까지 공부했다. '시천주侍天主'의 주문을 외는 소리가 좁은 길에 쉴 새 없이 비등하여 호남에서 경기까지 천리를 끊어지지 않고 이어졌다.131)

이런 당시 상황을 감안할 때, 양력 7월 9일~8월 6일 사이에 집강소

130) 황현, 『오하기문』, 177쪽. 가령: "순창군수 이성렬은 수성하여 적을 물리고 싶었지만 적들은 이미 열군列郡을 점거했고 경군도 또한 차례로 북으로 돌아가서 성원을 받지 못했다. 김학진은 연달아 관문을 하달하여 화무국면을 파괴하지 말라고 했다. 이성렬은 고립되어 계책을 쓸 수 없었다. 이내 청리廳吏와 백성의 입도入道에 의탁하여 도소를 설치하고 집강을 두고 경내를 관리·단속하여 다른 적도들이 함부로 약탈하는 것을 막았다."

131) 황현, 『오하기문』, 232쪽.

는 호남 전역에 막강한 권력체로 자리 잡았음이 틀림없어 보인다. 이랬기 때문에 전봉준과 김개남이 열읍의 막강한 집강소를 배경으로 음력 7월 보름(양력 8월 보름) 무렵에 남원에서 수만 명의 동학농민군이 모인 큰 대회를 열 수 있었던 것이다. 즉, 재지사족들의 저항이 끈질겼던 나주·운봉 등을 제외한 호남 전역은 '7월 중순(8월 중순) 이전'에 완전히 집강소의 관할하에 놓이게 된 것이다. 이때 집강소는 치안유지 방침만이 아니라 폐정개혁의 집행을 위한 정책강령이 필요했을 것이고, 「집강소정강 12개조」 또는 「폐정개혁건 12개조」는 이때 만들어졌을 것이다. 물론 각 지방 집강소의 힘은 동학농민군과 고을수령 간의 세력관계, 전봉준과 — 집강소체제를 거부한 — 김개남 간의 세력관계의 변동에 따라 읍마다 군마다 차이가 났고[132] 이로 인해 이 「12개조」의 집행 정도도 차이가 났을 것이지만, 동학군의 '죽창'의 힘은 호남도내 집강소 차원에서 8년 전 이미 신분해방령을 내린 국왕으로부터도, 또 '사회개혁 의안'을 빨리 고시하라고 재촉하는 김홍집괴뢰정부로부터도 일시 버림을 받아 고립무원에 빠진 노비소유주 양반세력의 저항을 분쇄하고 (많은 세월이 소요되는 토지균작의 균전제적 토지개혁을 제외하고) 「12개조」의 사회혁명을 관철시키기에 충분한 것이었다. 집강소가 단순히 치안업무만이 아니라 사회해방의 폐정개혁업무까지 추진했다는 사실은 가령 '동록개'라는 백정 출신이 동학농민혁명 당시 원평대접주 김덕명 동학농민군 대장에게 "신분차별 없는 세상을 만들어달라"고 부탁하며 '원평집강소' 청사용으로 초가집 한 채를 헌납한 사실을 통해[133] 간접적으로 알 수 있다.

따라서 "전라도에서 거의 전 지역의 군현에 집강소가 설치되어 관권을 무력화하고 백성자치기구로 확립된 것은 '7월 중순(즉, 양력 8월

132) 참조: 李熙根, 「1894년 執綱所의 設置와 運營」, 『史學志』 31(1998. 12.), 258-262쪽; 조경달, 『이단의 민중반란』, 212쪽.

133) blog.daum.net/00000000000413/4726957.

중순) 이후'였다"거나 "사회적 측면에서의 개혁조치는 오히려 개화파 정부가 그 선편先鞭을 친 감이 있다"는 박찬승의 시기인식은 전혀 사료적 근거가 없는 말이다. 그것은 그가 「집강소정강 12개조」가 군국기무처의 '신분해방 의안'을 수용한 것이라는 자신의 주장을 합리화하기 위해 '신분개혁 의안'을 고시하라는 군기처의 감결이 전주감영을 향해 발송된 시점(7월 12일, 양력 8월 12일)에다 억지로 짜 맞춘 작화作話에 불과한 것이다.

그러나 이런 '작화'도 부질없는 것이다. 왜냐하면 '왜당정부'의 사회개혁 의안의 고시를 명하는 감결은 8월 12일(음력 7월 12일)에야 전주감영을 향해 발송되었고[134] 난리상황에서 전주감영에 도착한 것은 아마 이보다 더 늦은 8월 19일 이후 시점이었을 것이기[135] 때문이다. 또 기록에 의하면 이 감결이 호남 각지 군현 단위의 지방관청에 전달된 것은 8월 21일(음력 7월 21일) 이후였다.[136] 따라서 군현 단위에 이 감결이 고시되고 고을사람들과 동학농민군이 그 내용을 일반적으로 알게 된 시점은 아마 양력 8월 말과 9월 초까지 지연되었을 것이다. 그러므로 이 감결로 전해진 군국기무처의 사회개혁 의안들은 전후사정상 결코 양력 7월경에 이미 수립되어 집행되고 있었을 「집강소정강 12개조」에 대해 "선편을 칠" 수 없었고, 따라서 이 「정강」에 결코 반영될 수 없었다.

또한 오지영이 기록한 「집강소강령 12개조」 또는 「폐정개혁건 12개

134) 『隨錄』, 甲午, 「甘結茂朱」.

135) 홍계훈의 경군이 4월 3일 서울을 떠나 인천에서 배를 타고 군산에 상륙하여 전주에 온 것은 4월 7일이었다. 해로를 거쳐 와도 4일이 걸린 것이다. 파발이 붕괴된 난리상황에서 공문을 육로로 전달했다면 승마로도 7일 이상 걸렸을 것이다.

136) 강진 유생 강재剛齋 박기현朴冀鉉이 쓴 『강진강재일사康津剛齋日史』에 의하면 전주감영에서 보낸 사회개혁 의안 감결이 강진·장흥에 도착한 것은 7월 21일이었다. 『日史』, 甲午七月二十一日條. 『동학농민혁명사료총서』 7권. 국사편찬위원회 한국사데이터베이스: "… 甘結于兵營 大意令民 改易衣服 才人屠漢驛人輩一切罷賤 同視用人才 不用門閥 寡婦任其自由等語 …."

조」가 "개화파의 신분제 개혁조치와 거의 일치한다"는 박찬승의 주장도137) 양자를 면밀히 비교해보면 거의 근거 없는 소리다. 7월 12일(양력 8월 12일) 전주감영에 도착한 감결에 포함된 군기처 의안은 다음과 같다.

① 문벌·반상 등급을 벽파하고 귀천을 불구하고 인재를 뽑아 쓸 것(一劈破門閥班常等級 不拘貴賤 選用人才事).

② 죄인은 자기 외의 연좌의 제도를 일절 실시하지 말 것(一罪人自己外連坐之律一切勿施事).

③ 적처와 첩이 모두 아들이 없는 뒤에야 양자를 들이는 것을 허하고 옛 법전을 신명할 것(一嫡妾俱無子然後 始許率養申明舊典事).

④ 남녀조혼은 속히 의당 엄금하고 남자는 20세, 여자는 16세에 비로소 결혼을 허락할 것(一男女早婚亟宜嚴禁 男子二十歲 女子十六歲以後 始許嫁事).

⑤ 과녀의 재가는 귀천을 막론하고 그의 자유에 맡길 것(一寡女再嫁 無論貴賤 任其自由事).

⑥ 공사노비제는 일체 혁파하고 인신을 파는 것을 엄금할 것(一公私奴婢之典 一切革罷 嚴禁販賣人口事).

⑦ 조정관리의 의복제도는 임금을 뵐 때의 차림을 사모와 장복章服·품대와 화자靴子로 하고 연거燕居사복은 칠립·탑호搭護·실띠로 하며 사인士人·서인의 의복제도는 칠립·두루마기·실띠로 하고, 군사의 의복제도는 근래의 규례를 따르되 장졸將卒 차이를 두지 말 것(朝官衣制, 陛見衣服, 紗帽、章服[盤領窄袖] 品帶靴子, 燕居私服 漆笠 搭護 絲帶, 士庶人衣制 漆笠 周衣 絲帶, 兵弁衣制 遵近例 將卒不宜異同事).

⑧ 대소관원이 공사 간의 일로 다닐 때 말을 타거나 보행하거나 간에 구애받지 말고 편리한 대로 하되 평교자와 초헌軺軒은 영원히 폐지할 것(一大小官員公私行 或乘或步 任便無 礙 平轎子軺軒永廢事).

---

137) 박찬승, 「1894년 농민전쟁의 주체와 농민군의 지향」, 132쪽.

⑨ 탐오한 관리의 율법은 옛 법전을 신명하고 엄중하게 추궁하여 팽하거나 곤장을 치고 탐오한 재물은 관청에 넣을 것(一贓吏之律 申明舊典 從嚴重究 或烹或決杖 原贓入官事).

⑩ 역인·재인·백정은 모두 면천을 허할 것(一驛人才人白丁竝許免賤事).138)

이 조목 중 「집강소정강」과 유사한 것은 ①, ⑤, ⑥, ⑨, ⑩이다. 「집강소정강」은 10개 조목 중 나머지 5개 조목을 깡그리 무시하고 있다. 그리고 유사한 조목들 중 ⑤, ⑥, ⑩ 조목은 「집강소정강」의 상응하는 조목들과 내용적으로 다르다.

먼저 ⑤조목 "과녀의 재가는 귀천을 막론하고 그의 자유에 맡길 것"은 「집강소정강」의 7조 "청춘과부는 개가를 허할 것"과 다르다. 이 7조는 일단 개가허용을 시대의 화급한 문제인 10·20대의 '청춘과부'에만 한정하고 있는 반면, 군기처 의안은 모든 '과녀(과부댁)' 일반에게 재가의 자유를 주고 있기 때문이다. 동학농민군과 집강소는 국헌적 법전 『경국대전』을 정면으로 부정하고 '과녀의 자유재가'를 전면적으로 관철시키는 것을 당면과제로 보지 않았다.

원래 성종 이전까지 『경국대전』은 "재가녀에게는 단지 봉작封爵만 하지 말 것이나 그 삼가三嫁하여 실행失行한(불륜을 저지른) 자는 자손을 녹안錄案에 기록하여 현관의 제수와 과거를 보는 것(赴擧)을 불허한다"라고 하여 삼부三夫에게 개가한 여자의 자손에게는 청요淸要의 직職을 주거나 과거시험 응시자격을 불허했으나 재가녀의 자식에게는 이런 것들을 금하지 않고 다만 봉작만을 금했을 뿐이다. 그러나 조선 중기에 들어오면서 성풍속이 문란해지자 성종은 사고무친으로 자존自存이 불가하고 재가再嫁에 대한 부모의 권고와 허락을 득한 청상과부를 포함한 '모든' 재가녀의 아들에게 무차별적으로 같은 불이익을 주는 엄

138) 『隨錄』, 甲午, 「甘結茂朱」.

한 법을 세웠다.[139] 성종의 이 법령은 무자식 청상과부 중 사고무친으로 자존自存이 불가하고 재가再嫁에 대한 부모의 권고와 허락을 득한 청상과부를 제외하고 기타 재가녀의 자손을 삼가녀의 자식과 같이 취급해야 한다는 신하들의 주청을[140] 무시한 법령이었다. 그리하여 『경국대전』은 「이전吏典·경관직」조에 "실행失行(불륜) 부녀와 재가녀의 소생은 동서반직에 서용하지 아니한다(失行婦女及再嫁女所生 勿敍東西班職)"고, 또 "과거를 보는 것을 불허한다(不許赴擧)"고 명기하여 '개가'조차도 '불륜'과 동급으로 만든 것이다. 그리하여 이 법령은 병자호란 후 번지기 시작한 조혼풍조와 맞물리면서 30대 과부는 말할 것도 없고 10·20대 청상과부 문제를 속출하게 만들었다. 재가녀의 자식에게 불이익을 주는 문제는 동시에 성종 이래 청상과부 개가에 대한 불이익을 가함으로써 간접적 개가불허는 '생리적으로 심난甚難한 것'이라느니, "장년으로 아들이 있는 여자는 재가하지 않더라도 진실로 마땅하나, 만약에 나이가 어리고 아들이 없는 여자는 그 부모가 개가시키려고 한다면 허락해야 한다"느니, "부녀의 나이 20세 이하로 자녀가 없이 홀어미가 된 자는 모두 개가를 허해 사는 재미를 붙이도록 해야 한다"느니, "원녀가 없도록 해야 한다"느니 요란하게 계속 논란이 되어왔다.[141]

따라서 당시로서 화급한 것, 또는 '과부문제의 뇌관'이라고 할 수 있는 것은 '모든' 과부의 재가문제가 아니라, 역대의 최대 사회문제가

---

139) 『成宗實錄』, 성종8(1477)년 7월 18일. "그 당시 품정할 적에 대신들이 헌의하기를, '이같이 한다면 청춘에 과부가 된 자도 누累가 자손에게 미치는 것을 수치로 여겨서, 능히 개가를 못하고 사사로 몸을 더럽혀 정절을 잃는 자가 반드시 많을 것이오니, 청컨대 『대전』에 기재하지 마옵소서' 하니, 성종께서 윤허하지 아니하시고 말씀하시기를, '뒷 임금이 혹시 고칠지라도 나는 불가불 세워야 하겠다' 했습니다." 『燕山君日記』, 연산군3(1497)년 12월 12일, 정석견의 설명.

140) 『成宗實錄』, 성종8(1477)년 7월 17일.

141) 『成宗實錄』, 성종14(1483)년 9월 11일; 『燕山君日記』, 연산군3(1497)년 12월 12일; 연산군6(1500)년 11월 1·4일.

되어온 '청상과부' 문제의 해결, 즉 청춘과부의 재가 허용이었다. 이런 까닭에 「집강소강령」의 제7조는 과부 '일반'의 해방론을 잠시 유보하고 필시 동학농민전쟁에 참전한 22세의 청상과부 미녀동학군 이조이李召史·엄조이嚴召史와 젊은 모某 여성동학군 등의 생생한 투쟁적 요구로142) 다시 터져 나왔을 청춘과부의 무조건적 개가허용 의제를 최제우·최시형 동학교주들의 여성해방 가르침의 관점에서 수용한 것으로 보인다.

만약 군기처 의안처럼 과녀 일반의 재가문제를 과부 자신의 '자유'에 맡긴다면, 10·20대 청춘과부를 포함한 어떤 정숙한 과부도 개가하지 못하고 이미 문란하게 살아온 과부만이 개가할 것이었다. '일부종사一夫從事'를 '부인지덕婦人之德'으로, '두 지아비를 섬기지 않는 것(不可事二夫)'을 부인의 의리로 되뇌며 재가再嫁를 삼가三嫁처럼 '불륜'으로 보고 '열녀'를 여성의 전범典範으로 삼아온 400년 전통의 성리학적 사회풍조 속에서 재가는 불륜처럼 비치는 것이라서 창피하고 수치스러운 일이었고, 어떤 과부에게 '개가를 하겠느냐?'고 묻는다면 모든 정숙한 과부는 부끄러움이나 수치심에서 '자유' 의지로 손사래를 치며 개가할 마음을 부인했을 것이다. 10-20대 청춘과부들은 부끄러움과 창피함이 더하기 때문에 더욱 강하게 부인했을 것이다. 따라서 정숙한 과부의 개가에는 '자유'가 아니라 '야밤의 과부 보쌈'은 아니더라도 부모·친척 등 주변의 상당한 '권위적 설득·강요·반半강권·반半강제'가 필요한 상황이었다. 따라서 개가를 과부의 '자유'에만 내맡기고 이 '자유'만을 강조한다면 어떤 정숙한 과부도 개가하지 못할 것이다. 따라서 '개가자유'만을 강조하는 것은 실은 (반半)강제적 재가의 길을 봉쇄해 모든 과부의 개가를 차단하는 새로운 방편이었다. 이런 방식으로는 특히 예민한 10-20대 청춘과부의 개가의 길은 열리는 것이 아니라 오

142) 조경달, 『이단의 민중반란』, 235-236쪽.

히려 청춘과부 자신이 자유의지로 자기에게 행사하는 당대 윤리도덕의 '구조적 강권(strukturelle Gewalt)'에 의해, 또는 성리학적 윤리의식에 의해 '체계적으로 찌그러진 의사소통(systematisch verzerrte Kommunikation)'에 의해, 말하자면 청춘과부 자신의 '자유로운' 이데올로기적 의사소통에 의해 완봉完封될 것이기 때문이다. 정부가 과녀의 개가 결정을 과부의 '자유'에만 맡기고 법규대로 엄격하게 이 '자유' 관념만을 강조한다면, 이 '자유'의 규정은 모든 정숙한 과녀의 재가를 실질적으로 추진할 동력인 '강권'과 '반강제'를 말끔히 제거하여 과녀들의 강제 재가를 사실상 불법화하는 법규인 것이다. 이것은 모든 공감적 인간들이 다 이해하고 예상할 수 있는 사태다.

미상불 친일괴뢰정부는 뒤에 상론하는 것처럼 팔도에 내린 1894년 8월 10일(양력 9월 10일) '관문關文(하달공문)'을 통해 재가 또는 개가에 대한 강권과 강제를 탄핵하고 과부 본인의 '자유'를 다시 강하게 환기시킴으로써 과부 일반에 대한 개가의 강권이나 반강제를 모조리 불법화해 버렸다. 따라서 군기처의 과녀 자유재가 조항은 실은 '청춘과부 개가'만이 아니라 모든 과부의 개가를 완전히 가로막는 법규였던 것이다. 이와 반대로 「집강소정강」의 '청춘과부 개가허용' 조항은 '과부 문제 일반의 뇌관'인 청춘과부 문제만을 당대에 화급히 해결해야 할 문제로, 아니 누구나 나서서 해결해주어야 할 인간적인 문제로 '특화'함으로써 청춘과부의 개가를 '강권'하고 청춘과부로 하여금 이를 마지못해 받아들이게 하는 식으로 여성의 천부적 권리를 향유하도록 만드는 의도를 담고 있었다.

그리고 ⑥조목 "공사노비제는 일체 혁파하고 인신을 파는 것을 엄금할 것"은 아래에서 상론하듯이 소위 '증매曾賣노비'(자의든 타의든 일찍이 팔린 노비)를 해방대상에서 제외시키는 유권해석을 팔도에 내린 1894년 8월 10일(양력 9월 10일) '관문關文(하달공문)'을 통해 제한되었다. 따라서 군기처 감결의 ⑥조목 '공사노비제 혁파' 조항은 실은 「집강소정강」

5조("노비문서 화거火祛")의 혁명적 의미를 한정하고 저지하는 것이다. 또 ⑩조목 "역인·재인·백정은 모두 면천을 허할 것"은 면천을 역인·재인·백정에만 한정하고 칠반천역에 속하는 각 관청의 조례皁隷·피혁공 등을 제외시키고 있어 「집강소정강」 6조("칠반천인의 대우 개선과 백정두상에 평양립 탈거")의 일반적 집행을 제한한 것이다. 또한 「집강소정강」의 3·4조(횡포한 부호배 엄징과 불량한 유림과 양반배 징습懲習), 10조(왜적과 간통奸通하는 자는 벨 것), 11조(공사채를 막론하고 기왕의 것은 일절 시행치 말 것), 12조(평균분작의 토지개혁), 그리고 초고본 속의 정강 5조(천민 등의 군안軍案은 불지를 것)와 12조(두레법 장려)는 저 감결의 사회개혁 의안에 담기지 않은 것이고 하달되지 않은 친일괴뢰정부 개혁 의안에도 없는 혁명적인 내용들이다. 따라서 「집강소강령 12개조」는 "개화파의 신분제 개혁조치"와 사실상 전혀 일치하지 않고 있다. 결국 「집강소강령」이 "개화파의 신분제 개혁조치와 거의 일치한다"는 박찬승의 피상적 주장은 근거 없는 것이다.

한편, 집강소를 지탱해주는 무력으로서의 동학농민군의 권위와 영향력도 양력 7월 9일~8월 6일 사이에 절정에 달해 있었다. 따라서 이때 이미 동학군은 갓을 쓴 양반을 만나면 '너도 양반이냐' 하며 갓을 빼앗아 찢어버렸고, 동학농민군의 이러한 위세를 믿고 노비들은 노비문서를 불태우고 양반주인의 주리를 틀고 곤장을 치며 면천을 얻어냈다. 일부 양반들은 이런 소문을 듣고 자발적으로 노비문서를 불태워 노비를 해방했다.[143] 사회혁명이 경천동지하는 벼락천둥처럼 폭발하여 순식간에 모든 고착된 신분적 상하질서를 일격에 파괴해버린 것이다.

양력 7월을 전후하여 절정에 달한 이런 사회혁명적 분위기 속에서 오지영의 『동학사』에 정리된 동학농민전쟁의 최고강령으로서의 「집강소정강 12개조」가 동학교주들의 신분철폐 이념과 고종의 신분해방 절목으로부터 자연스럽게 흘러나와 저절로 수립되고 집행된 것이다.

143) 황현, 『오하기문』, 231쪽.

거듭 말하지만 이 정강의 핵심 조항들은 이미 최제우·최시형에 의해 천명되고 고종에 의해 반포된 것들이었다. 글깨나 하는 대소 동학간부들이 어찌 동학교주들의 반복된 신분해방 법설을 몰랐을 것이고, 집강소 집강들이 멀리 일본에 있던 박영효까지 듣고 알았던 고종의 신분혁파·노비해방절목을 어찌 몰랐으랴! 동학교주들의 해방 법설과 고종의 신분해방령은 군기처가 사회 의안을 반포하기 십수 년 전부터 조선 땅에서 이미 시대적 '상식', 아니 천리에 합당한, 그러나 봉건양반배들에 의해 시행이 저지되고 있는 '자연법'이 되어 있었던 것이다.

따라서 달포 전에 사회해방의 청천벽력이 한바탕 진경백리震驚百里의 일대격동으로 구폐를 소탕해버린 땅에 뒤늦게 도착한 김홍집괴뢰정부의 사기스럽고 기만적인, 게다가 미흡하고 결함에 찬 사회개혁 의안 감결은 동시에 너무나도 때늦고 너무나도 초라한 것이었다. 위에서 시사했듯이 '왜당정부'의 사회개혁 의안 감결은 호남 각지 군현 단위의 지방에 8월 21일(음력 7월 21일) 이후, 즉 8월 말 또는 9월 초에야 비로소 내걸리기 시작했을 것이기 때문이다. 따라서 듣기만 해도 가증스러웠을 '왜당정부'의 사회개혁 의안은 박찬승이 억측하듯이 결코 동학군들에게 "엄청난 충격과 환희"를 준 것이 아니라, 실로 너무나도 김새는 '뒷북치기'로 느껴졌을 것이다. 박찬승은 18세기 이래 내연內燃해온 조선 근대화의 정치사상적 동력을 소홀히 하기 때문에 최제우·최시형의 20-30년 전 사회해방 법설과 고종의 10년 전 신분해방법령들을 완전히 몰각하고, 집강소정강 12개조를, 명치일본의 신新신분제인 '사민신분제'의 영향을 받았을 왜당정부의 사회 의안들로부터 외삽外揷된 조목들로 전락시키고 있다.

하지만 분명한 것은 괴뢰정부의 사회해방법령은 내용적으로 기만적이고 미흡하고 결함에 찬 것이었기에 동학군들에게는 "엄청난 충격과 환희"가 아니라 실로 어처구니없는 실망감과 경멸감을 안겨주었을 것이라는 점이다. 위에서 시사했고 뒤에 다시 상론하겠지만 왜당정부는 실은 탈신분제적 인재등용령을 거의 시행하지 않고 문벌 위주의 구태의연한 사색당파 인사정책을 그치지 않았고, 노비해방령에서 애당초 사령·마지기(궁방하인)·가라치(정경正卿 대부 이상 관리의 행차 시 문서제구諸具를 가지고 앞서서 가는 하인)·별배(고관대작의 하인) 등 관청·관리예속 노비(各衙署皂隸)는 그 수만 가감조절할(酌量加減設置事) 뿐이고 '해방'에서 배제했고, 동학농민군의 거센 노비해방투쟁을 제어하기 위해 상술했듯이 1894년 8월 10일(양력 9월 10일) 팔도에 내린 '관문關文(하달공문)'을 통해 소위 '증매曾賣노비'(자의든 타의든 일찍이 팔린 노비)를 해방대상에서 제외시키는 유권해석을 내렸다. "공사노비제를 일절 혁파하고 인신매매를 금할 것(公私奴婢之典 一切革罷 禁販買人口事)이라는 1조는 양민을 눌러 천민으로 만들어 세세토록 노비역을 지는 것을 금지한 것이지, 일찍이 팔린 자들을 논하는 것이 아니다(非論其曾所販賣者也)."144) 이렇게 왜당정부는 '증매노비'의 해방을 금지함으로써 대부분의 기존 노비는 종신토록 그대로 남아 있어야 한다고 못 박으면서 동학농민군의 혁명적 사회해방운동을 곧 유혈 탄압할 것임을 예고하는 기만적 관문과 감결을 연달아 하달한 것이다.

왜당정부의 노비해방법령은 이렇게 내용적으로 고종의 「노비해방절목」에도 미달하는 제한적·부분적 신분해방, 즉 신분해방 대세의 유예와 제한을 의도한 기만적 법령이었다. (아래서 상론하는바, 고종의 「노비해방절목」에서는 '타매他買노비'는 몸값이 있든 없든 무조건 해방되고, '자매自賣노비'는 주인이 허락한다면 몸값을 치르고 해방될 수 있다. 그러나 저 '관문'은 타매든 자매든 일단 팔려간 '증매노비' 일반을 모조리 해방에서 제외시키는 것이었다.) 당시 험악한 빈익빈 부익부 추세의 경제적 궁핍상황에서 노비의 대부분은 자매自賣노비와 '타매他買노비'였기 때문에 '증매노비'를 대상에서 제외한다는 것은 대

---

144) 『關草存案』, 甲午八月十日 關文草. 『各司謄錄(63)』(서울: 國史編纂委員會, 1992), 218-219쪽.

부분의 노비를 여전히 양반부호배와 고관대작의 수족으로 묶어두겠다는 뜻이었다. 따라서 왜당정부는 1894년 7월 12일부터 8월 10일까지(양력 8월 12일부터 양력 9월 10일까지), 즉 늦여름부터 초가을까지 신분혁파법령과 일련의 감결甘結과 관문을 반포함으로써 사회혁명을 추진하기는커녕 역으로 시대의 대세가 된 전면적 사회혁명을 제한하고 유예한 장애물이었을 뿐만 아니라, 이 전면적 사회혁명을 추진하는 유일한 혁명세력인 동학농민군을 집단학살한 반혁명세력이었던 것이다. 갑오경장을 근대화 또는 사회해방의 '획기적' 전환점으로 평가하는 사가들은 모두 다 박찬승처럼 이 점을 완전히 몰각한다.

이것은 김양식도 마찬가지다. 그는 오지영의 『동학사』와 관련하여 "『동학사』의 집강소 서술내용은 1894년 5월부터 8월에 이르는 소위 집강소기 동학농민전쟁의 큰 흐름과 틀에서 사실과 부합되는 것으로 보아야 하지만, 세부적인 내용에서는 기억의 오류가 발견될 뿐 아니라, 주관적인 서술내용을 찾아볼 수 있다"는[145] 입장을 취하지만, 그 밖의 관점에서는 박찬승의 오류와 궤를 같이하기 때문이다. 그는 박찬승처럼 "이 같은 조항이 12개조에 삽입될 수 있었던 것은 군국기무처 의안이 크게 작용한 것으로 보인다"고 말하는가 하면, 김학진은 왜당정부의 사회해방법령을 "대부분 사회신분제도에 관한 것들로서 기존의 사회체제를 뒤엎는, 매우 혁신적인 조치"로 오판하고 왜당정부가 "6월 28일과 7월 2일에 제정된 군국기무처 의안 25개 중 9개를 적시한 공문을 7월 12일자로 각 군현에 보내, 이를 방방곡곡에 게시하여 시행토록 한 것"이라고 판단한다. 그리고 "이와 같은 군국기무처 의안만 제일 먼저 반포한 것은 이를 통해 농민군을 회유할 목적이었던 것 같다"고 보고 "이는 농민군의 신분해방운동과도 합치되었다"라고[146] 자못 자가당착적으로 논변한다.

---

145) 김양식, 「吳知泳 『東學史』의 집강소 오류와 기억의 진실」, 23쪽.

146) 김양식, 「吳知泳 『東學史』의 집강소 오류와 기억의 진실」, 21쪽.

그런데 이런 의안발표가 동학농민군을 '회유'할 목적을 가진 것이었다면, 이는 왜당정부가 동학농민군의 신분해방 조목의 존재를 이미 알고 있었다는 것을 전제한다. "이는 농민군의 신분해방운동과도 합치되었다"는 김양식 자신의 말에서도 그대로 입증된다. 그렇다면 회유를 위한 사회개혁 의안 제정과 반포 이전에 동학농민군의 신분해방 조목이 먼저 존재했어야 할 것이다. 따라서 왜당정부의 신분타파 의안들은 모조리 이 정부가 '회유'하려는 동학농민군의 해방절목을 슬그머니 훔쳐 엉터리로 흉내 낸 것으로 봐야 한다.[147] 그리고 이 엉터리 '흉내'는 '회유'라기보다는 기만적 '물타기' 수법으로 전면적 사회혁명을 '제한'하고 '유예'시키는 것이고, 농민군에 대한 부왜적附倭的 동족상잔의 '대살육'을 예고하는 것이었다.

김양식은 이런 사실을 몰각하기 때문에 이이화의 믿을 수 없는 부정확한 논변에 의거하여 이렇게 말한다. "군국기무처 의안이 7월 12일 이후 한글로 번역되어 방방곡곡에 게시되고 모든 사람이 이를 알게 됨에 따라, 종래 행해지던 농민군의 신분해방투쟁 역시 합법성을 쟁취하게 되었다. 그래서 농민군들은 군국기무처 의안에 기초하여 합법적으로 자유롭게 사회신분제를 개혁하고 이를 실천에 옮길 수 있었다. 이는 집강소 활동에도 영향을 미쳤을 것이며, 오지영 역시 이에 기초하여 폐정개혁안 12개조 중 사회신분제에 대한 4개 조항을 설정했을 것으로 추정된다."[148] 그러나 신분해방투쟁의 '합법성'은 고종의 신분타파·노비해방령에 의해 7-10년 전인 1883년과 1886년에 이미 확보되었던 것이지, 왜당정부의 의안반포에 의해 비로소 확보된 것이 아니다.

그리고 상론했듯이 전후사정상 「집강소정강 12개조」(7월 수립)가 군

147) 참조: 조경달, 『이단의 민중반란』, 336쪽; 조경달, 『민중과 유토피아』(서울: 역사비평사, 2009), 139쪽.

148) 김양식, 「吳知泳 『東學史』의 집강소 오류와 기억의 진실」, 22쪽.

국기무처의 사회개혁 의안의 하달 시점(8월 말~9월 초)을 앞서는 것이다. 제한과 탄압을 위한 왜당정부의 '개혁방안 절취'를 통해 이 「12개조」가 군기처 의안에 들어간 것이지, 역으로 군기처 의안이 「12개조」에 들어간 것이 아니다. 정조와 순조의 사회해방 이념을 계승한 고종과, 수운·해월의 신분혁파사상을 계승한 동학세력은 수십 년 전부터 줄곧 전면적 신분해방을 추구해온 세력이었던 반면, 군기처의 양반대신들은 신분해방의 대세를 일정한 속도와 경계 안에 가두어 제한하고 저지하려는 반혁명세력들이었기 때문이다. 뒤에서 이들의 진면목을 다시 한 번 밝힐 기회가 있을 것이다.

종합하면, 김양식도 박찬승처럼 정조·순조로부터 고종으로 이어지고 최제우·최시형으로부터 동학농민군으로 이어지는 근대적 사회해방의 내재적 사상동력을 몰각하고 왜군과 손잡고 동학농민군의 사회해방운동을 탄압하려는 집단학살의 예고에 불과한, 군기처의 뒤늦은 친일적·제한적·위선적·기만적 사회개혁 의안들만을 중시하는 오류에 빠진 것이다.

지금까지 제시한 이러한 여러 비판적 논변을 근거로 우리는, 『동학사』를 '역사소설'로 평가절하하고 「집강소강령 12개조」의 그 사료적 가치를 부정하고 이 「12개조」를 오지영이 동학농민혁명 30여 년 뒤 김홍집괴뢰정부의 사회해방법령과 1930년 말에 유행한 사회주의 강령을 받아들여 '고안'한 것으로 보는 일본사가·유영익·김태웅·조경달·오영섭 등의 주장과, 동학농민군이 집강소 운영 당시에 군기처 의안을 수용했다는 박찬승·김양식의 야릇한 주장을 둘 다 물리치고, 초고본 『동학사』와 발간본 『역사소설 동학사』의 「집강소정강 12개조」를 동학농민군의 공식강령으로 인정하지 않을 수 없다. 이렇게 보면 우리는 1894년 동학농민봉기 8-11년 전에 이미 반포되었으나 실행이 미진했던 고종의 신분혁파·노비해방령은 「집강소정강 12개조」를 집행하는 동학군의 '죽창'에 의해 실지로 완전히 집행되기에 이른 것이라고 말할 수 있다. 동학군들은 가는 곳마다 양반가의 노비문서를 빼앗아 불태웠는데, 이것은 자의적 행동이 아니라 집강소정강의 집행이었던 것이다.

이렇게 하여 우리는 오지영이 기록한 집강소정강 사료에 대한 최근의 '병리적病理的' 회의와 '불건전한' 이데올로기적 부인을 다시 비판하는 경로로 돌고 돌아서 이전의 관점으로 다시 되돌아왔다. 이전의 역사해석은 오지영의 기록에 대한 '순진한' 신뢰 속에서 집강소정강 「폐정개혁 12개조」와 오지영의 해석을 그대로 받아들이는 해석이었는데,[149] 이 순진성은 결과적으로 '건강한' 순진성이었음이 입증된 셈이다.

5) 죽창에 의한 고종과 동학교주의 공동 신분해방령의 집행

황현은 1894년 5월 다음과 같은 풍경을 기록해두고 있다. "동학도의 법은 귀천과 노소에 구애받지 않았고 모두가 똑같이 인사를 주고받았다. … 노비와 주인이 함께 입도한 경우에는 서로를 접장이라고 불러 마치 벗들이 교제하는 것 같았다. 이런 까닭에 사노비와 역참인, 무당의 서방, 백정 등과 같이 천한 사람들이 가장 좋아 추종했다."[150] 그리고 황현은 동학농민군이 대개 평민과 천민 출신들로 구성되어 있어 양반들을 미워했다고 기록하고 있다. 그리하여 위에서 잠깐 시사했듯이 동학군은 길에서 갓을 쓴 양반을 만나면 '너도 양반이냐' 하며 갓을 빼앗아 찢어버리거나, 자기들이 쓰고 다니며 모욕을 주었다. 동학을 추종한 노비뿐만 아니라 동학을 추종하지 않는 노비들도 주인 양반을 협박하여 노비문서를 불태우고 면천해줄 것을 강요하기도 하고, 주인을 결박하여 주리를 틀고 곤장을 치기도 했다. 이런 소문

---

149) 이런 '순진한' 역사해석의 대표적 사례는 한우근의 집강소정강 해석일 것이다. 한우근, 『동학농민봉기』, 206-211쪽; 韓㳓劤, 『韓國通史』(서울: 을지문화사), 446쪽.

150) 황현, 『오하기문』, 129쪽.

을 들은 나머지 양반들은 스스로 미리 노비문서를 불태워 노비를 해방하고 동학군의 공격을 피하기도 했던 것이다. 간혹 양반과 그 양반의 노비가 같이 동학교도가 된 경우도 있었다. 이 경우에 이들은 서로를 '접장'이라고 부르면서 동학의 법도를 따랐다. 백정이나 재인, 평민들도 양반과 평등한 예를 행했다.151)

반봉건 투쟁을 우선시한 1차 봉기의 동학농민군은 이처럼 최제우·최시형의 신분해방 법설과 고종의 신분해방령과 노비해방절목을 조선반도 전역에 제대로 집행하는 '신분해방군'으로 기능했던 것이다. 고종의 신분혁파령과 노비해방절목은 죽창과 총검을 든 동학농민군이 주도한 1894년의 이 사회혁명을 통해 비로소 이 땅에 심어져 '실현'을 본 것이다.

동학농민군의 이 사회혁명의 위력은 1894년 6월 이후 동학의 위력으로 가늠해볼 수 있을 것이다. 반反동학 봉건유생 황현의 견문기록에 의하더라도 1894년 "5월(양력 6월)"부터 지방수령과 유생 중에도 동학을 추중하는 사람들이 많아졌고, 백성들은 "이것을 보고 본받아 멀리 먼지를 봐도" 동학에 귀부歸附하여 『동경대전』을 대성인大聖人의 저술로 여겨 동네마다 강습당을 개설하고 새벽부터 야밤까지 『동경대전』을 공부했다. 그러자 어린이들은 모두 '격검궁을擊劍弓乙'의 노래를 입에 올려 논두렁마다 들을 수 있었고, '시천주侍天主'의 소리가 좁은 길에 그치지 않고 비등하여 "호남에서 경기까지 천리를 끊어지지 않았다". 평민들은 아무도 감히 동학을 칭송하는 것을 손가락질하지 못하고 동학을 따라 입도했고 동학도들을 '도인道人'이라고 칭했다. '도인', 이 두 자는 당연한 것처럼 입버릇이 되었다. "동학도들은 상견례하며 아주 공손했고 귀천과 노소 없이 평등하게 예를 행했다. 접주라고 한번 칭해진 사람들은 비록 나약하고 열등할지라도 그 동도들이

151) 황현, 『오하기문』, 231쪽.

다 제 의지를 꺾고 섬겼다."[152] 동학농민군은 '호남에서 경기까지 천리를 끊어지지 않는' 동학열기와 혁명무력으로 고종의 「신분혁파령」과 「노비해방절목」의 동학 버전인 「집강소정강」의 신분해방조항을 전국 방방곡곡에 실현한 것이다.

6) '갑오경장'의 신분해방 의안의 기만성과 부실성

안타까운 것은 적잖은 사가들이 1894년 7월 23일 왜적의 경복궁침공에 의한 쿠데타로 수립된 친일괴뢰정부의 소위 '갑오경장'을 통해 비로소 신분해방이 이루어진 것으로 오인한다는 것이다. 대표적 국사학자 강만길은 심지어 이렇게까지 말한다. "갑오개혁에서 가장 두드러진 것은 사회 면의 개혁이었다. 문벌과 양반·상놈의 신분제 타파, 과거제의 폐지와 능력에 의한 인재 등용, 문무존비의 폐지, 공사노비법 폐지 … 등 중요한 사회적 폐습을 거의 망라해서 타파하고자 한 개혁정책이라 할 수 있다. 이들 문제의 대부분이 실학자와 민란농민들, 개화파 정치세력, 갑오농민군에 의해 직접 간접으로 요구되던 것이었다. … 노비제도의 폐지는 일부 실학자들에게서 전망되었고, 19세기 초에 내시노비는 해방되었다. 노비제도 자체의 폐지문제는 개화당의 정강에는 나타나지 않으나 갑오농민군에 의해 요구되었고, 갑오개혁에서 그 실시를 보게 되었다."[153] 강만길은 실학자와 갑오농민군의 요구를 언급하고 있을지라도 고종의 신분제 타파와 노비해방절목을 몰각하고, 또 노비해방이 고종과 동학농민군에 의해 실시된 것이 아니라, 갑오경장에서 실시된 것으로 잘못 말하고 있다.[154]

그러나 갑오경장기의 신분해방조치는 고종과 동학농민군에 의해

152) 황현, 『오하기문』, 232쪽.

153) 강만길, 『고쳐 쓴 한국근대사』, 194-195쪽.

154) 이것은 김재호도 마찬가지다. 참조: 김재호, 「대한제국에는 황제만 산다」, 38쪽. 교수신문(엮음), 『고종황제 역사청문회』(서울: 푸른역사, 2008).

이전에 반포되고 집행된 조치들의 기만적 열거와 부실한 반복에 불과한 것이었다. 왜냐하면 괴뢰정부는 최제우와 최시형에 의해 1860-80년대에 기旣선포되고 고종에 의해 1882-86년에 반포되고 동학농민군에 의해 1894년 6-7월간에 기旣시행된 신분해방정책을 1894년 8-9월에야 사회개혁 의안에서 다시 부실하게, 기만적으로 반복하고 왜곡하고 제한하고 있기 때문이다. 고종에 의해 10여 년 전에 반포·시행된 신분해방령을 반복하는 "문벌·반상등급 철폐와 귀천차별 없는 인재 선발·등용" 의안, 앞서 시사했듯이 '증매曾賣노비'의 해방을 유보한 "공사노비제 혁파와 인신매매 금지" 의안, "관청조례皁隸(사령·마지기·라치·별배)의 가감조절" 등은 고종의 1882·1883년 신분혁파령과 1886년 노비해방령보다 못한 사회 의안들인데, 군기처는 이런 수준의 의안들을 고종 앞에 들이밀고 윤허를 받았던 것이다.[155] 이것은 소도 웃을 일이었기 때문에 포로상태의 고종은 아마 보지도 않고 윤허했을 것이다.

미상불, 친일양반 문벌들은 신분해방을 내세우면서도 암암리에 문벌을 중시하고 서얼을 배격하는 괴뢰정부 대신들의 위선적 행각으로 정부요직을 독점했고, 이 때문에 왜당정부에서 문벌타파와 반상혁파는 시간이 갈수록 이전 정부에 비해 점차 후퇴했다. 이런 까닭에 김가진은 1895년 5월 이렇게 비판한다.

> (김홍집·어윤중·조희연 등) 구파 사람들은 노소남북老少南北 4색에 구애되고, 문벌 출신이 아니면 채용하지 않는다.[156]

같이 개혁작업을 했던 내각대신이 가하는 이 내부비판은 1차 갑오경장을 주도한 김홍집 괴뢰집단이 문벌·신분타파와 관련해 실제로 얼마

---

155) 『高宗實錄』, 고종31(1894)년 6월 28일.

156) 『일관기록』, 一.機密本省往來 一~四, (17)'朝鮮內閣의 破裂(機密第56號의 계속)'(機密第57號, 1895년 5월 30일), 井上→陸奧. 別紙甲號 「金(嘉鎭) 農商工大臣의 說」.

나 표리부동하고 위선적이었는지를 잘 보여준다.

그리고 적서차별 혁파정책도 양두구육책에 불과했다. 스스로가 서손庶孫인 윤치호는 김홍집내각에서 서얼('일명一名 양반')들이 거의 다 사라졌다고 비판하고 있다.

> 두 달 전 정부에서 고위직을 가진 9명의 '일명一名(서얼)들' 중 단 한 사람만이 '정부 안에 남아 있는' 반면, 나머지는 정부 '밖으로 퇴출되었거나' 은신처에 숨어 있다. 현재 '정부 안에 있는' 자들은 모두 '일명'을 증오하는 자들이다. 김홍집은 그의 신분적 긍지와 편애로 악명 높다.157)

김홍집 등 친일괴뢰들은 실로 상민과 서얼을 증오하여 반상차별과 적서차별의 철폐를 암암리에 저지했던 것이다. 입으로는 신분해방을 외치면서도 실제로는 이에 대해 강한 거부감을 보인 갑오·을미년 친일괴뢰 개화파들의 위선적 이중성과 은밀한 복고반동적 지향 때문에 신분제도는 갑오·을미 연간에 공공하게 다시 되살아났던 것이다.

공사노비제 혁파정책도 마찬가지로 거지반 허울뿐이었다. 상술했듯이 관노비는 폐지된 것이 아니라 수만 조절되었고, 공사노비제 혁파를 반포한 즉시 사노비 중 '증매曾賣노비'(자의든 타의든 일찍이 팔려가 종노릇을 하는 노비)의 해방은 유보되었기 때문이다. 위에서 잠시 시사했듯이 김홍집친일괴뢰정권이 6월 29일(양력 8월 1일) 반포하고 7월 12일(양력 8월 12일)에야 지방에 시행하고 그마저 8월 10일(양력 9월 10일)의 관문關文(하달공문)으로 기존의 '증매노비'의 해방을 유보한 공사노비제 혁파와 인신매매 금지조치는 고종의 「노비해방절목」이나 동학농민군의 노비해방정책보다 뒤떨어진 것이다. 왕현종 같은 사가는 고종의 노비해방절목이 "현존의 노비 전체를 해방시키는 것이 아니라 그대로

157) 국사편찬위원회 편, 『尹致昊日記(四)』, 1895년 12월 15일.

인정하고 하나의 사회제도로서 노비제를 그대로 존속시키는 문제점"을 지적하며 갑오경장의 노비해방을 이 문제점을 "한꺼번에 해결한 것"으로 높이 평가하지만,158) 왕현종 자신도 지적하듯이 갑오괴뢰정권은 동학농민군의 노비해방투쟁이 거세게 일어나자 이를 우려하여 처음에 개혁조치로 내걸었던 공사노비제의 혁파와 인신매매금지 조항을 1894년 8월 10일(양력 9월 10일) 이런 「관문關文」을 내걸어 보편적 확대해석을 제한해버렸다.

> "공사노비제를 일절 혁파하고 인신매매를 금할 것"이라는 1조는 곧 체휼지의體恤之意(가엾게 여기는 뜻)였다. 이는 양민을 눌러 천민으로 만들어 세세토록 노비역을 지게 하는 것을 금지한 것이고, 일찍이 팔린 자들(曾所販賣者)을 논하는 것이 아니다. 근일 세간에서 무뢰배들이 그 본의를 깨닫지 못하고 이것을 빙자하여 폐단을 일으켜 반상이 서로 어긋나 사류士流가 그 체모를 보존할 수 없고 서민이 감히 상민의 분수를 범한다. … 노비가 주인을 능멸하는 것이 허다하다는 것과 패륜행동의 소문이 계속 들려오고 있다. 참으로 통탄스럽고 놀라운 일이다.159)

이것은 왕현종의 해석에 의하더라도 "현존의 노비는 그대로 남아야 한다"는 유권해석이다. 이것은 "사실상 1886년 (고종의) 「사가노비절목」에 규정된 수준으로 다시 후퇴하는 것"이다.160)

하지만 왕현종의 이 해석은 그릇된 것이다. 고종의 「노비해방절목」에서 잔존하는 노비는 '자매自賣노비'(자기 의사로 자신을 팔아 남의 종이 된 노비) 중 주인이 몸값을 받고도 노비신분을 면해주기를 원하지 않는 노비뿐이다(「노비해방절목」 제4조: 자매노비는 비록 하루 동안 사역을 당하더라도

158) 왕현종, 『한국 근대국가의 형성과 갑오개혁』, 292쪽.

159) 『關草存案』, 甲午 八月十日 關文草. 『各司謄錄(63)』, 218-219쪽.

160) 왕현종, 『한국 근대국가의 형성과 갑오개혁』, 295쪽.

명분이 이미 정해진 뒤에는 쉽게 모면할 수 없으며, 집주인이 몸값을 갚으라고 허락하기 전에는 몸값을 갚겠다고 청할 수 없다). 따라서 주인이나 부모·친척에 의해 구활救活목적에서 팔린 노비, 즉 '타매他買노비'는 모두 다 몸값을 치르지 않고도 해방되고, 자매노비라도 주인이 허가한다면 몸값을 치르고 해방될 수 있는 것이다. 그러나 왜당정부의 9월 10일 관문의 '증매노비 해방제외' 조항은 이런 여지까지도 모조리 없애버리고 있다. 말하자면 김홍집친일괴뢰집단은 양반적 문벌지배를 조금도 부정하지 않았고 또 노비제의 완전한 철폐도 추구하지 않는 표리부동성을 공공연히 내비치고 있었다.[161] 이런 신분해방의 관점에서도 '갑오경장'을 내건 친일괴뢰정부는 실은 '반개혁정부'였던 것이다.

그리고 무기혁신, 정병精兵양성, 신식 민족군대 창설 등 시급한 군사개혁 과업은 괴뢰정부에 의해 배제되었고, 대신 친일괴뢰군을 양성하는 데 진력했다. 또 조선전신선 가설, 재정·화폐개혁, 토지개혁 등 진정한 개혁을 멀리하거나 왜곡하고 일본화폐를 혼용시키는 등 일본의 침탈이권만 챙겨주었다. 통화개혁 준비부족으로 인해 화폐개혁은 지지부진했고, 할 수 없이 구식화폐의 통용금지를 유예한 데다 일본화폐까지 등장해 세 가지 화폐가 혼돈 속에서 통용되었다. 이로 인해 인민들은 갈피를 잡지 못했다. 통화개혁은 제대로 된 개혁이라면 조선에 절실히 필요한 바였지만 현실적으로는 왜군의 갑오왜란과 청일전쟁 수행을 위한 군수품 징발, 일본의 대對조선 무역확대 등 군사적·경제적 침략에 이용되었다.[162] 모든 갑오·을미년의 사이비개혁은 일본의

161) 그럼에도 왕현종은 "그렇다고 해서 이 관문이 공식적으로 노비제도 폐지정책을 뒤엎는 것은 아니었고" 또 "갑오개혁의 개혁정책은 거의 모든 정책에서 서로 연결되어 있었고 그 자체에 근대사회의 원리가 내포되어 있었기" 때문에 "관문발령이 이전에 군국기무처가 반포한 여러 법령과 조치를 뒤엎는 것일 수는 없었다"고 언명하면서 갑오경장의 신분정책을 두둔한다. 왕현종, 『한국 근대국가의 형성과 갑오개혁』, 295쪽. 그러나 왕현종의 이 미신적 또는 신비적 '근대사회의 원리'의 관점에서는 미국 같은 근대국가가 왜 노예제와 인종적 신분제를 17세기부터 20세기 중후반(1970년대)까지 그리 오래 존속시켰는지를 이해할 수 없을 것이다.

군사침략과 무단武斷강제 속에서 기도된 것들이어서 애당초 대국민적 정당성을 전혀 얻을 수 없었고 오히려 국민적 저항을 초래하여 어떤 '개혁' 시도든 국민의 눈에 '역적질'로 보이게 만들어 모든 개혁의 길을 봉쇄해버림으로써 사실상 전반적으로 실패할 수밖에 없었다. 청년 시절 내내 왜국을 선망하며 청일전쟁 당시의 왜군을 우군으로 생각했던 이승만조차도[163] 청년 시절(1904)에 집필한 『독립정신』에서 소위 '갑오경장'을 실패한 개혁으로 비판하고 있다. "이 소문이 각국에 전파하매 세상이 칭송이 낭자하여 불구不久에 새 나라가 되리라 했다"고 평한 반면, "당시 집권한 이들이 장원長遠한 지식으로 백성의 식견을 열어 차차 합력合力하기를 경영치 못하고 당장에 속히 성공하기를 도모하매 백성이 이해利害를 알지 못하여 하나도 합력할 자가 없는지라"라고[164]

162) 박종근, 『淸日戰爭과 朝鮮』, 182쪽.

163) 그는 말한다. "… 다만 일본에 모모 대신만 보아도 족히 나라에 신하 된 자로 하여금 부러운 생각이 생길 것이어늘." 또 그는 말한다: "세상 사람들이 이르기를 일본은 다만 그 나라 이름 두 글자 외에 변치 않은 것이 없다 하나니 이렇듯 속히 변혁함이 세계 사기史記에 드문 일이라. 나라에 신민 된 자들로 하여금 족히 부러운 마음을 이기지 못하리로다." 이승만, 『독립정신』(로샌쥴리쓰: 대동서관, 1910). 이승만(리승만), 『독립정신』(서울: 정동출판사, 1993), 29-30, 143쪽. 또 이승만은 조선의 독립을 지원한다는 일본의 약속을 참말로 믿었다. "(심)지어 일본으로 말할지라도 30년 내로 대한의 독립을 확실케 하고자 하여 청국과 교섭함과 우리와 약조한 것이 다 우리를 해할 뜻이 없음이 분명하나 우리가 따로서지 못하매 필경 갑오전쟁(청일전쟁)까지 있었은즉 이 전쟁까지도 또한 위를 얼마쯤 도와줌이라 하겠으나 우리가 종시 따로서기를 힘쓰지 아니하고 …." 『독립정신』, 228쪽. 청일전쟁에서는 일본을 편든다. "이홍장이 정병 4천 명을 먼저 발하여 조선에 와서 동학을 평정케 하면(하면서도) 마침내 일본에 대하여 한마디로 성명치 아니하니 이는 청국이 기왕에 일본과 약조하여 조선에 군사를 파송할 때에는 피차간에 먼저 알리자고 한 말을 생각지 못하고 다만 제 뜻대로 행함이니 첫째 조선의 독립을 멸시하고, 둘째는 일본을 멸시하여 약조를 배반함이요 … 일본이 … 주야로 흔단釁端(전단)을 기다리던 차에 청국이 방자무리히 군사를 동하니 일본이 어찌 시각을 지체하리오." 『독립정신』, 170-171쪽. 여기서 이승만은 청국의 파병통보 사실까지 무시하면서 일본을 편들고 있다. 또 말이 나온 김에 말하자면 러일전쟁 중에는 "…지금 이 전쟁이 얼마 되지 않은 중에 그 결말이 어찌 될 것을 미리 말할 수 없어 그러하되 전쟁이 되기 전에 벌써 판결이 소상하며 목하에 소견으로 볼지라도 일본이 동양에 독권을 가진지라 필경 이대로 결국이 될지니 우리 대한은 장차 일본의 권면하는 찬조를 얼마쯤 받을지라"라고 말하고 있다. 『독립정신』, 222-223쪽.

164) 이승만, 『독립정신』, 193-194쪽.

친일괴뢰들의 '과속'으로 인한 소위 '갑오경장'의 실패를 지적하고 있다. '과속'만을 지적하는 이승만의 이 비판은 비록 피상적일지라도 당시에 이미 '갑오경장'이 백성의 이해理解와 협력을 얻지 못해 실패한 개혁이라고 천명하고 있는 점에서 나름의 의의가 있다.

## 제4절 '갑오경장' 사이비개혁·반개혁의 구체적 내용

### 1) 중앙관제 개혁: 왕권의 무력화

일제의 총검으로 7월 28일 의정부 아래 설치된 군국기무처가 제1차 내정개혁으로 우선 시도한 것은 정치제도의 개혁이었다. 정치제도의 개혁은 의정부관제와 궁내부관제를 구별하는 중앙관제의 개혁으로부터 시작되었다. 그러나 이 제도변경은 1880년부터 착착 관제를 근대화하던 고종의 중앙관제 개혁을 다 망가뜨리고 왕권을 장악하려는 방향으로만 진행되었다.

#### ■ 1893년까지 고종의 중앙관제 개혁

고종은 이미 1880년에 근대화 개혁을 총괄할 중앙관청으로 통리기무아문을 설치했다. 의정부에서 12월 21일 "아문衙門을 설치하는 일에 대해 건치建置하기에 합당한 것을 절목을 써서 드립니다"라고 아뢰었다. 절목의 내용은 다음과 같았다.

1. 아문의 호칭은 통리기무아문統理機務衙門으로 함.
1. 이미 설치한 아문은 기무에 관계되므로 구별해서 살피지 않아서는 안 되니, 당상과 낭청郎廳을 차정差定하여 각각 그 일을 담당.
1. 사대사事大司는 사대문서와 중국사신 접대 업무와 군무변정사신軍務

邊政使臣을 차송差送하는 일 등을 담당.

1. 교린사는 외교문서와 왕래하는 사신을 맞이하고 전송하는 일 등을 담당.
1. 군무사는 중앙과 지방의 군사를 통솔하는 일 등을 담당.
1. 변정사邊政司는 변방사무와 인방동정의 염탐을 담당.
1. 정부는 종래 변방사무를 이전대로 주관.
1. 통상사는 중국 및 인방과의 통상에 관한 일 등을 담당.
1. 군물사軍物司는 병기의 제조에 관한 일 등을 담당.
1. 기계사는 각종 기계의 제조에 관한 일 등을 담당.
1. 선함사는 서울과 지방의 각종 선박의 제조와 통솔에 관한 일 등을 담당.
1. 기연사譏沿司는 연해포구에 왕래하는 선박의 순시에 관한 일 등을 담당.
1. 어학사語學司는 역학譯學, 각국의 언어문자 등에 관한 일을 담당.
1. 전선사典選司는 인재를 선발하여 각사에 등용하는 일 등을 담당.
1. 신설한 아문은 중앙과 지방의 군사와 정사의 기무를 통솔하니, 체모가 자별自別하므로 정1품 아문으로 하고 대신 중에서 총리를 마련하고 통제하거나 정무 보는 것은 의정부와 같은 규례로 함.[165]

그러나 이 통리기무아문은 1882년 6월 10일(음력) 임오군란으로 폐지되고 만다. 그 후 7월 25일 대신 '기무처'가 신설되었었다.[166] (갑오년 '군국기무처'의 명칭은 여기서 유래했다.) 그리고 10월에는 불필요한 관청과 인원을 줄이기 위해 이를 조사하고 결정한 '감생청減省廳'을 설치하여[167] 감생작업을 지속적으로 진행했다.[168]

그러다가 1882년 11월에는 기무처를 폐지하고 '통리아문'을 설치하여 외무를 전담케 하고 12월에는 '통리교섭통상사무아문'으로 개칭했

165) 『高宗實錄』, 고종17(1880)년 12월 21일.
166) 『高宗實錄』, 고종19(1882)년 6월 10일; 7월 25일.
167) 『高宗實錄』, 고종19(1882)년 10월 20일.
168) 『高宗實錄』, 고종19(1882)년 12월 29일; 30일; 고종20(1883)년 1월 4·13·17·26·30일; 4월 28일.

었고,[169] 11월에는 '통리내무아문'을 설치하고 12월에는 이를 통리군국사무아문으로 개칭했다.[170] 그리고 1883년에는 '순경부', '기기국', '전환국',[171] '박문국',[172] 1884년에는 '우정총국'을 설치했었고,[173] 1885년에는 대궐 안에 궁중사무를 담당하는 일국一局을 따로 하는 '내무부'(훗날의 '궁내부')를 설치했었고 폐단이 많은 '혜상공국'을 '상리국商理局'으로 개칭하여 내무부에 소속시켰었고,[174] 1887년에는 '광무국鑛務局'과 '전보총국'을 설치했었고,[175] 1893년에는 전신국(전보총국)과 우신국(우정총국)을 합쳐 '전우총국'을[176] 설치했었다. 그리고 고종은 1882년 교육윤음을 기점으로[177] '동문학', '육영공원',[178] '경학원', '연무공원' 등 신식교육학교를 설립하고 1890년에는 사립학교 '배제학당'의 설치를 허가했다. 고종은 나름대로 중앙관제·기술·군사·통신·교육 등 각 분야의 근대화를 착착 진행해오고 있었다.

■ 왜당정부의 1차 개혁

1894년 7월 28일 개회한 군국기무처는 상정 즉시 가결된 중앙관제

---

169) 『高宗實錄』, 고종19(1882)년 11월 17일; 12월 4일.

170) 『高宗實錄』, 고종19(1882)년 11월 18일; 고종19(1882)년 12월 4일.

171) 『高宗實錄』, 고종20(1883)년 1월 23일; 5월 23일; 7월 23일.

172) 『高宗實錄』, 고종22(1885)년 3월 28일: 통리교섭통상사무아문에서 "지난해 변란이 일어났을 때 박문국博文局도 파괴되어 업무가 중지되었습니다. 이제 다시 광인사廣印社에 옮겨 설치했으니, 해국該局의 관원을 시켜 이전대로 계속 간행하게 하는 것이 어떻겠습니까?"라고 품신하니, 고종은 이를 윤허했다. 박문국은 1883년 7월에 처음 설치했는데, 부사과 김인식을 주사로, 장박·오용묵·김기준을 사사司事로 삼고, 일본인 이노우에가쿠고로(井上角五郎)가 그 편수를 주관했다. 10월 1일에 처음으로 『한성순보』를 발간했으며, 갑신년 10월 변란 때 폐간되었다가 이때에 와서 다시 복간되었다.

173) 『高宗實錄』, 고종21(1884)년 3월 27일.

174) 『高宗實錄』, 고종22(1885)년 5월 27일; 『高宗實錄』, 고종22(1885)년 8월 10일.

175) 『高宗實錄』, 고종24(1887)년 4월 5일; 6월 9일.

176) 『高宗實錄』, 고종30(1893)년 8월 17일.

177) 『高宗實錄』, 고종19(1882)년 12월 28일.

178) 『高宗實錄』, 고종23(1886)년 8월 1일.

의 개혁안 중 의정부관제 개혁안을 통과시켜 고종의 중앙관제 개혁을 무효로 돌리고 일본공사 등의 간섭하에 김가진·안경수·유길준 등 친일괴뢰개혁파에 의해 기초된 개혁안을 밀어붙였다. 오오토리의 「내정개혁방안강령」에 따라 개혁안은 근대화의 명목하에 의정부와 궁내부의 제도적 분리에 초점을 맞췄다. 그러나 이것들은 둘 다 국왕의 권한의 무력화 내지 축소를 목표로 한 '사이비개혁'이었다.

의정부체제와 궁중체제의 구별, 정부재정과 내탕금의 구별 등은 조선건국 이래 조선행정체계의 한 근본요소였다. 따라서 의정부관제와 궁내부관제의 구별은 아무런 개혁도 아니었다. 일제가 오오토리의 「내정개혁방안강령세목」과 이노우에의 「20개조개혁안」에서 공히 국정과 왕실사무의 분리를 강조함으로써 노린 것은 궁내부 명칭만 도입하고 궁중관제에 큰 변화를 피하면서 궁내부의 권한을 줄이고 예산을 삭감하여 국왕 내탕금의 내밀한 재정상태를 밖에서 잘 들여다볼 수 있도록 '까발리는' 것이었다. 6월 28일에 군국기무처에 상정된 궁내부·종정부·종백부 관제안은 국왕·종친 및 척족관계의 사무를 관장하는 관청으로서 고종의 눈치를 보는 척하다가 국왕의 친결을 계언啓言하고 국왕의 자진부의 절차를 거쳐 7월 22일에 비로소 공포되었다.[179] 이 개혁은 종래의 왕실에 관한 사무를 궁내부·종정부·종백부로 나눠 이관함으로써 의정부 행정과 구분했다고 하지만 기실 행정체계상으로 새로울 것이 전혀 없었다. 이 궁내부 등의 관제는 일본의 궁내성의 명칭을 상당히 모방하고 있지만 그 성격 면에서는 구제를 그대로 반복하고 있다. 따라서 이 궁내부 등 궁중관제의 개혁내용은 의정부관제의 개혁에 비해 훨씬 더 구태의연할 수밖에 없었다. 그 원인은 국왕과 종친의 반발을 피해 관제상의 큰 변화를 가급적 삼가고 국왕의 내탕금의 축소와 투명화라는 '실질'만을 노렸기 때문이었다.

---

179) 『日省錄』, 고종31(1894)년 7월 22일.

또 군국기무처는 이 궁중관제에 승선원·경연청·시강원·규장각 및 승문원 등 종래의 실권 관청을 무력화하여 궁내부의 부속기관으로 편입시켰다. 국왕의 친위직속기구들이 약화 내지 무력화된 것이다.

고종은 본능적으로 궁중관제 개혁의 의도를 간파했던 것으로 보인다. 고종은 1895년 3월 25일(양력 4월 19일) 제2차 개혁에서 궁내부의 축소개편을 저지하고 버티었다. 이로 인해 궁내부개혁은 뒤늦게 공포 시행되었다. 제2차 내정개혁에서는 종정부와 종백부는 폐지되고 그 소관업무를 궁내부의 각원에 이관했다.[180] 그 기구는 간소화를 핑계로 그 권한이 축소되었으나 고종은 그래도 근왕세력을 유지할 수 있는 산관직을 얼마간 보존하는 데 성공했다.

갑오괴뢰들은 과거 궁중의 각 관청기구나 사무는 복잡하게 팽창하고 거기에 배치된 관리의 수는 의정부와 각 아문의 그것에 거의 상당할 만큼 과다해 정부의 재정적 낭비가 컸다고 인식했다. 뿐만 아니라 궁내의 각 관청은 무질서하게 난립해서 명령계통이 서 있지 않은 것으로 인식했다. 따라서 이들은 궁중과 의정부를 구별하고, 종래의 국왕직속기관들을 궁내부에 이속시킨 것, 궁중기구를 어느 정도까지 체계화하여 명령계통과 소관사항을 명확히 한 것, 용관冗官 등도 상당히 도태시켜 재정을 절약한 것을 '획기적인' 것으로 이해하고, 오늘날 사가들도 이렇게 평하기도 한다.[181]

그러나 고종도 가만히 있지는 않았다. 고종은 반격을 가해 1894년 12월 16일(양력 1월 11일) "짐이 지금부터 국정사무를 직접 여러 대신들과 토의해 재결한다(自今國政事務 朕親詢各大臣裁決)"고 천명하고 종래의 의정부의 처소를 대궐 안으로 이전함과 동시에 의정부를 '내각'으로 개칭하고 규장각을 내각이라 부르는 것을 금했다.[182] 그러나 이노우에의 지시

180) 『高宗實錄』, 고종32(1895)년 4월 2일; 『官報』, 開國504년 5월 20일.

181) 원유한, 「갑오개혁」, 국사편찬위원회 편, 『한국사(17)』(서울: 탐구당, 1984), 284쪽.

182) 『高宗實錄』, 고종31(1894)년 12월 16일.

에 따라 친일괴뢰들은 이에 반격을 가하여 1895년 3월 25일(양력 4월 19일) 근대화의 명분 아래 제2차 내정개혁 과정에서 시도된 바 중앙관제의 개혁내용 중 중요한 사항으로서 내각을 국왕 참여 없이 국무대신으로 구성되는 합의제 정책심의기구로 바꾸고, 국무대신은 대군주 폐하를 보필하고 소관사항에 관하여 그 정치적 책임을 지게 하고, 내각총리대신으로 하여금 대신들의 수반으로서 왕명을 받들어 행정 각부를 조정 통합하고 행정 각부의 처분이나 명령이 재검토될 필요가 있다고 인정되면 그것의 실시를 일시 중지시키고 내각회의를 거쳐 상주하여 재가를 얻을 수 있게 했다. 모든 법령은 내각총리대신 및 주무대신이 부서副署하며 법령안·예산안·정부의 중요인사·정부기구 개혁 등과 같은 중요정책은 반드시 내각회의를 거쳐 결정하도록 한 것이다.183) 이로써 정부기구가 겉으로는 근대적 면모를 갖추는 것처럼 보였다.

■2차 개혁에서의 사이비 영국식 내각제에 의한 왕권의 찬탈

제2차 개혁으로 국왕이 상징적 원수로 무력화된 영국식 내각제를 도입한 것은 '개 발에 말편자를 대는 격'이었다. 이 내각제 도입은 국왕을 허수아비로 만드는 것만을 염두에 둔 것이다. 일본식 내각제는 일왕의 신성한 실질권력을 회복하는 존왕도막尊王倒幕과 대정봉환大政奉還이라는 명치유신의 기본이념을 반영하여 영국 내각제와 달리 자체 회의소집권도, 제대로 된 입법권도, 예산심의권도 갖지 못한 형식적 의회제도로 꾸며진 '분식粉飾 내각제' 또는 '치장治裝 내각제'였다. 일본 명치헌법('일본제국헌법')은 1889년 2월 11일에 제정되고 갑오왜란 발발 겨우 3년 전인 1890년 11월 29일에야 시행된 것이었다. 일본제국의 이 헌정체제는 천황제를 기본으로 하는 '전주적專主的 원리'를 유럽 자유주의의 일부 원리로 분칠한 천왕중심체제였다.

183) 『高宗實錄』, 고종32(1895)년 3월 25일; 勅令 開國504(1895)年 3月25日. 『官報』, 開國504(高宗32)년 3월 25일.

헌법 제1장

제1조 대일본제국은 만세일계의 천황이 이를 통치한다.

제3조 천황은 신성하여 침해하여서는 아니 된다.

제4조 천황은 국가의 원수로서 통치권을 총람하고 이 헌법의 조규條規에 따라 이를 행사한다.

제5조 천황은 제국의회의 협찬을 거쳐 입법권을 행사한다.

제7조 천황은 제국의회를 소집하며 그 개회·폐회·정회 및 중의원의 해산을 명한다.

제8조 천황은 공공의 안전을 보지保持하거나 그 재앙을 피하기 위하여 긴급한 필요에 따라 제국의회 폐회의 경우에 법률에 대신할 칙령을 발할 수 있다.

제11조 천황은 육해공군을 통수한다.

제13조 천황은 전쟁을 선언하고, 강화하며 제반 조약을 체결한다.

제14조 천황은 계엄을 선포한다.

일본헌법에서 일본의회(중의원과 귀족원)는 천황의 입법과 예산에 대해 단지 '협찬하거나 건의를 한다'라고 규정한 헌법 제37·40·64조에 따라 완전한 입법권도, 완전한 예산권도 없고, 회의소집·해산권도 없다. 헌법 제5·7조와 제43조("임시회의 회기를 정하는 것은 칙령에 의한다")에 따라 저 권한들 및 임시회 회기결정권은 모두 천황의 고유권한이다.

'내각'은 일본헌법의 어디에도 규정된 바 없다. 내각은 헌법기관이 아니다. 다만 제4장 제55조에 "국무각대신은 천황을 보필하여 그 책임을 진다. 무릇 법률이나 칙령 기타 국무에 관한 조칙詔勅은 국무대신의 부서를 요한다"는 규정만 있을 뿐이다. 그리고 간간히 법률제출 등과 관련하여 '정부'라는 술어가 등장할 뿐이다. 아마 하위법률에서 '국무대신회의'를 '내각'이라고 부르는 것 같고, 정부 안팎에서 보통

'내각'을 천황의 대명에 의해 성립한 천황의 보필기관으로 간주할 뿐이다. 헌법 제4조("천황은 국가원수로서 통치권을 총람하고 이 헌법의 조규條規에 따라 이를 행사한다" — 이 조규는 제55조를 가리킨다)에 따라 통치권은 보필기관 '내각'의 권한이 아니라 천황의 고유권한이다. 이런 까닭에 일본제국의 '내각'은 헌법기관도 아닌 '그림자 분식粉飾내각'인 것이다.

따라서 일본식의 이 분식내각제를 그대로 조선에 도입하면, 고종의 지위가 오히려 더 강화될 판국이었다. 따라서 당연히 이노우에는 이것을 피했다. 고종의 정치적 무력화를 노린 이노우에는 조선에 일본식의 '분식'내각제를 도입한 것이 아니라 의회도 없는 상태의 조선에 영국식의 '진짜' 의원내각제를 도입하여 기형화했던 것이다. 군국기무처는 이 영국식 의원내각제를 도입하면서 의회를 설치하기는커녕 오히려 의회기능으로 대용될 수 있을 삼사三司와 상소·격쟁제도를 철폐하고 경찰권을 강화하여 '경찰국가'를 만들었다. 그리하여 조선 전통의 삼사·상소제도도 없어지고 영국식 의회도 없는 나라에서 영국식 내각제는 즉각 총리대신과 내각대신이 국왕을 제치고 왕권을 찬탈해 아무런 국민적 정당성도 없이 독단하는 '대신大臣독재체제'로 둔갑했다.[184] 이노우에는 아무런 국민적 정당성도 없이 영국내각제의 허울에 의해 법적으로 보장된 이 대신독재체제를 이용해 내각대신들의 실질적 임면권을 쥠으로써 조선의 보호국화를 위한 '일제日帝통감 독재체제'를 구축한 것이다.

---

184) 갑오경장을 "한국 근대화의 획기적 계기"로 호평하는 유영익조차도 "군기처는 한편으로 국왕의 인사권·재정권 및 동병권動兵權 등을 제약함으로써 군권을 약화시키고, 다른 한편으로는 '언관삼사'를 폐지하고 상소를 억압함으로써 민권을 억압하는 반면, 의정부·8아문 및 경무청 등 군기처 의원들 자신들이 장악하고 있던 중앙의 정치행정기구에 권력을 집중시킴으로써 자신들이 장기간 정권을 유지하면서 제 나름의 이상적 개혁을 추구·실현할 수 있는 일종의 독재권력기구를 구축하고 있었던 것이다"라고 비판적으로 논평하고 있다. 柳永益, 『甲午更張硏究』, 167쪽. 갑오경장 해석에서 본질적으로 유영익의 관점을 따르는 왕현종도 갑오경장으로 도입된 내각제도를 "개혁관료들의 완전한 권력독점체제"로 보았다. 왕현종, 『한국 근대국가의 형성과 갑오개혁』, 241쪽.

그러나 유영익은 갑오경장기의 사이비개혁에 의해 도입된 내각제가 영국식 내각제가 아니라 일본식 내각제라고 오해한다. "이노우에는 조선의 정치구조를 명치일본의 천황제정부와 유사한 입헌군주제적 구조로 개변코자 했다"는 것이다.[185] 바로 갑오경장의 중앙관제 변경에 대한 이런 얼치기 이해가 지금까지 아무런 국민적 정당성도 없는 '왜놈' 이노우에와 친일괴뢰들이 시도한 왕권찬탈 음모를 이해하기 어렵게 만들고 고종의 이미지를 '반개혁'으로 모는 것을 손쉽게 만든 것들이었다.

고종은 후술하듯이 삼국간섭으로 일본의 영향력이 퇴조하자 1895년 7월 9일 '친정親政'을 선언함으로써 유교적 충군애국 이념에 따라 변함없이 만백성의 지지를 받는 제왕적 권위에 의해 친일괴뢰내각을 점차 무력화시켜 나갔다. 그리고 주지하다시피 고종은 아관망명으로 을미년 친일괴뢰내각을 일거에 붕괴시키고 새로운 내각을 출범시킨데 이어 1896년 9월의 '구본신참舊本新參' 개혁원칙 조령을 내리면서 상징적 의미를 갖는 첫 조치로, 친일괴뢰들이 왕권을 찬탈하기 위해 도입한 최첨단 내각제를 혁파하고 내각제적 내용을 절충하고 국왕친림하에 의정議政(총리의 새 명칭)이 회의를 주재하는 제도를 추가한 '신新의정부제'를 도입하는 구본신참의 중앙관제 제정조치를 취한다. 이렇게 함으로써 고종은 1894년 12월 16일 "짐이 지금부터 국정사무를 직접 여러 대신들과 토의하여 재결한다"고 천명하고 종래의 의정부의 처소를 대궐 안으로 이전함과 동시에 의정부를 '내각'으로 개칭함으로써[186] 도입을 기도했지만 친일괴뢰들이 밀어붙인 영국식 내각제에 의해 폐기된, 국왕이 친림해 대신들과 직접 토의·재결하는 식의 내각제를 다시 부활시킨 것이다.

그러나 소위 '갑오경장기' 친일괴뢰들은 을미년 3월 개혁조치에 의

185) 柳永益, 『甲午更張研究』, 54쪽.

186) 『高宗實錄』, 고종31(1894)년 12월 16일.

해 새로 도입한 중앙관제를 통해 고종이 도입한 국왕친림하의 직접토의·재결의 내각제를 무너뜨리고 왕권을 결정적으로 약화시켰다. 의정부의 장관으로서 총리대신을 두어 그로 하여금 내각수반으로서 "백관을 총괄하고 서정을 평치해 나라를 경영한다"고 소관업무를 규정하고 있다. 즉, 총리대신으로 하여금 각 아문을 통괄케 한 것이다.

그리고 종래의 육조를 폐지하고 내무·외무·탁지·군무·법무·학무·공무 및 농상아문 등 8개 아문을 설치했다. 즉, 외무아문은 1881(고종18)년에 창설되었던 통리기무아문의 업무를 이어받았고, 농상아문은 일본관제를 모방하여 새로 설치한 것이다. 내무아문은 이조를 이어받고, 탁지아문은 호조를, 군무아문은 병조를, 법무아문은 형조를, 학무아문은 예조를, 공무아문은 공조를 각기 이어받은 것이다. 5군영은 모두 폐지되고 거기에 소속되어 있던 장졸과 군관영리들은 군무아문에 통합되었다. 그리고 각 아문에는 장관급으로서 대신을 두고 차관급으로서 협판을 두었다. 이것은 종래의 판서와 참판을 개칭한 것에 불과하다. 그 밑에 국장급으로 참의, 또는 차장이나 과장급으로서 주사를 두었다. 오늘날 이런 일본식 관직명들은 거의 사라졌다.

그리고 각 아문에 부속된 처·원·소·청 및 사司 등의 편제는 종래에 각조各曹에 소속된 아문 및 독립관청이었던 원·사 등을 통폐합함이 없이 그대로 분속시키고, 또한 시대적으로 필요해진 약간의 처·국·청을 증설, 분속시킨 데 불과했다. 따라서 유명무실한 기구이거나 형식적 기구에 지나지 않는 것이 많았다. 중앙관제를 이처럼 과대하게 제도화한 것은 국내 실정을 깊이 고려함이 없는 사이비개혁의 한 단면이다.

의정부의 직속기관으로는 군국기무처가 있고, 종래의 감찰기관으로서의 사헌부를 '도찰원都察院'으로 개칭하고, 중추부를 중추원으로 개칭하고, 도찰원장은 의정부의 좌찬성, 중추원장은 우찬성이 겸직했다. 정치범을 다스리는 최고법원으로서 공죄를 범한 관리를 재판하고 왕명을 받들어 심리하던 종래의 의금부는 '의금사'로 개칭하여 법무아문에 소속시켰다. 의금사의 최고책임자는 판의금사判義禁事로서 법무대신이 겸임하고, 지의금사知義禁事는 법무협판, 또한 참의는 법무아문의 총무국장이 각기 겸임한다. 이런 사헌부개혁은 역적들이라도 일반법원에서 심판하는 근대적 재판제도, 그리고 탄핵소추제도나 특별검사제를 도입하는 것이 아니기 때문에, 그리고 사법권개혁에서는 의금사 이하 재판소는 정부에 부속시켜 행정관으로 하여금 재판업무를 겸임케 했기 때문에 사법권과 행정권의 분립을 근간으로 한 근대사법제도와 무관한 사이비개혁이었다.

또한 7월 14일 일본제도를 모방하여 '회계심사원'과 '경무청'이 설치되었다.[187] 그러나 '회계심사원'은 근대적 회계이론이 교육되지 않았고 회계법도 아직 시행되지 않았기 때문에 사실상 유명무실한 지상紙上기관이었다. 종래의 좌우포도청을 통합한 '경무청'은 내무아문에 소속된 기관으로서 한성부 내 경찰업무를 관장하는 경찰기관이다. 그러나 경무청의 장인 경무사는 일본의 그것처럼 그 권한이 대신보다 강력했지만 서울의 형무소나 검찰기능도 관할하는 등 그 기능분담 측면에서 전혀 근대성을 갖추지 못했다. 경무사 밑에는 경무부관·경무관·총순·순검 등의 직제가 있었다.

의정부와 각 아문의 통행규칙을 통해 정부의 행정체제를 살펴보면, 제한군주적 국왕-의정부회의-총리대신-각아문대신-각아문협판·동同참의·동주사 등의 계층제로서 상하의 명령계통이 제도화되고 종래에 비해 기관이나 관리의 소관사항과 책임소재 및 명령계통이 확립되었다. 이로 인해 행정권이 지나치게 분권화되었다.[188]

각 아문 대신의 주요 권한은 법률과 칙령사무에 관해 총리대신과 일종의 연대책임을 지는 형식이며, 소속관리는 물론 경무사와 각 지방장관을 지휘 감독하는 한편, 그들의 행위가 위법 또는 부당하다고

187) 『官報』, 開國503年 7月16日.

188) 『官報』, 開國503年 7月14日.

인정될 때는 그것의 무효나 취소를 명령할 수 있었다. 소속관리에 대해서는 일정한 범위 내에서의 처벌권이나 인사권을 가지고 있었으며, 관할 국·과를 통폐합할 수도 있었다. 협판은 대신의 보좌로서 일정한 범위 내에서 대신의 직무를 서리署理할 수 있으며, 대신의 보조기관인 총무국장을 겸임해 관할하의 각 국·과를 조정·통할할 수 있었다. 따라서 각 아문의 대신과 협판의 권한과 책임은 종래에 비해 크게 확대되어서, 국왕은 친정하는 것이 아니라 거꾸로 대신의 주도에 의해 국정을 간접적으로만 다스리게 되어 있었다. 이상과 같이 제1차 내정개혁과정에서 개혁된 행정체제의 기본구조는 오늘날 남아 있는 것이 거의 없다. 중앙행정 개혁이 애당초 근대성이 태부족한 사이비개혁이었기 때문이다.

제2차 내정개혁에서 내각제의 도입과 함께 '아문'은 '부部'로 개칭되었다. 그리고 공무아문을 농상아문으로 통합해 종래의 외무·내무·탁지·군무·법무·학무·농상아문 및 공무아문 등 8개 아문을 외부·내부·탁지부·군부·법부·학부 및 농상공부 등 7개 부서로 개편한 것 등이다. 내각관제에 뒤따라 내각소속직원관제·중추원관제·사무장정·각부관제통칙·7개부관제 및 각령에 의한 내각 및 각부 분과규정·궁내부관제 등이 공포 실시됨으로써 정부기구는 좀 더 근대적 면모를 갖추는 듯했다. 하지만 이 중 대부분은 괴뢰정부의 국민적 신뢰와 권력기반의 부재로 거의 시행되지 못한 지상편제로 끝났다.

내부관제는 종래의 내무아문보다 그 기능이 확대되었다. 지방행정에 관한 사무를 관리하고 지방관 및 경무사를 지휘 감독하며, 또한 시찰관 4명을 두어 지방제도의 조사와 지방행정의 순시에 종사하게 했다. 경무청은 신관제로서 다른 것보다 뒤늦게 공포되었음에도 불구하고 이전의 포도청보다 훨씬 더 강화되었다. 이 경무청은 내부대신의 지휘 감독을 받는 기관이면서도 그 직원이 증원되고 기구의 규모나 직무내용으로 보아 1개 부서의 기구를 방불케 하고 있다.[189]

학부의 개편에는 근대적 개혁다운 개혁이 들어 있다. 근대적 교육기관의 모태로서 '한성사범학교'가 설립되어 소학교 교관의 양성이 시도된 한편, 부속소학교도 설치되었다. 또한 외국어학교도 설립되어 일본어를 비롯한 외국어를 가르쳤고, 이로써 외교·통상사무관이 양성되었다. 또 학부 산하에 관상소觀象所가 설치되어 관상·측후·역서의 조제간행사무를 담당했다.[190]

제2차 내정개혁에서 사법제도도 다시 바뀌었다. '재판소구성법'을 공포하여 제14조에 "전항의 각 재판소의 판사와 검사는 따로 정한 사법관 시험 규칙에 의해 시험을 본 사람 중에서 내각총리대신을 경유하고 법부대신이 추천해 대군주 폐하가 임명하는 사람으로 한다"라고 규정함으로써 사법권을 행정권으로부터 분리 독립시키고 있다.[191] 그러나 조선은 원래부터 명나라 고황제 주원장의 황지皇旨에 따라 권한집중의 옹폐를 막고 각 권한을 견제케 하기 위해 행정권·군권·사법권·탄핵·규찰권 등을 나름대로 엄격히 분리시켰었다. 이 관점에서 보면 일본헌법 제57조(사법권은 천황의 이름으로 법률에 따라 재판소가 이를 행한다)와 제58조(재판관은 법률이 정하는 자격을 갖춘 자에 따라 임명한다)를 모방한 사법개혁은 판·검사 자격을 '따로 정한 사법관 시험 규칙에 의하여 시험을 본 사람'으로 규정한 것을 제외하면, 그리고 판·검사 시험이 갑오왜란과 갑오·을미의병전쟁이 정국을 강타한 을미년에 시행될 수 없었다는 것을 고려하면 '근대화'로 볼 것도 없다. 또 국회도 언론도 없는 조선에 새로 도입된 이심재판제(지방재판소·개항장재판소→고등재판소·순회재판소)는[192] 조선 고유의 삼사三司의 탄핵·규찰·간쟁·감독체제 아래 사형 등 중범죄의 경우에 취한 조선시대 삼심제(지방→중앙→국왕)에[193] 비

189) 勅令 開國504(1895)年 3月26日; 『官報』, 開國504년 3월 26일.

190) 勅令 開國504年 3月25日; 『官報』, 開國504年 3月25日.

191) 『高宗實錄』, 고종32년 3월 25일.

192) 『高宗實錄』, 고종32년 3월 25일.

하면 개악된 것이다. 치외법권을 가진 외국인을 재판케 하기 위해 서울과 인천 및 기타 개항장에 설치한다던 '개항장재판소'는 설치된 흔적이 없다. (이후에도 각국 공사관은 치외법권에 따라 영사재판권을 행사했기 때문이다. 대한매일신문 사장 베델의 재판사건을 보라.) 고등재판소는 법부가 임시로 설치하는 국가의 최고법원으로서 법부대신이나 법부협판이 재판장을 겸임하며, 순회재판소는 매년 3월부터 9월까지 법부대신이 지정하는 장소에 개정開廷하기로 하고 있다.[194] 또한 판사와 검사는 구분되어 있지만 한 재판소에 소속되었다(재판소구성법 제13조, 제20조, 제24조). 따라서 판·검사가 행정기관과 사법기관의 제도적 분립을 통해 분리되지 않아 법무부 장·차관이 판·검사를 겸하는 격인 이 사법제도는 저 행정권과 사법권의 분립을 무효로 만드는 개악에 속한다. 또한 왕족의 범죄에 대한 형사재판을 담당하는 특별법원도 설치했는데, 재판장은 법부대신이 되고 법부대신이 추천해 국왕이 임시로 임명한 4명의 판사로 구성케 했다.[195] 이것도 행정·사법 분립원칙을 위배하고 있고 왕족이 사라진 한에서 오늘날 이 특별법원도 흔적 없이 사라졌다. 을미년 제2차 개혁에 도입된 이 사법제도는 일부 사가들에 의해 사법기관과 사법제도의 근대적 면모를 갖추게 한 것으로 오판되고 오늘날에 이르기까지 계승되어 오는 것으로 착각되어 왔지만,[196] 실은 정밀하게 분석해보면 반反근대적 개악이거나 사이비개혁에 불과한 것이고, 오늘날 모조리 흔적도 없이 사라졌다고 판단해야 옳을 것이다.

사소한 의미를 가지는 중앙관제의 개혁 중에는 중추원관제가 있다. 중추원은 내각의 자문에 응해 법률칙령안과 내각으로부터의 자문사

---

193) 참조: 이태진, 『새 韓國史』(서울: 까치, 2012), 434쪽.

194) 『高宗實錄』, 고종32년 3월 25일.

195) 『高宗實錄』, 고종32년 3월 25일.

196) 가령 참조: 원유한, 「갑오개혁」, 『한국사(17)』, 288쪽.

항을 심의 의정議定하는 기능을 가지며, 직제는 의장과 부의장 각 1명을 두고 의관議官은 1·2·3등관으로 구분하여 50명 이내로 하고, 사무 담당을 위해 2명 이내의 참사관과 4명 이내의 주사로 배속되었다. 중추원의 의장·부의장 및 의관은 칙임관재직자, 국가유공자, 정치·법률 또는 이재에 대한 학식이 풍부한 사람 중에서 내각회의를 거쳐 내각총리대신의 주천奏薦에 의해 칙선勅選으로 임명했다.[197] 내각이 종래의 의정부 중추원과 제1차 내정개혁 당시 의정부에 소속되어 있던 군국기무처를 통합한 행정중심기관인 반면, 중추원은 내각 밖의 별도 기관이다. 그것의 기능은 영국이나 일본의 추밀원도 아니고 입법부도 아닌 기형적 기관이다. 중추원은 종래의 탄핵·규찰·감독·간쟁기관인 '삼사'를 폐하면서 이 삼사의 기능을 치명적으로 약화시켜 그 허울만을 계승한 '알리바이용 명목기관'으로 생겨났기 때문이다. 따라서 을미년 간에 그 기능을 발휘한 적은 전무하다. 그러므로 이 중추원을 '관선입법부적 성격'을 띤 것으로 '근대적 입법부의 모체'라고 보는 것은[198] 망발일 것이다. 이것은 훗날 대한제국기에 새로 설치된 민선중추원제를 두고 '추밀원'이니(윤치호), '상원'이니(서재필의 『독립신문』과 『황성신문』) 하며 혼돈에 빠져 설왕설래했으나, 고종은 정확하게 간쟁을 맡는 '삼사'의 대체물으로 이해했기[199] 때문이다. 굳이 외국의 기구와 비교하자면 '중추원'은 영국 찰스 2세의 '신新추밀원'에 비할 수 있을 것이다. (이에 대해서는 후술한다.)

197) 『高宗實錄』, 고종32년 3월 25일.

198) 가령 참조: 원유한, 「갑오개혁」, 『한국사(17)』, 288쪽.

199) 고종은 1898년 10월 중추원에 민선의관제를 도입하는 조령에서 "간관諫官을 폐지한 후 언로가 막혀 상하가 힘쓸 것을 권하고 가다듬을 것을 깨우치는 뜻이 없게 된 만큼 중추원에서 빨리 장정을 정하여 실시하라"고 명한다. 『高宗實錄』, 고종35(1898, 광무2)년 10월 30일(양력). 중추원 부의장 신기선은 이미 1898년 4월에 "중추원은 사간원과 사헌부의 체제를 겸한 만큼 반드시 회의를 주관하는 사람의 풍채와 권위가 있어야 의견이 성립되고 일이 시행될 수 있습니다"라고 말한 적이 있다. 『高宗實錄』, 고종35(1898, 광무2)년 4월 16일(양력).

2) 인사제도 개혁: '획기적' 개선의 부재

인사제도 개혁에서는 일단 관료체제 품계가 바뀌었다. 제1차 내정개혁에서 1894년 6월 28일 문관품계를 개정했다. 종래의 문관품계는 1품에서 9품까지 정·종을 합한 18품계를 11품계로 축소했다. 이것은 정·종제를 1·2품에 한정하고 3-9품의 정·종제를 폐지한 것일 뿐이다. 이런 것은 '개혁'도, '개선'도, '개량'도 아니고, 한낱 사소한 '변경'일 뿐이다. 또한 직계職階도 1품에서 9품까지 칙임·주임·판임으로 구분하고, 정·종 1·2품에 칙임관, 3-6품에 주임관, 7-9품에 판임관의 호칭을 새로 매겼다.[200] 그리고 1894년 12월 4일에는 일본의 육군계급제를 모방하여 육군장교·하사관의 품계를 개정하는 칙령을 내렸다. 이로써 육군계급은 장성급·영관급·위관급으로 분류되었고, 그 밑에 하사관으로서의 교관급과 일반병 계급을 두었다.[201]

제2차 내정개혁으로 1895년 3월 29일 공포된 '관등봉급령'[202]과 3월 30일 공포된 '무관 및 상당관등봉급령'에[203] 따르면, '품계'를 일본식 '관등'으로 개칭하고 문관의 관등을 칙임관 4등급, 주임관 6등급, 판임관 8등급으로 수정하고 18관등으로 복원하고, 또한 무관의 관등을 칙임관 4등급, 주임관 6등급 등 10관등으로 분류했다. 이 문무관등의 분류법은 당시 일본제도를 손질하여 채택한 것이다.

관리의 보수규정도 개정되었다. 조선 초기에는 직전職田 또는 녹과전제祿科田制가 정해져 있었으나 임진왜란 이후에는 모두 다 유실되었다. 그리고 말단행정의 실권을 장악하는 이서吏胥는 애초부터 보수가 없었다. 이 때문에 관가에 서양의 16-18세기 절대왕정 시대처럼 심했던 것은 아니었지만 수회收賄와 매관매직이 합법적 관행이었다. 이에

200) 『官報』, 開國503年 7月2日·議定存案 第1 開國503年 7月2日.

201) 『承政院日記』, 高宗31年 12月4日; 勅令 開國503年 12月4日.

202) 『日省錄』, 高宗32年 3月26日; 勅令 開國504年 3月29日.

203) 『日省錄』, 高宗32年 3月25日; 勅令 開國504年 3月30日.

제1차 내정개혁에서 종래의 유명무실한 녹과전제를 폐지하고 품계에 따라 품봉品俸을 정해 월급을 지급하기로 했고, 또한 현물 과록科祿을 폐하고 화폐로 지급하게 했다. 특이한 것은 대군·왕자군·적왕손 및 왕손 등을 포괄하는 무계無階에도 정일품(300원)을 능가하는 350원을 지급하게 한 것이다. 제2차 내정개혁 과정에서는 다시 '관등봉급령'으로 관등별로 등급을 정하고 그에 따라 봉급액을 제정했으며, 뒤이어 무관 및 궁내부 관등봉급액도 책정되었다.[204] 그 내용을 보면 문관이 무관보다, 또는 일반 관리가 궁내부 소속 관리보다 우대되고, 관리의 봉급수준은 전반적으로 인상되었다. 그러나 당시 국가 재정형편이 봉급지급을 위해 외채를 얻어야 할 정도로 극도로 악화된 상황에서 전혀 그대로 실시되지 못했다. 문관의 봉급은 칙임관 20%, 주임관 15%, 또는 판임관 5등 이상 10%씩 감액하여 지급해야 할 형편이었던 것이다.[205]

상술했듯이 소위 '갑오경장'에서 개혁다운 개혁을 들자면 그것은 관리임용제도의 '근대화' 조치다. 조선 초기 이래의 전통적 과거제를 폐지하고 과거제를 개선한 서양식 실무과목시험에 의한 근대적 관리임용제를 도입했다.[206] 그러나 이것은 시의에 맞춘 '과거제의 손질'이라고 말하는 것이 더 정확할 것이다. 과거제와 관료제는 그 자체로서 유례없이 선진적이고 근대적인 공무행정제도에 속했기 때문이다. 이런 까닭에 독일은 18세기 말 친親중국주의자 크리스티안 볼프(Christian Wolf, 1679-1754), 요한 유스티(Johann H. G. Justi, 1717-1771) 등의 중국식 관방학(cameralism)에 힘입어 조선의 행정제도·과거제와 유사한 중국 관료체제와 과거제를 도입했고,[207] 프랑스는 독일의 중국식 관료제와 공무

---

204) 『官報』, 開國504年 3月30日 및 5月22日.

205) 『日省錄』, 高宗32年 3月25日; 勅令 開國504年 3月30日.

206) 1894년 7월 3일 군국기무처 회의에서 "科文取士는 朝家의 制定이지만 虛文으로서 實才를 收用하기 困難하다"는 취지에서 과거제를 폐하고 7월 12일에 새로이 선거조례와 전고국조례를, 이틀 후인 14일에 문관서임식을 제정했다. 『高宗實錄』, 고종31(1894)년 7월 12일(음); 『日省錄』, 高宗31年 7月3·12·14日; 『官報』, 開國503年 7月3·19日.

원임용시험제도를 도입했고,[208] 영국 입법자들은 1855년 중국 과거제를 모방한 공무원임용시험제도를 도입하여 1870년 일반화했고,[209] 미국은 토마스 제퍼슨(Thomas Jefferson, 1743-1826) 등의 유사한 시도를 거쳐 에머슨(Ralph Waldo Emerson, 1803-1882) 등을 비롯한 여론지도층의 지지를 얻어 1883년 뒤늦게 영국의 중국식 공무원임용고시제도를 채택했다.[210] 고대 이집트, 고대 그리스·로마 세계, 중세와 근세 유럽에는 중국·한국식의 공무원임용시험은커녕 어떤 필기시험도 알려진 바 없

207) 볼프의 중국식 관방학에 관해서는 참조: 황태연, 『공자와 세계(2)』, 577쪽; 황태연, 「서구 자유시장론과 복지국가론에 대한 공맹과 사마천의 무위시장 이념과 양민철학의 영향」, 『정신문화연구』 제35권 제2호 통권 127호(2012년 여름호), 380-381쪽. 그리고 중국 과거제와 관료제의 수용에 관해서는 유스티의 다음 논문들을 보라: Johann H. G. Justi, "Die Notwendigkeit einer genauen Belohnung unf Berstrafung der Bedienten eines Staats", 102-114쪽. Johann H. G. Justi, *Gesammelte politische und Finanzschriften über wichtige Gegestände der Staatskunst, der Kriegswissenschaft und des Cameral-und Finanzwesens*, Bd.1 (Koppenhagen und Leibzig: Auf Kosten der Rorhenschen Buchhandlung, 1761); Justi, "Vortreffliche Einrichtung der Sineser, in Ansehung der Belohnung und Bestrafung vor die Staatsbedienten". Justi, *Gesammelte politische und Finanzschriften* …, Bd.1, 115-131쪽. 이에 관해서는 다음 논문들도 참조하라: Walter W. Davis, "China, the Confucian Ideal, and the European Age of Enlightenment", Journal of the History of Ideas, Vol. 44, No. 4, (Oct.-Dec. 1983), 523-48쪽, 541쪽; Johanna M. Menzel, "The Sinophilism of J. H. G. Justi", *Journal of the History of Ideas*, Vol. 17, No.3 (June 1956), 301쪽; Ulrich Adam, *The Political Economy of J. H. G. Justi* (Oxford, Berlin, Frankfurt am Main, New York, Bern: Peter Lang, 2006), 178쪽; 황태연, 『공자와 세계(2)』, 579-583쪽; 황태연, 「서구 자유시장론과 복지국가론에 대한 공맹과 사마천의 무위시장 이념과 양민철학의 영향」, 381-382쪽.

208) 프랑스에서 중국 과거제를 모방한 공무원임용고시는 1791-1792년에 도입되었다. 참조: Ssu-yü Têng(鄧嗣禹), "Chinese Influence on the Western Examination System". *Harvard Journal of Asiatic Studies*, Vol. 7, No. 4 (Cambridge, 1943), 283, 302쪽.

209) 중국의 과거시험제도를 모방한 영국의 공무원시험제도의 도입에 관해서는 참조: Têng, "Chinese Influence on the Western Examination System", 277-305쪽. 장(Y. Z. Chang)도 등사우와 유사한 의견을 피력한다. 참조: Y. Z. Chang, "China and the English Civil Service Reform". *The American Historical Review*, XLVII, 3 (April 1942), 539-544쪽. 이에 크릴도 동조한다. 참조: Herrlee G. Creel, *Confucius* (New York: The John Day Company, 1949), 278쪽.

210) 미국에서 영국 임용제도를 에돌아 중국 과거제를 수용한 공무원임용고시제도가 도입되는 것은 1883년이다. 참조: Têng, "Chinese Influence on the Western Examination System", 306-308쪽.

었다.211) 유럽에서 "학교 필기시험은 18세기까지도 알려지지 않은 것으로 얘기된다. '시험의 나라' 독일조차도 예외가 아니다". 그리고 "국가고시제도의 보편적 채택은 19세기의 일이다. 18세기에는 국가고시제도의 맹아 이상의 것이 거의 발견되지 않는다". 중국식의 공무원 경쟁시험 원칙은 유럽에서 아주 많은 논란을 거쳐 아주 최근에야 어렵사리 도입된 것이다. 공식적 공무원임용시험에 관한 한, 프랑스는 첫 번째 혁명기인 1891년에 이 공무원임용시험을 채택했고, 독일은 1800년경에, 그리고 영국의 인도식민지 정부는 1855년에, 영국 본토는 1870년에 인도식민지제도를 모든 공무행정에 적용했다. 결론적으로 유럽에서 학교시험은 18-19세기에 발전했고, 공무원임용고시는 1840-1880년대에 이루어졌다.212)

이것으로부터 알 수 있듯이, 조선의 관료제와 과거제는 세계적 경쟁력을 갖추고 있었고, 조금만 손질하면 간단히 근대적 형태로 변형될 수 있었다. 특히 과거제는 재야실학자들에 의해 줄곧 비판받아온 바와 같이 노론독재 이후에 나타난 시행상의 비리문제에도 불구하고 조선시대 내내 하층민의 신분적 상향이동을 가능케 한 놀라운 '출세의 사다리'로 기능했고,213) 또 실용적 시험과목의 도입, 시험방식의 객관화, 엄격한 시험관리체제 수립, 급제인원의 증원 등 작은 변통을 통해 쉽사리 근대적 국가임용고시로 전환될 수 있었다. 이런 까닭에 일본식 '문명개화'에 매료되었던 박영효조차도 위장된 친일성향의 사가들에게 중시되는 「건백서」(1882)의 교육개혁방안에서 "장년학교를 설치하고 한문이나 언문으로 정치·재정·내외법률·역사·지리 및 산술·이학·화학 대의 등의 책을 번역하여 소장파 관인官人들을 가르치거나 … 장년의 선비를 팔도에서 징집하여 가르쳐 그 성업成業을 기다려

---

211) Têng(鄧嗣禹), "Chinese Influence on the Western Examination System", 267-270쪽.

212) Têng, "Chinese Influence on the Western Examination System", 272, 275쪽.

213) 참조: 한영우, 『과거科擧, 출세의 사다리(1-4)』(파주: 지식산업사, 2013).

과거의 방법으로 시험하여 문관에 뽑아 쓸 것(設壯年校 以漢文 或以諺文 譯政治·財政·內外法律·歷史·地理 及算術·理化學大意等書, 教官人之少壯者 […] 或徵壯年之士于八道 以教之 待其成業 以科擧之法試之 而擇用於文官事)"이라고 했던 것이다.[214]

고종은 1891-1893년 다섯 차례에 걸쳐 일단 과거제의 부정비리 척결과 공정성의 재확립에 관한 명을 내렸다.[215] 그러다가 1894년 괴뢰내각이 소위 갑오경장의 개혁방안들 중 극소수의 개혁안다운 개혁안에 속하는 것으로서 '과거제 변통'안案을 마련하여 상주하자 고종은 바로 윤허했다.[216] 이에 따라 곧 마련된 '전고국銓考局조례'와 '선거조례'에 의해 전통적 과거제는 근대적 국가고시·선발제도로 간단히 변통되었다.

'전고국조례'에[217] 따라, (1) 전고국에서는 각부, 아문에서 선발·추천한 사람들을 시험 보는 일을 맡는다. 그 시험에는 보통시험과 특별시험 등 두 가지 방법이 있다. (2) 보통시험은 국문, 한문, 글자쓰기, 산술, 내국정內國政, 외국사정, 국내사정(內情), 외교정책(外事俱發策)을 모두 시험문제로 낸다. (3) 특별시험은 당사자가 휴대한 추천서 안에 밝힌 적용되는 재능에 의하여 단일 선발대상으로 제목을 낸다. (4) 보통시험을 친 후에 특별시험에 응시하게 하되 합격하지 못한 사람은 전고국에서 공문을 갖추어 당사자를 추천한 부나 아문에 통지하며, 합격한 사람은 시험합격 증명서를 만들어 주어 당해 대신이 살펴보게

---

214) 박영효, 「朝鮮內政에 關한 建白書」.

215) 『高宗實錄』, 고종28(1891)년 2월 14일; 5월 21일; 7월 21일; 고종29(1892)년 9월 11일; 고종30(1893)년 8월 19일.

216) 군국기무처의 과거변통안: "과문科文으로 선비를 취하는 것은 조정이 정한 제도와 관계되지만 허문虛文으로 실재實才를 받아들이기 어렵다. 과거의 법제를 품주하여 주상의 재가를 받아 변통한 후에 선발조례를 별정別定할 것(科文取士 係是朝家定制 而難以虛文收用實才. 科擧之法 奏蒙上裁 變通後另定選擧條例事)." 『高宗實錄』, 고종31(1894)년 7월 3일(음).

217) 『高宗實錄』, 고종31(1894)년 7월 12일(음).

한다. (5) 특별히 시험합격 증명서를 가진 사람이 당해 국局이나 과課 안에서 승급될 경우에는 다시 시험 볼 필요가 없고 또 퇴직한 사람이 같은 국에 복직할 경우에도 다시 시험 볼 필요가 없다.

선거조례에[218] 따라, (1) 각부, 아문의 대신은 관하의 주임관奏任官, 판임관判任官 등을 선임한다. (2) 조정과 민간의 관리와 선비, 귀한 사람과 천한 사람을 따질 것 없이 서울과 시골의 품행 단정하고 재주와 기술이 있고 겸하여 시무時務를 아는 사람을 진지하게 선발하고 그 사람의 직업, 성명, 나이, 본적, 거주지를 자세히 기록하여 추천서를 발급하고 전고국에 보내 재능에 따라 시험 보일 것을 청한다. (3) 예비 선발된 사람의 추천서에는 그의 재능이 어느 국, 어느 과에 알맞은가를 밝히고 전고국을 거쳐 보통시험에 합격하기를 기다려 다시 특별시험을 본 다음 국을 나누고 각 부, 아문에서 불러 임용한다. (4) 학교를 널리 설치하여 인재를 양성하기 전에는 의정부에서 5도都와 8도道에 공문으로 신칙하여 향공법鄕貢法에 의하여 추천하여 올린다. 경기에서 10인, 충청도에서 15인, 전라도에서 15인, 경상도에서 20인, 평안도에서 13인, 강원도에서 10인, 황해도에서 10인, 함경남도·북도에서 각각 5인, 5도와 제주에서 각각 1인을 서울로 보내 각각 그 재능에 따라 소원대로 어느 아문에 응시하게 하고 각 아문의 대신이 선발하도록 한다. 여기서 향공법에 의한 추천은 유형원 등 실학자들의 과거제 폐지와 대안책을 반영한 것으로 보인다.

한편, 제1차 개혁의 관리승진에 관한 규정에 따르면 칙임관은 왕지王旨를 받들어 총리대신·각대신·찬성·도헌이 합동 협의하되 3배수의 후보자를 공거하여 주문奏聞하면 왕지에 따라 선거 임명하게 되어 있었다. 그리고 칙임관 이품종계는 처음 종이품을 받아 만 36개월이 지난 후 그 근무성적에 따라 정이품에 승진시키되, 단 수훈殊勳이 있고

---

218) 『高宗實錄』, 고종31(1894)년 7월 12일(음).

성적이 좋아 왕지에 의하여 특별승진되는 경우는 예외였다.

그리고 주임관의 진급은 각 대신이 그 후보를 선발하여 당사자의 관직 성명 연관年貫·거주·학식·이력 등을 기재하여 총리대신에게 정송呈送하고, 다음 도찰원都察院에 회부하여 가부를 평의評議한 후 총리대신에게 환부還附하면 주문奏聞하여 승진 임용하게 되어 있었다. 주임관의 품계승진은 6품에서 4품까지로서 12개월이 지난 후 그 근무성적에 따라 1계급씩 승급한다. 다만 4품에서 3품으로의 승급은 결원을 기다려 보충하되 성적이 특별히 우수한 경우를 제외하고는 보통 24개월이 지난 후가 아니면 승급할 수 없다. 또한 판임관 진급은 각 아문 대신이 후보자를 선취選取하여 전고국에 송부하고 거기서 시험을 거쳐 당해 대신이 추천서를 승정원에 올려 재가를 얻은 후 사령장을 발급한다. 판임관의 품계승급은 근무 24개월이 지난 후 근무성적에 따라 1계급씩 승급했다. 기술관은 각기 재질에 따라 전형하며 수시로 충원하여 자격에 불구하고 별도로 봉급을 정한다.

중앙관리임용법의 개정과 함께 지방관청의 문무관임용제도도 개혁되었다. 전통적으로 조선왕조에서 지방의 문무관임면사무는 이조와 병조가 관장하고 있었는데, 전자는 지방문관의 임면을, 후자는 무관의 임면을 담당했다. 그런데 제1차 내정개혁 과정에서 이조는 내무아문, 병조는 군무아문으로 개편됨에 따라서 내무대신과 내부협판이 지방관의 인사권을 가지게 되었다. 그러나 정부의 중요한 인사권을 담당하는 종래의 이조 또는 내무아문 관리가 일으키는 폐단이 적지 않았기 때문에 1894년 7월 18일(양력 8월 18일) 군국기무처는 지방문무관의 전형은 의정부회의에서 직접 결정해 국왕의 재가를 얻도록 정했다. 그리하여 관찰사·도유수·병마절도사 이하 군수·현감·현령·첨사 등의 이력의 전고는 총리대신·각아문대신·의정부좌우찬성·도헌 등이 합동 협의해 정식으로 천거하되 2품 이상은 배수 추천으로 상신해 왕지에 따라 선임하고, 3품 이하는 단일후보를 상신해 재가 임용하기로 했다. 또한 각 도의 중군 우후虞侯는 각 도의 관찰사와 병마절도사가 자기 뜻대로 후보자를 천거해 총리대신을 거쳐 상신하게 하며, 찰방은 공무대신, 감목관은 내무대신, 진보관은 군무대신이 각기 선발하고 중앙정부 판임관의 예에 따라 충원하는 것으로 되어 있다.[219] 그리고 1894년 7월 16일(양력 8월 16일) 군국기무처 회의는 관리복무규정과 관리징계령을 가결하고 재가를 얻어 시행함으로써 관기官紀를 숙정肅正하고 위반자를 징계처분하고자 했다.[220] 제1차 개혁에서 도입된 이 제도들은 제2차 개혁에서 다시 손대지 않았다.

이 인사제도의 개혁은 조선왕조의 전통적 관료체제를 쇄신하여 근대화하는 얼마간의 효과를 가져왔다. 그러나 새로 도입된 관료행정제도와 인사제도는 근본적으로 일본의 그것을 본뜬 것이고, 일본은 다시 독일의 관료제를 본뜬 것이었다. 다시 독일의 관료제는 조선과 공통된 제도적 내용을 갖는 중국의 관료제를 모방하여 발전시킨 것이다.[221] 따라서 이 행정·인사제도 개혁은 전반적으로 조선의 전통적 관료제의 '개선'이었다. 일본이 본뜬 독일관료제와 조선관료제는 중국의 관료제를 원형으로 하는 한에서 본질적으로 상동相同한 것이었고, 이런 까닭에 새로운 관료제는 조선의 기존 관료제에 비해 좀 개선된 관료제였을 뿐이다. 따라서 갑오경장기의 관료제 개혁이 한국에 새로운 근대적 행정체제를 구축하는 데 "획기적인" 기초가 되었다는 평가는[222] 실로 지나친 것이리라.

### 3) 지방제도 개혁: 반근대적 중앙집권화

---

219) 『官報』, 開國503年 7月18日·議定存案 第1 開國503年 7月22日.

220) 『官報』, 開國503年 7月16日.

221) 중국의 관료제를 수용한 크리스천 볼프와 요한 유스티의 관방학의 탄생에 대해서는 참조: 황태연, 『공자와 세계(2)』(파주: 청계, 2011), 577-579; 황태연, 「서구 자유시장론과 복지국가론에 대한 공맹과 사마천의 무위시장 이념과 양민철학의 영향」, 380-382쪽.

222) 원유한, 「갑오개혁」, 『한국사(17)』, 294쪽.

중앙관제 개혁과 인사제도 개혁에 이어 지방제도도 개혁되었다. '친일역적' 박영효는 1894년 8월 10일 수하 5명(이규완, 유혁노, 정난교, 이의과, 이규현)을 대동하고 일본 경시청 순사 3명의 경호 속에 부산으로 들어와 부산에서 오전에 육로로 서울을 향해 출발하여 8월 23일 서울에 도착했다.[223] 박영효는 그 후 남산 왜성대에 숨어 주변을 살피기도 하고 궁성을 드나들기도 하면서 관망하다가 이노우에 신임공사의 후원으로 12월 17일 제2차 김홍집내각이 수립되면서부터 개혁작업에 본격적으로 뛰어들었다. 그러나 박영효는 삼국간섭 이후 민왕후에 견인되어 정동파에 가까워지면서 이노우에 공사와 갈등을 빚었다. 이즈음 박영효는 지방제도의 개혁을 주도하여 1895년 5월 26일(양력 6월 18일) 도제道制폐지·지방제도 개혁 및 지방관제를 공포했다. 이 개혁과 관제는 바로 다음 달 5월(윤) 1일부터 시행되었다.

이와 같은 지방제도의 개혁으로서 13도의 감영·안무영 및 개성·강화·광주·춘천 등지의 유수부를 폐지하는 동시에 각 도의 관찰사나 안무사 및 각부의 유수 이하의 지방관을 모두 폐지했다. 황현에 의하면, 이 13부제는 고종이 1885년과 1886년 『여유당집』을 읽고 다산의 논지에 입각하여 팔도체제를 개편하여 만든 것이었다.[224] 그러나 '은근한 친일지향성'을 북한지향적 좌익사가들과 공유하는 뉴라이트 극우사가들은 기존의 조선 지방행정제도를 이런 '13도체제'가 아니라 5개의 유수부, 3개의 감리서, 목·군·현으로 편제된 매우 "복잡하고 비능률적인 8도체제"로 상정하기 일쑤다.[225]

친일괴뢰 박영효는 서구지향의 '몽환적 합리성'을 발휘해 위와 같

---

223) 『일관기록』, 七.和文電報往復控, (8)'朴泳孝 일행의 入京次 釜山 출발'(1894년 9월 13일), 能勢→大鳥: "朴泳孝 일행 6명은 警視廳 순사 3명과 동반하여 어제 12일 오전 육로로 京城을 향하여 釜山을 출발했음." 일본외무성 편, 『日本外交書』[27권 I책], 陸奧→永瀧, 552-553쪽.

224) 황현, 『매천야록(상)』, 193-194쪽.

225) 참조: 柳永益, 「甲午·乙未年間 朴泳孝의 改革活動」, 『國史館論叢』 제36집(1992), 24쪽.

은 내력의 개혁과정을 거쳐 신설된 13도제를 파괴하고 나서 소지역제도를 채택하여 전국을 23부府로 파편화하고 종래의 부·목·군·현 등 대소 행정구역을 폐합, 군으로 획일화하여 336군을 신설하여 23개부 밑에 분속分屬시키는 극악한 '개악'을 저질렀다. 그리고 군수는 관찰사의 지휘 감독을, 또한 부관찰사는 내무대신의 지휘 감독을 받되 각부의 주무에 따라 각부대신의 지휘 감독을 받게 했다. 신설된 23개부와 각부에 소속된 군의 수를 살펴보면, 한성부 11개군, 인천부 12개군, 충주부 20개군, 홍주부 22개군, 공주부 27개군, 전주부 20개군, 남원부 15개군, 나주부 16개군, 제주부 3군, 진주부 21개군, 동래부 10개군, 대구부 23개군, 안동부 16개군, 강릉부 9개군, 춘천부 13개군, 개성부 13개군, 해주부 16개군, 평양부 27개군, 의주부 13개군, 강계부 6개군, 함흥부 11개군, 갑산부 2개군, 경성부 11개군이었다.[226)]

박영효는 1895년 5월 26일 23부제 도입과 함께 지방의 각부관제와 군郡관제도 공포했다.

① 한성부 관찰사 1명, 참사관 1명, 주사 약간 명.

② 지방 각부에는 관찰사 1명, 참사관 1명, 주사 약간 명, 경무관 1명, 경무관보 1명 및 총순 2명 이하.

③ 군에는 책임관으로 군수 1명, 기타 직원 별도 정수. 군수는 관찰사의 지휘 감독을 받아 법률 명령을 관내에 집행하고 관내의 행정사무를 장리掌理.

④ 관찰사는 칙임3등 이하 또는 주임2등 이상. 참사관 및 경무관은 주임4등. 주사, 경무관보 및 총순은 판임관으로 보임.

⑤ 관찰사는 내무대신의 지휘 감독에 속하고 각부의 주무에 따라 각부대신의 지휘 감독을 받아 법률 명령을 집행하고 관할 내의 행정사무를 총리.

⑥ 각 개항장의 감리사무는 특히 지방장관의 겸임을 불허, 봉급 인상으로

---

226) 『日省錄』, 高宗31年 5月16日; 『官報』, 開國503年 5月28·29日.

지방장관과 동등화.

⑦ 경무관은 당해 관찰사의 지휘를 받아 관내의 경찰사무를 장리하고 소속직원을 감독.[227]

그리고 박영효는 이런 지방행정조직 개편 후에 자신의 사적 인맥들을 지방행정체제의 수장들로 부식하여 자신의 권력기반으로 삼으려고 획책했다. 그리하여 1895년 6월 26일 제멋대로 새로운 관찰사를 23부에 임명했다. 예상대로 23명의 신임 관찰사 중 17명이 박영효의 측근이거나 그의 추천을 받은 사람들이었다.[228]

지방관에 대해서는 일정한 보수규정이 수립되었다.[229] 지방관의 봉급규정을 명문화한 것은 농민에 대한 지방관의 인습적 가렴주구를 배제하기 위한 목적이라지만, 지방관의 봉급규정 자체는 전통적 제도에서도 엄존했던 조항이었다. 따라서 이것은 '개혁'이라고 할 수도 없는 조목이다. 게다가 지방관 봉급제는 중앙관리의 보수제와 같이 만성적 재정고갈로 지방관에게 소정의 봉급을 제대로 지불하지 못함으로써 전통적 봉록제도와 다를 바 없는 '무효개혁'으로 귀착되었다. 지방수령들의 전통적으로 낮은 봉급과 봉급 미지급, 그리고 하급관리의 무無봉급 관행은 가렴주구와 토색질의 근본원인이었고, 이로 인해 관리의 봉급인상과 하급관리의 봉급제 도입은 그렇지 않아도 반계 유형원 이래 거의 모든 실학자들이 오래전부터 요구해온 개혁사항이었다. 하지만 이런 봉급개혁은 국가의 재정부족으로 늘 미뤄지던 것이었다. 따라서 이 재정문제의 해결 없이는 봉급제도의 개혁이 '공염불'이었으나, 박영효는 봉급지급 재원을 마련할 재정개혁을 꿈에도 생각지 않았다.

---

227) 『日省錄』, 高宗32年 5月26日; 『官報』, 開國504年 5月29日.

228) 柳永益, 「甲午·乙未年間(1894~1895) 朴泳孝의 改革活動」, 24-25쪽.

229) 『高宗實錄』, 고종32년 5월 26일.

또한 박영효는 지방수령에 대한 보좌·자치기구로서의 '향회'와 자치·저항기구로서의 '민회'의 전통적 지방자치제도를[230] 무력화해 향·민회를 지방관의 '자문'기구로 전락시키는 지방관 독재의 지방행정제도를 도입했다. 지방행정혁신규정인 '향약조규鄕約條規' 및 '향약변무규정鄕約辨務規程'은 조선 중기 이래 발전되어온 향회·민회의 지위와 자치기능을 자문기능으로 약화시키는 법규였다.[231] 서양에서 중앙집권제는 절대왕정의 상징인 반면, 지방자치제는 '철두철미한' 지방자치를 도입한 프랑스대혁명 이래 근대적 지방행정의 상징이다. 그러나 전체적으로 박영효의 이 지방행정·지방관제 개혁은 모든 지방관의 엄격한 계급제를 확립함으로써 직무상 지방을 중앙정부의 지휘 감독에 굴복시키고, 신분상으로는 중앙에 예속시키는 결과를 초래했다. 따라서 이 개혁은 그야말로 전통적 지방자치마저 약화시키고 중앙집권 추세를 더 강화한 '반근대화 개혁'이었다. 박영효의 '향약조규鄕約條規'와 '향약변무규정鄕約辨務規程'은 갑오개혁기에 공포된 다른 법령들과 마찬가지로 "대부분 사문화되었다". 향약조규와 비슷한 것이 실시된 지역도 있었지만 그것은 구舊 사족들에 의해 성리학적 향촌질서의 재건에 이용되었다. 그래서 갑오농민전쟁 후에 향촌사회에서는 반동적 향촌통제의 바람이 거세게 불어 닥쳤던 것이다.[232]

그리고 박영효의 23부제는 다산의 13부제에서 특히 고려된 역사전통과 인문지리를 무시한 점에서 수학적·합리적 도식주의의 몽환성을

230) 안병욱, 「조선후기 自治와 抵抗組織으로서의 鄕會」, 『성신여대논문집』 18(1986); 안병욱, 「19세기 임술민란에 있어서의 '鄕會'와 '饒戶'」, 『한국사론』 14(1986); 金仁杰, 「17·8세기 향촌사회 신분구조변동과 '儒·鄕'」, 『한국문화』 11(1990).

231) 참조: 이상찬, 「1894-5년 지방제도 개혁의 방향」, 『震檀學報』 제67권(1989); 김도형, 『大韓帝國期의 政治思想硏究』(서울: 지식산업사, 1994·2000), 113쪽. 그러나 왕현종은 『조선전사』처럼 향회의 "관치적 성격보다 자율적 성격" 또는 "향촌자치적 성격"을 강조한 의미에서의 "지방자치제의 시도"라는 식의 엉터리 분석을 내놓고 있다. 왕현종, 『한국 근대국가의 형성과 갑오개혁』, 274-287쪽.

232) 참조: 조경달, 『이단의 민중반란』, 337쪽.

띠고 있었고, 이 일본식 지방제도는 한성부와 다른 지방 부들 간의 구별을 없애 왕도의 격을 떨어뜨려 놓고[233] 있었다. 미상불 이 새 지방제도는 얼마 지나지 않아 전혀 작동하지 않는 것으로 나타났다. 이것이 유영익이 "박영효가 내무대신으로 재직 중 추진했던 가장 괄목할 만한 업적"으로[234] 치켜세우는 지방행정조직 개혁이었다. 하지만 박영효의 23부제는 아관망명 직후 고종에 의해 칙령 제35호에 따라 지방관 관제와 더불어 폐지되었고,[235] 그 대신, 다산의 13부제에 근간을 둔 원래의 13도제가 칙령 제36호 「지방제도와 관제 개정에 관한 건」에 의해 재도입되고, 이에 따라 지방관직제도 등도 모조리 변경되었다.[236] 이 13도제는 오늘날도 우리 지방제도의 근간으로 남아 있다.

이와 같이 지방제도 개혁도 중앙관제 개혁과 마찬가지로 근대화에 대한 반개혁과 반근대화 개혁(개악), 무효개혁, 자치전통의 파괴와 중앙집권적·지방관적 독재성이 뒤섞인 '사이비개혁' 등의 뒤범벅이었다. 그간 갑오경장 연구자들은 지방개혁을 "지방관의 봉건적 절대권력을 근본적으로 폐기케 하여 지방관의 횡포와 부패를 막고 지방행정체제를 중앙에 예속시키기 위한 것이었다"고 평가하고 "오늘날에 이르기까지 지방행정의 연원을 이루는 것"이라고[237] 찬양해왔다. 이런 평가와 찬양은 제정신을 가진 사람들에게 진정 친일로 비칠 것이다.

#### 4) 경제제도의 개혁: 일본제국주의의 경제침탈 기반 조성

먼저 경제개혁 중 가장 중요한 재정개혁부터 살펴보자. 친일괴뢰들은 종래의 재정제도가 무계획적이고 비조직적인 상태에 있고, 이로

---

233) 이태진, 『고종시대의 재조명』(파주: 태학사, 2000·2008), 335쪽.

234) 柳永益, 「甲午·乙未年間(1894~1895) 朴泳孝의 改革活動」, 24쪽.

235) 『高宗實錄』, 고종33(1896)년 8월 4일.

236) 『高宗實錄』, 고종33(1896)년 8월 4일.

237) 원유한, 「갑오개혁」, 『한국사(17)』, 297쪽.

인해 가렴주구가 자행되었다고 인식했다. 그러나 가렴주구의 관행은 재정제도의 무계획성과 비조직성에 기인한 것이 아니었다. 반계 이래 실학자들이 비판적으로 지적해왔듯이 조·용·조라는 세 가지 형태의 전통적 조세부담이 인민에게 그 세율과 과외지렴科外之斂이라는 비공식적 수탈과 불시공납의 관행 측면에서 가혹했다. 또 문무관리의 봉급은 너무 낮았고 이서吏胥에 대해서는 원래 봉급규정이 없었다. 이 때문에 가렴주구가 불가피했던 것이다. 그래서 반계 이래 거의 모든 실학자들은 관리의 봉급인상과 이서들의 봉급규정을 요구해왔었다.

물론 천재지변에 휩쓸리는 농업경제의 특유한 불가측적 소출구조 때문에 조선은 중앙과 지방을 막론하고 세입세출의 예산이라는 것을 세울 수 없었다. 따라서 재정행정은 전통적으로 불가피하게 '양출위입量出爲入'이라는 재정관행을 따랐다. 또한 조선에도 '심계제도審計制度'로 불린, 나름대로 합리적인 회계제도도 있었다. 그러나 천수답적 농업경제의 불가측성 때문에 심계제도는 사실상 작동하기 힘들었다. 이로 인해 왕조 말기에 이르러서는 재정문란과 가렴주구가 만연되었다. 이를 극복하기 위해 전국의 재정을 일원화하고 세법을 확정하며, 예산제도를 확립하는 등 재정 면에 일련의 근대적 개혁이 불가피했다.

제1차 내정개혁에서 "탁지아문은 전국의 재정·양계·출납·조세·국채·화폐 등 일절의 사의를 총괄하고 각 지방의 재정을 감독한다"라고 규정하고, 동시에 군국기무처 회의의 주청에 따라 궁내부의 각궁·각사에 "종전 응입의 전곡은 아문으로 하여금 전관케 하고, 일체의 경비는 탁지아문에서 지출케 하라"고 지시한 바 있다.[238] 이로써 탁지아문은 일원화된 재정담당기관이 되었고, 이러한 중앙재무기구의 설치와 동시에 재정 일원화 방침에 따라 각부 안에 회계국을 신설함으로써 각 기관의 회계업무와 예산·결산 및 소유한 지면과 관사 등에 관한

238) 『官報』, 개국503년 6월 28일.

사무를 관장하게 되었으며,239) 제2차 내정개혁 과정에서는 1895년 3월 26일 관세사 및 징세서관제를 공포하고 전국에 징세서 220개소와 관세사 9개소를 두고 탁지부대신의 관리하에 조세 기타 세입의 징세 사무를 관장하게 했다.240)

그러나 일제와 친일괴뢰들은 재정개혁의 위장 아래 실은 다른 음험한 정치목적을 추구했다. 왕실재정을 일반 국정기구의 통제하에 장악하려고 시도한 것이다. 재정개혁 이전에는 나라의 재정업무가 일반 국가재정을 관장하는 호조와 선혜청, 궁중의 재정을 담당하는 내수사·요물고料物庫·의성고·덕천고·의영고·사재고司宰庫·풍저고豊儲庫·제물고濟物庫 등의 여러 왕실재정기관에 분산되어 있었다. 이 왕실재정기관들의 수세처분과 재산관리는 국왕 직할의 왕실관리들에 의해 장악되어 있었고, 왕실재정의 전모는 국왕과 고위 왕실관리 이외에는 감히 그 내부를 들여다볼 수 없었다. 친일괴뢰들은 재정개혁을 통해 이 왕실재정을 밖으로 '까발리고' 통제하려고 시도했다. 그들은 우선 왕실재무기관을 궁내부의 통할하에 집어넣고 궁내부에 회계국을 설치하고 다시 탁지아문으로 하여금 궁내부를 포함한 전국의 재정권을 관장케 함으로써 궁내부 회계국을 통로로 왕실재정을 투명하게 들여다보고 마음대로 주무르려고 했다. 조선 개국 이래 왕실재정을 담당하는 내수사와 호조의 분립으로 양兩 기관 간에는 늘 재정문제로 줄다리기가 있어왔다. 그러나 친일괴뢰정부하에서 유사한 줄다리기는 양 기관의 줄다리기 문제가 아니라 국왕으로 상징되는 국가의 독립지향과 일제와 친일괴뢰들의 보호국화 기도 간의 줄다리기로 변했다. 그러나 이런 사정도 모르고 이 재정장악 음모를 두고 "이로써 조선왕조 개국 이래 최초로 일반 국정기관이 왕실재산을 통할할 수 있게 되었다"라는 사설로 찬양하기만 한다면,241) 이것이야말로 바로 친일

239) 『官報』, 개국503년 7월 19일.

240) 『日省錄』, 고종32년 3월 26일; 『高宗時代史(3)』, 779-781쪽.

적 '갑오개혁론'일 것이다.

재정개혁의 긍정적인 측면이 있다면, 그것은 이전에 호조를 비롯한 상평청·선혜청·진휼청·균역청·사섬서·군자감·광흥창 등 여러 기관으로 분산된 전국 재정기구를 탁지아문으로 일원화한 것뿐이다. 재무행정기구의 일원화는 재정수단을 화폐로 통일하는 것을 수반했다. 군국기무처는 1894년 7월 4일의 제1차 재정개혁에서 각 관리의 녹료祿料와 각종 공미貢米의 관리를 탁지아문으로 이관했고,[242] 7월 10일에는 각 도의 부세·군보 등 상납되는 대소미·태太·목木 및 포를 금납제로 대체케 함으로써 정부의 수납을 현물에서 화폐로 통일하고, 한편 전국의 정부수납액을 탁지아문에 집중시키게 되었다.[243] 이와 같은 재정수단의 일원화는 전국의 재무행정기구를 일원화하는 데 기여했을 것으로 보인다.

이 재정개혁은 이런 긍정적인 면도 있었으나 그것이 왕실의 재정적 독립, 나아가 국가 최후의 독립의 보루를 무너뜨리는 본질적 의도 때문에 이에 제일 먼저 반발한 것은 왕실이었다. 국왕은 처음에 명분상 궁중재정 개혁에 반대할 수 없어서 어쩔 수 없이 동의하는 척했으나 이 개혁이 개시되면서부터 바로 그 의도를 간파하고 대항조치를 취하기 시작했다. 국왕은 바로 궁내부에 내장원을 신설하고 궁내의 모든 중요재원을 내장원의 소관에 귀속시킴으로써 왕실재정에 관한 한 탁지아문을 유명무실한 존재로 만들어버렸다.

그러나 친일괴뢰들은 실학자들이 봉건지주의 세력을 약화시키기 위해 대대로 강조해온 시급한 양전量田(토지조사)사업과 토지개혁을 방기하고 토지사유재산권만을 명확하게 확립함으로써 봉건지주의 지배권을 강화했다. 이 점에서 대부분 봉건양반신분 출신인 친일괴뢰들이

241) 원유한, 「갑오개혁」, 『한국사(17)』, 299쪽.

242) 『官報』, 개국503년 7월 4일.

243) 『日省錄』, 고종31년 7월 10일.

도입한 토지사유재산권 제도는 봉건지주세력의 강화를 초래한 한에서 일대 봉건적 개악에 속했다. 전통적 조선사회에서는 보통 전객佃客의 경작권, 봉건지주의 수조권 및 국가의 처분관리권이 중첩된 소유제도가 일반화되어 있었다. 조세수입의 중심을 이루는 지세수입을 확보하기 위해서 토지소유권은 분명해야 했지만, 봉건지주의 경제적 지배권의 강화를 초래하는 '선先 토지개혁 없는 토지사유제 도입'은 또한 일제의 제국주의적 조선 지배를 강화하는 중심고리이기도 했다. 이 토지사유제의 도입으로 조선인의 토지에 대한 일본 자본의 투하를 가능케 하는 토지이용·매매·저당, 토지생산물의 판매 등에서 자유가 보장되었다. 그러나 토지사유제의 전제로서 양전量田(토지조사)이 필수적이었지만, 이 조사사업은 원래 단시일 내에 완료될 수 없는 대규모 사업이었고, 청일전쟁 와중에 이것은 불가능했다. 따라서 오오토리 왜국공사가 2년 이내에 각 도의 전전田畑(논밭과 화전)을 조사하기 위해 제시한 개혁안의 토지조사 사업은 시도되지도 못하고 사문화되었다. 그리하여 괴뢰정부가 토지개혁 없이 도입한 토지사유재산권 제도는 봉건지주의 기반강화와 일제의 경제침략의 발판으로 기능하게 된다.

친일괴뢰정부가 만지작거리다 그만둔 화폐제도 개혁도 유사한 결과만을 초래했다. 17세기 말에 조선에서는 상평통보(동전 또는 엽전)가 법화로 통화기능을 발휘했다. 대원군집권기에 악화 당백전이 주조·유통되자 화폐제도는 문란해지기 시작했다. 1천 6백만 냥에 달하는 거액의 당백전은 상평통보 이후 최초로 주조된 최악의 악화였다. 이로써 발단된 화폐제도 문란은 1867년부터 악화 청전淸錢이 유통되자 더욱 심각해졌다. 이처럼 화폐제도 문란이 심각해진 시기에 1876년 일본과 통상조약이 맺어졌고, 조약체결 이후 일본과 보다 활발한 경제적 접촉이 이루어졌다. 이에 따라 상호 간에 무역결제 수단으로서 양국의 화폐를 사용하지 않을 수 없게 되었다. 이에 조·일 양국은 통상거래에 조선 구래의 상평통보와 일본의 현행 제諸화폐를 사용할 수 있도록 수호조규부록에 "일본 국민은 일본국 현행 제 화폐로서 조선 인민의 소유물과 교환할 수 있고, 조선 인민은 그 교환한 일본국 제 화폐로 일본국 소산의 제 화물을 매득할 수 있으니 이시以是로 조선국이 지정한 제 항구에 있어서는 인민 상호 간에 통용할 수 있다. 일본국 인민은 조선국의 동화폐(상평통보)를 사용 운수할 수 있다"라고 규정했다.[244] 그런데 중국 상인에 의해 수입된 멕시코 은화도 역시 통상거래에 지불수단으로 사용되고 있었다. 그리하여 상평통보, 일본 돈, 멕시코 은화가 국제무역에서 결제수단으로 쓰이고 있었다. 그러나 상평통보는 일본국의 본위화나 멕시코 은화와는 달리 앞에서 말한 바와 같이 화폐제도 문란으로 가치 변동이 극심하고 운송이 불편하며 유통량마저 부족하여 점차 퇴출되고, 일본화가 판을 치게 되었다.

조선정부 당국이 화폐제도 문란을 바로잡아야 할 필요성을 절실히 느끼고 있을 무렵에 전환국총판으로 초빙된 묄렌도르프(P. G. Von Möllendorff)는 1888년 근대화폐 주조를 건의했다. 그러나 이 시도는 여러 가지 이유로 시험단계에서 좌절되고 말았다. 이후 1892년 신식화폐조례를 공포하는 새로운 시도가 있었으나 청국의 반발과 국내 사정으로 역시 실현되지 못하고 말았다. 그러나 청일전쟁이 일어나자 내륙지방의 조선인들로부터 인마고용과 군량비 구입에 사용될 거액의 군사비에 충당할 조선화폐에 대한 일본 측의 수요가 격증되었다. 뿐만 아니라 일본 측은 통상거래에서 가치가 안정된 근대적 조선화폐의 획득·보유를 절실히 필요로 하고 있었다. 이리하여 군국기무처는 1894년 7월 11일에 은본위제를 채용하는 소위 신식화폐발행장정을 의결·공포하기에 이르렀다. ① 신식화폐를 은·백동·적동·황동 등 네 종류로 나누고, ② 5냥 은화를 본위화폐로 하고 1냥 은화 이하는 보조화폐로 하며, ③ 신구화폐는 함께 사용하게 하고, ④ 각종의 세금 봉급

244) 『高宗實錄』, 고종13(1876)년 7월 6일.

등은 되도록 신식은화를 사용할 것인바 편의에 따라 구화폐 사용을 허용하고, ⑤ 신식화폐가 충분히 만들어지기 전에는 당분간 동질 동량 동가의 외국화폐를 함께 사용할 수도 있다.[245] 앞서 7월 10일에 각 도에서 상납하는 조세·군포 등의 미·태·목·포 등을 금납제로 할 것을 결정하고, 10월 1일부터 시행하기로 했다. 정부가 세입의 기초를 이루는 종래의 물납세제를 금납제로 개정 실시한 다음, 당시 지방에서 농민이 그들의 생산물을 환금하기에는 전화錢貨준비가 불충분했고, 또한 금융기관도 없었으므로 세곡의 환금을 위해 은행 대신에 미상회사라고 하는 주식회사를 설립한 바 있으나, 그것의 실시에 필요한 자금이 마련되지 않아 그것은 곧 좌절되었다.[246] 그리고 이상 신식화폐발행장정이 시행되었으나 본위화인 은화는 전후 99,615냥을 주조·발행했음에 불과하고, 왜군의 수요에 따르는 일본 은화와의 환전을 위해 보조화, 그중 특히 백동화만이 아주 남발되어 경제를 혼란시키는 결과를 가져왔다.

신식화폐발행장정의 공포로 한국 최초의 은본위제를 채용하는 근대화폐제가 시행되고 전통적 조선왕조의 물납세제가 금납으로 전환되는 물꼬를 열었지만 동시에 왜군의 군사침략에 필수적인 병참물자 확보를 용이하게 해주었고, 동질·동량·동가의 외국화폐도 합법적으로 사용할 수 있게 되어 일본화폐의 조선 진출이 활짝 열리게 되었다. 상술한 바와 같이 이 때문에 우선 세 가지 화폐가 혼돈 속에서 통용되어 인민들은 갈피를 잡지 못했고, 통화개혁이 제대로 된 개혁이라면 조선에 절실히 필요한 바였지만 현실적으로는 왜군의 갑오전쟁과 청일전쟁 수행을 위한 군수품징발, 일본의 대對조선 무역확대 등 군사적·경제적 침략에 결정적으로 기여한 것이다.[247]

---

245) 『官報』, 개국503년 7월 11일.

246) 『日省錄』, 고종31년 7월 10일.

247) 박종근, 『淸日戰爭과 朝鮮』, 182쪽.

왜당정부는 이에 더해 도량형을 바꾸었는데, 이것은 비교적 중립적인 개선조치였다. 그러나 정부가 국민적 불신의 대상인 만큼 잘 시행되지 않았다. 도량형도 바뀌었다. 조선왕조에 있어서는 도량형에 관한 사무는 공조에서 관할해왔다. 그러나 경국대전 등에 그 규정이 있기는 했지만 유명무실했고 지방마다 차이가 있기 때문에 전국적으로 그것의 통일성과 정확성을 기하기 어려웠다. 그리하여 공조에서는 표준이 되는 도량형기를 제조하여 각 지방관청에 분배 비치시키고, 민간이 그것을 표준으로 도량형기를 제조 사용하는 것을 대개 허용하되, 매년 추분 날에 민간사용의 도량형기를 검사하여 검인을 찍어주었다. 그러나 도량형에 대한 규정과 검사의 절차는 이후 점차 문란해지고 지방에 따라 그것의 차이가 심해져서 통일이나 정확을 기하기란 당시의 행정력을 가지고는 도저히 불가능한 일이었고, 마침내 도량형기는 거의 협잡과 사기의 도구로 전락해버렸다. 그리하여 도량형의 개혁은 내무아문으로 이관시키고 1894년 10월 1일부터 새로운 도량형기를 전국에 사용할 것을 강압적으로 지시했다.[248] 그러나 도량형의 개혁사업도 큰 실효를 거둘 수 없었다.

5) 군사제도의 개혁: 조선군의 말살과 친일괴뢰군의 육성

병자(1876)년 강화도수호조약 이래 조선정부는 강병책의 일환으로 청과 일본의 제도를 도입해 여러 차례 군사제도의 개편을 시도했다. 조선의 기존 군사상황은 호위청·통위영·장위영·총어영·경리청을 근간으로 삼아 국왕의 친위병인 금군·무예별감·별군관 등을 합쳐 총 병력이 약 6천 명이었다. 그것도 임진란 뒤에 종래의 의무병역제를 용병제로 개편한 이래 세습적으로 직업화한 병정들로 구성된 것이었다. 조선군은 신식무기를 어느 정도 갖췄으나 이렇게 병력 수가 미약하고

248) 『日省錄』, 고종31년 7월 11일.

비非정예병들이었고 왜군에 의해 무장해제를 당해서 당시 사실상 군대는 존재하지 않았다. 그리하여 왕궁조차도 일본 군경에 의하여 수비되고 경인지방의 치안은 왜군에 의해 유지되는 실정이었다.

그러나 괴뢰정부는 1894년 6월 28일 의정부관제를 공포해 병조를 군무아문으로 개칭하고 군무아문으로 하여금 전국의 육해군을 통할하고 군인·군속을 감독하며 관내 제부를 통솔하도록 규정했다. 그리고 총무·친위·진방·해군·의무·기기·군수 및 회계국 등 8개국을 두고 대신·협판 이하를 임명했다.[249] 그러나 군대 없는 군정은 웃음거리일 수밖에 없었다. 이리하여 조선정부가 왜군의 왕궁철퇴와 군대의 재무장을 주장하기에 이르렀고 구미외교사절이 그에 동조하게 됨에 이르자 왜국 공사는 이 압박을 역이용하여 7월 20일(양력 8월 20일)에 한일잠정합동조관을 체결한 뒤 먼저 압수했던 소총 200정을 반환하고, 상론했듯이 왜군 장교의 지도하에 군대를 재편성한다는 것에 동의를 얻어내 중대규모의 친일괴뢰군인 '교도중대'를 훈련·편성했다. 그리고 상술한 바와 같이 이 교도중대를 지방침략과 동학군 공격에 투입했다.

어쨌든 제1차 내정개혁 과정에서 군사제도의 개혁에 관한 한 왜국은 당연히 조금도 열의를 보이지 않았다. 이에 따라 김홍집·조희연 등 친일괴뢰들은 5농가에서 장정 1명을 내는 농병일치제를 청년층에서 정예병을 차출하는 '국민개병·징병제'로 전환하는 근대적 군사개념을 꿈도 꾸지 않았다. 일본은 명치유신 5년 뒤인 1873년에 이미 프러시아식 군제개혁에 착수해 징병제를 도입하고 육·해군사관학교를 세우고 정예장정을 병과별로 훈련시켜 30,000명의 육군상비군과 군함 9척을 보유했었다. 왜적은 김홍집정부에 이런 방향의 근대적 군사개혁을 강요할 리가 당연히 없었기 때문에 군제개혁도 다른 개혁과 마찬가지로 '사이비개혁'일 수밖에 없었다. 그러나 국민개병제적 정예

249) 『日省錄』, 고종31년 6월 28일.

병징병제에 입각한 상비군의 보유는 근대적 독립국가의 필수요소였다. 이 필수요소를 배제한 까닭에 왜적이 내세운 '의전義戰' 청일전쟁의 목적이자 내정개혁의 목적인 '조선독립'은 조선과 열강을 속이는 '외교적 일대 사기'였던 것이다.

제2차 내정개혁 과정에서도 일제는 개혁안에서 "무릇 병마의 권은 대군주에 속한 것인데 현금과 같이 다수의 장수에 분속되어 있는 것은 불가하다. … 군비는 적어도 내란을 진정할 만한 병력을 기를 필요가 있다. … 세입을 배량配量하지 않고 헛되이 군비를 확장하는 것은 갈수록 재정을 문란케 하는 효效가 있을 뿐이다. … 육군의 제도조차 서 있지 않은 오늘날에는 해군 같은 것은 처음부터 착수할 수 없다"라고 속보이는 기본방침을 밝히고 있다.250) 왜적이 제시한 이 군제개혁안은 군대규모를 내란진압 능력 정도로 제한하고 그 이상의 군대확장을 가로막고 해군을 아예 부정하고 있다. 군대를 외적을 막는 무력이 아니라 내란을 막는 무력으로 보는 이 관점은 고종이 '광무光武'를 연호로 삼고 신식무력 증강에 예산의 거지반을 쏟아붓던 대한제국기에도 대규모 러시아교관의 초청을 반대한 『독립신문』과 친일파들에 의해 그대로 거듭 반복된다.251)

소위 군사제도 개혁의 핵심은 실은 이노우에가 추진하는 조선보호국화 정책의 걸림돌을 없애기 위한 '사전정지 작업'으로서 동학농민군의 초멸剿滅에 평행하는 지방관 지휘하의 전국 지방군의 말소에 있었다. 서울 각 군영의 군대는 왜군에 의해 이미 말소된 상태였으나 지방의 구식군대는 여전히 편제를 유지하고 일제에 항거할 수도 있는 지방관의 병권에 복속되어 있었기 때문이다.

1894년 11월 20일 군국기무처가 폐지되고 김홍집내각이 출범했다. 그러고 나서 바로 다음 날인 11월 21일에 칙령으로써 일단 중앙의

250) 『承政院日記』, 고종31(1894)년 10월 23일.

251) 가령 『독립신문』, 1897년 5월 25일 「논설」; 1898년 5월 24일 「논설」.

각 영을 폐합하여 군무아문의 소속으로 일원화했다. 그리고 1895년 3월 1일 지방 수·육군 최고지휘관인 5도都(개성·강화·광주廣州·수원·춘천) 유수와 각 도의 관찰사, 병마·수군절도사와 방어사가 패용하는 비밀 병부兵符와 각 읍·진의 수령과 변장邊將 등이 사용하는 병부를 반부頒符하는 제도를 폐지하고 기존의 병부와 마패를 각 감영으로 하여금 반납토록 하는 명령을 내렸다.[252] 이는 아무런 대안도 마련하지 않고 기존의 제도를 없애버림으로써 먼저 지방군제를 붕괴시켜버린 것이다. 이것은 모두 이노우에의 배후지도로 이루어진 것이다. 이것은 이노우에가 "지방관 중에 아직도 병부를 이용해 의병을 초모하고 병기를 매집하는 자가 있어서 민심이 흉흉하다는 등의 정보가 있다"라고 지적한 것이다. 이에 외부대신 김윤식은 지방관에게 지시해 조치했음을 5월 7일부로 이노우에에게 보고하고 있다.[253]

이렇게 된 상태에서 5월 8일(양력 1895년 5월 31일) 출범한 박정양내각은 내부대신 박영효의 충동으로 할 수 없이 5월 26일 8감영·1안무영(함북)·5유수부, 그리고 감사·안무사·유수 이하의 군사관직들을 모두 폐지한다.[254] 그리고 윤5월 3일 「군기軍器 등의 관사管查에 관한 건」을 하달하여 뇌관과 화약을 포함한 전투용 총포와 도창을 직무상 이외에 휴대하거나 운반하는 것을 금지했다. 그리고 모든 총포류를 신고해 소유증명을 발급받도록 했다. 전통군제가 폐지되는 가운데 지방군이 무기를 거꾸로 잡을 위험을 방지하기 위한 조치였다. 그리고 윤5월 7일(양력 1895년 6월 28일) "각 도 외영병정을 윤5월 20일(양력 1895년 7월 11일)부로 일제히 해방한다"는 칙령을 반포하고 봉수군을 해산하는 영을 내림으로써 지방군 해산작업을 개시하려고 했으나 이 모든 것을 주도하던 박영효가 왕후를 시해하려고 한 '불궤음도不軌陰圖' 사건이

---

252) 『日省錄』, 고종32(1895)년 3월 1일.

253) 『舊韓國外交文書』 3, 「日案」 3632, 고종32(1895)년 5월 7일.

254) 참조: 서인한, 『대한제국의 군사제도』, 46쪽.

발각되어 윤5월 15일(양력 1895년 7월 6일) 왜국으로 도망치자 신기선 군부대신은 19일 외영병정 해산을 무기한 연기했다.[255] 박영효 일파의 축출로 고종이 정국주도권을 잡자 지방군 해산작업을 중지시킨 것이다. 그리고 이에 앞서 중앙의 친군영에서 해산된 구식군대를 구제할 목적에서 1895년 5월 21일(양력 6월 13일) 현역이 아닌 후비보병으로 구성된 '신설대'를 설치했다. '신설대'는 공병대(8개 대대)·치중대(수송대 2개 대대)·마병대(2개 대대) 12개 부대 4,800여 명으로 편성되었다.[256]

군국기무처는 1894년 12월 4일 군제개혁을 통해 일제 군국주의 원칙을 흉내 내어 군장軍將의 위상은 크게 상향시켜 놓았었다. 군대 없는 국가의 지상紙上편제로서 대장·부장(중장)·참장(소장+준장), 정령·부령·참령, 정위·부위·참위, 정교·부교·참교(상·중·하사)라는 일본식 계급명을 도입했다. 여기서 특기할 것은 대장의 품계를 정종1품계, 부장副將의 품계를 정2품, 참장을 종2품으로 끌어올려, 일제의 군국주의 원칙에 따라 무관의 관등을 내각총리대신과 같은 정1품까지 오를 수 있도록 대폭 상향 조정한 것이다.[257] 이로써 군에 대한 근대적 문민통제 원칙으로 일반화된 조선의 전통적 문민통제 원칙을 파괴해버렸다. 그리고 군무아문의 행정관리를 모두 현역장교로서 충당했다. 종래의 군무아문 8개국을 대신大臣관방·군무·포공·경리·군법·업무국 등 6개국으로 개편하는 동시에 각 관등의 봉급령·분한령·복무규칙 등을 제정하는데 그친 것이다. 그리고 김홍집-박영효 내각은 1895년 3월 26일 관제개편을 통해 군무아문을 '군부'로 개칭했다. 3월 29일에는 군부로 개칭된 뒤 최초의 과제로서 지방군 현황과 경비, 통제영을 조사한다. 그다음 각 도의 수영과 삼도의 수영을 관장하는 통제영이 7월에 신기선에 의해 폐지된다.[258]

---

255) 『日省錄』, 고종32년 윤5월 19일.

256) 『官報』 3, 제52호, 개국504년 5월 30일, 833-835쪽(칙령 107호).

257) 참조: 서인한, 『대한제국의 군사제도』, 41쪽.

친일괴뢰내각에서 군대양성이란 곧 친일괴뢰군의 양성이었다. 그 결과는 상술한 바와 같이 궁궐을 침공하여 국왕을 생포한 전위대대인 왜군 보병 제21연대 제2대대가 조선군에서 200여 명 정도의 인원을 선발하여 1개 중대를 편성하고 훈련시킨 최초의 친일괴뢰군 '교도중대'였고, 그다음은 이 교도중대를 근간으로 훈련·조직된 '훈련대' 2개 대대였다. 이 훈련대는 1895년 1월 궁궐수비를 위해 일본인 교관에 의해 훈련되어 설치된 제1훈련대 492명, 제2훈련대 481명 등 총 973명이었다.[259] 제1훈련대 대대장은 이두황, 제2훈련대 대대장은 우범선이었다. 훈련대는 실질적으로 왜군 본영과 일본공사의 지휘를 받는 일본공사관 무관 겸 훈련대 교관 구스노세유키히코(楠瀨幸彦) 중좌에 의해 장악된 명실상부한 친일괴뢰군이었다.

여기에 더해 훈련대에 장교를 공급하기 위해 어떤 식으로든 친일괴뢰 육군사관을 양성할 사관학교가 필요했다. 이 때문에 1895년 5월 16일 「훈련대사관양성소 관제」를 반포하여 친일괴뢰사관을 양성하는 사관학교를 창설하여 무과시험과 연무공원을 대체케 했다. '훈련대사관양성소'는 신분의 귀천을 묻지 않고 학도를 모집, 3개월간 군사교육을 시켜 참위(6품)에 임관했고, 소장所長은 영관으로 보임하되 군무국장의 감독을 받게 했으며, 소장 밑에 부관위관 1명, 교관위관 3명을 두게 되어 있었다.[260] 이 사관양성소는 약 14명의 친일괴뢰 육군사관을 기르는 것으로[261] 끝났고 1896년 1월 11일 무관학교관제가 반포되면서[262] 이 관제 제23조에 의해 폐지되었다.[263] (이 무관학교는 2월

---

258) 참조: 서인한, 『대한제국의 군사제도』, 44쪽.

259) 참조: 한영우, 『명성황후, 제국을 일으키다』(파주: 효형출판, 2006), 41-42쪽.

260) 『高宗實錄』, 고종32(1895)년 5월 16일.

261) 임재찬, 『舊韓末 陸軍武官學校 研究』(서울: 제일문화사, 1992), 16쪽.

262) 『高宗實錄』, 고종33(1896)년 1월 11일, 칙령 제2호.

263) 무관학교관제 제23조 "훈련대사관학교양성소를 본령 시행일로부터 폐지함". 임재찬, 『舊韓末 陸軍武官學校 研究』, 부록: I 陸軍武官學校 官制, 가. 칙령 제2호(1896년 1월

11일 아관망명과 더불어 유명무실해졌고, 나중에 왜인 교관이 해고되고 러시아인 교관으로 교체되면서 1897년 5월 이전에 기록상 6명의 사관을 배출한 뒤[264] 1898년 5월 14일 칙령 제11호 무관학교관제 제20조에 의해 폐지되었다.[265])

나아가 친일괴뢰정부는 무과 과거제를 과거제 폐지와 함께 폐지하고 1888년 5월경 설치된 조선 최초의 육군사관학교 '연무공원'도 폐지했다. 또한 해군과 해군사관학교를 영구히 폐지했다. 1893년 1월 고종은 삼도육군통어사로 하여금 삼도수군통어사를 겸직시키면서 그 군영인 강화도 교동의 '통어영'을 '해군통제영'으로 개칭하고 경기도 남양부로 이전시켰었다. 이로써 전군 군령권이 일원화되었었다. 고종은 '해군아문'이라고도 불리는 해군통제영을 준비하는 과정에서 1891년 영국공사관에 해군교관을 요청하여 1893년 4월에는 해안통제영아문 설립계획을 수립하면서 해군사관학교인 '조선수사해방海防학당'('해군학당' 또는 '통제영학당') 설립계획도 수립했다. 이에 따라 영국인 해군교관 콜웰(W. H. Callwell) 대위가 해군학교 설치령이 내려진 지 1년이 지난 1893년 4월 입국하여 활동을 시작했고, 영어교관 허치슨(W. de Flon Hutchison)은 10월 부임했다. 통제영학당은 해군사관생도 50명 모집계획에 따라 50명을 무시험으로 모집하여 1894년 3월에 30명의 훈련수료생을 배출했다. 해군수병은 500명 모집계획에 1893년 9월 300명을 모집하여 1894년 3월 현재 사관생도 160명을 훈련하는 중이었다.[266] 그리고 1893년 가을에는 강화도에 해군유년학교를 설립하고 홍콩의 영국우

---

11일) 「무관학교관제」.

264) 임재찬, 『舊韓末 陸軍武官學校 硏究』, 20쪽.

265) 무관학교관제 제20조 "개국 504년 1월 11일 칙령 제2호는 폐지할 사". 임재찬, 『舊韓末 陸軍武官學校 硏究』, 부록: I 陸軍武官學校 官制, 나. 칙령 제11호(1898년 5월 14일) 「무관학교관제」.

266) 참조: 국방부군사편찬연구소, 『한말 군 근대화 연구』, 149-155쪽; 서인한, 『대한제국의 군사제도』, 49쪽.

체국에 근무하는 영국해군 예비역 중위를 교관으로 초빙했다. 이 교관은 군사교육을 위해 영어를 교육하고 있었다.[267]

그러나 친일괴뢰정부는 맨 먼저 해군통제영을 폐지하고 해군에 대한 지휘권을 강화영에 이관하고 해군업무를 축소하여 군무아문 산하 '해군국'에 일임했다. 동시에 왜군이 청국과 협조적인 콜웰 대위를 꺼렸기 때문에 해군사관학교 통제영학당도 폐지하고 잔류 생도에 대한 교육만 간간이 진행하다가 청일전쟁 중에 중단하고 생도의 일부는 '동학당토벌'에 투입하고, 일부는 허치슨을 따라 서울 박동의 한성영어학교로 보내서 생도들마저 흔적 없이 없애버렸다. 그리고 신기선이 군부대신에서 사직하자 군부대신직에 오른 일제밀정 안경수가 1895년 7월 15일 구식 수군제 폐지로써 삼도수군통제영과 해군사관학교의 법적 근거마저 말소해버렸다.[268] 그리고 그 어떤 대체 해군도, 대체 해군사관학교도 만들지 않았다.

군부대신 안경수는 이어서 「각 도의 병영과 수영 폐지령」, 「각 진영 폐지령」, 「각 진·보 폐지령」 등을 연이어 반포하여 연기된 지방군해산을 강행하여 소속장병을 해산하고 소속 군물·선박·병사·토지·금전·군량과 기록장부 일체를 군부와 탁지부로 반납케 했다.[269] 군대해산에 따른 해방된 군인들의 조직적 소요를 방지하기 위해 안경수는 해산된 장병 중 불만이 있는 자는 "본부에 내고來告하되 양인兩人을 넘지 말고" 그 밖의 일로 "구일舊日영속營屬 10인 이상이 모이다가 발각될 경우에는 해該발기인을 사명俟命해 징치할 것임을 유념하라"는 군부령 1호를 발령했다.[270]

---

267) 박종효 편역, 『러시아國立文書保管所 소장 韓國關聯 文書要約集(이하 '한국관련 러시아문서')』(서울: 한국국제교류재단, 2002), 365쪽.

268) 참조: 국방부군사편찬연구소, 『한말 군 근대화 연구』, 150-156쪽; 서인한, 『대한제국의 군사제도』, 49-50쪽.

269) 『高宗實錄』, 고종32(1895)년 7월 15일.

270) 『官報』 3, 제127호 개국504년 8월 2일, 1139쪽.

이와 같이 하여 조선의 지방군제는 1895년 3월 1일 지방행정의 책임자이며 수륙군의 주요 지휘관인 관원들이 패용하는 비밀 병부와 마패의 사용을 폐한 것을 기점으로 8월 초순에 이르기까지 6개월에 걸쳐 모두 자취를 감추게 되었다. 김홍집·안경수 중심으로 추진된 이 소위 '군제개혁'은 중앙의 친일괴뢰군 양성 외에 아무런 대안도 없이 구식군제와 지방군을 모조리 없애버림으로써 조선 전국을 국방력 공백지대로 만들어버린 것이다. 그들이 만든 신식군대가 겨우 친일괴뢰군 교도중대와 훈련대였듯이 그들이 더한 것이 있다면 을미왜변 이후 김홍집 역적내각이 9월 14일 위조된 칙령 「육군편제강령」과 「친위대 2개 대대 설치칙령」을 멋대로 반포하여 괴뢰군 '훈련대'와 (고종이 다이 교관을 시켜 만든) '시위대'를 통폐합하여 왜군편제(4개 중대=1개 대대, 3개 소대=1개 중대 편제)에 따라 새로운 중앙괴뢰군 '친위대' 2개 대대(총원 1,768명, 1대대장 이범래, 2대대장 이진호)를 만들고 지방대로서 평양과 전주에 각각 지방괴뢰군 '진위대' 1개 대대를 설치하고,[271] 1896년 친일괴뢰군 '친위대' 1개 대대의 증설을 칙령으로 반포하고 선발·훈련에 들어간 것이었다.[272] 종합하면 결국 갑오·을미개혁 연간에 조선에 절실했던 군사제도 개혁은 기존 조선군을 파괴하고 조선을 국방공백 상태로 만드는 것으로 귀착되었고, 절실한 민족군대 창군과 강병육성은 친일괴뢰군 육성으로 왜곡되었다. 이런 의미에서 '갑오개혁'은 군사개혁 측면에서도 역시 철두철미한 반개혁·사이비개혁이었던 것이다.

6) 사회제도의 개혁: 기만적 사회개혁

군국기무처는 1894년 6월 29일(양력 7월 31일)과 7월 3일(양력 8월 3일) 사회개혁법령을 연달아 반포했다.

---

271) 『官報』 3, 제127호 개국504년 9월 14일, 1275쪽과 1276쪽.

272) 『官報』 4, 건양1(1896)년 1월 31일, 91쪽.

① 지금부터 국내외의 모든 문서에는 개국기원을 사용한다.

② 청국과의 조약을 개정하여 각국에 전권공사를 특파한다.

③ 문벌·반상계급을 벽파하고 귀천불구 인재를 뽑아 쓴다(劈破門閥班常等級 不拘貴賤 選用人材事).

④ 문무존비의 차별을 폐지하고 오로지 품계에 따라 상의相儀를 규정한다.

⑤ 죄인은 본인 이외의 일체 연좌율을 폐지한다.

⑥ 적실과 첩실에 모두 아들이 없는 연후에 양자를 받는 것을 허용하여 구전舊典을 신명한다(嫡妾俱無子 然後始許率養 申明舊典事).

⑦ 남녀 조혼을 엄금하며 남자는 20세, 여자는 16세라야 비로소 결혼을 허락한다.

⑧ 과녀 재가는 귀천을 막론하고 그의 자유에 맡긴다(寡女再嫁 無論貴賤 任其自由事).

⑨ 공사노비제를 혁파하고 인신의 매매를 금한다(公私奴婢之典 一切革罷 禁販賣人口事).

⑩ 비록 상민이라도 국가 민족에 이로운 의견이 있으면 군국기무처에 건의하여 의론토록 한다.

⑪ 각 관청의 하인의 수를 적절히 조절하여 둔다(各衙署皁隷 酌量加減設置事).

⑫ 조정관리의 의복제도는 임금을 뵐 때의 차림을 사모와 장복章服·품대와 화자靴子로 하고 연거燕居사복은 칠립·탑호搭護·실띠로 하며 사인士人·서인의 의복제도는 칠립·두루마기·실띠로 하고, 군사의 의복제도는 근래의 규례를 따르되 장졸將卒 차이를 두지 않는다.[273]

⑬ 역졸·광대·피혁공은 모두 면천한다(驛人倡優皮工竝許免賤事).

⑭ 무릇 관인은 비록 고등관을 지낸 자라도 퇴직 후에는 편히 상업을 영위할 수 있다.

⑮ 공금을 횡령한 관리의 징계를 엄중히 하고 그 횡령한 공금을 판상토록

273) ①-⑫항까지는 6월 28일(양력 7월 30일) 보고되고 윤허를 받았다. 『高宗實錄』, 고종 31(1894)년 6월 28일·6월 29일(양력 7월 31일) 반포.

한다.

⑯ 각 관청 관리의 수행원의 수를 감축하여 한정한다.

⑰ 일체 관리의 친척상피 규정에서는 아들과 사위, 친형제, 아저씨와 조카 외에는 일체 구애되지 말며 사사로운 의리로 혐의를 대고 사양하는 풍습은 일체 영원히 폐지한다(凡在官親避之規 惟子壻親兄弟叔姪外 一切勿拘 以私義講嫌規避之習 一切永廢事).

⑱ 대소 관원과 선비·서인이 상관의 말이 지나가기를 기다리는 규정은 일체 없애버리고 고관을 만났을 경우에는 단지 길만 양보한다.

⑲ 대소 관원들이 공무나 사적인 일로 다닐 때 말을 타거나 보행하거나 간에 구애받지 말고 편리한 대로 하되 평교자와 초헌軺軒은 영원히 폐지하며 공사를 막론하고 출입하는 재상을 부액扶腋하는 규례는 영영 폐지하되 노병老病으로 몸을 가누지 못하는 사람은 이 규례에 포함되지 않는다. 단지 총리대신과 의정대신을 지낸 사람만은 대궐 안에서 산람여山籃輿를 타도록 허락한다.[274]

이 개혁의안 중 ⑥항 "적실과 첩실에 모두 아들이 없을 경우에 한하여 양자하는 것을 허용한다"는 것은 결코 개혁정책이 아니라 그야말로 반동·반개혁 정책이다. 뒤에 『경국대전』의 권위를 다시 회복시키는 "구전舊典 신명"이라는 말이 붙어 있고 이를 통해 가문의 대 잇기를 배려해주는 척하면서 어영부영 축첩제를 '개혁'의 이름으로 슬그머니 합법화하고 있기 때문이다.

또 동학농민군의 「집강소정강」의 '청춘과부 개가허용'을 잘못 뒤틀어 쓴 것으로 보이는 ⑧항 "과녀 재가는 귀천을 막론하고 그의 자유에 맡긴다"는 의안은 앞서 시사했듯이 실질적으로 과부 '일반'의 개가는 커녕 10-20대 '청춘'과부의 개가 기회마저도 막아버리는 반동적 조항

274) ⑬·⑭·⑰·⑱·⑲항은 7월 2일(양력 8월 2일) 보고되고 윤허되었다. 『高宗實錄』, 고종 31(1894)년 7월 2일·7월 3일(양력 8월 3일)경 반포.

이다. 재가를 삼가三嫁처럼 '불륜'으로 보고 열녀를 극구 칭송하는 사회풍조는 재가녀를 삼가녀와 동일시하는 법령을 도입한 성종 이래 400년의 오랜 전통이었다. 따라서 "정녀貞女는 지아비를 두 번 바꾸지 않는다(貞女不更二夫)", "부인은 의리상 두 지아비를 섬겨서는 아니 된다(婦人義不可事二夫)", "한 지아비를 좇아 생을 마치는 것이 부인의 대절이다(從一而終 婦人之大節)"를 되뇌며 '열녀'를 윤리적 전범으로 내세우는 이런 성리학적 사회풍조 속에서 재가는 치욕이었다. 그리하여 과부에게 '개가를 하겠느냐?'고 묻는다면 모든 정숙한 과부는 개가의 뜻을 겉으로 드러나지 않게 깊이 감추고 이 치욕적 질문을 '자유의지'로 강력하게 부인했을 것이다. 더욱 부끄러움을 타는 10-20대 청춘과부들은 더욱 강하게 부인했을 것이다. 이것은 우리가 정황에 공감해석학적으로 접근한다면 명확하게 이해될 수 있는 것이다. 따라서 정숙한 과부의 개가에는 '자유'가 아니라 주변의 권위적 설득과, 등을 떠밀거나 '보쌈'을 하는 상당한 수준의 강제가 필요했다. 강력한 설득·강권·반강제가 투입되는 이런 조건에서만 정숙한 과부들은 못 이기는 척 개가를 받아들였을 것이다. 따라서 정부가 과녀의 개가 결정을 과부의 '자유'에만 맡기고 법규대로 엄격하게 이 '자유' 관념만을 고수한다면, 이 '자유' 규정은 모든 정숙한 과녀의 재가를 실질적으로 추진할 동력인 '강권'과 '반강제'를 불법화하여 과녀들의 재가를 사실상 봉쇄하는 반동정책이 되고 만다. 이런 방식으로는 특히 수치심에 예민한 10-20대 청춘과부의 개가는 더욱 완전히 봉쇄될 수밖에 없었다. 그러므로 과녀 일반의 재가문제를 순수하게 과부 자신의 '자유'에만 맡긴다면, 남의 눈총을 개의치 않을 정도로 이미 문란하게 살고 있는 과부 외에 어떤 정숙한 과부도 개가하지 못할 것이다. 따라서 이 '자유' 규정은 실은 과녀를 재가시킬 강권과 반강제를 모조리 불법화하여 전통적으로 반半공공연히 임시변통으로 시행되어 오던 '과부보쌈'의 숨통마저도 아예 끊어버리는 무서운 반동적 법규인 것이다.

앞서 시사했듯이 미상불 친일괴뢰정부는 1894년 8월 10일(양력 9월 10일) 팔도에 내린 '관문關文(하달공문)'을 통해 재가 또는 개가에 대한 강권과 강제를 규탄하고 과부 본인의 '자유'를 다시 강하게 환기시킴으로써 저 과녀 재가자유 조항이 실은 과녀 일반, 특히 청춘과부의 개가 기회를 완전히 봉쇄하려는 반동적 법규임을 스스로 분명히 한다.[275] 군기처는 이처럼 다시 재가 여부의 결정은 "남이 강요할 수 있는 바가 아니다"라고 하여 강요를 부정하고 불법화의 기미를 보였다. 즉, 과부 당사자에 대한 깨인 사람들의 개가 설득·계몽·강권强勸과 반강제를 얼마간 인정하는 것이 아니라 적극 배격한 것이다. 이로써 과부 '일반'은커녕 '청춘'과부마저 개가할 수 있는 길이 막혀버리고 말았다. 군기처의 이 관문은 실질적으로 문란한 과부는 모르겠으되 정숙한 과부는 '청상靑孀'이라도 가급적 개가하지 않는 것이 좋겠다는, 또는 과녀들에게 다시 자유롭게 또는 자발적으로 정절을 지켜 재가를 삼갈 것을 은연중에 강요하는 속셈을 내비친 것이다.[276] 군기처는 이 자유재가 조항 때문에 '불륜'을 조장한다는 비난을 들을까봐 겁이 났던 것이다. 이런 식으로 하여 결국 군기처의 과녀재가 의안은 취지상 동학농민군의 「집강소정강」의 청춘과부 개가허용 조목과 정반대의 기능을 하게 된다. 그것은 청춘과부의 개가에 대해서도 역기능적인 법규, 즉 실질적으로 '청춘과부 개가'의 길을 가로막는 법규였다.

당시 개혁의 급선무로서 화급했던 것은 성종이 삼가녀三嫁女의 자손에게 관직진출상의 불이익을 주는 법령을 재가녀再嫁女 자식에게까지 확대 적용한 법적 조치가 조혼풍습의 확산과 맞물리면서 야기된 10-20대 '청상과부'의 누적문제였다.[277] 이런 유형의 청춘과부 문제는

---

275) 『關草存案』, 甲午 八月十日 關文草. 『各司謄錄(63)』, 218-219쪽.

276) 그러나 한우근은 "과부의 재가의 자유를 인정하여 과부의 '수절의 미덕'을 무의미한 것으로 만들었다"고 평가하고 있다. 韓㳓劤, 『韓國通史』, 462쪽. 과연 공감부재 역사기술이라 할 만하다.

277) 참조: 김정인, 「동학·동학농민전쟁과 여성」, 223쪽.

그간 400년 동안 반인간적 사회문제로 첨예하게 대두되어 있었다. 따라서 과부 '일반'의 자유재가 문제는 '10-20대 청춘과부'의 개가라는 화급한 문제에 비하면 실로 불요불급의 문제가 아니었다. 게다가 이 문제를 개인적 '자유'의 문제로만 접근하면 불륜조장으로 비쳐 자칫하면 청춘과부 개가허용마저도 불가능하게 만들 위험이 있었던 것이다. 재가의 욕망을 겉으로 부인하고 숨기면서 재가를 남이 떠밀어주기를 바라는 과녀들의 복잡한 심리가 '자유'의 이름으로 왜곡되고 짓밟힐 수 있기 때문이다.

박영효는 저 '관문'보다 한 걸음 더 나아가 1895년 3일 10일의 88개조 내무아문 훈시를 통해 "백성들에게 일본이 우리의 자주독립을 도와주는 형편을 효유할 것"(제87조)과 함께 "과부를 위협하여 개가改嫁시키는 짓을 금할 것"(제16조)을 다시 명해[278] 개가에 대한 강권과 반강제를 명시적으로 불법화했다. 박영효는 사회적 '개가금기' 심리와 재가에 대한 수치심에 어떤 과부도 재가의사를 자유로이 터놓고 말할 수 없는 상황에서 '보쌈 강제'로라도 재가시켜야 할 '청춘'과부의 재가까지도 내무훈시로 아예 완전히 봉쇄해버린 것이다.

그리하여 성적 문란, 불륜 조장 비난, 오래된 성적 금기의식, 수치심 때문에 노비제 폐지보다 더 어려운 과부개가 문제 또는 '과부개가를 금하는 성리학적 구습의 타파' 문제는 노비문서를 태워버리듯이 없애버릴 수 없어서 먼저 '과부문제의 뇌관'인 청춘과부 문제를 특화시켜 사회여론을 환기시키고 '청춘과부 개가허용'으로부터 단계적으로 접근해야 할 문제였다. 그러나 이런 정황을 모르고 동학군 폐정개혁의 청춘과부 조항을 덥석 모방하여 개가를 과부 일반으로 확대하고 여기에 엉뚱하게도 저들도 잘 모르는 자유주의적 '자유' 규정을 덧붙였기 때문에 친일괴뢰정부는 문제해결의 길을 아예 다시 완전히 차단

278) 『高宗實錄』, 성종32(1895)년 3월 10일.

해버리고 만 것이다. 이런 까닭에 이 문제는 대한제국에 가서야 비로소 점진적 해결의 실마리를 잡는다.

성리학은 오랜 세월 개가改嫁금지의 강력한 반인간적 윤리장치를 설치해놓았다. 정이천은 "재가는 단지 후세에 추위 속에 아사할까 두려워하여 하는 것이지만, 정절을 잃는 것(失節)은 극대한 일이고 죽는 것은 극소한 일이다(再嫁只爲後世怕寒餓死 然失節事極大 餓死事極小)"라고 말했고, 장횡거張橫渠는 "실절失節(불륜녀)을 취해 자기 짝으로 삼으면, 이것도 또한 실절이다(人取失節者以配己 是亦失節也)"라고 했다. 조선 성리학자들은 성리학적 비조들의 이런 과녀재가 금지 논지에 따라 한번 초례醮禮(혼례)를 치렀으면 종신토록 고치지 않는 것이 부인의 도이고, 만약 두 지아비를 고쳐 산다면 금수와 가릴 길이 없다(蓋一與之醮 終身不改 婦人之道也, 若更二夫 則是與禽獸奚擇哉)고 가르쳤다.[279] 이런 성리학적 개가금기를 뚫고 10-20대 청춘과부에서부터 30-40대 과부까지 개가가 허용된 것은 1900년에 가서였다.

궁내부의 회계원경 민치헌閔致憲은 1900년 11월 30일 다음과 같이 과부개가 허용을 주장하기 위해 성리학 일반과 조선성리학의 부조리를 먼저 논한다.

> 생각건대 혼인은 사람에게 있어서 큰 윤리입니다. 옛 임금이 예법을 제정하면서 군자는 부부가 한생을 함께 늙고 열녀는 두 번 시집가지 않는다고 했으니 이는 만대를 두고 어길 수 없는 정상적인 법인 것입니다. 그러나 형편에 따라 적당히 변통하여 처리하는 것도 역시 한 임금의 제도입니다. … 우리 왕조에 이르러 선정신先正臣 송시열이 좌윤 권시權諰에게 보낸 답장편지에서 "주공은 예법을 제정하면서 어찌하여 재가한 어머니와 의붓아버지에 대한 복服을 제정했겠는가? 주공이 어찌 예법으로

279) 『成宗實錄』, 고종8(1477)년 7월 17일.

> 가르치려 하지 않았겠으며 또 어찌 재가하지 않는 것이 예법에 맞는다는 것을 몰랐겠는가? 정자가 '과부는 재가할 수 없다(孀婦不可再嫁)'고 말하고도 자기 생질녀를 재가하게 했는데, 이에 대해 주자는 '대강이 이와 같다(大綱恁地)'라고 설명했다. 오늘의 현자가 도리어 옛날의 주공과 정자, 주자보다도 더 현명하겠는가"라고 썼습니다. 과히 멀지 않은 옛날에 개가한 어머니에게서 난 아들은 청환淸宦(홍문관 등 요직의 관리)을 하지 못하게 한 것은 당시 사대부들이 예상을 숭상하고 벼슬을 중히 여기는 자들로서 여자의 행실을 가르친 것인데, 다만 원칙이 있음만 알고 변통이 있어야 하는 것은 몰랐을 뿐입니다. 이것이 향간의 필부들에게도 미쳐서 정절을 잃는 일을 입에 담는 것도 수치스러워하여 드디어 재가는 나라의 큰 금법이 되었습니다. 그리하여 그것은 … 훌륭하고 아름답지 않은 것이 아니었지만, 당초에도 입법의 뜻도 역시 형벌을 주어 재가를 엄금하는 것이 아니었을 것입니다.

민치헌은 정여립처럼 "정녀貞女는 지아비를 두 번 바꾸지 않는다(貞女不更二夫)"라는 윤리조목이 공맹의 말이 아니라 제나라 왕촉의 말이라고 밝히면서 정이천과 주희의 권위를 정면으로 깨부수는 논법을 쓰지도 않고, 정이천의 위선과 자가당착적 행동을 지적하지도 못하고 있다. 다만 그는 성리학자라도 변통을 모르면 정이천이나 주희보다 더 미개한 것이라는 식의 내재적 비판으로 과부들에게 과해진 성리학적 질곡을 분쇄하고 있다.

이어서 민치헌은 10-20대 청상과부만이 아니라 30-40대 과부의 재가에 대해서까지도 고종황제의 비답을 얻어낸다.

> 애처롭게도 청춘 나이에 하늘처럼 믿던 남편을 갑자기 잃고 보니 홍안의 처지가 가련하게 되었습니다. 낮에도 촛불처럼 홀로 편치 않는 모양을 본 자는 창자가 찢어지고 밤에 잠자리에 들어도 시름겨워 탄식하는 소리

를 들은 자는 뼈가 시립니다. 새도 쌍이 있고 신도 짝이 있는데 사람으로서 그렇지 못하기에 억울한 생각이 쌓여 화기和氣를 손상시키는 것이 이보다 심한 것이 없습니다. 늙어서 지아비가 없는 이에 대해서도 왕정이 당연히 먼저 돌보아주고 있는데 하물며 젊은이야 더 말할 것이 있습니까? 경장 이후로 사무를 아는 사람들은 먼저 개가의 소통을 확고한 의론으로 삼으면서도 겉치레가 습관이 되고 오히려 구습에 교착되어 청산의 곡소리를 붉은 끈으로 꽉 묶었다는 소리를 아직 듣지 못했습니다. 설혹 이를 행한 사람이 있는 경우에도 남이 침 뱉고 매도할까봐 저어하여 예의로 맞아들이지 못하고 담 너머로 끌어오는 짓을 면치 못하고 있으니 이 역시 어찌 예속에 어긋남이 있지 않겠습니까? 신의 어리석은 생각에는 지금부터 집에 젊은 과부가 있으면 반드시 길일을 잡고 납폐納幣하는 것을 일체 혼인의식대로 하되 15세부터 20세까지는 첫 초례醮禮로 짝을 맞고 30세부터 40세까지는 재혼예식 또는 삼혼예식으로 짝을 맞으며 이 나이를 넘은 자는 때를 놓쳤으니 그대로 두고, 이를 위반한 자에 대해서는 다른 풍속이라고 물리쳐야 할 것입니다. 혹시 부모가 권하고 이웃이 깨우쳐주어도 끝내 고집하면서 다른 사람에게 시집가지 않으면 꼭 뜻을 빼앗지는 말고 칠거지악을 엄격히 밝혀주되 강요협박을 엄금해야 합니다. 그리하여 한 고을이 행하고 일국이 본받으면 안으로 원녀가 없고 바깥으로는 홀아비가 없게 되면 박명도 좋은 인연을 맺을 수 있고 유명幽冥 우울도 길상으로 전화되어 이 세상이 융화의 지역이 될 것입니다. 신의 이 말은 감히 예법을 허물고 풍속을 해치려는 것이 아니라 사실은 백왕의 통행제도를 따르자는 것입니다.[280]

이를 읽고 고종은 "청한 대로 의정부와 중추원에서 품처하게 명하라"고 비답했다. 과부재가 허용은 이처럼 어렵고 어려운 일이었다. 그러

280) 『高宗實錄』, 고종37(1900)년 11월 30일.

나 이 상소문은 분명 군기처나 박영효의 재가강요·협박 금지 요구와 달리 "끝내 고집하면서 다른 사람에게 시집가지 않으면 꼭 뜻을 빼앗지 말고" 또 "강요협박을 엄금하되", 실질적으로 "부모는 권하고 이웃은 깨우쳐주어야 한다"고 말하고 있다. 친일괴뢰정부와 박영효의 본의는 과부의 재가 '자유'를 말하면서 '자유의 이름'으로 '부모와 이웃의 권고와 계몽'의 도덕적 의무까지 분쇄해버리는 데 있었던 것이다. 그러나 '재가'를 입에 담는 것도 수치스러워하는 성리학적 구습에 교착되어 있고 재가녀를 취하는 것 자체를 '불륜'으로 침 뱉고 매도할까봐 저어하는 당시 조선에서 재가금기를 타파하는 데에 필수적인 것은 결코 '자유의 이름'으로 '과부를 위협하여 개가시키는 것을 금지하는 조치'를 발령하는 것이 아니라 과부에 대한 '부모의 강력한 개가권고'와 '이웃의 계몽과 고무'였던 것이다. 그러나 김홍집 괴뢰내각이든 박영효 원조친일파든 이런 의도와 배려가 전혀 없었던 것이다.

한편, 신분 관련 개혁의안들 중 ⑨조(공사노비법을 혁파하고 인신의 매매를 금한다)는 상론한 바와 같이 내용적으로 고종의 「노비해방절목」 수준 '아래'로 추락한 것이고, ③조 문벌등급 철폐조치는 고종의 신분차별 없는 등용정책의 반복 같지만 상술했듯이 내용적으로 위선적인 조항이다. 또 의복간소화 조치도[281] 고종이 1884년 이래 온갖 반대를 무릅쓰고 준비하고 실시한 의제변통의[282] 반복이다. 따라서 이 사회개

281) 의복제도는 1895년 2차 개혁에서 내부內部고시로 다시 변경하여 관민차별을 없앴다. "개국504년 칙령 제67호로 이제부터 공사公私 예복 중에서 답호褡護를 없애고 대궐로 들어올 때에는 모帽, 화靴, 사대絲帶를 하며 주의周衣는 관리와 백성들이 똑같이 검은색으로 하라고 했다. 이것은 우리 대군주 폐하가 관리와 백성을 똑같이 보는, 넓게 공정하고 사사로움이 없는 신성한 덕으로, 의복제도에서조차 관리와 백성들의 차별을 두지 않는 것이며 또한 검은색으로 한 것은 백성들의 편의를 위한 신성한 뜻이다. 우리 대군주 폐하의 신하와 백성 되는 모든 사람들은 훌륭한 뜻을 받들어 관리와 백성이 꼭 같은 의복제도를 쓸 뿐만 아니라 가슴속에 충군 애국하는 마음이 충만하고 관리와 백성 사이의 차별이 없도록 하기를 바란다." 『高宗實錄』, 고종32(1895)년 4월 5일.

282) 참조: 『高宗實錄』, 고종21(1884)년 윤5월 26·28·29일, 6월 1·3·4·6·8·13·15·17·21·25·30일, 7월 3·9·22·24·27일, 10월 21일, 12월 1일, 고종22(1885)년 1월 16일, 고종25(1888)

혁도 실은 '개혁'이랄 것도 없는 내용으로 되어 있다. 게다가 이것들조차도 상술했듯이 친일양반들의 표리부동성과 위선성 때문에 신분철폐는 즉각 적잖이 공문화空文化되었다. 그리고 승려들의 도성 출입을 금하는 법령조차도 만지작거리다가 그대로 존치시켰다.[283)]

결혼연령 규정, 복장 간소화, 수행원 수 축소, 등마절차 폐지 등 그 밖의 새로운 조항들은 모두 자잘하기 이를 데 없는 것들이다. 개국기원의 사용은 겉으로는 독립정신을 선양하는 것 같지만 실은 청국의 영향을 없애고 조선을 보호국화하려는 목적의 조치일 뿐이고, 새로운 것 같은 연좌제의 폐지는 3,000년 전 무왕이 폭군 주紂에 대한 탄핵 사유의 하나로 "사람에게 죄를 줌에 친족까지 연좌시키는 것(罪人以族)"을 들고 있는 점에서[284)] 알 수 있듯이 동아시아 유교국가의 근본이념으로 간주되어 왔고, 영조 이래 역적죄의 경우에도 연좌제를 제한한 조선형정의 기본노선에 속하는 것이었다.[285)] 또한 고종은 1883년 참의군국사무參議軍國事務 왕석창王錫鬯의 연좌제 폐지 상소에 대해 "매우 탄복하며" 그 폐지를 절실히 여겼고,[286)] 이런 한에서 고종이

---

년 10월 28일.

283) 황현은 "승려들의 도성출입 금지제도를 폐한다"는 항목이 있었으나 "변통은 행해지지 않았다(變通不行)"고 적고 있다. 황현, 『오하기문』, 154쪽(역자가 번역에서 '變通不行'을 빠뜨렸기 때문에 원문대조 후 삽입한다).

284) 『書經』「周書·泰誓(上)」.

285) 참조: 김백철, 「영조대 '민국' 논의와 변화된 왕정상」, 121-124쪽, 이태진·김백철(엮음), 『조선후기 탕평정치의 재조명(上)』(서울: 태학사, 2011); 김백철, 『조선후기 영조의 탕평정치』(파주: 태학사, 2010), 157-192쪽.

286) 『高宗實錄』, 고종20(1883)년 9월 21일: "참의군국사무 왕석창이 상소하여 … '신이 또 생각하건대, 관리임명은 오직 어진 사람으로 하고, 죄인에 대하여서는 자식들에게 연좌시키지 않는다면 자손들도 공을 세워서 허물 덮기를 생각할 것입니다. 이것은 틀림없는 이치로서 역시 인정상 같은 것입니다. 우리나라에서 가문을 보는 기풍과 벼슬길을 막는 규례는 오랜 역사를 가지고 있습니다. 지난해 겨울에 전하도 단연히 결단을 내려서 이 폐풍弊風을 없애버리려고 팔도에 선유宣諭했으나 오늘까지도 사람들은 의심하고 있습니다. 대저 충신들의 후손은 굶주림과 추위를 면하지 못하고 간신들의 후손은 과거에 참가하지 못합니다. 충신들의 후손이라고 하여 어찌 사람마다 다 등용하고, 간신의 후손이라고 하여 어찌 사람마다 다 등용을 안 하겠습니까? 그런 까닭으로 충신의 제사를 받드는 아들

당시에 시행하려고 작심했던 사안이었다. 이런 연유로 고종은 갑신정변의 역적들에게도 연좌제를 적용하지 않았다. 그런 까닭에 1894년 12월 왜군은 살아남은 김옥균 처와 딸을 찾아내 박영효와 서광범에게 맡길 수 있었던 것이다.[287]

'갑오경장'은 그 구체적 항목들을 뜯어보더라도 앞서 규정한 바와 같이 전반적으로 본질적 의미의 사이비개혁이라는 것이 드러난다. 이남규는 일찍이 소위 '갑오경장' 초기에 이 개혁조치들의 사기성과 사이비성을 간파하고 한 상소문에서 다음과 같이 단언한 바 있다.

> 들어주자니 온편하지 못하고 들어주지 않자니 위력으로 대적하지 못할 것이니, 나라가 장차 뒷일을 어떻게 잘 처리하겠습니까? 한결같이 종전의 법도를 지킨다면 명목상으로는 비록 남의 속국이지만 실제로는 자주적임에 반하여 만일 저들의 말을 따른다면 명목은 비록 자주이지만 사실은 그들의 속국이 되는 것입니다. 그러나 허명虛名을 위하여 실화實禍를 불러들일 수 없음은 이미 명백합니다. 그리고 저들은 우리에게 사람이 없다고 생각해 한 나라를 우롱하면서 손바닥에 올려놓고 놀리고 있습니다. 겉으로는 우리를 높여주는 척하면서 실제로는 우리를 멸시하고, 겉으로는 우리를 강화시키는 척하면서 실제로는 우리를 약화시키고, 겉으로는 우리를 신장시키는 척하면서 실제로는 우리를 위축시키고, 겉으로는 우리를 돕는 척하면서 실제로는 우리를 고립시키고 있습니다. … 저들은 신세력을 이용하여 구세력을 이간질하고, 작은 나라를 윽박질러 큰 나라

---

이나 손자는 반드시 초사初仕에 등용하고, 간신의 대가 먼 후손은 마땅히 속죄시켜 과거에 응시하게 하여서 공명정대한 정사를 밝히소서. 조정에는 요행수를 바랄 벼슬자리가 없고 시골에는 숨어 있는 어진 사람이 없게 되어 반드시 기뻐하면서 서로 일러주어야 나라의 정사가 잘되어나갈 것을 기대할 수 있을 것입니다'라고 했다." 이에 고종은 "진달한 상소문에서 논한 시폐時弊에 대한 견해는 대부분 절실하고 정사에 도움이 될 문제이므로 매우 탄복하고 좋게 여긴다"라고 비답한다.

287) 『일관기록』, 六.內政釐革의 件 一, (14)'朴泳孝 復爵과 甲申罪犯赦免 및 金玉均의 妻·女 發見의 件'(發제130號, 1894년 12월 21일), 井上→陸奧.

를 배반케 하고, 저쪽으로 공략하는 척하면서 이쪽을 도모하고, 겉으로 보호하는 척하면서 안으로 공격합니다. 이처럼 한결같이 교활한 작태는 본디 대대로 전해오는 기법이 있으니 남의 나라를 망치고야 말려고 하고 있습니다. 멀리는 임진왜란이 있고 가까이는 갑신왜변이 있습니다. 이처럼 지난날의 행위가 분명하니 지금에 증거를 삼을 수 있습니다. 저들의 소위 '자주독립'이라는 것은 어찌 그 풍신수길이 말한, 길을 빌려 명국에 들어가겠다던 잔꾀를 물려받은 것이 아니겠으며, 또 소위 방위를 위해 군병을 주둔시키겠다는 것은 어찌 그 다케조에(竹添)가 내세운, 경우궁을 보호하겠다던 술책이 아니겠습니까?[288]

날카로운 지성을 가진 유자儒者 이남규는 소위 '갑오경장'을 조금도 "한국 근대화의 획기적 계기"나 "우리나라 근대화의 획기적 기점"으로,[289] "한국근대사 발전과정에서 긍정적인 역사적 의미가 강조되어도 좋을" 개혁 움직임이거나[290] "한국 근대화 과정에서 중요한 의의를 지니는 … 다방면에 걸친 대개혁"으로[291] 호평하는 입장을 취하지 않고 있다. 반대로 그는 "우리를 높여주는 척하면서 실제로는 우리를 멸시하고, 겉으로는 우리를 강화시키는 척하면서 실제로는 우리를 약화시키고, 겉으로는 우리를 신장시키는 척하면서 실제로는 우리를 위축시키고, 겉으로는 우리를 돕는 척하면서 실제로는 우리를 고립시키는" 사이비개혁으로, 아니 "일부러 흠집을 찾아내어 말거리를 만들어서 이것을 가지고 재상을 공갈하고 외무부서를 윽박질러 우리로 하여금 300년 전해온 법도를 지키지 못하게 하려는"[292] 반개혁으로 규정

288) 이남규, 「왜와의 절교를 청한 상소」, 208쪽.
289) 柳永益, 『甲午更張硏究』, '서문'(v쪽), 134쪽.
290) 원유한, 「갑오개혁」, 『한국사(17)』, 318쪽.
291) 이기백, 『한국사신론』, 315쪽.
292) 이남규, 「왜와의 절교를 청한 상소」, 207쪽.

하고 있다.

이런 까닭에 고종은 1895년 2월 이래 러시아의 적극적 견제와 삼국간섭을 유도하여 어느 정도 틈새를 만들자마자 즉시 왕권을 강화해나가면서 그 부진함을 들어 '갑오경장'을 사이비개혁으로 폐기하고 괴뢰대신들을 탄핵했다. 이어서 고종은 정동파를 앞세워 손수 자주개혁에 착수했던 것이다.

# 제4장 일본의 보호국화 정책

## 제1절 조선보호국화 정책논의와 결정

왜국은 갑오왜란과 청일전쟁을 통해 단순히 조선에서 경제적 이권의 확장만을 추구한 것이 아니었다. 왜인들이 벌인 갑오왜란과 청일전쟁이라는 양면전쟁의 전략적 목적은 개전을 전후하여 억강부약抑强扶弱의 의협심에서 조선독립과 내정개혁을 지원하자는 대중의 여론, 조선의 내정개혁의 지원이라는 명분 아래서의 일본의 세력판도 확장, 벨기에·스위스와 같이 열강국이 보장하는 조선의 중립국화, "일본의 보호국으로 만들어 일본의 권력 아래 굴복시키는" 조선의 정복·보호국화 등 분분했다.[1] 그러나 반도와 요동 출병의 병력 수가 1만 명을 넘어가고 전쟁이 왜군의 승리로 굳어져갈수록 '조선의 독립'이라는 표면적 구실 아래 '반도와 그 연안에서의 경제적 이권 추구'로부터 조선보호국화, 즉 조선을 "일본의 보호국으로 만들어 일본의 권력 아래 굴복시키는" 정복으로 변해갔다.

### 1) 우치다·오오토리·무쓰의 논의와 보호국정책의 잠정결정

---

1) 무쓰무네미쓰, 『건건록』, 67쪽.

그럼으로써 갑오왜란과 청일전쟁의 개전 전에 우치다 서울총영사가 건의한 조선보호국화 정책이 채택되기에 이른다. 우치다는 1894년 6월 26일 본국에 이런 정책건의를 한 바 있다.

> 애초 이번에 육해군을 이 나라에 파견한 목적은 다만 동학당의 민란에 대해 조선에 있는 제국 공사관·영사관을 호위해 제국 신민의 안전을 보호하는 데 있으며 결코 타의가 없음을 이달 11일자 기밀송機密送 제13호로써 통지했습니다. 우리 공사관·영사관 및 거류하고 있는 제국 신민이 위해를 받을 염려가 있는 데 대해서는 상당한 방법으로 이를 보호해야 함은 물론이고, 모처럼 이와 같은 대병大兵을 파견한 이상 부디 한층 더 유익한 목적으로 사용하기 바랍니다. 그리고 한층 더 유익한 목적이란 다른 것이 아니라 이 조선을 우리 일본제국의 보호국으로 만드는 것입니다. … 요컨대 이번 우리나라로부터 이 같은 대군을 이곳에 파견하게 된 이상은 이 좋은 기회를 잃는 일이 없이 제국 공사관·영사관 및 거류 제국 신민을 보호하는 것 외에 한 걸음 더 나아가 이 나라 조선에게 우리 일본제국의 보호를 받게 하는 조약을 체결하게 하고, 지금부터 우리 제국정부가 이 나라의 내치·외교에 간섭해 그 진보개량을 꾀함으로써 이 나라를 부강한 경지까지 인도해야 합니다. 그리하여 한편으로는 우리 제국의 번병藩屛을 강고히 하고 다른 한편으로는 이 나라에서의 우리 제국의 세력을 확장하고 아울러 제국 상인의 이익을 증진하는 정책을 취하시길 바라며 위와 같이 상신하는 바입니다.[2]

우치다가 이 건의를 제기한 지 한 달 뒤 군국기무처 개청식開廳式 다음 날인 7월 28일 무쓰는 오오토리에게 다음과 같은 훈령을 보낸다.

---

2) 『일관기록』, 二.京城·釜山·仁川·元山機密來信, (3)'對韓政策에 관한 意見 上申의 건'(機密第26號, 1894년 6월 26일), 內田定槌→陸奥宗光.

> 가능한 한 짧은 시일 내에 조선관리들이 최대한 근본적인 개혁을 실시할 수 있도록 이 기회를 놓치지 말 것. 대원군에게 귀하의 능력이 닿는 한 모든 원조를 제공하고 이러한 개혁이 최소 1년은 지속되도록 그의 세력을 다지는 데에 최선을 다할 것. 조선정부의 업무에 유능한 일본인들을 고용하도록 대원군을 설득할 수 있겠는지. 만약 그렇다면 희망하는 경우 일본정부 내외에서 선발할 수 있으며 또 우리가 임명해 파견할 수도 있음. 단 귀하는 이미 정부 관련 업무를 수행 중인 유럽인들이나 미국인들을 조선정부가 해고하지 않도록 특히 신경을 써야 함.[3]

이 훈령에서부터 무쓰는 군국기무처가 개청하자마자 재빨리 일본인 고문의 고용문제를 지시함으로써 '고문정치에 의한 조선의 보호국화'를 준비하고 있다. 이에 오오토리는 이 전문을 수신하자마자 8월 1일 "이미 보내주신 훈령의 요령을 뽑아 별지 가假조약안(조일잠정합동조관안)을 작성하여 그저께인 30일부터 서리독판 김가진 씨와 협의를 하고 있습니다"라고 보고하면서 가조약안을 첨부하여 보내고 있다. 이 가조약안은 4·5조에 "내정개혁 실시를 위하여 정무·법률의 고문으로 일본정부가 소개하는 일본인을 초빙할 것"과 "군무軍務교사(군사교관)도 역시 전항의 예를 따를 것"이라는 규정을 삽입하고 있다.[4] 이렇게 하여 정무·법률고문과 군사교관의 고빙이 예고되었다.

그런데 우치다 총영사도 이 고문정치를 일찍이 본국정부에 권고한 바 있다. 그는 1894년 8월 4일 "조선정부를 권유해 본방인本邦人(일본인)을 조선국 관리로 초빙해서 정부 부내의 주요 위치를 차지하게 하는 것이 목하의 급무"라고 말하고 그 고문들이 "우리 정부 당국에 대한

---

3) 『일관기록』, 六.歐文電報往復控 一, (290)'朝鮮政府의 개혁작업 추진을 위한 제반사항 지시'(1894년 7월 28일 발신, 8월 1일 수신), 陸奧→大鳥.

4) 『일관기록』, 十.諸方機密公信往 二, (7)'事變後 朝鮮政府와 假條約 訂結協議의 件'(機密第143號 本83, 1894년 8월 1일), 大鳥→陸奧.

정략상의 방침에 따라 그 직무를 집행하기" 위해 인선은 일본정부의 추천에 따르고 "직무상의 행위는 우리 공사가 안으로 감독해 우리 정부의 방침과 일치시키며", 일본정부의 방침에 "위배되는 소행"을 하는 자는 조선정부에 알려 징계 또는 면직시키고, 조선이 이들을 "면직하는 경우에 우리 정부의 승낙을 얻게 한다"는 등의 내규의 제정을 정부에 상신하고 있다.[5] 오오토리도 8월 14일 고문정치를 보다 구체적으로 디자인한 건의서를 본국에 보내고 있다. 그도 고문관은 일본정부의 추천에 의할 것, 고문관은 우리 정부와 내약을 맺고 시종 우리 정부와 동한 방침을 취하는 자일 것, 제반사를 공사와 협의하고 공사의 의견에 저촉되지 말라는 고문관에 대한 정부의 내훈 발령, 일본정부가 조선정부에 간여함이 없이 개혁사업이 만족스럽게 실행될 수 있도록 왜인 고문관으로 하여금 "백반의 정부를 분담케 할 것" 등을 강조하고 있다.[6]

그러나 군국기무처가 청국·미국 등 타국들의 반발을 우려해 이 고문고용 사항을 '조약화'하는 것을 꺼리자 오오토리는 조약과 별도로 외무대신 김윤식으로 하여금 고문·교관요청 공문을 보내게 해 처리했다. 이에 따라 김윤식은 꼭두각시처럼 「조일잠정합동조관」 체결 하루 전날인 8월 19일 오오토리 앞으로 「국정이정釐革에 필요한 시정施政고문 선빙의뢰選聘依賴 조회照會」와 「군제이정 및 병정훈련무관 선빙의뢰 조회」라는 두 통의 공문을 발송한다.[7] 이렇게 하여 일본정부의 보호국화 결정 이전에 이미 고문정치가 개시되게 된 것이다.

그러나 이와 별도로 오오토리 공사는 1894년 8월 4일 우치다와 유사한 취지로 본국정부에 '조선의 보호국화' 정책을 건의한다.

5) 박종근, 『淸日戰爭과 朝鮮』, 167-168쪽.

6) 일본외무성 편, 『日本外交文書』[27권 I책], 637-644쪽.

7) 『일관기록』, 三.諸方機密公信往 三, (11)'朝鮮政府와의 假條約締結件'(機密 第173號 本97, 1894년 8월 25일), 大鳥→陸奧.

요즈음 조선의 형세가 앞서 진술한 바와 같은 방향으로 기울어진 이상, 이후 우리가 취할 정책을 어떻게 정할 것인가, 이에 대해 저의 천박한 생각으로는 아래와 같습니다.

제1. 외국에 대해 끝내 조선의 독립을 보장할 것. 오늘날의 형편상 조선을 은연중에 우리 보호 아래 두고 우리가 이를 도와서 독립의 기초를 굳히게 함은 기호지세騎虎之勢라 중도에 그만둘 수 없는 형편입니다. 이번에 우리 목적을 달성하기 위해서는 양국 간에 비밀군사조약을 체결하여 조선의 육해군을 필요에 따라 어느 때든지 우리가 사용할 수 있도록 약속을 할 것.

제2. 될 수 있는 대로 조선관리의 마음을 회유해 그들로 하여금 만의 하나라도 다른 외국으로 마음이 기울어질 걱정이 없게 할 것. 조선정부는 이미 개혁파의 손아귀에 들어와서 모든 일에서 우리의 권고를 받아들이는 경향에 있는 이상, 우리가 이에 강경하게 대하는 것은 적절한 방법이 아니다. 요컨대 우리가 조선을 다루는 관대함과 엄격성의 정도는 종전에 청나라가 조선을 다루던 정도와 비교하여 한층 조선을 이롭게 하는 것을 생각하지 않으면 안 된다. 그렇지 않으면 조선의 군신은 그 고민을 견디지 못해 마침내는 제3자에게 의뢰하게 될 것이다.

제3. 조선의 외교사무에 대해 특히 주의를 기울여, 앞으로 각국과 성가신 문제가 생기지 않도록 예방할 것. 외채 상환 등으로 인해 돈이 필요할 경우에는 일시 이를 대체해야 할 필요가 생길 것이라 사료됨.

… 이 방법들은 앞으로 우리의 대한정략對韓政略을 정하는 데에 관한 비견鄙見을 진술한 것입니다. 아울러 참고로 열람해주시기를 바랍니다. 특히 앞으로 조선을 어떠한 지위에 둘 것인지, 우리 일본은 어떠한 지위에 설 것인지, 물론 이에 대해 일정한 조정의 계산이 있다고는 생각합니다. 그러나 비견으로는 조선을 독립국으로 올려 세워 적어도 이 국가가 혼자 걸어나갈 실력을 갖기까지는 우리의 보호 아래 두고 만사를 부지扶持해 주는 것 외에 길이 없다고 생각합니다.[8]

오오토리는 조선정책의 세 가지 방안을 제시하고 제1의 보호국화 방안("제1. 외국에 대하여 끝내 조선의 독립을 보장하고 오늘날의 형편상 조선을 은연중에 우리 보호 아래 두는 것")을 권고하고 있다. 즉, "조선을 독립국으로 올려 세워 적어도 이 국가가 혼자 걸어나갈 실력을 갖기까지는 우리의 보호 아래 두고 만사를 부지해주는 것 외에 길이 없다"는 것이다.

이 권고에 응해 1894년 8월 17일 무쓰 외무대신은 갑·을·병·정 4개 방안을 내각회의에 제출하고 결정을 촉구한다.

(갑) 일본정부는 이미 내외에 조선이 독립국임을 표명했고, 또 그 내정을 개혁시킬 것을 선언했다. 금후 일청日淸 양국 간의 교전이 종결되어 우리가 승리하든 아니면 우리가 패하든 우리는 계속해서 조선의 자주를 인정할 것이며, 장래 그 나라의 운명은 그 자력에 일임케 한다.

(을) 장래 조선을 명의상 하나의 독립국으로 만들기 위해 직접 또는 간접으로 영구히 또는 장기간 동안 그 독립을 보익保翼·부지해 타他의 모侮를 막는 노력을 한다.

(병) 조선은 도저히 자력으로 독립을 유지하지 못하므로 일본이 직접이든 간접이든 간에 관계없이 단독으로 조선의 독립을 보호하는 책임을 지는 것이 득책이 아니라면 이미 영국정부가 일청 양국에 권고한 것과 같이 장래 조선영토의 보전은 일청 양국이 이를 담당할 것을 약정한다.

(정) 조선이 자력으로 독립을 할 수 없는 데 대해 우리나라가 단독으로 이를 보호함도 득책이 아니고 또 일청 양국이 그 나라의 영토의 보전을 담당함도 머지않아 피차 공존할 희망이 없다고 한다면, 장차 조선국을 유럽에서의 벨기에·스위스와 같이 각 열강국들의 담보하에 중립국으로 한다.[9]

---

8) 『일관기록』, 十.諸方機密公信往 二, (10)'7월 23일 事變前後에 취한 방침의 개략과 장래에 대한 鄙見 內申'(機密第146號 本86,1894년 8월 4일), 大鳥→陸奧.

9) 무쓰무네미쓰, 『건건록』, 162-163쪽 및 168-172쪽; 日本外務省 編, 『日本外交文書』[第27

을乙책('조선독립의 영구적 또는 장기적 보익保翼책')은 보호국화 정책을 미화해서 우회적으로 표현한 것인데, 무쓰는 을책을 집행할 때 생길 수 있는 타국의 비난과 왜국의 조선방어·보호 능력 여부 등 두 가지 현실적 문제점을 적시했다.[10] 무쓰는 각의에 위 네 가지 방안 중의 하나를 결정할 것을 촉구했다. 하지만 당시는 청일전쟁의 승패가 분명치 않았기 때문에 일본각의는 확고부동한 방침을 결정하지 못했다. 이에 무쓰는 을책, 즉 보호국화 정책을 잠정정책으로 설정하고 다른 날 각의를 열어 최종안을 결정하기로 했다. 따라서 당분간 왜국은 '보호국화 정책'을 잠정적 공식정책으로 삼아 이 정책을 '임기응변책'으로 집행한다.[11]

2) 오오토리에 의한 보호국정책의 집행시도

이 잠정적 조선보호국화 정책의 최초 집행은 오오토리에게 맡겨졌다. 오오토리는 김홍집괴뢰정권과 비밀 교섭을 벌여 1894년 8월 20일 (1) 조선정부가 일본정부의 권고에 따라 내정개혁을 실시하며 (2) 경부·경인철도 부설권 및 경부·경인 군용전신선 관할권, (3) 목포(또는 고부) 개항과 전라도연안 이권을 일본에 양여하는 것을 보증하고, (4) "일본정부가 평소 조선국을 도와서 독립과 자주의 대업을 성취하게 할 것을 바라기 때문에 장래에 조선국의 독립과 자주를 같이 공고히 하는 것은 상호 관계된 일이고 마땅히 양국정부가 따로 파견하는 관원이 회동·타협해 의제를 결정한다"는 것을 골자로 하는 「조일잠정합동조관」(일명 '가조약')을 강취해냈다.[12] 여기서 "양국정부가 따로 파견하는 관원이 회동·타협하여 의제를 결정한다"는 구절은 조선독립과 내

---

卷 第II冊)], 647-649쪽.

10) 무쓰무네미쓰, 『건건록』, 169-170쪽.

11) 무쓰무네미쓰, 『건건록』, 163-164쪽.

12) 『高宗實錄』, 고종31(1894)년 7월 20일(갑오).

정개혁을 구실로 바로 고문정치의 발판을 만든 것이다. 또 8월 26일에는 청일전쟁 중 조선이 일본의 동맹국으로서 "일본국이 청국에 대한 공수쟁전攻守爭戰을 담당할 것을 승인했으므로, 군량 등 제반사항을 미리 주선하고 반드시 도움과 편의를 양여하는 데 힘을 아끼지 말아야 한다"는 내용의 「조일맹약(조일동맹조약)」을 강취했다.[13] 이와 별도로 그는 8월 19일 김윤식 외무대신의 "시정고문 및 군사교관 선빙의뢰 조회"를 전후해 8월 15일과 26일 군국기무처의 의안으로 일본인 고문관과[14] 군사교관을[15] 조선정부의 각 아문과 친위영('교도중대') 훈련에 배치한다는 정부결정을 강취했다. 이것으로써 오오토리는 조선을 일본의 보호국으로 만드는 데 필요한 법적 기반을 대내외적으로 마련했다.

일본정부는 고문관 초청의 내규를 준비하고 조선정부로 하여금 고문관 초빙의 공문을 다시 내게 했다. 그러나 오오토리는 8-9월에 청일전쟁의 추이가 불투명했기 때문에 보호국화 정책의 추진을 주저하고 지연시켰다. 그는 평양회전(9월 15-16일)에서 일본이 승리한 뒤인 9월 28일에야 조선정부로 하여금 고문관 초빙독촉 공문을 다시 내게 했

---

13) 『高宗實錄』, 고종31(1894)년 7월 22일.

14) 『高宗實錄』, 고종31(1894)년 7월 14일: 「各部各衙門通行規則」. "제37조. 각부 각아문에 혹 고문위원이 요구되는 경우 그 사항을 의회에 제출하여 재가를 신청한다." 『高宗實錄』, 고종31(1894)년 7월 15일: "각부 각아문에는 각각 외국에서 고용한 관원 1명을 두어 고문에 대비합니다". 『高宗實錄』, 고종31(1894)년 8월 6일: 「軍國機務處 議案」. "각부 각아문에서는 사무를 처음 시작하는 경우 고문의 도움을 받아야 하므로 외국인들을 고용하는 것을 조금도 늦출 수 없습니다. 외무아문에서 서둘러 기한을 정하여 초빙하도록 하겠습니다".

15) 김홍집내각은 음력 7월 26일(양력 8월 26일) "친위영을 장차 설치할 것인데 하사관을 교련 육성하는 문제가 가장 긴요하다. 재주가 있고 건강한 사람을 200명에 한해 선발하고 교사敎師를 초빙하여 착실히 훈련시키도록 한다"는 의안을 의결했다. 『高宗實錄』, 고종31년(1894)년 7월 26일; 황현, 『오하기문』, 210쪽: "친위영을 설치함에 하사관 교육·양성이 시급함으로 마땅히 힘이 세고 건강한 사람 200명을 선발하고 교관을 초청하여 진짜 훈련을 받도록 한다." 교관으로 고빙된 사에키코레타카(佐伯惟孝) 대위, 시라키세이타로오(白木誠太郞) 중위, 미야모토다케타로오(宮本竹太郞) 소위 등은 221명을 선발하여 1개 중대를 조직하고 '교도중대'라 칭하고 이후 매일 하사 이하 병사들을 30명 단위로 훈련을 시켰다. 박종근, 『淸日戰爭과 朝鮮』, 97, 216쪽.

다.[16] 오오토리의 이러한 주저와 지연으로 인해 그에 대한 각처의 불만이 누적되어 무쓰는 왜군이 평양회전과 황해해전에서 대승을 거둔 후 보호국화 정책을 가속화하기 위해 10월 15일 오오토리 공사를 경질하게 된다.

## 제2절 '사실상의 통감' 이노우에와 보호국화 정책의 본격화

이토히로부미 총리와 무쓰 외상은 10월 15일 스스로 자천한 자신의 선배 이노우에를 조선주재 특명전권공사로 임명했다.[17] 이렇게 하여 이토 총리 - 이노우에 공사 - 야마가타아리토모 조선주둔군 제1군 사령관이 모두 옛 죠수(長州)번(폐번치현 후 야마구치[山口] 현) 출신으로 연결되어 보호국화 정책 추진을 위한 유기적 지휘체제가 구축되었다. 이를 배경으로 이노우에는 고문정치에 의한 보호국정책을 강력하게 밀어붙인다.

이노우에는 부임 당시 수행원 8명을 대동하고 1894년 10월 27일 입경해 다음 날 10월 28일(음력 9월 28일) 고종을 알현하고[18] 다음과 같은 일왕친서를 봉정했다. "짐은 … 이제 특별히 종2품 훈일등 백작 이노우에가오루(井上馨)를 간파簡派해 특명전권공사로서 궐하闕下에 주차하도록 명합니다. … 그러므로 짐은 그가 때때로 폐하의 자순諮詢에 응하고 귀국 정신廷臣의 모의謀議에 참여함으로써 굉유宏猷를 광익匡翼할 것을 확신합니다. 바라옵기는 폐하가 그를 수시로 인견하시어 그의 주문奏聞을 들으시기 바랍니다."[19] 이 친서를 보면 이노우에는 피

---

16) 박종근, 『清日戰爭과 朝鮮』, 168쪽.

17) 무쓰미네무쓰, 『건건록』, 167쪽.

18) 『高宗實錄』, 고종32(1894)년 10월 28일.

보호국 조선국의 국왕의 고문관 역할로 파견된 것이다. 이 역할에 합당하게 그는 ① 조선정부와 체결할 각종 조약의 협상체결권,[20] ② 서울주재 왜군수비대 제18대대의 지휘권,[21] ③ 조선정부에 고용될 일본인 고문관 선발권,[22] ④ 조선정부 공여용 차관 주선권[23] 등과 관련된 전결권을 부여받고 내한來韓했다.

1) 중앙권력의 개편과 통감감독체제의 수립

이노우에는 서울에 도착 직후(10월 28일) 가진 고종과의 첫 알현에서 자신을 '일반 공사'가 아니라 '국왕과 정부의 고문관'으로 대해줄 것을 요구했다. 그는 그 자리에서 "금후 그대를 고문관으로서 종종 인견할 것"이라는 약속과 동시에 "정부대신과 교섭해 격의 없이 필요한 권고와 패익稗益을 줄 것을 바란다"고 하여 조선정부에 대한 그의 자문권까지 강취해냄으로써 조선의 국정에 깊이 간섭할 수 있는 '국왕의 최고고문관'으로 자처하게 되었다.[24] '국왕의 최고고문관'이란 실은 이전의 대원군 같은 '섭정자'이지만 외국인이므로 사실상 보호국의 '통감統監'을 말하는 것이다.

일본은 이후 이노우에 공사를 통해 조선독립의 수호와 내정개혁

19) 일본국립국회도서관 헌정자료실 소장, 『陸奧宗光文書』 74-79, #256314.8.

20) 『日韓外交資料集成(4)』, 247쪽.

21) 『일관기록』, 五.機密本省及其他往來. (66)'公使館守備兵 派遣通知의 件'(機密送第80號, 1894년 11월 1일), 陸奧→井上馨. "귀 공사관의 수비병 파견의 건은 거듭 전신으로써 말씀드렸던바, 그것에 대하여 大本營에서 제1군사령관과 후비보병 제18대대장에게 명령서를 첨부하여 참모총장 궁宮께서 본 대신에게 통지하신 취지가 있어서, 이상 통지서와 함께 명령서사본을 유의하시도록 회부합니다. 敬具. 1894년 11월 1일." 별지: '後備步兵第18大隊長에 대한 訓令' (秘)參命第131號(1894년 10월 28일). "1. …. 2. 귀관은 경성에 도착할 때부터 특명전권공사 이노우에가오루의 의사를 받아 조선에 있는 일본공사관과 경성에 있는 일본영사관 그리고 거류민보호를 맡고 병력으로 동관의 對韓사업을 원조하는 책임을 질 것. 3. …. 4. … 대본영."

22) 『日韓外交資料集成(4)』, 160-161쪽.

23) 『日韓外交資料集成(4)』, 160-161쪽.

24) 『日韓外交資料集成(4)』, 178-179쪽.

김홍집-박영효 연립내각(제2차 김홍집내각)
(1894년 12월 17일 ~ 1895년 5월 31일)

총리대신 김홍집 (유임)

| | | | |
|---|---|---|---|
| 내무대신 박영효 | (신규) | 협판 | 이중하 |
| 외무대신 김윤식 | (유임) | 협판 | 이완용 |
| 탁지대신 어윤중 | (유임) | 협판 | 안경수 |
| 군무대신 조희연 | (신규) | 협판 | 권재형 |
| 학무대신 박정양 | (유임) | 협판 | 정경원 |
| 법무대신 서광범 | (신규) | 협판 | 고영희 |
| 공무대신 신기선 | (신규) | 협판 | 김가진 |
| 농상대신 엄세영 | (유임) | 협판 | 이채연 |
| 경무사 | | | 윤웅렬 |

지원이라는 명분 아래서 보호국화 정책을 추진한다. 이노우에가 1894년 11월 20·21일 어전회의에서 강요한 「20개조개혁안」 속의 제18조 '고문관의 고빙'은 이 보호국화 정책을 표현한 것이다. 이노우에는 먼저 또는 이 개혁안 추진과 동시에 보호국화의 최대 방해물인 동학농민군과 궁정 내 저항세력을 섬멸코자 했다. 그는 우선 1894년 9월 4-5일경 사면을 받은 뒤 서울에 나타나 준동하며 국왕에게 과격한 진언을 했다가 '기다리라'는 왕명을 받은 뒤 인천에 숨어 지내던[25] 박영효를 수차례 고종에게 소개해 화해시켜 14일 복작復爵을 받아내고 미국에서 일본으로 건너와 동경에 체류하던 서광범도 불러들여 같은 날 사면시켜 첨지중추원사를 제수하게 했다.[26] 그러고는 1894년 12월

25) 참조: 『일관기록』, 四.機密諸方往 一, 1)'大闕 내 風聞에 대한 美·露 兩公使의 談話 및 朴泳孝의 任官 件'(機密第180號 本103, 1894년 9월 8일), 大鳥→陸奧.

26) 『官報』, 朝鮮國開國 503년 11월 13일(양력 12월 9일): "전교傳敎 - 고故 상신相臣 홍형목

17일 김홍집으로 하여금 군국기무처를 폐지하게 하고 박영효와 서광범에게 내무부와 법무부를 맡겨 개각하고 '김홍집-박영효 연립내각'을 출범시켰다.[27]

이노우에가 신기선과 김가진·윤웅렬·이완용을 신규 입각시키고 박정양을 유임시킨 것은 고종이 신임하는 별입시(신기선)와 정동파(박정양·김가진·윤웅렬·이완용)를 배려한 것이다. 이것은 그가 군국기무처를 "실행 불가능한 법안만을 남발했다"고 비난하고[28] 군국기무처를 폐지하고 왕권을 높이는 듯한 제스처의 일환이었다. 왕권을 높여야만 '국왕의 고문관' 또는 '사실상의 통감'으로서 이노우에 자신의 지위를 높일 수 있기 때문이다.

1894년 12월과 1895년 2월 사이의 시기에 절정에 달했던 이노우에 권력지위의 통감적 성격에 대한 비근한 사례는 '4협판임명 취소' 사건일 것이다. 11월 27일 이노우에는 국왕에게 "국왕이 각 대신을 소집하시는 날에는 자신도 그 자리에 참석하게 해줄 것"과 "같은 생각을 가진 사람들을 모두 대신·협판으로 임명할 것"을 요구했는데, 당일 국왕은 전격적으로 "탁지협판에 한기동, 법무협판에 이건창, 공무협판에 이용식, 농상협판에 고영희를 임명했다"고 항의했다. 이것은 고종이 왕권회복 차원에서 대원군과 이노우에가 어떻게 나오는지 관찰하기 위해 국왕의 전권으로 협판을 임명해보자는 민왕후 측 사람인 전 병

---

(홍영식의 망부), 고 판서 박원양(박영효의 망부), 고 참판 서상익(서광범의 망부) 등을 모두 관작에 복귀시킨다. 전교 - 전前 금릉위錦陵尉 박영효에게 직첩職牒을 다시 내린다. 그의 죄를 사면하여 서용敍用한다. 전교 - 이제 겨우 처분을 내렸으나 동일시하는 입장에서 달리 처리할 수는 없으므로 그 사건이 갑신년에 해당되는 죄인들은 죄명을 모두 제거해주고 멀리 유배된 사람들도 모두 방면하여 조정의 관대한 뜻을 보인다." 또 『일관기록』, 六.內政釐革의 件 一, (14)'朴泳孝 復爵과 甲申罪犯赦免 및 金玉均의 妻·女 發見의 件'(發제130號, 1894년 12월 21일), 井上→陸奧.

27) 『일관기록』, 一.通常報告 附雜件, (18)'朝鮮 新內閣組織의 件'(機密第219號, 1894년 12월 20일), 井上→陸奧.

28) 일본외무성 편, 『日本外交文書』[27권 II책], 9쪽, 104-105쪽.

조판서 민영소의 권고를 받아들여 이렇게 조치한 것이다. 이것을 알고 이노우에가 취소하라고 김홍집을 협박하자, 김홍집은 이를 수용하고 총리·외무·탁지대신은 국왕의 뜻으로 4협판임명을 잘못된 것으로 "사과"했다. 그러나 이노우에는 이 사과를 받아들이지 않고 개혁지원을 중단하고 동학군을 토벌하기 위해 야전에 나가 있는 왜군을 서울로 철수시켜 왜성대와 왜인거류지만 지키게 하고 동학농민군에 의해 서울과 궁궐이 유린되도록 방치할 것이라고 계속 위협했다. 이에 고종은 이노우에를 불러들여 "앞서의 4협판의 임명은 잘못되었고 이후 결코 왕비가 정무에 간여하지 못하게 하겠다"고 몇 번이나 직접 사과하고 약속해야만 했다.[29] 이것은 이노우에의 지위와 권력이 조선국왕보다 훨씬 위에 있어 을사보호조약 체제에서의 '통감'만큼 셌다는 것을 보여준 전형적인 사례다.

그러나 이것은 동시에 내정간섭의 강도와 포괄성을 보여준 사건이기도 했다. 따라서 이 사건은 일제의 내정간섭 사실을 국제세계에도 알리게 된다. 그리하여 서울주재 러시아공사 베베르는 말할 것도 없고 프랑스공사 르페브르(G. Lefévres)도 이 내정간섭 문제의 심각성을 느끼고 본국에 조선국왕이 "잘못을 인정하고 공개 사과를 했다"는 사실과 함께 "정치적으로 일본의 내정간섭이 갈수록 확실해진다"고 거듭 보고할[30] 정도였다. 이노우에는 조선 중앙권력의 3권을 한 손에 틀어쥔 것이다.

나아가 이노우에는 이 김홍집-박영효 연립내각과 왜군을 움직여 밖으로 동학농민군을 '토벌'하는 한편, 박영효와 서광범을 이용하여

---

29) 『일관기록』, 六.內政釐革의 件 一, (6)'朝鮮政況 보고에 관한 件'(1894년 12월 28일), 井上→陸奧; 국사편찬위원회 편역, 『프랑스외무부문서(7) - 조선 VI 1895-1896』(과천: 국사편찬위원회, 2008), 8-9쪽(3. 조선주재일본공사의 내정개입 - 첨부1 '조선왕에 대한 신임 일본대표의 정책', 1895년 1월 20일).

30) 『프랑스외무부문서(7)』, 7-9쪽(3. 조선주재 일본공사의 내정간섭, 1895년 1월 20일)과 40쪽(11. 일본의 조선내정간섭 심화 보고, 1895년 5월 9일).

보호국화의 권내 장애물인 대원군과 이준용 및 정부 내의 그 당여 20여 명을 동학당·청국과의 내통 및 역모로 몰아 제거했다. 그리고 이노우에는 「20개조개혁안」의 '(17조) 군국기무처의 조직·권한 개정(폐지)' 규정과 『홍범』 제3조("임금은 정전에 나와서 시사視事를 보고 정무를 직접 대신들과 의논하여 재결裁決하며 왕비나 후궁, 종친이나 외척은 정사에 관여하지 못한다")로 고종을 높임과 동시에 자신을 '국왕의 최고고문관(사실상의 통감)으로 자임하며 국왕을 자신의 '수하手下'로 만들고 민왕후의 국정참여를 봉쇄해버림으로써 장애물들을 다 없애고 보호국화 추진을 위한 중앙권력구조를 구축했다.[31]

2) 고문정치체제의 수립

그다음 이노우에는 김홍집·박영효 연립정부를 움직여 고문정치체제를 구축했다. 그는 1894년 10월 27일 입경한 날 외무대신 김윤식을 만나 고문관 초빙을 강조했지만, 김윤식은 10여 년 전부터 외국인 고문관을 고용해왔으나 이들이 조선에 아무런 이익도 주지 않았음을 들어 이에 소극적인 태도를 보였다. 그러나 이노우에는 다음 날부터 이틀에 걸쳐 국왕을 알현한 자리에서 「20개조개혁안」의 시행을 강취함으로써 제18조의 고문관 채용 구절까지 일괄 승인받았다.

이에 따라 이노우에는 1894년 11월 21일 국왕에게 개혁안의 제18조를 설명할 때 경찰고문에 타케히사코쿠조오(武久克造) 일본공사관 경시警視를 고문관으로 채용할 것을 요구해 즉석에서 허락을 받아낸 것을[32] 시발로 1895년 4월까지 김홍집-박영효 연립내각을 조종해 각 부에 일본 고문관들을 배치하기 시작했다. 내각 법제국에 이시즈카히

---

31) 그러나 유영익은 이런 정황을 "井上공사는 對열강관계를 고려하여 고종을 복권시키고 고종과 민비에게 회유책을 썼다"고 호도하고 있다. 柳永益, 『甲午更張硏究』, 83쪽.

32) 『일관기록』, 八.和文電報往復控 追加, (232)'武久警視를 朝鮮政府의 경찰고문으로 하는 件'(1894년 11월 28일), 井上→陸奧; 日本外務省 編, 『日本外交文書』[27권 II책], 501쪽.

데조오(石塚英藏) 전 일본내각 법제국 참사관, 내무부에 사이토오슈우이치로(龜藤修一郎) 전 농상무차관, 법무부에 호시토루우오(星亨), 군무부에 구스노세유키오(楠瀨幸雄) 일본공사관 무관(육군중좌), 궁내부에 오카모토류노스케(岡本柳之助) 전 포병소좌, 탁지부에 니오코레시게(仁尾惟茂) 전 대장성 주세관을 초빙하게 했다. 그리고 '고문관보좌관'으로 5명을 더 고빙했고, 5월경에는 농상공부, 학부 등에도 고문이 더 고빙되어 일본고문단은 47명에 달하게 되었다.[33]

고문관은 단순한 고문관이 아니라 강력한 권한을 가진 권력자였다. 이노우에는 2차 김홍집괴뢰내각으로 하여금 1895년 4월 23일 「각대신규약조건」을 제정하도록 하여 다음 세 가지 권한을 고문관들에게 부여했다. 첫째, 각부에서 각령·부령·청령·훈령 등을 발할 때는 그 안을 협판에게 제출하기 전에 반드시 고문관의 사열査閱을 받아야 한다. 둘째, 접수·발송하는 모든 공문과 서류도 고문관의 사열을 받아야 한다. 셋째, 고문관은 각의에 참석하고 발언할 수 있다.[34] 따라서 국가의 모든 일은 고문관의 손을 거치고 모든 국가비밀도 일본 측에 다 넘어가게 되었다. 고문관의 이 '사열' 권한은 어느 정도였을까? "정책기안과 시행령을 일일이 간섭해 제정하거나 수정할 수 있다는 의미는 아니었을 것"이고 따라서 "일본인 고문관들이 실제 정책실시 과정에서 행사할 수 있는 권한과 역할은 매우 미미했을 것"이라는 추정도 있지만[35] 이것은 안이하고 피상적인 이해일 뿐이다. 여기서 본질적인 것은 어떤 정책과 법령의 기안이든 일본의 권위와 이익을 증진시키거나 적어도 일본의 권익에 저촉되지 않아야 하고, 그렇지 않은 법안과 정책방안은 모조리 폐기되거나 수정되어야 한다는 것이다. 따라서 고

---

33) 박종근, 『淸日戰爭과 朝鮮』, 168-169쪽; 왕현종, 『한국 근대국가의 형성과 갑오개혁』, 189쪽.

34) 송병기·박용옥·박한설 편, 『韓末近代法令資料集(I)』(서울: 대한민국도서관, 1971), 286-287쪽(1895년 4월 23일).

35) 왕현종, 『한국 근대국가의 형성과 갑오개혁』, 192-193, 194쪽.

문관의 사전검열 때문에 모든 정책이나 법령은 기안단계에서부터 '알아서 기어야' 하는 것이었다.

또한 고문관의 높은 봉급은 조선정부를 짓누르기 시작했다. 문무관의 봉급을 3-4개월씩이나 체불하고 구미인 고문관들의 봉급을 5개월씩이나 체불할 정도로 조선의 재정상태가 곤궁했음에도 불구하고 일본인 고문관의 연봉이 3,600원에 달했다. 심지어 일개 법률고문 서기생이 1,200원의 연봉을 받아 아무 부족함이 없는 생활을 할 정도였다. 그리하여 1896년 예산안에서 고문관 이하 일본인 봉급은 64,620원에 달해서 법부예산(47,240원)을 상회했다. 서구열강의 비위를 건드리지 않기 위해 이노우에가 해고를 유보한 기존의 구미인 고문관들까지 포함한 전체 고문관 봉급예산은 109,250원에 달했다. 반면, 조선인 총리대신의 연봉은 4,800원, 대신은 3,600원, 협판은 2,400원에 불과했다. 고문관들의 봉급예산 부담은 조선의 취약한 재무구조를 더욱 악화시켰다.36)

일본인 고문관들은 남아 있는 법률고문 그레이트하우스(C. Greathouse), 외교고문 르장드르(C. LeGendre), 군사고문 윌리엄 다이(William McEntyre. Dye), 닌스테드(Ferdinand Nienstead), 학부고문 핼리팩스(T. E. Halifax), 허치슨(W. D. Hutchison), 총세무사 브라운(McLeavy Brown) 등 구미인 고문관들과 나란히 근무했지만, 양자 간에 그 권한과 지위는 완전히 달랐다. 첫째, 구미인 고문관은 조선정부가 임의로 고빙했고 임의로 해임할 수 있는 반면, 일본인 고문관의 고빙은 일본공사로부터 강요당했다. 또 일본인 고문관의 해임은 일본공사의 동의를 얻어야 했다. 둘째, 구미인 고문관은 본국의 의사에 구속당하지 않는 반면, 일본인 고문관은 일본공사의 지시에 복종했다. 셋째, 구미인 고문관은 조언자인 반면, 일본인 고문관은 감독관이었다. 이런 까닭에 조선관민은 일본인 고문관

36) 박종근, 『淸日戰爭과 朝鮮』, 170쪽.

을 지극히 증오했다. 조선인들은 일본인 고문관을 "사갈蛇蝎같이 미워하고", 국왕은 이들을 가리켜 "역적이라는 말을 입 밖에 내는 일이 종종 있을" 정도였다.[37] 이 일본인 고문관들 중 오카모토, 쿠스노세 등 다수는 다음 해 10월 민왕후 시해에 가담한다.

3) 300만 원 차관에 의한 조선정부의 경제적 속박

이노우에는 조선의 열악한 재정사정을 기화로 조선을 일본 차관으로 구속해 보호국화를 굳히고 이 차관을 장래 조선을 두고 다툴 때 선점의 근거로 삼을 경제적 토대를 놓고자 기획했다. 이노우에는 이미 1894년 12월 4일 "영국이 이집트에 자본을 투자하여 실리적 관계에서 그 기반을 독점함"으로써 "이집트에 마음대로 간섭할 수 있는 구실"을 만들었듯이 "현재와 같은 기회를 틈타서 조선에서의 일본제국의 위치를 공고히 해두는 것이 상책"이고 "군사전략적 관계와 실리적 관계에서 일본제국의 기반을 공고히 해두는 것이 한정韓廷에 대해 최후 수단을 취할 수밖에 없을 경우를 대비해서 가장 필요할 것"이라고 확신했다. 그는 이를 위해 조선정부에 500만 원의 차관을 공여할 것을 본국에 요청했다. 그는 "은화 또는 지금地金(제품으로 만들거나 세공하지 않은 황금)으로 500만 원을 대여하고 전라·충청·경상 3도의 조세를 담보로 충당하고 이의 원리금이 완제될 때까지 3도의 세무와 기타 지방사무의 감독자로서 각 도에 일본인을 초빙 고용하게 하고, 단 원리금은 해마다 분할해서 3도의 조세로 상환하고 나머지는 조선정부의 세입으로 하는" 방안을 제시했다.[38]

그러나 조선정부의 재정궁핍의 근본원인은 바로 왜군이 일으킨 왜란과 고문관 봉급 때문이었다. 이노우에는 스스로 열악한 조선경제와

---

37) 『東京經濟雜誌』 제34권, 715쪽. 박종근, 『清日戰爭과 朝鮮』, 173쪽에서 재인용.

38) 『일관기록』, 七.內政釐革의 件 二, (10)'內政改革에 관한 貸付金에 대한 上申'(1894년 12월 4일), 井上→陸奧.

재정궁핍의 원인을 이렇게 본국에 분석·보고한다.

> 현재의 형세를 볼 것 같으면, 정부의 금고는 텅 비어 있고 왕실의 경비를 비롯하여 군인들에게 주어야 할 급료에 이르기까지 지불할 능력이 없고 군인들에게 급료를 주지 못한 지도 이미 4개월이 됩니다. 그리고 경무청에 드는 비용 같은 것은 각 대신들의 월급의 반액으로 이를 겨우 꾸리는 형편에 있습니다. 사세가 이러한 형편이므로 새로 건설해야 할 학교와 신식훈련을 해야 할 군대 등은 물론이고 불필요한 구 관원을 도태하는 것까지 모든 것이 새로운 훈련에 착수할 수 없는 상황에 놓여 있습니다. 또 눈을 돌려 앞날을 내다볼 때 조선의 곡창이라 칭하는 경상·전라·충청 3도가 (일본군과 싸우기 위해 일어난) 동학당 때문에 유린되고, 황해·평안 2도가 일청전쟁과 동학당 때문에 거의 황폐화되고 나머지는 경기·강원·함경 3도에 불과하나, 그중 함경도의 조부租賦는 매년 북쪽 국경의 방비에 충당하고 강원도의 각지 역시 동학당에 속하므로 결국 남은 곳은 경기도 1개 도에 불과한 꼴이 됩니다. 이런 때 매년 500-600만 원이 소요되는 이 정부의 경제가 어떻게 유지되어 나갈 수 있겠습니까.[39]

재정상황이 이런 지경에 이르러 문무관과 군대의 봉급체불로 인해 이들이 소요를 일으킬 우려가 큰 상황이었다. 조선의 이런 재정상황을 이유로 이노우에는 1894년 12월 27일 500만 원 공채발행을 통해 조선정부에 차관을 공여해줄 것을 거듭 요청한다. "만약 이대로 방치해두게 되면 관리들은 잡념을 가질 것이며 군인들은 난동을 부리게 되어 지리멸렬, 수습이 불가능한 지경에 빠지게 될 것이므로 우리 정부가 세계에 대고 공언한, 조선독립을 도와 그 내정을 정비한다고 말한 것이 결국 그 결실을 보지 못하게 될 뿐만 아니라 한층 더한 멸렬

---

39) 『일관기록』, 八.鐵道·電線·開港 貸金公債 上, (3)'朝鮮政府에의 貸金 件'(機密第228號, 1894년 12월 27일), 井上→陸奥.

을 초래하게 될 뿐일 것으로 매우 우려되는 바입니다. 따라서 지난번에 … 의견서에서 말씀드린 500만 원 대부 건을 부디 주선해주셨으면 합니다. 이는 매우 큰 금액이라서 이 일을 일본은행 또는 정금正金은행과 상의하거나 또는 일본 국내에서 조선의 국채를 모집하는 두 길밖에 없을 것입니다. 그러나 이를 저당 잡아 정부가 전적으로 개입해 보호한다는 점에서 생각한다면 가능한 한 은행으로 하여금 이를 대출하게 해야 합니다. 또한 위 500만 원은 한꺼번에 필요한 것이 아니고 다만 최고액을 표시했을 따름이며 조선정부의 필요에 따라 50만 원 또는 100만 원씩 점차적으로 대출하고 이를 기금으로 하여 지폐를 발행시켜서 국용國用에 제공하려는 생각이며, 1년여에 걸쳐 앞에 말한 금액에 도달해도 지장이 없을 것입니다. 따라서 위 대부貸付의 일은 꼭 배려해 지급으로 회답해주시기 바랍니다."[40] 당시 조선정부의 1년 예산은 500-600만 원에 달했으므로 이 500만 원이라는 금액은 거의 1년 예산을 보내달라는 요청이었다.

그러나 일본정부는 이노우에의 거듭되는 요청에 차관을 검토하기는 했으나 갑오왜란과 청일전쟁의 양면전쟁을 치르는 데 들어가는 천문학적 전쟁비용으로 인해 재정적으로 여유가 없었다. 그리하여 일본정부는 500만 원을 300만 원으로 깎는 결정을 내린다. 일본정부는 각의를 열어 "우리 제국이 훗날 조선의 점령 또는 분할을 두고 다툴 때가 도래할 경우에 다액의 대금은 우리의 권리의 근거가 되므로" 이노우에 제안의 약 절반인 "3백만 엔"을 대여하고 그 저당에 대해서는 이노우에의 의견을 참작하기로 결정했다.[41] 그리하여 무쓰는 이노우에에게 "귀관의 조선정책안과 관련해 본관은 총리대신과 협의해 귀관의 의견이 최대한으로 실현될 수 있도록 최선을 다하고 있다"는 전문

40) 『일관기록』, 八.鐵道·電線·開港 貸金公債 上, (3)'朝鮮政府에의 貸金 件'(機密第228號, 1894년 12월 27일), 井上→陸奧.

41) 『陸奧宗光關係文書』, 74. 박종근, 『淸日戰爭과 朝鮮』, 166쪽에서 재인용.

을 보냈다. 그러나 여기에 "현재 의회가 휴회 중이고 내각원이 바쁜데다 (제일은행 두취頭取) 시부사와에이이치(澁澤榮一)는 병중이며 (일본은행 총재) 가와다고이치로(川田小一郎)는 여행 중이므로 (당장은) 확답할 수 없다"는 단서를 붙였다.[42]

무쓰는 이후 주요 은행장들과 만나 조선공채를 맡아줄 것을 당부했으나 은행 측의 반응은 일부가 출자를 아예 거부하는가 하면 다른 은행들은 연 10%의 고율이자를 고집했고,[43] 조선정부의 지폐발행 중지, 전라·충청·경상도 삼남지방의 조세를 차관의 담보로 요구했다.[44] 조선정부는 공채모집, 삼남조세 담보 등에 반대하고 부산·인천 관세를 담보로 내놓았다. 이런저런 갈등으로 차관교섭은 자꾸 지연될 수밖에 없었다. 일본정부, 은행단, 이노우에, 조선정부 간의 긴 줄다리기 끝에 이 차관안은 2월 23일 일본의 중의원과 귀족원을 통과했다.

하지만 고종과 민왕후의 대對러시아 외교공작으로 러시아가 조기 개입함으로써 삼남지방 조세담보 조건은 폐기될 수밖에 없었다. 후술하는 바와 같이 동경주재 러시아공사 히트로보(M. A. Хитрово)는 본국의 훈령에 따라 2월 14일 무쓰 일본외상을 내방하여 일본의 강화조건에 대해 질문했고,[45] 2월 24일에는 무쓰를 내방하여 "만약 일본정부가 명실상부하게 조선의 독립을 인정할 것을 선언한다면 우리 정부는 청국정부에 조선의 독립과 배상금·영토양여 및 장래 양국의 관계 등에 관련된 조약을 체결할 전권대신을 파견하도록 권고하겠다"는 본국의 전보훈령을 구두로 통지했다.[46] 청일전쟁을 열강외교계에 '조선의 독립을 위한 의전義戰'으로 속여온 무쓰 외상은 이에 놀라 2월 26일

---

42) 일본외무성 편, 『日本外交文書』[27권 II책], 122쪽.

43) 일본외무성 편, 『日本外交文書』[27권 II책], 318-319, 479-480쪽.

44) 스기무라후카시, 『재한고심록』, 188쪽.

45) 일본외무성 편, 『日本外交文書』[28권 II책], 698-700쪽, 702-703쪽.

46) 일본외무성 편, 『日本外交文書』[28권 II책], 703-704쪽.

이노우에 공사에게 "조선의 독립을 명실상부하게 손상시키지 말라는 일건一件은 모국某國 정부의 청구의 골자이므로 귀하의 대한對韓방책에 언제나 염두에 두어 그들에게 간섭의 구실을 주는 일이 없도록 충분히 주의하기를 바란다"는 훈령을 내리고,[47] 2월 27일에는 러시아 공사관에 "제국정부는 이에 일본국이 조선국에 대해 가지는 정략방침에 있어 변경이 없으며 제국정부는 명실공히 조선국의 독립을 인정할 것을 선언하는 데 주저치 않는다"는 구두각서를 전달할 수밖에 없었다.[48] 그러고는 같은 날 무쓰는 이토 총리에게 차관이 명목상 은행 돈이지만 실제로는 정부 돈이고 3도는 조선의 국토이기 때문에 3도의 조세를 담보로 설정하는 것은 "바람직스럽지 않다"는 의견을 개진하고 이노우에에게 이런 취지의 전언을 보내주기를 부탁했다.[49] 이에 이토는 이노우에에게 서구열강이 "주시"하고 있는 마당에 "이집트 운운의 의론議論"을 거두고 "국제상의 관계와 사법상의 계약의 차이를 혼동하지 말기 바란다"는 친서를 발송한다.[50]

이에 이노우에는 분개하여 3월 14일 아예 모든 차관 논의를 중단하고 조선문제를 "자연적 추세"에 맡겨버리자고 으름장을 놓는다.[51] 그러나 무쓰는 이런 대극적 처방을 받아들이지 않고 3월 23일 각 개항장의 관세를 담보로 300만 원 차관을 공여하는 것을 타결지으라고 훈령한다.[52] 이런 우여곡절 끝에 3월 30일에는 조선정부와 일본은행 사이에 (1) 300만 원(반은 은화, 반은 일본태환권)으로 연리 6%, 5년 기한으

47) 일본외무성 편, 『日本外交文書』[28권 I책], 34쪽.

48) 일본외무성 편, 『日本外交文書』[28권 I책], 705쪽.

49) 金正明 편, 『日韓外交資料集成』, 337쪽(명치28·1895년 2월 27일, 陸奥→伊藤).

50) 일본외무성 편, 『日本外交文書』[28권 I책], 349쪽.

51) 일본외무성 편, 『日本外交文書』[28권 I책], 350쪽.

52) 『일관기록』, 五.機密通常和文電報往復 一·二 第1冊, (28)'朝鮮政府에 대한 借款 件', 3)'朝鮮政府에 대한 借款 件' 3(1895년 3월 23일), 陸奥→井上; 金正明 編, 『日韓外交資料集成』, 358쪽(명치28·1895년 3월 23일, 陸奥→井上).

로 공여한다, (2) 3년 거치 후에 2년 동안 연 150만 원씩 상환한다, (3) 조선정부의 조세수입을 담보로 한다는 차관계약이 맺어졌다.[53] 개항장 관세수입을 담보로 하는 방안도 취소되었다. 조선정부가 해관海關수입을 담보로 하려고 하고 일본정부도 이를 승인했으나 해관수입은 다른 담보로 잡혀 있었기 때문이다. 그리하여 조선정부의 육내陸內조세수입에 대한 선취권을 담보로 설정하고 후일 해관의 다른 담보가 소멸되면 육내조세수입 담보를 해관수입 담보로 대체하는 것으로 변경한 것이다.[54]

결국 러시아의 적시개입으로 차관공여는 조선정부에 비교적 유리한 조건으로 이루어진 셈이었다. 그러나 300만 원 차관은 그래도 조선정부에 큰 골칫거리가 된다. 이런 조건의 차관도 '조선의 이집트화' 효과가 전혀 없는 것이 아니었기 때문이다.

### 4) 주미 조선공사관 폐쇄 결정과 통보

청일전쟁 개전 당시 조선은 일본·미국·영국·독일·러시아·이탈리아·프랑스 등 7개국과 조약을 맺고 이 중 미국과 일본에는 공사관을 개설하고 있었다. 당시 미국은 왜국 외에 조선공사관이 설치된 유일한 나라였다. 1888년 1월 박정양 초대공사에 의해 개설된 주미 조선공사관에는 1892년 박정양이 귀국한 뒤 이승수가 변리공사로 파견되어 있었다.

일본정부와 이노우에의 보호국화 정책이 절정으로 치닫던 1895년 1월, 왜국은 1894년 내내 조선독립 문제에 사사건건 개입해온 미국의 영향을 차단하기 위해 주미공사관 폐쇄방침을 정하고 이를 밀어붙이

53) 스기무라후카시, 『재한고심록』, 189쪽. 이자율을 스기무라는 '연리 8주朱'라고 기록하고 있다. 그러나 6%가 옳다. 참조: 『일관기록』, 八.鐵道·電線·開港 貸金公債 上, (14)'朝鮮公債의 件'(기밀 제30호, 1895년 4월 4일), 井上→陸奧. 별지丙호.

54) 『일관기록』, 八.鐵道·電線·開港 貸金公債 上, (14)'朝鮮公債의 件'(機密 第30號, 1895년 4월 4일), 井上→陸奧. 별지丙호.

기 시작했다. 본국과 공사의 훈령에 따라 스기무라 서기관은 1894년 1월 8일 조선외부를 방문하여 주미공사관을 폐쇄하고 그 사무를 주미 일본공사 구리노신이치로(栗野愼一郎)에게 위임할 것을 요구하는 내용의 통보를 했다.[55] 일제는 고종의 대미對美 외교작전에 걸려 이 기도가 좌초될 때까지 이 주미공사관 폐쇄방침을 견지하고 밀어붙였다.

5) 조일보호조약 체결계획과 왜군주둔권 확보

이노우에는 ① 오오토리가 강취한 「조일잠정합동조관」('가조약')을 정식조약으로 바꾸고, ② 「조일맹약」을 청일전쟁 종전 뒤에도 왜군이 조선에 계속 주둔할 수 있는 권리를 문서상으로 확보하는 장기적 군사동맹조약으로 대체함으로써 일련의 포괄적인 조일보호조약을 체결하려는 방침을 확정했다.

일단 일본정부는 「잠정합동조관」을 「일한조약」(가칭)이라는 '확정조약으로 대체하는 계획을 수립하고 1895년 1월 17일 「일한조약」 초안을 보내며 조약협상을 훈령하고 21일 초안 최종본을 다시 보낸다. 8조로 이루어진 이 한일조약안은 제1-5조는 경부·경인철도 부설권, 제6조는 군용전선 영구관리권, 제7조는 "고부(또는 목포)와 대동강을 개항한다". 경부·경인철도는 일본정부가 지정하는 회사가 건설하고 "철도소유권은 대조선국 정부에 속하는 것으로 하고 대조선국 정부에서 건축 제 비용을 모두 대일본국 정부에 상환하기까지는 철도의 운반사업은 모두 일본정부에서 이를 관리하지만, 전全 선로를 개통한 후 50개년이 지나지 않으면 대조선 정부는 건설 제 비용을 상환하지 않는다".(제3조) 그리고 "일본정부는 매년도 위의 철도운수상에서 생긴 순이익의 100분의 ○○를 대조선국 정부에 증여한다".[56] 이 초안에 따라

55) 『舊韓國外交文書(3)』 「日案」, 316-317쪽.

56) 『일관기록』, 八.鐵道·電線·開港 貸金公債 上, (5)'鐵道建設 電信線布設 및 開港에 관한 조약체결의 件'(機密送第5號, 1895년 1월 21일), 外務省 政務局長 小村壽太郎→杉村濬.

이노우에는 조선정부와 체결협상에 들어갔으나, 조선정부는 각의에서 청도와 전신선에 관해 대논란을 벌였으나 아무도 책임 있게 밀어붙일 작은 사안이 아니라서 결정짓지 못했다.[57]

「조일맹약」을 대체할 「대일본국·대조선국 동맹비밀조약」(가칭)의 초안은 조선군을 일본군의 괴뢰군으로 만들고 조선의 한 항구를 군항으로 조차하는 것을 골자로 한 군사비밀동맹안이었으나 조선독립에 이해관계가 있는 열강의 반발을 의식하여 협상해보지 않고 폐기처분했다고 한다.[58] 그 대신 이노우에는 왜군수비대가 한반도에 계속 주둔할 수 있는 법적 근거를 마련하기 위하여 김홍집-박영효 친일괴뢰정부로 하여금 일본정부에 왜군의 계속주둔을 의뢰하는 공문을 보내게 하는 수법을 썼다.

일제가 원하는 대로 김홍집-박영효 괴뢰정부는 왜군의 빠른 철병을 바라는 국왕의 뜻과 배치되게 1895년 3월 25일(양력 4월 19일) 비굴한 주병駐兵의뢰서를 일본정부에 보냈다. "외부대신 김(윤식)이 조회합니다. 귀국 병참병들이 앞서 소요가 있어 영남·호남·경기·황해지방에 주둔·방비하면서 그곳 비요匪擾를 진정시켰습니다. 이것은 그 병참병의 힘에 의뢰한 것이었습니다. 지금 전투가 이미 끝났으니 장차 장병들이 철회할 것이오나 추류醜類들이 아직도 많이 잠복해 있어서 만일 대병이 일단 철수하면 그 틈을 찾아 다시 번질 염려가 있습니다. 우리 정부는 입을 모아 의론하기를, 마땅히 공사 당신을 향해 일본 병력의 약간 부대를 잠정적으로 머물게 하여 각 지방에 나누어 주둔시켜 여얼餘孼을 탄압함으로써 미리 막을 대비를 할 것을 애걸해야(乞) 한다고 말합니다. 공사는 우리나라 정황을 잘 알고 있으니 양해해 병역에 재로再勞하기를 아끼지 않을 것입니다. 별도로 각처의 주둔병력 수를 이

---

별지 "일한조약 초안".

57) 『日韓外交資料集成(4)』, 355쪽.

58) 柳永益, 『甲午更張硏究』, 59쪽.

와 같이 개진해 이 열람 외에 문서를 갖춰 조회하니 번거롭더라도 백작 공사께서 이를 잘 살펴보시고 타당하게 힘써주시기를 바랍니다. 은덕과 편리를 베풀어 조회에 이르기를 기다립니다."[59] 김윤식이 조선괴뢰정부를 대표해서 '애걸'한 잔류병력 수는 도합 1,000명이고, 주둔지는 서울에 2개 중대, 부산과 원산에 각각 1개 중대였다. 고종과 왕비의 의도에 교감적으로 그 의도를 지실하기만 하더라도 김윤식의 주병요청 문서는 공감해석학상 허위문서임이 느껴진다. 미상불, 베베르가 이에 대해 고종이 소상하게 들려준 사실을 청취하고 1895년 9월 1일 러시아 외상에게 보낸 보고전문에 의하면, 그것은 국왕의 재가를 받지 않은 위조문서였다.

이노우에 백작은 조선에 있는 일본군에 대해 얘기하면서 조선정부가 외무부를 통해 이곳에 군대가 주둔해줄 것을 스스로 부탁한 것을 아는지를 국왕에게 물었습니다. 국왕은 확인 답변을 해주었으나, 당시 총리인 박영효(김홍집 또는 외무대신 김윤식의 오기)가 왕이 반대할 것을 걱정하여 자신에게 보고하지 않고 각서를 발송했고 국왕 자신은 일이 다 진행되고 나서야 알게 되었다고 덧붙였습니다. 평소와 같은 동양적 섬세함으로 국왕은 전쟁과 내란 중 일인들의 선의의 지원을 전적으로 인정하지만 위험이 사라진 지금 그들을 더 이상 불필요한 지출과 부담으로 잡아두고 싶지 않으며 "게다가 이들이 계속 주둔한다면 이곳에서 외국인들과 원치 않는 복잡한 문제가 발생할 수 있으니" 군대가 곧 돌아가기를 바라고 있다고도 덧붙였습니다. 이에 일본공사는 일본정부가 조선에 폐를 끼치는 것을 절대로 원치 않으며 만약 그 어떤 외국열강 측에서 위험이 정말로 없다고 국왕께서 생각한다면 군대를 철수시킬 것이라고 답변했습니다. 이상의 대화에서 마지막 문장을 얼마나 신뢰할 수 있을지 여부는 제가 판단

59) 『일관기록』, 八.外部往來 一, (11)'殘存東徒 鎭壓 日兵의 地方暫留 요청'(照會第肆號, 開國 五百四年 三月 二十五日, 1895년 4월 19일), 金允植→井上.

하고 싶지 않다는 점을 말씀드립니다. 국왕의 진실성은 전혀 의심치 않지만, 무슨 일이 있더라도 일본의 점령에서 벗어나겠다는 국왕의 간절한 열망은 러시아의 저항을 불러일으킬 것을 기대한 것일 수 있다는 점에서 그가 쉽게 할 수 있었던 말이라고 저는 판단합니다.[60]

김윤식의 주병요청 공문이 위조임에도 불구하고 이 사실을 뻔히 알고 있을 이노우에가 훗날 표리부동하게 이것을 기정사실로 만들기 위해 고종에게 말을 꺼냈다가 오히려 왜군철병을 확약해야 하는 궁지로 몰리고 있다.

아무튼 위 대화를 통해 김윤식의 주병요청 공문이 국왕의 재가를 받지 않은 허위공문임이 드러나고 있다. 하지만 1894년 4월 당시 이노우에는 김홍집 친일괴뢰정부와 미리 짠 각본대로 4월 25일 김윤식 외무대신에게 병력주둔 요청을 주선해줄 것을 약속한다는 공문을 보내고,[61] 동경으로 이 조회문을 전달했다.

하지만 사이온지긴모치(西園寺公望) 외상은 오랫동안 답신을 보내지 않았다. 이것은 조선정부의 애를 태우려는 제스처이자 주둔기간을 불법적으로 늘리려는 술책이었던 것으로 보인다. 그러자 김윤식은 1895년 윤5월 7일(양력 6월 29일) 주병요청 조회문을 다시 보냈고, 이때서야 사이온지 외상은 8월 3일 주병요청에 대한 긍정적 답신을 보냈다.[62] 그러나 뒤에 살펴볼 것인바, 왜군은 이를 빌미로 1,000명을 훨씬 상회하는 후비보병 6,000여 명의 왜군을 계속 주둔시켰고, 아관망명 후

60) 제정러시아대외정책문서보관소(АВПРИ, 이하 '러시아대외정책문서'), 서가150, 목록 493, 사건5, 리스트5-7об. 김종헌 편역, 『러시아문서번역집(II)』(서울: 선인, 2011), 259쪽 (87. 베베르가 로바노프 공작에게 보낸 보고서, 1895년 8월 19일[서양력 9월 1일]).

61) 『일관기록』, 八.外部往來 一, (14)'日兵暫留의 件 周旋 約束'(第五十三號, 1895년 4월 25일), 井上→金允植.

62) 『일관기록』, 一.機密本省往來 一~四, (22)'日軍 駐屯 依賴 件', 2)'日本外務大臣의 答書'(1895년 8월 3일), 西園寺→金允植.

고종의 줄기찬 철병요청에도 아랑곳하지 않고 이 후비병력을 1,250명의 젊은 현역정예병('상비병')으로 교체하여 계속 주둔하기에 이른다. 이것으로부터 조선주둔 왜군이 '점령군'임이 명확하게 드러난다.

아무튼 이노우에는 자기의 뜻대로는 아닐지라도 본국정부의 훈령대로 조선보호국 체제를 완비했다. 이 보호국체제는 일본의 조선정책에 대한 열강의 의심과 견제를 활용한 고종의 반격에 의해 곧 무너지고 만다. 그럼에도 불구하고 6개월 정도 지속된 이 단기간의 보호국체제는 일제에게 1905년 을사늑약에 의한 보호국체제의 연습모델로 기능했다.

## 제3절 고종의 반격: 삼국간섭 유도와 보호국정책의 타파

일제의 조선보호국화 정책은 결코 "일본이 명목적으로 조선의 독립을 보호한다는 원칙에서 벗어날 수 없는 한계 내에서 간섭정책을 실시하고 있었기" 때문에 "본래 의도와 달리" 도저히 보호국화를 이룰 수 없는 "실패한" 대외간섭정책이[63] 아니었다. 그것은 무엇보다도 국왕부처와 근왕세력, 그리고 민중이 사활을 건 국내외적 투쟁을 통해 '좌절시킨' 정책이었다.

고종과 민왕후는 조선의 독립을 광복光復하기 위해 박영효를 꾀어 이노우에와 멀어지게 하고 박영효과 김홍집의 갈등을 이용하여 박영효를 통해 김홍집을 제압했다. 그리고 암암리에 지방으로 거의밀지를 발령하고 대외적으로 열강외교를 전개하는 식으로 다각도의 항일투쟁을 줄기차게 벌였다.

63) 왕현종, 『한국 근대국가의 형성과 갑오개혁』, 29쪽.

1) 대미對美 외교공작을 통한 고종의 반격

우선 국왕부처는 청일전쟁과 조선의 자주독립 문제에 대한 러시아와 영미의 견제적 개입을 요청하는 외교에 주력했다. 왜군침입 이전부터 고종의 외교를 살펴보자. 고종은 왜국의 움직임이 수상해지자 1894년 3월 25일(양력 4월 30일) 실(John M. B. Sill) 미국공사가 부임한[64] 뒤 미국공사관 직원들을 가령 5월 10일(양력 6월 13일)과 9월 24일(양력 10월 22일) 등 자주 접견하여 친교를 두터이 쌓아두었다.[65]

■대미외교

그러던 중 고종은 우선 6월 7일 오오토리가 500명의 대병을 이끌고 인천에 상륙한 데 이어 6월 12일 1,000여 명의 왜군이 추가로 인천에 들어오자 이에 항의하며 전 병력의 귀환을 요구했으나 듣지 않자, 주미 조선공사 이승수로 하여금 왜군을 철병시키기 위해 미국 국무성에 조미수호조약 제1조에 따라 '거중조정(good offices)'을 해줄 것을 요청하라고 명했다. 이에 이승수 공사는 6월 21일 조선에서의 전쟁을 피하기 위한 조처를 취해주기를 요청하는 국왕의 메시지를 미국정부에 전달했다.[66] 그런데 그사이에 왜군은 1894년 6월 22일 서울에 무단 입경했다. 고종은 "정열적으로", 그리고 "절망적으로" 구미국가들의 거중조정을 물색했다.[67] 그레샴(Walter Q. Gresham) 미국 국무장관은 이승수 공사가 고종의 명에 따라 클리블랜드(Grover Cleveland) 대통령과 협의한 뒤 6월 23일 서울주재 실 미국공사에게 "조선과 조선백성의 안

---

64) 『高宗實錄』, 고종31(1894)년 3월 25일.

65) 『高宗實錄』, 고종31(1894)년 5월 10일; 9월 24일.

66) Gresham to Ye(李), June 22, 1894. Notes from the Department of State to Foreign Legation, 1843-1906. Notes to Korean Legation (microfilm, NA, M.99, R. No. 69). Yur-bok Lee, "American Policy toward Korea during the Sino-Japanese War", 84쪽에서 재인용.

67) Yur-bok Lee, "American Policy toward Korea during the Sino-Japanese War", *The Journal of Social Science and Humanities* 43 (June 1976), 84쪽.

녕에 대한 미국의 우의적 관심의 관점에서" 조선에서의 "평화적 조건의 유지를 위해 모든 가능한 노력을 다하라"고 훈령했다.68) 이와 같이 클리블랜드 정부는 거중조정의 순전히 형식적인 동정이 아니라 조선의 독립을 위태롭게 할지도 모를 전쟁과 유사한 사태의 진전을 중지시키기 위해 일본에 대해 강력한 입장표명을 하라고 실 공사에게 훈령한 것으로 보인다. 이에 실 공사는 그레샴 국무장관에게 이런 답신을 타전했다.

> 나는 평화를 위해 이미 가능한 많은 것을 했고 또 할 것이다. 조선의 난리는 저절로 진정되었다. 수천의 청국군대와 일본군대가 조선을 점령하고 있다. 그들 중 어느 쪽도 먼저 철군하려고 하지 않는다. 그들이 주둔해 있는 상황에서는 위험이 많다. 청국은 동시철군을 선호하나, 일본은 완강하다. 속셈이 의심스럽다. 일본은 전쟁을 원하는 것으로 보인다. 조선의 보전이 위협받고 있다. 조선인들은 당신이 일본정부를 중재해줄 것을 요청하고 있다.69)

동시에 고종은 구미 각국과의 조약에 의해 규정되어 있는 대로 각국 공사들에게 "현재 사태의 우호적 해결을 실효화하는" 거중조정을 요청했다.70) 이에 따라 실 공사는 영국, 러시아, 프랑스의 대표들과 공동으로 양국군대의 동시철군에 대한 조선의 요청에 청국과 일본의 관심을 환기시켰다.71) 그러나 주지하다시피 원세개는 이 요구를 받아

---

68) Gresham to Sill, June 23, 1894. National Archives, Records of the Department of State, Diplomatic Instructions, Korea. Yur-bok Lee, "American Policy toward Korea", 84쪽.

69) *For. Rel.*, 1894, Appdx. I, p.22. Yur-bok Lee, "American Policy toward Korea", 84쪽.

70) Sill to Gresham, No. 15, June 25, 1894. Diplomatic Instructions, Korea. Yur-bok Lee, "American Policy toward Korea", 85쪽.

71) Sill and Others to Yüan(袁世凱) and Otori, June 25, 1894, enclosures, June 25, 1894, Diplomatic Disp., Korea. Yur-bok Lee, "American Policy toward Korea", 85쪽.

들였지만, 오오토리는 6월 26일 급격한 내정개혁 없이는 일본군을 철군시킬 수 없다고 하면서 고종에게 내정개혁을 강요함으로써 열국의 간섭을 뿌리쳤다. 고종은 일본의 이런 요구가 정치·행정적 국가보전에 대해 일대 타격이었기 때문에 미국정부에 평화를 위한 강력한 중재와 입장표명을 바라는 요청을 거듭 타전했다.[72)]

그레샴은 조선정부의 요청에 호응해서 동경주재 미국공사 에드윈 던(Edwin Dun)에게 일본이 왜 조선에 군대를 파병했고, 일본이 한국에 대해 요구하는 것이 무엇이며 또 그것을 요구하는 이유가 무엇인지를 알아내어 그에게 보고하라고 훈령했다.[73)] 던은 일본정부에 물은 후에 그레샴 장관에게 무쓰의 답변을 보고했다. 무쓰의 답변에 일본정부는 1882년 체결된 조일협정에 따라 조선에 파병했고, 일본은 미래의 평화를 보장받기 위해 조선에 근본적 내정개혁을 요구했었고 일본은 청국이 협조하지 않을 것을 내다보고 단적으로 개혁을 밀어붙이고 있으며 일본은 조선에서 아무런 영토적 야욕도 없다고 진술되어 있었다.[74)]

이런 사이에 이승수 공사는 7월 초 그레샴 미국 국무장관을 만나 조선은 일본을 물리칠 수 없기 때문에 미국의 불편부당한 우의에 의지한다고 말하고 북경·동경·서울 주재 미국공사들에게 조선의 평화를 위해 애쓰고 일군의 철수를 요청하라고 훈령해주기를 청했다.[75)] 이에 그레샴은 미국이 조선을 동정하고 조선의 주권과 독립이 타국에 의해 존중되는 것을 보고 싶을지라도 미국은 불편부당한 중립을 지켜야 하고 다른 열강과 공동으로 간섭할 수 없다고 답신했다.[76)]

---

72) The Palace of Seoul to Ye, June 28, 1894. Notes from the Korean Legation(microfilm, NA, M-166), For. Rel., 1894, Appdx. I, 25-26, 29-30, 36-39쪽. Yur-bok Lee, "American Policy toward Korea", 85쪽.

73) Tel., Gresham to Dun, June 28, 1894, National Archives, Records of the Department of State, Diplomatic Instructions, Japan. Yur-bok Lee, "American Policy toward Korea", 85쪽.

74) Tel., Dun to Gresham, July 3, 1894. Yur-bok Lee, "American Policy toward Korea", 85쪽.

75) [July, 1894], Notes from the Korean Legation (microfilm, NA, M-166). Yur-bok Lee, "American Policy toward Korea", 86쪽.

그러나 7월 3일 그레샴은 북경주재 미국공사 덴비(Charles Denby)로부터 중국이 일본의 침략적 행동에도 불구하고 영국과 러시아에 거중조정을 요청했다는 전보를 받았다. 그리고 그레샴은 7월 5일 워싱턴주재 이승수 조선공사로부터 이번에는 1882년의 조미통상조약의 거중조정 조항을 환기시키면서 미국정부에 "조선의 난관을 조정해달라"고 촉구하는 또 다른 호소문을 수령했다.77) 클리블랜드 대통령은 이 조약의무를 인정하고 그레샴 국무장관에게 7월 7일 다음과 같은 "과감한(spirited)" 메시지를 일본정부에 전달하라고 명했다.

> 미국정부는 조선에서 난이 진정되고 평화가 지배함에도 불구하고 일본이 군대를 철수시키기를 거부하고 조선의 내정에 급진적 변화가 이룩되어야 한다고 요구한다는 말을 듣고 진실로 유감스럽게 생각한다. 이 요구는 중국이 청일양국 군대의 동시철수를 선호한다는 사실의 견지에서 더욱 특이한 일이다. 일본과 조선 양국에 대한 진실한 우의를 품고서 미국은 조선의 독립과 주권이 존중되리라는 희망을 갖고 있다. 귀하(그레샴)에게 동경의 정부에 '대통령은 만약 일본이 연약하고 무방비한 인방에 불의의 전쟁(unjust war)의 재앙을 일으킨다면 통절하게 실망할 것이다'라고 말해주라는 훈령을 보낸다.78)

일본이 조금 뒤 청일전쟁을 조선의 독립을 위한 '의전義戰', 즉 '정의의 전쟁'으로 홍보하게 되지만, 미국정부는 이 전쟁을 '불의의 전쟁'으로

---

76) Gresham to Bayard, London, July 20, 1894, For. Rel., 1894, Appdx. I, 28쪽 이하. Yur-bok Lee, "American Policy toward Korea", 86쪽.

77) Ye to Gresham, July 5, 1894, Note from the Korean Legation (microfilm, NA, M-166), For. Rel., 1894, Appdx. I, 28쪽. Yur-bok Lee, "American Policy toward Korea", 86쪽.

78) Annual message of the president For. Rel., 1894, Appdx. I, 4쪽; Tel. Gresham to Dun, July 7, 1894, Dip. Inst, Japan. Yur-bok Lee, "American Policy toward Korea", 86쪽; 『일관기록』, 三.東學亂과 淸日關係 二, (6)'朝鮮의 內政改革과 撤兵에 대한 美國政府의 勸告'(1894년 7월 9일), Edwin Dun→陸奧. "Reading of telegram" (Gresham→Dun).

예단하고 있는 것이 흥미롭다. 그레샴 국무장관은 이 훈령을 7월 8일 던 동경주재 공사에게 타전했고 던 공사는 훈령대로 미국 대통령 클리블랜드의 이 경고를 전하면서 여기에 "나는 이를 각하(무쓰)에게 나의 최고의 관심사에 대한 확언을 갱신하는 기회로 이용합니다"라는 말을 덧붙여 압박했다.[79]

그러나 클리블랜드 미국 대통령과 그레샴 국무부장관의 친親조선 정책은 청일전쟁이 발발하고 전쟁이 길어지자 9월 들어 엄정중립 정책으로 기울어졌다. 그러나 신시내티 트리뷴 지 등 미국언론은 이 입장 전환을 비판하면서 선거쟁점을 만들어갔다. 게다가 신시내티 트리뷴 지는 클리블랜드 대통령의 저 두 달 전 대일對日 경고문에서 일본이 도발할 전쟁을 "불의의 전쟁"으로 언급한 것을 상기시키면서 클리블랜드 정부의 엄정중립 정책에 대한 비판을 가열시켰다.[80] 이 때문에 미국의 새로운 엄정중립 정책은 동요할 수밖에 없었다. 거중조정을 요구한 고종의 대미외교에서 출발한 미국 대통령의 대일경고로 야기된 이러한 미국의 여론 동향 때문에 왜국정부와 왜군은 범궐 후 국왕을 생포했음에도 불구하고 드러내놓고 국왕과 국권을 마음대로 유린하는 것을 필히 일정한 경계 내로 한정하고 감출 수밖에 없었다.

■ 대미외교를 통한 박영효의 제압과 주미공사관 폐쇄기도의 분쇄

또 고종은 왜군의 범궐 후 왜군을 등에 업고 왕권을 위협하는 기고만장한 박영효의 준동도 미국공사의 힘을 빌려 제압했다. 박영효는 7월 6일(양력 8월 7일) 일본을 출발하여 귀국한 뒤 8월 1일(양력 8월 31일) 억울함을 하소연하는 원정原情을 제출하고 일본의 힘으로 압박하여

79) 『일관기록』, 三.東學亂과 淸日關係 二, (6)'朝鮮의 內政改革과 撤兵에 대한 美國政府의 勸告'(1894년 7월 9일), Edwin Dun→陸奧.

80) 참조: 『일관기록』, 三.露日關係 三, (20) 朝鮮事件 第10'(機密第37號, 1894년 9월 8일), 美國駐箚 特命全權公使 栗野性一郎→外務大臣 陸奧宗光.

1894년 8월 20일(9월 20일)경 고종으로부터 사면을 받았다. 그는 사면된 뒤 더욱 준동하며 국왕에게 과격한 진언을 했다가 '기다리라'는 왕명을 받은 뒤 인천 왜인거류지에 한동안 숨어 지내는 듯했지만 '애국적 개혁'을 가장하고 ① "현재의 내각인사를 경질하고 많은 지방 명사를 등용해서 개각할 것", ② "왕비를 폐위할 것, ③ 대원군을 전횡 시에 퇴척할 것, ④ 형벌을 엄하게 해서 정부의 위신을 세울 것, ④ 신新관제를 폐하고 구舊 관제로 돌릴 것" 등의 좌충우돌 주장을 거침없이 토로하여 고종과 왕비, 현 내각을 동시에 다 위협하며 왜군을 이끌고 대궐로 쳐들어가 국왕으로부터 정권을 인수할 것임을 공언했다.[81]

이에 고종은 미국·러시아공사를 움직여 박영효의 배후인 오오토리를 옥죄게 했다. 미국공사는 박영효 사면 전 1894년 8월 27일 오오토리를 방문하여 국왕부처의 지위의 안전을 보장한다는 공언이 유효한지에 대해 수상한 풍문을 빌어 압박조로 물은 다음, 이틀 뒤 다음과 같은 자신의 성명서(statement)에 오오토리 공사가 배서해줄 것을 요구했다.

> 나는 조선에 관한 일본정부의 명백히 공언한 제1 의도가 조선왕조의 실질적 주권과 실제적 독립을 보증하고 위에서 말한 왕국으로 하여금 성공적으로 그리고 아주 알맞은 위엄을 갖고 실질적 주권과 실제적 독립과 반드시 걸맞은 엄중한 책임을 걸머질 수 있게 하는 정부의 행정의 급진적인 개혁을 발기하고 지속시키기는 것이라고 이해한다. 나는 또한 일본정부가 현재의 정부형태를 전복하려는 의도가 없고 현재의 군주를 폐위하거나 대체하려는, 아니 하여튼 군주 자신이나 그 왕비를 해치거나 해외로 퇴거시키려는 계획이 없다고 이해한다.[82]

---

81) 참조: 『일관기록』, 四.機密諸方往 一, 1)'大闕 내 風聞에 대한 美·露 兩公使의 談話 및 朴泳孝의 任官 件'(機密第180號 本103, 1894년 9월 8일), 大鳥→陸奥.

82) 『일관기록』, 四.機密諸方往 一, 1)'大闕 내 風聞에 대한 美·露 兩公使의 談話 및 朴泳孝의 任官 件'(機密第180號 本103, 1894년 9월 8일), 大鳥→陸奥. "요구서(질문서)"와 "Statement".

이 성명서에 대한 배서 요구에 당황한 오오토리가 이런 의도를 선전 포고에서 다 밝혔다는 점을 들어 이 성명서에 배서할 필요를 느끼지 못한다고 배서를 거부하자 미국공사 실은 9월 7일 이번에는 러시아공사를 대동하고 오오토리를 다시 방문하여 박영효 복귀에 거부의사를 분명히 했다.[83] 이에 오오토리가 박영효의 복귀에 힘을 쓸 수 없었고, 박영효는 오오토리에게 불만을 갖고 오오토리와 틀어질 수밖에 없었다. 고종은 이를 통해 박영효의 복귀를 늦춰 그를 순치시켜 국왕의 권위에 굴복시키고 동시에 오오토리와 박영효의 사이를 벌어지게 하고 자신과 왕비의 지위를 박영효의 난동으로부터 지켜냈다.

나아가 왜국이 1895년 1월경 주미 조선공사관을 폐쇄하는 결정을 밀어붙일 때도 고종은 다시 미국카드를 써서 왜국과 이노우에의 기도를 저지했다. 고종은 주미공사관 폐쇄 요구를 단호히 거부하는 한편, 1월 4일과 9일 실 공사에게 미국정부가 이 문제에 개입하여 일본의 책동을 중지시켜줄 것을 요청했다. 이에 대해 1895년 1월 4일 실 공사는 본국에 이렇게 보고한다. "이노우에의 이런 기도에 고종이 불만이지만 곧 그렇게 될 것 같다. … 고종은 독립의 상징을 잃지 않고자 미국정부가 일본의 이런 기도를 막아줄 수 있는지를 알고 싶어 한다."[84] 이어서 실 공사는 1월 9일 그레샴 국무장관에게 보고하고 장관의 훈령을 받아 왜국정부와 이노우에에게 강력하게 경고했다. 일제는 주미공사관 폐쇄압박을 중단할 수밖에 없었다. 주미 조선공사관은 이런 대미 외교작전을 통해 보존될 수 있었다.[85]

---

83) 『일관기록』, 四.機密諸方往 一, 1)'大闕 내 風聞에 대한 美·露 兩公使의 談話 및 朴泳孝의 任官 件'(機密第180號 本103, 1894년 9월 8일), 大鳥→陸奧.

84) Spencer J. Palmer (ed.), *Korean-American Relations: Documents Pertaining to the Far Eastern Diplomacy of the United States*, Vol. II - The Period of Growing Influence, 1887-1895 (Berley & Los Angeles: University of California Press, 1963), 257쪽(Jan. 4, 1895, Sill to Gresham); Sill to Gresham, Dec. 4, 1894, Jan. 9, 1895, Dip. Disp., Korea. Yur-bok Lee, "American Policy toward Korea during the Sino-Japanese War", 93쪽.

85) Palmer (ed.), *Korean-American Relations*, 257쪽 (Jan. 9, 1895, Sill to Gresham); 『尹致昊日記

### 2) 고종과 민왕후의 대러외교와 삼국간섭의 유도

#### ■고종과 러시아공사의 긴밀한 정보공유

국왕부처의 외교적 노력에 미국보다 열렬하게 그리고 일관되게 호응한 나라는 극동진출에 높은 관심을 가진 러시아였다. 따라서 고종은 일찍이 1894년 6월 22일 일본군이 서울에 입경한 때부터 수시로 러시아공사를 직접 접견하기도 하고[86] 2-3명의 궁내부 관리와 윌리엄 다이 등 2명의 미국인 군사고문을 통해[87] 러시아공관 및 미국공관과 수시로 밀지를 주고받았다. 국왕부처는 특히 러시아와의 비밀교섭에 진력해 일본의 보호국화 기도를 러시아에 상세하게 알림으로써 마침내 러시아의 적극적 견제·개입 의지를 유도해내는 데 성공했다. 국왕부처도 당연히 동경·워싱턴주재 조선공사나 서울주재 러시아공사로부터 극동 및 조선과 관련된 러시아정부의 의도와 정책동향에 대해 상세한 보고를 받고 정보를 얻었을 것으로 보인다.

그리하여 청일전쟁이 발발하자 조선정부는 8월 7일 러시아외무성으로부터 베베르(Карл Иванович Вебер, 韋貝)를 통해 다음과 같은 러시아정부의 입장에 관한 전문을 전달받았다. "러시아는 군사행동에는 개입하지 않을 것이며 조선을 점령한 후 성립된 제도는 다만 일시적인 것이 되어야 한다. 그리고 조선이 열강과 체결한 조약과 위배될 경우는 조선이 일본인에게 한 모든 양보는 효력을 상실하게 될 것이다."[88]

---

(四)』, 1895년 2월 16일.

86) 고종의 러시아공사 공식접견은 참조: 『高宗實錄』, 고종31(1894)년 6월 12일(양력 7월 14일); 10월 15일; 11월 14일; 고종32(1895)년 6월 6일.

87) 스기무라에 의하면 박영효가 1895년 6월 시위대를 훈련대로 교체하려고 할 때 국왕부처와 러시아·미국공사관 간의 비밀외교 통로를 차단하기 위해 이 궁내부 관리 2-3명을 경무청에 구속하고 미국인 교관 2명을 궁 밖으로 몰아내려고 했다. 스기무라후카시, 『재한고심록』, 205쪽.

88) 러시아대외정책문서(АВПРИ), 서가143, 목록491, 사건130, 리스트152. 朴鐘涍, 『激變期의 한·러 關係史』(서울: 선인, 2015), 189쪽에서 재인용.

이 전문은 히트로보를 통해 일본정부에도 전해졌다.

베베르 공사는 청일전쟁 중에 이노우에 조선주재 일본공사의 수상한 (보호국화) 언행에 대해 수시로 고종으로부터 청문하고 본국으로 보고해 러시아의 적극적 대對한반도개입정책의 수립을 도왔다. 1894년 10월 29일 베베르는 가령 "신임공사 이노우에가 고종을 알현하고 시베리아철도가 완성되면 러시아의 침략에 대항하기 어려우므로 개혁이 불가피하다"고 말했다고 보고하고 있다. 그리고 11월 27일에는 "이노우에 공사가 부임한 지 한 달이 지났으나 개혁은 진전이 없으며 고종은 점점 더 일본을 불신하고 위험시하고 있다"고 보고했다. 나아가 1894년 12월 22일에는 "동학운동이 점점 확산되고 첨예화되고 있으며 이제는 반정부활동이 아니라 항일과 친일세력 제거운동으로 발전했다"고 보고하고 있다.[89]

이런 보고들을 수시로 접한 러시아정부는 — 뒤에 상론하겠지만 — 1895년 2월 1일 열린 극동문제에 대한 제2차 특별회의에서 일본정부가 대청對淸 강화조건으로 러시아의 국가이익에 저촉되는 양보를 요구할 경우에 극동에 배치된 러시아의 해군력을 증강함과 동시에 영국·프랑스 등 다른 열강과 연합해 조선의 독립과 영토보전을 목표로 일본에 압력을 가하기로 결정했다. 이 결정에 따라 동경주재 러시아공사 히트로보는 2월 14일 무쓰 일본외상을 내방해 일본의 강화조건에 대해 질문했고,[90] 2월 24일에는 무쓰를 내방하여 앞서 잠시 시사한 바와 같이 다음과 같은 본국의 전보훈령을 구두로 통지했다.

> 만약 일본정부가 명실상부하게 조선의 독립을 인정할 것을 선언한다면 우리 정부는 청국정부에 조선의 독립·배상금·영토양여 및 장래 양국의 관계 등에 관련된 조약을 체결할 전권대신을 파견하도록 권고하겠다.[91]

---

89) 박종효 편역, 『한국관련 러시아문서』, 362쪽.

90) 日本外務省 編, 『日本外交文書』[28권 I책], 698-700쪽, 702-703쪽.

이 통지를 받고 나서 무쓰는 2월 22일 이노우에에게 러시아가 간섭할 구실을 주는 일이 없도록 주의하라는 전문으로 경고하는 한편, 2월 23일에는 러시아공사관에 조선의 독립을 "명실상부하게" 보장할 것을 약속했다.[92]

그러나 러시아는 이런 약속을 받는 것으로 그치지 않고 그간 고종으로부터 일본의 조선보호국화 조치들에 대한 충분한 정보를 얻은 상태에서 4월 11일 소집된 제3차 극동문제 특별회의에서 삼국간섭을 주동하기로 결정한다. 그리하여 러시아는 사전에 전통적 동맹국 프랑스를 움직이고 독일을 설득하여 개입을 위한 삼국연대를 구축했다.

■ 삼국간섭의 작동

잠시 정세를 관망하던 삼국은 1895년 4월 17일 시모노세키조약이 체결되자 바로 일제히 공동보조를 취하기 시작했다. 1895년 4월 23일 러시아·프랑스·독일은 일본이 청일강화조약대로 요동반도를 점취하는 경우에 일본이 공언해온 '조선의 독립'이 환상이 될 것이라는 이유를 들어 요동반도를 청국에 반납할 것을 요구하는 외교문서를 일본외무성에 전달했다. 동경주재 독일공사, 프랑스공사, 러시아공사는 본국의 훈령에 따라 4월 23일 일본 외무차관을 각각 대담하고 각서를 제출했다. 러시아공사가 제시한 각서는 다음과 같다.

> 러시아황제 폐하는 일본이 청국에 부과한 강화조건을 정사한 결과 일본에 의해 요구된 요동반도의 점유가 중국의 수도에 대한 항상적 위협이 되고 동시에 조선의 독립을 환상으로 만들 것이고 그리하여 이것이 극동의 항구평화에 영구적 장애가 될 것이라는 것을 알게 되었다. 따라서 러시아황제 폐하의 정부는 요동반도의 확정적 점유를 포기하라고 조언함으로써 일

91) 日本外務省 編, 『日本外交文書』[28권 I책], 703-704쪽.

92) 日本外務省 編, 『日本外交文書』[제28권 제II책], 16쪽.

본천황 폐하의 정부에 대한 진실한 우의의 새로운 증거를 주고자 한다.[93)]

프랑스공사와 독일공사가 제시한 각서도 의미상 이와 유사했다. 세 공사는 똑같이 외무차관에게 그들의 각서가 일본제국 정부에 대한 우의적 조언으로 제시된 것이라고 말했다. 이노우에도 일본외무성으로부터 삼국간섭 통고문 원문을 4월 25일 전문으로 전달받았다.[94)]

일본은 고민을 거듭한 끝에 삼국연합국과 싸울 수 없다는 결론을 내리고 5월 5일 삼국에 요구를 수락할 것을 통보하고 요동을 중국에 반납했다. 이른바 '삼국간섭'이었다.

이와 같이 삼국간섭은 조선의 노력과 무관하게 벌어진 단순한 또는 갑작스런 '사건'이 아니라, 고종과 민왕후가 사활을 건 외교적 노력을 통해 유도해낸 조치이기도 했다. 또한 국왕부처의 '인아거일책'이 삼국간섭을 이용한 정책이 아니라, 역으로 삼국간섭이 부분적으로나마 국왕부처의 '인아거일책'에 의해 촉진된 것이다.[95)] 그렇지 않다면 '조

---

93) 『일관기록』, 五.歐文電報往復控 二, (1)'三國干涉의 각서 원문 통보'(1895년 4월 25일).

94) 『일관기록』, 五.歐文電報往復控 二, (1)'三國干涉의 각서 원문 통보'(1895년 4월 25일): [四月二十三日 在日本 獨逸公使, 露西亞公使 and 佛蘭西公使 under instructions separately interviewed and presented memorandum to 外務次官 in my absence and the following is text presented by 露公使: "Government of His Majesty the Emperor, my August Master in examining the conditions of peace which Japan has imposed upon China finds that possession of peninsular 遼東 claimed by Japan would be a constant menace to the Capital of China and at the same time it will render illusory independence of Corea that henceforth it would be perpetual obstacle to the permanent peace of the Far East. Consequently, Government of His majesty the Emperor, my August Master would give a new proof of the sincere friendship for the Government of His Majesty the Emperor of Japan by advising it to renounce definitive possession of the peninsula of 遼東." Those presented by 佛 and 獨公使 are similar to the above in their meaning. Three ministers equally told 外務次官 that their memorandums are presented as friendly advice to the Imperial Government. The above for your information. We have not yet given reply. Fd. Maiko 9.25 A.M. 25/Ⅳ.]

95) 그러나 이민원은 흔히 그렇듯이 고종부처가 삼국간섭을 인아거일의 호기로 인식하고 이용했다고 말하여 인과관계를 뒤집는다. 이민원, 『俄館播遷 전후의 韓露關係, 1895-1898』, 한국정신문화연구원 한국학대학원 1994년 박사학위논문, 20쪽.

선의 명실상부한 독립과 현상유지' 문제가 당시로서는 만주에 관심이 더 많았던 러시아의 극동문제 특별회의에서, 그리고 러시아-프랑스-독일 3국 간 외교대화와 러시아-일본, 프랑스-일본, 독일-일본 간의 외교대화에서 그렇게 지속적으로 극동의 핵심사안으로 거론되지 않았을 것이다.

■ 러시아의 극동회의

1917년 러시아혁명과 소련붕괴 이후에 접근이 가능해진 기타 제정러시아 외교·군사문서들을 분석한 최신 연구들에 의하면, 러시아가 극단적인 경우에 전쟁을 불사하고서라도 만주와 조선의 현상유지를 위해 만주와 조선문제에 적극 개입할 의지가 강력했음이 드러난다. 조선문제에서는 최악의 경우에 러시아가 대폭 양보하더라도 대한해협을 국제수로로 유지할 목적에서 조선반도를 일본의 손아귀에 통째로 넘겨줄 의사가 없었다.

러시아에서 삼국간섭을 주도한 인물은 1892년 8월 재무대신에 임명된 세르게이 비테(Сергей Ю. Витте)와 로바노프(А. Б. Лобанов-Ростовский)였다. 비테는 일단 극동에서 해군력의 강화보다 시베리아철도의 건설을 통한 육군의 극동진출을 중시했고, 시베리아철도가 완공되면 동남아시아까지 진출할 수 있다고 생각했다. 그는 일본의 청일전쟁 도발 자체를 시베리아철도 건설에 대한 일본의 반발로 보고 이를 러시아에 대한 일본의 적대행동으로 이해했다.[96] 이런 이유에서 향후 극동에서 러시아의 이익을 지키기 위해서는 일본의 만주·조선 진출을 막아야 한다고 생각했다.[97]

96) А. В. Игнатьев, С. Ю. Витте: Дипломат [『외교관 비테』] (Москва.: 1989), 30-31, 42쪽. 김영수, 『미쩰의 시기: 을미사변과 아관파천』(서울: 경인문화사, 2012·2013), 25쪽에서 재인용.

97) Сергей Ю. Витте, Воспоминания [『회고록』], Т. 2. (Москва.: 1960), 45쪽. 김영수, 『미쩰의 시기』, 25쪽에서 재인용.

갑오왜란과 청일전쟁 개전 후 러시아정부는 알렉산더 3세의 지시로 3회에 걸친 특별회의를 개최해 외무·재무·군부 간의 입장을 조율하고 통일된 극동정책을 수립했다. 외무대신 기르스(Н. К. Гирс), 군부대신 반놉스키(П. С. Ванновский), 해군대신 대리 치하체프(Н. М. Цихачёв), 재무대신 비테 등이 참석한 제1차 특별회의는 청일전쟁 개전 직후인 1894년 8월 21일에 개최되었다. 회의주제는 "러시아가 청일전쟁에서 어떤 행동을 취해야 하는가, 그리고 교전국가 중 하나가 조선의 영토를 침범했을 때 러시아가 어떤 결정을 내려야 하는가" 하는 문제였다. 기르스는 청일전쟁 후 "일본이 러시아의 동시베리아 항구에서 해상으로 나갈 수 있는 유일한 출구인 대한해협까지 손에 넣을 경우 러시아는 동해를 자유롭게 이용할 수 없다"는 논거에서 "조선의 현상유지"를 역설했다. "조선에서의 현상유지는 본질적으로 이루어져야" 하고 따라서 "조선영토의 불가침권이 파괴되지 않아야" 한다는 것이다.[98] 비테가 전후 영국의 개입 가능성을 언급하자 이에 기본적으로 동의하면서도 영국이 기존의 노선을 지켜 조선문제에 대한 기존 정책을 바꾸지 않을 것이라고 전망했다. 그것보다도 기르스는 일본이 전단戰端으로 삼은 조선의 내정개혁 문제를 다룰 전후 기구로 청국·일본·러시아·영국·프랑스·독일·이탈리아 대표로 구성되는 "조선개혁을 위한 국제특별위원회"의 구성을 제안했다. 또 비테는 반놉스키가 이런 정책 전반을 뒷받침하기 위해 "러시아가 전쟁까지 준비해야 한다"고 주장하자 이에 동조하고 조선국경 지역에서보다 연해주 지역에서의 군사력 강화의 필요성을 인정했다.[99] 1894년 8월 21일 제1차 회의의 결과는 네 가지로 정리된다.

---

98) 러시아국립군사軍史문서보관소(РГВИА, 이하 '러시아군사문서'), 서가書架(Фонд)846, 목록(Опись)1, 사건(Дело)134, 리스트(Лист)34-35. 김영수, 『미쩰의 시기』, 27쪽에서 재인용.

99) 러시아군사문서(РГВИА), 서가846, 목록1, 사건134. 리스트36-38. 김영수, 『미쩰의 시기』, 28쪽에서 재인용.

1) 청일전쟁에서 러시아가 적극 개입하는 것은 러시아의 국익에 부합되지 않으므로 두 교전국에 빠른 시일 내에 군사행동을 중지하고 외교적 방법으로 조선문제를 해결하도록 권고한다.

2) 러시아는 전시중립을 선언하는 대신에 일본과 청국에 러시아의 국익에 대한 존중을 요구한다. 특히 조선과 러시아 간의 국경지대에서 발생할지 모를 불의의 사태를 방지하기 위해 청일 양국에 주의를 요구한다.

3) 청일전쟁의 바람직한 결말은 조선의 현상유지의 보전임을 고려한다.

4) 러시아는 조선의 국경지대에서 비상사태에 대비할 러시아군대의 강화를 결정하고 군부대신은 군대강화 업무를 담당한다.[100]

이 결정의 요지는 열강과의 협조를 통한 조선의 현상유지와 전쟁에 대비한 극동 군사력의 강화였다.

러시아정부는 일본의 승리가 확실해질 무렵인 1895년 2월 1일 황제의 지시에 따라 알렉산드로비치(А. Алекжсандрович) 대공, 외무대신 대리 쉬쉬킨(Н. ШиШикин), 재무대신 비테, 군부대신 반놉스키, 해군대신 대리 치하체프, 육군참모총장 오브르체프(Обрчев), 해군참모총장 크레메르(Кремер) 등이 참석한 제2차 특별회의를 개최했다. 회의 안건은 "현 상황에서 열강들과 함께 조선의 현상유지 정책을 지속할 것인가, 아니면 러시아가 독자정책을 추구할 것인가" 하는 문제였다.[101] 기르스의 사망으로 외무부의 발언권이 약화된 이날 회의에서 비테는 논의를 주도한 것으로 보인다. 그는 청일전쟁에 대한 러시아의 불간섭정책을 유지해야 한다는 기존 입장을 다시 확인하면서도 종전의 입장을 바꿔 연해주에서의 육군강화뿐만 아니라 영국을 자극해 청일전쟁의

100) 러시아군사문서(РГВИА), 서가846, 목록1, 사건134, 리스트39об-40. 朴鍾涍, 『激變期의 한·러 關係史』, 189쪽과 김영수, 『미젤의 시기』, 29쪽에서 재인용.

101) 크라스늬 아르히브(Красный архив, 붉은 문서보관소), 52권(Том), 67쪽. 朴鍾涍, 『激變期의 한·러 關係史』, 198쪽.

신속한 중지를 위해 개입하게 만들기 위해 극동에서 러시아 해군력의 강화도 필요하다고 주장했다. 나아가 "최후단계에서는 러시아의 적극적인 간섭을 실행해야 한다"고 제안했다. 그는 이 단계에서 극동에서의 러시아의 영향력을 보강하기 위해 "러시아함대의 강화가 필수적"이라고 강조했다. 회의에서 결정된 사안은 세 가지로 정리된다.

1) 러시아해군은 태평양에서 일본의 해군력을 능가할 수 있도록 러시아함대를 보강한다.
2) 일본이 청국과의 강화조약의 후과로 러시아의 본질적인 이익을 침해한다면 영국을 비롯한 유럽열강, 특히 프랑스와 함께 공조할 것을 외무부에 위임한다.
3) 만약 영국 및 다른 열강들과 위에서 언급한 기초 위에서 합의를 성공할 수 없어 열강과 함께 조선독립의 보장을 해야 하는 필요가 있게 되면 향후 행동지침에 대해서는 새로운 회의를 개최하여 논의한다.[102]

이 2차 특별회의에서도 일본이 조선을 지배하게 될 경우에 러시아함대의 동해안과 남해안 항해에서 방해를 받을 수 있으므로 조선의 독립을 지지해야 한다는 데 의견의 일치를 보았으나, 영국이 종전방안으로서 주도하는 조선독립의 국제적 보장에 대한 참여는 보류하고 독자적으로 조선의 독립을 지지한다는 방침을 세웠다.[103]

해군력 강화가 추가된 것은 — 제2차 회의의 안건과 관련해 해석할 때 — 제1차 회의에서 결정된 기본노선인 '열강과의 공조'가 실패하는 경우에 대비해서 러시아 단독의 행동 가능성을 확보하기 위한 양면정

102) 크라스늬 아르히브(Красный архив), 52권, 73-74쪽. 朴鐘涍, 『激變期의 한·러 關係史』, 198쪽; 김원수, 「淸日戰爭 및 三國干涉과 러시아의 對韓政策」, 한국사연구협의회 편, 『韓露關係100年史』(서울: 한국사연구협의회, 1984), 145-146쪽.

103) 참조: 朴鐘涍, 『激變期의 한·러 關係史』, 197-198쪽.

책으로 이해된다.104) 이 결정에 따라 외무성의 훈령을 받은 동경주재 러시아공사 히트로보는 — 상술했듯이 — 2월 14일 무쓰 일본외상을 내방하여 일본의 강화조건에 대해 질문했고, 2월 24일에는 무쓰를 내방하여 "일본정부가 명실상부하게 조선의 독립을 인정할 것을 선언하게" 하라는 본국의 전보훈령을 구두로 통지했고 일본외상으로부터 일본은 명실공히 조선의 독립을 인정한다는 구상서口上書를 받았던 것이다.105)

러시아는 청일전쟁 종결상황에서 중국으로부터 요동반도를 할양받으려는 일본의 의도를 파악하고 황제의 지시하에 1895년 4월 11일 알렉산드로비치 대공, 새 외무대신 로바노프, 재무대신 비테, 군부대신 반놉스키, 해군대신 대리 치하체프, 육군참모총장 오브르체프 등이 참석한 제3차 특별회의를 개최한다. 안건은 "만주(요동)문제를 둘러싸고 일본과 타협해야 하는가, 아니면 일본과 대결해야 하는가" 하는 문제였다. 비테는 장차 그와 계속 충돌하게 되는 새 외무대신 로바노프의 등장으로 이날 회의를 주도할 수 없었다.106) 비테는 일본이 일으킨 청일전쟁을 러시아의 시베리아철도 건설에 대한 일본의 대항전이라고 해석하고 전후 대일對日정책에 실패하는 경우에 "재정과 관련된 모든 것을 다 잃게 될 수 있다"고 단언하고, 일본과 모든 유럽 열강은 조만간 청국분할에 뛰어들 것으로 전망하면서 "일본의 적대적 행동"을 "본질적으로 러시아에 반하는 경향을 지닌 것"으로 판단했다. 비테는 일본의 군사전략적 의도를 ① 남만주 점령을 통한 러시아의 위협과 조선의 완전한 병합, ② 청국으로부터 받은 배상금(6억 루블)에 의한 점령지역의 수비 강화, ③ 만주인과 몽고인을 우군으로 확보한 뒤 새

---

104) 참조: 김영수, 『미쩰의 시기』, 30쪽.

105) 참조: 朴鐘涍, 『激變期의 한·러 關係史』, 199쪽.

106) 그러나 김영수는 이날 회의를 비테가 주도했다고 말한다. 김영수, 『미쩰의 시기』, 31쪽. 하지만 이것은 그가 제시하는 사료의 발언록을 분석해보면 비테가 주도할 수 없었음이 확연히 드러난다.

로운 전쟁의 개시로 분석했다. 비테는 이렇게 되면 "일본의 황제가 청국의 황제가 될 것"이라고 전망했다. (그는 1937년 중일전쟁의 발발 40여 년 전에 이미 일본의 중국침략을 내다보고 있다.) 이런 논거에서 비테는 바로 해군력 증강의 절박성을 강조했다. "만일 일본의 만주진출이 허용된다면 러시아는 영토와 시베리아철도를 방어하기 위해 10만 명의 (육군)병력이 필요하게 된다"고 판단하고, 장차 "일본과의 충돌이 불가피한" 상황에서 이런 국방부담을 해소하려면 일본을 일본열도 안에 발을 묶어두어 대한해협을 넘지 못하도록 해야 한다고 생각했다. 이 전략수행에는 육군이 아니라 해군력이 절대 필요했다. 따라서 그는 이 회의에서 "해군력"의 "절대적 증강"을 강조했다.[107] 그리고 비테는 중국을 자극하지 않고 러시아 편으로 끌어당기고 열강에 의한 청국분할의 빌미를 만들지 않기 위해서 흑룡강 연안 국경지대로 러시아군대를 이동시키지 말아야 하며 또 러시아가 먼저 청국의 영토보전을 훼손해서는 아니 된다고 논변했다.[108]

비테는 당시 일본과 전쟁을 한다면 러시아가 유리하다는 판단을 가지고 있었다. 그리고 이것은 국제적으로, 그리고 일본에 의해서도 인정되는 바였다. 비테는 일본의 당시 군사력을 이렇게 분석했다. "청국에 대한 일본의 승리는 일본의 무력을 증명한 것이 아니다. 실제 일본육군은 7만 명이 넘지 않으며, 더욱이 조선·만주·중국 남부에 분산되어 있는 실정이다. 만약 전쟁이 발생한다면 러시아는 이러한 상황을 이용할 수 있다. 나아가 일본에 적대적인 청국인들과 조선인들의 적지 않은 지원을 예상할 수 있다."[109] 이것은 매우 근거 있는 객관

---

107) 크라스늬 아르히브(Красный архив), 52권, 80쪽; 러시아대외정책문서(АВПРИ), 서가143, 목록491, 사건1126, 리스트4-5. 김영수, 『미쩰의 시기』, 32쪽에서 재인용.

108) 크라스늬 아르히브(Красный архив), 52권, 83쪽. 김영수, 『미쩰의 시기』, 33쪽에서 재인용.

109) 크라스늬 아르히브(Красный архив), 52권, 81쪽; 러시아대외정책문서(АВПРИ), 서가143, 목록491, 사건1126, 리스트4-5. 김영수, 『미쩰의 시기』, 33쪽에서 재인용.

적 분석이었다. 여기로부터 비테는 최악의 상황에서 전쟁을 피하는 최후의 평화적 협상안을 도출했다. “러시아는 일본이 승전국으로서 대만, 팽호열도, 그리고 여순까지도 장악하는 것을 묵인할 수 있다. 마지막으로 조선남부를 점령하는 것도 용인할 수 있다. 그러나 만주는 절대 불가하다.” 비테는 “러시아가 최후의 협상안을 제시한다면 일본도 러시아의 요구에 만족스럽게 동의할 것이다”라고 덧붙였다. 그러나 그는 “그렇지만 러시아 외무부가 이 결정적 협상을 진행하지 않을 것이다”라고 비관적 의견을 표명했다. 비테의 비관대로 외무대신 로바노프는 “만주를 두고 일본과 협상을 시작하는 것은 가능하다”고 밝히면서도 “일본과의 저 평화적 협상에 의구심을 표했다”.[110] 그 까닭은 비테의 이 ‘최후의 평화적 협상안’은 여순과 조선까지도 포기하는 협상안인 한에서 극동의 안정을 깨뜨릴 위험을 다분히 안고 있었기 때문이었던 것으로 보인다. 결국 여순과 조선을 포기하는 비테의 저 ‘최후의 평화적 협상안’은 채택되지 않은 것으로 보인다. 이것은 제3차 특별회의의 두 가지 결정사항에서 확인된다. 그리고 도중에 니콜라이 2세가 개입하여 요동반도를 일본에게 넘겨주는 대신 조선을 러시아에 합병할 것을 제안하자는 의견을 냈으나, 이 방안은 비테와 로바노프가 공동으로 황제를 설득하여 포기시켰다.[111] 결국 최종 결정사항은 다음과 같다.

> 1) 청국 북부지역에서 전쟁 이전의 상황을 유지하기 위해 일본의 남만주 점령이 러시아의 이익에 저촉되고 극동에서의 평화에 대한 항구적인 위협이 될 것이기 때문에 러시아는 먼저 우호적인 방식으로 일본의 남만주 점취를 반대한다. 만약 일본이 거절하는 경우에 러시아는 먼저 일본에

---

110) 러시아대외정책문서(АВПРИ), 서가143, 목록491, 사건1126, 라스트6. 김영수, 『미쩰의 시기』, 34쪽에서 재인용.

111) 참조: 朴鐘涍, 『激變期의 한·러 關係史』, 205쪽.

우호적인 방식으로 권고하되, 이 권고를 거절할 경우에는 러시아가 자국의 이익을 보존하기 위한 행동의 자유를 보유하고 있음을 통보한다.

2) 러시아정부는 유럽열강과 청국에 '러시아는 청국의 어떤 점령 의사도 없고, 다만 러시아의 이익의 보존에 필요하다고 간주하기 때문에 일본의 남만주 점령의 포기가 필수적이라고 판단하고 있음을 통보한다.[112]

이 제3차 특별회의의 결정을 분석해보면, 비테의 전반적 상황판단은 공감을 얻은 것으로 보이지만, 그의 '최후의 평화적 협상안'은 묵살된 것이 분명하다.[113] '러시아는 자국의 이해에 따라 자유롭게 행동할 것이다'라는 러시아의 대일 전쟁불사 경고는 일단 '평화적 협상'을 배제하는 것이고, 일본의 남만주 점취가 '극동에서의 안정'을 위협한다는 러시아정부의 인식에는 청국의 현상유지의 요구만이 아니라 조선의 현상유지의 요구도 포함되어 있기 때문이다. 그리고 제3차 특별회의에서 비테 자신이 자기의 '최후의 평화적 협상안'을 완전히 포기한 것으로 보인다. 그 증좌는 다음과 같이 변화된 비테의 논변이다. "일본이 제안한 남만주 점취는 우리에게 위협이며, 분명 조선 전체의 일본합병을 초래할 것이다. … 만일 우리가 일본을 만주에 들여보낸다면 우리 영토와 시베리아철도를 방위하기 위해 수십만 군대와 우리 해군의 대대적 증강이 필요하게 될 것이다. 왜냐하면 조만간 우리와 일본의 충돌은 불가피해질 것이기 때문이다."[114] 또 다른 증좌는 삼국이 일본에 대해 공동보조로 간섭을 개시하여 요동반환을 요구했을

---

112) 크라스늬 아르히브(Красный архив), 52권, 81쪽. 朴鐘涍, 『激變期의 한·러 關係史』, 205쪽에서 재인용.

113) 그러나 김영수는 "비테가 주장한 발언이 대부분 특별회의의 결과와 일치했다는 것을 확인할 수 있고" 또 "삼국간섭 전후 극동지역에 대한 대외정책을 비테가 주도했다는 것을 확인할 수 있다"라고 결론짓는다. 김영수, 『미쩰의 시기』, 35쪽. 그러나 김영수의 이 해석은 자신이 제시한 사료의 정밀한 해석에 비춰볼 때 그릇된 것으로 보인다.

114) 와다하루키, 『러일전쟁과 대한제국』, 36쪽에서 재인용.

때 이 요구의 핵심논거가 — 위에서 상론했듯이 — 일본의 요동반도 소유가 "청국의 수도에 대한 항구적 위협"임과 동시에 "조선의 독립을 환상으로 만드는 것"이라는 논거였다는 사실이다. 따라서 러시아정부는 제1차 특별회의부터 제3차 특별회의까지 만주와 조선의 현상유지를 러시아의 핵심이익으로 인식하고 이를 위해 군사행동도 불사하는 자세를 견지했다고 결론지을 수 있을 것이다.

제3차 특별회의의 결정에 따라 러시아는 프랑스·독일과 공조하여 삼국간섭을 개시했다. 러시아외무성은 이 3차 특별회의 결정에 입각하여 1895년 4월 16일 러시아정부의 입장을 일본정부에 통보하라는 훈령을 발송했다.[115] 주지하다시피 이 훈령에 따라 시모노세키강화조약이 체결된 지 6일 뒤인 1895년 4월 23일 일본주재 러시아공사 히트로보는 일본 외무차관 하야시다다스(林董)를 방문하여 위에 소개한 삼국간섭 각서를 전달한 것이다.

이에 무쓰 일본외상은 3국을 상대로 전쟁을 할 수 없는 궁지에 몰려 고심 끝에 "삼국의 권고를 전부 또는 일부 받아들여 사태수습을 위한 타협을 할 수밖에 없었다"는 것은[116] 상술한 바대로다. 그리하여 1895년 5월 4일 삼국간섭에 대응한 양보 범위를 논의하기 위해 이토 총리대신, 무쓰 외무대신, 마츠카타 대장대신, 노무라 내무대신, 사이코 해군대신 등이 참여한 대본영 중신회의가 열렸다. 이날 회의에서 일본정부는 삼국의 권고안을 전격적으로 받아들이고 요동반환에 대한 대가로 상당한 배상금을 받기로 한 후 배상금에 대한 협상은 외교 사안으로 남기는 것으로 결정했다.[117] 그리고 일본정부는 5월 5일 각국 공관에 이 수락결정을 공식 통보했다.

---

115) 朴鐘涍, 『激變期의 한·러 關係史』, 206쪽.

116) 무쓰미네미쓰, 『건건록』, 310쪽.

117) 무쓰미네미쓰, 『건건록』, 313-314쪽.

### 3) 고종과 왕후의 인아거일

■ 인아거일의 시동

일본의 요동반환을 강제한 삼국의 이 견제력을 이용하여 고종과 민왕후는 멈추지 않고 '인아거일'책을 재빨리 다음 단계로 밀고 나갔다. 국왕부처는 5월 들어 러시아에 더욱 상세하게 일본의 조선보호국화의 실상을 설명해주었다. 그리하여 서울주재 러시아공사는 "일본정부가 조선정부로 하여금 각 관청에 일본관리를 배치하고 광산채굴권 및 철도부설권 등 각종 이권을 양여하라고 압박하면서 조선의 내정에 대담하게 간섭하고 있어 전국이 불만에 차 있다"는 전문을 페테르부르크로 타전했고, 이 전문을 받은 로바노프 러시아외상은 5월 15일 외무성 청사를 내방한 페테르부르크주재 일본공사 니시도쿠지로(西德二郞)에게 "이 뉴스가 대체로 불쾌한 인상을 주었다"고 경고했다.[118] 뒤에 상론하겠지만 국왕부처는 이렇게 러시아와 미국·영국·독일 열강을 이용하여 경인선·경부선 철도부설권 등 일본의 이권요구를 물리쳐나간다.

이 인아거일책의 지속적 성공 여부는 국왕부처의 과감한 결단에도 달려 있지만, 조선의 독립 또는 조선의 현상유지를 위한 삼국, 특히 러시아의 개입의지 수준에 달려 있었다. 러시아의 개입의지가 없거나 미약했다면, 러시아를 끌어들여 조선에서 왜군을 밀어내는 인아거일책은 일부 사가들이 주장하듯이 국왕부처의 용감한 결단에도 불구하고 실패할 수밖에 없는 주관적 환상에 불과한 것이었을 것이기 때문이다.

일본이 5월 5일 공식적으로 삼국간섭에 굴복하자 고종과 민왕후는 이 기회에 더욱 주도면밀하게 왜적의 구축을 기도했다. 인아거일책은 조선의 충신이라면 누구의 머리에서나 '관념'으로 떠도는 방책이었다. 그러나 아무도 이를 실천으로 옮길 '남자다운 용기'가 없었다. 그러나

118) 日本外務省 編, 『日本外交文書』[제28권 제1책], 413-414쪽.

왕후는 고종을 보좌하여 이를 과감하게 실행하기 시작한 것이다.

'인아거일'은 삼국간섭 이후 상황과 러시아·미국 등의 지원에 대한 '왕후의 속단'에서 나온 실책이 아니라, 갑오왜란 상황에서 왜적을 물리치려는, '정치외교적 수단에 의한 방어전쟁의 연속' 정책이었다. 그러나 러시아계 미국학자 조지 렌슨은 "러시아가 왕후에게 아낌없이 주는 것 같은 관심과, 왕후가 보호받을 것이라는, 그리고 요동반도에서 물러나도록 강요당했던 왜인들이 조선을 지배하도록 놔두지 않을 것이라는 베베르의 확약 때문에 왕후는 오도되어 평소의 주도면밀성을 잃게 되었고, 일본이 마치 그 나라에서 이미 전면 철수한 것처럼 행동하기 시작했다"고 비평한 바 있다.[119]

최문형 같은 한국 사가도 렌슨의 이 비평에 동조하면서 왕후의 '속단'을 지적한다. 삼국간섭 직후 공동보조에서 일탈한 독일이 몰래 일본을 지원하기 시작한 덕에 고립을 탈피한 일본은 상당한 정치권력을 보존할 수 있어서 "한반도에서 일본의 국제적 지위가 왕후의 생각과 반대로 조금도 손상된 것이 없었지만", 왕후는 이런 사실을 모른 채 베베르의 확약만 믿고 "'거일'을 단행할 수 있을 만큼의 '인아'가 조선에서 이미 확고하게 이루어졌다고 착각하고 있었다"고 비판한다. 왕후가 이런 '착각' 속에서 상황을 '속단'했다는 말이다. 그리고 그는 이 "왕후의 속단" 때문에 이노우에의 보호국화 정책에 대한 정면 도전이 시작되었다고 말한다. 나아가 "왕후의 '거일'은 '인아'와 '친미'가 전제되어야 하는"바, "왕후는 러·미의 주한 공사들을 '거일'의 버팀목으로 굳게 믿었지만 실제로 이들 주한 외교관들은 그런 힘을 갖고 있지 못했다"고 말한다.[120] 이것은 왕후가 '속단'을 넘어 '착각'과 '오판'까지 했다는 말이다.

---

119) Lensen, *Balance of Intrigue*, 531쪽.

120) 최문형, 『명성황후 시해의 진실을 밝힌다』(서울: 지식산업사, 2001·2006), 178-179, 180, 182, 184쪽.

■민왕후의 대러시아 외교의 다변화

렌슨과 최문형의 이런 해석은 왜국정부와 왜군에 의해 이후 자행된 왕후시해가 왕후의 자업자득이라고 말하는 것 같은 느낌을 준다. 그러나 렌슨 자신이 앞서 왕후를 "아주 지성적이고 영리하고 주도면밀한" 사람으로 묘사한 바 있다.121) 이런 인물판단의 연장선상에서 보면 오판한 쪽은 왕후가 아니라 렌슨과 최문형일 것이다. 이들은 파란만장한 정치역정에서 갈고닦은 왕후의 정치적 현명, 판단력, 목숨을 걸 수 있는 '용기'와 결심한 것을 실천할 수 있는 '결기'를 철저히 오판하고 있기 때문이다. 왕후는 "일본이 마치 그 나라에서 이미 전면 철수한 것처럼 행동한" 것이 아니라, 이제 일본을 전면 철수시키려고 목숨을 걸었을 뿐이다. 또한 왕후는 명민한 직관력과 주일·주미 조선공사의 — 조선에 대한 러시아정부와 미국정부의 개입의지와 방향에 대한 — 정보 보고를 통해 주한 러시아공사와 미국공사의 언행을 체크함으로써 러시아공사관과 페테르부르크 간의, 또는 주한 미국공사관과 워싱턴 간의 온도 차이를 예리하게 감지하고 있었다고 추정해야 할 것이다. 모든 정보는 언제나 최고권력자에게 집중되기 때문이다.

나아가 고종과 왕후는 베베르 채널로만 러시아정부와 교신한 것이 아니라 연해주총독 운테르베르게르(П. Ф. Унтербергер)를 통해서도 교신했다. 1895년 7월 20일 고종과 왕후는 베베르와의 연락이 주변의 감시로 원활치 않자 최측근 별입시 권동수 병참관을 비밀리에 연해주총독에게 파견하여 조선이 왜군의 압제로부터 벗어나 독립할 수 있도록 러시아황제에게 도움을 요청하는 비밀친서를 전달하게 했다.122) 프리아무르(흑룡연주黑龍沿州) 총독 두홉스키(Духовской)가 7월 31일 육군성

121) Lensen, *Balance of Intrigue*, 531쪽.

122) 러시아대외정책문서(АВПРИ), 서가150, 목록493, 사건78, 리스트3. 홍웅호 편역, 『러시아문서번역집(IV)』(서울: 선인, 2011), 351쪽(17. 1895년 7월 8[20]일 프리아무르 총독 두홉스키 육군중장이 하바롭프스키에서 육군부에 보낸 전문 사본).

에 보낸 상세보고에 의하면, 국왕의 친필서신의 내력은 이렇다.

> 권동수는 국왕의 친필서명이 있는 조선어로 된 다음의 훈령을 소지하고 있었습니다. "두 인방隣邦 간의 전쟁이 종결된 뒤에도 우리나라는 압제하에 놓여 있다. 이런 까닭에 비밀리에 러시아로 가서 너의 보호를 요청하고 이 비밀칙서를 보여주면서 위임받은 일을 수행하라." 그 뒤에 국왕의 서명이 있고 서명 다음에는 이 같은 조항들이 있습니다. 1) 청일전쟁이 끝난 뒤에도 조선은 일본의 압제 아래 놓여 있고 이 때문에 보호를 요청하는 바다. 2) 노예화하려는 일본 세력을 저지하고 무력한 조선을 도와달라. 3) 조선은 실제로 독립국가가 되었다. 그 때문에 조선을 일본의 압제에서 벗어나게 해서 영원히 자주국으로 남도록 해주기를 요청한다.[123]

이것은 고종과 왕비가 서울주재 러시아공사관과의 비밀외교와 별개로 조로朝露국경을 넘어 러시아본국의 관청을 직접 찾아가 러시아황제에게 구조를 요청하는 방식의 비밀외교였다.

물론 권동수와 운테르베르게르가 만난 동정은 일제 정탐꾼인 블라디보스토크 무역사무관 후타하시유즈루(二橋謙)에 의해 포착된다. 그러나 후타하시는 밀사 권동수의 정체와 신분, 그리고 국왕부처의 밀사인지 여부에 대해 전혀 아는 바가 없었다.[124] 따라서 일본외무성과 이노우에도 권동수의 정체와 국왕밀사 여부를 끝내 판단하지 못하고 은밀히 조사만 거듭한다. 이노우에는 국왕부처를 의심해서 운테르베르게르를 만난 인물이 "왕실에서 파견한 자가 아닐까" 의심하며 이에 대해 "경각심을 갖고 안팎으로 확인해보았다". 이에 맞서 고종과 왕비

---

123) 러시아대외정책문서(АВПРИ), 서가150, 목록493, 사건78, 리스트11-11об. 홍웅호 편역, 『러시아문서번역집(IV)』, 53쪽(19. 1895년 7월 19[31]일, 두흡스키 육군중장의 비밀전문).

124) 『일관기록』, 一.機密本省往來 一~四, (48)'朝鮮密使 露領 블라디보스토크항 來着 件'(機密送第55號, 1895년 8월 10일), 西園寺→井上. 별지 「朝鮮密使 來浦의 件」(二橋謙, 1895년 7월 26일).

는 8월 6일 이노우에를 면담했을 때 선수를 쳐서 "전번에 홍상우(홍종우의 오기로 보임. 홍은 권동수를 엄호하기 위한 고종이 세운 '설정'으로 보임)와 권동수가 블라디보스토크로 간 것이 매우 걱정되니 그 항구의 일본 무역사무관에게 시달해서 그 거동을 주시하게 하도록 해달라고 의뢰하는" 엄호용 의태擬態를 부리면서 그자는 "결단코 왕실에서 파견한 자가 아니"라고 강력 부인하고 "내각에서 신구 양파가 충돌을 일으켰을 때 구파에서 몰래 그들을 보낸 것이 아닌지 의심이 간다"고 하여 구파에게 의심을 떠넘겼다.[125)]

한편, 을미왜변 이후에 권동수의 정체와 신분이 완전히 드러났을 때쯤인 10월 말경에 권동수를 잡기 위해 김홍집괴뢰정부가 보낸 것으로 보이는 한규석과 한기중이라는 두 사람이 블라디보스토크에 가서 후타하시를 만나 자신들을 '가짜 밀사' 권동수를 잡기 위해 정부에서 파견된 사람들이라고 소개하고 권동수의 밀서는 국왕의 밀서가 아니라 경흥부사 신 아무개 등 지방관들이 모의하여 만든 '가짜 밀서'라고 주장했다.[126)] 이것은 이 '가짜 밀서 이야기'가 후타하시 입을 통해 운테르베르게르 연해주총독의 귀에 들어가도록 만들려는 을미역적들의 꾐수로 보인다. 그러나 그들의 주장은 비교적 정확한 정보와 을미역적들의 근심걱정을 제대로 전해준 면도 있다. 후타하시에 의하면, 그들은 "밀서를 휴대했던 자는 홍종우가 아니고 권동수이고", 또 "연해주총독이 밀서를 프리아무르 총독에게 넘겼는데 이 총독은 이번에 페테르부르크로 귀환하므로 거기로 가서 그 밀서를 러시아황제에게 올린 뒤 칙재勅裁를 받아 회답하게 될 것"인데, "권동수는 블라디보스토크에 있다가 자신들을 피해 하바로브스크로 옮겨 체재하면서 러시아황제의

---

125) 『일관기록』, 五.機密通常和文電報往復 一·二 第1冊, (154)'블라디보스토크에 파견된 密使件에 대한 훈령 및 答信' 1·2(1895년 8월 6·9일), 井上→西園寺.

126) 『일관기록』, 一.機密本省往來 一~四, (58)'朝鮮人 韓奎錫 來館에 대한 在海蔘威 日貿易事務官의 報告寫本 傳達'(機密送第81號, 1895년 11월 2일), 西園寺→小村. 별지 「朝鮮人 韓奎錫 來館한 件」(1895년 10월 24일, 二橋謙).

회답을 기다리고 있는 중"이라고 전해주었다.127) 일제와 을미역적들은 바로 권동수가 전달한 국왕밀서가 효과를 발휘해 러시아가 조선문제에 강력 개입할까봐 우려하고 있었던 것으로 보인다.

아무튼 한규석과 한기중이 제공한 비교적 정확한 정보에 입각할 때 권동수가 러시아의 연해주총독을 통해 밀서를 직접 전달한 것은 러시아황제의 일정한 관심을 불러일으켰을 것이다. 밀서의 내용은 이에 상응한 러시아정부의 훈령과 함께 서울의 베베르에게로 전해졌을 것이다. 황제에게 전달된 이 밀서가 유효했을까? 이 밀서의 유효성은 로바노프 외상이 조기에 주조선공사 베베르에게 일국의 운명과 관계된, 그리고 전 세계 국제관계를 뒤흔들 '포괄적 재량권'을 위임한 것에서 가늠해볼 수 있다. 로바노프 외상은 을미왜변 한 달 뒤인 1895년 11월 9일 베베르에게 "만약 귀관이 현지 관점에서 불가피하다고 인정한다면 음모자의 억압으로부터 국왕을 해방시키기 위한 모든 대책을 우리는 승인한다"는 언명으로 베베르에게 전권을 부여했기128) 때문이다.

■ 민왕후의 정확한 상황판단과 애국적 기본자세

이런 적극적 다면외교 활동을 통해 고종과 왕후는 페테르부르크와 워싱턴의 대한對韓정책도 어느 정도 원하는 방향으로 바뀌도록 유도하는 능동성도 발휘했음이 틀림없다. 뒤에 살펴볼 아관망명 전후 상황에서 알 수 있듯이 왕비와 고종은 처음에 러시아정부의 개입의지와 주한 러시아공사관의 의지 사이에 온도 차가 조금 있었지만 일제의 만행과 자신의 신변위험에 대한 상세한 정보제공, 절박한 구원요청, 러시아공관 수비병력의 증강에 대한 요구 등을 통해 페테르부르크와

127) 『일관기록』, 西園寺의 위 機密送第81號 전신문의 별지 「朝鮮人 韓奎錫 來館한 件」(1895년 10월 24일, 二橋謙).

128) 러시아대외정책문서(АВПРИ), 서가150, 목록493, 사건6, 리스트151. 김종헌 편역, 『러시아문서번역집(II)』, 348쪽(102. 로바노프가 1896년 10월 27일[11월 9일] 보고서 히트로보에게 보낸 비밀전문 사본).

서울의 의지를 점차 일치하도록 바꾸어 러시아황제로 하여금 자신의 망명의사를 수용해 러시아공관 안에서의 비호를 준비하게 만들었다. 고종은 11월 8일 베베르에게 '포괄적 재량권'을 줄 정도로 러시아황제와 러시아정부가 자신의 망명요청을 받아들여 자신의 신변보장을 확실히 하는 선까지 조선반도에 개입해 일본을 견제할 의지가 분명히 있다는 것을 정확하게 감지하고 있었기 때문이다.

이런 사실을 바탕으로 헤아려보면 왕후도 페테르부르크와 서울 간의 저런 정도의 온도 차와 변화추이는 시시각각 잘 알고 있었다고 봐야 할 것이다. 이런 까닭에 왕후가 시해된 뒤 1895년 11월 29일 본국에 타전한 비밀전문에서 베베르는 "왕후는 항상 러시아의 충정심을 의심의 여지없이 수용했습니다. 왕후는 지혜롭고 매우 정력적인 분이었습니다. 또 개혁의 불가피성을 지실했습니다. 하지만 결단코 일본을 통한 개혁은 아니었습니다"라고 보고했다.129)

게다가 청일전쟁 기간과 삼국간섭 전후前後시기에 페테르부르크와 주한 러시아공관 간에는 온도 차이가 사실상 전혀 없었다. 베베르 주한 러시아공사는 한반도에서의 일본의 준동에 대한 본국정부의 우려와 적극적 개입의지를 정확하게 대변하고 있었다. 위에서 삼국간섭 전후 러시아정부의 극동정책이 수립된 제1·2·3차 특별회의 결정들을 살펴보았듯이, 일본의 조선정복을 막고 조선의 독립을 유지하게 하려는 러시아정부의 전략적 의도와 전쟁불사의 적극적 개입의지에 대한 왕후의 판단은 결코 그릇된 것이 아니었다. 그리고 왕후는 1882년 왕후의 시해를 노린 임오군란과 대원군의 왕후국상 선언, 1888년 왜인이 꾸민 생일케이크 독살기도 사건, 1895년 7월 초 왕후를 시해하려는 박영효 일당의 불궤음도不軌陰圖 등 시해 위험을 무수히 겪은 마당이라서 이미 죽음의 위협을 초월했을 것이다. 이런 왕후가 갑오왜란

---

129) 러시아대외정책문서(АВПРИ), 서가150, 목록493, 사건6, 리스트170. 김종헌 편역, 『러시아문서번역집(II)』, 351쪽(105. 1895년 11월 17[29]일 베베르의 비밀전문).

으로 인한 '조선의 망국' 상황에서 왜적을 물리칠 작은 틈새가 생겼음에도 목숨을 부지하기 위해 왜적의 조선정복을 묵인하거나 왜적과 타협할 생각은 추호도 없었을 것이다. 반대로 왕후는 이 기회에 왜적을 퇴치할 수만 있다면 이를 위해 한목숨 던지려고 했을 것이다. 독일사가들이 1919년 독일혁명기에 스파르타쿠스단의 무장봉기를 감행한 로자 룩셈부르크를 가리켜 독일사회민주당의 '유일한 남자'라고 찬탄했듯이 이런 의미에서 민왕후는 당시 '조선의 유일한 남자'였다고 말할 수 있을 것이다.

그럼에도 불구하고 '정치적' 책임은 늘 '결과책임'임을 들어 왕후를 탓한다면, 이것은 고종이 중국과 러시아를 둘 다 물리친 일본을 이기지 못했다고 비판하면서 고종에게 망국의 책임을 묻는 것이나 다름없는 어리석고 부도덕한 비난일 것이다. '정치적 책임'에도 그 '결과책임'을 물을 수 없는 두 가지 경우가 있기 때문이다. 첫째는 불가항력적 상황이고, 둘째는 무도無道한 상황이다. 먼저 한국 대통령은 분단극복, 이산가족상봉 등의 과업을 수행하여 민족통일을 지향해야 할 헌법상의 의무가 있는데 객관적 상황이 주관적 의도를 무력화하고 있는 불가항력적 상황의 경우에는 한국 대통령에게 통일이나 이산가족상봉의 미실현 등에 대한 정치적 결과책임을 물을 수 없는 것이다. 마찬가지로 한국군의 군사력이 중국과 러시아의 군대를 분쇄한 일본의 군사력과 비교도 되지 않는 상황에서 국망의 정치적 결과책임을 고종과 민왕후에게 돌리는 것은 '무식한' 짓이기도 하고 부도덕한 짓이기도 할 것이다. 부도덕하기도 한 것은, 고종과 근왕세력이 연호를 '광무光武'로 바꿔가면서 대한제국 정부예산의 거지반을 쏟아부어가며 한국군의 군사력을 증강하려고 진력하고 러일전쟁 때 일제의 한일군사동맹 강요에 맞서 국외중립을 선언할 때, 군사력의 필요성을 외적의 방어가 아니라 반란(의병)의 진압으로 국한해야 한다고 주장한 서재필·윤치호 무리들, 사회다윈주의적 우승열패론優勝劣敗論·동양주의=아세아주의(일본을 아시아 황색인종의 맹주로 모시고 아시아로부터 서양 백인종을 물리쳐야 한다는 주의주장) 등 일본제국주의 이데올로기에 깊이 빠져 러일전쟁 때 왜군의 승리를 기원하고 왜국군대에 거액의 군자금을 내기도 하고 한국영토의 육로를 통해 만주로 북상하는 왜군의 군비수송을 도운 서울의 개화파 인사 등 거의 모든 서울지식인 무리의 비겁한 망국적 언행을 눈감아주는 것이기 때문이다. 그리고 무도한 상황의 경우로서 강도에게 살해된 여성의 결과책임을 추궁하는 것이 어리석고 부도덕한 짓이듯이, 전대미문의 무도한 짓을 자행하는 왜군에 의해 시해된 왕비에게 정치적 결과책임을 돌리는 것도 그만큼 어리석고 부도덕한 짓이다. 시해에 대한 '결과책임'을 들먹이며 시해된 왕후를 탓하는 것은 무도한 일제와 왜군, 그리고 친일괴뢰들의 정치적 부도덕성과 야만성을 덮어주는 짓일 뿐이다.

4) 고종의 대내적 반격: 박정양-박영효, 김홍집-박정양 연립내각

고종과 왕후는 갑오왜란에서 승리해 조선 땅에서 왜적을 몰아내기 위해 대내적으로 왜적의 보호국화 정책에 대해 정면으로 반격하기 시작했다. 이 과정에서 고종은 박영효를 역이용했다. 고종은 일단 이노우에의 요구에 따라 박영효를 사면한 데 이어 금릉위錦陵尉 작위를 복작시키고 내무대신으로 세워 이노우에의 뜻에 동조하는 듯이 움직였다. 따라서 고종은 이노우에로 하여금 만사가 그가 바라던 대로 진행되고 있다고 믿게 했고, 또 이노우에도 자신이 그렇게 믿고 본국에 "바라던 대로 된 것 같다"고 타전하기도 하고,[130] "국왕·왕비도 오늘날에 와서는 오로지 우리를 의지하고 있고 앞으로 개혁의 전망도 대략 섰다"고 타전하기도 했다.[131]

---

130) 『일관기록』, 五.機密諸方往 二, (14)'朝鮮政況 報告 第2'(機密 第227號, 1894년 12월 28일). 井上→陸奥.

131) 『일관기록』, 八.鐵道·電線·開港 貸金公債 上, (3)'朝鮮政府에의 貸金 件'(機密 제228호,

그러나 고종은 박영효를 복작시키고 중임해 그를 감읍케 함으로써 남몰래 그의 충성심을 확보해놓은 다음, 그와 연대해 이노우에와 김홍집을 견제하려고 했다. 따라서 민왕후는 이노우에에 의해 정치활동을 봉쇄당했을지라도 박영효의 복작·등용 조치 이전에 이미 박영효를 '구워삶아' 놓고 있었다. "복작의 의논을 하고 결정을 보기에 앞서" 12월 7-8일경 민왕후는 재빨리 박영효에게 "밀사"를 보내고, "관복을 지으라고 그 옷감을 하사하는 동시에 봉녀공縫女工을 파견했으며", 10일 복작의 분부가 있은 뒤 민왕후는 "새로 저택을 하사했고 관에서 몰수했던 그의 재산도 돌려주었다". 그리고 박영효가 13일 처음 입궐했을 때는 "국왕과 왕비는 격의 없이 지난 1884년에 일어났던 사변 이후의 이야기를 했고", 이 때문에 박영효는 "대단히 기뻐했다". 그 후 국왕부처는 박영효에게 누차 알현을 허락했고, 19일 이노우에를 접견했을 때에는 차후 자신들과 일본공사 사이의 의견전달을 "반드시 박영효를 통해서" 할 것이라고 말하여 박영효에게 두터운 신임을 주는132) 척했다.

이렇게 해서 고종과 왕후는 박영효를 얻은 다음 그의 도움으로 일본의 이권요구를 물리치기 시작했다. 당시 이노우에 왜국공사는 목포와 진남포를 개항하고 인천의 거류지를 확장하고 나서 실속 있는 광산을 모두 독식하려는 정책을 밀어붙이는 중이었다. 이에 왕후는 1895년 5월 4일을 기해 러시아·미국·영국·독일 공사로 하여금 김윤식 외부대신을 찾아가 이노우에의 기도를 각국과 체결한 최혜국대우 약관에 위배되는 것이라고 항의하게 만들었다. 그러고 나서 김윤식을 시켜 이 항의를 빌미로 이노우에의 요구를 거절하게 함으로써 이노우에의 독식정략을 좌절시켰다. 고종과 민왕후가 5월 4일 러시아·미국·

---

1894년 12월 27일), 井上→陸奥.

132) 『일관기록』, 五.機密諸方往 二, (14)'朝鮮政況 報告 第2'(機密 第227號, 1894년 12월 28일). 井上→陸奥.

영국·독일 공사로 하여금 그런 항의를 하도록 만든 것을 보면 국왕부처는 러시아공사를 통해서든, 프랑스·독일 공사를 통해서든 일본이 삼국간섭의 압력을 수용할 조짐을 앞서 알고 있었던 것으로 보인다.

5월 5일 일본이 공식적으로 삼국의 요구에 굴복하자 국왕부처는 박영효를 지원하고 활용하여 이노우에가 만든 김홍집-박영효 연립내각을 붕괴시키고 본격적으로 왕권을 회복하려고 나섰다. 내각제가 도입된 이래 제반 국내정무는 내각에서 통솔하고 국왕의 재가를 거쳐 이를 행하는 식이었기 때문에 국왕과 왕비는 완전히 정권을 내각에 빼앗기고 왕궁 안에 고립·유폐당해 있었었다. 김홍집은 총리직을 차지한 이래 내각제 실시의 중심이 되어 왕권을 억제하는 데 주력했었다. 5월 8일 고종은 왕권회복을 지지하는 신하들이 늘어나는 분위기가 확산되자 박영효를 움직여 김홍집을 공격하게 하는 이이제이以夷制夷책을 써서 김홍집내각을 무너뜨리려고 별렀다. 박영효는 국왕과 왕비를 배후로 믿고 김홍집 총리 일파 사람들에 반대해 '군권설君權說'을 내세웠고 서광범·김가진·이완용 등이 박영효를 지지했다. 박영효는 김가진(농상공부 대신)·서광범·박정양 등과 함께 김홍집 당파인 조희연의 비리를 들춰 그를 면직시키려고 했다. 고종은 이때 박영효를 지원해 조희연을 비난하며[133] 5월 13일 전광석화처럼 친일괴뢰 조희연

133) 5월 29일 입궐하여 국왕으로부터 직접 조희연의 죄를 들은 정병하가 전하는 국왕의 말에 조희연의 죄는 다음 네 가지다. "첫째, (갑신정변 때 청국군의 편에 선) 신태휴申泰休와 같은 불량한 무리로 하여금 짐이 동의하지 않았음에도 불구하고 훈련대장의 중책을 맡게 하여 외면상으로는 짐의 뜻으로 시킨 것같이 위장한 점. 둘째, 일본군 점령지에 위문사로 파견하는 것에 이르러 발령이 나기 전에 육군 장관將官의 군복을 착용하고 그곳에 간 점.(신식제도 발령 전에는 구식에 따라야 함이 마땅한 것인데 자기 멋대로 한 거동이라 할 것이라고 했다.) 셋째, 양주 민요民擾를 당하여 칙지를 청하지 않고 출병을 명한 것은 월권행위라는 점. 넷째, 군부 내에 있어서 금전 출납상 불분명한 곳이 허다하다는 점.(이 일에 대해서는 짐이 그 근거를 깊이 추궁해보지 않았으므로 충분한 사실을 알지 못하지만 정부의 의견으로는 이를 실책의 하나로 간주하고 있다.)" 『일관기록』, 一.機密本省往來 一~四, (17)'朝鮮內閣의 破裂'(機密第57號, 1895년 5월 30), 井上→陸奥. 別紙丙號「宮內部 內藏院長 鄭秉夏의 직접 담화」.

을 군부대신직에서 파직할 것을 명했다.[134] 그러나 김홍집은 이 명을 이행하지 않았다.

이에 고종은 이것을 문제 삼아 박영효를 지원해 신·구新舊 친일세력 간의 갈등을 극화시킴으로써 1895년 5월 17일 어전회의에서 김홍집·어윤중 등 구舊 친일괴뢰들을 굴복시켜 김홍집내각을 무너뜨리고 5월 31일 박정양-박영효 연립내각을 수립했다. 고종은 조희연 면직의 어명을 이행치 않고 조희연을 두둔하는 김홍집과 어윤중에게 이렇게 고함을 쳐 굴복시켰다. "군부대신 처리에 대한 문제는 짐이 이미 처분하기를 명했다. 그런데 대신이 그 명을 봉행하지 않는다면 이것은 군주권이 나라 안에서 시행되지 않음을 말함이로다. 무릇 국가 통치의 대권이 군주에게 있음은 어느 나라나 다 같으며 이노우에 공사도 역시 그와 같이 말했다. 그러므로 짐이 명령하는 것을 봉행하지 않는다면 이는 군주가 없는 것과 같은 것이 되므로 짐은 이 나라에 군림하기를 원치 않는다. 너희는 마땅히 이 나라를 공화정체로 만들어야 할 것이다. 조희연 군부대신의 죄는 우리나라 구법에 따르면 사죄死罪에 해당된다. 따라서 결단코 이를 용서할 수 없다."[135] 이에 김홍집 총리와 어윤중 탁지대신이 상주하기를, "신들이 성의聖意를 거스른 이상 안심하고 재직할 수 없으므로 사표를 내고 각자가 직책에서 물러나야

---

134) 『高宗實錄』, 고종32(1895)년 4월 23일.

135) 『일관기록』, 一.機密本省往來 一~四, (16)'趙軍部大臣 進退問題로 內閣이 붕괴될 지경에 이른 件'4(機密第56號, 1895년 5월 22일), 井上→陸奧. 別紙乙號「五月 二十七日 兩陛下가 信任하는 官吏 洪啓薰 招請談話」. 정병하가 전하는 국왕의 말은 이와 조금 다르다. "구 대신들이 이와 같은 자를 여전히 더 국무대신의 자리에 놓아두고자 한 것을 짐은 철두철미 동의할 수가 없었던 것이다. 그래서 여러 대신들이 열석한 자리에서 몹시 그 거동을 비난하고 통렬히 질책했었는데, 그래도 역시 짐의 뜻을 거역하고 그 유임을 고집하려 했으므로 이제는 군주가 없는 것과 마찬가지다. 아니 군주권을 무시하는 짓이다. 그렇다면 대신들이 원하는 대로 국체를 변혁해서 새로 공화정치를 일으키든가, 또는 대통령을 선출하든가 너희들 마음 내키는 대로 하는 것이 좋을 것이다. 짐은 굳이 군주권이 없는 허위虛位를 옹위하고 있는 것을 감내할 수는 없다고 통렬히 책망했다." 機密第57號(1895년 5월 30). 別紙丙號「宮內部 內藏院長 鄭秉夏의 직접 담화」.

하겠습니다"라고 했고 국왕은 이에 "사표를 내고 안 내고는 마음대로이며 짐은 이를 말리지도 또한 권하지도 않는다"는 극한적인 말로 답하고 밀고나가 논의를 종결시켰다.[136] 그리하여 5월 17일부로 조희연은 군무대신직에서 완전히 파면되었고, 17일 저녁부로 김홍집은 등청하지 않고 시골에 처박혀 있다가 5월 28일 사표를 냈다.[137] 고종은 바로 사표를 수리해 김홍집을 총리직에서 면직시켰다.

이 시점의 민왕후의 뜻은 그의 총신인 홍계훈을 통해 엿볼 수 있다. 홍계훈은 이노우에의 보고에 의하면 5월 27일 공사에게 이렇게 말했다.

(1) 국내통치의 대권이 대군주 손안에 있는 것은 두말할 필요도 없는 것인데, 작년 개혁 이래 정무는 모두 내각에서 논의 결정하고 상주문을 갖추어 대군주의 재가를 주청하는 데 지나지 않는다. 그런데 금상께서 순량한 기질을 갖고 계셔서 상주문에 대해서는 거의 대부분 이를 인가하시는 편이다. 만약 어의에 들지 않는 일이 있어서 인가하시지 않을 때나 또는 어떤 일에 대해 대군주로부터 특별한 명령이 계실 때는 총리대신 등이 대개 이의異意를 달아 성의聖意대로 봉행하지 않는 형편이다. 그러므로 작년부터 군주권이 행사되지 못해 마치 군주가 없는 것과 같다. 그런데 박영효와 서광범 두 대신은 외국 사례에 능통하며 군주권을 중히 여겨야 한다고 진주進奏하고 국가통치의 대권을 모두 대군주 수중에 복귀시키는 주의를 취하는 사람들이므로 대군주도 오로지 그 두 대신을 신뢰하고 나머지 네 대신을 소원히 하는 경향이 있다. 그러니 최소한 구파의 두 대신을 물리치지 않는 이상 대군주는 만족하시지 않을 것이 뻔한 노릇이다.

(2) 하늘에 두 태양이 없듯이 나라에는 두 임금이 있을 수 없는 것은 뻔한

---

136) 『일관기록』, 一.機密本省往來 一~四, (17)'朝鮮內閣의 破裂'(機密第57號, 1895년 5월 30), 井上→陸奧. 別紙丙號 「宮內部 內藏院長 鄭秉夏의 직접 담화」.

137) 『高宗實錄』, 고종32(1895)년 5월 5일(양력 5월 28일).

> 이치다. 그런데 구파의 여러 대신들은 임금의 뜻을 거역하고 임금의 명을 따르지 않는 일이 왕왕 있었을 뿐만 아니라 오히려 다른 곳의 뜻을 받아 그 지휘를 받들어 정사를 행하므로 이는 한 나라 안에 두 주인이 있는 것과 마찬가지다. 이상과 같은 관점에서 보건대 구파의 여러 대신들은 국가에 대해 두 마음을 품고 있는 것으로 보아도 지나친 말이 아닐 것이다.[138]

김홍집과 어윤중이 "다른 곳의 뜻을 받아 그 지휘를 받들어 정사를 행한다"는 말은 이노우에의 소위 '통감권력'과 김홍집·어윤중·조희연의 친일괴뢰성을 정면으로 비판한 것이다. 홍계훈의 이 말을 중시하면 민왕후는 이 시점에 군주권 회복을 최대쟁점으로 삼고 있었던 것이 틀림없어 보인다.

■ 박정양-박영효 내각의 성립

고종은 김홍집의 총리직 사표를 수리한 뒤 5월 31일 정동파 '박정양내각' 또는 '박정양-박영효 연립내각'을 출범시킴으로써 이노우에의 보호국체제의 중앙권력구조를 분쇄하고 구舊 친일괴뢰집단을 퇴치했다.

이노우에에 거슬러 움직인 이 시기의 박영효의 좌충우돌을 유영익 등은 '자율성'으로[139] 착각한다. 그러나 이 시기 박영효는 자율적이었던 것이 아니라, 자신을 밀어주는 고종과 왕후의 공작에 걸려 왕실의 신임을 믿고 잠시 경솔할 만큼 기고만장했을 뿐이다. 이제 고종에게는 박영효와 신新친일파들을 퇴치할 일만 남았다.

---

138) 『일관기록(7)』, 一.機密本省往來 一~四, (17)'조선내각의 파열(기밀 제56호의 계속)'(1895년 5월 30일), 井上馨→陸奥. "별지乙號 [5월 27일 양 폐하가 신입하는 관리 홍계훈 초청 담화]".

139) 柳永益, 「甲午·乙未年間(1894~1895) 朴泳孝의 改革活動」, 1-2쪽.

박정양-박영효 연립내각
(1895년 5월 31일 ~ 7월 7일)

총리대신 박정양

| | | | |
|---|---|---|---|
| 내무대신 | 박영효 | 협판 | 유길준 |
| 외무대신 | 김윤식 | 협판 | 이완용 |
| 탁지대신 | 어윤중 | 협판 | 안경수 |
| 군무대신 | 이주회 | 협판 | 권재형 |
| 학무대신 | | 협판 | 윤치호 |
| 법무대신 | 서광범 | 협판 | 이재정 |
| 농상공대신 | 김가진 | 협판 | 정병하 |

그러나 고종은 한동안 박정양과 박영효를 중심으로 개혁을 주도하도록 했다. 『한성신보漢城新報』(1895. 2. 17.-1906, 7. 31.)[140]에 대항하는 순純국문(한글전용)신문 발간계획이 수립된 것도 이때였다. 왜국공관이 서울에서 민간신문의 외양을 하고 발간하는 『한성신보』의 편파보도에 강한 불만을 가지고 있던 박정양은[141] 6월 29일경 『한성신보』에 대항

140) 『한성신보』는 왜인 '소시(壯士)' 두목 아다치겐조(安達謙藏)가 왜국 외무성 첩보자금으로 발간하던, 민간신문으로 위장한 왜성대(일본공사관) 대변지다. 이 신문은 1895년 1월 16일 창간되었다. *Korean Repository,* Vol. 2 (March 1895). 참조: 이광린, 「서재필의 『독립신문』 刊行에 대하여」, 『韓國開化思想研究』(서울: 일조각, 1979), 166쪽. 일본공사는 이 신문이 1895년 2월 17일부터 1·2면 한글, 3면 일본어, 4면 광고로 발간하는 체제로 전환되었다고 하고 있다. 『일관기록』, 二.本省往來信, (5)'漢城新報 發刊 件'. 그러나 한철호는 『한성신보』의 편제전환을 '창간'으로 착각해 이 신문이 "1895년 2월 16일 창간되었다"고 잘못 말하고 있다. 韓哲昊, 「甲午更張中(1894-1896) 貞洞派의 改革運動과 그 意義」, 『國史館論叢』 제36집(1992), 64쪽. 『한성신보』는 1895년 2월 17일부터 한글판 위주로 전환되어 서울의 개화지식인들의 가치관을 마비시키고 세뇌하는 결정적 이데올로기 기구로 기능한다. 1·2면 한글면은 '순한글'이 아니었다. 그것은 "俄館의 경계라. 동 공ᄉ관은 去十一日 날니통 이래는 대군쥬 폐하가 入御하야 계시므로써 그 警戒가 참 엄ᄒ더라" 식의 문투로 왜문倭文혼용체처럼 한글·한자 혼용체를 구사했다.

141) 韓哲昊, 『親美改化派研究』(서울: 國學資料院, 1998), 173쪽.

하는 국문(순한글)신문 발간계획을 수립했다. 나중에 창간되는 『독립신문』은 박정양내각의 이 한글전용신문 발간계획의 구현이었다. 아관망명 이후 박정양내각은 순수한 정부예산을 서재필에 대한 차관 형식으로 투입하여 한글전용신문 발간계획을 『독립신문』으로 현실화하기 때문이다. (따라서 『독립신문』은 서재필의 아이디어도[142] 박영효의 아이디어도[143] 아니었다.)

다른 한편, 국왕부처는 국왕친정 선언을 준비해나가면서, 고종은 인아거일책을 더욱 강화시켰다. 이때 러시아의 여론도 조선중시 정책으로 기울고 있었다. 5월 12일 『노보에 브레먀』 지는 이런 사설을 실었다. "러시아는 결코 타국의 후원에 의지하고 부탁해서 그 고유의 이익을 보호할 생각을 갖지 말아야 하고 스스로 나아가 혼자 힘으로 경영할 각오가 없어서는 안 된다. 지금 바야흐로 일본은 일시적 호기를 틈타 조선을 경제적으로 완전히 복종시키고 국왕을 손안에 넣어 철도와 채광권을 독차지했다. 그러므로 더욱이 조선을 독립국이라고

142) 서재필은 『독립신문』을 자신의 아이디어로 창간했다고 거짓말했다. 金道泰, 『徐載弼博士自敍傳』(서울: 을유문화사, 1972), 238쪽. 그리고 많은 이들은 한글전용 『독립신문』의 발간이 서재필의 아이디어라고 믿어왔다. 그러나 순한글신문 발간계획은 박정양 중심의 정동파의 아이디어였다. 참조: 韓哲昊, 「甲午更張中(1894-1896) 貞洞派의 改革運動과 그 意義」, 64-66쪽; 韓哲昊, 『親美改化派研究』, 119-120쪽. 당시 한 일본신문은 "영어파는 대부분 러·영·미 등의 공사들과 친한 사람들로서 이번에 여러 나라의 공사관원과 협동하여 정동구락부를 조직하려고 계획하는 중"이고 "또한 현재 일본인이 발행하는 한성신보에 대항하기 위한 순수한 韓文신문(한글신문 – 인용자)의 발행계획을 갖고 있다"고 보도하고 있다. 『東京朝日新聞』, 明治28年(1895년) 6월 29일자, 「朝鮮時事」("韓廷の一奇現象").

143) 유영익은 박영효가 1888년 「건백서」에서 "본국 국사를 가르치고 한글을 활용할 것을 제안했다"고 주장한다. 柳永益, 「甲午·乙未年間(1894~1895) 朴泳孝의 改革活動」, 19쪽. 그러면 박영효가 순한글신문도 주창했나? 그러나 그의 '한글활용 제안'은 정확한 독해가 아니다. 박은 "한문이나 언문으로 정치·재정·내외법률·역사·지리 및 산술·이학·화학 대의 등의 책을 번역하는 것", "먼저 인민에게 국사와 국어·국문을 가르치는 것", "인민에게 신문국을 설립하여 찍어 파는 것을 허용할 것" 등만을 주장했을 뿐이다. 박영효, 「朝鮮內政에 關한 建白書」. 박영효의 이 신문은 '국문신문'이 아니고, 또 그가 말하는 '국문'이 꼭 한글인 것도 아니다. 그의 '국문'은 '왜문倭文'처럼 국한문혼용체였다. 이것은 그가 '한문' 번역을 앞세우고 '언문'·'국문'을 구분해 쓴 점에서 분명하다.

공포했지만 과연 무슨 실이 있겠는가. 러시아가 오늘날까지 조선을 등한시한 것은 일대 실책이다. 조선은 러시아의 대아시아 정략상, 또 아시아 영토의 장래 발전을 위해 매우 중요한 위치를 점하고 있다." 그리고 6월 1일 『그라지다닌』 지는 "만약 조선이 오직 명분상에만 그치지 않고 실제적인 독립이 현실화된다 하여도 러시아는 앞날에 있어서 아무 두려움 없이 러시아와 조선 사이에 항상 친목의 관계를 유지할 수 있을 것이다. 그러나 만약 하루아침에 조선을 타국, 특히 일본 같은 나라에 종속시키기에 이른다면 이는 전혀 문제를 달리하게 된다. 러시아는 결코 이를 허락할 수 없다. 또 허락할 수 없기에 장래의 극동 사정이 이와 같이 된다면 러시아는 조선을 하루라도 빨리 보호국으로 삼는 것이 가장 긴요하다"고 논변하고 있었다.[144] 이런 지상논변들은 모두 조선문제에 대한 러시아의 적극개입을 촉구하는 것들이었다.

내부대신 박영효는 이러한 국제정세 속에서 고종과 민왕후의 '인아거일책'이 더욱 강화되자 불안을 느꼈다.[145] 그도 국왕이 군주의 권력을 어떻게 해서든 회복시키려고 "몰래 근시인近侍人을 러시아·미국 등 각국 공사관에 파견해 그들의 조력을 간구하게 된 사실"을 간접적으로 점차 알게 되었기 때문이다. 따라서 당시 박영효가 여러 대신들과 밀의를 거듭한 끝에, "구식 시위대를 신식 훈련대로 교체하고, 일상적으로 궁중으로부터 각국 공사관에 왕래하는 2-3명의 궁내부 관리들을 전임 또는 폐출해 그 화근을 단절하며"[146] 각국 공사관에 출입하는

---

144) 『일관기록』, 二.本省往來信, (1)'極東問題에 관한 러시아 諸新聞 論說'(送第72號, 1895년 8월 1일), 西園寺→井上.

145) "주상은 밖으로 왜국에 의해 견제받고 안으로는 정부에 의해 좌지우지되어 어떤 것 하나도 가타부타할 권한을 보유할 수 없었다. 왕후는 이를 분해했고 비밀리에 조금씩 군권을 되찾으려고 꾀하여 러시아와 연결을 맺었다. 박영효는 이를 우환으로 여겼다." 황현, 『매천야록(중)』, 50쪽.

146) 『일관기록』, 六.朴泳孝不軌事件, (3)'1895년 6·7월 중 朝鮮王宮 호위병 交替事件으로 宮中과 內閣 사이에 충돌을 일으키고 끝내 사건이 일변하여 朴泳孝가 그 職에서 罷職당하고 체포령이 내려질 때까지의 日記'(機密第71號, 1895년 7월 12일).

것으로 알려진 구식 장교들과 궁궐호위대 교사인 미국인 다이 등 2인을 축출하고 공사관과 대궐을 오가며 고종과 민왕후의 밀지를 전달하는 궁내부 관리 2-3명을 경무청으로 구인함으로써 국왕부처와 외국 공사들 간 통로를 차단하기 위해 신속하게 움직였다. 그러나 고종과 왕후는 곧 이를 간파했다.[147)]

그리하여 박영효가 6월 25일 궁궐 호위병을 친일괴뢰군 '훈련대'로 교체할 것을 주청하자, 고종은 진노하여 "왕궁 호위의 구병을 폐지하는 것은 원래 짐이 싫어하는 바인데 대신들이 강하게 이를 상주하는 것은 그 의도를 알 수 없다"고 하며 교체를 거부했다. 이에 대신들이 재차 "구 호위병을 폐지하는 일은 폐하께서 이미 재가하신 것"이라고 상주하자, 고종은 "더욱더 진노해 작년 6월 이래의 칙령이나 재가한 것은 모두 짐의 뜻이 아니니 이를 취소하겠다"고 천명했다. 이에 대신들이 크게 두려워했고 박정양 총리대신은 사표를 냈다.[148)] 그러나 이 호위병교체 음모의 배후는 박영효였기 때문에 총리의 사표는 반려되었다.

### ■ 김홍집-박정양내각과 고종의 친정선언

그러던 중 훈련대를 진주시켜 궁궐수비를 맡은 시위대를 제압하고 왕비를 시해하려고 한 박영효의 '불궤음도' 사건이[149)] 불거졌다.[150)]

---

147) 『일관기록』, 一.機密本省往來 一~四, (105)'1895년 6월 하순 궁중과 내각 간의 충돌에 관한 調査書'(機密發 제72호, 1895년 7월 13일), 杉村→西園寺; 스기무라후카시, 『재한고심록』, 205쪽.

148) 『일관기록』, 五.機密通常和文電報往復 一·二 第1策, (105)'왕궁호위병 교체문제로 국왕 내각의 충돌 건'(1895년 6월 26일), 杉村→西園寺.

149) 박영효를 일본으로 빼돌린 스기무라는 왕비시해 음모는 아니었다고 거짓말한다. 스기무라, 『재한고심록』, 210쪽. 그러나 실 미국공사와 우치다의 보고는 박영효가 7월 6일 훈련대를 투입하여 왕후를 암살하려고 했다고 본국에 보고하고 있다. Palmer (ed.), *Korean-American Relations*, July 9, 1895, Sill to the Secretary of State; 일본외무성 편, 『日本外交文書』[28권 1책], 334쪽(1895년 7월 12일), 內田→西園寺. 황현은 "박영효가 왕후의 권모와 계략을 겁내어 시해를 단행하지 않으면 화근을 끊을 수 없다고 생각해 마침내 날짜를 잡아 계획을 정하고 일본에 병력을 요청했다. … 그 후 을사(1905)년에 … 이기李沂가 일본 에도江戶에서 박영효를 만났는데 박영효가 이기에게 위와 같은 말을 했다고 한다.

김홍집-박정양 연립내각
(1895년 7월 8일 ~ 10월 7일)

총리대신 김홍집

| | | |
|---|---|---|
| 내무대신 | 박정양 | 협판 유길준 |
| 외무대신 | 김윤식 | 협판 윤치호 |
| 탁지대신 | 어윤중 | 협판 안경수 |
| | 심상훈(8.8. 후) | 이정환 |
| 군무대신 | 신기선 | 협판 권재형 |
| | 안경수(8.10. 후) | |
| 학무대신 | 이완용 | 협판 김춘희 |
| 법무대신 | 서광범 | 협판 이재정 |
| 농상대신 | 김가진 | 협판 정병하 |
| | 이범진(10.5. 후) | |

그러자 고종과 왕후는 7월 6일 박영효의 적대자 김홍집을 불러 특진관으로 임명하고 박영효를 체포하라는 명을 내린 다음,[151] 다음 날

… 나는 이 말을 이기에게서 들었다"라고 기록하고 있다. 황현, 『매천야록(중)』, 50-51쪽. 이 보고·기록에 더해 박영효가 1894년 9-10월 인천 왜인거류지에 은거해 있을 때에도 왕후폐위를 '떠벌린' 점 등을 보아 그는 왕후의 암살이나 폐위를 기도했을 것으로 보인다.

150) 황현은 이 음모가 탄로 난 것은 유길준의 고변 때문이었다고 기록하고 있다. "박영효가 유길준이 가깝다고 믿어 그러한 의도를 밝혔는데 유길준이 급히 임금께 고하여 박영효의 계획이 누설되었다. … 이때 소문으로는 왜인 오사베히데오(日出雄)가 우리 측 한재익韓在益에게 박영효의 흉계를 말하자 한재익은 심상훈에게 그 사실을 알렸다. 그러나 어떤 사람은 서광범이 고변한 것이며 다른 사람의 고변이 아니라고 했다. 그 후 을사년(1905)에 우리나라 사람 이기가 일본 에도에서 박영효를 만났는데, 이때 박영효는 위와 같은 말을 했다고 한다. 그 사실을 전하며 간적姦賊 유길준 때문에 국사를 그르쳐 오늘과 같은 꼴이 되었다고 했다"라고 기록하고 있다. 황현, 『매천야록(중)』, 51쪽. 박영효 개인비서를 했던 안기중安沂中도 윤치호에게 이 사건의 주모자는 유길준이라고 말한다. "유길준은 그 두뇌 속에서 박영효의 추방을 위한 그 가련한 계략을 꾸며내 왕후를 도와 그녀의 권력을 그녀 자신의 파괴에 오용하도록 만들었다." 『尹致昊日記(四)』, 1896년 2월 26일자.

7일 친미파(박정양·이완용·윤치호)와 친러파(이범진)를 차례로 참여시키고 동도서기론자들(김윤식·신기선·김가진)을 잔류시킨 '김홍집-박정양 연립내각'을 수립했다.

이어 이틀 뒤 1895년 7월 9일을 기해 고종은 친정을 선언하고 고종 자신이 주도하는 자주개혁의 의지를 칙령으로 선포한다. 왜적의 궁궐 침공이 있은 지 거의 1년 만의 일이었다.

> 칙령: 짐은 작년(1894년) 여름 이래로 국정을 유신해 독립의 기틀을 꾀하고 중흥의 대업을 세우고 종묘사직에 맹서를 고하고 팔방에 널리 유시한 지 1주년이 지났으나 아직 거의 주효하지 못하다. 구습이 오히려 남아 있고 새 법령이 늘 저지당하고 상하의 감정과 뜻이 아직 믿지 못하고 중외의 와전과 비방이 층층이 생겨 민생의 곤췌와 국세의 위급이 오히려 전일보다 더 심하다. 짐의 부덕인가? 아니면 일을 맡은 자들이 직무를 실책한 것인가? 이제부터 짐은 정신을 독려하고 뜻을 화살처럼 곧게 해 매일 각신을 접하고 서로 더불어 상의해 통치법규를 확실히 하고 공평정대한 정사로써 이용후생의 방책을 행할 것이다. 그대들 내각 제신에게 자문하고 마음에 품은 것을 열게 해 감춘 것을 없애고 진실을 인정하고 도울 것이고, 조례를 밝게 세우고 기강을 진작해 깨끗이 하고, 무릇 외규와 신제 중 백성을 편하게 하고 국가를 이롭게 하는 것을 힘쓰고 힘써 강행講行하리라. 역시 관찰사와 수령들은 짐의 덕음과 짐의 명령을 선포하고 기존의 고질병에서 오래된 숙환을 제거하고 난의 근본을 맹아에서 그치게 하고 짐의 적자들로 하여금 은혜를 품고 법을 경외하게 하고 생을 편안하고 업을 즐기게 하고 개화경장이 진실로 백성을 위해서 나온 것이라는 것을 다 함께 알게 하라. 짐은 다시 말하지 않는다. 그대 신민들은 힘써라.[152]

151) 스기무라후카시, 『재한고심록』, 210쪽.

152) 『承政院日記』, 高宗32(1895)年 閏5月20日(양력 7월 9일); 『官報』, 開國504年 閏5月20

고종은 "민생의 곤췌와 국세의 위급이 오히려 전일보다 더 심하다"고 평가함으로써 '갑오경장'의 실패를 공식 선언했다. (아관망명 이후에 고종은 3년간의 갑오경장 책동을 더욱 격렬한 어조로 비판한다. "지난날 난역지배亂逆之輩가 국권을 농락하고 조정의 정사를 변경하고 심지어 의정부를 고쳐 내각으로 칭하고 경솔하게 많이 국전國典과 헌정제도를 고쳐 짓는 일이 있었고, 이로써 중앙과 지방을 무너뜨려 소요에 빠트리고 백관과 만민의 근심과 분노, 아픔과 놀람이 지금 3년이다."[153]) 그리고 "짐의 부덕인가? 아니면 일을 맡은 자들이 직무를 실책한 것인가?"라는 말로써 친일괴뢰대신들에게 책임을 묻고 있다. 이로써 괴뢰정부의 '사이비개혁 놀음'은 끝난 것이다. 이어서 고종은 "이제부터 짐은 정신을 독려하고 뜻을 화살처럼 곧게 하여 매일 각신을 접하고 서로 더불어 상의하여 통치법규를 확실히 하여 공평정대한 정사로써 이용후생의 방책을 행할 것이다"라고 천명함으로써 친정을 선언하고 있다. 또한 동시에 스스로 개혁을 주관하겠다는 뜻을 분명히 하고 있다.

그러자 왜본 대리공사 스기무라는 본국에 올리는 7월 13일 보고서에서 "근래에 이르러 군주전제가 극심하여 소리小吏의 진퇴와 작은 액수의 출납에 이르기까지 군주가 이를 친히 결재하거나 세도가가 군주의 뜻을 받아 이를 처리 결재한다"라고[154] 불평하고 있다. 친정

---

曰: "勅令 朕惟昨夏以來 維新國政 肇獨立之基 建中興之業 至於誓告廟社 誕諭八方 而荏苒一朞 迄未奏效. 舊習猶存 新令常沮 上下之情志未孚 中外之訛讀層生 民生之困瘁 國勢之岌嶪 反甚於前日 朕之不德歟 抑任事者失其職歟? 玆朕勵精矢志 日接閣臣 相與商確治規 以公平正大之政 行利用厚生之方. 咨爾閣部諸臣 開懷無隱 認眞贊襄 明立條例 振肅綱紀 凡外規新制之便民利國者 孜孜講行. 亦暨觀察·守宰 宣朕德意 布朕命令 除宿瘼於已痼 弭亂本於將萌 俾朕赤子 懷恩而畏法 安生而樂業 咸知更張開化之亶出於爲民也. 朕言不再 惟爾臣民 勖哉."

153) 『高宗實錄』, 고종33(1896)년 9월 24일(양력): "向日亂逆之輩 操弄國權 變更朝政 至有議政府之改稱內閣 率多矯制典憲 以之隳壞中外 以之騷然 百官萬民之憂憤痛駴 今三年."

154) 『일관기록』, 一.機密本省往來 一~四, (105)'1895년 6월 하순 궁중과 내각 간에 일어난 충돌에 관한 調査書'(機密發 제72호, 1895년 7월 13일), 杉村→西園寺.

선언에 이어 고종은 7월 17일 궁중호위를 위해 미국인 교관 윌리엄 다이(William McEntyre Dye)의 지휘하에 '시위대侍衛隊'를 새롭게 편성하여 배치하고, 같은 날 홍계훈을 훈련대 연대장으로 임명하여 친일괴뢰군인 '훈련대' 장악에 들어갔다.155) 이로써 고종은 일본정부와 이노우에의 보호국체제를 무너뜨리고 다시 자주독립 국가를 일시 되찾았다.

삼국간섭을 전후하여 고종과 왕후의 군주권 회복을 통한 국권회복 투쟁에 밀려 이노우에는 일찍이 보호국정책을 포기하는 전향적 자세를 취한다. 앞서 시사했듯이 로바노프 러시아외상이 5월 15일 니시 페테르부르크주재 일본공사에게 "일본정부가 조선정부로 하여금 각 관청에 일본관리를 배치하고 광산채굴권 및 철도부설권 등 각종 이권을 양여하라고 압박하면서 조선의 내정에 대담하게 간섭하고 있어 전국이 불만에 차 있다"는 베베르 서울주재 러시아공사의 전문을 받고 "이 뉴스가 대체로 불쾌한 인상을 주었다"고 경고한 이래 일본정부는 새로운 대한정책을 적극적으로 모색하기 시작했다. 무쓰는 5월 22일 이토 총리에게 이노우에 공사의 교체를 제안하고156) 이노우에에게는 5월 23일 "대한對韓정책을 확정하여 전보를 줄 것"을 통보하고 "하시라도 진퇴할 수 있도록 준비하라"라고 하여 그의 면관을 예고했다.157) 아무튼 곡절 끝에 일본 각의는 6월 4일 "러시아는 우리에게 조선이 명실공히 독립국임을 인정할 것을 요구해왔고 이에 우리는 종래의 정략에 근거하여 여러 차례 선언한 사실이 있으므로 장래의 대한정책은 될수록 간섭을 그치고 조선으로 하여금 자립케 하는 방침을 취하기로 결의한다. 이 결의 결과 조선의 철도·전신의 건은 강박적으로 실행치 않기를 기한다"라고 발표했다.158) 고종과 왕후는 적절한

155) 『高宗實錄』, 고종32(1895)년 윤5월 25일.

156) 일본외무성 편, 『日本外交文書』[28권 I책], 423-424쪽.

157) 일본외무성 편, 『日本外交文書』[28권 I책], 429쪽.

158) 金正明, 『日韓外交資料集成(4)』, 391-393쪽.

외교전략을 구사함으로써 러시아의 적극적 개입과 미국의 외교적 동조를 유도해 결국 일제로 하여금 6월 4일을 기해 보호국화 정책을 공식적으로 포기할 수밖에 없도록 만든 것이다. 이런 새로운 정세를 타고 6월 25일 고종은 "작년 6월 이래의 칙령이나 재가한 것은 모두 짐의 뜻이 아니니 이를 취소하겠다"고 천명했고,[159] 마침내 7월 9일 갑오경장의 제반개혁을 실패로 규정하고 친정을 선언할 수 있었던 것이다.

그러나 이 결의로써 일제가 보호국정책을 완전히 포기한 것으로 볼 수는 없을 것이다. "될수록 간섭을 그친다"는 말은 어느 정도 자신들의 이권을 위한 최소한의 간섭을 포기하지 않는다는 말이고, "조선의 철도·전신의 건은 강박적으로 실행치 않는다"는 말은 비非강박적인 방법으로 철도·전신의 이권을 계속 추구한다는 말이다. 더욱이 왜군의 한반도 내 주둔권은 점령권으로서 포기할 수 없는 것이었다. 따라서 보호국지위의 완전한 철폐는 고종과 일제 간의 정치적 줄다리기에 달려 있었다. 물론 고종과 왕후는 왜군의 계속주둔을 인정치 않고 즉각 철병을 요구할 태세였다. 이 요구에 직면한 왜군은 고종과 왕비의 이 자주독립 노선을 무너뜨리고 고종의 신新개혁노선으로 위태로워진, 갑오왜란과 청일전쟁의 전과戰果들을 지키기 위해 이웃나라 왕비를 시해하는 을미왜변의 새로운 전쟁범죄를 저지르게 된다.

159) 『일관기록』, 五.機密通常和文電報往復 一·二 第1策, (105)'왕궁호위병 교체문제로 국왕 내각의 충돌 건'(1895년 6월 26일), 杉村→西園寺.

# 제5장 을미왜변: 갑오왜란의 연장전

## 제1절 일제의 국토강점체제의 유지 문제

1) 고종의 반격과 강점체제의 동요

을미왜변 직전 조선은 어떤 상황에 있었는가? 왜군이 1894년 7월 23일 궁궐을 침입하고 고종을 생포해 억류하고 민씨정권을 무너뜨리고 김홍집 친일괴뢰정권을 세움으로써 개시된 갑오왜란, '갑오경장'의 미명 아래 강요된 반개혁적 사이비개혁, 청일전쟁 이후에도 지속된 왜군 6,255명에 의한 전 국토의 군사강점 상태 등 이 모든 사실을 종합하면, 당시 조선은 이미 왜군과 친일괴뢰군에 의해 전 국토가 완전히 군사점령된 '국망國亡상태'에 처해 있었다. 국왕의 군대는 국왕의 밀지를 받고 거의擧義한 동학농민군과 의병 외에 사실상 전국적으로 전멸한 상태였고, 따라서 전국은 왜군과 친일괴뢰군 및 괴뢰순검에 의해 경향 구분 없이 완전히 정복된 상태였다.[1] 시위대 연대장 현홍택과 미국교관 다이가 지휘하는 구식조선군 시위대 300-400명은[2] 왜

---

1) 을미의병에 대한 왜군과 친일순검들의 토벌작전은 아관망명 이후에도 계속되었다. 가령 참조: 『高宗實錄』, 고종33년(1896) 4월 28일자 세 번째 기사.

2) '시위대'는 고종과 민왕후가 1895년 윤5월 자신들이 거처하는 경복궁의 내궁 건청궁·곤녕합의 수비를 전담시키기 위해 별동대로 창설한 300-400명 규모의 부대다. 연대장은 현홍택, 교관은 다이 예비역 장군이었다. 시위대는 왜인의 견제로 신식무기를 갖추지 못해

군에게 우수한 신식무기를 빼앗긴 처지라서[3] 왜군과 싸울 수 없을 정도로 유명무실했다. (고종이 다이를 시켜 급조한 이 '시위대'는 가령 을미왜변 당시에 왕궁을 방어하려고 나섰으나 무기의 열세로 곧 무너져버렸다.)

고종은 1894년 7월 23일 왜군의 왕궁점령 이래 조선이 사실상 국망에 처해 있었음을 지실했지만 사력을 다한 외교적 노력을 통해 삼국간섭을 유도한 뒤 이 틈새에서 반격을 시도했다. 그리하여 고종은 1895년 5월 17일 과감하게 친일괴뢰 조희연을 군부대신직에서 해임하고 박정양내각을 출범시켰다. 나아가 6월 25일 궁궐을 수비하던 시위(侍衛)군인들을 '훈련대'로 교체하려는 박영효의 요구를 단호히 거부하면서 박영효 추포령을 내리고 상술했듯이 "작년 6월(양력 1894년 7월 23일) 이래의 칙령 혹은 재가한 것은 모두 짐의 뜻이 아니다"라고 선언함과 동시에 7월 17일 미국인 다이 교관의 지휘 아래 '시위대'를 신설하는 한편, 김홍집-박정양내각을 출범시켰다. 그리고 왕후는 훈련대를 해산하기 위해 충성스런 홍계훈을 훈련대 연대장으로 임명함과 동시에 훈련대 교관 구스노세유키히코(楠瀨幸彦) 중좌의 해촉을 기도함으로써[4] 이 일련의 인아거일책을 통해 결사적으로 국망상태를 타개하려고 했다. 또한 이런 의지에서 왕후는 이노우에가오루가 박영효를 통해 넌지시 기부금 제공 의사를 비치자 이를 단호히("받지 않아, 않아, 무서운 일이야 무서운 일") 뿌리쳤다.[5]

하지만 왜군이 흔들리는 왕궁무력점령 상태, 국왕과 왕비에 의해 망가져가는 친일괴뢰정부, 그리고 새로운 국제적 세력관계의 전개로 인해 동요에 빠진 조선강점체제를 삼국간섭 이전 수준으로 복원하기

---

병력 수와 무기 면에서 훈련대와 비할 바가 못 되었다. 참조: 한영우, 『명성황후, 제국을 일으키다』, 42쪽.

3) 참조: 한영우, 『명성황후, 제국을 일으키다』, 54쪽,

4) 김문자, 『명성황후 시해와 일본인』, 260-261쪽.

5) 김문자, 『명성황후 시해와 일본인』, 135쪽.

위해 또다시 궁궐을 범해 왕비를 시해하고 국왕을 포로로 잡고 억류한 10월 8일 을미왜변으로 인해 국망상태를 타개하려는 국왕과 왕비의 척왜노력은 실패했다. 그리하여 국가는 다시 '국망상태' 속으로 함몰되어버렸다. 왜군은 이 왕비시해를 통해 국왕을 심리적으로 붕괴시켜 무력화하고 궁내에 유폐함으로써, 6,255명의 후비보병부대를 빼고 1,450명의 현역 정예부대(1,250명의 현역전투병 + 200명의 현역헌병)를 교체 투입하려고 했다.6)

왜군은 1896년 4월 17일 시모노세키강화조약 후에도 철병하지 않고 조선에 계속 주둔하고 있었다. 1894년 10월 14일 현재, 인천 소재 남부병참감부의 병참감 다카이다카요시(高井孝允) 대좌 감독의 서울 남부병참전신부(전신제리提理 가와무라마스나오[川村益直] 공병 중좌 직속 총 254명), 후비대 제26연대, 후비대 제10연대 제1대대, 후비대 제19대대, 대본영 직할의 경성수비대 후비대 제18대대, 원산 후비대 제6연대 제2중대 등 도합 6,255명의 왜군이 조선의 강토와 전신선을 장악하고 있었다.7) 게다가 대본영의 상석참모 가와카미소로쿠(川上操六) 중장은 이 후비보병대(오늘날 우리나라의 '민방위부대'와 유사한 늙은 퇴역병사 부대)를 전시편제 6개 중대(즉, 경성의 2개 중대와 2개소의 각 1개 중대 등 1,000명의 현역상비보병)와 헌병 250명의 전신선 경비부대 등 도합 1,250명의 현역병 정예부대로 교체하여 조선주둔군을 정예화에 의해 강화하려는 계획을 미우라고로(三浦梧樓) 공사에게 통보했다.8)

---

6) 참조: 김문자, 『명성황후 시해와 일본인』, 267-268쪽.

7) 김문자, 『명성황후 시해와 일본인』, 92쪽 및 164-165쪽.

8) 『일관기록』, 五.機密通常和文電報往復 一·二 第1冊, (174)'大隊兵力 주둔과 憲兵 파견 및 後備兵 교체 件'(1895년 9월 6일 오후 6시 동경발, 1895년 9월 12일 오후 10시 접수), 川上→三浦: "조선국 대군주 폐하의 요청에 따라 우리 보병 2개 중대를 경성에, 또 1개 중대씩을 부산과 원산 두 곳에 주둔시키게 되었음은 귀관도 이미 양지하시는 바일 것임. 따라서 위 보병 1개 대대의 파견과 동시에 헌병 약 250명을 파견해서 부산에서 의주에 이르는 병참전신선의 수비에 충당하고 현재 조선국에 있는 후비諸隊는 모두 귀국시키려 함. 그러나 병참 전신선 수비에 충당할 헌병을 파견하는 일에 대해서는 사전에 조선국정부

그러나 미우라는 조선정부의 변화된 자세로 아직 때가 아님을 들어 대본영의 병력교체 시도에 난색을 표한다.9) 그리고 미우라는 병력 수를 아무리 후비보병이라도 6,255명을 1,450명의 현역병으로 줄이는 것에 대해 불안감을 표시하자,10) 가와카미 중장은 이에 기본적으로 동의하고 내밀한 논의를 통해 병력교체를 추진할 것이라고 내락한다.11)

2) 진퇴양란의 대본영: 후비보병 문제와 조선의 철군요구

그러나 히로시마 대본영은 시간이 갈수록 후비보병 교체문제로 궁지에 몰렸다. 대본영은 조선에 대한 군사점령을 강화·유지하고 전국의 전신망을 계속 장악하기 위해 상비병(현역정예병)을 교체·투입해야 할 상황논리에만 지배된 것이 아니다. 병력교체의 군사적 필요성은 조선주둔군 후비보병부대의 내부불만 때문에 절박한 정치사회 문제로 비화하고 있었다. 후비보병 제11연대 제18대대보다 후비보병 제19대대 3개 중대의 소집해제와 귀향문제는 더욱 심각했다.

---

의 승낙을 얻어둘 필요가 있을 것이며 또한 귀관의 의견도 알고 싶음. 만약 이의가 없으시다면 헌병 파견 건을 그 해당 계통을 경유해서 조선정부에 조회하는 수속을 밟을 생각임. 단, 그 교체 시기는 설령 조선정부의 승낙을 얻었더라도 다시 더 귀관과 협의해서 시기를 보아 실행할 생각임. 가능한 한 신속한 회전이 있으시기 바람."

9) 『일관기록』, 五.機密通常和文電報往復 一·二 第1冊, (174)'大隊兵力 주둔과 憲兵 파견 및 後備兵 교체 件' 2(1895년 9월 13일), 三浦→대본영 중장 川上: "6일에 발신한 貴電을 방금 영수했음. 보병 1개 대대 파견과 함께 헌병을 파견하는 일에 대해 본관은 별다른 이의는 없지만 아직 교체의 시기가 되지 않았음. 동시에 이 일을 조선정부에 조회하는 것은 물론 쉬운 일이므로 잠시 시기가 도래하기를 기다려 모든 일을 처리하도록 하고 싶음."

10) 『일관기록』, 五.機密通常和文電報往復 一·二 第1冊, (174)'大隊兵力 주둔과 憲兵 파견 및 後備兵 교체 件' 3(1895년 9월 15일), 三浦→川上: "내정개혁의 실적이 조금도 오르지 않고 지방의 민심이 불온하지만 다행히 우리 군대가 각지에 배치되어 있어서 겨우 평안을 유지하고 있는 것 같음. 그러므로 지금 갑자기 兵員數를 줄이고 각지의 수비병을 철수하는 것은 득책이 아닐 것이라고 생각됨. 따라서 현재 있는 군대를 서서히 교체하심이 어떨지."

11) 『일관기록』, 五.機密通常和文電報往復 一·二 第1冊, (174)'大隊兵力 주둔과 憲兵 파견 및 後備兵 교체 件' 3(1895년 9월 16일), 중장 川上→三浦: "조선 각지 주둔 군대의 교체를 서서히 하여야 한다는 데는 아주 동감임. 더욱이 교체를 실시하려 할 때에는 다시 내밀히 의논을 드릴 것임."

19대대는 시코쿠(四國)지방 4개 현 출신자들의 혼성부대였다. 후비보병 병사들은 만 28세부터 32세까지 처자가 있는 나이 든 병사들이었다. 시코쿠지방 신문들에서는 이 병사들의 애환에 찬 편지들이 발견되는데, 병사들의 가족의 빈곤을 하소연하는 기사들이 넘쳐났다.12) 기사에 등장하는 병사들은 대개 소작인, 인력거인부, 날품팔이, 곤약장사 등 빈민들이 많았다. 시코쿠지방은 명치시대 초기 1873년에 징병반대 민란을 격렬하게 일으킨 지역이었다. 이때 가령 가가와(香川)현의 지역민들은 사무소, 호장, 촌리거택, 소학교, 나졸둔소, 제찰장 등 관청이라고 이름 붙은 모든 곳을 죽창을 들고 모조리 때려 부수고 불살랐었다. 이것은 갑오왜란으로부터 겨우 20년 전 일이었다.13) 따라서 당연히 이 지역민들은 자기들처럼 죽창을 손에 든 동학농민군이나 조선의병들에 대해 동정적이었다.

가가와 현에서 발간되는 『가가와신보(香川新報)』의 한 연재사설(1894년 12월 20일)은 동학농민군 지도자들을 "견식 있는 자들이다", "조선국민 중 선각자들이다"라고 논변했다. 농민군 공격과 관련해서는 "매 전투마다 반드시 저들에게 사상자를 내고 아군은 1인의 사상자도 나오지 않는 까닭"을 묻고 "어찌 한을 후세에 남기지 않을 수 있으랴, 백 명이 죽으면 천 명이 한을 품고, 천 명이 죽으면 만 명이 원망하니, 오호라 어찌 영원히 우리의 덕을 버리는 것이 되지 않겠는가?"라고 호소했다. 그리고 12월 23일 사설에서는 "동학당이 다행히 평정되었다고 치더라도 일반 양민의 귀순이 어려운 것을 어떻게 할 것인가, 이노우에 백작 같은 자는 깊이 반성하지 않으면 아니 된다. 식자들은 깊이 반성하지 않으면 아니 된다"면서 이노우에 공사를 집어서 비판

12) 이노우에가츠오, 「동학농민군 섬멸작전과 일본정부」, 98쪽; 이노우에가쓰오, 「일본군 최초의 제노사이드 작전」, 122쪽. 나카츠카아키라·이노우에가쓰오·박맹수, 『동학농민전쟁과 일본』(서울: 모시는사람들, 2014).

13) 이노우에가츠오, 「동학농민군 섬멸작전과 일본정부」, 98-99쪽.

하고 있었다.[14] 동학농민군 섬멸작전이 진행되는 와중의 사설이다. 일본의 대조선 정책을 비판하고 동학군에 공감하는 이런 기사들의 존재를 통해 짐작할 수 있는 것은 이 지역민들이 아주 가난하면서도 역사적으로 강한 반정부 성향을 지녔다는 것이다. 그런데 20년 전 징병제 실시에 반대해 죽창 들고 피터지게 싸운 뼈아픈 역사적 경험을 안고 동학군을 오히려 동정하는 정서가 지배하는 바로 이런 지역에서 각 가정의 생계를 책임진 젊은 (지)아비로부터 제19대대 군인들을 차출하여 동학농민군·조선의병의 '싹쓸이학살'을 시키고 그러고 나서도 집으로 보내주지 않고 붙들어두고 있었던 것이다. 이미 시코쿠지방에 남은 굶주린 가족들의 아우성이 터져 나오는 상황이기도 했지만, 가족을 걱정하는 가난한 가장들이자 동학군과 의병에 심정적으로 동정적인 강제징집 후비보병 병사들 자체가 자칫하면 '무장소요의 화덕'으로 변할 위험이 점증하고 있었고 이미 후비보병으로 '강제소집'된 가장들의 불평불만이 군영 안에서 공공연히 불거져 나오고 있었다. 또한 동학농민군에 대한 야만적 섬멸전쟁이 끝난 뒤 농민군대학살이 왜군들에게 남긴 정신적 상처와 양심의 가책은 심각했다. 이 정신적 상처와 양심적 고통은 동학농민군 학살에 참여했던 두 명의 왜군 대위가 자살할[15] 정도로 장교들에게서도 심각했지만, 주로 학살행위를 몸소 실행한 병사들에게서는 더욱 심각했고, 시코쿠 출신 왜군병사들에게는 충동적 일탈행동의 위험을 보일 정도로 가장 심각했을 것으로 보인다. 게다가 일본 국내에서는 가장을 후비보병으로 강제 소집당한 집집마다 생계가 어려워진 가족들의 소요 움직임이 일었다. 이것은 독립 제19대대만큼 심각하지 않을지라도 제11연대 제18대대도 대동소이한 상황이었다.

이 때문에 왜군 대본영은 이 두 후비보병 대대를 가급적 빨리 '소집

14) 이노우에가츠오, 「동학농민군 섬멸작전과 일본정부」, 99-100쪽.

15) 이노우에가쓰오, 「일본군 최초의 제노사이드 작전」, 123-124쪽.

해제'해 고향으로 귀향시킴과 동시에 이 후비보병부대를 재빨리 상비병으로 전면 교체해야 할 시간 압박에 내몰리고 있었다. 이 후비보병부대를 상비병으로 신속교체하지 않고는 조선점령 상태를 지속할 수 없었던 것이다. 그러나 고종과 '조선의 유일한 남자' 민왕후는 왜군의 완전철병 노선을 완강하게 고수하고서 왜군에게 교체투입은커녕 왜군의 계속주둔도 용납하지 않으려는 기본입장을 굳게 견지하고 있었다. 따라서 왜군 대본영은 왕비의 이러한 인아척왜引俄斥倭 정책에 걸려 철병 외에 아무것도 할 수 없었다.

대본영은 계속 봉기하는 의병들의 공격에 노출될 위험을 무릅쓰고 급한 대로 6,255명의 후비보병 중 4,255명을 철수시켜 소집해제했다. 그리고 이제 조선의병들의 습격위험에 내던져진 나머지 늙은 후비병 2,000명을 젊은 상비보병과 헌병 등 1,250명의 정예병으로 교체하여 전투력을 강화하는 일을 절체절명의 군사적 당면과제로 실행해야 했다.

## 제2절 을미왜변

### 1) 을미왜변의 거시적 동기와 직접적 목적

#### ■ 을미왜변의 거시적 동기

일본정부가 왕비를 시해한 거시적 이유는 삼국간섭 이후 친서방·친로 성향을 지닌 고종과 민왕후의 세력강화와 정동파·민씨척족의 갑작스런 대두에 불안을 느꼈기 때문이다. 당시 자주독립을 말할 만한 자격을 가진 정치세력은 침략자에 부화附和한 친일괴뢰들이 아니었다. 국가주권을 지키고 개혁을 수행하려면 권위롭고 강력한 국론통일기제가 필요했지만 친일괴뢰내각은 그 자체로 국민적 신뢰가 전무해 국론통일기제가 아니라 그 자체가 바로 국론분열의 원인이었다. 권위로운 국론통일기제를 수립하는 유일한 길은 당시의 역사적 조건상 왕권을 강화하고 그 위상을 높이는 신新존왕주의의 길밖에 없었다. 그런데 갑오괴뢰정부는 수천 년간 왕을 중심으로 살아온 조선사회에서, 임술민란 이래 강화되어온 신존왕주의 추세와 정반대로 국왕의 권위와 지도력을 무력화하여 국왕과 왕후를 궁궐의 구중심처에 유폐하고 저희들 마음대로 사이비개혁을 밀어붙였다. 따라서 친일괴뢰정부의 이런 사이비개혁 기도는 어떤 좋은 내용을 담고 있더라도 백성으로부터 '역적질'로 배척당할 수밖에 없었던 데다가 그 '개혁'이란 것도 '사이비개혁'이 아니면 '반개혁'이었다. 백성들은 이 사이비개혁과 반개혁이 본질적으로 일본침략의 길을 닦아주는 것임을 본능적으로 알았다. 국민의 이 본능적 통찰과 격렬한 반일·반정부 정서가 아니더라도 유폐의 당사자들인 고종과 민왕후는 당연지사로 내밀하게 친일괴뢰정부의 타율적 사이비·사기개혁에 반대하고 저항했다. 그리하여 삼국간섭을 유도해 독립의 기회를 만든 고종과 민왕후는 갑오괴뢰정부에 의해 유배당하거나 중국으로 잠적한 민씨척족과 새로 형성된 친미·친러적 정동파 세력을 입각시켜 일단 친미-친러 연립내각을 수립한 다음, 궁극적으로 친일파를 정부에서 쓸어내고 왕권과 국권을 회복하려고 했다. 민왕후의 '수원책綏遠策'(원방과 손잡는 정책)은 일본을 견제하기 위해 바로 멀리 떨어진 서양제국, 특히 러시아와 손잡는 동맹정책이었는데 이것은 당시로서 유일하게 바르고 적실한 전략이었다. 이에 불안을 느낀 일본정부의 야만적 응수가 세계 외교사상 전대미문의 왕비시해사건인 을미왜변이었던 것이다.[16]

고종과 민왕후는 왜군의 경복궁침공 만 9개월이 되는 시점인 1895년 4월 23일 러시아·프랑스·독일이 이른바 삼국간섭에 시동을 걸자 바로 이를 기회로 삼아 인아거일책을 본격적으로 추진하여 러시아공

16) 참조: 한영우, 『명성황후, 제국을 일으키다』, 40쪽.

사가 추천한 친미정동파를 끌어들여 입각시키고 이를 지렛대로 친일 괴뢰들을 분열시켜 이이제이以夷制夷 전술로 차례로 제압하고, 대외적으로 일본의 내정간섭을 차단하고 왜군 철병을 압박함으로써 조선에서 왜군을 완전히 몰아내려고 시도했다. 고종은 '당대 조선의 유일한 남자' 민왕후의 적극적 보좌로 인아거일 정책을 과감하게 행동으로 옮김으로써 점차 세력을 결집하면서 왕권을 어느 정도 회복해가기 시작했다. 이에 힘입어 고종은 1895년 7월 4일 스기무라 임시대리대사를 독대한 자리에서 청일전쟁이 끝났으므로 공사관 보호명목의 1개 중대만을 남기고 왜군을 전면 철수시킬 것을 — 스기무라에게 본심을 숨기고 — 왜군이 철수한다면 불안한 양 엄살을 피면서 거꾸로 표현하는 교묘한 복화술로 요구한다.

> 요즘 박영효 내부대신과 어윤중 탁지부대신이 상주한 바에 의하면, 일본군대가 조만간 철수할 것이라고 말하는데 참으로 그러하오? … 박정양·어윤중 두 대신이 그와 같이 상주한 말을 짐이 굳이 믿지 않으려는 것은 아니나, 만약 일본군대가 그들이 말한 대로 모두 철수한다면 매우 불안하오. 따라서 짐이 바라는 바는 잠시 동안만 1개 중대 정도의 군대를 공사관 호위 등의 명목으로 주둔하게 했으면 하오. 이 일은 미리 경에게 유념토록 말해두지 않으면 대본영으로부터 명령이 도달된 후에는 혹 일이 복잡하게 되지 않을까 걱정이 되기 때문에 그러는 것이오. 이는 짐의 속마음을 경에게 이르는 것이니 절대로 다른 사람에게 누설하지 않기를 바라오.

이에 대해 스기무라는 "삼가 잘 알았습니다. 주병駐兵의 일은 외부대신에게 협의하도록 길을 터놓았사오니 어떻게든 조치할 길이 있을 것으로 믿고 있습니다"라고 답한다.[17] 스기무라의 이 말은 "매우 불

17) 『일관기록』, 一.機密本省往來 一~四, (25)'7월 4일자 內謁見의 顚末 報告'(機密 第68號, 1895년 7월 5일), 杉村濬→西園寺公望·井上馨.

안하다"고 엄살을 부리면서도 실은 왜군을 전면적으로 몰아내려는 고종의 굳은 결의를 간파하고 대병大兵을 계속 잔류시키는 음모를 미리 외무대신 김윤식 친일괴뢰와 꾸며놓았다는 말처럼 들린다.

미상불 김윤식은 1895년 (윤)5월 7일(양력 8월 2일) 사이온지 일본외상 앞으로 고종이 주둔을 허용한 1개 중대(250명)의 상징적 병력보다 네 배 많은 4개 중대(서울 2개 중대, 부산 1개 중대, 원산 1개 중대), 즉 1,000명의 대병大兵의 잔류를 고종의 명의로 요청하는 공문을 보낸다.[18] (이것은 김윤식이 스기무라와 짜고서 왕명을 빙자하여 왕의 철병의도를 무력화하려고 작성하여 발송한 가짜 공문으로 보인다.[19]) 이에 8월 3일 사이온지는 김윤식이 왕의 뜻을 깔아뭉개기 위해 스기무라와 짜고 작성한 사기 공문에서 제기된 대병의 잔류요청을 가증스럽게도 '정중한 어투'로 수락한다.[20] 그러나 대본영 참모총장은 육군대신에게 1개 대대(4개 중대) 잔류를 바로 조치하겠지만 경부전신선과 인천-의주 전신선 보호를 위해 1개 대대를 더(즉, 도합 2,000명) 잔류시켜야 한다는 취지의 수정요청을 육군대신에게 상신한다.[21] 조선강점의 지속을 위해서는 이 정도의 병력이 필요하다는 판단이었던 것이다.

왜군 대본영은 이 문제를 일단 바로 소집해제를 해주어야 할 6,225명의 후비제대를 마치 철수하는 외양을 보이며 2,000명으로 줄이면서도 이 2,000명의 후비병을 1,000명의 상비병(현역정예병)과 200-450명 정도의 헌병, 즉 도합 1,200-1,450명 정도의 현역 상비병력으로 교체

18) 『일관기록』, 一.機密本省往來 一~四, (22)'日軍 駐屯 依賴 件'(機密 第65號), 杉村→西園寺.

19) 현광호는 유길준과 스기무라가 공모하여 저지른 이 국왕기만과 가짜 공문 작성을 간취하지 못하고 이 왜군잔류 문제를 오락가락 어지럽게 기술하고 있다. 현광호, 『대한제국의 재조명』(서울: 선인, 2014), 212쪽.

20) 『일관기록』, 一.機密本省往來 一~四, (22)'日軍 駐屯 依賴 件' 2)日本外務大臣의 答書(1895년 8월 3일), 西園寺→金允植.

21) 『일관기록』, 四.各領事館其他往復 二(明治二十八年十月八日 王城事變顚末報告書), (11) '日兵 朝鮮駐屯에 관한 서류송부 件'(1895년 8월 18일), 陸軍步兵大佐 土屋光春→三浦.

하여 전투력 손상 없이 김윤식이 요청한 병력 수를 맞추는 길을 택하게 된다. 그러나 이 길은 왜군의 교체가 아니라 철수를 바라는 고종과 왕후의 의중에 가로막히고 만다.

■ 왕비시해의 직접적 목적

이런 정황에서 일본정부와 왜군이 왕비를 시해한 '직접적' 목적은 삼국간섭과 인아거일로 뿌리째 흔들리게 된 왜군의 조선강점체제를 안전한 수준으로 회복하기 위해 절박하게 요구되는 갑오왜란의 궁극적 승리에 필수적인 주둔왜군의 유지, 현역병의 교체투입을 통한 왜군의 전력戰力 강화, 갑오왜란에 따른 각종 전투에 필수적인 조선전역戰域 전신망의 영구 장악, 그리고 고종과 민왕후의 집요하고 교묘한 왜군 철병 정책의 분쇄 등이었다.[22] 청일전쟁에 동원된 왜군이 조선반도에서 다 철수한 뒤, 두 전쟁의 동시수행으로 인해 중첩되었던 전선은 갑오왜란으로 단일화되었다. 그러자 왜군 대본영에는 삼국간섭으로 불리해진 상황에서 갑오왜란의 계속적 수행 여건을 새로 만드는 문제가 첨예한 현안으로 부각된 것이다. 따라서 갑오왜란 수행 중의 왜군 혼성여단을 조선에 계속 주둔시키는 일, 강제소집 기한을 넘겨 폭발 직전의 불만으로 가득한 재향군인들로 이루어진 후비여단을 현역군대로 교체하여 그 전력을 복원하고 강화하는 일, 군사기술상 필수적인 조선전신망을 안전하게 장악하는 일 등은 다 갑오왜란의 단일전선을 유지하기 위해 절박하게 해결해야 할 군사적 당면문제였던 것이다.

2) 을미왜변의 준비: 미우라 공사와 조선수비대 지휘권의 수임

■ 을미왜변에서 이노우에의 역할

22) 김문자, 『명성황후 시해와 일본인』, 395-402쪽.

이노우에는 이 절박한 군사적 당면문제를 해결하기 위해 국왕을 매수하려고 왕비에게 거액의 기부금(300만 원)을 공여하는 매수공작을 시도했지만 왕후의 완강한 거부와 저항에 부딪혀 실패했다. 왕후시해 사건과 관련하여 이노우에는 시해의 바람잡이였는지, 유화책의 대표자였는지를 두고 논란이 분분하다. 한영우는 "이노우에의 행동은 일본에 대한 고종과 황후의 경계심을 풀기 위한 계산된 연극이었다"고 본다. 이노우에는 미우라고로를 공사직에 추천했고, 1895년 음력 8월 17일(관보 고시 21일) 조선주차를 명받고 9월 1일 서울에 부임한 미우라 중장은 "이노우에가 꾸민 음모를 실행하는 임무를 띠고 온 것"이라는 것이다.[23] 최문형도 같은 주장을 편다.[24]

그러나 김문자는 한국 사가들의 이 기존 통설을 부인하고 미우라를 여러 차례 추천한 자를 이토에게 영향력이 있는 인사 다니다테키(谷干城)로 밝히고 있다. 다니는 이토 총리에게 보낸 서한에서 자기와 친한 박영효도 이 추천을 간절하게 거들었다고 밝힌다. 다니는 이노우에와 대립적인 인물이다. 결국 미우라의 공사 임명은 다니의 수차례 추천을 받아들여 외무성(무쓰 외상)을 우회하여 이토가 직접 임명한 것이라는 주장이다.[25]

그러나 미우라가 1895년 7월 17일자로 공사직 수락을 번복하자 이노우에가 미우라에게 보낸 질책성 전보 내용("지금 곤란하다고 한다면 아무것도 처리할 수 없다. […] 국가를 위해 이바지할 때다. 아무쪼록 약속한 대로 결행하라고 감히 충고한다")을 보면 이노우에도 미우라를 천거했음이 드러난다.[26] 따라서 전체적으로 보면, 일본정부는 이노우에를 통해 유화책을 먼저 시험 삼아 구사해보거나 구사하는 척하도록 하되, 뒤로 왕후를 시해

23) 한영우, 『명성황후, 제국을 일으키다』, 45-46쪽.

24) 최문형, 『명성황후 시해의 진실을 밝힌다』, 193쪽.

25) 김문자, 『명성황후 시해와 일본인』, 124-127쪽.

26) 井上馨傳記編纂委員會, 『世外井上馨公傳(4)』(東京: 原書房, 1968 復刊), 512쪽. 최문형, 『명성황후 시해의 진실을 밝힌다』, 195쪽에서 재인용.

할 무단조치를 준비한 것으로 나타난다. 이노우에는 일본의 정치원로로서 적어도 이런 대안을 같이 알고 같이 준비한 것이다.

■ 왕비시해의 밀명과 밀명자: 이토히로부미 총리대신과 오오야마이와오 육군대신

이노우에의 유화책이 실패하자 일본천황의 사전·사후 인지하에 대본영의 수뇌 이토히로부미 총리와 오오야마이와오(大山巖) 육군대신의 비밀지령에 따라 왜군 대본영은 미우라고로에게 고종과 왕비의 저항을 분쇄하기 위해 물리력으로 왕후를 제거하라는 밀명을 내린다. 이 밀명을 받고 부임한 미우라는 대본영 상석참모(참모장) 겸 병참총감 가와카미소로쿠(川上操六) 중장에게 왜변(10월 8일) 훨씬 전인 9월 19일에 미리 조선주둔 일본수비대에 대한 지휘권을 요구해[27] 10월 4일 외무대신이 전한 내각의 공식훈령에 따라 이를 넘겨받았다. 이것은 지휘권이양 요청과 관련해 미우라의 절차상의 잘못이 불거지면서 여러 기록으로 특히 분명하게 확인되는 사실이다. 처음에 미우라는 성급하게 외무성을 거치지 않고 9월 19일 오후 5시발(20일 일본 착)로 대본영에 직접 지휘권 양도를 요청하는 전문을 보냈다. 이에 9월 25일 사이온

---

27) 미우라는 김홍집·김윤식과 내통하여 평안도와 강원도의 의병을 핑계로 공식적으로 일본정부에 원병요청을 하도록 하여 이를 위장막으로 삼아 을미왜변에 동원할 조선주둔 왜군에 대한 지휘권을 요구하는 전문을 가와카미 대본영 참모장 겸 병참총감에게 직접 보내고 있다. 『일관기록』, 五 機密通常和文電報往復 一·二 第1冊, (175)'유사시 재조선 병참수비병을 동원하는 문제'(1895년 9월 19일 오후 5시발 - 게시문과 번역본은 16일로 오기), 三浦→川上: "지난번부터 평안·강원도 내에 적도가 누차 봉기함에 따라 이 나라 정부에서는 그때마다 본관에게 우리 병참수비병을 파견해주도록 의뢰해왔지만 본관은 이를 거절했음. 현재의 정세로 보아 장차 다시 폭도가 각지에 봉기할지도 모르겠지만 본관은 가능한 한 조선정부가 자력으로 진압을 맡도록 하게 하고 손쉽게 우리 군대를 움직이는 따위의 일은 하지 않을 생각임. 그러나 적세가 더욱더 강대해져갈 때에는 당국 정부에서 혹 생각을 바꾸어 러시아에 의뢰할 염려가 있으므로 위기일발의 상황에 이르게 되면 혹 대본영에 통지할 틈도 없이 즉각 우리 군대를 동원하지 않을 수 없는 경우도 생길 것임. 따라서 본관의 통지에 응해서 어느 때라도 출병할 수 있도록 미리 병참사령관에게 훈령해주시고 아울러 그 취지를 外務大臣을 경유, 본관에게 통첩해주시기 바람."

지 외무대리대신은 외무성을 거치지 않고 대본영에 직접 지휘권 양도를 요청한 미우라의 절차상의 문제를 지적하는 전문을 보냈다.[28] 그러자 미우라는 이 전문을 받은 즉시 당일 정식절차로 사이온지에게 동일한 요청의 전문을 보냈고, 이에 내각총리 이토는 내각회의를 열어 이 요청을 받아들이는 결정을 하고 오오야마 육군대신에게 "미우라 공사가 주한 수비대 파견을 통지하면 언제든지 출병할 수 있도록 하라"는 각의의 결정을 통보한다.[29] 이어서 이틀 뒤 10월 4일 사이온지는 미우라의 요청을 수락하는 내각의 결정을 미우라에게 통보한다.

> 적도賊徒 진압을 위해 조선내지에 우리 병참수비병을 파견하는 일에 관해 각하께서는 본영으로 조회한 건에 관해서 지난달 25일자 기밀 제65호로 상세히 말했습니다. 그런데 그 후 곧 같은 날짜 전신으로 다시 본 대신에게 훈령을 요청하셨으므로 이에 관해 즉시 각의에 제출했습니다. 그런데 필요한 경우에 조선정부의 의뢰에 따라 적도를 진압하기 위하여 우리 수비병을 내지로 파견하는 일은 제국정부로서도 별로 이의가 없지만 막상 이를 파견할 경우 때에 따라서는 정부에서 다시 더 숙고해보아야 할

---

28) 『일관기록』, 一.機密本省往來 一~四, (50)'재조선 병참수비병을 동원하는 건으로 대본영에 직접 조회했던 일에 관한 訓令 件'(機密送 第65號, 1895년 9월 25일), 西園寺公望→三浦梧樓: "이런 경우(우리 군대를 동원해야 하는 경우)에 이르게 되면 각하의 통지에 따라 어느 때라도 출병하도록 미리 대본영에서 병참사령관에게 훈령을 내려주시기 바란다고 이달 20일자 전신으로 별지 갑호와 같이 각하께서 직접 대본영에 조회하셨다는 것을 어제 24일 이토 내각총리대신의 통지를 받아 비로소 알았습니다. 원래 재외 공사와 본국 각 관청 사이에 왕래하는 안건에 관해서는 1892년 5월 26일자 각령 제4호 및 동년 8월 5일자 외무대신의 훈령에도 명시된 바와 같이 미리 본 대신의 승낙을 받지 않고서는 직접 통신을 일체 못 한다는 규정이 있는바, 이번에 각하께서 대본영 앞으로 직접 조회하신 것은 어떤 착오로 그리된 것인지 본 대신으로서는 이해하기가 매우 곤란합니다. … 이상과 같은 사유로 해서 어제 날짜 전신으로 별지 을호와 같이 대충 말씀을 드린 바 있었으나 혹 본건에 관하여 다시 더 훈령을 청하실 것이 있으시다면 법규에 정한 대로 본 대신 앞으로 보내주시기 바라며 이에 훈령하는 바입니다."

29) 日本防衛廳 防衛研修所 所藏, 『明治二十八年 密大日記起』, 아시아역사자료센터 C03023051300. 이종각, 『미야모토, 명성황후를 찌르다』, 39쪽에서 재인용.

일도 있을 것인즉 파견할 때마다 각하께서 미리 품의를 내시게끔 하는 것이 좋을 것이라고 묘의에서 결정하여 지난 2일자 전신으로 별지와 같이 말씀드렸던 것입니다. 하지만 재한在韓 병참사령관에게는 어느 때라도 각하의 통지에 따라 출병하도록 대본영에서 훈령했으므로 본 대신의 훈령으로 출병할 필요가 생길 때는 동 사령관과 협의하신 뒤 적절히 조처하시기 바라며 이에 훈령합니다.[30)]

미우라는 재시도한 이런 정식절차를 거쳐 경성수비대에 대한 지휘권을 자기의 손아귀에 넘겨받았다. 그리고 그는 이 경성수비대 병력으로 궁궐을 침범하면서 이를 '대원군 주도의 훈련대 쿠데타'로 꾸며 왕궁을 장악하여 왕비를 시해하고 국왕을 다시 포로로 잡았다. 이토 총리대신, 사이온지 외무대신, 참모총장 코마츠노미야아키히토(小松宮彰仁) 친왕, 오오야마 육군대신, 고다마겐타로(兒玉源太郎) 육군차관 등 내각과 왜군 대본영의 수뇌부가 모두 다 주도적으로 나서서 일본군부의 대외강경파 핵심인물인 미우라 전 육군중장(이등박문의 고향 전 죠수번인 야마구치 현 출신)을 주모자로 내세워 공사에게 조선주둔 왜군 전체에 대한 지휘권을 넘겨주며 왕비시해 작전을 주도하고 범인은닉과 사건은폐에 공동共動한 것에 주목하면, 이 왕비시해가 갑오왜란의 일환으로서 자행된 전쟁만행임이 확연히 드러난다. 또한 미우라가 1895년 7월 17일자로 주한 공사직 수락을 번복하는 소동을 일으키자 일왕의 최측근 다나카마쓰아키(田中光顯) 궁내부 차관이 야마가타아리토모(山縣有朋) 전前 조선주둔군 제1사령관과 함께 미우라를 설득해 다시 공사직을 수락하게 만든 것을[31)] 보면 일왕도 여기에 가담한 것이 틀림없

30) 『일관기록』, 一.機密本省往來 一~四, 기밀 제71호(1895년 10월 4일 발신), (54) 적도진압을 위해 조선내지에 우리 병참수비병을 파견하는 건. 西園寺公望→三浦梧樓.

31) 노무라야스시(野村靖) 내상이 이노우에가오루(井上馨) 공사에게 보낸 전보(1895년 7월 19일 오후 4시 25분발). 일본국회도서관 소장. 최문형, 『명성황후 시해의 진실을 밝힌다』, 193쪽에서 재인용.

다. 이것은 미우라가 예심 면소免訴로 석방된 뒤 일왕이 왕후시해와 관련된 보고를 수시로 받았고,[32] 요네다(米田) 시종장을 통해 "해야 할 때는 해야 한다"는 칭찬의 말을 전한 것에서도[33] 다시 확인된다.

그러나 뻔뻔스럽게도 일왕은 왕후시해 보름 뒤인 1895년 10월 24일 다음과 같은 친서를 고종임금에게 보냈다.

> 전하의 국가에서 기이한 성격의 정변이 발생했다는 소식을 들었습니다. 본 사건을 조사하는 과정에서 일부 우리나라 관원들이 본 사건에 참가했다는 사실을 알게 되었습니다. 이런 소식에 대해 우리는 애석하게 생각합니다. 이에 우리는 명예고관 일품 이노우에 백작을 조선으로 파견하여 전하에게 발생한 사건과 관련하여 우리가 깊은 슬픔을 느끼고 있다는 점과 전하께서 빠진 비애에 진정으로 동감하고 있음을 표하도록 하명했습니다. 전하에게 가장 진정한 우의와 동정을 표명하면서 만세토록 행복과 안녕이 함께하기를 기원합니다.
>
> 동경, 명치28년 10월 24일(러시아구력 1895년 10월 12일)[34]

당시 왜인들은 이렇게 일개 낭인에서부터 '천황'까지 표리부동과 위선, 허위虛僞와 사기 의식으로 똘똘 뭉쳐 있었다.

이 점까지 다 합쳐보면, 왕후시해의 최고위 주범은 왜왕倭王과 이토였고, 왕후시해는 이토내각과 대본영에 의해 결정되고 왜왕에 의해 사전에 승인되고 사후에 상찬된, 그리고 조직적으로 치밀하게 '소시(壯士)패(일본 정치깡패)'의 소행으로 위장된 왜국정부와 왜군의 전쟁만행이었음이 더욱 확연해진다. 시해현장 가까운 곳에서 시해를 위해 날

---

32) 참조: 이종각, 『미야모토, 명성황후를 찌르다』, 201-213쪽.

33) 김문자, 『명성황후 시해와 일본인』, 124-127쪽; 이종각, 『미야모토, 명성황후를 찌르다』, 214쪽.

34) 러시아대외정책문서(АВПРИ), 서가150, 목록493, 사건6, 리스트168. 김종헌 편역, 『러시아문서번역집(II)』, 350쪽(104. 일본천황이 조선국왕에게 발송한 친서의 露譯본).

뛰는 일인들 가운데서 왜군 복장을 한 왜군사관들을 직접 목격하고 이를 권재형의 사건조사에서 진술한 고종은 1905년 8월 22일 러시아 황제에게 보낸 친서에서 이 시해사건을 정확하게 "일본정부가 주한공사(미우라)에게 명령을 내려 후자가 친일세력을 이끌고 궁중을 습격한 사건"으로 술회하고 있다.[35] 고종은 사건을 은폐하려고 발악했던 왜인들의 '정치 쇼'에 조금도 오도당하지 않은 것이다.

이것으로써 왜국정부와 왜군이 대원군을 강제로 끌어들여 위장막을 치고 조선의 친일괴뢰들의 협력 아래 왕후를 시해한 전쟁만행은 가해자를 불분명하게 만드는 사건명칭인 '을미사변乙未事變'이나 '을미지변乙未之變'이 아니라, 가해자를 왜군으로 분명히 못 박는 '을미왜변乙未倭變'인 것이고, 또 이렇게 불러야 '갑오왜란의 연장' 속에서 저질러진 이 왜변의 전쟁범죄성이 명확해질 수 있을 것이다. 왜인들은 사건을 은폐하기 위해 그간 을미왜변을 중립적 의미의 '사변' 또는 '을미사변'으로[36] 부르기 일쑤였는데, 적어도 한국 학자들은 왜인들을 따라 이렇게 불러서는 아니 될 것이다.

---

35) 러시아대외정책문서(АВПРИ), 서가150, 목록493, 사건79, 리스트55-59. 김종헌 편역, 『러시아문서번역집(IV)』, 58쪽(23. 대한제국 황제의 친서. 1905년 8월 22일). 김종헌이 대본으로 쓴 러시아문서 원본이 분실·누락된 페이지가 많아 최덕규의 번역내용을 인용한다. 최덕규, 「고종황제와 안중근의 하얼빈의거(1904-1910)」, 『한국민족운동사연구』 73(2012), 104쪽.

36) 가령 우치다사다스치(內田定槌) 서울총영사는 시해 당일(1895년 10월 8일) 하라다카시(原敬) 일본외무성 차관에게 보낸 사신에서 '이 같은 사변'이라고 하여 사건을 중립화한다. 참조: 「우치다 사신」('하라 차관에게 보낸 우치다의 극비사신' - 1894, 10. 8.). 이종각, 「미야모토 소위, 명성황후를 찌르다」, 94-96쪽에 게재된 사신 또는 부록 자료2 「우치다 사신」(302-304쪽). 또한 우치다는 1895년 11월 5일 사이온지 외부대신에게 보낸 '10월 8일 조선왕성사변 상세보고의 건(十月八日朝鮮王城事變詳細報告の 件)', 즉 일명 「우치다보고서」에서 제목부터 '왕성사변'이라고 부르고 있다. 참조: 『일관기록(8)』, 四. 各領事館其他往復 二(明治二十八年八月八日 王城事變顚末報告書) (1) '1895년 10월 8일 왕성사변의 전말에 관한 구보具報', 1895년 11월 7일, 內田定槌→西園寺. 또 이종각, 『미야모토, 명성황후를 찌르다』, 부록 자료1. 이후 「우치다보고서」를 인용할 경우에는 쪽수 표기 문제 때문에 이종각의 부록 자료를 이용한다.

### 3) 시해의 실행과 범죄은폐 노력

■ 직접시해자: 미야모토다케타로오 육군소위

왜군은 조직적으로 왕후시해자를 장사(소시)패들로 위장했지만, 일왕에 의해서까지 승인된 왜군 대본영의 왕후시해 군사작전을 이따위 장사패들 손에 넘긴다는 것은 상식적으로도 말이 되지 않는다. 왕후를 칼로 직접 베어 시해한 자는 경성수비대 본부소속 미야모토다케타로오(宮本竹太郎) 소위였다.[37] 이것은 최근에 발견된 우치다사다스치(內田定槌)의 극비사신私信에서 명확히 드러났다.

우치다 서울총영사는 동경제국대학 법학부 출신으로 당시 30세의 젊은 엘리트 외교관이었다. 그는 불의를 보면 상관에게도 직설하는 강직한 성품을 가졌다. 이 때문에 미우라는 왕후시해 음모와 작전 과정에서 그를 철저히 배제했다.[38] 이 덕택에 우치다는 사건을 상대적으로 좀 더 냉정하게 관찰할 수 있는 객관적 위치에 있었다. 그는 시해현장에 직접 참가한 미우라의 핵심참모 시바시로(柴四郎)와 사토게이타(佐藤敬太) 소시들, 자신의 부하들 및 "그 외 확실한 곳"으로부터[39] 사건을 탐문하고 나서 시해 당일(10월 8일) 오후 곧바로 하라다카시(原敬) 일본외무차관에게 사건개요를 적은 극비사신을 보냈다. 이 사신은 사

---

37) 일찍이 박종근은 육군사관을 진범으로 지목하는 한성총영사 우치다사다스치(內田定槌)의 보고를 "상당히 신빙성이 높다"고 평한 바 있다. 우치다는 1895년 11월 5일 외무성에 보낸 사건보고에서 "왕비는 우리 육군사관의 손에 참살斬殺되었다고 하는 사람이 있다"고 했고, 9일 보고에서는 "왕비는 처음에 우리 육군사관이 베고 다음에 나카무라도 손을 댔지만 그때 나카무라는 잘못하여 이 사관의 칼끝에 닿아 오른손에 부상을 입었다"고 하고 있다. 박종근, 『淸日戰爭과 朝鮮』, 278-279쪽. 그 뒤 김문자, 강범석 등의 연구도 이를 입증한다. 김문자, 『명성황후 시해와 일본인』, 292-294쪽, 362쪽; 강범석, 『왕후모살 - 을미사변 연구』, 281, 298-300쪽.

38) "당 공사관을 이와 같은 일에 사용하는 것에 대해서는 사전에 공사로부터 소생에게 일절 상담도 없고, 호리구치, 오기와라 등에게는 이러한 일을 결코 저한테 알리지 말 것을 분부하여 소생은 오늘 아침까지 본 사건에 당 영사관이 관계했다는 것을 결코 알지 못했습니다." 「우치다 사신」, 304쪽.

39) 「우치다보고서」, 299쪽.

건 전말과 함께 직접시해자에 관한 중요한 정보를 담은 결정적 문서이므로 그 전문을 꼼꼼히 보자.

> 삼가 아룁니다.
>
> 오늘 아침 왕궁에서의 사변에 대하여 이미 우리 공사관으로부터 공보가 있었으리라고 생각합니다만, 여기에 소생이 현지에서 견문한 것을 참고삼아 내밀히 보고하니 비밀로 해주셨으면 합니다. 이와 같은 사변이 일어날 것이라는 소문은 수일 전부터 어렴풋이 듣고 있었는데, 오늘 아침 5시 반 포성에 놀라 깨어나 방 밖을 바라보는데, 왕성 방향에서 빈번하게 소총 소리가 연발해서 정찰인을 보내고자 호리구치(堀口) 영사관보와 오기하라(荻原) 경부 집에 가서 이들을 호출하려고 했는데 … 두 사람 모두 어젯밤부터 미우라 공사의 내명에 의해 대원군의 저택에 가서 대원군을 옹립해서 오늘 아침 왕궁에 들어갔다는 것이어서 소생도 매우 놀라 공사관으로 가서 미우라 공사를 방문하려고 했습니다. 하지만 공사는 이미 스기무라 서기관과 함께 입궐한 뒤라서 면회를 할 수 없었습니다. 히오키(日置) 서기관을 대동하고 니이로(新納) 소좌 자택에 갔을 때 그곳에는 소좌 외에 시바시로와 성명미상의 소시(壯士)풍의 일본인 한 명이 함께 있었습니다. 그 소시라는 남자는 어젯밤부터 대원군 저택에 가서 대원군을 옹립하고 입궐한 사람 중 하나로 그 경과를 이야기하는 중 소생도 이를 방청했는데 오카모토류노스케(岡本柳之助) 씨가 총지휘자가 되어 다수의 일본인을 데리고 공덕리 별장으로 가서 대원군을 옹립하고 사대문 밖에 와 있는 훈련대 병졸, 일본병 한 부대 등과 합류해 왕궁 정문이 열리기를 기다려 입궐했다고 합니다. … 대궐의 높은 벽을 넘어 안에서 정문을 열자마자 앞에서 기다려 합류한 한 무리의 한병韓兵, 일본군, 소시 등은 소리를 지르며 문 안으로 진입하거나 발포하거나 칼을 휘두르면서 국왕, 왕비 등의 침실을 향해 쳐들어가 부녀 2-3명, 남자 2-3명을 살해한 뒤에 대원군이 국왕의 거소에 들어가 국왕을 면회했습니다. 다행히 국왕과 세자 부부

> 는 무사했지만, 앞서 살해당한 부녀 중 한 명은 왕비라고 하는바, 이를 살해한 자는 우리 수비대의 어느 육군 소위로서 그 사체는 오기와라가 한국인에게 명해 이를 다른 곳에 운반해 즉시 불질러버리는 등 매우 난폭한 소행을 저질렀습니다. … 우리 병사와 다른 일본인들이 왕궁 안에서 저지른 난폭한 전망은 4-5명의 서양인이 시종 현장에서 목격했습니다. 또 날이 밝은 뒤에는 모두 우리나라 사람들이 했다는 것이 서양인들에게 알려질 것입니다. 위의 경과와 관련된 본건의 사후대책은 매우 곤란하실 것입니다. 또 당 공사관을 이와 같은 일에 사용하는 것에 대해서는 사전에 공사로부터 소생에게 일절 상담도 없고, 호리구치, 오기와라 등에게는 이러한 일을 결코 저한테 알리지 말 것을 분부하여 소생은 오늘 아침까지 본 사건에 당 영사관이 관계했다는 것을 결코 알지 못했습니다. 본건 관계자를 이후 영사관에서 어떻게 취급할 것인지 내밀히 고견을 들려주셨으면 합니다. 이러한 사실은 공문으로 보고드리는 것도 타당치 않아 극비리에 보고드립니다. 일람 후에는 태워주시기 바랍니다.
>
> 10월 8일 우치다사다스치
>
> 하라 님 귀하[40]

우치다는 읽고 나서 불태울 것을 부탁했지만, 하라는 이를 무시하고 이 사신을 생가 창고 속에 던져 놓았다. 그러나 이 사신은 90년 뒤 다른 문서들과 함께 발견되어 1984년 『하라다카시관계문서』 속에 섞여 같이 출간되어 세상의 빛을 볼 수 있게 되었다. 이 극비서한에서 우치다는 "앞서 살해당한 부녀 중 한 명은 왕비라고 하는바, 이를 살해한 자는 우리 수비대의 어느 육군 소위다"라고 밝히고 있다. 직접탐문의 대상을 위 사신에서 "시바시로"와 "성명미상의 소시풍의 일본인 한 명"이라고 밝히면서도 그 시점에서는 이 소시 이름을 몰랐던 것으

40) 「우치다 사신」(1894, 10. 8.). 이종각, 「미야모토 소위, 명성황후를 찌르다」, 부록 자료2.

로 보이는데, 약 한 달 뒤인 11월 5일 외무성에 보낸 정식 보고서인 「우치다보고서」로 불리는 '10월 8일 조선왕성사변 상세보고의 건(十月八日朝鮮王城事變詳細報告の件)'에서는 '구마모토 현 출신 사토게이타'라고 밝히고 있다.[41] 이 자는 시바와 함께 시해현장에 동참한 자다. 시바는 미우라가 9월 1일 부임할 때 데리고 들어온 핵심참모이고 '미우라 공사의 심복이 되어 모든 계획에 참여한' 인물이다.[42] 우치다는 시해의 핵심기획자와 현장들러리의 입을 통해 사건에 관한 '무용담'을 직접 들은 것이다.

우치다는 을미왜변으로부터 정확히 한 달이 지난 1895년 11월 9일 이 사건 관련자 재판을 담당한 히로시마 지방재판소의 구사노(草野) 검사장의 물음에 응해 그에게 '하수자下手者(손으로 직접 살해한 자)'에 관한 좀 더 자세한 공식 전문電文을 보냈다.

> 왕비는 먼저 우리 육군사관의 칼에 맞았고, 그다음에 나카무라(中村, 낭인)도 하수下手했는데, 그때 나카무라는 잘못하여 사관의 칼날 끝에 오른손이 닿아 부상을 입었음.[43]

여기서도 우치다는 일본 육군사관이 일차 하수자라고 밝히고 있다. 두 번째 하수자 나카무라의 하수의 유효성 여부는 알 수 없으나, 사관의 칼날 끝에 손을 베이는 사고나 당한 점에 비추어 그는 차라리 거치적거리는 방해물이었던 것 같다.

힐리어(Walter C. Hillier) 주한 영국 총영사도 왜변 3일 뒤에 궁녀 등으로부터 듣고 작성해 본국에 보낸 보고서에서 왜인 폭도들이 왕후를 찾기 위해 고종의 침전으로 난입했을 때 고종과 왕세자는 "우리를 공

---

41) 「우치다보고서」, 269쪽.

42) 「우치다보고서」, 281쪽.

43) 市川正明 편, 『日韓外交史料(5)』, 153쪽.

격한 것은 모두 왜인이며 그들 중 하나는 제복을 입은 장교였다"라고 말했다고 보고하고 있다.[44] 그리고 『코리안 리포지터리』에 게재된, 1896년 3월 권재형 법무협판이 작성하여 법무대신 이범진에게 올린 공식보고서 「개국 504년 8월 사변보고서開國五百四年八月事變報告書」에서도 "많은 일본 소시들이 칼을 휘두르며 방으로 돌진해 들어갔고 다른 왜인들도 들어와 다른 방들로 넘어갔다 — 그들의 몇 명은 제복을 입은 왜군사관들이었다(officers of the Japanese army in uniform)"라고 기술하고 있다.[45] '사관'을 복수로 표기한 것은 사관(장교)과, 그를 따른 준사관(마키 특무조장)을 둘 다 표현하기 위한 것으로 보인다. 아무튼 힐리어의 보고서나 권재형의 보고서는 제복 입은 왜군사관들이 시해현장에 있었다는 것을 증명해주고 있고, 우치다의 극비서신과, 검사장에게 보낸 그의 참고인 진술은 이 사관(들)이 직접시해자임을 말해준다.

그런데 경성수비대 내에 소위가 4명밖에 없었고, 시해현장에서 모습이 보인 장교와 하사관은 미야모토 소위와 마키 특무조장밖에 없었다.[46] 따라서 우치다는 직접하수자가 미야모토 소위인 줄 뻔히 알고

---

44) Hillier to O'Coner, Inclosure 1 in No.111, Seoul, Oct. 11, 1895, F. O. 405-vi.

45) *The Korean Repository* (March 1896), 'Official Report on Matters connected with the Events of October 8th, and the Death of the Queen', 127쪽. 일본공사 고무라주타로(小村壽太郎)는 독립신문사에서 300부를 인쇄하여 배포한 한글판 「개국 오백 사년 팔월 사변 보고서」를 구해 명치29(1896)년 5월 22일자로 외무대신 무쓰에게 별지로 보고했다. 市川正明 편, 『日韓外交史料(5)』, 436-453쪽. 여기에서는 "허다한 일본자객들이 칼날을 번득이며 그 방으로 돌입하고, 군복 입은 일본사관들과 그 외에 다른 일인들은 그 방을 지나서 다른 방으로 점점 들어가는데 …"(441쪽)라고 기술하고 있다.

46) 미야모토 소위와 마키 특무조장은 시해행위를 장사들에게 떠넘기고 자신들의 행위를 감추었지만 다른 장교는 이들이 왕비살해 현장에 있었다는 진술이 남아 있다. 11월 12일 오후 1시 5분발 전신 하야시(林) 헌병중좌→고다마(兒玉) 차관('미야모토 등이 왕비살해 현장에 있었다는 취지 판명의 건'): "미야모토 소위와 마키(牧) 특무조장이 장사가 왕비를 살해했을 때 그 장소에 있었던 것을 마키(馬來) 대위가 본인들로부터 들었다"고 진술함." 市川正明 편, 『日韓外交史料(5)』, 206쪽. 또한 낭인들도 미야모토 소위가 왕후를 호위하던 이경직 궁내부대신을 사살하면서 왕후의 거처로 난입했다고 진술했다. 11월 22일 1시 35분발 하루다(春田) 헌병사령관→고다마 차관('궁내부대신 살상용의자 판명의 건'): "예심법정에서 장사 히라야마(平山)의 자백에 궁내부 대신을 최초로 사격한 것은 소위이고,

있었을 것이다. 하지만 그는 하라 차관과 구사노 검사장에게조차도 그 이름을 밝히지 않고 있다. 게다가 그는 공식보고 「우치다보고서」 등 나중의 술회 등에서는 이 '소위'나 '사관'이라는 말을 장사들의 동시거명으로 모호하게 만들거나 아예 입 밖에 내지 않았다.[47] 그럼에도 위 두 가지 증언만으로도 직접하수자가 미야모토 소위인 것을 금방 알 수 있다.

미야모토 소위냐 소시패(낭인패)냐는 일본정부의 책임과 관련하여 지극히 중요한 문제다. 소시패인 경우에는 정부의 책임이 도의적인 것으로 약화되지만 왜군 미야모토 소위라면 그것은 "역사상 고금 미증유의 흉악을 저지른 것"(일본영사 우치다의 표현)[48] 또는 "전 세계의 역사에서 전례가 없는 범죄"(베베르의 표현)[49]에 대한 일본군과 일본정부의 책임은 직접적이 되는 것이고, 이 경우에 일본정부의 직접책임은 더욱 무겁기 짝이 없기[50] 때문이다. 엘리트 외교관으로서 우치다는 이런 직접적 국가책임의 엄청난 무게와 심각한 국제적 파장을 직감했기 때문에 장교의 이름을 하라 외무차관에게 보낸 극비사신에서도 감춘 것으로 보인다. 그리고 당시 조선정부의 공식 을미왜변조사보고서에서든, 국제적 인식에서든, 시해자는 소시패거리 속으로 증발되었다. 가령 고종을 대변해 러시아 측이 일본과 맺은 베베르-고무라 각서

---

그 뒤에 벤 것은 자신이라고 하는데 다른 사람들의 진술에 의하더라도 미야모토가 의심됨." 『日韓外交史料(5)』, 231쪽. 이 기록도 미야모토가 사건현장에 있었음을 말해준다.

47) "위 사람들은 모두 본방인의 손에 살해되었음은 틀림없지만 일본인 중 누구의 손에 살해되었는지는 아직 확실치 않습니다. 왕비는 우리 육군사관의 손에 참살되었다고 하는 자가 있고, 또 다나카켄도(田中賢道)야말로 그 하수자라고 하는 자가 있습니다. 요코오(橫尾), 사카이(境) 두 순사도 몇 명인가를 살상했다는 의심이 가며 다카하시겐지(高橋源次)도 역시 어느 부인을 살해했으며 …". 「우치다보고서」, 280쪽.

48) 「우치다보고서」, 290쪽.

49) 러시아대외정책문서(АВПРИ), 서가150, 목록493, 사건6, 리스트58-85. 김종헌 편역, 『러시아문서번역집(II)』, 270쪽(90. 베베르가 1895년 9월 27일[양10월 9일] 로바노프 외상에게 보낸 보고서).

50) 참조: 이종각, 『미야모토 소위, 명성황후를 찌르다』, 12-13쪽.

(1896. 5. 14.)에서도 "이때 일본 대표는 일본인 장사의 취체取締에 엄밀한 조치를 취할 것을 보증한다"라고 규정한 것을 보면, 안타깝게도 러시아도 왜군 엄호하에 장사(소시)패들이 하수·시해한 것으로 알았던 것으로 보인다.

미야모토는 상술했듯이 예비견습사관 시절 최초의 친일괴뢰군 '교도중대'의 교관으로 복무하다가 이 괴뢰군을 이끌고 동학토벌에 참전한 바 있고 경성수비대로 복귀해 본격적 친일괴뢰군 '훈련대'가 창설되자 이 훈련대의 교관으로 근무하던 중 미우라 공사로부터 자신의 원대原隊인 경성수비대(히로시마 제11연대 제18대대)의 수비대장(대대장) 바야하라(또는 우마야바라)쓰토모토(馬屋原務本) 소좌의 밀명을 통해 도검刀劍시해의 비밀임무를 부여받고 직접 실행에 옮긴 것으로 추정된다. 하수자를 미야모토로 결정하는 과정은 확실치 않지만, 최종결정권자는 미우라였을 것이다.[51] 그는 여러 가지 면에서 가장 믿을 만하고 가장 확실한 실력을 갖춘 적임자로 보여 이 일에 특별히 선발된 것으로 보인다.[52] 그간 일부 사가들은 미야모토 소위의 현장지휘 아래 참여한 48명의 '소시들'[53] 중에서, 길을 막아선 고종을 제치고 장안당 안으로 돌진해 들어가 궁녀들과 왕후를 끌고 나오는 등 이리저리 난리법석을 떨었던 데라자키야스기치(寺崎泰吉), 나카무라다테오(中村楯雄), 후지토시야키(藤俊顯), 히라야마(平山勝熊), 난바하루키치(難波春吉) 자

51) 김문자, 『명성황후 시해와 일본인』, 292-294쪽, 362쪽; 이종각, 『미야모토 소위, 명성황후를 찌르다』, 121-122쪽.

52) 미야모토는 10년에 걸친 상당한 기간의 군 경력에다, 농민군을 무자비하게 학살한 '동학당 정토'에 참가했던 전쟁경험도 풍부했다. 게다가 그는 미우라와 같은 고향, 즉 당시 정치적으로 가장 막강한 지역이었던 옛 조슈(長州)번인 야마구치(山口) 현 출신이었다. 미우라는 이런 것들을 종합적으로 고려했을 것이다. 당시 왜인들은 지연을 아주 중시했다. 참조: 이종각, 「미야모토 소위, 명성황후를 찌르다」, 123-130쪽.

53) 48명의 소시는 『한성신보』 사장 아다치겐조(安達謙藏)와 조선정부의 법부고문 호시도루(星亨)가 끌어모은 자들이다. 김문자, 『명성황후 시해와 일본인』, 292-293, 320, 342, 355쪽; 한영우는 소시들이 사진이 아니라 초상화를 들고 있었고 고무라주타로(小村壽太郎)의 딸이 동원되었다고 한다. 한영우, 『명성황후, 제국을 일으키다』, 58쪽.

유당패 소시 5인을[54] 시해의 진범으로 지목해왔다.[55] 하지만 이들은 왜군 현역장교 미야모토의 시해행위를 은폐하려는 들러리나 바람잡이에 불과한 자들이었다.[56] 사료와 인물들을 치밀하게 분석한 강범석은 말한다.

> 명성왕후의 모살은 일본인 장사들의 하수下手(손으로 직접 사람을 죽임)가 통설이었으나 대사를 그들에게 맡겼을 것인가. 육군소위 미야모토가 내리친 군도가 치명타였고, 잇따라 몇몇 장사가 빈사의 왕후를 찍었다고 해도 필경은 들러리였다. 따라서 '증거불충분'으로 장사들을 모조리 면소한 히로시마 지방재판소 예심의 황당한 판정은 뜻하지 않게 사건진상의 일단을 드러내 보인 것이기도 했다.[57]

---

54) 김문자, 『명성황후 시해와 일본인』, 358-361쪽.

55) 한영우, 『명성황후, 제국을 일으키다』, 57쪽. 최문형은 직접시해자를 왕후의 침전까지 난입한 데라자키, 나카무라(中村楯雄), 후지카쓰(藤勝顯), 구니도모(國友重章) 등 낭인과 미야모토 소위, 마키구마토라(牧熊虎) 특무조장 중 1인으로 보고, 시해협의자로 데라자키를 지목한다. 최문형, 『명성황후 시해의 진실을 밝힌다』, 238쪽. 러시아대외정책문서관소(АВПРИ)에 소장된 사바친의 현장목격 보고서를 분석한 김영수는 하수자를 일본공사관 부副무관 오카모토류노스케 휘하 자객들로 강하게 암시한다. 그러나 이것은 새벽 5시 45분 경복궁 내 건청궁을 출발하여 6시 30분에, 즉 45분 만에 러시아공사관에 도착한 사바친의 출발시간을 무리하게 6시로 늦춰 왕후의 시해 시각인 5시 50분에 맞춰 사바친을 왕후시해 목격자로 만든 결과다. 그는 건청궁에서 공관으로의 이동시간(45분)을 억지로 30분으로 단축하여 건청궁 출발시각을 6시로 만들고 사바친이 자신의 생명의 보호를 의뢰한 자객 총지휘자 오카모토의 이름을 밝히지 않은 것에 쓸데없이 집착하여 양인 간에 생명보호와 함구를 두고 모종의 거래를 한 것으로 만들어 놓고 있다. 김영수, 『미쩰의 시기』, 105-107쪽. 그러나 이것은 과장·억지해석이다. 보고서대로 사바친은 왕비시해 현장을 목격하지 못했고 다만 오카모토, 그의 지휘 아래 설치는 20-25명의 왜인자객, 1명의 왜군 장교와 4명의 왜군, 훈련대 복장으로 위장한 40명의 왜병 등을 보았을 뿐이다.

56) 샌즈는 당시 구니모토시게아키라(國友重章)라는 자가 일본거류민 사이에서 왕비시해자로 알려졌었고, 그의 처남 사세구마데쓰(佐瀨熊鐵)와, 조선인들에게 '조그만' 또는 '작은' 스즈키로 알려진 스즈키준켄(鈴木順見)과 함께 자랑하고 다녔다고 한다. William F. Sands, *Undiplomatic Memoirs* (London: John Hamilton, LTD., 1975), 68쪽. 그러나 이것은 일본첩보기관이 이런 소시들을 시켜 헛소문을 살포하여 여론을 혼돈에 빠뜨림으로써 일본정부의 책임을 면해보려는 간계였을 것이다.

57) 강범석, 『왕후모살 - 을미사변 연구』, 겉표지의 명문 및 298, 303쪽.

강범석은 관련자들을 모두 '혐의 없음'과 '증거불충분'으로 방면한 히로시마 지방재판소의 황당한 예심판결이 실은 황당하지 않은 판결이라고 말하고 있다. 기소된 자들은 미우라 같은 중간교사범, 주변적 관련자들이거나 공동종범들, 또는 들러리들이었기 때문이다. 그러나 직접시해자 미야모토는 재판에 회부되지 않고 몰래 일본으로 빼돌려지고 있었다.

■직접시해자의 소집해제·전사·기록말살

후비대로 강제징집된 미야모토와, 왕후시해 현장에 같이 데리고 들어간 마키구마토라(牧熊虎) 특무조장은, 귀국하자마자 히로시마 헌병대에 구속 수감되어 조사를 받던 우마야하라 경성수비대 대대장 등 대위 6명 등 다른 사건 관련자들과 달리 사건 후에도 버젓이 경성수비대에 근무하다가 11월 18일 별도로 군용선 오와리마루로 귀국했다.[58] 육군대신, 참모총장, 육군차관, 참모차장 등 왜군 대본영 수뇌부 전체가 일개 소위 미야모토와 일개 하사관 마키의 소재 파악, 별도귀국 조치와 확인, 소집해제 등에 비상한 관심을 갖고 개입했음이 일련의 전보로 드러난다.[59] 이것은 왕후시해 과정에서의 미야모토와 마키의 핵심

58) 11월 17일 고다마 차관→히로시마 헌병대장: "이노우에 백작, 고이노보리 대위는 17일 출항하는 미나미에쓰마루로 가고, 미야모토 소위, 마키 특무조장은 18일 오와리마루로 귀국시킬 예정임". 日本防衛廳 防衛硏修所 所藏, 『明治二十八年起同二十九年一月結了 朝鮮內亂事件』(이하: 『朝鮮內亂事件』), No. 235. 고이노보리이쿠후미(鯉登行文) 대위는 을미왜변 직전 1895년 8월 25일 경성수비대로 급거 파견명령을 받고 경복궁 난입 시 중책을 맡은 인물이다. 11월 18일 고다마 차관→하야시 헌병대장: "미야모토와 마키 특무조장은 오늘 아침 인천발 오와리마루로 귀국길에 올랐음." 『朝鮮內亂事件』, No.237. 이종각, 「미야모토 소위, 명성황후를 찌르다」, 147-149쪽에서 재인용.

59) 11월 13일 오오야마 육군대신→오쿠 제5사단장: "조선 경성수비대 후비사단 제18대대의 장교 및 하사관의 인명을 가능한 한 신속히 보고할 것. 동 사단에 마키라고 하는 특무조장이 있는지 답하라." 『朝鮮內亂事件』, No.223. 11월 13일 오쿠 제4사단장→오오야마 육군대신에게: "후비보병 제18대대에 마키 특무조장이 있음." No. 221. 11월 17일 다무라 중좌→가와카미 중장(川上, 대본영 상석참모), 고마다 소장(육군차관): "이노우에 백작, 고이노보리 대위는 17일 출항하는 미나미에쓰마루(南越丸)로 가고, 미야모토 소위, 마키

적 중요성을 간접적으로 입증해주는 것이다.

미야모토와 마키는 귀국한 뒤 헌병대에서 3일간의 간단한 조사를 받은 다음[60] 1895년 11월 26일자로 갑자기 소집해제 명령을 받고 12월 30일자로 '소집해제'되는 포상을 받았다.[61] 시해작전 수행 직후 달포 만에 이들에게 베풀어진 이 특별포상은 10월 8일 건청궁 안에서 이들이 무슨 짓을 저질렀는지를 짐작케 한다.[62] 이후 일본정부는 미야모토를 철저히 은닉한다. 왜군 군부는 1년 9개월 뒤인 1897년 9월 27일자로 미야모토를 헌병소위로 병과를 바꿔 임명하여 토착민의 격렬한 항쟁에 휩싸인 대만으로 파견했다. 대만에서 헌병은 저항군을 직접 진압해야 하는 가장 위험한 병과였다. 그는 2개월 23일 만에 (동년 12월 20일) 전사했다. 왜국 군부와 정부는 고도의 정치적 판단에 따라 미야모토의 입을 염려해 왜군 사이에 사지로 알려진 위험지대로 보낸 것으로 추정된다.[63] 그런데 미야모토 소위는 49세의 나이로 전

특무조장은 18일 오와리마루로 귀국시킬 예정임. 수비대 사건과 관계한 경위서가 우편으로 도착했는가?" No.236; 11월 18일 고다마 차관→하야시 헌병대장: "미야모토, 마키 특무조장 오늘 아침 인천발 오와리마루로 귀국길에 올랐음." N. 237. 11월 18일 아키히토 참모총장→오오야마 육군대신: "미야모토, 마키 특무조장, 이자들을 오늘 아침 인천발 오와리마루로 귀국시키라고 통보했는데, 臨人進 제1186호로 조회한 것에 대해서 통지했는가?" No. 238. 11월 26일 고다마 차관→우에다 참모장: "미야모토 소위, 마키 특무조장은 그 사건이 완전히 종료되면 두 사람 모두 소집을 해제하는 것이 마땅하다고 사료됨." No. 289. 이종각, 「미야모토 소위, 명성황후를 찌르다」, 146-152쪽에서 재인용.

60) 그들은 11월 23일 10시 25분 히로시마 우지나(字品)항에 도착하여 헌병대에서 '증인'으로 신문을 받았다. 그러나 이 조사는 "미야모토 소위와 마키 특무장이 장사가 왕비를 살해할 때 그 장소에 있었던 것", "중요한 것을 얻지 못했다"는 등의 사기기록만 남긴 것을 보면 알 수 있듯이 3일간 함구령 교육을 받은 것으로 보인다. 육군차관 고다마 소장은 이들을 조선으로 복귀시키자는 우에다 제5사단 참모장의 제안을 기각하고 이들의 소집해제 명령을 내린다. 참조: 이종각, 「미야모토 소위, 명성황후를 찌르다」, 151쪽. 일개 육군소위와 하사관의 귀국조치와 은닉에는, 오마 육군대신에게 이 둘의 귀국조치를 재확인하는 전문을 보낸 참모총장 아키히토 친왕, 육군대신, 육군차관, 참모차장 등 일본 대본영 수뇌부 전체가 나서고 있다.(150쪽)

61) 『朝鮮內亂事件』, No. 289. 이종각, 「미야모토 소위, 명성황후를 찌르다」, 152쪽에서 재인용; 강범석, 『왕후모살 - 을미사변 연구』, 301쪽.

62) 강범석, 『왕후모살 - 을미사변 연구』, 301쪽.

사한 것으로 군적에 버젓이 기록된 반면, 야스쿠니신사의 246만 6,000명 전사자 명부에는 누락되어 있다. 왜국 정부는 훗날 미야모토가 민왕후 시해자임이 밝혀지는 경우에 이웃나라의 왕후를 시해한 군인을 야스쿠니에서 제사 지내주는 것이 훗날 이웃나라와의 외교문제를 일으킬 것을 우려한 것으로 보인다.[64)]

한편, 왕후시해 직후 만취한 낭인배들은 왕후의 시신을 성적으로 능욕하는 천인공노할 만행을 저지른 것이 확실하다.[65)] 그 뒤 왕비의 유해는 처음에 궁 안의 우물 속에 던져졌으나 흔적이 즉각 발견될까 봐 다시 꺼내 왕궁 안의 녹산鹿山 송림松林에서 석유를 붓고 태운 뒤 잔해를 연못 속에 던졌지만 가라앉지 않자 다음 날 연못에서 잔해를 다시 건져내 송림 속에 묻었다고 말했다. 이것은 사후에 경과를 샅샅이 조사한 우치다 영사가 훗날 일본외무성의 조사(1938)에 대한 답변에서 진술한 내용이다.[66)] 시신소각 명령은 미우라가 국왕을 알현하러

---

63) 참조: 이종각, 「미야모토 소위, 명성황후를 찌르다」, 156-171쪽.

64) 참조: 이종각, 「미야모토 소위, 명성황후를 찌르다」, 172-184쪽.

65) 최문형, 『명성황후 시해의 진실을 밝힌다』, 239쪽. 야마베겐타로오(山邊健太郎)는 일찍이 "사체를 능욕했다"고 밝혔었다. 山邊健太郎, 『日韓併合小史』(東京: 岩波書店, 1965), 119쪽. 최문형, 『명성황후 시해의 진실을 밝힌다』, 347쪽 각주163에서 재인용. 또 야마베는 왕비를 끌어내 2-3군데 인상刃傷을 입히고 또한 발가벗겨 국부검사(可笑又可怒 - 原註)를 했다"고도 적고 있다. 山邊健太郎, 『日本の韓國併合』(東京: 태평출판사, 1966), 51-52쪽. 박종근, 『清日戰爭과 朝鮮』, 280쪽에서 재인용. 나카츠카는 "사체를 능욕하고 불태웠다"고 말한다. 中塚明, 『蹇蹇錄の世界』, 225쪽. 최문형, 『명성황후 시해의 진실을 밝힌다』, 347쪽 각주163에서 재인용.

66) 김문자, 『명성황후 시해와 일본인』, 306쪽. 윤치호는 의화군의 목격담을 근거로 이렇게 말한다. "의화군(제2왕자)이 궁을 떠난 직후 칼을 뽑아든 일본인들이 국왕부처와 왕세자가 거처하는 건청궁을 공격했다. 그들은 왕비를 찾았고 왕비를 확실히 하기 위해 두세 명의 궁녀를 아주 잔인하게 죽였다. 그들은 세자비의 머리채를 쥐었고, 발로 걷어찼으며 그녀를 끌고 가 그들에게 왕비가 어디에 있는지 말하도록 강요했다. 그들은 대답을 거부하자 그 어린 숙녀를 죽어가는 그리고 이미 죽은 병사들 사이로 내던져버렸다. 한 일본인은 왕세자의 머리채를 쥐고 그를 발로 걷어찼다. 그동안 거의 백 명 정도의 궁녀들이 두려움에 떨며 웅성거리며 모여 있는데 왕비가 들어왔고, 한 일본인이 그녀를 잡고 걷어차 넘어뜨렸다. 그녀는 자신이 왕비가 아니고 다만 먹을 것을 가지러 왔다고 소리쳤다. 암살자들은 그녀를 의식을 잃고 죽을 때까지 걷어찼다. 살인자들은 그녀를 한 방으로 끌고 가서

아침에 들어와 범행현장을 둘러본 뒤 내렸다.[67]

미우라는 왜변 6일 뒤 내각총리 이토히로부미에게 직접 보낸 공식 보고서(10월 14일)에서 "우리 세력을 유지하고 당초의 목적(갑오왜란을 통한 조선정복)을 달성하기 위해 이렇게 하게 된바, 그 전후 사정을 잘 알아주시기 바랍니다. … 요컨대 이번 사건은 당국當國(조선) 20년 이래의 화근을 단절하여 정부의 기초를 공고히 할 수 있는 단초를 열 것이라고 본관은 확신하는바, 비록 그 행동이 좀 과격한 바 있었다고 해도 외교상의 곤란만을 극복한다면 우리의 대한對韓정략은 이로써 확립될 것이라고 생각합니다"라는 자신의 판단과 평가를 보고하고 있다.[68] 이 보고서에서도 을미왜변은 갑오왜란의 연장선상에서 자행된 일본 정부와 일본군의 전쟁범죄임이 이와 같이 분명히 드러난다.

■ 대원군 연루설의 진상

한편, 우치다가 외무성에 보낸 기밀서한에 의하면, 김홍집 등 친일파 대신들은 대원군을 시해주모자로 몰자고 미우라보다 더 강하게 주장했다.[69] 대원군 주모설이나 미우라와 대원군의 공모설은 사후에 조작된 것이다. '공모'라는 것은 미우라 자신이 대원군 이용 시에 무슨 '특약이 있었는지를 묻는 천황의 하문에 대해 "대원군과는 약속이고

홑이불로 덮었다. 그다음 확인을 위해 일본인 통역관 スズ끼(鈴木)가 안安상궁에게 그곳을 가리키며 왕비가 '저 방 안에 놓였다고 말했다. 그 숙녀는 들어가서 유혈 장면을 보고 충격을 받고 공포 속에서 뛰어나오며 '오, 마마가 죽었다'라고 외쳤다. 이 말을 듣고 자객들은 돌진해 들어가 시신을 가까운 꽃구덩이(flower pit)로 끌고 갔다. 거기에 시신을 놓고 불살랐다." 또 "자객들은 왕비의 사진을 손에 들고 각 궁녀들을 정밀 대조하는 것이 보였다고 말해진다." 『尹致昊日記(四)』, 1895년 10월 8일자 및 29일자. 윤치호의 이 기록을 읽으면 불태운 장소는 '송림'이 아니라 '꽃구덩이'다. 아마 '녹산 송림 속 꽃구덩이'일 것이다. 또 자객들은 왕비의 사진을 가지고 있었음이 틀림없다.

67) 한영우, 『명성황후, 제국을 일으키다』, 58, 61쪽.

68) 市川正明 편, 『日韓外交史料(5)』, 89쪽(四八. 韓國駐箚三浦公使ヨリ伊藤總理大臣宛, '京城騷亂事件起因竝對策稟申ノ件').

69) 김문자, 『명성황후 시해와 일본인』, 307쪽.

뭐고 없었다"고 대답한 말로 완전히 부인된 것이다.70) 오히려 대원군은 일본인들의 입궁강요에 불응하며 새벽 3시까지 버티다가 일본 소시들에 의해 강제로 끌려나옴으로써 새벽 4시로 예정된 왜군의 경복궁 광화문 침입시간을 6시 30분까지 늦춰 타국 외교관들에게 왜군의 개입을 들통나게 만든 '일등공신'(?)이었다.71) 김문자는 광화문 침입시간을 6시 30분으로 짐작하는데, 『윤치호일기』는 조금 다른 시점을 기록해놓고 있다. 1895년 10월 8일 새벽 4시 윤치호 당시 외부협판은 이순근李巡根이라는 사람의 방문으로 잠에서 깼는데, 이순근이 이두황 훈련대 제1대대장과 일본교관 무라이(村井) 휘하의 두세 중대가 병영을 떠났다는 것을 — 이들이 어디로 갔는지 모르기에 — 제1대대장에게 알리는 서한을 길에서 주워 와서 그에게 보여주었다는 것이다. 이 서한은 — 나중에 춘생문사건에 참여하는 — 정위正尉 이민굉李敏宏이 서명한 것이었다. 새벽 5시에는 고종이 바깥 동정을 알아보라고 윤치호에게 보낸 의화군 이강이 궁궐에서 오는 도중에 수많은 왜군들이 영추문으로 향하고, 훈련대가 건춘문과 춘생문으로 향하고 있는 것을 보았다고 알려주었다. 조금 있다가 5시 30분경이 되자 빠른 총소리가 수분 동안 들렸다. 왜군에 의해 궁궐이 뚫렸고, 공격에 가담하기를 거부한 조선훈련대 병사들은 도주했다. 홍계훈은 전사했고, 왜군에 의해 호위된 대원군은 궁궐 안으로 들어갔다. 궁궐문은 일본병사들에 의해 수비되었고, 김홍집·김윤식·조희연 등 괴뢰대신만이 입궐이 허용되었다.72) 이 일기를 보면 첫 총성은 6시 30분이 아니라 5시 30분경

70) 김문자, 『명성황후 시해와 일본인』, 314-316쪽.

71) 김문자, 『명성황후 시해와 일본인』, 299-300, 345, 349, 406쪽. 대원군이 자의로 나온 것이 아니라 소시들에 의해 끌려나왔다는 것은 윤치호의 기록에 의해서도 확인된다. "대원군은 일본인 모리배들에 의해 10월 8일 새벽에 침대에서 끌려나왔다(carried away). 그의 교자는 노인(대원군)의 집을 지키는 순검으로부터 빼앗은 조선순검 복장을 한 네 명의 일본인에 의해 운반되었다." 『尹致昊日記(四)』, 1895년 10월 29일자. 한영우도 "대원군이 결코 자의로 입궐한 것이 아니라"고 시사한다. 한영우, 『명성황후, 제국을 일으키다』, 49쪽.

72) 『尹致昊日記(四)』, 1895년 10월 8일자.

에 난 것으로 나타나고 있다.

■홍계훈 장군의 전사

김문자는 왜군 장교들의 후일 무용담을 근거로 왜군이 시위대 장관將官 홍계훈을 칼로 베어 죽였다고 말한다. 일본육사를 수석 졸업한 전 훈련대 교관, 조선군부고문 겸 일본공사관 무관 구스노세 포병중좌의 보좌관 소가쓰토무(曾我勉)의 증언에 의하면 홍계훈 훈련대 연대장이 왜군 교관들이 야간훈련을 핑계로 끌고나간 훈련대 병사들이 귀대하지 않자 이상하게 여겨 연대직할 훈련대 1개 소대를 이끌고 경복궁 광화문에 이르렀다가 마침 문 앞에서 대원군을 호위하고 들어오는 왜군과 맞닥뜨렸는데, 9월 2일 일본으로부터 파견된, 전 훈련대 교관 구스노세 포병중좌 휘하의 7명의 장교들 중 1인인 다카마쓰데쓰타로(高松鐵太郎) 대위가 홍계훈을 말에서 끌어내려 단칼에 참살하고, 소대장 한 명도 그렇게 죽였고, 그러자 병졸들이 다 달아났다는 것이다.[73]

그러나 다른 가담자는 다카마쓰가 권총으로 홍계훈을 저격하자 따라온 병졸들이 다 달아났다고 말한다.[74] 일부 기록은 홍계훈을 죽인 자가 구스노세라고 하고 충돌이 벌어진 장소가 궐내라고 하기도 한다.[75] 그러나 두 번의 총격전이 있었다는 증언이 있는 한에서 일본장

73) 김문자, 『명성황후 시해와 일본인』, 237, 256, 275-276쪽.

74) 황현과 한영우는 총격에 전사한 것으로 본다. 참조: 한영우, 『명성황후, 제국을 일으키다』, 53쪽.

75) 『러시아대외정책문서』에는 "홍에게 첫 일격을 가한 사람들은 일본인 楠瀨를 지목하는데, 이자는 바로 다름 아닌 주한 일본인 무관 구스노세(Кусносе)로서 …"라고 기록되어 있다. 러시아대외정책문서(АВПРИ), 서가150, 목록493, 사건6, 리스트76об. 김영수, 『미쩰의 시기』, 92쪽 각주43에서 재인용. 뮈텔 주교는 홍계훈의 죽음과 관련해서 들은 "다른 얘기", 즉 "일본인들에게서 훈련을 받은 병사들 선두에는 일본인 교관이 서 있었고" 또 "일본인 교관이 검을 빼들어 장군의 어깨를 사납게 내리침으로써 장군에게 상처를 입혔고" 이어서 "그 즉시 아마도 군인들이 쏘았을 여러 발의 총탄이 그 위로 쏟아졌다"는 얘기를 적어두고 있다. 『뮈텔주교일기(1)』, 1895년 10월 8일, 434-435쪽. 김영수는 이 기록들을 따르고 있다. 김영수, 『미쩰의 시기』, 92쪽. 그러나 본문에서 논증하듯이 홍을 저격한 자는 구스노세가 아니라 일본 본토에서 그 휘하로 파견된 장교다. 또 충돌장소가 광화문을 400미터

병들의 저 무용담적 증언들은 둘 다 신빙성이 없다.

"콩 볶는 듯한 총소리"를 낸 2회의 총격전이 간격을 두고 벌어졌다면,[76] 홍계훈은 첫 전투에서 칼이 아니라 총격에 전사했을 것이다. 두 번째 전투는 아마 다이의 시위대와의 총격전이었을 것이다. 아침 5시 40분에서 45분까지 5분 정도 계속된 첫 총격전은 총탄이 100발 정도로서 많지 않았지만 세 차례에 걸쳐 파상적으로 진행되었다.[77] 제1차 사격은 홍계훈을 저격한 권총 발사였을 것이고, 제2차 사격은 이에 대한 조선훈련대의 응사였을 것이고, 제3차 사격은 일본군의 본격적 공격이었을 것이다. 첫 총격전에서 홍계훈은 수명의 왜군 장교들의 권총사격에 의해 전사했음이 틀림없다.

키쿠치겐조(菊池謙讓)는 훈련대 연대장에 의해 제지당해 훈련대 병사들이 주춤하자 이를 본 "3-4명의 사관이 수발의 피스톨 사격을 가하여 홍계훈을 쓰러뜨렸다"고 기술하고 있다.[78] 구체적으로 살펴보면, 홍계훈의 제지에 격앙한 왜군 대위가 홍계훈 연대장을 말에서 끌어내려 참살하려고 하자 홍 연대장이 이에 칼을 빼들고 대항했고, 이때 일본장교들이 권총으로 저격한 것이다.[79] 왜인들의 기록은 "홍계훈이 꾸짖어 멈추게 했는데도 코이토 대위가 무시하자 홍계훈은 매우 분개

---

통과한 '궁궐 안' 지점이라는 기록은 참조: 정교, 『大韓季年史(상)』, 117쪽. 정교, 『대한계년사(2)』, 108-109쪽. "일병들은 고함소리를 지르며 총을 쏘고 광화문으로 들어가 여러 길로 나뉘어 건청궁으로 … 향했고 광화문으로부터 약 4분의 1마일 정도 길을 나아가다가 훈련대 연대장 부령 홍계훈을 만나 살해하고 병졸들을 약간 더 살상하니 나머지는 저지할 수 없었다". 김영수는 정교, 뮈텔, 러시아공사관기록 등을 근거로 '궁궐 안'이라 주장한다. 김영수, 『미쩰의 시기』, 91-92쪽. 그러나 뮈텔은 홍계훈이 "막사로 군인들을 찾아가 그들을 데리고 대궐로 인솔해 왔다. 그가 큰 문 앞에 도착해 보니", 또는 홍계훈은 "반란자들이 다가왔을 때 대궐문을 지키고 있었다"라고 기록하여 '궁궐 밖'을 일본군과의 조우장소로 기록하고 있다. 『뮈텔주교일기(1)』, 434쪽. 그리고 더 많은 사료들이 '큰 문 앞' 또는 '대궐문'을 조우지점으로 기록하고 있어 김영수의 주장은 신빙성이 없다.

76) 김문자, 『명성황후 시해와 일본인』, 344쪽.

77) 『뮈텔주교일기(1)』, 433쪽.

78) 키쿠치겐조(菊池謙讓), 『近代朝鮮史(下)』, 414-415쪽.

79) 박종근, 『清日戰爭과 朝鮮』, 272-273쪽.

하여 칼을 휘두르며 가까이 다가왔고", 코이토 대위도 이에 대항하여 "칼날이 서로 접근하려고 할 때에 총성이 우리 편과 저편 사이에 일어나고 홍계훈은 조금 주저하는 사이에 권총 총알이 날아와 명중하여 즉사했다"고 하기도 하고, "홍계훈이 칼을 빼고 다가왔으므로 권총으로 사격했지만 불발이었고", 그러던 중에 "뒤쪽에서 사격한 탄환에 맞아 홍계훈이 쓰러졌다"고 말하기도 하는데, 여기서 홍 연대장이 먼저 칼을 빼들고 다가왔다는 말은 아마 거꾸로가 사실일 것이다.[80)]

홍 연대장에 대한 총격에 당연히 그가 이끌고 온 조선훈련대 병사들도 응사했을 것이고 첫 총격전은 이렇게 하여 벌어졌을 것이다. 홍계훈의 저지로 광화문 밖에서 물러나 숨던 왜군 통제하의 훈련대 병사들은 다시 왜군 장교들의 강박에 몰려 왕궁 안으로 들어갔는데, 이것은 '궁궐침입'이라기보다 차라리 '궁궐 내로의 도망'이었다.[81)]

■ 조선정부의 은폐조처와 '시해주범 일본정부'의 성공적 은신

당시 내부대신 박정양의 기록에 의하면 이 사건에 대한 김홍집 역적내각의 공식발표는 이렇다.

> 8월 20일(음력) 인寅(3-4)시에 훈련대 제2대 군병들과 왜군병 무리가 관문으로 직입直入하여 신정申正(오후 4)시까지 난을 일으키고 물러갔다. 8월 18일 저녁에 훈련대 제2대 군병들이 순검 무리와 서로 실랑이를 벌였는데 순검 1명이 마침내 다치고 말았다. 다음 날 19일 저녁때 훈련대 군병 무리가 경무청 대문 밖에 모여 장차 소요를 일으킬 염려가 있었는데, 순검 무리들이 칼을 휘둘러 물리치자 오늘 새벽에 이르러 훈련대 군병 무리가 왜군병 수백 명과 함께 건청궁의 장안당 앞마당으로 직입하여 총을 쏘기도 하고 칼을 휘두르기도 했다. "왕후는 전각 안에서 해害를 지나쳤

80) 박종근, 『淸日戰爭과 朝鮮』, 272쪽, 각주57.

81) 박종근, 『淸日戰爭과 朝鮮』, 273쪽.

고(過害), 궁내부대신 이경직은 살해당하고 장안당 시위대 장관將官 홍계훈도 역시 관문 밖에서 해를 당했다."[82]

친일역적들의 괴뢰내각은 사건을 훈련대와 순검의 충돌로 변조하고 왕후가 무사한 것으로 꾸민 것이다. 그리고 왜변이 있은 음력 8월 20일(양력 10월 8일) 당일 늦은 아침, '내부'는 방방곡곡에 방을 붙여 이렇게 고시했다.

애초에 내부內部와 무관無關하니 심아甚訝하고 심아甚訝하다(初無關於內部甚訝甚訝). 병정兵丁과 순검巡檢이 상쟁相爭하는 사실事實로 병기兵器를 환수還收하고 훈련대訓練隊를 해산解散하는 의議가 기起하매 병정兵丁의 심心을 격동激動ᄒᆞ야 필경 대내大內(대궐 내)에 분소奔訴하기에 지至하나 즉지진정卽地鎭靜ᄒᆞ야 궁정宮廷이 안연晏然ᄒᆞ니 내외인민內外人民은 각기업各其業에 안安ᄒᆞ미 의당宜當홈.[83]

물론 사건을 이렇게 은폐, 호도하려는 괴뢰내각의 시도는 대원군의 지연작전으로 왜군의 출동이 늦어져 '왜군의 난입' 사실이 다이·사바친 등 외국인 목격자와 각국 공사들에게 들킴으로써 즉각 무력화된다. 그리하여 일본과 괴뢰내각은 이때부터 방향을 틀어 을미왜변은 일본정부 모르게 미우라가 단독으로 대원군과 공모하여 '소시들'을

82) 박정양, 『從宦日記』, 음력 8월 20일자. 한국학문헌연구소 편, 『朴定陽全集(3)』(서울: 아세아문화사, 1984). 윤치호는 8월 18일(양력 10월 6일)의 군경충돌을 조작으로 느꼈다. "오후 11시경 군병 무리가 소리를 지르며 경무청을 공격하러 갔다. 순검들은 칼을 뽑고 돌진해 나와, 군병들이 막대기만으로 무장했기 때문에 이들을 싸움에 몰아넣었다. 군경 간의 이 싸움에는 다가오는 폭풍을 암시하는 무언가가 들어 있다. 누군가 무대 뒤에 있음에 틀림없다. 순검을 폐지하려는 구실을 찾고 싶은 대궐인가? 대궐과 군병들이 공개적인 전쟁을 하는 것을 보아 개입의 기회를 잡기를 바라는 노인(대원군)인가? 그레이트하우스 장군은 후자의 가정이 더 개연적이라고 생각한다." 『尹致昊日記(四)』, 1895년 10월 6일자.

83) 참조: 박정양, 『從宦日記』, 음력 1895년 8월 20일자.

동원하여 저지른 사건으로 꾸민다.[84]

당시 친일파들, 상당수의 반反왕실 정객들이나 외교관들도 '일본정부'의 범죄성을 믿지 않았다. 러시아공관 베베르도 베베르-고무라 각서에서 '소시들'의 엄중단속을 규정한 것으로 보아 일본정부의 무죄를 믿었던 것으로 보이고, 심지어 나중에 고종의 정치고문이 되는 헐버트(Homer B. Hulbert, 1863-1949)도 일본정부의 무죄를 믿었다.[85] 이 때문에 고종도 일본정부를 의심하고 증오했을지라도 이 사건과 관련된 일본정부, 특히 이토히로부미의 교활한 심사를 끝내 알 수 없었다. 을미왜변이 당시 이렇게 성공적으로 은폐되고 애매모호하게 만들어진 것은, 이 사건을 일본정부와 국내 친일파들이 정치적 사활을 걸고 미우라와 대원군의 공모와 민왕후와 대원군 간의 불미스런 집안싸움으로 조작해낸 결과였다. 왕비시해 사건 후 특히 사건에 관여한 다수의 일본인 신문기자들은 왕비를 비난하는 소문을 "홍수처럼" 퍼뜨렸다. 이 사건을 시아버지 대원군과 며느리 왕비의 지저분한 권력투쟁으로 재미있고 우스꽝스럽게 그려냄으로써 우치다가 탄식했던 "역사상 고금을 통틀어 전례 없는 흉악한" 사건이라는 것을 완전히 잊어버리게 만든 것이다. 이와 같은 허위정보의 "조작"에 열성이었던 사람 중에 일본인이 존경해 마지않는 후쿠자와유키치도 끼어 있었다는 사실을 우리는 망각해서는 아니 될 것이다. 후쿠자와는 을미왜변의 만행 때문에 일본을 비난하는 미국의 여론을 진정시키기 위해 "게이오의숙 관계자 3명"에게 왕비가 생존 시에 '참혹한 음모'를 제멋대로 획

84) 친일파 정교는 일제의 연막홍보를 되뇌고 있다: "이하응이 일본인과 훈련대 병사를 데리고 범궐하여 왕후 민씨를 시해했다(李昰應 以日本人及訓鍊隊兵犯闕 弑王后閔氏)." 『대한계년사(2)』, 101쪽.

85) 헐버트는 이렇게 확신한다. "일본정부가 말려든 딜레마로부터 빠져나올 길이 없었지만, 일본정부가 10월 8일의 사변에 공범이었다는 추론은 믿을 수 없다. 그것은 … 미우라와 그 참모들 단독의 작품이었다." Homer B. Hulbert, *The Passing of Korea* (New York: Double Day, Page & Company, 1906), 137쪽. 135쪽도 보라.

책했다는 이야기를 영어판 '조선왕비전'으로 꾸며 『뉴욕 헤럴드』 기자에게 건네기까지 했다.86)

■ 일본정부의 시효 없는 범죄책임: 비무장 문민 살해의 전쟁범죄

우리는 을미왜변에 대해 공분하기만 할 것이 아니라 그 범죄성을 오늘날 통용되는 국제법으로 따져 명확하게 규명해봐야 할 것이다. 국제법상 정치범죄는 사상적 확신범죄로서 존경할 만한 양심범죄에 속한다. 따라서 정치범은 국제법상 관계국의 인도요구에 응하면 위법이 되는 '정치범불인도 원칙'의 대상이다. 그러나 국가원수와 그 가족을 살상한 시해사범은 국제법상의 정치범불인도 원칙의 적용대상에서 제외된다. 국가원수와 그 가족에 대한 위해행위는 국제법상 정치범죄로 간주되지 않는다는 말이다. 그것은 국제법상 특별한 파렴치범죄로 규정된다. 동시에 갑오왜란의 연장선상에서 왜군 장교가 일본정부의 명에 따라 총검으로 민왕비를 살해한 것은 무장하지 않은 평화적 문민을 총검으로 살해한 점에서 국제법상 일반적 전쟁범죄("평화적 인민을 살상하고 그 재산을 약탈하거나 파괴하는 일")에 속한다. 이 전통적·일반적 전쟁범죄, 즉 '통례의 전쟁범죄'는 새로운 전쟁범죄('평화에 대한 죄'와 '인도에 대한 죄')와 함께 1968년에 체결된 '전쟁범죄와 인도에 대한 죄에 대한 공소시효 제한의 부적용에 관한 협약(Convention on the Non-Applicability of Statutory Limitations to War Crimes and Crimes against Humanity)'에 따라 시효 없이 영구적으로 형사소추할 수 있다. 즉, 이 협약은 '범행시기와 관계없이' 적용되므로 이 협약 이전에 자행된 전쟁범행에까지도 소급적용되고, 따라서 을미왜변에 대해서도 적용될 수 있다.

그러므로 이 왜변을 저지른 왜군범죄자들이 오늘날 자연인으로서 모두 다 사망하여 처벌이 불가능할지라도 국가계속성의 원칙에 따라

86) 김문자, 『명성황후 시해와 일본인』, 389쪽.

명치정부를 계승한 현재의 일본정부는 이 전쟁범죄에 영구적으로 책임을 져야 한다. 우리 정부 또는 임의의 민간단체는 일본정부에 대해 공소시효 부적용의 국제법적 무한책임을 묻는 소송을 우리 사법부에 언제든 제기할 수 있다. 이렇게 을미왜변을 파렴치잔학범죄만이 아니라 전쟁범죄로 규정하면, 을미왜변의 전쟁범죄성과 관련된 일본정부의 영구범죄성 및 법적 무한책임성은 명약관화한 것이다.

그러나 이 을미왜변을 두고 잘못 말하는 사가들이 많아서 소송은 승소를 자신할 수 있는 단계가 아니다. 반대쪽 변호자들이 한국 사가들 중 지금까지 '헛소리'를 늘어놓은 이 엉터리 사가들을 총동원해 증언대에 세운다면 재판은 역사논쟁으로 비화되어 실종되어버릴 우려가 있기 때문이다. 따라서 아직은 제대로 된 역사인식의 정립과 확산을 더 기다려야 할 상황이다.

아무튼 왕비시해 직후 김홍집 중심의 친일세력은 정치생명을 걸고 '왜변'을 대원군-미우라 공모사건이나 대원군-왕후 집안싸움으로 조작하면서 즉각 궁내부를 무력화하고 내각을 강화했으며,[87] 친일파들(김윤식·서광범·조희연·권형진·정병하·유길준·어윤중 등)을 대거 임용하여 제4차 김홍집내각을 조직하고, 친미·친러파(박정양, 이완용, 이범진, 이윤용, 이경직 등)를 파면시켰다. 그리고 당시 군부대신으로서 이 '왜변'에 연루된 안경수를 의관으로 임명해 중추원에 감췄다. 이어서 음력 8월 22일 다이가 훈련시킨 '시위대'를 일본이 훈련시킨 친일괴뢰군 '훈련대'에 편입시키는 조치를 취했고,[88] 음력 9월 13일에는 '훈련대'를 폐지하고 '친위대'로 개명·개편했다.[89] 따라서 당시 조선에 국왕이 안전하게 거처할 땅은 한 조각도 남지 않게 되었다. 조선은 이미 완전히 망했던 것이다.

---

87) 『高宗實錄』, 고종32(1895)년 8월 20일.

88) 『高宗實錄』, 고종32(1895)년 8월 22일조.

89) 『高宗實錄』, 고종32(1895)년 9월 13일조.

일본과 친일 김홍집내각은 고종에게 을미왜변을 훈련대와 순검의 충돌로 계속 날조하다가 사건에 왜군이 개입한 사실이 발각되고 나서도 왕후가 궁을 빠져나간 것 같다며 왕후시해 사실을 계속 은폐하려고 했다. 그들은 국왕의 고함과 증거제시에 의해 어쩔 수 없이 시해된 지 3개월 만에 국장을 준비하는 척했다. 『고종실록』에 전하는 바에 의하더라도, 고종은 을미왜변 4개월 뒤 당시의 정황과 두려움을 다음과 같이 회고한다.

> 8월의 변고는 만고에 없었던 것이니, 차마 말할 수 있겠는가? 역적들이 명령을 잡아 쥐고 제멋대로 위조했으며 왕후가 붕서崩逝했는데도 석 달 동안이나 조칙을 반포하지 못하게 막았으니, 고금 천하에 어찌 이런 일이 있을 수 있는가? … 생각하면 뼈가 오싹하고 말하면 가슴이 두근거린다. … 역적 무리들이 물들이고 입김을 불어넣은 자들이 하나둘만이 아니니, 앞에서는 받들고 뒤에서는 음흉한 짓을 할 자들이 없을 줄을 어찌 알겠는가?[90]

이것을 보면 을미왜변 직후 국왕은 궁내에 다시 '전쟁포로'로 붙잡혀 있었던 것이 분명하다. 이런 까닭에 고종의 거처에서 먹고 자며 고종을 호위했던 호머 헐버트도 당시 국왕이 자신의 처지를 "내각의 손에 붙잡힌 포로(prisoner)로 여겼다"고 증언하고 있다.[91]

## 제3절 춘생문사건과 고종의 국제적 고립

을미왜변 직후 조선은 국제적으로 고립된 데다, '이미 망한 나라'로

---

90) 『高宗實錄』, 고종33(1896)년 2월 11일조(양력).

91) Hulbert, *The Passing of Korea*, 144쪽.

간주되었다. 열강은 을미왜변의 천인공노할 성격 때문에 일본에 대해 잠시 공론적 압박을 가하는 척했으나, 제각기 전략적 계산에서 을미왜변을 기정사실로 덮으려는 방향으로 움직이고 있었다. 처음에 일본 공관은 열국의 비난여론에 위축당한 듯 의태擬態를 부렸지만, 벌써 11월 초가 되자 특명전권공사로 파견된 이노우에가오루는 김홍집괴뢰정부를 양손으로 그리고 이중의 성공으로 뒷받침하는 반면, 외국공관들은 영향력에서 빠르게 제로상태로 무력화되었다. 러시아의 동방정책을 고무하는 것에 대한 두려움은 영국·독일 등이 한국의 '괴뢰정부'를 적절하게 처리하고 정확하게 대우하는 일에서 러시아와 협력하는 것을 가로막았다.[92]

1895년 10월 17일 정식으로 조선의 '괴뢰·역적정부'에 대한 승인을 거부했던 러시아도[93] 영국·독일 등의 견제를 의식하고 개입을 자제하는 방향으로 돌아섰다. 특히 일본은 춘생문사건(1895. 11. 28., 음 10. 11.)을 '국제적 국왕탈취 기도'로 몰아 대서특필함으로써 외교무대의 분위기를 반전시켰다.

1) 춘생문사건과 안경수

춘생문사건은 제4차 김홍집괴뢰내각에서 빠진 중추원의관 안경수가 심복 김재풍과 이충구를 시켜 사람들을 충동질하게 하고,[94] 친위대(을미왜변 훈련대와 시위대를 합한 친위부대) 2대대장 이진호를 시켜 전 시종 임최수, 이범진, 이윤용, 이완용, 윤치호, 이하영 등 정동파 인사들

---

92) 참조: 『尹致昊日記(四)』, 1895년 11월 8일자.

93) Horace N. Allen, *Korea: Fact and Fancy* (Seoul: Methodist Publishing House, 1904), 194쪽.

94) 자신도 춘생문사건과 조금 관련된 윤효정은 이 사건이 안경수의 각본인 줄 모르고 김재풍의 '국모복수를 위한 의병동원 무용담', '안경수와 이충구 등이 정동파와 얽히는 과정', '독립협회와의 연결' 등에 관해 이 말 저 말을 늘어놓고 있다. 尹孝定, 『風雲韓末秘史』(서울: 수문사, 1984), 185-191쪽('221 김재풍의 檄書', '222 내각의 도륙을 계획', '223 營廠明劍下 動員', '224 至闕하니 궐문이 閉라', '225 대포박령', '226 訓院 雪霜月 義士 拔劍' 등). 다음도 보라: 정교, 『大韓季年史(상)』, 128쪽.

과 언더우드, 헐버트, 다이, 알렌, 애비슨, 베베르 등 친親고종 서방 외교관들을 끌어들이고, 전 시위대 참령 이도철, 중대장 남만리, 이민굉, 이규홍 등을 움직여 전 시위대 소속 800여 명의 비무장 병력을 동원해 1895년 11월 28일(음력 10월 11일) 새벽, '왕을 구할' 목적으로 춘생문을 통해 입궐을 시도한 사건이다. 건춘문을 열어 내응키로 한 이진호는 약속을 어기고 어윤중에게 밀고했는데, 이것은 각본에 따른 것으로 보인다. 임최수·남만리 부대는 건춘문이 닫혀 있자 태화궁 북쪽 문으로 몰려가 성문을 열고 춘생문에 이르러 문이 열리기를 기다렸다. 그러나 전 훈련대 소속 친위대 숙위병들이 춘생문 안쪽으로부터 기다렸다는 듯이 총을 쏘며 쏟아져 나와 춘생문 밖의 시위대 병력을 공격해 분산시켰다. 혹자는 이 사건을 정동파 인사들을 일망타진하려는 일본과 안경수의 음모로 의심한다.[95] 필자는 정동파만이 아니라 친위대로 편입된 구舊 시위대 장병들 중 반일장병과 근왕세력까지 일망타진하고 고종을 돕지 못하게 각국 공관의 친親고종 인사들의 손발을 묶고 입을 막으려는 음모가 아니었나 의심한다. 일본에 망명한 박영효와 교신 아래 이 음모를 꾸미고 연출한 자는 저 사람들을 다 끌어모으고 부추긴 안경수로 보인다.

안경수의 정체를 좀 더 살펴보자. 안경수의 수하처럼 그와 절친하고 또 황태자대리청정사건(고종양위음모사건, 1898)을 안경수와 같이 꾸몄다가 발각되어 일본으로 도망쳤다가 1907년 돌아와 대한협회를 설립하고 뒤로는 일제밀정 노릇을 했던 친일파 윤효정은[96] 1931년 『동아일보』에 '최근60년最近六十年 유사편편遺史片片' 제하에 후일담으로 연재한 『풍운한말비사』에서 안경수를 일본과 교유하여 부자가 된 자로 기술한다.

---

95) 이태진, 『고종시대의 재조명』, 55쪽.

96) 鄭喬, 『大韓季年史(하)』, 338쪽. "윤효정은 대한협회를 설립하여 문명으로 인민을 개도한다는 취지를 칭하고 몰래 일본인으로부터 정탐금을 받고 무릇 나라 안의 대소사를 정찰하여 일본인에게 밀고했다(尹孝定設大韓協會 稱以文明趣旨開導人民 暗受日本人偵探金 凡國中大小事偵察 而密告于日本人)."

안경수는 … 부산지방에 가서 일본인과 교유交遊하다가 현해탄을 건너가서 일본에 만유漫遊하는 길이 열렸다. 오카야마(岡山) 시의 이토(伊藤) 모某씨의 집에 기류寄留하는 인연을 얻어 2년 반 이상 서생생활을 하고 지내는 중에 사람됨이 심히 소통함으로 일본 물정과 세태가 어떠한지를 대략 연구하고 일본어도 약간 회화할 만한 정도가 된 까닭에 주인의 소개를 받아 오사카(大阪)에 가서 반년간 기숙하는 동안에 상업계에 대한 물정도 얼마간 깨달은 바가 있었다. 이후에 귀국하야 경성에 와서 진고개 일본거류지의 상업가들과 연락을 가지니 이때는 조선인으로서 일본인 교제에 첫째 손가락을 꼽을 만한 개화인물의 면목이었다. 점차 출세할 생각으로 무과로 출신出身하야 안安선달의 신분으로 당시 집정 민영준閔永駿에게 소개되어 알현해 내외국에 민활한 물정으로 말미암아 주인의 호감을 크게 산 까닭에 별군직으로 출세하야 민영준이 끌어주어 대전大殿을 가까이서 모시는 은총을 입어 광영된 '안경수安駉壽' 석 자가 세인의 귓불을 놀라게 하고, 이로 인해 대궐 내에서 구입해 쓰시는 일본·서양 물품을 구입하는 사명을 띠고 한 번 일본에 왕래하면 기십만 원의 대금代金을 지불하게 되는데 이러한 일이 연중 몇 차례씩 있었던 고로 자연히 그 집은 부윤富潤해 당시 민영준가家와 상동相同하리라는 시평時評이 있었다.97)

97) 尹孝定, 『風雲韓末秘史』(서울: 수문사, 1984), 122-123쪽('151 時來風送滕王閣'). 원문: "안경수는 … 釜山地方에 가서 日本人과 交遊하다가 玄海를 건너가서 日本에 漫遊하는 路程이 開했다. 岡山市 伊藤某의 집에 寄留하는 因錄을 得하야 二年半 以上 書生生活을 하고 지내는 中에 爲人이 甚히 疏通함으로 日本 物情世態의 如何를 大概 研究하고 日本語도 若干 會話할 만한 程度가 되었은 고로 主人의 紹介를 가지고 大阪에 가서 半年間 寄宿하는 동안에 商業界에 對한 物情도 幾分間 覺醒한 바가 있었다. 伊後(=以後 – 인용자)에 歸國하야 京城에 來하야 진고개 日本居留地의 商業家들과 連絡이 有하니 이때는 朝鮮人으로 日本人 交際에 第一指를 屈할 만한 開化人物의 面目이였다. 漸次 出世할 思想으로 武科로 出身하야 安先達의 身分으로 當時 執政 閔永駿에게 紹介得見하야 內外國敏活한 物情으로 主人의 好顏面을 博得하게 되었은 故로 別軍職으로 出世하야 閔永駿의 級引으로 殿께 近侍하는 恩寵을 蒙하야 光榮된 '安駉壽' 三字가 世人에 耳朶를 驚動하게 되고 因하야 大內에서 購入用하시는 日本과 西洋 物品의 購入하는 使命을 가지고 一次 日本에 往來하면 幾十萬圓의 代金을 支拂하게 되는데 이러한 일이 年中 幾次式있었든 故로 自然 其家는 富潤하야 當時 閔永駿家와 相埒(상랄=相同 – 인용자)하리라는

안경수는 청국내정개입 시기에 위안스카이의 조선 측 카운터파트너였던 민영준의 총애를 받아 경무사와 군부대신을 역임했다.[98] 그러다가 그는 1894년 6월 9일 왜군이 몰려오자 말을 갈아타고 조선 조정의 상황에 대해 고주알미주알 알려주는 일제밀정 노릇과 '왜놈 앞잡이' 노릇을 둘 다 해왔다. 그는 왜군의 경복궁침공 달포 전 1894년 6월 20일 조선궁정의 내부상황을 일본공사에게 알려준 자다. 그리고 오오토리가 6월 26일 조선이 근본적 내정개혁을 완수하기 전에는 군대를 철수시키지 않을 것이라고 위협하며 고종에게 내정개혁을 강요하기 6일 전에 오오토리에게 "아무쪼록 이런 형편으로는 외국군대의 외력을 빌려서 내부개혁을 행하는 일밖에는 수단이 없으므로 귀국이 지금 잠시 군대를 주둔시켜줄 것을 내심 희망하고 있다"고 주장함으로써 왜군에 의해 민씨정권을 무너뜨리고 친일괴뢰정부를 세우는 군사정변을 제안한 바 있다.[99]

오오토리 공사는 1894년 6월 28일 현재 "소위 일본당이라고 불리어 음으로 양으로 움직이는 자"로 김가진·유길준·조희연·권영진·김학우 등과 함께 안경수를 본국으로 보고하고 있는 한에서,[100] 안경수는 일본이 보증하는 친일파임이 틀림없다. 당연히 안경수는 오오토리에 의해 1894년 7월 김홍집 주재 '군국기무처'의 회의원으로 발탁되었다. 그리고 그는 1894년 12월 홍범14조를 발표한 제2차 '갑오경장' 시에 박영효와 연립한 제2차 김홍집내각에서는 박영효에게 붙어 탁지부협판을 지냈다.

그러다가 1895년 4월 23일 삼국간섭으로 일본의 입김이 줄자 불안

時評이 有했다."

98) 주진오, 『19세기 후반 개화개혁론의 구조와 전개』, 연세대 박사논문(1995), 86쪽.

99) 『일관기록』, 一.通常報告 附雜件, (15)'安駉壽氏의 內話'(發第85號, 1894년 6월 24일), 大鳥→陸奧.

100) 『일관기록』, 九.諸方機密公信往 一, (6)'朝鮮屬邦說 배척 및 內政改革 斷行手續에 관한 上申'(機密第110號 本65, 1894년 6월 28일), 大鳥→陸奧.

을 느낀 박영효가 이노우에 공사의 권고를 무시하고 김홍집을 밀어내고 민왕후를 가까이해 박정양·박영효 연립내각을 구성했을 때, 안경수는 탁지부대신 어윤중 밑에서 탁지부협판을 했고 박영효 정파인 이윤용(이완용의 서형)은 경무사를 했다. 민왕후는 러시아와 손잡고 친일파 내부의 갈등을 이용해 먼저 박영효를 밀어 김홍집·김윤식 등 친일괴뢰들을 쓸어버리고 최종적으로 원조元祖친일파 박영효도 제거할 생각이었는데, 박영효가 이를 탐지하고 1895년 7월 5일 신응희·이규완·우범선 등과 왕후암살 음모를 꾸민 후 일본병력을 요청한 모반사건을 일으켰을 때 안경수는 국왕에 의해 경무사로 임명되어 박영효 체포령을 받았으면서도 한껏 늑장을 부리고 정보를 제공함으로써 빈틈과 시간을 주어 박영효의 일본망명길을 터주었다.

그러나 당시 일본변리공사 스기무라는 이 사건을 박영효의 왕후암살 음모가 아니라 박영효의 근위대 교체기도에 대한 고종의 분노를 이용한 박영효·유길준의 권력투쟁으로 본다. 김홍집·유길준 집단이 심상훈·홍계훈 등과 밀의해 고종의 분노를 박영효 타도의 빌미로 이용했다는 것이다.[101] 그러나 스기무라도 1895년 7월 7일 오후 4시 자신의 본국보고에서는 박영효의 모반을 "왕비를 시해하려 했다"고 타전하고 있다. 그리고 이 모반에 "3-4명의 일본인도 가담해서 약간의 은모隱謀"가 있었다는 것을 "사사키(佐佐木留藏)"라는 일본인이 이를 얻어듣고 "필담으로 조선인 한재익韓在益에게 고하고 한재익은 김홍집에게 고해서 그로부터 국왕에게까지 이르게 된 것"이라고 말한다.[102] 그러나 스기무라의 이 보고는 골수친일파 유길준을 보호하기 위한 거짓보고로 보인다. 앞서 시사했듯이 스기무라의 다른 기록을 포함한

101) 참조: 『일관기록』, 六.朴泳孝不軌事件, (3)'1895년 6·7월 중 朝鮮王宮 호위병 交替事件으로 宮中과 內閣 사이에 충돌을 일으키고 끝내 사건이 일변하여 朴泳孝가 그 職에서 罷職당하고 체포령이 내려질 때까지의 日記'(機密第71號, 1895. 7. 12.).

102) 『일관기록』, 五.機密通常和文電報往復 一·二 第1冊, (132)'朴泳孝의 謀反事件에 관한 보고', 2) [朴泳孝의 謀反事件에 관한 보고] 2(1895년 7월 7일 오후 4시).

여러 기록들이 유길준을 밀고자로 지목하기 때문이다.[103]

그러나 스기무라 변리공사는 7월 12일 종합보고에서 이 사건을 왕후시해 기도 없는 단순 권력투쟁으로 수정보고한다. 그리고 박영효가 일본병력을 요청한 것이 아니라는 것이다. 오히려 스기무라 자신은 박영효가 왕실에 불궤不軌한 짓을 하면 왜군을 동원해 박영효의 기도를 분쇄하겠다고 엄포를 놓았다고 보고한다. "당초 국왕이 신新관제 실시의 결과로 군주의 권력을 내각에 빼앗긴 것으로 오해하고 어떻게 해서든 이것을 회복시키기를 바라 몰래 근시인近侍人을 러시아·미국 등 각국 공사관에 파견해 그들의 조력을 간구하게 된 사실을 (내각이) 간접적으로 차차 알게 되었다." 따라서 당시 박영효 내부대신과 여러 대신이 깊이 이것을 우려하여 밀의를 거듭한 끝에,

> 첫째, 구舊 호위병 근위대를 신新훈련병으로 교체하고,
> 둘째, 일상적으로 궁중으로부터 각국 공사관에 왕래하는 2~3명의 궁내부 관리들을 전임 또는 폐출하여 그 화근을 단절하기로 계획했다.

는 것이다. 그리하여 1895년 6월 22·23일 "먼저 근위병을 교체하는 일에 착수했다". 또 박영효를 숭배하는 군부대신대리 이주회李周會는 박영효가 주관하는 일이라 하여 국왕이 좋아하지 않는데도 불구하고

---

103) 황현은 이기李沂가 일본의 강호江戶에서 박영효를 만났는데 박영효가 유길준을 "간적姦賊"이라고 욕하며 분통을 터뜨렸다고 기록하고 있다. 황현(이장희 역), 『매천야록(중)』(서울: 명문당, 2008), 50-51쪽. 그러나 윤치호에 의하면, 박영효 개인비서를 했던 안기중安沂中도 윤치호에게 이 사건의 주모자는 유길준이라고 말한다. 『尹致昊日記(四)』, 1896년 2월 26일자. 스기무라도 7월 10일 최초 보고에서는 유길준을 언급했었다. "박영효 음모발각사건에 대해 그 후 정탐한 바에 의할 것 같으면, 유길준은 그 일을 미리 알고 김홍집에게 밀서를 보내고 두셋 동지와 계획을 짜서 심상훈으로 하여금 사사키(佐佐木某)의 필담서를 국왕에게 제출케 하여 김홍집을 불러들여서 그 사후처리를 담당케 한 것으로 믿어짐"이라는 전보를 보내고 있기 때문이다. 『일관기록』, 五.機密通常和文電報往復 一·二 第1冊, (136)'朴泳孝事件 수습책 지시와 이에 따른 回報', 3)'朴泳孝事件 수습책 지시와 이에 따른 回報' 3(1895년 7월 10일 오전 10시 발신).

"근위병 교체의 일을 매일 상주하여 거의 3일간 계속했던바, 국왕은 심히 불쾌하게 생각했다". 국왕은 "격노하여" 총리대신 박정양에게 "근위병을 교체하는 일은 짐이 좋아하지 않는 바임에도 내각이 굳이 이것을 주청하는 것은 괘씸하다"라는 질책을 내렸고, 이에 박정양은 "사표를 제출했다". 그럼에도 7월 1일 은밀히 들은 바에 의하면 "박영효 등은 근위병 교체를 단행할 것이며 그 방법으로는 먼저 훈련병을 들여보내 궁궐을 지키게 하고 구舊 호위병을 축출한다는 것이다. 그 때 만에 하나라도 국왕께서 러시아공사관으로 잠행潛幸하게 되면 큰 일이므로 국왕의 잠행을 예방하는 것이 우리의 급무가 될 것이다"라고 하더라는 비밀이야기가 들렸다는 것이다. 그래서 스기무라는 박영효에게 "거듭 과격수단을 취하지 말라"고 경고하고 "만약 훈련대가 왕궁을 향해 횡포한 거동을 할 경우에는 시의에 따라 우리 수비대가 출동해 이를 타도하겠다"고 말했다는 것이다. (이 말도 박영효를 도운 사실을 감추기 위한 거짓말로 보인다. 박영효의 역모를 돕는 것은 범죄적 내정간섭이고, 이것은 6월 4일 보호국화 정책을 포기하는 내각 결정 이후 내려진, 내정간섭을 중지하라는 본국의 훈령에 대한 심각한 위반이기 때문이다.) 그랬더니 박영효는 "절대로 그 같은 비리적 행동을 취하지 않을 터이니 안심하라"고 말했다는 것이다. 그러나 스기무라 대리공사는 "이를 더욱 확실히 해두기 위해 수비대장을 불러 근황을 설명해주고 주의를 시켰다"는 것이다. 그리고 "7월 2일 이날 각의에서 근위병 교체의 논의는 당분간 관망하기로 의결되었다는 말을 전해 들었다". 그러나 7월 6일 밤 갑자기 "박영효에 대한 면직 사령장과 박영효가 반역음모를 도모했다는 조칙이 발포되어, 한밤중에 그 조칙이 성안 곳곳에 붙고 그날 밤 김홍집은 특진관에 임명되었다는 것이다". 스기무라 대리공사는 이렇게 결론짓는다. "박영효는 내각과 협동해서 억지로 근위병 교체를 도모한 것 이외에 이른바 왕비시해 음모가 있었다고 하는 것은 조금이나마 사려가 있는 자는 누구도 믿지 않는 바다. 그렇다고는 하지만 박朴이 국왕의 승낙이 없는데도 불구하고 억지로 근위병을 교체시키려고 꾀해 국왕과 왕비로 하여금 두려운 생각을 갖게 한 것은 사실인 것으로 알았기 때문에 반대파 사람들은 어쩌면 이 틈을 타서 이들을 제거하려고 암암리에 두 폐하 친근자들(심상훈·홍계훈)과 결탁해 결국 박에게 '음도불궤陰圖不軌'라는 4자의 반역모의죄를 덮어씌운 것이라 생각된다. 과연 그렇다면 이것은 곧 전적으로 당파싸움으로 실로 나쁜 예를 만들어내는 것으로 생각된다."[104] 결국 한다는 말이 왕후에 대한 불궤음도는 없었고 김홍집과 박영효 간의 권력투쟁이라는 것이고, 자신은 이에 개입하지 않았다는 것이다.

이것은 스기무라 대리대사가 사건의 본질을 친일파 내부의 권력투쟁으로 변질시키고 김홍집정파가 박영효에게 민왕후 시해 의도를 뒤집어씌운 것으로 몰아감으로써 김홍집정파의 음해기도로부터 박영효를 감싸주고 자신의 개입을 덮어보려는 위장용 보고로 보인다. 필자가 보기에 박영효는 왕후시해의 '음도불궤'를 분명 의도했던 것으로 추정된다. 1895년 7월 11일 베베르 러시아공사가 본국 외무부에 보낸 보고문서에는 "박영효는 자신에 대한 왕비의 제거음모에 맞서서 대항했고, 스기무라도 최후의 방법을 결정할 것을 박영효에게 촉구했다"고 되어 있다.[105] '최후의 방법'은 왕비시해를 뜻한다. 또한 스기무라는 자신의 회고담에 의하더라도 사택에서 도망온 박영효를 공사관 2층에 숨겨주고 일본 순사 10여 명으로 하여금 박영효를 전후로 에워싸고 용산을 거쳐 인천까지 호위하게 했으며, 도중에 박영효를 알아보고 돌팔매질을 하는 조선인들로부터 보호하는 등 박영효의 일본도

104) 『일관기록』, 六.朴泳孝不軌事件, (3)'1895년 6·7월 중 朝鮮王宮 호위병 交替事件으로 宮中과 內閣 사이에 충돌을 일으키고 끝내 사건이 일변하여 朴泳孝가 그 職에서 罷職당하고 체포령이 내려질 때까지의 日記'(機密第71號, 1895년 7월 12일).

105) 러시아대외정책문서(АВПРИ), 서가150, 목록6, 리스트24c об. 김영수, 『미쩰의 시기』, 160쪽에서 재인용.

피를 아주 적극적으로 도왔다. 그러면서도 왜군부대를 동원해 "왕비에 대해 모반을 했다"는 말은 "전혀 사실무근이다"라고 본국에 대한 추정적 보고와 반대로 지나치게 강하게 부인하고 있다.[106] 박영효 도피에 대한 그의 적극적 도움이나 이 지나치게 강한 부인은 오히려 박영효가 불궤음도자이고 스기무라는 그 배후조종자라는 것에 대한 반증이다.

또 훗날 박영효는 일본에서 미우라고로(三浦梧樓)를 왕후시해의 적임자로 추천하는 일을 거들었다. 훗날 다니다데키(谷干城)라는 군부인사는 이토 총리에게 미우라고로를 왕후시해의 무단조치에 가장 적합한 주한공사로 거듭 추천한 자신의 서한에서 자신의 추천에 "박영효도 이러한 바를 간절히 원하고 만사가 아주 좋은 상황이 될 것이라고 생각한다"고 강력히 거들었다고 이토에게 전달하고 있다.[107] 그리고 대외강경파로서 서울을 수차례 방문한 바 있고 미우라를 공사로 추대하는 데 앞장선 시바시로(柴四朗)는 박영효와 "밀접한 관계"가 있었다.[108] 시바는 상술했듯이 서울에서 미우라의 최측근 심복으로 활동했고 왕비시해 현장에 동참한 자였다. 박영효가 을사늑약 이후 귀국하여 고종을 알현하고 뭐라고 거짓말을 해서 고종을 속였는지 모르지만, 다니가 서한에서 전하듯이 박영효가 미우라의 공사임명을 '간절히 바란' 이유는 자기가 실패한 왕비시해를 미우라가 반드시 성공할 것이라고 확신했기 때문이었던 것으로 해석될 수 있다.

다시 스기무라 대리공사의 본성本省보고에 의거하면, 고종은 1895년 7월 6일 오후 4시경 김홍집을 불러 의론한 뒤 박영효를 체포하기 위해 1895년 7월 6일 저녁부터 여러 번 경무사 이윤용을 불러들이려

106) 스기무라, 『在韓苦心錄』, 209-210쪽.

107) 다니다데키(谷干城)의 1895년 7월 5일자 서한. 김문자, 『명성황후 시해와 일본인』, 124-125쪽에서 재인용.

108) 와다하루키, 『러일전쟁과 대한제국』, 38쪽.

고 했지만 이윤용이 겁을 먹고 입궐하지 않으므로, 급히 사람을 안경수에게 보내 그의 입궐을 재촉했다. 그런데 안경수도 주저하며 자리에서 일어나려 하지 않았다. 그는 재삼 재촉을 받고서 겨우 7월 7일 밤 2시경에 가서야 입궐하여 어전에 나아갔는데, 곧바로 즉석에서 경무사 임명을 받고 아울러 '김홍집의 명을 받아 일에 착수하라'는 분부를 받게 되었다고 한다. 이때 김홍집과 함께 그 자리에 있던 주요한 인사들은 박정양·김종한·유길준·심상훈·홍계훈 등이었다고 한다. 7일 4시를 지나 안경수는 경무청에 가서 일부러 느릿느릿 움직여 박영효 체포를 준비하는 척했다. 안경수는 5시경에 가서야 먼저 탐정을 박영효 집에 보냈는데, 이보다 앞서 4시가 조금 지났을 때 박영효와 앞뒷집으로 사는 이윤용은 담장 너머로 박영효를 불러 체포령이 내려졌음을 알려주었다. 이에 박영효는 급히 집을 나서 일본공사관에 도착해 공사의 안내로 바로 공사관 뒷문으로 빠져나와 남대문·용산·인천을 거쳐 일본으로 도망갔다.[109]

안경수는 이윤용과 더불어 박영효의 도망을 몰래 도운 것이다. 또한 스기무라 대리공사의 보고에 의하면, 안경수는 정병하와 함께 스기무라를 공사관으로 방문해 9일 "차제에 이노우에 공사가 속히 귀임하지 않으면 다시 작년(1894년) 이전의 상태로 되돌아갈 것"이라고 "깊은 우려"를 표했다.[110] '1894년 이전 상태'란 청국의 내정간섭 속에서도 국왕과 왕비 및 민영준 중심의 근왕세력들이 권력을 쥐고 청나라식의 변법·양무洋務개혁을 추진하던 1885-1893년 상황을 말한다. 따라서 안경수는 국왕과 왕비의 왕권회복을 깊이 두려워한 것이다. 이 일본 대리공사의 보고만 보아도 안경수가 일찍부터 친일괴뢰이고 이

109) 『일관기록』, 六.朴泳孝不軌事件, (3)'1895년 6·7월 중 朝鮮王宮 호위병 交替事件으로 宮中과 內閣 사이에 충돌을 일으키고 끝내 사건이 일변하여 朴泳孝가 그 職에서 罷職당하고 체포령이 내려질 때까지의 日記'(機密 第71號, 1895년 7월 12일).

110) 『일관기록』, 五.機密通常和文電報往復 一·二 第1冊, (136)'朴泳孝事件 수습책 지시와 이에 따른 回報'3(1895년 7월 10일 오전 6시 발신).

윤용과 같이 친일파 거두 박영효 패거리였다는 것을 알 수 있다.[111)]

고종은 박영효를 몰아내고 처음으로 자의에 의해 김홍집내각을 조각組閣했다(1895년 7월 6일 제3차 김홍집내각). 이 내각만은 괴뢰내각이 아니라, 고종이 신뢰할 수 없지만 당분간 이용할 수 있는 중립적 내각이었다. 안경수는 이 제3차 김홍집내각에서 김홍집에게 붙어 군부대신을 맡았다. 그만큼 고종에게는 사람이 귀했다. 그러나 군부대신에 있을 때도 안경수는 반역행각을 한다. 그는 일본교관에 의해 교육된 훈련대를 해산하려는 왕후의 결심을 1895년 8월 19일(양력 10월 7일) 일본공사 미우라고로에게 가서 밀고했다.[112)] 이에 미우라와 훈련대 대대장 우범선 등은 선수를 쳐서 민왕후를 범한 것이다.

일본 측의 기록에 의하면, 왕후시해 당시 군부대신이었던 안경수가 왜변이 나던 날 밤 자신의 거취에 대해 이렇게 보고했다고 한다. 그날 밤 안경수는 야간훈련을 나간 훈련대의 원대복귀가 늦어지고 있다는 홍계훈의 보고를 받고 "경악을 금치 못하고 홍계훈에게 자네는 먼저 곧장 광화문 밖으로 가라고 말하고 의복을 갖춰 입고 속히 따라가 중대병력을 설득해 데려오는 홍계훈을 만나 같이 광화문으로 서둘러 갔다"는 것이다. 홍계훈은 그때 일대의 부대가 가마를 호위하고 잽싸게 광화문 쪽으로 나아가고 있는 것을 보고 "군부대신이 여기 있다"고 큰 소리로 외치고 "병사들은 함부로 성문으로 들어가서는 안 된다"고 호령했다. 안경수는 기술하기를, "홍계훈과 같이 병졸들을 거느리고 바로 광화문 동편 돌난간에서 수십 보 지점에 이르렀을 때 광화문 동쪽 사잇문이 열리고 교자 하나가 먼저 문으로 들어가고 뒤에 훈련대 병정들이 난입했고" 이에 안경수는 홍계훈과 함께 이를 저지했으

111) 『일관기록』, 六.朴泳孝不軌事件, (3)'1895년 6·7월 중 朝鮮王宮 호위병 交替事件으로 宮中과 內閣 사이에 충돌을 일으키고 끝내 사건이 일변하여 朴泳孝가 그 職에서 罷職당하고 체포령이 내려질 때까지의 日記'(機密第71號, 1895년 7월 12월).

112) 『高宗實錄』, 고종32(1895)년 8월 20일. 안경수의 이 음흉한 친일 역적질에 대해서는 훗날 의정부 참정 김성근이 지적한다. 『高宗實錄』, 고종37(1900)년 5월 26일.

나 '들어가지 말라'는 말이 채 끝나기도 전에 "서편으로부터 포성이 나고 탄환이 날아왔다"고 한다. "한 부대는 후방에 있고 병정은 모두 달아났으며 홍계훈은 총탄에 맞아 쓰러졌다." 그런 뒤 그는 "군부로 갔다"고 보고하고 있다.[113] 이 보고는 안경수에게 유리하게 조작된 것이지만 그가 군부대신임에도 왜군과 훈련대의 왕궁침노를 방관한 것을 잘 보여준다. 그리고 안경수 말대로 왜군 장교들이 군부대신 안경수를 제치고 홍계훈만 저격했다면, 이것은 안경수가 왕후시해 계획과 관련해 왜군과 내통하고 있었다는 것을 뜻하고, 그가 현장에 가지도 않고 간 것으로 거짓말하는 것이라면 이것은 미우라의 범궐계획을 미리 알고도 경복궁 현장에 일부러 가지 않음으로써 왜군의 범궐을 막지 않고 방조했다는 것을 뜻한다. 아마 후자가 맞을 것이다. 사료 어디에도 당시 홍계훈 옆에 안경수가 있었다는 증언이나 흔적은 전혀 없고 그가 군부대신으로서 직무유기를 넘어 왜변을 적극적으로 도왔다는 주장만[114] 있기 때문이다.

대원군을 끌어내 앞세우고 훈련대를 강제로 내몬 왜군들이 10월 을미왜변을 자행한 뒤 왕을 유폐하고 김홍집·박정양내각을 무너뜨리고 제4차 김홍집 친일괴뢰내각을 조직했을 때, 김홍집은 왜변을 막지 못한 군부대신 안경수를 사후 책임추궁으로부터 보호해주었다. 새로 수립된 친일괴뢰내각에서 일본어에 능통한 안경수를 군부대신직에서 해임해 중추원의관으로 이동시켜 숨겨놓은 것은 바로 보호조치였던 것으로 보

113) 박종근, 『淸日戰爭과 朝鮮』, 271-272쪽.

114) 의정부 참정 김성근 등은 이렇게 상소한다. "아! 저 안경수는 바로 을미년의 역적 중의 한 놈입니다. 그는 그때에 군부대신으로서 나라 안의 모든 군사의 행동이 그의 조종에 달렸었는데 그가 과연 알지 못하여 막지 못했다면 이는 불명죄不明罪에 해당하고, 알면서도 보고하지 않았다면 이는 불충죄不忠罪에 해당하는 것입니다. 그가 스스로 생각하여도 이 중에 어느 하나에 해당될 것입니다. 신들이 듣건대, 바야흐로 변란이 일어나던 밤에 훈련대의 병정들이 열 명씩 백 명씩 무리를 지어 그의 집에 모였다가 마침내 곧바로 대궐문으로 들어가자 궁중에서 변란이 일어났으니, 그가 군사를 풀어 반란을 일으켰다는 것을 여기서 알 수 있습니다." 『高宗實錄』, 고종37(1900)년 5월 26일.

인다. 그러나 미우라에게 일급정보를 밀고하고 군부대신으로서 왜군과 훈련대의 범궐을 방관한 안경수의 역적질은 감춰질 수 없었다.

불안해진 안경수는 곧 개시될 왕후시해 관련 수사에서 국왕과 근왕세력에게 자신의 대역죄를 감출 겸,[115] 민왕후 시해로 일시 국제적 고립에 빠진 일본을 유리하게 하기 위해 일본공사관 및 김홍집 등과 짜고 춘생문사건 각본을 꾸며 정동파 사람들, 언더우드·다이·알렌 등 근왕적인 미국인들, 훈련대와 강제통합되어 '친위대'로 부대명을 바꿔 달고 있던 건청궁시위대 군인들과 기타 충성파 인물들을 충동질하여 사건을 연출한 다음, 사건진행 중에 슬쩍 빠져나와 결정적 시점에 이를 밀고해 사건을 실패하게 만드는 역할을 수행한 것으로 보인다. 춘생문사건 자체가 안경수의 연출이라는 것을 전혀 모른 채 고종의 밀명에 따른 것으로 확신했던 정교鄭喬도 "제1대대 부위 박호선 등이 … 행렬을 몰고 전진하여 안국동 네거리에 이르렀는데, 안경수가 갑자기 말하기를 '나는 잠시 다른 곳에 갔다가 돌아와야만 한다'고 하고, 몸을 빼 되돌아가 곧바로 외부대신 김윤식에게 고발했다"라고 기록하고 있다.[116]

물론 김홍집괴뢰내각은 건춘문을 열어 내응키로 한 친위대 2대대장 이진호를 통해서도 미리 궁궐침노 계획을 소상히 알고 있었다. 그런데 춘생문사건에 이진호를 끌어들이도록 소개한 사람도 바로 안경수였다.[117] 따라서 김홍집내각 측은 사건의 진행을 손바닥 보듯 다 읽고 있었다. 그것은 내외 근왕세력을 일망타진하고 을미왜변 문제에

115) 의정부 참정 김성근 등은 1900년 5월 연명장주章奏에서 안경수의 이 음흉한 의도를 지적한다. "이해 10월 마침 의로운 거사(춘생문사건)가 있었는데 그가 스스로 여기에 참여한 것은 일시의 명의名義를 빌어서 8월의 죄상을 가리고자 한 것이니, 그의 심보를 따져보면 교활하고도 음흉합니다." 『高宗實錄』, 고종37(1900)년 5월 26일.

116) 정교, 『大韓季年史(상)』, 128쪽; 한영우, 『명성황후, 제국을 일으키다』, 65쪽.

117) 『일관기록』, 一.機密本省往來 一~四, (41)'28日 事變의 顚末', [附屬書4: 왕궁사변에 대해 前 경무사 권형진으로부터 問取한 件](1895. 12. 30.).

대한 외국공사관의 개입을 일거에 봉쇄해버리려는 역이용 음모였던 것이 분명해 보인다. 이를 통해 안경수는 박영효파로서의 불리한 입지를 벗어나 김홍집·유길준 역적파 안에서 인정받고, 역적내각이 무너지고 왕권이 회복되는 경우에도 을미왜변 당시 군부대신으로서의 책임을 면하고 국왕으로부터 충군파로 인정받으려는 이중플레이를 기도한 셈이다. 여기까지만 보아도 안경수는 박영효계 친일파로서 사건 전체를 연출했음이 분명하다.

춘생문사건과 관련된 안경수 등의 사법적 징벌도 매우 경미했다. 1895년 11월 15일 이도철, 임최수 등은 사형을 선고받은 반면, 안경수와 그의 수하 김재풍은 태笞 100, 유배 3년, 이충구는 종신유배의 형을 받았을뿐더러,[118] 곧바로 간단한 '금고'로 감형되었다.[119] 그리고 아관망명 당일인 1896년 2월 11일 이 셋은 모두 고종의 특별사면으로 풀려났고, 안경수는 바로 경무사에 임명되었다.[120] 춘생문사건 덕에 안경수는 국왕을 속여 신임을 얻는 데 성공했고, 이를 바탕으로 독립협회의 초대회장이 되었다.

그러나 안경수의 친일적 정체는 곧 드러난다. 그는 일본과 결탁하여 조선은행을 세워 은행장이 되었고, 1898년 7월 박영효의 사주를 받아[121] 김재풍·이충구와 함께 군사를 동원해 고종폐위(고종양위 및 황태자 대리청정)를 모의하고 실행에 착수했다. 그러나 모의가 발각되어 체포령이 떨어지자 안경수는 일본공사관이 베푼 보호은닉과 일제의 선편船便으로 일본으로 도망가 — 위에서 인용한 윤효정의 회고에서

---

118) 『高宗實錄』, 고종32(1895)년 11월 21일.

119) 윤치호에 의하면, 안경수와 김재풍은 바로 "경미한 금고(simple imprisonment)"로 감형되었다. 『尹致昊日記(四)』, 1895년 12월 31일자 일기.

120) 『高宗實錄』, 고종33(1896)년 2월 11일 기사 두 번째 기사 및 세 번째 기사.

121) 황현, 『매천야록(상)』, 260쪽. 매천은 "박영효가 바야흐로 일본에서 의화군 이강을 추대하려고 했으나 본국에 틈새가 없자 안경수 등으로 하여금 내선內禪을 몰래 도모한 뒤에 복벽을 구실로 이강을 받들고 나와 시국을 바꾸려고 한 것"이라는 소문이 당시 자자했다고 적고 있다.

알 수 있듯이 — 시모노세키에서 박영효와 만나 다시 결합했다. 그는 이후 박영효의 지시에 따라 일본공사관이 제공하는 통로로 독립협회를 재정적으로 원조하고 원격조종하는 공작을 계속한다. 그러나 그는 망명생활을 견디지 못하고 1900년 5월 귀국해 재판 끝에 교수형을 선고받은[122] 날 밤, 황제의 감형조치를 우려한 근왕세력 이유인에 의해 황제의 재가 아래 교살에 처해져 그 간악한 삶을 마감했다.[123]

### 2) 춘생문사건의 파장: 고종의 국제적·국내적 고립

#### ■사건연출과 사건의 외교적 이용

안경수는 춘생문사건, 고종폐위사건, 독립협회와 독립신문의 친일·반러견제 및 반정부·반反고종 세력화·정부전복 공작 등을 다 박영효의 각본과 지시에 따라 그리고 일본공사관과 내통해 연출한 것으로 보인다. 일본은 일제밀정이자 박영효의 끄나풀인 안경수가 연출한 춘생문사건을 국제적으로 이용해 외교공작을 강화함으로써 영국·미국·러시아 본국정부로 하여금 서울주재 외교관들의 행동을 자제하도록 지시하게 만들어 서울 정동파와 그 배후세력인 서방외교단의 손발을 꽁꽁 묶어놓았다. 결국, 춘생문사건으로 수세에 몰린 각국 공관은 일본의 공작에 끌려갈 수밖에 없었다. 이것은 고무라 변리공사의 속보이는 본국보고대로 겉으로 보면 일본에게 "예측하지 못한 행운"이었다.[124] 그리하여 고종에게는 이것이 의심할 바 없이 커다란 불행이었

---

122) 『皇城新聞』, 1900년 5월 27일 게재 「安駉壽·權瀅鎭에 대한 判決 宣告書」.

123) 황현, 『매천야록(중)』, 386-387쪽; 『일관기록』, 六.機密本省其他歐文往復控 一·二, (74) [安駉壽에 관한 件(서울, 5월 28일 오후 12시 40분), 林→青木.

124) 고무라 공사는 1896년 1월 21일 이 춘생문사건의 국제적 효과를 본국에 이렇게 보고하고 있다. "8일 사변 후 허다한 어려움이 몰려왔을 당시에는 이 내각이 어쩌면 그 무거운 부담 때문에 붕괴하기에 이르지 않나 의심스러웠는데 11월 28일의 사변이 참으로 기사회생의 효과가 있었으니 실로 예측하지 못한 행운이었습니다. 즉 위 사변의 결과로 내각과 군대의 관계가 친밀해졌고, 외국의 대표자들로 하여금 10월 8일의 사변 처리를 정부에

다. 고종은 더욱 완전히 고립되었다. 더구나 기본적으로 영국·독일·미국은 삼국간섭 이후 러시아의 과도한 남하를 우려해서 러시아에 유리해진 상황을 예의주시하는 것으로 관심방향을 바꿨고,125) 러시아는 영·미의 견제를 의식하고 일본과의 충돌을 피하기 위해 소극적 자세를 취했다.126)

영국, 미국, 독일, 러시아의 외교부는 서울 외교관들에게 조선의 내정에 대한 불개입을 엄중 훈령하고 왕후시해사건을 더 이상 추적하지 말라고 지시했다. 이로 인해 한반도를 위요해서는 열강 간에 조선을 이미 망한 나라로 간주하는 냉랭한 세력균형, 특히 러시아는 일본과 조선국왕의 의사를 거들떠보지 않는 조심스런 자기방어적 세력균형을 이루는 것에 만족했다. 베베르 러시아공사는 고종을 적극 도우려고 했지만 본국정부의 승인을 받지 못한 채 개인적 지원 외에 아무것도 제공할 수 없었다. 이렇게 상황이 바뀌자 일본은 1896년 1월 20일 시해관련자 전원을 증거불충분으로 석방했다. 고종은 왕비를 잃고 왜군과 친일군대에 점령당한 궁궐에 갇혀 사고무친의 상황에 처했고, 조선은 완전히 국제적 고립무원의 상태에 빠진 채 사실상 '망한 나라'로 간주되었다.

---

강요할 수 없는 처지에 서게 하여 외국인을 궁궐 밖으로 퇴거시킬 수 있는 기회를 정부에게 준 것 같은 일은 그 효과의 가장 현저한 것이어서 내각은 여기에서 비로소 그 자신감과 원동력을 회복했습니다. 이후부터는 다시는 정부를 인정치 못하겠다는 주장을 하는 외국 대표자도 없었고, 국왕의 安危를 염려하는 선교사도 나오지 않았으며, 조선의 賊徒들도 그 巨魁를 위시해서 점차 도산하여 그 자취를 감추었으므로 정부는 여유 있게 사변의 뒤처리에 착수하고 근신과 절제로써 이를 끝마무리했습니다." 『일관기록』, '機密本省往來', (2)'朝鮮 現內閣의 地位'(機密第4號, 1896년 1월 21일), 小村→西園寺公望.

125) 참조: 『尹致昊日記(四)』, 1895년 11월 10일.

126) 당시 러시아는 시베리아철도가 미완인 한에서 당분간 일본과의 정면충돌을 피해야 한다는 방침에 따라 조선문제에 깊이 개입할 생각이 없었다. 이 방침은 을미왜변 이후에도 달라진 것이 없었다. 그러나 베베르는 본국정부의 훈령을 어기고 국왕 및 왕비를 가까이하고 자문에 적극 응했고, 결국 러시아정부는 베베르를 소환하고 1896년 1월 초 슈뻬이예르를 새 공사로 파견했다. 참조: 한국정치외교사학회(편), 『한국외교사(I)』(서울: 집문당, 1993), 265-266쪽.

■ 정보의 조작과 혼미

당시 고종은 국내적으로도 단절과 고립에 빠졌다. 김홍집 역적괴뢰 내각은 왕비가 임오군란 때처럼 위해를 피해 밖으로 잠적한 것으로 선전하며 왕비시해 사실을 11월까지도 숨기다가 어쩔 수 없이 12월 1일에야 왕후의 붕어사실을 국민에게 알렸다. 그러면서도 친일괴뢰 정부와, 당시 유일한 국내 일간신문이었던 일본외무성 첩보기관지 『한성신보』는 왕후의 생존가능성을 슬슬 흘렸고, 후에는 고종이 왕비 시해를 원했던 것처럼 정보를 조작했다. 가령 1896년 1월 6일경 『한성신보』는 1895년 12월 12일에 1,300달러의 금액이 히로시마 감옥에 갇힌 장교들에게 왕비살해 참여 대가로 분배되었는데, 이시모리 대위 등 7명에게 3등급으로 분별하여 각각 300달러, 200달러, 100달러씩 "명의상 조선국왕의 이름으로 분배되었다"고 보도했다.[127)]

이런 정보조작과 인위적 정보혼선 때문에 독일공사관조차도 왕비의 생존사실을 본국에 타전하는 외교적 해프닝도 벌어졌던 것이다. 따라서 소문이 느리게 퍼지는 당시의 사회적 관계 속에서 두 개의 상반된 정보가 얽히면서 대부분의 백성들은 12월 내내, 그리고 다음 해 1월 동안에도 국모시해는 믿기지 않는 소문으로만 떠돌았다.

따라서 을미의병은 처음에 1895년 11월 15일(건양원년 1월 1일)에 내려진 단발령에만 항거하는 모습을 보이는 경우가 허다했고, 나중에 국모시해가 확실시되어서야 '춘추복수론'과 함께 국모시해에 항거하는 기치를 내걸었던 것이다. 그러나 국민들이 단발령에 항거한 것은 상투를 자르기 싫어서라기보다 침략자 '일본놈들'이 '굴욕의 상징'으로 백성의 신체 일부의 변경을 강요하기 때문에 단발에 항거한 것이다. 후술하듯이 이것은 "그 자신이나 다른 조선인은 단발에 반대하지 않지만 일본놈들이 단발하도록 강요하기 때문에 반대한다"라고 말한 언더우드의

---

127) 『한성신보』, 1896년 1월 6일경; 『尹致昊日記(四)』, 1896년 1월 6일자.

통역인 송씨의 흥분된 항변에서 알 수 있다.[128] 송씨나 다른 조선인들은 12월 말경에도 일본정부와 일본공사관에 의한 국모시해 사실을 모른 채 일단 일제가 강요하는 단발령에만 반발하고 있었다.

## 제4절 신하들의 반역과 고종의 국내적 고립

### 1) 김홍집·유길준·김윤식의 역심과 친일괴뢰 의식

국왕은 당시 국내정치적으로 완전히 고립되어 있었다. 김홍집·김윤식·유길준 등 친일역적들에 의해서만 정치적으로 고립된 것이 아니라, 그가 믿었던 윤치호·안경수·이완용·민영환 등에 의해서도 이들의 친일변질과 이중플레이로 기만당하고 고립당해 있었다. 이로 인해 국왕의 지위와 왕권은 국내외적으로 철저히 망가지고 파괴된 상태에 처했던 것이다. 따라서 조선은 당시 사실상의 국망상태에다 왕권의 파괴가 중첩된 상황에 처해 있었다.

역적괴뢰내각의 사건조작과, 국왕이 믿었던 인물들의 자민족 비하적·매국적 정치사상, 국모·국왕 비방모독 심사, 위선적 이중플레이 등을 보자. 김홍집·유길준·김윤식은 미우라의 국모시해 음모에 사전에 가담하고 미우라와 협력했으며, 사후에는 시해를 두둔하여 사건은폐에 미우라보다 더 적극적이었던 공동정범들이었다.[129]

#### ■유길준의 극악한 반역성

박영효에게서조차 천하의 '간적姦賊'으로 낙인찍힌[130] 유길준은 왕비시해 "2-3일 전" 아주 흥분해서 윤치호의 조카에게 "왕비는 자신이

128) 『尹致昊日記(四)』, 1895년 12월 28일자.

129) 참조: 김영수, 『미쩰의 시기』, 60-62쪽.

130) 황현, 『매천야록(중)』, 51쪽.

늘 견제당하지 않은 채 자신의 이기심에 탐닉할 수 없다는 것을 곧 깨닫게 될 것이다"라고 말했다. 그리고 윤치호는 시해 전날(7일) 오후에 유길준의 친일파 심복 육종윤(陸鍾允)이 1시간 이상 김윤식에게 귓속말로 속삭이는 것을 보았다.[131] 이것을 보면 유길준은 왕후시해 모의를 사전에 알고 이에 자신의 동조감을 실어 사건에 공조한 것이 틀림없다.

당시 자기 국왕과 왕후에 대한 유길준의 멸시감과 적개심은 상상을 초월할 정도로 극심하다. 1896년 3월 그는 고종의 아관망명과 동시에 일본으로 육종윤과 함께 도망갔다가 다시 여기서 건너간 뒤에 미국인 모스(Edward S. Morse)에게 쓴 편지에서 "우리 국왕은 마음이 약한 사람이고 아무것도 아는 것이 없다"고 국왕을 사정없이 비하하는 말을 떠벌리고 있다.[132] 그러나 1895-1896년 두 해 동안 조선내정을 탐사한 러시아 육군장교 카르네예프(В. П. Карнеев) 대령(아무르관구 소속)은 고종을 극찬하는 보고서를 상신하고 있다. "국왕은 정사를 돌보는 데 많은 시간을 바쳤고, 밤에도 일을 쉬지 않아서 새벽까지 각료들과 회의를 계속하는 경우도 종종 있었다. 왕은 매우 훌륭한 교육을 받았고, 고인이 된 왕비의 일생에 대해서도 잘 알고 있었다. 왕은 한문어와 조선어만 할 수 있다. 그는 진심으로 나라가 태평성대를 누리기를 바랐고, 백성들은 그를 아버지처럼 존경했다. 왕은 선조들 앞에서 종교의식을 철저히 지키는 유자였지만 이교에 대해서도 매우 관대했으며 선교사와 그들의 활동에 대해 호의를 지니고 있었다. 왕은 백성들의 교육도 크게 향상시켰다."[133] "왕은 매우 훌륭한 교육을 받았다"는 카르네예프의

---

131) 『尹致昊日記』, 1895년 12월 11일.

132) 유길준, 「우리들이 작성한 개혁안」(1896년), 233, 235쪽. 이광린, 『改化派와 開化思想 研究』(서울: 일조각, 1989), '兪吉濬의 英文書翰'.

133) В. П. Карнеев, и так дáлее, По Корее. Путешествия (Москва: Издательство Восточных Литературы, 1958). 카르네예프 외 4인(이르계바예브·김정화 역), 『내가 본 조선, 조선인』(서울: 가야넷, 2003), 104쪽. '카르네예프'의 이름 표기는 '카르네프'와 '카르나예프(Карнаев)'(1896년 11월 14일 태평양함대사령관 서한)로 오락가락하지만, '카르네예프(Карнеев)'가 러시아 이름의 관례상 옳을 것이다. 참조: 박종효 편역, 『한국관련

말과 "우리 국왕은 아무것도 아는 것이 없다"는 유길준의 말을 비교하면, 역적괴뢰 유길준의 저 국왕 비하의 '극악성'을 잘 느낄 수 있다.

그런데 유길준이 민왕후를 폄훼하는 것은 더욱 극악하다.

> 우리의 왕비는 세계역사상 최악의 악녀다. 그녀는 폴란드의 매리나 프랑스의 마리 앙트와네트보다 더 나쁘다. 그녀는 사악하기 때문에 지능이 뛰어났다. 법도 그녀의 안중에 없었고, 국가도 그녀의 마음속에 없었다. 유일의 목표는 돈이었고, 어떻게 하면 돈을 모을 수 있을까를 생각하며 저녁을 먹기 위해 굶주린 호랑이가 사냥 나가는 것처럼 돈을 거둬들이는데 미쳐 있었다. 돈을 착취하기 위해 국민을 고문했고(때로 은밀한 감옥에서 몰래 사람을 죽이기도 했다) 권력으로 부유한 사람에게 벼슬을 팔기도 했다. 하찮은 구실로 재물을 몰수하고 정의를 팔아넘겼다. 그녀가 임명한 도적과 같은 하급관리가 지방상인들로부터 불법적으로 세금을 거둬들이고, 농민으로부터 임시세금을 거둬들이기 위해(그 액수는 매우 무거워 해마다 국가가 거둬들이는 세보다 더 컸다) 전국에 널려 있었다. 그녀는 국민의 생명을 자기의 식량을 위해 기르는 돼지나 옥수수처럼 깔보았고, 국민의 재산을 그녀의 발 밑에 깔린 먼지 이상으로 여기지 않았다. 국왕을 무시하고 있었다고 말하고 싶다. 그래서 우리 국민들 사이에서 국왕은 일개 꼭두각시이고 왕비는 이를 갖고 노는 사람이라고 말해지고 있다.[134]

갑오왜란의 전시戰時상황에서 왕비는 인아거일과 친일괴뢰 타도를 위한 항일투쟁과 민족군대 육성, 국가개혁 추진, 근왕세력 확보 등을 위해 별입시를 전국적으로 잘 운용하여 고종과 자신의 정치자금(궁내부내탕금)을 어떻게든 친일괴뢰정부의 세금보다 더 많이 마련해야 했었다. '벼슬과 아전자리를 파는 것'은 18-19세기 말까지 계속된 서양의 엽관

---

러시아문서』, 239쪽.

134) 유길준, 「우리들이 작성한 개혁안」, 233쪽.

제와 정실주의처럼 조선 후기에 들어 국가재정과 내탕고를 채우는 정상적 관행이었다. 그리하여 황현은 "국가재정은 이미 바닥이 나 적절히 조치할 수 없었으므로 관직을 팔아 충당하는 것도 부족해 또 크고 작은 과거科擧까지 팔았으며 여기에 더하여 물 좋은 아전 자리까지 팔아야 했다"라고[135] 말한다. 명성황후는 재정고갈 상황을 늘 걱정했으며 이 궁경을 타파하기 위해 "수령직을 팔기로 하고 민규호에게 가격을 매겨 올리게 했다". 그러나 "민규호는 역시 백성에 가까운 관직을 팔 수 없다고 여겨 응하는 자가 없도록 녹봉 1만 꿰미의 관직이라면 2만 꿰미로 가격을 정했다. 하지만 응하는 자가 더욱 다투어 몰려들었다".[136] 늘 항일·개혁을 위한 정치자금을 모아야 하는 궁지에 처해 있던 왕비에 대한 유길준의 저런 왜곡비방은 실로 불경하고 극악무도한 것이다. 그러나 그의 불경한 왜곡비방은 구체적 물증을 대어 그럴싸하게 조작하는 단계에 이르면서 그야말로 '점입가경'이 된다.

왕비의 돈 사용방법은 다음과 같다.

(1) 국민이 굶주림에 허덕이고 있을 때 궁중에서는 매일같이 연회가 베풀어졌다.

(2) 국민들은 고문과 착취의 고통으로 당장 죽을 것 같다고 외치고 있을 때에도 그녀는 자기의 영생을 빌기 위해 천신과 국내의 땅과 산천의 정령, 그리고 수백만의 우상에 대해 제사를 지냈다.

(3) 온 나라가 어둠 속에 놓여 있을 때 궁중 안은 전깃불이 켜져 있었다. 물론 이것으로 새로운 문명의 빛을 보여주었느냐 하면 그렇지도 않았다.

(4) 그녀 자신과 총신들(그중에는 무식하고 타락한 인물인 현재 워싱턴주재 공사 이범진, 주일공사 이하영, 현 군부대신 이윤용이 들어 있다)에게 값비싼 보석과 명주 옷감이 제공되었다. 군인과 관리들에게 주어지지는 않았는데 전자

135) 참조: 황현(김종익 역), 『오하기문』(고양: 역사비평사, 1994), 43쪽.

136) 참조: 황현, 『매천야록(상)』, 171-172쪽.

는 약 1년 반 전부터, 후자에게는 10년이나 5-6년 전부터 제외되었다. 무당 외에 점쟁이, 가인歌人, 무용가舞踊家, 각계각층의 양반들이 왕비의 총애를 얻고 돈을 마련하기 위해 궁중에 모여들었다.[137]

유길준은 왕비가 국운과 왕과 왕세자의 무사건강을 위해 천지신명에게 제사 지냈는데[138] 이것을 왕비가 "자기의 영생을 빌기 위해" 제사 지낸 것으로 왜곡하고 있다. 또 이 무식한 왜곡비방자 유길준은 무왕이 은나라 마지막 왕 수受(주왕)를 탄핵하며 열거한 11개항 죄목 중에 아홉 번째와 열 번째 죄목이 "상제上帝와 지신地神을 섬기지 아니했다"는 것과 "선조의 종묘를 버려둔 채 제사를 지내지 않은 것"이었다는 사실을[139] 모르고 있다. 그리고 안보상 궁중에 전깃불을 저녁내 밝힌 것까지도[140] 문제 삼고 있는가 하면, 왕후의 정치력 발휘로 "각계각층의 양반들"이 고종과 왕후 주변으로 몰려들어 근왕세력이 되는 것까지도 두려운 나머지 왜곡비방하고 있다. "각계각층의 양반들이 왕비의 총애를 얻고 돈을 마련하기 위해 궁중에 모여들면" 왕후가 아무나 발탁한 것이 아니었기 때문이다.

왕후에 아주 비판적인 황현도 왕후에 대해 이렇게 평한다. "명성황후는 총명하고 지혜가 있는 데다 사실을 기억하는 능력도 뛰어나서 조정의 헌장과 전고典故나 당색의 근원과 계파, 문벌의 고하까지 모두 속속들이 알고 있었다. 무릇 소론과 남인의 당파싸움에서 강한 입장

137) 유길준, 「우리들이 작성한 개혁안」, 233-234쪽.

138) 황현은 말한다. "왕후는 명산사찰을 찾아다니며 기도했는데 세자의 복을 빌기 위해서였다. 이에 독경하는 소경과 무당들이 군읍을 횡행하여 이들을 맞이하고 전별하는 일이 이어졌다. 금강산은 세상에서 흔히 일만이천봉이라고 하는데 봉우리마다 바치는 규패珪幣가 만 꿰미의 가치가 나갔다." 황현, 『매천야록(상)』, 257쪽.

139) 『書經』 「周書·泰誓(上)」: "弗事上帝神祇 遺厥先宗廟弗祀."

140) "임오·갑신년의 변란을 겪자 어두운 밤만 되면 항상 재난이 일어날까 두려워 종국은 매일 밤 전기등 수십 개를 아침까지 켜놓았다. 전기등 하나는 엽전 3천 꾸러미였다." 황현(김종익 역), 『오하기문』, 43쪽.

을 세운 가문은 일절 배척하고 인현왕후에게 충성을 다한 자손들은 비록 자업資業을 잃고 떠돌아다닌다 해도 반드시 끝까지 찾아내어 발탁했다."[141] 황현의 이 말을 중시하면 유길준의 저 비방이 철두철미한 악의적 왜곡일 뿐이라는 것을 알 수 있다. 또한 왕비가 '무당'에게도 총애를 베푼 것이 무슨 허물인 양 말하는 대목은 그냥 넘어갈 것이다. 무당을 신뢰하는 왕비의 샤머니즘이나 유길준의 기독교는 유길준의 기독교적 편견을 제하고 종교철학적으로 보면 본질적으로 동일한 종교적 신앙현상이기 때문이다.

한때 박영효와의 권력투쟁에서 왕후에게 붙은 적이 있는 유길준은 앞뒤가 맞지 않는 궤변으로 왕후를 거짓말쟁이로 만들고 있다.

> 우리들이 개혁을 시작한 이후 한국은 당장 변해야 되고 개혁이 필요하다는 것을 우리들은 국왕과 왕비에게 얘기했고 국가와 그들 자신을 위해 개혁의 벗이 되어달라고 간청했다. 왕비는 개혁이 진행되는 것을 보고 매우 기뻐하고 나라의 정치에 어떤 간섭도 하지 않겠다고 약속했다. 그러나 이 말들은 모두 거짓이었다. 그녀는 약속을 무시하고 간사하고 악의에 찬 생각을 마음에 품었다. 그녀는 러시아공사와 비밀리에 접촉해 도움을 청했고 또 기독교에 개종해 선교사로부터 도움을 받고자 했다.[142]

이와 같이 친일괴뢰들이 설치는 것에 대해 눈감고 있다가 삼국간섭의 틈새가 나타나자 사활을 걸고 힘겨운 '인아척왜' 투쟁에 떨쳐나선 왕후를 조선인으로서 유길준이 도와주기는커녕 이것을 약속파기나 '거짓'으로 왜곡하는 것을 보면 그는 '명실상부한' 친일괴뢰임을 알 수 있다. 그리고 왕후를 무당과 점쟁이를 믿는 사람으로 비방하다가 근거도 없이 앞뒤가 맞지 않게 '기독교로 개종했다'고 무고하는 것에서 우

141) 황현, 『매천야록(중)』, 256쪽.

142) 유길준, 「우리들이 작성한 개혁안」, 234쪽.

리는 유길준이 사악한 인격파탄자가 아닐까 의심한다.

이 인격파탄적 사악성은 그가 자신의 '존경하는' 스승에게도 왜인들처럼 왕후시해를 대원군의 범행으로 거짓말하고 정당화하는 데서 절정에 달한다.

> (왕비는) 지난가을 개혁가들을 모두 다 살해해버리려는 계획을 세운 바 있으나 국왕의 아버지인 대원군에게 발각되었다. 대원군은 일본공사와 협의해 일본인들로부터 약간의 도움을 얻어 그녀를 죽이기로 결정했다. 그것은 실행되었다. 하지만 대원군이 이 문제를 일본공사와 협의하고 공사로부터 약간의 도움을 청한 것은 큰 실수였다. 그러나 도움을 얻기 위해서는 다른 방도가 없었다.143)

일본영사 우치다조차도 "역사상 고금 미증유의 흉악을 저지른 것"이라고 개탄한 왕후시해 왜변을 흉도 유길준은 "그것은 실행되었다"로 무정하게 기술하고 일본정부와 자기들의 범행을 완전히 대원군에게 뒤집어씌우고 왕후가 모든 친일개화파를 다 "살해해버리려고" 했다고 무고하고 있다. 그러나 1895년 11월 8일 유길준은 윤치호에게 "왕후 폐하가 살해하려고 음모를 꾸민 세 사람은 그 자신, 서광범, 나 자신(윤치호!)이었다"고 말했었다. 이에 대해 윤치호는 "나는 유길준이 거짓말 기술에서 종종 무리를 범하는 것을 저어한다" 그리고 "그와 같은 능력과 쓸모 있는 인간이 거짓말에 대한 무절제한 탐닉으로 자신을 망가뜨리는 것이 안타깝다"고 덧붙인다.144) 윤치호는 유길준이 자신의 거짓말 능력을 자랑하기까지 한다고 말한다. "유길준이 자부하는 가장 멋진 일들 중의 어떤 것은 기만의 일이다. 그는 원칙·습관·자긍심에서 거짓말을 한다. 그가 거짓말을 영광스럽게 하고 고집하는

143) 유길준, 「우리들이 작성한 개혁안」, 234-235쪽.

144) 『尹致昊日記』, 1895년 11월 8일.

것도 놀랄 일이 아니다. 왜냐하면 그는 정직을 고수하는 사람보다 거짓말로 더 성공했기 때문이다."145)

유길준의 거짓말 속에서 '세계역사상 최악의 악녀'로 왜곡된 왕후에 대해 카르네예프는 이렇게 말한다.

> 왕비는 많은 능력을 갖춘 강한 성격의 여성이었다. 그녀는 국정 전반에 걸쳐 빠르게 영향력을 행사하기 시작했다. 그녀와 대원군의 관계는 한때 좋았지만 그녀가 왕비가 된 후 곧 악화되기 시작했다. 왕비와의 경쟁에서 진 대원군은 국정 전반에 걸쳐 모든 섭정권을 잃어버렸고 정치에서 물러나야만 했다. … 왕비는 동양의 관점에서 볼 때 교양이 풍부했으며 조선뿐만 아니라 동양권의 모든 나라에서 한문에 가장 능통한 인물이라는 평을 받았다. 그녀는 조선이 일본인의 도움을 받지 않고 유럽식으로 문명화하고 개혁하는 것을 지지했다. 자기들의 뜻대로 조선을 통치하고 싶어 했던 일본인들의 눈에는 이 결단성 있고 현명한 왕비가 좋게 보였을 리가 없었을 것이다.146)

"왕비는 동양의 관점에서 볼 때 교양이 풍부했으며 조선뿐만 아니라 동양권의 모든 나라에서 한문에 가장 능통한 인물이라는 평"은 동아시아의 물정을 모르는 러시아장교의 겉치레 평가가 아니다. 왕후에 대해 매우 비판적인 황현조차도 "왕후는 문사文史에 통달했고, 백관의 장주章奏가 있으면 스스로 그것들을 열람했고, 팔가문초(명조 모곤茅坤이 편찬한 『당송팔대문장가문초(전 160권)』)를 읽기 좋아해 일찍이 북경에서 좋은 판본을 구입했다(后通文史 百官章奏 常自閱之 好讀八家文鈔 嘗購佳本於燕中)"라고 말했다.147) 또 왕후의 경전經典실력과 관련된 에피소드도 기록하고 있다.

---

145) 『尹致昊日記』, 1896년 1월 15일.

146) 카르네예프 외 4인, 『내가 본 조선, 조선인』, 90쪽.

147) 황현, 『매천야록(상)』, 488-487쪽.

> 변법을 시행한 초에 장차 태묘에 고유하려고 왕이 궁내부에 영을 내려 고유문을 지어오게 했다. 정만조가 참서관으로서 지어 올렸다. 첫 구절에 '하늘이 종사宗祀를 도우사(天祐宗祊)'라는 구절이 있었다. 윤치호가 임금께 말하기를 "우리나라가 천주교를 섬기지 않는다는 것은 천하가 다 아는 사실인데 이제 '하늘이 도우사'의 '하늘'을 서구인들이 지적하여 '조선도 또한 천주교를 믿는 나라냐'고 하면 어찌하시겠습니까?"라고 물었다. 이에 중궁이 크게 웃으며 손가락을 꼽아 헤아리며 말하기를 "『시경』에 '하늘은 믿고만 있기 어렵네(天難忱斯)'라고 했는데 이것이 어찌 천주교의 천주란 말인가? 또 『서경』에 '하늘은 밝아서 두려운 것은(天明畏)'이라고 한 것이 어찌 천주이겠는가? 또 『주역』에 '하늘의 운행은 강건하다(天行健)'라고 했는데, 이 어찌 천주를 가리킨다는 말인가?"라고 하였다. 이로 말미암아 고서를 두루 드는 것이 하나가 아니었다. 그리고 말하기를 "그대는 참으로 무식하구나!"라고 하니 윤치호가 얼굴을 붉히고 대답하지 못했다. 중궁이 총명하고 달통함이 이와 같이 자명했다.[148]

고종의 황후칭송은 자기 부인을 사후에 회상해서 하는 말이므로 신빙성이 덜하지만 국왕도 왕비를 황후로 추존해 책봉하는 조서에서 유사하게 묘사한다.

> 생각건대 황후 민씨는 영특하고 슬기로우며 착하고 온인溫仁하고 단장端莊해 훌륭한 여성으로 거듭 간택되는 경사가 거듭해 왕실의 부인이 되었다. 아름다운 신정왕후神貞王后(순조의 세자 익종의 빈, 1857년 조대비)를 계승

148) 황현, 『매천야록(상)』, 749-750쪽. "天難忱斯"는 『시경』「大雅·文王之什·大明」의 한 구절이고, "天明畏"는 『서경』의 「虞書·皐陶謨」의 "天明畏 自我民明威 達于上下 敬哉! 有土!(하늘이 밝아서 두려운 것은 우리 백성이 밝아서 위엄이 있어서 상하에 달하는 것으로 말미암은 것이니 공경하라! 땅을 영유한 자들이여!)"에서 따온 것이다. "天行健"은 『주역』의 건乾괘의 단사彖辭 "상이 말하기를 하늘의 운행은 강건하니 군자는 자강불식한다고 한다(象曰 天行健 君子以自强不息)"에서 따온 말이다.

해 정성과 효도가 두터웠고 종묘를 공손히 받들어 엄숙하게 게을리하는 일이 없었다. 궁중에서는 새벽부터 정사에 부지런해야 한다고 짐을 일깨웠고, 태자를 낳아 자손들이 번성하게 될 복이 깃들게 했으며, 경서와 역사를 널리 알고 옛 규례에 익숙해 나를 도와 궁중 안을 다스림으로써 짐에게 큰 도움이 되었다. 어려운 때를 거듭 만나서 온갖 근심을 다 맛보았으며 사변에 대처해서는 경도經道와 권도權道에 합치되었고, 황후로서의 위의를 손상시키지 않으면서도 위태로운 상황을 편안한 데로 인도해 태평의 기반을 다졌으니 어찌 거룩하고 아름답지 않겠는가? 내가 임금 자리에 오른 지 32년이 되는 을미년 8월 20일에 세상을 떠났는데 이런 궁내변고는 불측스러운 것이어서 만고에 없었던 일이다. 원수를 갚지 못한 채 상례의 예제禮制가 기간을 넘겼으니 나의 슬픔과 동궁의 애통함은 끝이 없다. 생각건대 오늘날 왕업을 중흥해 자주국권과 기강을 찾은 것은 실로 곤탁坤度(황후의 생각)의 보필이 있어 성공한 것이다.[149]

이 고종 조서의 두르러진 대목은 고종이 황후의 도움을 받았음을 인정하고 대한제국 건국의 성공을 황후의 공으로 돌리고 있는 점이다. 실로 황후는 '비참하게 죽음'으로써 불러일으킨 만백성의 공분과 춘추대의春秋大義의 설치雪恥감정에서 나온 칭제상소 열기로 대한제국을 세운 것이다. 그리하여 고종이 조선역사에서 유일하게 최초로 황제가 된 왕이라면, 명성황후는 조선 510여 년 역사 속에 명멸한 왕비들 가운데 최초의 '황후'다. 외국인 카르네예프, 좁쌀영감 같은 시골양반 황현, 그리고 고종은 이 유일무이한 황후의 박식한 경전이해와 그녀의 타고난 총명과 도덕적 성품을 공히 인정하고 있다. 따라서 이런 것을 깡그리 몰각하고 황후에 대한 왜곡비방에 골몰하는 유길준의 저런 사악한 언설과, 시해를 두둔하는 그의 기만적 논변 속에서 "왕비

149) 『高宗實錄』, 고종34(1897)년 11월 6일.

는 자신이 늘 견제당하지 않은 채 이기심에 탐닉할 수 없다는 것을 곧 깨닫게 될 것이다"라는 그의 시해 직전 발언에 감춰진 극악무도한 의미가 과연 무엇이었는지가 보다 선명하게 드러난다. 그러므로 유길준이 늘어놓는 모든 사악하고 기만적인 논변은 역설적으로 그도 왕후 시해의 공동정범 또는 시해가담자라는 것을 말해주고 있다.

유길준은 위와 같은 언동과 정치행위를 개화인들에 대한 그의 분류에 비추어 볼 때 우리나라를 위태롭게 만든 '개화의 죄인'이었다.

> 과過한 자는 … 외국이면 진선盡善하다 하야 자기의 국國에는 여하한 사물이든지 불미不美하다 하며 이심已甚하기에 지至해서는 외국의 경황景況을 칭도稱道하야 자기의 국을 만모慢侮하는 폐속弊俗도 유有하니 차此를 개화당이라 위謂하나 이것이 어찌 개화당이리오? 기실은 개화의 죄인이라. 불급不及한 자는 … 외국인이면 이적夷狄이라고 한다. … 개화하는 도道에 지至해서는 과한 자의 폐해가 불급한 자보다 심하니 기고其故는 무타無他라. 과한 자는 기국其國을 위危케 함이 속速하고, 불급한 자는 기국其國을 위케 함이 지遲함이라.[150)]

유길준 자신이야말로 외국문물은 무조건 진선하다고 하고 우리나라 문물은 다 불미하다고 하며 외국의 장점을 들어 우리나라를 교만하게 모멸함으로써 국왕을 능멸하고 국모의 시해에 가담하여 우리나라를 급속히 위태롭게 만든 '개화의 대역죄인'일 것이다. 유길준 자신의 말에 비추어 봐도 서도서기·일도일기론적 친일개화파들이 줄곧 의병운동을 벌여 나라를 지키려고 했던 동도동기론적 위정척사파보다 더 위험한 일제괴뢰들이었음이 명확하게 드러난다.

---

150) 兪吉濬, 『西遊見聞』, 第十四編, '開化의 等級' 八단락. 兪吉濬 著(蔡壎 譯註), 『西遊見聞』 (서울: 明文堂, 2003), '서유견문 원문', 563쪽.

■ 김윤식의 반역성

그리고 김윤식도 적어도 왕후시해의 정신적 배후인물이었다. 윤치호는 국모시해 하루 전날인 10월 7일 오후 김윤식의 심복 육종윤陸鍾允이 김윤식에게 한 시간 이상 속삭이는 것을 목격했다. 국모가 시해된 8일 아침 김윤식은 왕비의 운명을 전해 듣고 윤치호의 사촌에게 "아, 큰일이 성공했도다(大事成矣)"라고 말하며 안도했다고 한다.151) 김홍집·유길준·김윤식 등 괴뢰내각의 주요인물들은 미우라의 국모시해 음모를 사전에 알고 이 음모가 성공하기를 간절히 바랐던 것이다.

그리고 김윤식 등은 미우라와 짜고 10월 9일부터 일본공사관과 조선외부 간에 주고받은 공문을 통해 일본인들의 국모시해를 은폐하고 복합상소를 하려던 조선훈련대와 이를 저지하는 시위대 간의 충돌로 야기된 군사반란으로 꾸몄다.152) 그리고 김윤식이 대신으로 있는 "외부外部"는 모두 일본인들이 궁정의 이번 말썽과 아무런 관계가 없다는 취지를 담은 공한을 여러 통 일본공사관에 써 보내 공문서를 위조했다. 이 유명한 공한들 중 하나는 유혈작업을 한 일본인들은 일본인들이 아니라, 조선인들에 의해 살해된 것을 감추기 위해 일본의상으로 변복한 조선인들이라고 하고 있다.153)

## 2) 윤치호의 표리부동성과 이중플레이

■ 윤치호의 뿌리 깊은 우민愚民의식과 자민족 비하

윤치호는 어떤가? 국모시해를 사필귀정 또는 자업자득으로 보는 윤치호는 단발령에 대한 백성의 항거를 어리석은 것으로 경멸하고 있다.

151) 『尹致昊日記(四)』, 1895년 12월 11일.

152) 한영우, 『명성황후, 제국을 일으키다』, 61-62쪽.

153) 『尹致昊日記(四)』, 1895년 12월 11일자. 한영우, 『명성황후, 제국을 일으키다』, 61-63쪽.

> 모든 것이 난센스다. 백성은 왜 일본인들이 우리의 왕후를 개처럼 살해했을 때 아무 말도 하지 않았나![154]

윤치호는 괴뢰정부와 일본공사관 및 첩보기관지 『한성신보』가 합동으로 자행한 사건은폐·조작, 혼란스런 정보의 은밀한 유포(가령 '왕후는 살아 있다!')와 정보차단을 전혀 고려치 않고 백성을 '우중愚衆'으로 비난하고 있다.

고종이 그래도 얼마간 신뢰한 윤치호는 — 왕비를 폭력으로 시해하기까지 한 것을 지나친 것으로 비판할지라도 — 괴뢰내각의 김홍집·김윤식·유길준처럼 국모시해를 왕비의 이기주의적 정치행위의 사필귀정 또는 자업자득으로 간주했다. 그는 국모가 시해된 그 순간에도 한강이 더럽다는 이유에서 조선을 일본이나 러시아에 넘겨버리기를 바라는 자민족 비하적·매국적 심사도 거침없이 토로한다.

> 5백 년 동안 백성들을 쥐어짠 왕도에 가까운 강둑의 구역질나는 상황의 모습, 도로를 따라 늘어선 벌거벗은 언덕들과 누추한 오두막들, 소위 양반들이 백성들에 대해 실컷 퍼붓는 악마적 분노 — 이 모든 본의 아닌 힘들이 한 조선인(윤치호 자신)을, 조선이 어떻게 통치할지를 알 수 있는 일본이나 러시아 중 어느 한 나라에 주어지는 것이 결국 공정하고 정의롭다고 느끼도록 강요한다.[155]

윤치호의 이런 자민족 비하적 매국賣國사상은 20대 이래 지론이다.[156]

---

154) 『尹致昊日記(四)』, 1895년 12월 28일자.

155) 『尹致昊日記(四)』, 1895년 10월 29일자.

156) 24세 때 윤치호는 이렇게 조선정부를 저주하며 러시아와 영국에 조국을 팔아버린다. "이갓튼 정부로 이갓튼 흠ᄒᆞᆫ 세상의 아국 갓튼 약국을 보정하기란 진짓 꿈밖에 일이로다. 이왕 청인 속국이 됨으로넌 ᄎᆞᄅᆞ리 아라ᄉᆞ나 영길니 속국이 되어 그 개화를 배우넌 것이 낫것도ᄃᆞ. 아국조정 수백 년 죄악을 생각하면 그갓치 드럽고 금수 갓튼 정부 진작 망흠이

그는 '서양물'을 좀 먹었다고 조선 500년을 전면적으로 부정하며 자민족을 비하하고 조국을 파는 매국행위를 정의로운 것으로 여기는, 결국 일제치하에서 한 톨의 민족의식도 없이 발휘되었던 자신의 이런 본질적 매국노 근성을 이렇게 미리 선취해 배양하고 있다.

또 윤치호는 비운에 간 왕비에 대해서도 한없이 불경하고 타산적이다. "세계에서 나는 왕비의 통치가 좋은 일이었다고 인정할 마지막 사람일 것이다. 나는 왕비가 어떤 다른 방식으로 그녀의 음모와 악한 총신들을 포기하도록 만들어질 수 없다면 왕비를 폐위하는 것을 심지어 옹호할 수 있다. 다만 세상에서 나는 일본 암살자들이 자행한 왕비의 잔인한 살해행위를 가하다고 여길 마지막 사람일 뿐이다."[157] 왕비가 시해된 당일의 일기에서 윤치호는 왕비시해에 대해서만 반대할 뿐, 왕비가 그를 그렇게 친절하게 대하고 그에게 외부협판의 고관대작까지 주었음에도 속으로 왕비의 폐위를 진정으로 바라는 표리부동한 위선적 심사를 품고 있었던 것이다.

또한 윤치호는 국모의 비극적 운명을 그녀의 이기주의적 정치행각의 '자업자득'으로 몰고, 국모시해 사실을 아직 믿지 않는 백성들의 왕비 관련 민심도 철저히 왜곡한다.

> 나에 대한 왕후의 자애로움에도 불구하고 나는 그녀 앞에서 언제나 위압당하는 것을 느꼈다. 그녀의 얼룩진 30년 통치에서 그녀는 자신의 적이 대원군이든, 박영효든, 이노우에든 그녀가 쓰러뜨릴 수 없는 적을 만난 적이 없었다. 그녀가 자신의 이 뛰어난 재능을 자신의 이기심에 바치는 만큼 국리國利에 바칠 수 있었다면 그녀가 조선에 어떤 축복이었을까! … 왕후든 막노동꾼이든 극단적 이기심은 종종 자신의 처벌을 가져온다.

---

도리며 백만창생의 복이리루." 『尹致昊日記(四)』, 1889년 10월 17일자. 또 1889년 12월 24일자 일기도 보라.

157) 『尹致昊日記(四)』, 1895년 10월 8일자.

> 감각이 조금이라도 있는 사람은 누구나 왕후의 통치가 억압·잔학·부패의 긴 연속이었다는 것을 부정하지 않을 것이다. 그는 소수를 부자로 만들기 위해 수백만 명을 가난하게 만들었다. 그녀는 소수를 비단옷 입고 죄악 속에서 살게 하기 위해 수백만 명을 추위와 굶주림 속에서 죽게 만들었다. 백성들이 그녀의 죽음에 그렇게 적게 애도하는 것이 놀랄 일인가? 그녀에 대한 기억은 그녀의 총신들의 작은 그룹에 의해 간직될 것이다. 나의 아버지 같은 이들은 충성심과 원칙의 감각에서 그녀의 죽음을 복수하러 나섰다. 그러나 이런 사람들은 단지 아주 드물 뿐이다.[158]

시해가 민왕후 자신이 자초한 자업자득이라고 말하는 것도 말이 안 되지만, 그녀가 30년 동안 통치했다는 말도 사실이 아니다. 대원군의 10년 집정, 임오군란(1882)과 청일전쟁(1894) 이래 청국과 일본의 13년 외세지배, 갑신정변 친일파의 천단擅斷, 일제를 등에 업은 갑오경장 친일괴뢰들의 내각독재와 왕권찬탈 등으로 인해 국왕과 왕후는 '30년 통치'는커녕 23년 동안 대원군·외세·친일파 등에 의해 왕권을 유린당하는 불운을 겪었고 왕권을 되찾는 투쟁에 한목숨을 바쳤을 뿐이다. 그리고 국모시해에 복수심을 느끼는 자들은 소수가 아니라, 온 백성이었다. 지방백성들도 '왕비를 시해하고 국왕을 유폐한 역적들의 괴뢰내각'의 손아귀에서 국왕을 구하려는 춘생문사건(1895. 11. 28.) 이후부터, 그리고 늦어도 왕비의 서거가 공표된 12월 1일, 또는 1896년 1월부터 왜군에 의한 왕비시해 사실을 조금씩 알게 되었고, 여기저기서 의병을 일으켰다. 상술했듯이 아관망명 자체가 고종과 의병의 합작으로 준비되고 실행된 것이다.

### ■ 왜군주둔과 왕후시해에 대한 윤치호의 지지

158) 『尹致昊日記(四)』, 1895년 12월 11일자(104쪽).

윤치호는 이런 비근한 사실도 전혀 알지 못한 무지한 처지에서 세상을 다 아는 양 자신의 일기 도처에서 끊임없이 조선·백성·국왕·왕비·근왕세력 등에 대한 비난과 왜군의 주둔을 다행으로 여기는 친일적·반민족적 정치오판을 거듭 늘어놓는 것도 서슴지 않는다. 1896년 1월 1일(음력 11월 17일)의 이 말은 이런 종류의 자민족 비하적 욕설과 오판의 비근한 예일 뿐이다.

> 엄청난 흥분 - 단발 때문에 서울과 서울 주변에서 눈물짓고 이를 갈고 있다. 정부는 망건을 쓰는 것을 금했다. 어떤 이들은 백성들이 반란으로 봉기할 수 있다고 두려워한다. 왜군의 주둔이 이러한 폭발을 막아줄 것이다. 백성이 일본인들에 의한 왕비살해를 받아들이는 데서 보이는 끔찍한 무관심과 무감은 당신이 당신의 명령을 시행되게 만들기에 충분한 힘이 있다면 당신은 조선인들에게 그리고 조선인들과 더불어 아무거나 할 수 있다는 나의 확신을 강화해주었다. 나는 조선인들의 의견을 동전 한 푼어치도 인정치 않을 것이다.[159]

윤치호는 왜군의 철수를 자주독립의 출발로 본 것이 아니라, 왜군주둔을 의병에 대한 안전책으로 의지하는 심리를 감추지 않고 있다. 그는 "백성들이 반란으로 봉기할 수 있다고 두려워하는" 이들이 있지만 "왜군의 주둔이 이러한 폭발을 막아줄 것"이라고 말하며 어리석게도 의병은 없을 것으로 믿고 안심하고 있다.

그러나 국왕의 아관망명 이전에도 마침내 국모시해 사실을 점차 알게 된 백성들은 윤치호의 저 헛소리가 뱉어진 지 10여 일도 지나지 않아 고종의 밀지를 받고 홍천·원주·춘천·제천에서 대규모 의병을 일으키고 강원관찰사 조인승을 처단해 역적정부를 경악에 빠뜨렸고, 불

159) 『尹致昊日記(四)』, 1896년 1월 1일자.

가피하게 윤치호도 "반란들이 도처에서 일어나고 있다"고 운위하는 등 이런 사실을 자기 일기에 적어야 했다.[160]

당시 외부협판을 맡은 윤치호는 을미의병의 대부분이 동학군의 재봉기라는 것도 알게 되고, 아관망명정부가 이 을미의병에 대해 우호적이라는 것도 알게 된다.

> 저녁 늦게 나의 사촌(둘째)으로부터 우리 시골집(아산)이 이웃지역의 반란군들에 의해 가로막혔고 삼촌과 그 밖의 모든 이들이 목숨을 부지하기 위해 도망쳐야 했다고 내게 알리는 편지를 받았다! 반란세력들은 대부분 동학의 잔당들이었는데, 내 삼촌은 2년 전 이들 패거리에 대해 자기보호를 위해 격렬한 조치를 취했었다. 이 때문에 우리 집은 반란군들에 의해 특별히 재미없는 목표물로 찍혀 있었다. 내가 이런 사실을 내각에 보고했을 때, 법부대신은 이것을 웃어넘겼고, 총리대신과 내부대신은 주의를 주지 않았고, 군부대신은 절망적으로 보였다. 조금도 과장하지 않고, 모두가 부추기고 있었다.[161]

아관망명 이후에 국모시해 사실을 분명히 알게 된 백성들은 곧 국모시해 복수, 일제와 '왜倭대신들'(역적괴뢰대신들)이 강요하는 강제단발 철폐, '일본놈 타도' 등의 구호를 내걸고 전국 각지에서 대규모 의병전쟁을 개전하여 수많은 친일관리와 군수 및 지방장관들을 처단하기 시작했다. 고무라 대리공사는 본국정부에 을미의병에 대해 이렇게 보고한다.

> 각처에 봉기한 폭도들은 원래가 이범진 등이 춘천의 폭민을 선동한 데서 시작되어 새로 각처에 만연된 것이며, 그들이 부르짖는 것은 모두 국모를 위한 복수 또는 단발령에 대한 반항 등에서 일어났고, 나아가서는 일본인

160) 『尹致昊日記(四)』, 1896년 1월 21일; 1월 30일; 3월 1일; 3월 10월자.

161) 『尹致昊日記(四)』, 1896년 3월 10일.

> 배척에까지 이른 것 외에 다른 것은 없습니다. … 현재 신정부에서는 빈번히 폭도안무安撫를 위한 조칙을 발하고, 또는 선유사를 파견하는 등 하루 속히 진정시키고자 노력하지만, 지금은 오히려 그 효력이 없으며 폭도는 점점 경성에 육박해 오는 정황입니다. … 一. 현재 경성에서 멀리는 200리 내외, 가깝게는 60-70리 되는 곳, 즉 동남쪽으로는 여주 일대, 동쪽은 춘천(지난날 친위대가 철수한 후 폭도가 또다시 그곳에 모여들었다고 함), 북쪽은 양주·연주漣州·철원, 서남쪽은 과천·안산 등 지방에 봉기한 적도들의 세력이 창궐하고 있습니다. 그래서 신정부에서는 진압하기 위해 양주와 포천 방면에 친위대 1개 중대, 또한 홍천 방면에도 1개 중대를 파견하고, 그리고 또 안산 방면에는 강화병 약간 명을 보낼 예정이라고 합니다. 또한 지난 번부터 소란이 일고 있는 지방의 관리로서 적에 의해 살해된 사람은 단양군수 권숙權潚, 청풍군수 서상기徐相夔, 강릉관찰사 이위李暐의 3명이며, 또 난리를 피해 경성에 도망해 온 사람은 양주목사 신태휴申泰休, 연천군수 서모趙某라고 합니다. 또 2-3일 전 충청도 충주에도 폭민이 봉기해서 관찰사 김규식金奎軾 씨가 그들에 의해 살해되었다고 합니다.[162]

이쯤 되자 윤치호는 의병을 '반란세력(insurrections)'이라 부르면서 1896년 2월 이래 결국 "반란이 도처에 일어나고 있다", 또 "많은 지방정부와 지방관들, 그리고 하급관리들이 살해되었다"고 확인하고, "이제 반란의 구호口號는 '일본놈들을 몰아내자'이다"라고 밝히고 있다. 그는 이 의병들을 "싸움의 어떤 원칙도 없고 다른 백성들을 희생해 자신들이 먹고 입는 것 외에 수행할 목적도 없는 강도떼들"이라고 맹비난한다.[163]

그리고 윤치호 자신도 자가당착적으로 지적하듯이 민중은 그렇게 어리석지 않고, 일본인이나 윤치호보다 명석하고 예리했다. 식자도

---

162) 『일관기록』, 三.機密本省往來 一·二, (11)'新政府의 現況 報告'(機密 第14號, 1896년 2월 24일), 小村→西園寺.

163) 『尹致昊日記(四)』, 1896년 3월 1일자.

아니고 관리도 아닌 이문규라는 사람에게 윤치호는 "모두가 일본인을 미워하는 것은 왜인가? 일본에 오래 산 사람도 일본인들을 독약처럼 미워한다"라고 묻는다. 이것은 수사적 질문이 아니라, '일본이 자신의 조국이기'를 바랐던[164] 윤치호가 조선인들의 일본 혐오가 참으로 의아해서 물은 것이다. 이에 이문규는 이렇게 답한다.

> 그들의 상품을 보라. 어떤 일제 물건도 강하지 않고 오래가지 않는다. 그다음 그들은 말과 행동이 서로 맞지 않는다. 그들은 우리를 돕는다고 말하지만, 그들의 행동은 우리를 해친다. 그들은 그들의 모자제조업자와 양복쟁이들을 이롭게 하려고 우리의 머리카락을 자르고 싶어 한다(!) 천만에, 천만에, 일본은 우리를 개혁할 수 없다. 우리가 외세를 통해 조금이라도 개혁될 수 있다면, 우리는 일본인들보다 유럽인들을 선호한다.[165]

극심한 우민관愚民觀에 빠져 "조선인들의 의견을 동전 한 푼어치도 인정치 않을 것"이라던 윤치호도 어쩔 수 없이 이문규의 말을 "민심의 지표"로 인정하며 일반인의 이 정확한 비판의식 앞에서 할 말을 잃는다.

그러나 민심에 반해 윤치호는 김옥균 암살과 마찬가지로 잔악한 왕후시해의 폭력성만을 비난하고 민왕후 시해를 정치적 불가피성으로 결국 정당화한다.

> 물론 어떤 것도 왕후 폐하의 살해를 정당화할 수 없다. 그러나 조선정치에서 그녀의 영향력을 제거하고 싶었던 사람들은 그 목적을 위해 그 짓

164) 윤치호는 28세 때 일본에 가보고 매료되어 이렇게 고백한다. "내가 나의 고국을 맘대로 고를 수가 있다면, 일본이 조국일 것이다. 나는 구역질나는 냄새를 풍기는 중국이나, 인종적 편견과 차별이 섬뜩한 지배권을 잡고 있는 아메리카나, 그런 내정이 지속되는 한 조선에서 살고 싶지 않다. 오, 축복받은 일본이여! 동양의 천국이여! 세계의 에덴동산이여!" 『尹致昊日記(三)』, 1893년 11월 1일자.

165) 『尹致昊日記(四)』, 1895년 12월 26일자.

> 이 아니면 아무것도 할 수 있는 것이 없을 것이다. 나는 나의 사촌(李建赫)에게 어떤 공격이 다시 민씨 척족을 겨냥한다면, 왕후는 피할 수 없었을 것이라고 말했다. 그녀의 적은 모두 오랜 경험을 통해 그녀를 다룬다는 것이 무엇인지 알고 있었다. 처방은 절망적 처방이다. 하기는 나의 이 여인은 절망적 병폐였다.[166]

고종은 아관망명 이전에 박영효·김홍집·유길준·김윤식 같은 친일파에 시달렸지만, 아관망명 후 3년간 소위 정동파 인물들 중에서 애국을 가장하지만 속으로는 이 친일파들 못지않게 '매국'을 희구하고 고종이 주는 온갖 관직을 누리며 돈을 챙기거나 '생계형 관리' 노릇을[167] 하려고 작심한 속물이면서 전술적으로 온건하게 포장된, 그러나 근본적으로 과격한 '미국화·일본화 개혁지상주의'를 포지한 윤치호·안경수·서재필·이완용·이윤용 같은 표리부동한 가식적·기회주의적 인물들에게 시달리고 기만당한다. 그리하여 고종은 아관망명 이후에도 한동안 국제정치적으로만 고립된 것이 아니라, 국내정치적으로도 완전히 고립된 상황에 처했다. 고종은 아관에 있는 동안 개화에 적합하고 확고한 새로운 근왕세력을 육성해 신속한 국정개혁과 근대화를 통해 군사력과 국력을 강화하지 못한다면 결코 망명상태를 벗어날 수 없는 처지였던 것이다.

## 제5절 단발령과 의병항쟁의 민족정신적 의미지평

### 1) 항몽전쟁과 병자호란 후 단발거부와 전통의관의 보존

166) 『尹致昊日記(四)』, 1896년 1월 21일자.

167) 참조: 『尹致昊日記(四)』, 1896년 6월 4일자.

우리 민족은 몽고에 굴복한 고려시대에도 두발과 의관만큼은 지켜냈고, 병자호란 이후에도 변발을 거부하고 우리 민족의 두발과 의관의 정체성을 지켜냈다. 몽고는 고려를 굴복시킨 이후 고려인들을 심복心服케 하기 위해 고려인의 두발형태를 몽고식 변발로 변경하라는 명령을 내렸다. 그러나 고려는 여러 가지 풍속과 윤리의 이유를 들어 원나라황제에게 고려의 전통의관을 유지하는 것이 좋다고 주청했다. 그 결과, 몽고황제가 고려 원종 1년에 "의관만은 본국의 풍속을 따르라"고 양보하는 조서를 내리고, 원종 3년에 다시 "무릇 아뢰는 바는 모두 다 들어주겠으며 의관에 대한 것도 변경하지 않는다"라고 하는 조서를 통해 3년 전의 전통의관 보존조서를 확인해주었다.[168]

그러나 원나라 세조(쿠빌라이)의 군사적 도움으로 100년 무신정권을 무너뜨리고 왕권을 되찾은 고려 원종은 스스로 원나라 공주를 왕비로 맞이하고 머리를 깎았다. 왕실과 관속들은 왕의 지시에 따라 머리를 깎았다. 고려왕과 왕실·관리의 자발적 단발이었다. 이런 사정을 손승택孫承澤은 『춘명몽여록春明夢餘錄』에서 이렇게 적고 있다.

> 고려의 역사를 살펴보면, 원나라가 한창 왕성했을 때 고려 원효왕(고종)은 강화도로 수도를 옮겼다. 그러자 원나라로서는 이를 어찌해볼 도리가 없었다. 다만 그들이 육지로 나오지 않는다고 책망할 뿐이었다. 마침내 고려는 원나라에 신하로 굴복했으나 끝내 육지로 나오지 않았다. 그 아들 순효왕(원종) 때에 이르러 왕이 친히 원나라 공주를 맞이해서 원나라 복장을 하고 원나라 수레를 타고 입국하니 구경꾼들이 모두 경악했다. 그때 따랐던 종실 사람들이 머리를 깎지 않았는데, 왕이 이를 나무랐다. 그 아들 충렬왕에 이르러서는 재상부터 하급관료에 이르기까지 머리를 깎

168) 李瀷, 『星湖僿說』. 이익, 『국역 성호사설(X)』(서울: 민족문화추진회, 1977·1985), 147쪽(원문: 卷之二十六, 經史門, '東國內地', 43쪽). 국역본을 원문과 대조하여 바로잡아 인용한다. 이하도 같다.

> 지 않은 사람이 없었다. 오직 대궐 안 학관學館에 있는 사람들만 머리를 깎지 않았다. 그런데 좌승지 박환朴桓이 학관집사를 불러 타일렀다. 그리하여 학관생도들도 모두 머리를 깎게 되었다.[169]

청국인 손승택의 이 기록을 통해 원종과 관속의 단발이 자발적이었음을 알 수 있고, 또 민간에서 뽑혀 온 학관생도들은 충렬왕에 이르기까지도 머리를 깎지 않고 있었던 것을 보면 왕과 관원을 제외한 일반 백성들은 머리를 깎지 않았음을 짐작할 수 있다.

따라서 왕실과 관속을 제외한 고려인들은 머리를 깎아 변발辮髮하지 않고 전통적 의관풍속을 보존해 패배 속에서도 최소한의 민족적 자존심과 패망의 정신적 불승인을 고스란히 지켜냈다. 이 보존된 자존심과 자주정신은 고려인들이 70여 년 뒤 항몽투쟁을 전개해 몽고로부터 독립할 수 있게 만든 '정신적 군비軍備'가 되었다. 몽고인들이 고려의 의관풍속을 보존시킨 것은 그들이 두발과 같은 사소한 풍속의 문제를 건드리다가 자칫 (37년간 항몽전쟁을 벌일 정도로 끈질긴 저항정신을 가진) 불굴의 고려인들과 다시 고단한 싸움에 말려들기를 꺼렸기 때문이다.

병자호란으로 조선을 정복한 뒤 청나라도 조선에 두발을 깎고 변발하라는 단발령을 내렸다. 그러나 조선도 고려처럼 여러 가지 풍속상의 이유와 백성의 전통적 정서를 들어 이 변발령을 거두기를 주청해 청나라의 허락을 받아냈다. 반면, 망국의 중국인들은 머리를 다 깎고 만주족처럼 변발을 하는 치욕을 당했다. 성호 이익은 말한다. "원元나라 사람은 중국에 들어와 주인노릇을 하면서 중국인의 일상복을 금지하지 않았지만, 지금의 천하(중국 – 인용자)에서는 이미 다 머리를 깎았다." 그러나 조선인들은 자신들의 의관과 상투와 망건을 지켰다. 성호

169) 박지원, 「銅蘭涉筆(동란재에서 쓰다)」, 456쪽. 박지원(김혈조 역), 『열하일기(3)』(파주: 돌베개, 2009·2014).

는 "하지만 한 조각 동한東韓은 오히려 구제舊制를 보존하고 있다(一片東韓尙保舊制). 힘으로써 자신을 보전한 것이 아니니, 이것은 반드시 하늘의 뜻이 있는 것이다"라고 평했다.[170]

그러나 관념적 대명對明 사대주의를 청산하고 현실적 '대청對淸 사대주의'를 주창한 조선의 북학파들은 조선 고유의 두발과 의관의 보존을 가벼이 여겼다. 그리하여 상투와 한복의 보존을 청국의 계략인 양 이야기를 꾸며냈다. 가령 박지원은 이렇게 말한다.

> 청국은 처음 일어났을 때 한족을 포로로 잡으면 잡는 대로 반드시 머리를 깎았다. 그러나 정축년 회맹(1637년 병자호란 강화조약)에 따라 우리나라 사람들의 머리는 깎지 않기로 했다. 여기에는 그럴 만한 이유가 있었다. 세상에 전하는 말로는 청나라 사람들 중 청태종 칸(汗)에게 조선인의 머리를 깎으라고 권한 사람들이 많았는데 칸은 듣지 않았다. 그리고 은밀히 여러 패륵貝勒(종실과 외번에 봉해진 봉작)에게 말하기를 "저 조선은 본시 예의의 나라라고 불리니 그들은 머리칼을 자신의 목보다 더 심하게 아낀다고 한다. 지금 만약 그들의 사정을 무시하고 강제로 머리를 깎게 하면 우리 군대가 철수한 뒤에 반드시 본래의 상태로 되돌릴 것이니 차라리 그 풍속을 따르도록 해서 예의에 속박시켜버리는 것만 못할 것이다. 저들이 만약 우리의 풍속을 배운다면 말을 타고 활을 쏘는 데 편리해질 것이니 그건 우리에게 이로운 것이다"라고 하고는 드디어 논의를 중지시켰다고 한다. 우리나라의 처지에서 본다면 그보다 더 다행이 없을 것이다. 저들의 계산을 따져본다면 다만 우리나라를 정신적·신체적으로 아주 문약하게 길들이려는 속셈이었을 것이다.[171]

---

170) 이익, 『국역 성호사설(X)』, 147쪽(원문: 卷之二十六, 經史門, '東國內地', 43쪽). 국역본을 원문과 대조하여 바로잡아 인용한다. 이하도 같다.

171) 박지원, 「銅蘭涉筆(동란재에서 쓰다)」, 456-457쪽.

믿을 수 없는 풍설을 근거로 청태종이 조선을 문약화하기 위해 조선인의 머리를 깎지 않았다는 박지원의 이 해석은 일견에 그릇된 것이다. 조선군인들은 상투를 틀고 망건과 갓을 쓴 것이 아니라 일반인과 달리 군대식 두발형태와 군복을 따로 갖췄기 때문이다.

박지원은 「동란섭필」에서의 무책임한 기술과 달리 병자호란 직후 선비들의 마음가짐을 다른 곳에서 이렇게 제대로 기록하고 있다. "하늘이 무너지고 땅이 꺼지는 비운을 만나게 되자 천하에 머리란 머리는 죄다 깎여 모두 되놈으로 변했다. 조선 땅 한 모퉁이는 이 수치를 면했다. 비록 그렇지만 중국을 위해 복수설치復讐雪恥하고 싶은 생각이야 하루인들 잊을 수 있으랴!"172) 하지만 박지원의 본심은 우리의 전통복식과 상투를 버리고 청나라식으로 변발해야 한다는 데 있었다.

박지원은 허생許生의 입을 통해 자신의 속마음을 털어놓는다. 허생은 말한다. "지금 만주족이 갑자기 천하의 주인이 되었으나, 아직 중국을 완전히 손아귀에 넣어 친하게 지내지 못한 형편이니, 이때 조선이 타국보다 먼저 솔선해서 복종한다면 저들에게 신뢰를 받을 것이다. 만약 당나라, 원나라 때의 예전 일처럼 우리 자제들을 청나라에 파견해 학교에 입학하고 벼슬도 할 수 있게 하고, 상인들의 출입도 금하지 말도록 저들에게 간청한다면 저들도 자기네에게 친근하고자 하는 우리를 보고 반드시 기뻐할 것이다. 이렇게 되면 나라의 자제들을 엄선해 머리를 깎여 변발을 하도록 하고 오랑캐 복장을 입히고 선비들은 빈공과에 응시하고 일반 사람들은 멀리 강남까지 장사를 하게 만들어서 그들의 허실을 엿보고 한족의 호걸들과 결탁한다면 천하를 도모할 수 있을 것이며 나라의 치욕도 씻을 수 있을 것이다." 이에 이완 어영청 대장이 낙심허탈해서 "사대부들이 모두 예법을 삼가고 있거늘, 누가 기꺼이 머리를 깎고 오랑캐 옷을 입으려고 하겠는

---

172) 박지원, 『열하일기(1)』, 251-252쪽(가을 7월 15일 신묘일).

가?"라고 반박하자, 허생은 "대갈일성"하며 조선의 의관전통을 깎아 내리고 변복변발을 강변한다.

> 도대체 사대부라는 게 뭐하는 것들이냐? 오랑캐 땅에 태어난 주제에 자칭 사대부라고 뽐내고 앉았으니 이렇게 어리석을 데가 있는가! 입는 옷이란 모두 흰옷이니 이는 상복이고 머리는 송곳처럼 뾰쪽하게 묶었으니 이는 남쪽 오랑캐의 방망이 상투이거늘 무슨 놈의 예법이란 말인가? 번오기樊於期(전국시대 진나라 장수)는 원한을 갚기 위해 자신의 목을 아끼지 않고 내주었고, 무령왕(전국시대 조나라 왕)은 저가 나라를 강하게 만들기 위해 오랑캐 복장을 입는 것을 부끄럽게 여기지 않았다. 지금 명나라를 위해 복수하려고 하면서 그까짓 상투 하나를 아까워한단 말이냐? 장차 말을 달려 칼로 치고 창으로 찌르며 활을 당기고 돌을 던져야 하는 판에 그따위 너풀거리는 소매를 바꾸지 않고서 그걸 자기 딴에 예법이라고 한다 말이냐?173)

박지원은 민족정체성과 자존심을 포기하면서까지 청국문화를 받아들이기를 강변하면서 우리의 의관·두발전통을 분쇄함으로써 이렇게 해서 얻게 될 승리의 복수마저 무의미하게 만들고 있다. 박지원의 민족허무주의는 이미 "명나라를 위해 복수하려고 하면서 그까짓 상투 하나를 아까워한단 말이냐"라는 말 속에 집약되어 있다. 조선을 위한 복수도 아니고 명나라를 위한 복수를 위해 상투를 자르자고 대갈大喝하고 있기 때문이다.

북학파의 이런 노골적 대청 사대주의는 병자호란 후 상투보존을 청국의 계책으로 보고 변복·변발을 주장하는 박제가에게서도 그대로 반복된다.

---

173) 박지원, 『열하일기(3)』, 「옥갑야화(허생전)」, 240-241쪽.

세상에서 전하는 풍설에 정축년 남한산성에서 나와 청국에 항복하고 맹약을 맺을 때 청나라 칸이 우리나라 사람들에게 여진족의 옷을 입히려고 하자, 구왕九王(도르곤, 훗날 세조의 섭정자)이 이렇게 간언했다. "조선은 요동과 심양에 대해 허파에 해당하는 땅입니다. 이제 저들에게 의복을 똑같이 입혀 자유롭게 출입하도록 한다면 천하가 미처 평정되지 않은 지금, 앞으로 상황이 어떻게 전개될지 모릅니다. 차라리 예전대로 남겨두는 것이 낫습니다. 이것은 저들을 구속하지 않고도 가둬 놓는 셈입니다." 그 말에 칸이 "좋은 생각이다"라고 하며 그만두었다고 한다. 우리의 입장으로 따지자면 그 계획을 그만둔 것이 다행스런 일이기는 하지만, 저들의 계획은 우리를 중국과 왕래하지 못하도록 막아서 자기들 이익을 꾀한 데 불과하다. 먼 옛날 조나라 무령왕은 오랑캐 옷으로 바꿔 입고 결국 동쪽지역의 호족을 대파했다. 옛날의 영웅은 원수에게서 반드시 복수하려는 의지를 세웠으면 오랑캐 옷을 입는 쯤은 부끄럽게 여기지 않았다.[174]

박제가는 다른 글에서 조선의 의관전통을 그대로 두자고 건의한 사람을 '도르곤'이 아니라 '요퇴僥退'라고 하면서 요퇴가 "조선은 예의를 중시합니다. 이제 머리를 깎게 하면 변란을 일으킬 것입니다"라고 했다고 조선의관 보존의 근본이유를 달리 밝히고 있다.[175] 박지원도 청태조 칸이 "저 조선은 본시 예의의 나라라고 불리고 그들은 머리칼을 자신의 목보다 더 심하게 아낀다고 하니 지금 만약 그들의 사정을 무시하고 강제로 머리를 깎게 하면 우리 군대가 철수한 뒤에 반드시 본래의 상태로 되돌릴 것이다"라고 말했다고 전한다. 두발의관의 변경과 관련된 청나라 쪽의 우려에 대한 박제가의 말은 박지원의 이 말과 상통한다. 그러면서도 박지원과 박제가는 대청복수론과 북벌론을 교묘하게 이용하여 대청사대를 주장하면서 조선의 문화적 정체성

---

174) 朴齊家(안대회 교감·역주), 『北學議』(파주: 돌베개, 2013), 「존주론」, 272쪽.
175) 朴齊家, 『북학의』, 「존주론」, 272쪽, 안대회 역주3.

을 사정없이 훼절하고 있다.

따라서 이 북학파들의 헛소리를 걷어내고 그 속에 담긴 진짜 이유를 간파해내서 올바로 말한다면, 청국이 조선인의 머리를 깎지 못한 진짜 이유는 조선인들이 그간 조선에 조공하던 '되놈들'의 침입과 노략질을 너무 경멸한 나머지 전통적 두발형태와 의관을 사수하려고 하는 저항의식을 간파하고 치발薙髮을 강요하기 위해 다시 군대를 동원하기 어려운 군사적 사정이었을 것이다. 이런 상황에서 청태종도 조선인의 풍속애호 기질과 저항 성향을 고려해 두발모양을 포함한 의관만큼은 조선인의 자유의사에 맡기는 원치 않는 호의를 베풀지 않을 수 없었던 것이다.

조선인들은 고유한 의관풍속을 지킴으로써 '무력으로 강요되는 군신관계에 심복치 않고 내면적으로 거부하는' 데 성공한 것이다. 조선인들이 병자호란 뒤 되놈이 강요하는 변발을 거부하고 전통적 두발형태를 지킨 것은 언젠가 되놈에게 설욕·설치를 하겠다는 일종의 '정신적 다짐'이었다. 조선인들이 한사코 단발을 거부하는 강한 의지에는 바로 사무친 복수의식이 예리한 칼날처럼 서려 있는 '정신적 군비'였던 것이다.

### 2) 갑오왜란과 단발령에 대한 민족적 저항

#### ▪패전지장 평양감사 민병석의 역사적 예감

우리 민족은 두 번의 민족적 패배와 국치國恥 속에서도 이렇게 의관과 상투두발만은 보존함으로써 민족적 자존심을 지키고 국망의 정신적 불승인 자세를 견지해온 것이다. 따라서 조선백성들은 왜적이 침입해 패망해가는 마당에 다시 단발강요의 위험을 역사적 본능으로 느낌과 동시에 이에 저항하려는 각오를 다지게 된다.

이것은 가령 1894년 9월 평양병-청군 연합군이 평양에서 크게 패함으로써 갑오왜란의 패전과 왜군의 조선정복이 기정사실화되었을 때에도 강제단발의 위험에 대한 공포가 되살아난 사실史實을 통해 다시 확인할 수 있다. 평양병-청군 연합군이 1894년 9월 15일 평양회전에서 패배했을 때 평양감사 민병석이 청군을 따라 평양을 떠나면서 "내가 차라리 중국 귀신이 될지언정 왜인으로 사는 것을 원치 않는다"라고 말하고 이내 나이 든 어른들을 불러 모아놓고 "왜군이 장차 조선을 탈취하면 여러분은 머리를 깎고 신하로서 복종하시겠습니까?"라고 묻자 다중이 큰 소리로 "사또를 따라가기를 원합니다"라고 부르짖었다.

이리하여 이교吏校·군민軍民 가운데 아는 것이 있는 자들은 다 민병식을 따라 청나라 진영으로 들어갔다.[176] 패망 후에 단발 강요를 받아들이는 것은 조선백성에게 언제나 국망을 마음으로도 승인하는 '상징적 자멸행위'로 여겨졌다는 것을 다시 확인할 수 있다.

조선유생들은 조선을 진정한 중화국가 대명大明제국을 계승한 '유일중화'로 자부하는 '조선중화론'을 일종의 '정신적 북벌론'으로 견지하던 입장에서 '청국 오랑캐에 의해 무력으로 강요된 군신관계에 대한 내면적 거부 논리'를 굳건히 세우고 견결하게 지켜왔었다. 그러나 조선유생들의 일부는 갑오왜란을 당해 왜군의 예견되는 강제단발령을 미리 피해 이렇게 150년 조선중화론을 어느덧 내던지고 청국을 '중화국가'로 대우하며 청국의 품 안으로 들어가버린 것이다.

■ 왜적의 단발강요

아닌 게 아니라 일제는 왕후시해 후 단발령이 나오기 훨씬 이전에 이미 근대화를 가장한 단발령으로 조선인의 머리를 깎아 의복을 바꾸어 조선인들의 기를 죽이고 조선정복을 확정하려고 기도했었다. 1894년 7월 23일 조선군의 격렬한 저항을 뚫고 경복궁을 점령한 오오토리

---

176) 황현, 『오하기문』, 222쪽.

게이스케 공사는 고종을 알현해 주상을 황제로 칭하고 연호를 세우자는 감언이설과 함께 두발을 깎고 양복을 착용하도록 강요했다. 이에 군신群臣들은 주상을 높여 대군주 폐하로 부르고 '개국 503년'을 기년으로 삼는 방안으로 칭제건원 강요를 피해갔고, 두발을 깎고 양복을 착용하라는 강요를 복식을 약간 변경하는 방안으로 피해갔다. 그리고 양복을 입는 문제는 조정과 민간에서 모두 위험하게 여기는 사안이라고 하여 점진적 시행사항으로 넘겼다.[177] 단발의 문제는 이렇게 하여 그럭저럭 회피된 것 같았다.

그러나 국모를 시해한 을미왜변의 현장지휘자 미우라고로 일본공사에 의해 군사쿠데타로 수립된 김홍집 괴뢰역당정부는 일본공사관의 요구를 받아들여 조선의 '국망'상태를 1895년 11월 15일의 강제단발로 확증하고 승인하게 하여 일제에 조선인들을 심복케 하려고 기도했다. 적어도 백성은 강제단발령의 의미를 조선인으로 하여금 정복자 일제에 심복케 하고 조선패망을 정신적으로도 승인케 하려는 기도로 받아들였다. 강제단발은 전통적으로 국가패망 시에 조선인들에게 강요되는 것이었고, 따라서 이번에도 그것은 조선백성들에게 국망의 증좌와 정복자에 대한 심복의 징표로 부과되는 것으로 받아들여졌기 때문이다.

의관과 두발 스타일의 변경은 스스로가 행하는 경우라면 하나의 취향과 유행의 문제로서 실로 사사롭고 소소한 풍속과 미학적 스타일의 문제일 것이다. 그러나 그것이 국가패망의 결과로서 또는 패망 끝에 나온 '국망의 확증·승인' 징표로서 민족 전체에게 강요된다면, 그것은 민족정체성의 보존이냐 훼손이냐, 아니면 '폭력에 의한 국망'을 스스로 '심적 국망'으로까지 승인하느냐 아니냐, 또는 군사적 승리자 일제에 정신적으로 심복하느냐 아니냐를 가르는 거족적 문제로 부각

177) 황현, 『오하기문』, 154쪽.

되게 된다. 특히 조선인들에게 외적에 굴복한 결과로 의관을 강제로 바꾸는 단발 또는 변발의 문제는 전통적으로 마지막 민족정체성의 보존 및 국망상태의 정신적 불승인과 관련된 심각한 민족문제였다. 그리하여 어리석은 김홍집괴뢰내각이 일본의 요구에 따라 을미사변 직후 내정개혁을 한답시고 1895(고종32)년 11월 백성들에게 내린 강제 단발령은 거대한 국민적 저항에 봉착할 수밖에 없었다.

■민족적 자존심과 강제단발에 대한 저항정신

최익현 같은 양반유생들의 경우에는 단발령에 대한 저항심리가 '신체발부身體髮膚는 부모에게서 받은 것이니 감히 훼상毁傷하지 않는 것이 효도의 시작이다'라는 『효경』의 가르침에서 유래했을 것이다. 하지만 뜻있는 식자와 일반 백성의 경우에는 단발령에 대한 저항심리는 본질적으로 송·명조와 공통된 유교적 원칙이라기보다 국망 시에도 국망을 정신적으로 심복치 않고 고유의 독립적 민족정체성을 지켜온 민족적 자존심과 항쟁전통에서 나왔을 것이다. 조선의 '상투'와 '망건'은 유교경전에도 없는 것이고, 고려와 조선이 섬긴 송·명조의 중국 전통에도 없는 것이기 때문이다.

따라서 이도재는[178] 11월 16일 단발령에 대한 연명連名을 거부하고 군부대신직을 사직하면서 낸 단발령반대 상소에서 『효경』을 인용하지 않고 우리 민족의 상투전통과 중국인에 대한 만주족의 변발강요의 폐해를 인용하며 이렇게 갈파한다.

단발에 대한 논의는 더욱 전혀 옳지 않습니다. 신의 어리석은 생각으로

178) 고종이 1895년 음력 10월 왕후시해 사실에 대한 증거를 들이대고 서울주재 외국공사들과 함께 친일괴뢰내각을 압박하여 10월 10일 폐서인된 왕후의 위호를 복위하고 시해범에 대한 조사를 명하고 조희연을 군부대신직에서 파면한 뒤 이도재를 군부대신에 임명했다. 따라서 이도재는 잠시나마 당시 괴뢰내각에 입각한 유일한 고종의 사람이었다.

> 는, 우리나라는 단군과 기자 이래로 편발編髮의 풍속이 점차 상투(高髻)의 풍속으로 변했으며 머리칼을 아끼는 것을 큰일로 여겼습니다. 이제 만약 하루아침에 깎아버린다면, 4천 년 동안 아교처럼 굳어진 풍습은 변화시키기 어렵고 억만 백성의 흉흉해질 심정을 헤아릴 수 없을 것이니, 어찌 격동시켜 변란의 계기가 되지 않을 줄을 알겠습니까? 옛날에 청인淸人이 연경燕京(북경)에 들어가 무력을 써서 관면冠冕을 위력으로 훼손하니 쌓인 울분이 300년간 풀리지 않아 발비髮匪(머리를 길게 기른 비적)가 한번 소리를 지르면 사방에서 그림자처럼 따라나서게 되는 통에 수십 년간 병력을 써서야 겨우 평정했으니, 이것이 족히 교훈이 됩니다. 진실로 나라에 이롭다면 신은 비록 가루가 되어 내쳐진다고 할지라도 고수하고 사양하지 않을 것인데, 하물며 스스로 한 줌의 단발을 감히 아껴 국가계획을 위하지 않겠습니까? 단지 여러 차례 생각해보아도 그것이 이로운 것은 보이지 않고 해로운 점만 당장 보이므로 감히 마음을 속이고 따를 수는 없는 것입니다.[179]

이도재는 우리의 두발전통을 들어 단발령으로 장차 나라에 큰 내우內憂가 일어날 것을 우려하고 이 우려를 청조의 '발비' 내란의 사례를 들어 근거 짓고 있다. 개명을 하려면 백성을 교화해야 하고 백성의 교화는 마음에 달린 것인데, "무력을 써서 관면을 위력으로 훼손하려는" 단발령은 개명의 실질도 없는 일이면서 사소한 형식을 바꾸려다가 백성의 심정을 흉흉하게 만들어 오히려 백성의 개명과 교화에 역행할 것이라는 말이다.

나아가 갑오왜란과 왕후시해 이후 발령된 군사적 강제단발령에 대한 조선백성의 거국적 반발에서는 단순히 민족 고유의 상투를 고수하려는 구태의연함만이 읽히는 것이 아니라 괴뢰내각의 연막작전과 은

179) 『高宗實錄』, 고종32(1895)년 11월 16일; 황현, 『매천야록(중)』, 106쪽.

폐기도에도 불구하고 어렴풋이 감지된 왕후시해에 대한 복수심과 왜변에 대한 적개심도 읽힌다. 조선백성은 국가패망 시마다 강요된 단발령에 저항함으로써 왜적에게 정신적으로까지 심복하는 일 없이 고유한 의관풍속으로 상징되는 일말의 민족적 자존심과 정체성을 지켜 왜적에 대한 반격과 복수전을 정신적으로 준비하려는 것이다.

■ 일제의 강요와 단발령의 시행: 국왕과 백성의 강제단발

친일괴뢰내각은 고종32(1895)년 11월 15일을 기해 왕명을 강취해서 전국에 단발령을 내리고 복색의 변경을 권고했다. 그들은 먼저 단발에 저항하는 고종을 거듭 압박해 거의 강제로 고종의 머리를 깎아 서양식 두발형태로 만들었다.[180] 이미 10월 중에 일본공사 미우라가 임금을 조속히 단발하도록 위협했으나 임금은 왕비의 장례를 들어 단발을 뒤로 미루었다. 이에 유길준과 조희연 등이 왜군을 끌고 와 궁성을 포위하고 주위에 대포를 설치하고 머리를 깎지 않는 자는 모두 죽이겠다고 선언했다. 임금이 긴 한숨을 들이쉬며 정병하를 돌아보고 '경이 짐의 머리를 깎는 게 좋겠소'라고 하니 정병하는 가위를 들고 임금의 머리를 깎았고, 유길준은 왕태자의 머리를 깎았다.[181]

내부대신 유길준은 단발고시告示를 내리고[182] 관리들로 하여금 가위를 들고 거리와 성문을 지키고 서서 통행하는 백성들을 붙잡아 머

---

180) 『高宗實錄』, 고종32(1895)년 11월 15일: "詔曰 朕이 髮을 斷ᄒᆞ야 臣民에게 先ᄒᆞ노니 爾有衆은 朕의 意를 克體ᄒᆞ야 萬國으로 並立ᄒᆞᄂᆞᆫ 大業을 成케 ᄒᆞ라(조령을 내리기를, 짐이 머리를 깎아 신하와 백성들에게 우선하니 너희 대중은 짐의 뜻을 잘 새겨서 만국과 대등하게 서는 대업을 이룩하게 하라 했다)."

181) 황현, 『매천야록(중)』, 105쪽.

182) 『高宗實錄』, 고종32(1895)년 11월 15일: "내부內部에서 고시하기를, '이제 단발은 양생養生에 유익하고 일하는 데에 편리하기 때문에 우리 성상 폐하가 정치개혁과 민국의 부강을 도모하며 솔선궁행하여 표준을 보인 것이다. 무릇 우리 대조선국 민인民人은 이러한 성상의 뜻을 우러러 받들되 의관제도는 아래와 같이 고시한다. 1. 나라의 상사를 당했으니 의관은 나라의 거상 기간에는 그전대로 백색을 쓴다. 1. 망건은 폐지한다. 1. 의복제도는 외국제도를 채용하여도 무방하다'라고 했다."

리를 강제로 깎게 했다. 경무사 허진은 순검들을 인솔해 칼을 들고 길을 막고 있다가 만나는 사람마다 머리를 깎았다. 그리고 집집마다 들어가 뒤져 남자들을 찾아내 머리를 깎으니 깊이 숨지 않고서는 강제단발을 피할 수 없었다.[183] 내부대신 유길준은 '체두관剃頭官'을 23부府에 파견하고 날짜를 정해 강제단발을 독려했다.

공주 관찰사 이종원은 금강나루를 가로막고 행인들을 잡아 무릎을 꿇리고 강제로 머리를 깎았다. 그러자 길 가는 사람이 없어졌다.[184] 강제단발령이 내려지자 곡성이 하늘을 진동하고 사람들은 분노가 치밀어 목숨을 끊으려고 했으며 형세가 장차 격변해 왜인들은 군대를 엄히 대기시켰다. 서울에 손님으로 왔다가 엉겁결에 상투를 잘린 사람들은 상투를 주워 주머니에 감추고 통곡을 하며 도성을 빠져나갔다. 무릇 머리를 깎인 자는 상투만 자르고 머리털을 남겨놓아서 장발승 같았다. 오직 부인네와 아이들만이 깎이지 않았다. 나라 전체가 물 끓는 솥같이 들끓었고 의병이 사방에서 일어났다.[185]

유길준은 1896년 1월 11일에는 다시 왕명을 강취해 단발령과 복색변역變易을 재차 확인했다.[186] 이도재·김병시를 위시한 선비들만이

---

183) 황현, 『매천야록(중)』, 105쪽.

184) 황현, 『매천야록(중)』, 109-110쪽.

185) 황현, 『매천야록(중)』, 105-106, 110쪽.

186) 『高宗實錄』, 고종33(1896)년 1월 11일: "조령에 '전장법도典章法度는 천자로부터 나오는 법이다. 아! 짐이 등극한 지 33년에 세계가 맹약을 다지는 판국을 맞아 정치를 경장하는 길을 가지 않을 수 없다. 이에 정삭을 고치고 연호를 정했으며 복색을 바꾸고 단발을 하니 너희 백성들은 내가 새것을 좋아한다고 말하지 말라. 넓은 소매와 큰 관은 유래한 습관이며 상투를 틀고 망건을 쓰는 것도 일시의 편의로, 처음 시행할 때에는 역시 신규였다. 하지만 세인의 취향과 숭상함에 따라 국가의 풍속제도를 이룬 것이니, 일하기에 불편하며 양생에 불리한 것은 고사하고 배와 기차가 왕래하는 오늘에 와서는 쇄국하여 홀로 지내던 구습을 고수해서는 안 될 것이다. 짐도 선왕의 시제를 변경하기를 어찌 좋아하겠는가마는 백성들이 부유하지 못하고 군사가 강하지 않으면 선왕들의 종묘사직을 지키기 어렵다. 옛 제도에 얽매여 종묘사직의 위태로움을 돌보지 않는 것은 때에 맞게 조치하는 도리가 아니니, 어찌 그렇게 할 수 있겠는가? 너희 백성들은 또 혹시 '선왕의 시제를 고치지 않고도 종묘사직을 지킬 방도가 반드시 있다고 하겠지만 이것은 한 구석의 좁은 소견으로서 천하대세를 알지 못하는 것이다. 짐이 이번에 정삭을 고치고 연호를 세운 것은 500년마

아니라 조선의 일반 백성들도 선비와 하나가 되어 격노했고 강제단발령에 완강하게 저항했다. 김홍집내각이 친일괴뢰내각이었기 때문에 단발령도 배후에서 왜인이 조종하여 내리는 것이나 다름없었다.

조선인들은 자주적 근대화 개혁이라면 스스로 자유로이 두발의 모양과 길이를 선택했을 것이다. 그러나 일제에 의한 폭력적 정복과 국민의 정신적 항복의 표시로 밀어붙이는 강제단발에는 결사 항전할 수밖에 없었다. 서양문물과 명치유신 후 일본의 부강에 정신이 나간 친일괴뢰 개화지상주의자들은 우리 전통에 너무나 무지해서 우리 민족이 두 번의 국가패망 시에도 지켜낸 두발·의관 풍속의 민족사적 의미를 전혀 이해하지 못했던 것이다. 단발 자체에 대한 반발이 아니라 조선정복과 국가패망의 증좌로서 강요되는 단발령에 대한 저항심리는 "나 자신이나 다른 조선인은 단발에 반대하지 않지만 왜놈들이 단발하도록 강요하기 때문에 반대한다"고 말하는 언더우드의 통역인 송씨의 흥분된 항변에서[187] 여실히 드러난다.

그렇다면 폭력에 의한 패배를 정신적으로 받아들이는 심적 승복의 징표로 부과되는 강제단발이 아니라 '자발적' 단발이라면 할 수 있다는 말인가? 당시 조선인들은 어떤 이유에서든 자발적인 두발변경이라면 서양식 '단발'이 아니라 청국식 '치발변복薙髮易服'(만주족 식으로 변발하고 만주인의 옷을 입는 것)이라도 할 수 있다고 생각했다. 함경도 변방의 의병장 출신 유생 김정규金鼎圭가 일제의 한국병탄 후 만주로 망명해

---

다 크게 변하는 시운에 대응하여 짐이 국가를 중흥하는 큰 위업의 터전을 마련하는 것이며, 복색을 바꾸고 머리를 깎는 것은 국인國人의 이목을 일신시켜 옛것을 버리고 짐의 유신정치에 복종시키려는 것이니, 이것은 짐이 전장법도로써 시왕時王의 제도를 세우는 것이다. 짐이 머리를 이미 깎았으니 짐의 신민인 너희 백성들도 어찌 받들어 시행하지 않겠는가? 나라는 임금의 명령을 듣고 가정은 가장의 명령을 들으니, 너희 백성들은 충성을 다하고 분발하여 짐의 뜻을 잘 새겨서 서로 알리고 서로 권하여 너희의 머리카락과 구습을 한꺼번에 끊으며 모든 일에서 오직 실질만을 추구하여 짐의 부국강병하는 사업을 도울 것이다. 아! 나의 어린 자식들인 그대 백성들이여!'라고 했다."

187) 『尹致昊日記(四)』, 1895년 12월 28일자.

간도영유권을 둘러싼 청일갈등 속에서 청국 편을 택했을 때, 만주의 한 지방관리가 "그렇다면 그대는 진실로 치발역복을 하려는가?" 묻자, 그는 이렇게 답변했다. "지금 대인이 인의仁義의 선비들을 이끌고 강포한 적을 공격하려고 하면서 곧 치발역복을 묻는가? 치발역복이 지금의 급선무인가? 저 일본인들이 덕으로 복종시키지 않고 위력을 강행하여 수천 년 이어온 우리의 오랜 습속을 바꾸려고 했던 고로 의병이 일어나 죽기로 싸운 것이니 대인은 잘 살피기 바란다."[188] 김정규의 이 말에서도 저 송씨의 말에서처럼 단발령의 강제성에 비판의 초점이 맞춰져 있는 것이다.

단발령은 조선인들에게 바로 몽고의 침략과 만주족의 병자호란에서도 겪어보지 못한 민족사 초유의 '국가패망의 치욕'의 증좌로 받아들여졌던 것이다. 따라서 강제단발령에 대한 전국 각지의 격렬한 의병항쟁은 고려·조선시대의 두 번의 패망 시에 그랬던 것처럼 침략자의 명령에 심적으로까지 승복하지 않으려는, 나아가 '폭력적 국망'을 '공식적 국망'으로 심복하지 않고 독립적 민족정체성을 지키고 있다가 기회가 오면 다시 궐기하려는 항일의지의 표현이었다.

아무튼 우리 백성들에게 단발령의 발령과 무단시행은 이미 그 자체로서 적어도 '무력에 의한 국망'을 '기정사실'로 확정하는 기도임이 틀림없었다. 당시 거의 모든 백성들은 괴뢰정부의 연막작전으로 인해 왜군에 의한 '국모의 시해' 사실을 모르는 상태에 있었다. 그럼에도 불구하고 침략당한 백성들의 심리상태는 단발령 하나만으로도 격노하기에 충분했다. 백성은 강제단발을 소위 '근대화' 조치가 아니라 본능적으로 '무력에 의한 국망'상태를 기정사실로 '공식화'하려는 조치로 이해했기 때문이다. (만일 '단발'이 '근대화' 조치라면, '근대화'의 기본요소인 '자유'를 유린하는 '강제'단발은 '근대화'에 정면으로 배치

188) 독립기념관 한국독립운동사연구소 편, 『용연 김정규 일기』(파주: 경인문화사, 1994), 1909년 6월 17일. 배우성, 『조선과 중화』(파주: 돌베개, 2014), 527쪽에서 재인용.

되는 무단행각이었다.)

그러므로 강제단발령의 무단시행이 '국망'을 일방적으로 확정하려는 시도라면, 이 강제단발령에 대한 만백성의 항쟁은 '폭력에 의한 국망'을 '공식적 국망'으로 자인하기를 거부하려는 '정신적 투쟁'이었다. 따라서 강제단발을 당하는 것은 조선의 '정신', 조선의 '혼'을 잃는 것과 같았다. 이것은 당시 강제로 머리를 깎인 조선인의 거동으로 확실히 드러났다. "서울에서 강제로 두발이 잘린 조선인들은 마치 사형선고를 당한 듯 고개를 떨어뜨린 채 거리를 헤매고 다녔다. 또한 단발령에 반대하는 군중들이 두발이 잘린 불쌍한 백성들을 개혁의 부역자로 몰아 죽였기 때문에 자칫 소요에 휘말린 지역에 가게 되면 죽음의 위협을 받기도 했다. … 또 어떤 의병은 총으로 잡은 들새를 팔러 상경했다가 서울에서 두발을 잘리게 되어 결국 그 때문에 의병부대로 복귀하지 못했다."[189]

■단발령에 대한 저항과 국모시해에 대한 복수의 결합

선비와 백성들이 단발령의 무단적 강제성에서 갑오왜란과 을미왜변으로 인한 국망을 자인케 하려는 왜적의 정신적 정복 의도를 읽고 이에 저항했다면 위에서 시사했듯이 이 저항에는 왕후시해에 대한 대일對日 복수심과 적개심도 실려 있었다. 이것은 시간이 흐르면서 왜군에 의한 왕후시해의 사실이 확실해져갈수록 더욱 뚜렷해졌다. 고종은 아관망명 당일 내린 조령에서 "이번에 춘천 등지에서 인민이 소요를 일으킨 것은 단발 때문이 아니라 대체로 8월 20일(10월 8일) 사변 때 쌓인 울분이 가슴에 가득 차서 그것을 계기로 폭발한 것임을 묻지 않고도 분명히 알 수 있다"라고 하여[190] 을미왜변과 단발령에 대한 거의擧義 간의 관계를 명확히 밝히고 있다. 단발령 당시 어린 청년이

---

189) 카르네예프 외 4인, 『내가 본 조선, 조선인』(서울: 가야넷, 2003), 95-96쪽.

190) 『高宗實錄』, 고종33(1896)년 2월 11일.

었던 이승만은 단발에 대한 우리 백성의 저항의 이런 역사적 의미를 알지 못했을지라도, 그리고 을미왜변의 범행주체가 왜국정부와 왜군인 것까지 알지 못했을지라도 단발령에 대한 그의 비판을 보면 당시에 이미 을미왜변과 강제단발의 연관성을 지실한 것으로 보인다.

> 그 시時에 일본공사 미우라(三浦)와 체결해 위력으로 행코자 하니 민심이 자연히 불복되어 울분한 마음이 스스로 자랄 즈음에 역당이 일본수비병을 휘동하고 졸지에 범궐해 을미년 8월에 만고대변萬古大變을 내었으니 이는 차마 말할 수 없는 바이라. 각국이 일시에 진노해 일본공사의 범죄함을 분히 여기지 않는 자가 없는지라, 전국 민심이 대단 진동해 전일에 무식한 완고로 물러가 있던 자들이 경향 각지에서 틈틈이 머리를 들고자 할 즈음에 졸연히 단발령을 내려 백성의 머리를 억지로 깎으니 어찌 순종하기를 바라리오. … 이 백성을 가르쳐 그리 해를 알리지 못하고 촉급히 위력으로 행코자 하다가 각처에 의병이 일어나 전국이 소요한지라.[191]

이처럼 당시 백성들은 을미왜변과 강제단발의 내적 연관 속에서 그리도 격렬히 단발령에 항거했던 것이다. 고종은 단발령에 반발하는 백성들의 궐기를 거의擧義밀지로 더욱 고취했다. 그러자 괴뢰내각은 불가피하게 궁궐을 수비하는 친일괴뢰군의 일부 병력(420명)을 춘천으로 급파했다. 이로 인해 궁궐수비에 틈새가 생길 수밖에 없었다. 고종은 이를 이용해 아관망명을 단행했다. 단발령에 대한 만백성의 본능적 항거가 아관망명의 기회를 만든 것이다.

독재를 마음속으로까지 받아들이도록 우리의 '신성한' 장발에 바리캉을 들이대던 박정희독재 시대를 체험한 우리 대한국민과 이 국민의 아들인 모든 사가는, 아니 몽고족과 만주호로들이 강제한 단발조치도

191) 이승만, 『독립정신』, 193-194쪽.

슬기롭게 물리치고 민족정기를 보존해온 우리 민족은 나라의 패망을 마음속으로 받아들이도록 단발을 강제한 왜인과 친일괴뢰들의 무단적 단발령에 대한 우리 백성의 민족적 격분을 공감적으로 충분히 이해한다. 그렇기 때문에 이 민족적 격분에 공감하는 모든 사가는 결코 이 격분을 '반근대적 저항심리'로 폄하하지 않을 것이다. 주지하다시피 고종은 아관망명과 동시에 김홍집 괴뢰내각을 단칼에 무너뜨리고 1896년 2월 18일 내부대신에 대한 훈시로 "단발하는 건件은 편함을 따름을 허한다"고, 즉, '단발 여부는 개인의 자유의사의 일'이라고 선언하는 두발편의령을 내리고,[192] 1897년 8월 12일에는 1895년 11월 15일부로 단발령을 내린 조칙 자체를 연호를 세운 조령과 함께 취소시켰다.[193] 이 점에서 고종은 일제시대 때 '다카기마사오(高木正雄)'로 불린 박정희보다 몇 백배 더 민족적인 정치가였고, 자유이념을 더 잘 이해했던 근대적 지도자였던 것이다.

왕후시해의 '현지 행동대장'인 미우라고로 일본공사는 왕후를 시해한 직후 서울주재 일본영사 우치다사다스치가 "대단한 소용돌이가 되었습니다"라고 비평하자 이에 대해 "그래, 이로써 조선도 서서히 일본의 것이 되었다, 이제 안심이다"라고 대꾸함으로써[194] '민왕후의 시해'를 통한 '조선정복 작전'의 종결을 확인했었다. 상술한 바와 같이 강제단발령은 적어도 '폭력적 국망'을 마음속으로도 기정사실로 확정하는 기도였고, 또 조선백성들에게 그렇게 받아들여졌다.

그러나 이렇게 확정적으로 굳어져가는 '국망상태'에서도 친일개화세력들은 고종이 이런 백척간두의 상황에서 불가피하게 건곤일척의 척왜항쟁전술로서 선택한 '아관망명'을 입을 모아 빈정대고 헐뜯었다.

---

192) 『高宗實錄』, 고종33(1896)년 2월 18일: "내부대신에게 훈시하기를, '斷髮ᄒᆞᄂᆞᆫ 件은 從便함을 許ᄒᆞ얏다 …'라고 했다."

193) 『高宗實錄』, 고종34(1897)년 8월 12일.

194) 김문자, 『명성황후 시해와 일본인』, 115쪽.

가령 박영효를 추종하던 반러·친일파 윤효정은 "조선이 비록 작을지라도 팔만방리라고 일컫는 반도강산에 대군주 폐하의 일신이 안용安容하실 곳이 없어서" 마침내 "노관露館 수천 평 내에 이주하셨다"라고 빈정댔다.[195] 을미왜변을 전후해 고종은 조정 안팎이 나라를 왜국에 '진상'하려는 이런 친일개화파 괴뢰들로 득실대고 있다는 것, 즉 "효경梟獍(올빼미와 맹수)과 같은 자들이 조정에 가득하고 귀역鬼蜮(귀신 같은 물여우)과 같은 자들이 독을 뿜는다"는 것을[196] 지실하게 된다. 9년 뒤 러일전쟁 즈음에 이르면 한양 지식인들은 '한 사람도 예외 없이' 모조리 사회진화론과 동양주의적 일본맹주론(황인종이 일본을 맹주로 단결해 백인종을 아시아에서 몰아내자는 인종주의적 동양평화론·아세아주의) 이데올로기에 빠져 고종황제의 독립의지를 비웃으며 일본이 러시아를 크게 이기기를 축원하는 부왜附倭매국노들로 둔갑했다.[197] 지방의병세력으로부터 전폭적 지지를 받아온 고종의 척왜·독립노선이 서울에서 이렇게 구한말 한양 지식인 대중의 부왜매국附倭賣國 노선에 의해 포위되어 고립당해 갈수록 1904년 당시 대한제국의 전도前途는 더욱 막다른 골목으로 빠져들게 된 것이다. 이런 역사적 사실 앞에서도 국망의 책임을 구한말의 소위 '친일개화 지식대중'이 아니라 고종에게로 돌린다면 이것은 엄청난 역사위조일 것이다.

195) 尹孝定, 『風雲韓末秘史』(서울: 秀文社, 1984), 195쪽.

196) 『高宗實錄』, 고종33(1896)년 2월 18일.

197) 참조: 南宮檍, 『朝鮮最近史』(개성, 1945), 59-60쪽.

# 제6장 아관망명과 국내망명정부의 수립

## 제1절 '국내망명'으로서의 아관망명의 결행

### 1) 고종의 주도적 망명결정

#### ■고종의 결심과 주도적 망명결정

고종은 이미 1월 초순부터 러시아공사관 망명을 구체적으로 타진했다. 1895년 9월 신임 주한 러시아공사로 임명된 악셀 슈페예르(Аксел Н. Шпей ер, 士貝耶)는 도쿄와 나가사키를 거쳐 1896년 1월 7일 서울에 도착해서 베베르로부터 업무를 인계받고 1월 11일부로 공사직에 부임했다. 1월 14일 본국에 대한 부임보고에서 슈페예르는 조선국왕이 1월 9일 이범진을 통해 보낸 밀지를 받았는데 국왕은 "자신의 운명을 심히 애통해하면서 러시아의 도움만을 기다리고 있으며, 우리의 도움으로 밝은 미래를 맞이하기를 희망하고 있고" 또 끝으로 "국왕은 자신과 왕세자를 떼어놓으려는 왜인들의 음모를 저지해달라고 간절하게 요청했고" 국왕은 "왜인들이 세자를 일본으로 끌고 가려고 한다는 소문을 굳게 믿고 있다"고 보고하고 있다.[1] 고종이 밀서에서 말하는

---

1) 러시아대외정책문서(АВПРИ), 서가150, 목록493, 사건5, 리스트5-7об. 김종헌 편역, 『러시아문서번역집(II)』, 211-213쪽(61. 슈페예르 대리공사의 1896년 1월 2일[서양력 14일]

이 "러시아의 도움"이 여기서 무엇인지 분명치 않지만, 고종과 이범진, 그리고 베베르와 슈페예르는 서로 간에 이 '도움'을 '아관망명' 승인과 러시아황제의 비호로 알고 있었던 것 같다. 따라서 고종은 늦어도 1월 초에 아관망명을 결심한 것으로 보인다.

1896년 1월 12일 슈페예르는 베베르와 함께 고종을 알현하고 신임장을 제출했다.[2] 러시아외무성은 베베르를 멕시코공사로 발령했지만, 당분간 슈페예르를 돕도록 서울에 남게 했다.[3] 그리하여 러시아공사관에는 두 명의 공사가 근무하게 된 것이다. 이것으로부터 러시아정부가 고종의 요청에 얼마나 적극적으로 호응하고 있었는지, 그리고 조선문제를 얼마나 중시하고 있었는지가 드러난다.

슈페예르는 임명 당시 러시아 본국으로부터 한국에서 일본인의 활동을 보고할 것, 요동반도와 여순문제가 해결될 때까지 기다릴 것, 조선문제에 직접 개입하지 말 것 등 3개항의 훈령을 받았었다.[4] 그러나 슈페예르는 1월 14일 부임보고서에서 이렇게 보고하고 있다.

왜인들은 동경에서 일본관료들의 협의에 의해 이루어진 조선의 무력점령의 필연성, 이와 관련해 러시아와 만족할 만한 협상을 이끌어내기 위한 사전준비 등에 관해 제게 강력한 어조로 통보했습니다. 그들은 스스로 이것을 조선의 발전을 위한 바람직한 계획이라고 강조합니다. 하지만 그들의 말과 행동은 전혀 일치하지 않습니다. 저는 이곳에서 그들의 파

---

보고). 고종은 1월 20일에 자신을 예방한 슈페예르에게 몰래 직접 건네준 밀지에서도 "자신과 세자를 떼어놓으려는 일본인들의 음모를 저지해달라"고 요청했다. 참조: 러시아대외정책문서(АВПРИ), 서가150, 목록493, 사건5, 리스트10-11об. 김종헌 편역, 『러시아문서번역집(II)』, 21쪽(63. 슈페예르가 로바노프 외상에게 보낸 1896년 1월 10일[서양력 22일] 보고서).

2) 『高宗實錄』, 고종33(1896)년 1월 12일. 박종효 편역, 『한국관련 러시아문서』, 89쪽(1896년 1월 2일[14일] 슈페예르가 로바노프에게 보낸 보고서).

3) 『官報』 건양원년 1월 13일.

4) 김영수, 「아관파천, 1896: 서울, 도쿄, 모스크바」, 68-69쪽.

> 렴치한 주인행세가 어느 수준까지 가게 될지 예상조차 할 수 없습니다. 그들의 목적은 조선을 일본화하는 것입니다. 그들은 이 목적을 달성하기 위해 가까운 미래조차 믿지 않는 어린아이처럼 조급하게 서두르고 있습니다. 또 말과 전혀 다른 목적을 감추고 있는 사람들처럼 졸렬하게 행동합니다. 9월 26일(서양력 10월 8일) 왕후시해사건, 포로가 된 국왕, 피로 물든 모반자들의 권력장악, 납득할 수 없는 수준의 내정간섭, 거리에서 강제로 상투를 잘린 도시민들, 민중들은 일상생활에서 벌어지는 이 모든 치욕을 인내할 수밖에 없습니다. 그들은 저항할 힘이 없습니다. 그러나 왜국의 이런 정책은 이 개화된 인방에 대한 조선인들의 아주 뿌리 깊은 증오심을 더욱 심화시킬 것입니다.[5]

슈페예르는 왜인들의 표리부동성과 위선성에 분노하고 왜인들에 의해 유린당하는 조선을 돕지 못해 안타까워하는 동정심과 의협심을 동시에 드러내고 있다. 그리고 동경주재 러시아공사 히트로보도 1월 15일 타전한 전문에서 슈페예르처럼 국왕의 처지를 안타까워한다. "포로로서의 국왕의 상황은 정말로 참기 힘들 정도로 어렵습니다. 그에게는 허울뿐인 권력만이 남아 있습니다. 조선에서 증오당하는 친일파 앞잡이들은 아무런 통제도 받지 않고 권력을 휘두릅니다. 필시 세자를 일본으로 보내려고 시도할 것 같습니다. 왕후가 살아 있다는 소문이 확산되고 있습니다."[6] 슈페예르는 자신과 극동주재 외교관 동료들의 이런 일치된 정서를 배경으로 부임 당시 받은 훈령과 배치되게 조선독립 문제에 적극적인 관심을 보이며 본국의 대한對韓정책을 좀 더 능동적인 개입노선으로 유도·조종해 나갔다.

---

5) 러시아대외정책문서(АВПРИ), 서가150, 목록493, 사건5, 리스트61. 김종헌 편역, 『러시아문서번역집(II)』, 211-213쪽(61. 슈페예르 대리공사의 1896년 1월 2일 보고서).

6) 러시아대외정책문서(АВПРИ), 서가150, 목록493, 사건5, 리스트5-7об. 김종헌 편역, 『러시아문서번역집(II)』, 211-213쪽(67. 히트로보의 1896년 1월 3일[1월 15일] 비밀전문).

제정러시아대외정책문서보관소(АВПРИ)에 보관된 보고문서를 보면, 슈페예르는 고종의 요청에 호응해 1월 28일 로바노프 외상에게 "러시아가 한국을 지원할 수 있는 전반적 계획을 작성해야 한다"고 상신했다.[7] 그리고 슈페예르는 1896년 2월 1일 조선탐사관 카르네예프 육군대령과 순양함 아드미랄 코르닐로프(Адмирал Корнилов) 호 함장 몰라스(Пётр Молас) 대령을 대동하고 고종을 알현했고,[8] 같은 날 슈페예르는 태평양함대사령관 알렉세예프(Е. И. Алексеев) 소장에게 "고종이 폭동(반란?)을 당할 위험이 있기 때문에 제물포로 러시아함정을 신속히 파견할 것"을 (아마 추가로) 요청했다.[9] 그리고 이 요청 사실을 로바노프 외상에게 보고했다.[10]

아드미랄 코르닐로프 순양함은 러시아황제의 명령에 따라 제물포로 내항했고 몰라스 함장은 러시아황제의 인지하에 고종을 알현한 것으로 보인다. 러시아국립해군문서보관소에 소장된 한 문서 사본에 의하면, 러시아황제는 러시아태평양함대사령관에게 보낸 것으로 보이는 친필문서로 "우리의 대형 전함들 중 한 척이 제물포로 파견되기를 희망한다(надеюсь, что одно из наших крупных судов будет послано в Чемульпо)"라고 명령을 내리고 있기 때문이다. 러시아황제의 이 친필명령은 2월 2일에 내려졌을 것이다. 같은 해군문서에는 슈페예르가 2월 2일(러시아 율리우스구력으로 1896년 1월 21일)에 외무상 로바노프에게 보낸 서울(Сеул)발 비밀전문電文의 사본도 함께 실려 있기 때문이다. 이 비밀전

7) 러시아대외정책문서(АВПРИ), 서가150, 목록493, 사건5, 리스트78. 김영수, 『미쩰의 시기』, 181에서 재인용.

8) 카르네예프 외 4인, 『내가 본 조선, 조선인』, 85-85쪽, 서울대학교 규장각 소장, 『宮內府案(1)』 「宮案」(奎 17801의 2), 1896년 1월 31일(160쪽).

9) 러시아대외정책문서(АВПРИ), 서가150, 목록493, 사건5, 리스트77. 김영수, 『미쩰의 시기』, 181-182쪽에서 재인용('폭동'은 고종의 목숨을 노리는 김홍집 등 친일괴뢰들이 일으킬 '반란'으로 국역했어야 옳을 것 같다).

10) 러시아대외정책문서(АВПРИ), 서가150, 목록493, 사건5, 리스트16. 김영수, 『미쩰의 시기』, 182쪽에서 재인용.

문에는 "자신의 생명이 위태롭다고 느껴 왕은 요 며칠 새 황태자와 함께 공사관으로 피신할 작정이라고 비밀리에 통보했고, (나는) 동의한다고 회답했다"라고 되어 있다.[11] 이때 처음 슈페예르는 고종의 아관망명 계획을 본국에 보고했고, 러시아 차르 니콜라이 2세는 이 보고를 받은 바로 그날 대형 선박의 제물포 파견을 명령한 것이다.

물론 슈페예르의 2월 11일 당일의 종합보고에서는 이를 좀 더 부연해서 이렇게 설명하고 있다.

> 그날(로바노프에게 전보를 보낸 1월 21일[서양력 2월 2일]) 조선국왕은 며칠 전 세자와 자신의 눈앞에 닥친 위협적인 생활의 은신처로 러시아공사관을 택했다고 적은 노역露譯된 짧은 밀지를 저에게 보내왔습니다. 국왕은 러시아가 자신을 받아주고 보호해줄 것을 간청했으며, 궁궐에서 빠져나오는 날짜와 시간을 우리에게 미리 알려주겠다고 했습니다. 그는 이 위험한 행보의 성공가능성을 최대한 담보하기 위해 아직 며칠의 준비기간이 더 필요하다고 했습니다.[12]

슈페예르는 2월 2일(러시아력 1월 21일) 고종의 망명승인 요청을 받고 이를 본국에 즉시 보고하면서 아관망명을 요청한 고종의 밀지를 노역露譯하여 첨부했다. 노역된 밀지를 다시 국역하면 전문은 이렇다.

---

11) 러시아국립해군문서보관소(РГАВМФ, 이하 '러시아해군문서') II(1894~1899), 61, 서가417, 목록1, 사건1465, 리스트327. 『해외사료총서』 16권, 국사편찬위원회 한국사데이터베이스. 슈페예르의 보고원문은 다음을 보라: 러시아대외정책문서(АВПРИ), 서가150, 목록493, 사건5, 리스트78. 김종헌 편역, 『러시아문서번역집(II)』, 229쪽(68. 슈페예르의 1896년 1월 21일[2월 2일] 비밀전문).

12) 러시아대외정책문서(АВПРИ), 서가150(일본문서철), 목록493, 사건5, 리스트25-31. 김종헌 편역, 『러시아문서번역집(II)』, 218-222쪽(64. 슈페예르의 1896년 1월 30일[2월 11일] 보고서); 「No.5 슈페예르 서울주재 러시아공사가 로바노프로스토프스키 러시아 외무부장관에게 올리는 보고서」(1896년 1월 30일, 서울), 143쪽. 외교통상부, 『이범진의 생애와 항일독립운동』(서울: 외교통상부 러시아·CIS과, 2003), 143쪽.

> 역도들이 지난 9월(서양력 10월)부터 나를 빈틈없이 포위하고 있습니다. 최근 외국인들의 외모를 흉내 내 취해진 단발령은 전국적으로 분노와 폭동을 촉발했습니다. 매국노들은 나와 나의 아들을 죽이기 위해 이 기회를 이용하려고 할 것입니다. 왕세자와 나는 나를 위험에 함몰시키는 것으로부터 벗어나기 위해 러시아공사관에 보호를 청구합니다. 이에 대해 두 분의 공사들은 어찌 생각하십니까? 만약 허용한다면 나는 수일 내 밤중을 택해 러시아공사관으로 비밀리에 피신코자 합니다. 그 날짜를 선택해 내게 알려주기 바랍니다. 나를 구할 다른 방법은 없습니다. 두 공사님들이 나를 보호하고 지켜줄 방법을 강구해주기를 진정으로 원하는 바입니다.[13]

베베르와 슈페예르는 아관망명에 대한 고종의 이 청구에 바로 동의했지만, 망명과정에 있을 위험을 걱정한다. "베베르와 저는 고종의 이 밀지를 전해온 이범진에게 … 궁궐에서 공사관으로 이동할 때, 특히 궁궐 담 근처에서 국왕이 위험에 처하게 될 수도 있다고 지적했습니다." 그러나 "이범진은 우리가 국왕을 받아들이기로 결정한다면 국왕은 이러한 위험 정도는 감수할 만큼 결심이 확고하다고 했습니다. 궁궐이 국왕에게는 더 위험한 곳이기 때문입니다." 슈페예르는 "우리는 국왕의 계획에 동의할 수밖에 없었습니다. 국왕에게 수많은 난관이 가로놓여 있습니다만, 우리는 이런 처지의 국왕에게 이것 외에 다른 출구도 없다고 확신을 했습니다"라고 덧붙였다.[14]

다음 날(2월 3일) 고종은 러시아공사관에 자신의 망명처를 마련해주기로 결정한 슈페예르와 베베르에게 "뜨거운 감사"를 표하고 "그 후

---

13) 러시아대외정책문서(АВПРИ), 서가150, 목록493, 사건5, 리스트32. 김종헌 편역, 『러시아문서번역집(II)』, 221쪽(65. 1896년 1월 21일[2월 2일] 조선국왕 밀서 노역본).

14) 러시아대외정책문서(АВПРИ), 서가150, 목록493, 사건5, 리스트25-31. 김종헌 편역, 『러시아문서번역집(II)』, 218-222쪽(64. 슈페예르의 1896년 1월 30일[2월 11일] 보고서); 외교통상부, 『이범진의 생애와 항일독립운동』, 142쪽.

매일매일" 탈출계획의 준비상황을 그들에게 알려주었다. 고종은 궁궐 안에 소수의 추종자들 중 2명의 충복과 함께 행동하기로 했다고 알리고 이 충복들이 자신과 세자가 입을 의상을 준비하고 탈출계획을 상세히 점검하고 있다고 전했다.[15)]

이 대목을 중시한다면 아관망명은 고종의 결단이 주도적이고, 러시아의 동의는 이에 따른 것이 분명하다. 이것을 황제와 슈페예르의 전문을 연결시켜 보면 아관망명 준비는 1월 말부터 고종의 결심에 대한 러시아황제, 로바노프, 슈페예르의 동의와 공조 아래 진행된 것임을 알 수 있다. 슈페예르가 고종에게 아관망명을 부추기고 본국에 이 사실을 감추기 위해 본국보고에서는 고종이 강하게 요청한 것으로 둘러대지 않았을까 하는 의심도 있을 수 있으나[16)] 그것은 다른 사료들로써 완전히 부정된다. 주한 프랑스공사관은 아관망명이 감행되고 김홍집 괴뢰내각이 전복된 지 며칠이 지난 뒤 "슈페예르가 국왕에게 환궁을 권유했지만 고종은 '내가 왜인에 대해 아는 만큼 당신은 그들에 대해 알지 못하는군요'라고 답했고" 당시 고종은 왜군이 서울에 주둔하는 한 궁궐로 돌아가지 않으려고 했으며 슈페예르는 훗날 환어할 때 러시아공사관과 가까운 구미공관 구역에 있는 왕비일가 소유의 작은 거처에 살 것이 분명하다고 본국에 보고하고 있다.[17)] 이것을 보면 아관망명은 고종의 확고한 뜻이었음을 알 수 있다. 러시아정부가 일본 당국자들에게 '아관망명은 황제와 외무대신 로바노프의 동의나 지시로 이루어진 것이 아니라 고종의 결단에 대한 슈페예르 단독의 동의와 독단으로 이루어졌고 러시아외무성은 아직 자세한 것을 몰라 상세한 보고

---

15) 러시아대외정책문서(АВПРИ), 서가150, 목록493, 사건5, 리스트25-31. 김종헌 편역, 『러시아문서번역집(II)』, 218-222쪽(64. 슈페예르의 1896년 1월 30일[2월 11일] 보고서); 외교통상부, 『이범진의 생애와 항일독립운동』, 142쪽.

16) 렌슨이 그런 의견을 보인다. 참조: Lensen, *Balance of Intrigue*, 587-588쪽.

17) 『프랑스외무부문서(7)』, 138-139쪽(56. 국왕의 러시아공사관 체류와 지방소요의 발생, 1896년 2월 22일).

를 기다리고 있다'고 말했다면[18] 그것은 일본에 대한 부담을 덜어보려는 러시아외무성의 포커페이스 전술이었을 것이다.

■ 아관망명은 슈페예르의 주도와 독단이었나?

현광호는 아무런 근거를 대지 않고 아관망명을 함부로 슈페예르의 주도와 독단이라고 말한다. "슈페예르는 친일내각을 전복하는 가장 간단한 방법은 아관파천의 결행이라고 판단했다. 고종은 아관파천에 주저했지만, 슈페예르가 궁궐 체류 시 위험에 노출될 것이라고 설득하자 동의했다. 슈페예르는 일본의 습격에 대비해 러시아해군을 서울에 파견할 것을 약속했다. 그는 러시아정부에 전보를 쳤지만 연락이 되지 않자 1896년 2월 11일 독단적으로 아관파천을 실행에 옮겼다."[19] 이것은 아관망명을 주저하는 고종을 슈페예르가 주도적으로 부추기고 전신이 두절되자 페테르부르크를 제치고 독단적으로 수행한 거사라는 말이다. 황당하다.

나아가 김영수는 구체적인 근거를 대면서 아관망명이 슈페예르의 독자적 판단과 단독결정으로 이루어졌다고 봄으로써 러시아황제와 러시아정부의 명령으로 순양함의 입항과 파병이 이루어진 것으로 보는 정치상식을[20] 뒤집는다. 그는 순양함 입항을 공관보호나 외교행낭

---

18) 『일관기록』, 二.和文電信往復控, (69)'朝鮮事件에 관한 通知 件'(1896년 2월 20일), 西園寺→小村. "이번의 조선사건에 관하여 니시(西) 공사(러시아주재 일본공사)로 하여금 러시아정부의 의향과 장래 조선에 대한 방침 여하를 물어보게 했더니, 니시 공사로부터 다음과 같은 회전이 왔음. 러시아 외무대신에 대해서는 아직 상세한 보고가 없기 때문에 사실을 알 수 없지만, 이번 사건은 조선국왕께서 구원을 청하여 러시아공사가 이에 따라 될 수 있는 모든 원조를 해준 것이라고 볼 수밖에 없음. 또 러시아 장래의 방침은 아무런 외국의 간섭 없이 속히 조선의 사태가 진정되어 평온해지기를 희망하는 데 지나지 않음. 러시아 외무대신은 슈페예르 공사가 이 사건에 관계가 없을 것이라고 생각하고 있는 듯하며, 니시 공사의 생각으로는 외무대신은 아직 자세한 것을 몰라 상세한 보고를 기다리고 있을 것이라고 함. 또 니시 공사는 이번의 사건은 러시아정부에서 아무것도 알지 못한 채 일어났던 것 같다고 함."

19) 현광호, 『고종은 외세에 어떻게 대응했는가』(서울: 신서원, 2011), 129쪽.

20) 렌슨은 전거를 대지 않고 "이때 러시아외무성은 이 계획을 승인했고 니콜라이 2세는

운반을 위한 일상활동으로 보고 러시아황제의 전함파견 명령을 특별하지 않은 일상명령으로 경시하기 때문이다. 그는 슈페예르가 2월 3-4일경 본국에 아관망명 계획을 타전했으나 전신선 두절로 인해 본국으로부터 아무런 답신도 받을 수 없었다고 주장한다. 여기에 그는 일본공사관의 2월 23일 보고전문("전신선 두절로 인해 노국정부는 한국에서 일어난 변화나 그 원인에 관해 세부적인 사항을 모르고 있음")과 뮈텔 주교의 2월 13일자 일기를 증빙으로 붙이고 있다. 그러나 그는 이런 주장을 펴다가 갑자기 슈페예르의 결정이 본국정부의 "묵인" 속에서 이루어졌다고 해석하는 자가당착을 범하고 있다.[21]

하지만 전신선 두절은 문제가 될 수 없었다. 러시아해군이 복사한 슈페예르의 1896년 2월 2일 본국보고 비밀전보나 일본공사관의 저 보고가 다 전문電文들인 것을 보면 이 나라 저 나라를 순항하는 러시아전함이 중국이나 블라디보스토크에서 본국의 전신을 받아 슈페예르에게 전해주거나, 해군함정이 운반하는 외교행낭으로 연락을 취할 수 있었을 것이기 때문이다. 실제로 알렉세예프 태평양함대사령관은 전신선이 절단되는 것에 대비해 전함을 제물포에 정박시킬 것을 요청하기도 했고, 함장이 대리공사의 왕복문서를 수령해 타국의 전신소에서 암호로 전문을 발송해주기도 했다.[22] 또한 러시아해군은 해군대

---

러시아 대형 전함이 제물포로 가라고 명하는 칙령을 발했다"고 말한다. Lensen, *Balance of Intrigue*, vol. 2, 583쪽, 이민원도 같은 의견이나 러시아 측 자료를 보지 못해서 "러시아의 아관파천에 대한 사전인지 여부나 주한공사의 역할범위, 그리고 고종 측의 의향이 어느 정도까지 주동적이고 피동적이었는지를 정확히 구분하는 것은 쉽지 않다"고 주장을 흐리고 있다. 이민원, 『俄館播遷 전후의 韓露關係, 1895-1898』, 62-63쪽.

21) 김영수, 『미쩰의 시기』, 186-189쪽.

22) 태평양함대사령관의 탐사보고서(1896년 7월 21일; 서양력 8월 2일경): "그레마슈 호는 페테르부르크로부터 서울주재 러시아 대리공사에게 보내는 명령을 전달하기 위해서 조선에 정박할 필요가 있습니다. 왜냐하면 만일 조선에서 심각한 사건이 발생해서 또다시 전신선이 끊길 수 있기 때문입니다." 러시아해군문서(РГАВМФ) II, 34, 서가417, 목록1, 사건1340, 리스트563/575~578. "함장은 대리공사의 왕복문서를 수령한 후, 본인에게 즉시 전문을 발송했습니다. 그러나 한국정부의 전신소는 훼손되어(이것이 한국 전신소의 일반적인 상황입니다), 일본 전신소를 이용할 수밖에 없었습니다." РГАВМФ II, 34, 서가

로, 육군은 육군대로 자신의 보고채널로 즈푸나 여순, 대련, 블라디보스토크나 하바로프스크, 일본 정박지들로부터 전신보고를 계속하고 있었다.[23] 그리고 오류·허위·조작이 많은 일본공사관 보고와, 착오와 오류가 많은 뮈텔일기는 신빙성이 떨어지기 때문에 사료로 활용할 경우에 늘 주의를 요한다.

그리고 슈페예르의 망명 당일(1월 30일, 서양력 2월 11일) 본국보고에 의하면 경부전신선의 두절로 인한 보고불가능 기간은 6일밖에 되지 않았다.

> 1월 26일(서양력 2월 7일) 저녁 국왕은 거의 모든 준비를 마쳤으며 28일(서양력 2월 9일) 저녁 우리에게 올 것임을 알려왔습니다. 저는 이에 대해 보고드릴 수가 없었습니다. 1월 24일(서양력 2월 5일)부터 지금까지 조선의 수도와 유럽을 연결하는 유일한 전신선인 경부전신선이 절단당해 망가졌었기 때문입니다.[24]

여기서 "지금까지"의 '지금'이 1월 30일(서양력 2월 11일)을 가리키는 것이라면, 전신선 절단으로 인한 미보고 기간은 1월 24일에서 1월 29일까지 6일간이다. 이후에도 전신선은 양력 3월까지 계속 단절되어 있었지만, 슈페예르는 1월 30일(서양력 2월 11일)부터는 다른 루트로 페테르부르크에 전보보고를 했던 것이 틀림없다. 따라서 1월 24일에서 1

9, 목록1, 사건5, 리스트78-82.

23) 가령 육군 그립스키 장군은 2월 2일(14일) 하바로스크에서 참모총장 펠드만에게 러시아군의 서울도착, 아관망명, 정부전복 등에 대해 보고하고, 이 보고는 6일(18일) 황제에게까지 올라가 보고되고 있다. 참조: 러시아대외정책문서(АВПРИ), 서가150, 목록493, 사건5, 리스트98. 김종헌 편역, 『러시아문서번역집(II)』, 232쪽(71. 조선국왕의 아관망명에 대한 기밀보고).

24) 러시아대외정책문서(АВПРИ), 서가150, 목록493, 사건5, 리스트25-31. 김종헌 편역, 『러시아문서번역집(II)』, 218-222쪽(64. 슈페예르의 1896년 1월 30일[2월 11일] 보고서); 외교통상부, 『이범진의 생애와 항일독립운동』, 143쪽.

월 29일(서양력 2월 5일부터 2월 10일)까지 6일간 슈페예르와 베베르가 독자적 판단에 따라 조치한 일들(고종의 망명계획에 대한 동의, 몰라스 함장에 대한 병력파견 지시, 공사관 수비병력 증강, 고종의 영접 등)에 대해서는 사전에 본국정부로부터 포괄적 내락과 재량권을 위임받았던 것으로 보아야 할 것이다. 왜냐하면 로바노프 외상은 을미왜변 이후 조선 국내정세의 심각한 악화와 국왕의 궁내 억류상황에 대해 베베르로부터 상세한 보고를 받고 이미 1895년 11월 9일 "만약 귀관이 현지 관점에서 불가피하다고 인정한다면 음모자의 억압으로부터 국왕을 해방시키기 위한 모든 대책을 우리는 승인한다"고 언명함으로써[25] 베베르에게 이미 '포괄적 재량권'을 위임해두고 있었고, 이 사실을 같은 날 동경주재 러시아대사 히트로보에게도 알려놓은 상태였던 데다,[26] 고종은 이미 11월 19일부터 "공사관수비대로 자신을 도와달라는 내용의 청원서를 황제 폐하께 전문으로 상신해달라고 요청하는" 친필서신을[27] 보내고 있었기 때문이다. 또 통신두절(1896년 2월 5일) 이전인 2월 3일 고종이 슈페예르와 베베르에게 러시아공사관에서 자신의 피신처를 제공하는 것에 대해 감사를 표하고 망명방법에 관한 구체적인 계획을 통보했을 때, 슈페예르는 러시아외무성에 고종이 아관으로 피신하려고 한다는 내용의 비밀전보를 발송했고 외무성은 2월 5일 이 전보를 수령했기 때문이다.[28]

---

25) 러시아대외정책문서(АВПРИ), 서가150, 목록493, 사건6, 리스트151. 김종헌 편역, 『러시아문서번역집(II)』, 348쪽(102. 로바노프가 1896년 10월 27일[11월 9일] 보고서 히트로보에게 보낸 비밀전문 사본).

26) 러시아대외정책문서(АВПРИ), 서가150, 목록493, 사건6, 리스트151. 김종헌 편역, 『러시아문서번역집(II)』, 347쪽(101. 로바노프가 1896년 10월 27일[11월 9일] 보고서 베베르에게 보낸 비밀전문 사본).

27) 러시아대외정책문서(АВПРИ), 서가150, 목록493, 사건6, 리스트158. 김종헌 편역, 『러시아문서번역집(II)』, 349쪽(103. 1896년 11월 7일[19일] 베베르의 비밀전문).

28) 러시아대외정책문서(АВПРИ), 서가150, 목록493, 사건5, 리스트76 및 78. 김영수, 『미쩰의 시기』, 196쪽에서 재인용.

또한 러시아의 외무성만이 아니라 황제가 직접 고종의 망명을 승인한 것이 틀림없다. 정치상식상 러시아공사관에서 열강의 이해가 첨예하게 충돌하는 시기에 조선국왕에게 비호(asylum) 또는 망명권을 제공하는 사안은 러시아 국가원수인 러시아황제 니콜라이 2세의 재가 없이는 불가능한 것이기 때문이다. 좀 뒤에 벌어진 일이지만 독립협회와 만민공동회의 반러 난동으로 고종황제의 안위가 염려되자 슈페예르가 고종에게 재차 아관망명을 제안하고 이 제안 사실을 본국 외무성에 보고했을 때 무라비요프 외상은 이렇게 분명히 잘라 말한다.

> 귀관이 독자적으로 고종황제에게 러시아공관으로 피신하라고 권고했다니 매우 놀랍다. 그런 일은 니콜라이 2세의 윤허가 필요한 사안이다.[29]

이것은 정치상식이다. 그리고 슈페예르는 2월 6일 몰라스 함장에게 대규모의 해병대(상륙부대)를 신속히 파견할 것을 요청하는 전보를 보냈다. 이에 따라 몰라스는 작전계획을 짜고 부대를 편성하는 명령을 하달했는데, 이것은 당연히 태평양함대사령관 알렉세예프 소장에게 보고되고 알렉세예프는 또다시 러시아해군성으로부터 허가를 받고 해군성은 다시 외무성에 알렸을 것이다. 따라서 러시아외무성과 러시아황제는 서울공사관의 움직임을 다 알고 있었고, 이를 승인하고 지지했음이 틀림없다. 그렇기 때문에 망명 당일인 2월 11일 슈페예르는 종합보고를 하고 이를 추인받을 수 있었던 것이다. 만일 그렇지 않았다면 슈페예르는 이런 독자적 판단과 조치들에 대해 본국으로부터 엄중한 문책을 받았을 것이다. 그러나 슈페예르는 문책을 받기는커녕 오히려 아관망명을 성사시킨 직후 동경주재 대리대사로 '영전'되어 나갔다.

---

29) 박종효 편역, 『한국관련 러시아문서 요약집』, 378쪽(1898년 3월 6일 외상이 슈페예르에게 보낸 비밀전문).

그러나 김영수는 태평양함대사령관 알렉세예프 해군소장이 1896년 2월 16일 전보를 통해 슈페예르가 "태평양함대사령관의 사전심의 없이 군사력을 요구했기 때문에 주한 러시아공사 슈페예르의 권한이 제한될 것이다"라고 러시아해군부에 보고한 러시아국립해군문서보관소(РГАВМФ)의 관련 문서를 증빙으로 들이대며[30] 아관망명의 허용을 슈페예르의 단독결정으로 본다. 이 권한제한 통보는 독단적 행동에 대한 문책성 조치라는 말이다.

하지만 이런 해석은 김영수가 오역된 국사편찬위원회 한국사데이터베이스 자료를 정밀검토 없이 그대로 사용함으로 말미암은 사료오독이다. 제대로 우리말로 옮겨보면 해군대장이 알렉세예프 소장의 보고를 해군성에 전달한 그 전문電文은 이렇다.

> 2월 5일(서양력 2월 16일), 요코하마에서.
>
> 코르닐로프 호 함장의 보고에 따르면, 1월 30일(서양력 2월 11일) 조선국왕이 우리 공관으로 이어移御(переезд)를 함으로써 정부의 대변동이 일어났습니다. 이런 정황이라서 슈페예르는 우리 수비병을 현저하게 강화해달라고 요구하지 않을 수 없었습니다. 일본 경성수비대와의 동시적 주둔은 명령 339항을 정확히 이행할 시에 심각한 갈등으로 귀착될 수도 있습니다. 이것으로 인해 불가피하게 함대 책임자와의 사전협의 없는 무력사용에 관한 조선주재 외교대표의 권리가 얼마간 제한될 것입니다.[31]

---

30) 김영수, 『미쩰의 시기』, 182쪽.

31) 러시아해군문서(РГАВМФ) II, 23, 서가417, 목록1, 사건1340, 리스트169об: "Из Иокогамы от 5-го сего Февраля. По донесению командира Коринилова, 30-го Января в Сеуле, с переездом Короля в нашу Миссию, произошел правительственны й переворот обстоятельство это вьızвало требование Шпей ера значительно увеличить наш караул, одновременное присутствие коего с Японским гарнизоном в Сеуле может повести к серьезным случай ностям при точном исполнении командирами статьи 339, необходимо ограничить право представителя в Корее относительно употребления военной силы без предварительного обсуждения с Начальником эскадры."

이 전문은 결코 알렉세예프가 함대 책임자와의 사전협의 없이 무력을 사용했기 때문에 그 책임을 물어 슈페예르의 무력사용권을 제한하겠다는 뜻을 담고 있지 않다. 일본군과의 대치상황으로 인해 불가피하게 "함대 책임자와의 사전협의 없는 무력사용에 관한 슈페예르의 권한"이 얼마간 "제한될" 수밖에 없다는 상황설명일 뿐이다. "함대 책임자와의 사전협의 없는 무력사용에 관한 슈페예르의 권한"이란 인천에서 해군상륙부대를 이끌고 서울로 행군하여 슈페예르의 휘하에서 공관수비를 맡으라는 명령을 받은 세르게이 호멜레프(Сегеий Хмелев) 중위의 공관수비대에 대한 슈페예르의 지휘권을 말한다. 아드미랄 코르닐로프 순양함 함장 몰라스 대령은 상부(태평양함대사령관 알렉세예프 소장)의 명에 따라서 호멜레프에 대한 지휘권을 슈페예르에게 이양한 바 있다. 2월 초에 호멜레프에게 하달한 몰라스의 명령서에는 "서울에 도착하면 러시아 대리공사인 5등 문관 슈페예르를 알현하고 인원수 및 모든 화물의 목록에 관한 대열보고서를 제출하라"고 하면서 "이후 명령은 공사관에서 우리 외교대표로부터 하달받으라"고 명하고 있다.[32] 이 지휘권 이양 명령에 따라 슈페예르는 호멜레프부대의 무력을 "함대 책임자와의 사전협의 없이" 무제한적으로 사용할 수 있었던 것이다.

그러나 슈페예르의 이 무제한적 무력사용 권한이 서울에서 호멜레프부대와 대치해 있는 왜군 경성수비대에 의해 제한될 수밖에 없는 상황이었다. 게다가 왜군 경성수비대는 아직 현역상비보병으로 교체되지 않은 상황이라 그 왜군 병력 수도 500명을 상회해서 겨우 144명에 불과한 러시아공관의 혼성 해군수비대에 대해 군사적으로 압도적 우위에 있었다. 그리고 5월 초순 왜군 후보제대가 상비군으로 교체되더라도 서울주둔 왜군 상비군은 정예병 333명(이 중 장교 14, 하사 29)으로

32) 러시아해군문서(РГАВМФ) II, 16, 서가417, 목록1, 사건893, 리스트318~320.

서 러시아 병력을 수적으로 압도했다. 그리고 왜군은 러시아군보다 본국과 가까이 주둔하고 있고 해군의 신속한 지원을 받기가 훨씬 더 용이했다. 뒤에 살펴보겠지만 슈페예르는 미상불 로바노프 외상으로부터 고종의 환어 이후에도 러시아수비대를 잔류시키되 왜군과의 충돌과 열강의 간섭 위험이 상존하므로 수비대가 궐내로 국왕을 따라 들어가서 경호하는 일이 없도록 병력사용을 제한하라는 명을 받게 된다. 이런 의미맥락에서 볼 때, 김영수가 의거한 위 전문電文의 국역 문구("태평양함대사령관의 사전심의 없이 군사력을 요구했기 때문에 주한 러시아공사 슈페예르의 권한이 제한될 것이다")는 완전히 오역이다.

결론적으로 아관망명의 준비는 고종의 주도적 요구에 대한 슈페예르의 단독적 판단과 동의가 아니라 러시아황제 니콜라이 2세와 슈페예르, 이 양인의 동의와 공조에 의해 이루어진 것이 틀림없다. 슈페예르가 아관망명 20일 만인 1896년 3월 1일 서울을 떠나 동경으로 이동한 것은[33] 문책성 '좌천'이 아니라, 주일 러시아공사의 급서로 인해 벌어진 주일공사로의 갑작스런 '영전'이었다. 이런 까닭에 고종은 2월 15일 산둥반도 즈푸(芝罘)주재 러시아 부영사(침첸코)를 통해 러시아황제에게 감사의 말을 전달했고,[34] 아관망명 두 달 뒤인 1896년 5월 2일(율리우스구력 4월 21일) 태평양함대사령관 알렉세예프 소장을 통해 러시아황제에게 다시 고마움을 표했던 것이다. 알렉세예프는 이렇게 보고하고 있다. "조선국왕은 내가 4월 21일 서울에서 알현했을 때 러시아황제에게 은혜로운 러시아정부가 최근의 대변동 때 공사관을 통해 보내준 연민과 강력한 지원에 대해 감사함을 전해주기를 요청했다. 그리고 베베르가 조선주재 공사로 남아 있었으면 하는 특별한 희망을 표명했

33) 『일관기록』. 二. 和文電信往復控, (76)'스페이에르의 日本行 件'(1896년 2월 29일), 小村→西園寺.

34) 러시아대외정책문서(АВПРИ), 서가150, 목록493, 사건5, 리스트84. 김종헌 편역, 『러시아문서번역집(II)』, 231쪽.

다. 군사교관단을 파견하고 소통을 제공하기로 결정해준 것에 관해서도 진심 어린 사의를 표명했다."35) 고종의 이 반복된 감사 표현도 아관망명이 러시아황제의 직접적 승인에 의해 이루어졌음을 입증해준다.

2) 순양함 아드미랄 코르닐로프 호와 아관수비대

2월 7일 밤 고종은 이범진을 통해 슈페예르에게 "모든 준비를 마쳤고 2월 9일 밤 러시아공사관으로 피신할 예정이다"라고 최종 통보했다.36) 하지만 당시 시점에 러시아공사관 경비병은 2월 1일 이전에 미리 공사관 경비목적으로 파견된 것으로 보이는 22명의 보브르 호 해군상륙부대밖에 없었다. 이것은 카르네예프가 서울에 입성하여 2월 1일 슈페예르의 안내로 고종을 알현하기에 앞서 슈페예르 공사를 처음 만났을 때 이미 "보브르 호 상륙부대 35명"(22명의 착오)이 공사관을 경비하고 있었다고 기록하고 있는 것으로써37) 확인된다. 그러나 늦어도 2월 8일 현재 수비병력이 이렇게 불충분함을 알게 된 고종은 불가

35) 러시아해군문서(РГАВМФ)II, 16, 서가417, 목록1, 사건1340, 리스트253, 또는 러시아대외정책문서(АВПРИ), 서가150, 목록493, 사건5, 리스트132 및 176-176об. 김종헌 편역, 『러시아문서번역집(II)』, 236쪽(74. 태평양함대 알렉세예프 해군소장이 즈푸로부터 발송한 4월 26일자 전보) 및 245쪽(79. 태평양함대사령관 보고서 발췌본). 그러나 알렉산드로비치 해군대장에 대한 태평양함대사령관의 다른 보고문서(1896년 5월 21일; 서양력 6월 1일경)는 내용이 좀 다른 데다 더 많은 대화가 기록되어 있다. "4월 19일 저는 서울주재 러시아공사관에 도착했습니다. 서울에 있는 공사관에 도착한 뒤 저는 조선국왕의 명령에 따라 조선의 정부관리들을 만났습니다. 다음 날 저는 조선국왕을 알현했습니다. 이날 조선국왕은 러시아황제에게 전해달라며 다음과 같이 말씀하셨습니다. 즉, 조선왕실이 다시 권력을 찾을 수 있었던 최근 사건에서 조선정부를 지원해준 것에 대해 진심으로 경의를 표합니다. 저는 다음과 같이 답변했습니다. 즉 러시아황제가 조선에 고문관과 무기의 지원을 동의했다는 사실을 알렸습니다. 조선국왕은 커다란 기쁨을 표시했고, 대화 중에 다시 러시아의 지원과 관련된 화제로 돌아가서 러시아황제에게 특별한 경의를 표시하셨습니다. 이와 동시에 조선국왕은 조선에서 러시아 대리공사 베베르가 계속해서 공사업무를 수행하기를 희망한다고 밝히면서 베베르에 대한 그의 전폭적인 지지를 보여주었습니다." 32, 서가417, 목록1, 사건1340, 리스트471/495~497об.

36) 러시아대외정책문서(АВПРИ), 서가150, 목록493, 사건5, 리스트26об-27. 김영수, 『미쩰의 시기』, 183쪽에서 재인용.

37) 카르네예프 외 4인, 『내가 본 조선, 조선인』, 81쪽.

피하게 '2월 9일 망명' 계획의 결행을 주저했다. 슈페예르는 이에 대해 이렇게 보고하고 있다.

> 1월 28일(서양력 2월 9일) 국왕은 공사관에 오지 않겠다고 알려왔습니다. 가장 결정적인 이유는 우리 공사관의 병력 수가 너무 적다는 것이었습니다. 국왕은 이 점을 개선해줄 것을 간청했습니다. 그래서 저는 우리 함대에 많은 수의 무장군인을 파견해줄 것을 요망했습니다. 그렇지 않으면 국왕은 자신의 안전을 결코 확신할 수 없을 것 같았습니다. 저는 (극동지역의) 러시아공사관들의 안전담당 임무를 띠고 파견되어 있는 해군소장 알렉세예프에게 순양함 아드미랄 코르닐로프 호를 이용해 대규모의 무장상륙부대를 공사관으로 급파해줄 것을 요청했습니다. 순양함의 1등 함장 몰라스는 조금도 지체 없이 이를 이행했고, 100명의 무장군인이 1월 29일(서양력 2월 10일) 저녁 공사관에 도착했습니다. 그리고 이범진은 국왕이 1월 30일(서양력 2월 11일) 새벽에 우리에게 오기로 결단했다고 알려왔습니다.[38)]

당시 아드미랄 코르닐로프 순양함과 포함 보브르(Бобр) 호도 같이 제물포에 정박해 있었다. 슈페예르 공사의 병력급파 요청을 받은 몰라스는 늦어도 2월 8일(러시아 율리우스구력 1월 27일) 흐멜레프(Хмелев) 중위에게 다음과 같은 상세한 명령을 하달한다.

1등 순양함 '아드미랄 코르닐로프' 호 함장

제물포

1896년 1월 일

NO.93

38) 러시아대외정책문서(АВПРИ), 서가150, 목록493, 사건5, 리스트25-31. 김종헌 편역, 『러시아문서번역집(II)』, 218-222쪽(64. 슈페예르의 1896년 1월 30일[2월 11일] 보고서); 외교통상부, 『이범진의 생애와 항일독립운동』, 143쪽.

호멜레프 중위에게

우리의 외교공관을 보호하기 위하여 유사시 본관 지휘하의 순양함으로부터 상륙부대를 파견해달라는 서울주차 대리공사의 요청에 의거하여 본인은 귀관을 상륙중대의 중대장에 임명한다. 이에 귀관은 다음의 사항을 중대 지휘 방침으로 삼아주기 바란다.

1) 1월 28일(서양력 2월 9일) 정확히 저녁 7시 30분에 귀관은 귀관에게 배속된 중대와 함께 제물포 연안으로부터 약 40베르스타 정도 거리에 위치한 서울로 향하라. 단, 29일(서양력 2월 10일) 아침 6시경 서울의 남대문에 도착할 수 있도록 행정行程을 조정하라. 그 시간이면 우리 공사관의 고문 미하일로프(Михаилов)가 카자크 군인들과 함께 이미 남대문에 도착해 있을 것이다. 카자크 군인들도 역시 우리 공사관에 배속되면서 귀관 휘하의 부대가 될 것이다.

2) 상륙중대와 함께 또는 그보다 조금 이르게 군수품 수송대가 분견대의 식량과 화물을 운반할 것이다. 귀관은 귀관 중대 소속의 장교로 임명된 디얀코프(Дьянков) 소위에게 1개 소대를 배정한 후 지휘권을 제공하여, 본 군수품 수송대의 화물을 선도할 수 있도록 하라. 만약 디얀코프 휘하의 소대가 주력부대보다 먼저 남대문에 도착하게 될 경우, 중대와 함께 동시에 서울로 입성할 수 있도록 남대문에서 대기할 것을 그에게 하명하라.

3) 바라노프스키식 대포와 포탄 그리고 소총용 탄약이 분견대와 함께 이동할 것이다. 모든 포탄과 탄약 발수에 관한 계정서는 본관이 이미 그에 상응하는 지시를 하달했으니 포병장교로부터 수령하라.

4) 귀관에게 배속된 부대가 이동하는 중에는 상륙부대용 훈령 104에 따라 처신할 것을 권한다. 또한 도중에 만나게 될 조선인들, 특히 일본인들을 상대로 해서는 가능한 한 극도로 신중하게 대응하라. 그 어떤 경우에도 그들에게 주의를 기울이지 말아야 하며 대화도 나누어서는 안 된다. 귀관은 이런 사항을 하사관들에게도 주지시켜 주어야 한다.

5) 소문에 따르면 현재 조선에서는 봉기세력이 서울로 접근하고 있다는

정보를 귀관에게 알려준다. 따라서 귀관은 더 많은 주의를 기울여야만 하며 야간 이동에 신중함을 기하라. 도검류와 총기류를 사용해서는 안 되며 모든 대응책이 사라진 상태에서 공격을 받는 가장 극단의 경우에 한해서만, 그것도 방위적 수단으로써 무기를 사용하는 것을 허락한다. 그러나 극도로 필요한 경우가 아니라면 공격으로 전환하지 말라.

6) 귀관에게 알려줄 마지막 정보인 것 같다. 조선인들은 전반적으로 조용한 특성의 기질을 지니고 있으며, 비록 문명화의 수준이 낮다 할지라도 온화하고 선량하며 친절하다. 따라서 귀관은 조선인들과의 모든 가능한 관계 속에서 상냥하게 행동할 것을 권고한다.

7) 서울에 도착하면 러시아 대리공사인 5등 문관 슈페예르를 알현하고, 인원수 및 모든 화물의 목록에 관한 대열보고서를 제출하라. 이후 명령은 공사관에서 우리 외교대표로부터 하달 받으라. 귀관과 귀관에게 배정된 중대는 러시아 외교대표의 명령하에 계속해서 서울에 주둔하게 될 것이다.

8) 생략. 9) 생략.

10) 서울의 우리 공사관에 체류하면서, 하사관들을 엄격하게 감시해야만 하며, 귀관의 특별 명령 없이 공사관을 벗어나지 못하도록 단속하라. 귀관이 하달할 명령에 대해서는 사전에 우리 대리공사의 동의를 구해야 한다.

11) 생략. 12) 생략.

서명: 해군대령 몰라스[39]

이 명령서에서 인천과 서울의 거리(40베르스타 = 68.8km)는 9일 저녁 7시 30분부터 10일 새벽 6시까지 10시간 반의 행군거리로 계산되어 있다. (이 행군은 2월 초 야밤의 추위 속에서 시속 15리 정도로 빨리 걸어야 하는 힘든 행정이다.) 그리고 몰라스가 흐멜레프 중위에게 2월 9일

39) 러시아해군문서(РГАВМФ) II, 16, 서가417, 목록1, 사건893, 리스트318~320.

출발하여 2월 10일 아침 6시에 남대문에 도착하라고 명령하고 있다. 그러나 흐멜레프부대의 서울행은 9일의 강추위의 악천후 때문에 또 다시 하루가 더 늦어졌다. 위에서 전재轉載한 명령서 하단에는 이렇게 쓰여 있다. "예측할 수 없는 상황으로 인해 상륙부대의 출발이 1월 29일(서양력 2월 10일) 새벽으로 변경되었다."[40] 인천주재 일본영사는 10일 오전 9시 35분에 서울의 고무라 공사에게 10일 아침 러시아군의 상경 사실을 타전하고 있다.[41] 러시아해군 상륙부대는 2월 10일 새벽(가령 6시쯤)에 출발했을 것이다. 그렇다면 2월 10일 어슴푸레한 오후 5시 30분경 남대문에 도착하고 어두운 저녁 6-7시경에는 공관에 도착하여 배치되었을 것이다.

상술했듯이 슈페예르는 "몰라스 제1함장의 지시 아래 100명의 포병부대가 구성되었고 1월 29일(서양력 2월 10일) 밤에 공사관으로 파견되어 왔다"고 본국에 보고했다.[42] 뮈텔도 2월 11일자 일기에서 이것을 확인해주고 있다. "어제 오후 100명의 러시아해병이 제물포에서 왔다. 저녁 7시에 그들은 거의 아무도 모르게 서울에 들어왔다. 러시아공사관은 그 사실을 극비에 붙였으며, 일본 대표를 포함한 모든 외교사절은 어제 저녁 힐리어 씨가 베푼 만찬 자리에서 그 사실을 비로소 알았다."[43] 아무튼 러시아공사관의 무력준비의 불가피한 지체로 고종의 2월 9일 망명 결행은 2월 11일로 연기될 수밖에 없었던 것이다. 그러나 외교사절들은 이 사실을 알고도 심각하게 반응하지 않았다. 며칠

---

40) 러시아해군문서(РГАВМФ) II, 16, 서가417, 목록1, 사건893, 리스트318~320.

41) 『일관일기』, 二. 和文電信往復控, (29)'러시아 軍艦에서 士官·武裝兵이 陸路上京'(1896년 2월 10일 오전 9시 35분 인천發), 萩原→小村. "러시아 군함 코르닐로프로부터 사관 5명이 무장병 107명을 인솔하고 대포 1문, 태마駄馬(짐말) 34, 승마 3두를 거느리고 지금 육로로 상경했음." 大佐 高井→小村. "오늘 오전 9시 러시아 사관 6명, 水兵 100명, 대포 1문, 탄약, 화물, 駄馬 40두가 京城으로 향하여 출발했음."

42) 러시아대외정책문서(АВПРИ), 서가150, 목록493, 사건5, 리스트25-31. 외교통상부, 『이범진의 생애와 항일독립운동』, 143쪽; 박종효 편역, 『한국관련 러시아문서』, 89쪽.

43) 『뮈텔일기』, 1896년 2월 11일.

전부터 의병들이 관군을 격파하고 서울로 진격하고 있다는 소식이 끊이지 않았고, 러시아해군들을 서울로 불러올린 것은 의병의 입경으로 서울이 혼란해지면 러시아공사관을 보호하기 위한 것이라고 생각했기 때문이다. 러시아공관의 이런 조치를 과잉대응으로 느낀 외교사절들이 있었지만 이들도 러시아공사가 부임한 지 아직 얼마 되지 않아서 과잉대응한 것으로만 여겼다.[44]

아무튼 러시아공관의 무력준비의 불가피한 지체로 고종의 2월 9일 망명 결행은 2월 11일로 연기될 수밖에 없었던 것이다. 고종의 러시아공사관 이차移次를 아관'파천'이 아니라 아관'망명'이라고 해야 하는 이유 중의 하나는 이차한 곳이 당시 국제법상 외국영토나 다름없는 '치외법권 지역'(extraterritorial area)이었다는 사실이다. 당시 고종에게 왜군과 친일괴뢰정부가 장악한 조선영토 밖에 위치해 있어 이들의 명령이 정지되는 예외지역은 타국의 외교공관, 공관경내(compound), 타국 외교관 거주지 등의 '치외법권 지역'밖에 없었다. 그리고 당시 고종의 '망명' 의도에 유일하게 호응한 외교공관은 러시아공사관뿐이었다. 아관이차가 정치적 '망명'인 또 다른 이유는 고종이 러시아정부의 외교적 승인 없이 일방적으로 러시아공사관으로 도망쳐 들어간 것이 아니라, 공식 외교루트로 러시아황제에게서 정치적·군사적 비호를 승인받고 비호권(right of asylum)을 얻은 신분으로서 러시아공사관으로 이차한 것이기 때문이다.

### 3) 고종의 거의밀지와 경복궁 탈출의 준비

다른 한편, 고종은 이범진을 통해 전국에 거의擧義밀지와 보부상 동원령을 내려 망명을 위한 경복궁 탈출을 대내적으로 준비했다. 국모시해와 단발령에 대한 민중의 반일감정이 전국적으로 비등하는 와

44) 『프랑스외무부문서(7)』, 133쪽(54. 국왕의 아관파천과 내각교체, 1896년 2월 15일).

중에 별입시 이범진은 고종의 거의밀지를 팔도 유생들에게 전하고, 또 전국 보부상과 연계해 망명일 전후로 상경을 지휘했고 이를 바탕으로 아관망명의 실행을 기획했다.

■팔도에 보낸 거의밀지와 의병의 봉기

고종이 음력 1895년 12월 13-15일(양력 1896년 1월 27-29일)경에 춘천유생 이소응李昭應(1861-1928)과 유인석에게 내린 거의밀지는 전기 의병에게 내려진 대표적 밀지다.[45] 제천의 이정규, 이천의 김하락, 함흥의 최문환, 예천의 서상열, 광주의 기우만, 성주의 허위許蔿 등도 이 밀지를 받았다.[46] 김하락이 「진중일기」로 전하는 「애통조哀痛詔」는 그 분량과 내용 측면에서 이정규가 전하는 버전과 좀 다르다.

> 왜적이 대궐을 침범하여 국가의 안위가 조석에 박두했으니 모쪼록 힘을 다해 토벌하라. 경 등의 자손에게 의당 후한 녹을 내릴 것이다. 김병시로 삼남창의도지휘사를 삼고 계궁량桂宮亮(桂國樑의 오기)으로 목인관木印官을 삼아 장차 목인을 선포키로 한다. 경기도 의병은 순의군이라 하고, 충청도는 충의군이라 하고, 영남은 장의군이라 하여 8도에 반포하노니, 8도의 각 고을은 모두 호응하여 창의하기 바란다.[47]

그러나 「애통조」의 이남규 버전에는 김병시가 '삼남창의도지휘사'가 아니라 '도체찰사'(전시 군정과 민정을 결단할 전권을 가진 정1품의 임시군직)이고 계국량桂國樑은 '목인관'이 아니라 '감군監軍지휘사'로 되어 있다. 그리고 '경 등의 자손에게 의당 후한 녹을 내릴 것이다'라는 말은 없다.

---

45) 참조: 오영섭, 『고종황제와 한말의병』, 95, 174, 302쪽.

46) 李正圭, 「倡義見聞錄」, 『獨立運動史자료집(1)』, 647쪽.

47) 「김하락진중일기」, 을미 12월 13일(588쪽; 한문원문 847쪽). 독립운동사편찬위원회 편, 『獨立運動史資料集(1)』.

오호! 슬프다. 내 죄가 크고 악이 가득하여 황천이 돕지 않아 나라의 운세가 기울어지고 백성들이 도탄에 빠졌도다. 이로 인해 강성한 이웃나라는 틈을 엿보고 역신들이 정권을 농단하고 있다. 하물며 나는 머리를 깎고 면류관을 훼손했으니 4천 년 예의의 나라가 나에 이르러 하루아침에 견양의 땅으로 변해버렸다. 불쌍한 억조창생이 함께 그 화를 당하게 되었으니 내가 무슨 낯으로 하늘에 계신 열성조의 영혼을 뵙겠는가? 지금 형세가 이미 이 지경에 이르렀으니 죄인인 나 한 사람의 실낱같은 목숨은 천만 번 죽더라도 아까울 것이 없다. 하지만 종묘사직과 백성을 생각하매 혹시 만에 하나라도 보전될 수 있을까 하여 그대 충의의 의사들을 격려하기 위해 애통의 조칙을 내리노라. 영의정 김병시를 도체찰사로 삼아 중외를 진정·무마시키고, 전 진사 계국량을 감군지휘사로 삼아 칠로七路에 근왕군을 두되, 호서를 충의군, 관동을 용의군, 영남을 장의군, 해서를 효의군, 호남을 분의군, 관서를 강의군剛義軍, 관북을 웅의군熊義軍으로 삼노라. 처음 의병을 일으킨 선비를 모두 소모사에 임명하면 비밀병부는 당연히 (별입시 밀사에게) 소지시켜 보낼 것이다. 각 군軍의 인신印信은 모두 각자 새겨 쓰도록 하고, 관찰사·군수 이하는 자발적으로 따르는 사람 중에서 가려 뽑고, 엽호獵戶(산포수) 가운데 용감한 사람과 양가의 재주 있는 자제들을 아울러 소집해 공이 있는 자에게 상을 주고 잘못을 저지르는 사람에게 벌을 주라. 흉작이 아주 심한 고을은 금년의 전조를 절반으로 삭감해주고 삭발을 우선적으로 금지시키고 백성들을 편안하게 하여 삶을 즐기게 하고, 관리의 수를 줄이는 것을 구례로 복구시키고 수령 가운데 명령에 따르지 않는 자를 우선적으로 가려내 처분을 기다리게 하라. 모든 잡범과 사형수들은 모두 사면하고 함부로 반포한 새로운 법령들을 모두 다 시행치 말라. 지금부터 궐 밖의 병마통솔의 일(閫外之事)은 다 스스로 처리해도 좋다. 서울경기(畿輔) 일로는 순의군殉義軍으로 삼고 나는 사직을 위하여 죽을 것이니 중외 의사들은 내 뜻을 체득하라. 오로지 그 마음을 통일해 종사와 백성을 생각할 것이다. 이를 포고하니 지실하라.

을미 12월 15일 자子시. 어새를 찍어 글을 비밀리에 내린다.[48]

이것이 「애통조」의 원본일 것이다. 그런데 민용호 버전은 '오호! 슬프다' 앞에 "국왕은 이렇게 말하노라(王若曰)"가 있고, 날짜가 "을미년 섣달(12월) 28일 밤 해亥시(9-10시)"로 되었다.[49] 상술한 갑오년 8월의 삼남밀지에서 "간신들이 명을 훔치고 왜이가 범궐했다"고 천명함으로써 군국기무처와 제1차 김홍집내각을 '친일괴뢰정부'로 규정했지만, 이 「애통조」에서도 고종은 김홍집 일당을 '역신'으로 불러 제4차 김홍집내각을 '친일괴뢰정부'로 규정하고 있다. 이 밀지를 보면 고종과 이범진은 전국 각지에서 의병을 일으켜 경복궁과 도성경비 목적의 친위대를 전국으로 분산시키려고 한 것을 알 수 있다. 거의밀명을 받은 이들은 수명受命 전후에 거의 다 의병을 일으켰다.

---

48) 「애통한 조서(哀痛詔)」, 이정규 편, 「창의견문록」, 99-100쪽(한문원문 647쪽). 독립운동사편찬위원회 편, 『獨立運動史資料集(1)』. 「哀痛詔」: "密詔王若曰嗚呼痛矣 予罪貫盈 皇天不佑 國勢凌夷 元元塗炭 由是而强隣伺釁 逆臣弄柄 況予薙髮毁冕 四千年禮義之邦 至于今予身 一朝爲犬羊之域 哀哉億兆共罹其禍予 以何顔 見列聖在天之靈. 今勢旣至此 予罪人一縷之命 萬萬不足惜 撫念宗社生靈 苟或保全於萬一 勸爾忠義士 降此哀痛之詔 以領議政金炳始爲都體察使 鎭撫中外 以進士桂國樑 爲監軍指揮使勤王七路 湖西爲忠義軍 關東爲勇義軍 嶺南爲壯義軍 海西爲效義軍 湖南爲奮義軍 關西爲剛義軍 關北爲敦 憨(熊의 오자로 보임)義軍 倡立義旗之士 幷拜爲招討使 密符當齎送 各軍印信 幷自刻從事 觀察使·郡守以下 汝擇自從 跋扈勇士 良家材官 幷爲召募使 信賞必罰 歉荒尤甚之邑 減今年田租之半 削髮爲先禁止 安民樂生 椽吏減額 竝復舊例 守令之不從命者其 爲先擇出 以待處分 凡雜犯死罪 竝宥之 新令亂出者 幷勿施 從此以往 閫外之事 皆可自制 畿輔一路爲殉義軍 予當死社稷 中外義士 其體之 惟一其心 以宗社生靈 爲念 布玆知悉. 乙未十二月十五日 璽書密下." 구완회는 김병시의 거병시도에 대한 방증자료의 부재, '전 진사'라는 표현과, 김병시의 문집(『蓉庵集』)에 밀지에 대한 기록이 보이지 않는 것을 들어 이 밀지의 진위를 의심한다. 구완회, 『한말 제천의병 연구』(서울: 선인, 2005·2006), 146쪽. 그러나 과거제가 폐지된 까닭에 임금과 정부 입장에서는 '전 진사'라는 표현이 옳다. 그리고 그 아들 김용규가 낸 『용암집』에 밀서에 대한 언급이 없는 것은 그것이 밀서이기 때문에 어쩌면 자연스런 일이고, 또 거의를 준비하느라 우물쭈물하고 있는데 바로 의병해산 조칙이 내려와 밀명을 이행하지 못하고 말았으니 아들이 이 사실을 숨기기 위해 문집에서 이 사안을 일부러 빼놓았을 가능성이 있다. 김병시는 산림처사가 아니라 근왕적 인물이었다. 이 때문에 그에게 거의는 실로 어려운 일이었을 것이다.

49) 민용호, 「관동창의록」, 216쪽. 閔龍鎬(李泰吉·閔騶植 譯), 『復齋集』(1988).

특히 의성에서 태어나 유년기를 보내고 서울로 이사와 서울사람이 된 청년지사 김하락은[50] 단발령이 내려진 1895년 11월 15일 다음 날 네댓 명의 서울 동지들과 함께 서울을 탈출해 이천으로 낙향해 안성의 민승천을 창의대장으로 삼아 포군 300여 명을 포함한 1,500여 명의 의병부대를 조직했다. 그리고 1월 18일 이천에 진입하려는 왜군 180명을 백현에서 공격해 수십 명을 사살하고 패주시키는 전과를 내며 기세를 올렸다.[51] 김하락은 그러던 중 1896년 1월 27일(음력 1895년 12월 13일) 국왕의 거의밀지 '애통조哀痛詔'를 받고, 여러 장수를 불러들여 조서를 안고 말했다. "국가가 누란의 위기에 직면하고 임금이 바늘방석 위에 앉은 것 같은 상황을 빚은 것은 모두 시민 된 자의 허물이다. 아! 우리 제군은 동심협력해 국가 은혜의 만분의 일이라도 보답하도록 하자" 하니 이에 여러 장졸들이 눈물을 뿌리며 죽기로 맹세했다.[52] 그러던 중 김하락은 2월 2일(음 12월 29일) 서울에서 내려온 200여 명의 왜군의 공격을 받았다. 김하락 의병부대는 치열한 항전을 벌였으나 역풍으로 부는 눈바람 때문에 전세가 점차 불리해져 여러 갈래로 흩어져 패주할 수밖에 없었다.[53]

그러나 김하락은 여주의진을 찾아가 재기항전을 준비해 다시 2,000여 명의 의병을 조직했다.[54] 그는 이 2,000 병력을 몰아 서울로 진주해 국왕을 구하기 위해 2월 28일(음 1월 16일) 남한산성을 점령하고 한 달 가까이 웅거했다. 그러나 3월 21일 내부 배신자들이 관군과 내통해 성문을 열어주어 관군이 몰려들어와서 어쩔 수 없이 남한산성에서 철수할 수밖에 없었다.[55] 그러나 이 남한산성 점령은 아관망명(2월 11

50) 윤병석, 『한말 의병장 열전』(천안: 독립기념관 한국독립운동사연구소, 1991), 53쪽.
51) 「김하락진중일기」, 을미 12월 4-5일.
52) 「김하락진중일기」, 을미 12월 13일.
53) 「김하락진중일기」, 을미 12월 29-30일.
54) 윤병석, 『한말 의병장 열전』, 56-57쪽.
55) 참조: 국방부전사편찬위원회, 『義兵抗爭史』, 69-74쪽; 윤병석, 『한말 의병장 열전』,

일) 이후에 이루어진 것으로 '때늦은' 승리였다. 고종이 2월 11일, 2월 15일, 2월 18일 내린 세 번의 의병해산 조령을 김하락은 받지 못한 것으로 보인다. 진중일기 어디에도 해산명령 때문에 고민하는 흔적이 없다. 국왕의 해산명령을 모른 채 김하락은 1896년 7월 14일(음6월 4일) 전사할 때까지 계속 의병투쟁을 전개한다.56) 아관망명에 대한 김하락의 기여는 12월 13일경 1,000여 명의 왜군 경성수비대에서 200여 명의 왜군을 이천으로 내려오게 만들어 서울주둔 왜군 수를 줄인 것이다.

춘천은 단발령에 격분한 춘천유생 정인회가 1896년 1월에 400여 명을 모아 봉기하여 춘천관찰부를 공격해 점령한 상태였다. 이소응은 고종의 밀지(1896년 1월 27-29일경)를 받기 전인 1월 20일 이미 춘천의병 창의대장으로 추대되어 있었다.57) 이소응은 창의대장으로 추대되자 곧 의병을 함께 일으키자는 격문을 팔도에 발했다.

> 오늘날 왜노가 창궐하고 국내의 적신들이 이에 따라붙어 역모에 이르러 국모를 시해하고 군부의 머리를 강제로 깎고 백성을 구박해 견양으로 몰아넣어 요순·공주孔朱의 도를 소지掃地해 진멸시키려고 하고 있다. 이런 까닭에 황제상제가 위에서 혁연赫然히 진노하고 육군六軍과 만백성이 다 그들을 불공대천不共戴天의 원수로 여기는 것이다. 각처에서 일어난 충의의 장수들은 반드시 중화中華를 존숭하고 이적을 물리치는 것을 국가의 복수설치復讐雪恥로, 제일 대의大義로 삼아야 한다. 각읍각영의 장관으로서 관망에 편승해 호응하지 않는 자나 적 편에 붙어서 군정軍情을 저훼하는 자는 모두 이적금수의 전모全貌요, 난신적자의 당여니 단연코 군법을 시행해 먼저 처단한 후 보고할 것이다.58)

---

58-63쪽.

56) 참조: 윤병석, 『한말 의병장 열전』, 64-68쪽.

57) 국방부전사편찬위원회, 『義兵抗爭史』, 75쪽.

58) 『習齋先生文集』(이소응 유고 필사본 권7). 윤병석, 『한말 의병장 열전』, 108쪽; 국방부전사편찬위원회, 『義兵抗爭史』, 75쪽에서 재인용.

이소응은 국모를 시해한 자들을 왜군이 아니라 역적들로 알고 있다. 여기서는 국모시해와 군부의 두발을 강제로 자른 것을 동시에 거론하고 있다. 이소응 의병부대는 김홍집친일괴뢰·역적내각으로부터 1월 18일 관찰사 겸 선유사로 임명받은 조인승曺寅承이 의병을 진압하러 춘천으로 부임해오고 있다는 정보를 입수하고 가평 관아를 급습해 이 관아에 도착해 있던 조인승과 초관哨官(100명을 거느리는 종9품 지휘관) 박진희를 처단했다.[59] 이 소식은 역적내각을 일대 충격에 빠뜨렸다.

이소응 의병부대는 이러던 중 갑자기 방향을 돌려 서울로 진격했는데, 진격 전에 "범궐한 왜적의 토멸에 진력하라"는 고종의 밀지(양력 1896년 1월 27-29일경)를 받았던 것으로 보인다. 이에 놀란 역적정부는 2월 초 춘천의병을 진압하기 위해 궁궐을 수비하며 국왕유폐를 감시하던 친일괴뢰군 '친위대'(훈련대와 시위대의 통합부대; 제1·2대대 1,768명, 제3대대는 훈련·조직단계) 중 420명을 춘천으로 급파하고 이어서 더 많은 병력을 계속 내려보냈다. 동원된 친위대 부대는 대대장 이남희 제1대대(신우균 중대 220명)와 제2대대 2개 중대(이겸제·김귀현 중대 440명), 그리고 공병대와 마병대의 일부 사졸들이었다.[60] 따라서 춘천에 파견된 총 병력은 700여 명에 달했고, 이로 인해 왕궁수비를 맡은 훈련대는 1,008명으로 줄었다. 제3대대는 훈련·조직단계에 있어서 투입할 수 없었다. 남은 1,008명을 주야교대로 투입해 경복궁과 그 주변을 경계하는 것은 무리였고, 따라서 경복궁 경계는 틈이 생길 수밖에 없었다.

2월 5일 이소응의 춘천의병은 가평 벌업산에서 훈련대 관군과 조

---

59) 윤병석, 『한말 의병장 열전』, 109쪽. 『을미의병실적』에는 염탐하러 춘천부에 들렀다가 의병들에게 붙잡힌 초관 박진희는 의병이 일어난 줄 모르고 세무문제로 서울의 참서관가에 다녀왔다고 진술했으나 진위 여부를 조사한 결과 거짓으로 밝혀져 참수되었다고 기록되어 있다. 조인승은 왕명을 받은 관리가 아니라 박영효·유길준의 무리가 보낸 자라서 '역당'으로 보고 처형했다고 가록되어 있다. 고민정, 「『을미의병실적』을 통해 본 춘천전기 의병활동」, 110쪽. 한국문화연합회, 『의병과 동학』(서울: 민속원, 2008).

60) 『관보』 4, 제225호, 건양 원년 2월 22일, 149-150쪽; 제239호 2월 4일, 96쪽.

우해 격전을 벌였다. 초기 접전에서는 의병이 대등한 전투력을 보여 주었으나 군사훈련을 받은 적이 없는 의병들은 시간이 갈수록 열세에 몰렸다. 이소응은 벌업산에서 패퇴해 춘천으로 돌아왔다. 이소응은 병력보충이 시급하다고 판단하고 2월 17일 제천의 유인석을 찾아갔다. 그는 춘천을 떠나면서 지휘권을 동생 이진응과 이경응에게 위임했다.[61]

그사이에 친위대는 춘천의 의병진영을 공격했다. 의병은 분투했으나 끝내는 이진응이 전사하는 등 많은 전사자를 내고 패퇴했다. 이경응은 잔여부대를 이끌고 제천으로 넘어가 유인석부대와 합류했다. 춘천의병의 일부인 유중락·유홍석·김경달 부대는 가평 곳곳에서 유격전을 벌였으나 춘천이 실함되자 유홍석이 이끄는 소부대는 제천으로 건너가 유인석과 합류했고, 유중락·김경달이 이끄는 소부대는 지평의 맹영재 군수를 회유해 의병에 참가하도록 하여 병력을 보충하고 지평 일대와 미원에서 관군과 싸우게 되었다.[62] 이 싸움에서 맹영재는 전사하고, 김경달은 포로로 잡혀 참형을 당하자 나머지 의병들은 흩어졌다. 홍재구가 이끄는 잔여부대들은 횡성으로 이동해 항전을 계속했다.[63] 춘천의병의 잔여세력은 2월 15일, 2월 18일 두 번의 조령으로 내려진 국왕의 의병해산 명령을 들었으나 이 명령을 무시하고 계속

61) 윤병석, 『한말 의병장 열전』, 110쪽; 국방부전사편찬위원회, 『義兵抗爭史』, 75-76쪽. 그러나 『을미의병실적』에는 이소응이 자발적으로 춘천을 떠난 것이 아니라 춘천부의 화약고를 태우고 부중의 재화를 나눠 쓰려는 부랑자 의병을 꾸짖다가 이들이 그를 해치려 하여 춘천을 떠난 것이라고 기록하고, 군사를 구하러 유인석에게 간 것이 아니라 지평군수 맹영재에게 간 것으로, 그리고 가서 오히려 맹영재에 의해 구금당한 것으로 기록하고 있다. 그리고 이소응이 이진응과 이경응에게 지휘를 맡긴 일에 대한 기록은 없다. 고민정, 「『을미의병실적』을 통해 본 춘천전기 의병활동」, 105, 112, 113쪽. 윤병석은 구금된 이소응은 이찬익 등의 도움으로 가까스로 석방되어 2월 17일 제천의진에 합류했다고 덧붙인다. 윤병석, 『한말 의병장 열전』, 110쪽.

62) 국방부전사편찬위원회, 『義兵抗爭史』, 76-77쪽. 조동걸은 맹영재 군수를 '납치'하여 의진에 편입시켰다고 쓰고 있다. 조동걸, 『한말 의병전쟁』, 40쪽.

63) 국방부전사편찬위원회, 『義兵抗爭史』, 77쪽.

저항했다.[64]

아무튼 상술했듯이 이소응 의병부대가 "궁궐을 침범한 왜적을 소탕하라"는 고종의 1월 말 밀지를 받고 서울로 진격하자, 이에 놀란 역적정부가 춘천의병을 진압하기 위해 궁궐을 수비하던 친일괴뢰군 '친위대' 700여 명을 춘천으로 파병했다. 이로 인해 궁궐수비에 틈새가 생겨났다.[65] 고종은 이 틈새를 이용해 '아관망명'을 결행하게 된다. 고종은 1월 31일 저녁 러시아공사 슈페예르에게 "의병들이 관부官府의 화약고를 장악했고 춘천에서 서울로 진격해오고 있다"고 알렸다.[66] 고종은 춘천의병의 봉기를 명하고 이들과 통기通氣하며 아관망명의 거사를 추진한 이범진 등을 통해 이런 상세한 보고를 받았을 것으로 추정된다.[67]

고종의 밀지를 받고 거의했거나 이미 거의 중에 고종의 밀지를 받은 의병장들은 고종이 아관망명 후 3-5일 뒤 의병해산령을 내렸음에도 대개 이를 거부하고 계속 거의했다. 그러나 허위는 고종의 밀지를 받고 거의했다가 해산명령에 복종해 의병을 해산했다.[68] 그는 1899년

---

64) 고민정, 「『을미의병실적』을 통해 본 춘천전기 의병활동」, 106쪽.

65) 고무라도 이 '틈새'를 인정하고 있다. "지난 8일에 출정부대는 두 갈래 길로 춘천에 진격해서 폭도의 대부대를 격파해 아주 그곳을 점령했습니다. 이리했는바 이범진 등의 이 방면 계획은 이로써 실패하기에 이르렀습니다. 그러자 또 이범진 등은 러시아군대를 인천으로부터 불러들이고 이를 배경으로 해서 왕성 안에 수비병이 적은 것을 틈타 국왕의 誘出策을 강구한 것으로 추측됩니다." 『일관기록』, 三.機密本省往來 一·二, (9)'親露派 李範晋 등의 음모에 대한 보고'(機密 第12號, 1896년 2월 17일).

66) 러시아대외정책문서(АВПРИ), 서가150, 목록493. 사건365, 리스트8-9; 사건15, 리스트15 с об. 김영수, 「아관파천, 1896: 서울, 도쿄, 모스크바」, 『사림』 제35호(2010), 64쪽에서 재인용.

67) 고무라는 아관망명 사건에 대한 사후조사보고에서 이렇게 보고하고 있다. "애당초 이범진 등이 먼저 춘천폭도를 유기誘起해서 비밀리에 이들과 기맥을 통하여 크게 일을 벌이려는 경황을 나타냈습니다. 그래서 본관은 이 나라 정부를 향해 가능한 한 폭도의 세력이 왕성하기 전에 이를 진정하는 것이 득책일 것이라고 설득했습니다. 그러자 정부에서도 역시 이와 같은 의견으로 즉 3개 중대를 파견해서 초토勦討에 종사케 했는바, 지난 8일에 출정부대는 두 갈래 길로 춘천에 진격해서 …" 『일관기록』 9권, 三.機密本省往來 一·二, (9)'親露派 李範晋 등의 음모에 대한 보고'(機密第12號, 1896년 2월 17일).

신기선의 천거로 고종에 의해 중앙정계로 발탁되어 3월 6일 영희전참봉에 임명된 것을 시작으로 소경원봉사, 성균관박사, 주차일본공사 수원隨員, 중추원의관, 평리원수반판사, 평리원서리재판장, 마침내 1899년 8월 10일에는 의정부참찬, 1905년 3월 1일 비서원승으로 고속 승진했다.[69] 그러나 정부가 망국적 '개화정책'을 중단하지 않는 한 국왕의 해산명령에도 복종하지 않을 것이라고 선언하고 배외주의적 위정척사 관념 속에서 의병항전을 계속한 유인석과[70] 이소응·기우만·김하락 등은 이후 고종에 의해 적대당해 줄곧 진압의 대상이 되었다. (유인석 의진이 관군에 의해 '궤멸'당한 뒤, 유인석은 청국에 원병을 청하러 만주로 건너갔다. 그러다가 이곳에서 대죄를 사면해주고 벼슬을 예정해 고국으로 돌아오라고 하는 고종의 윤음을 받았으나,[71] '돌아오지 못할 형편'이라는 귀환거부 상소를 올렸다. 이에 고종은 "그대가 능히 뉘우치고 자수한 것이 가상히 여길 만한 일이어서 그대의 죄를 특별히 용서하니 스스로 새로워지는 방법을 개척하라"는 비답을

68) 허복 편술, 「왕산 허위 선생 거의사실 대략旺山許蔿先生擧義事實大略」, 234쪽. 독립운동사편찬위원회, 『獨立運動史資料集(2) - 義兵抗爭史資料集』(서울: 고려서림, 1971·1984). 또 참조: 윤병석, 『한말 의병장 열전』, 213쪽.

69) 허복 편술, 「왕산 허위 선생 거의사실 대략」, 235-236쪽, 238쪽.

70) 윤병석, 『한말 의병장 열전』, 26-27쪽.

71) 1896년 8월 초 고종의 소환유시는 다음과 같다. "창의사 유인석·민용호에게 유시하노라. 왕은 이렇게 말하노라. … 나라에 변란이 그치지 않고 나라의 치욕을 씻지 못하고 있음은 짐이 주야로 이를 갈아 한탄해 마지 않는 바이다. 하물며 도리를 닦는 신하로서 원래 충성과 의분을 가진 너희들이야 어떻겠는가! 호남·관동지방 의병들은 적개심을 불러일으키기에 족하고 전사한 여러 사람들은 지극히 슬프고 가련한 일이다. 너희들이 관리들을 죽이고 백성의 재물을 뺏은 것은 의리로 보아 혹 그럴 수 있겠다. 그러나 남들이 탓하는 일이 많고 유언비어가 날로 일어나므로 먼저 誥命을 내렸고 후에 군대를 동원한 것은 대개 부득한 것이었다. … 특별히 전일의 허물을 용서하고 너희의 충성을 가상히 여겨 이에 신하 서상무·김연식을 보내 너희들에게 벼슬을 내려서 짐의 뜻을 유시하노니 즉일로 빨리 돌아와서 조정의 명령을 엄숙하게 하라. 부모의 나라는 버릴 수 없는 것이다. 삼공의 자리가 결원이 되어 깊이 기대하는 바 있으므로 이에 조칙을 내리노니 알아차리도록 하라." 민용호, 「관동창의록」, '고종의 유시', 422쪽. 민영호는 소환명령에 응해 황국협회에서 일하게 된다.

주었다.[72]) 국왕의 의병해산 명령에 대한 세상 물정 모르는 존화주의적尊華主義的 위정척사파들의 이 기이한 반근왕적反勤王的 불복종과 이로 인해 7월까지 계속된 대對왜군·대對관군 전투행위는 이후 고종의 왜군퇴출 전략에 큰 차질을 빚게 만든다.

아무튼 아관망명은 이렇게 사전에 국내외적으로 철저히 준비된 일대 거사였다. 경복궁에 유폐된 고종과 러시아공관에 은신한 이범진은 상호 비밀연락을 유지하면서 두 갈래의 아관망명책을 준비했다. 제1책은 온건한 '기만술적 망명책'이고, 제2책은 보부상과 의병을 동원한 경복궁의 무력탈환과 국왕구출을 통한 강경한 '무력적 망명책'이었다. 제1책은 상술한 바대로 이범진 등이 국왕의 밀지를 받아 춘천의병의 봉기를 원격 지휘해 서울의 친위대 병력이 춘천의병을 진압하기 위해 서울에서 빠져나가게 만들어 생긴 수비공백의 틈새를 이용하는 '은밀한' 망명작전이었다. 이 제1책이 주효하게 성공한 것은 주지의 사실이다.

■ 전국 보부상의 상경과 궁궐주변 배치

고종과 이범진은 제1책이 실패하거나 불완전하게 실행되는 경우에 대비하는 '무력적 망명책'을 제2책으로 준비했다. 고종과 이범진은 당시 충청·황해·경기도에 있는 보부상에게 밀지를 내려 11일을 기해 경성에 일제히 모여 경복궁을 호위하라고 명했고, 이 때문에 당일에는 이른 아침부터 궁문 앞에 모여든 보부상이 수천 명에 이르렀다.

보부상은 친일괴뢰정부에 대한 적대감이 컸고 고종과 왕후에 대한 충성심이 강했다. 상리국은 전국의 보부상을 관리했었는데, 상리국 총판은 민응식·이종건·민영익·민영환이 맡았었다. 그런데 이 상리국을 친일괴뢰정부가 1895년 4월 '갑오경장'을 한답시고 해체해버린 것이다. 민비 가문과 연결된 이범진은 김홍집괴뢰내각에 적대적이고 민

---

72) 『高宗實錄』, 고종34(1897)년 10월 20일.

씨 가문과 밀착된 보부상을 무력기반으로 동원했다.

경기·충청·황해도 출신의 보부상은 만일 아관망명이 실패하는 경우에 대궐문을 부수고 진입하기 위해 서울 거리와 대궐문 앞에 모였다. 상경한 보부상은 수천 명에 달했다. "이날은 이른 아침부터 대궐문 앞을 비롯한 큰길에는 지방에서 올라온 보부상 차림의 사람들이 꽉 차 있어 거의 사람이 지나갈 수 없을 정도였다." 일본공사 고무라는 그래서 만약 일이 어긋났을 때는 비상수단을 써서 궁궐로 들어가 왕을 모시고 나올 목적이었다고 추측했다. 박정양·이윤용은 명령을 지방의 보부상들에게 전해 이날을 기해 입경케 했는데 경기도에서는 보부상 전원이, 충청도에서는 과반수가, 또 황해도에서도 과반수가 모두 이곳에 모여들었다. 또 이 보부상들은 10일 밤을 기해 왜성대를 습격하려는 계획을 세웠는데 조병직이 그 계획을 전해 듣고 그 두령을 불러들여 간곡히 설득해서 습격을 중지시켰다.[73]

그리고 이범진은 공마대工馬隊(구식군대)의 일부를 소집해 사변 당일 공마대가 순검을 응원해 여러 곳을 경계하게 했다. 당일 공마대는 실제로 이런 식으로 경계를 섰다. 또 경기도 여주에 거주하는 민씨족을 시켜 의병을 일으키게 했고, 민왕후폐비 문서에 서명을 거부하고 낙향했던 전前 탁지부대신 심상훈沈相薰과도 연계해 의병을 일으키게 했다. 이 의병들은 왜군의 전신선 감시대를 습격해 여주 남북에 있는 100여 리 간의 전선을 절단했다. 또한 황해도·평안도에 있던 청년들을 시켜 11일을 기해 각처에서 폭동을 일으키게 했다. 제2책에 동원된 보부상과 청년들은 제1책이 실패하는 경우에 왕성수비가 허술함을 틈타 왕궁을 습격해 국왕을 모시고 나올 수 있도록, 러시아군대는 일본수비대를 견제해 움직이지 못하게 함으로써 간접적으로 보부상을 원조하기로 계획했다.[74]

73) 『일관기록』, 三.機密本省往來 一三·二, (8)'조선국 대군주 및 세자궁 러시아공사관에 入御한 전말보고'(機密第11號, 1896년 2월 13일), 小村→西園寺.

■ 고종의 경복궁 탈출은 친로파에 의해 유도되었나?

국사학계 일각에서는 아관망명을 결심했으나 막상 결행하는 것을 주저하는 고종에게 친로파들이 밖에서 '국왕폐위설'을 주입하여 고종을 두려움에 떨게 하여 출궁을 유인한 것으로 얘기하기도 한다. 김영수는 고종이 아관망명 당일 윤음에서 "음모 때문에" 아관망명을 단행했다고 밝혔다고 말하는가 하면, 심지어 고종폐위설을 "아관파천 실행에 관한 대의명분"으로 규정하고, 이범진과 이완용은 "고종폐위설을 유포해 고종의 결단을 유도했다"고 주장한다.75) 이것은 고종이 주체적 판단 없이 러시아공사와 친로파들의 꼬임에 놀아난 것이라는 말이 된다.

그러나 '고종폐위설의 주입을 통한 국왕 유출론誘出論'은 왜국공사관 고무라의 추정이고,76) 친일파 유길준의 적대적 주장이며,77) 황현

---

74) 『일관기록』, 三.機密本省往來 一·二, (9)'親露派 李範晋 등의 음모에 대한 보고'(機密第12號, 1896년 2월 17일). 민영준과 민형식은 춘천에 있었으면서도 이범진이 의병봉기를 유도하기 위해 먼저 민영준과도 내통하고 공동共動할 것을 권유했지만 이들은 가세하지 않았다. 반대로 이들은 김홍집내각에 대해 자신의 潔白을 증언하려는 움직임을 보였다. 이 때문에 이들은 훗날 10년 유형에 처해졌다. 참조: 『일관기록』, 三.機密本省往來 一·二, (10)'지난 11일 사변전말 보고 후의 상황' [2월 11일 아관망명보고 후의 상황](機密 第13號, 1896년 2월 17일).

75) 김영수, 『미쩰의 시기』, 189, 195쪽.

76) 『일관기록』, 二.和文電信往復控, (50)'奉露主義者의 國王播遷計劃에 관한 보고'(1896년 2월 15일), 公使 小村→領事代理 萩原→外務大臣 西園寺. "그저께 국왕의 근친 이재완李載完이 러시아공사관에 이르러 국왕을 알현했는데, 국왕은 시신侍臣을 물리치고 1봉封의 서간을 재완에게 보였음. 그 대의는 "각 대신 등이 일본군과 공모하여 몰래 불궤不軌를 도모하고 바야흐로 입궐해서 국왕을 폐하려고 한다. 시기가 절박하고 매우 위험하다. 속히 러시아공사관으로 파천해서 재해禍害를 면하심만 못하다." 운운. 그리고 이 서간은 김명제金明濟(궁내부전선사장)라는 자가 휴대하고 입궁하여 상궁 엄씨嚴氏에게 교부하여 국왕이 열람하도록 제공했더니, 국왕께서 크게 놀라 11일 새벽 궁내관리의 틈을 엿보아 러시아공사관에 잠행하기에 이르렀음. 위 서간 중에 각 대신이 일본군과 공모하여 불궤不軌를 도모한다고 말한 것은 전혀 날조설로서 이것은 곧 국왕을 유인해내려는 계책으로 알려졌음." 또 三.機密本省往來 一·二, (9)'親露派 李範晋 등의 음모에 대한 보고'(機密第12號, 1896년 2월 17일), 小村→西園寺. "이범진 등은 러시아군대를 인천으로부터 불러들이고 이를 배경으로 해서 왕성 안에 수비병이 적은 것을 틈타 국왕의 유출책誘出策을 강구한 것으로 추측됩니다. 그리고 그 제1책으로 미리 러시아공사관에 물품을 보내 환심

같이 용일이적容日利敵·반러의식에 찌든 봉건양반의 추측으로[78] 나돌던 것이었다. 김영수는 왜성대와 그 영향권으로부터 번져 나온 이런 사실무근의 심증을 '이론화'해주는 오류를 범하고 있다. 이것은 고종에 대한 감시에 실패한 왜국공사와 친일괴뢰들이 일본정부에 대해 늘어놓는 변명이자, 반러·용일이적 심리에 찌든 봉건양반들의 사실무근의 시기猜疑이자 러시아공사와 친로파들에 대한 그들의 음해에 불과한 것으로서 일고의 가치도 없다.

그리고 김영수는 고종의 2월 11일 윤음을 오독하여 유사한 주장을 피력한다. "역괴난당逆魁亂黨의 흉모궤계凶謀詭計가 그 정황이 감춰질 수 없게 됨에 가로막고 누르는데, 그 방도가 혹시 잘못될까 우려해서 … 짐이 왕태자를 이끌고 대정동에 있는 아라사공사관에 잠시 이어했

을 사두고 있는 궁녀 엄씨(국왕의 총빈)의 손을 거쳐, "각원과 왜병이 공모해서 은밀히 반역을 꾀하고 바야흐로 궐 안에 들어가서 국왕을 폐하려 한다. 그리고 그 시기가 절박해 있으니 위험하다. 속히 러시아공사관에 파천하시어 화해를 피하심이 상책이다"라는 서한을 왕에게 보여드리고 또한 엄씨를 움직이게 하는 데는 "만약 간신奸臣들이 국왕을 폐하는 날에는 엄빈의 신상에도 역시 위험이 닥치지 않을 수 없다. 그러니 마땅히 국왕과 세자를 안전한 곳으로 옮겨두는 것이 상책이다"라고 하는 것이었습니다."

77) 유길준은 "러시아공사관에서 어떤 방법으로 국왕에게 전달된 내용(내가 일본에 망명온 뒤에 들었을 뿐이다), 즉 우리가 국왕을 폐위 조치하고 죽이려는 계획을 세우고 있다는 거짓 보고였습니다만, 국왕은 여기에 놀라 자기의 안전을 도모하기 위해 궁녀의 옷으로 몸을 감춰 궁성수위들에게 발각되지 않고 러시아공사관으로 도망갔다"라고 주장했다. 유길준, 「우리들이 작성한 개혁안」(1896년), 235쪽.

78) 황현, 『매천야록(중)』, 115-116쪽. "임금은 헌정으로 속박당하는 것을 싫어하여 이범진, 이윤용 등과 더불어 러시아의 힘에 의탁하여 김홍집 등을 제거하려고 꾀했다. 러시아인들도 우리나라에 웅거하려고 엿보고 있다가 일본에 선수를 빼앗기게 되어 유감으로 생각하며 틈을 노리고 있었다. 8월(음력) 이후 이범진 등이 아관에 숨어 후한 뇌물을 주고 '정권을 뒤엎는 데 원조를 해줄 것 같으면 마땅히 나라 전체가 명을 듣고 일본을 섬기는 예와 같이 하겠다' 하니 러시아공사는 기뻐하며 그것을 허락하고, 인천으로부터 군대를 파견하여 도성으로 속속 입성시켰다. 이범진 등은 은 4만 냥을 엄상궁에게 주고 밤낮으로 '다시 변란이 올 것'이라고 하여 임금을 두렵게 만들었다. 이에 이르러 또한 울며 호소하여 '변란의 조짐이 오늘 저녁에 있으니 나아가 피란하자' 하니 임금은 놀라고 불안하여 부득불 따랐다." 오늘 저녁에 변란의 조짐이 있는데도 그다음 날 새벽에야 이차했다는 것이 어불성설인 것처럼 그야말로 믿거나 말거나 하는 것 같은 이야기다. 황현은 기본적으로 아관망명을 친로파와 친일파 간의 순수한 '권력다툼'으로 본다. 황현, 『매천야록(중)』, 119쪽.

다"라는 구절에서[79] "흉모궤계"를 김영수는 불문곡직 고종폐위 '음모'로 잘못 풀이하고 있다. 여기서 "흉모궤계"는 고종을 폐위하려는 음모가 아니라 과거지사로서의 을미왜변의 흉모궤계를 가리킨다. 윤음의 명문에서 보듯이 '아관이어'의 이유는 역괴난당들이 을미왜변의 전모를 밝히려는 고종을 가로막고 누르는 "그 방도가 혹시 잘못될까 우려해서"라고 고종 자신이 밝히고 있다.

고종과 외국공사들의 연계 투쟁으로 왕후시해의 실상이 점차 밝혀져가고 범인조사의 국제적 압박이 강해지자, 김홍집 등 괴뢰도당은 이를 더 이상 덮어둘 수 없어 11월 26일(음력 10월 10일) 폐서인된 민왕후를 어쩔 수 없이 왕후로 복위시켰고,[80] 법부에 범인들을 체포하라고 명했다. 그리고 군부대신 조희연과 경무사 권형진을 파면시켰다. 그러나 이두황·우범선 등 가담자들은 왜국으로 도망갔다. 그리고 괴뢰역도들은 12월 1일(음력 10월 15일) 왕후의 승하를 공식 발표했다.[81] 이런 흐름 속에서 범인조사 압박이 가중되면 이 조사를 가로막고 누르려는 괴뢰들의 반격이 격심해지고 괴뢰들 간에도 서로에게 뒤집어씌우려는 알력이 커져 약한 집단이 뒤집어쓰게 되면 이 집단의 살길은 고종을 암살하는 길밖에 남지 않게 된다. 고종이 우려한 '잘못되는 것'은 '폐위'가 아니라 이 '암살'이었던 것이다. 고종은 망명 후 아관을 방문한 고무라에게도 "지금 궐내에 있어도 위험하기 때문에 이곳으로 들어왔다"고 말했다.[82]

왜적과 친일괴뢰들이 포로로 생포한 국왕을 어리석게도 왜, 그리고 무슨 명목으로 폐위한단 말인가? 고종이 민왕후 시해의 전모에 대한 규명을 고집하고 밀어붙이는 경우에 친일괴뢰들은 모두 다 역적으로

---

79) 『高宗實錄』, 고종33(1896)년 2월 13일.

80) 참조: 황현, 『매천야록(중)』, 95쪽; 『高宗實錄』, 고종32(1895)년 10월 10일.

81) 『高宗實錄』, 고종32(1895)년 10월 15일.

82) 『일관기록』, 三.機密本省往來 一三·二, (8)'조선국 대군주 및 세자궁 러시아공사관에 入御한 전말보고'(機密第11號, 1896년 2월 13일), 小村→西園寺.

서 참수당해야 하는 마당이라서 이럴 경우에 그들의 생명안전을 위한 유일한 길은 설득력 있는 어떤 명목도 찾을 수 없어 도리어 전국에서 의병을 폭발적으로 궐기시킬 '국왕의 폐위'가 아니라, 여러 가지 핑계를 댈 수 있는 소리 없는 '국왕의 암살'이었다. 외국공관들의 시해범 색출 압박이 거세지고 국왕을 포로상태에서 구출하려는 의병이 도처에서 거의하여 도성으로 올라올 것 같은 단발령 이후의 국내외적 위기상황에서 국왕을 암살하고 국상 중에 왕세자나 의화군을 새 왕으로 내세울 모반의 위험은 특히 고조되고 있었다.

이런 까닭에 조선 내부의 탐사 임무를 수행 중이던 카르네예프 러시아 육군대령은 이렇게 말한다.

> 자신의 거처인 궁궐에서조차 포로가 된 국왕은 더 이상 안전을 보장받을 수 없는 처지가 되었다. 만일 이소응 의병부대가 수도를 점령했더라면 더욱이 자신의 안전을 보장받을 수가 없었을 것이다. 왕 주위에 있는 인물들 중에는 당연히 있을 보복을 피하기 위해 왕을 죽이려는 자들이 있을지 모를 일이었다. 그런 상황에서 위험을 느낀 왕은 세자와 함께 러시아공사관에 도움을 청하기로 했다.83)

카르네예프는 상황판단을 약간 잘못하고 있지만, 당시 상황에서 국왕의 암살위험을 감지하고 있다.

국왕의 암살위험으로는 독살의 위험이 가장 높았다. 따라서 고종은 음식을 가장 조심했다. 을미왜변 이후 국왕의 신변 가까이서 경호를 섰던 헐버트는 말한다.

> 궁궐침공에 뒤이은 수개월 동안 폐하의 처지는 결코 편치 못했다. 국왕

---

83) 카르네예프 외 4인, 『내가 본 조선, 조선인』, 98쪽.

> 은 국정지도에 아무런 발언권이 없었고, 자신을 실로 내각의 손아귀에 사로잡힌 포로로 여겼다. 그는 심지어 자신의 생명을 염려했고, 몇 주 동안 궁궐 밖의 벗들이 자물쇠로 잠근 상자에 담아 그에게 가져다주는 음식 외에는 어떤 음식도 먹지 않았다. 그는 외국인들이 궐내에 있는 것이 그의 신변에 위해를 꾀할지도 모를 어떤 자들에 대해 억지抑止 효과를 발휘할 것이라고 느끼며 두세 명의 외국인들이 밤마다 궁으로 와서 변고 시에 손에 닿을 만한 곳에 있기를 청했었다.[84]

고종은 매일 암살위험에 떨어야 하는 이런 궁지에서 탈출하여 친일괴뢰내각을 타도하고 왜적을 물리치기를 간절히 원했던 것이다.

폐위위험이 아니라 이 암살(독살)위험이 고종이 러시아황제에게 구조를 요청하고 아관으로 망명한 가장 큰 이유였다. 다른 이유가 하나 더 있다면 그것은 왕세자를 인질로 삼아 일본으로 끌고 가려는 일제의 흉계였다. 이런 까닭에 아관망명 직후 고종에 대한 이범진과 러시아공사의 '폐위설 주입을 통한 국왕유출론'을 폈던 왜적들도 아관망명 열흘 뒤 "이번 사건은 조선국왕께서 구원을 청해 러시아공사가 이에 따라 될 수 있는 모든 원조를 해준 것이라고 볼 수밖에 없다"고 인정했던 것이다.[85]

그러나 슈페예르는 아관망명이 성공한 뒤 프랑스공사 르페브르에게 고종의 아관망명이 자기의 작품이라는 무용담을 늘어놓은 적이 있다.[86] 슈페예르는 고종과의 관계에서든, 본국과의 관계에서든 자기

---

84) Hulbert, *The Passing of Korea*, 143-144쪽.

85) 『일관기록』, 二.和文電信往復控, (69)'朝鮮事件에 관한 通知 件'(1896년 2월 20일), 西園寺→小村.

86) 『프랑스외무부문서(7)』, 135-136쪽(54. 국왕의 아관파천과 내각교체, 1896년 2월 15일). 슈페예르는 "국왕이 비밀리에 궁궐을 떠나 러시아공사관으로 오는 것"을 "현 집권층을 전복하는 가장 간단한 방법"으로 국왕에게 제안하자 국왕이 처음에 "조금 주저하는 것처럼 보였는데", 그것은 국왕이 "실패할 경우에 자신의 상황이 더욱 고통스러워질 것을 우려했기" 때문이라고 말했다. 그래서 "여러 차례에 걸쳐 국왕이 현재 얼마나 암울한

가 모든 것을 주도적으로 결정하고 실행한 것인 양 '영웅적' 무용담을 늘어놓은 것이다. 이 무용담이 사실이라면 아관망명과 관련된 그의 본국보고들은 모두 '허위보고'가 되고 말 것이다. 일국의 국왕을 자기네 공사관으로 받아들이는 이같이 중차대한 일과 관련해 슈페예르가 허위보고를 통해 진짜로 본국과 러시아황제를 속였다면, 분명한 것은 그가 결코 그렇게 목숨을 부지하지 못했을 것이라는 점이다. 그리고 이 대목에서는 르페브르 프랑스공사의 평소 친일성향과, 슈페예르의 뻔한 '무용담'을 곧이곧대로 본국에 타전한 그의 어리석은 순진성에도 유의해야 할 것이다.

### 4) 아관망명의 결행과 망명 첫날의 풍경

#### ■러시아공관 수비대 130명

러시아정부에 의해 슈페예르를 도와주기 위해 당분간 서울에 남으라는 명을 받은 전 러시아공사 베베르와 슈페예르는 이범진, 이완용, 이윤용 등 친로파의 도움을 받아 고종과 극비리에 교신하여 1896년 2월 10일 인천에 정박 중인 러시아 군함으로부터 122명의 무장수병을 서울로 불러올렸다. 상술한 대로 러시아수병은 2월 10일 오후 6-7시경 배치를 완료하고 11일 새벽을 기다렸다. 태평양함대사령관 알렉세예프 소장의 보고에 의하면, 122명의 러시아수병은 코르닐로프 순양함의 상륙부대 100명과 보브르 포함砲艦의 상륙부대 22명으로 구성

상황에 놓여 있는지"를 말해주고 "궁궐에 오래 머물수록 매일 살해의 위험을 겪게 될 것이라고 충고했다"는 것이다. 슈페예르는 여기서 고종이 자기에게 한 말을 자기가 국왕에게 한 말인 양 거꾸로 말하고 있다. 그리고 슈페예르는 이렇게 덧붙였다. "알다시피 국왕은 죽음을 상당히 두려워한다. 그래서 제 논리에 설득당해 제안을 받아들이게 되었다. 하지만 만일의 습격에 대비해 그를 보호하기 위해 상당수의 해군을 서울에 파견하겠다고 약속해야만 했다. 국왕이 계획에 가담할 것이 확실해져서 내가 페테르부르크 정부에 계획을 알리기 위해 전보를 쳤는데, 이 과정에서 유럽과 연락이 끊겼다. 그래서 나는 답변을 받지 못한 채 계획을 실행하기로 결정했다."

되었다. 그리고 부산항에서는 1,500명의 러시아수병이 만일의 사태에 대비하여 대기하고 있었다.87)

왜군 대본영은 을미왜변으로 왕비를 제거한 뒤 1896년 1월 조선주둔 왜군의 교체를 조선국왕의 요청인 양 꾸며 조선괴뢰정부에 6,225명에서 2,000여 명으로 줄어든 왜군 후비보병을 1,450명의 현역병(아마 상비병 1,000명, 헌병 450명)으로 교체투입할 것을 통보했었다.88) 고무라는 1월 말이나 2월 초에 김홍집괴뢰내각을 시켜 이 상비병 교체투입에 대한 고종의 승인을 강취 또는 위조한 것으로 보인다. 그러나 이 교체투입은 아관망명으로 정국이 잠시 혼미해지면서 수면 아래로 가라앉았으나 4월경 다시 현안으로 떠오른다. 그리하여 왜군은 상비병 교체투입 일정을 5월 초순으로 확정하게 된다.89) 따라서 아관망명 당

---

87) 러시아해군문서(РГАВМФ)Ⅱ, 23, 서가417, 목록1, 사건1340, 리스트169об의 해군대장에 대한 알렉세예프의 2월 7일(서양력 2월 18일) 보고.

88) 『일관기록』, 一.本省來機密公信, (4)'朝鮮駐屯 日本守備兵 交代 件'(機密送 第8號, 1896년 1월 28일), 小村→西園寺. "조선남부 병참선도 이미 그 필요성이 없어졌기에 차제에 그 병참선을 폐하고 헌병으로 대체하여 부산·경성 간의 전신선의 수비를 맡기고 모두 교체하라고 미리 조선국 대군주 폐하께서 요구하신 대로 경성·원산·부산의 수비대로 총 4개 중대를 주둔시킬 계획이었습니다. 현재 이 나라에 주둔하는 우리 수비대 총 8개 중대는 어느 것이든 후비병이기 때문에 모두 철수시키고, 위해위 점령군 중에서 다시 상비병 4개 중대를 파견할 계획입니다. 또 헌병은 조만간에 출발시킬 예정이라고 육군성에서 전해 왔으므로, 위의 취지를 조선정부에 통지하여 주시기 바랍니다. 또 위의 교대에 대하여 외국 공사로부터 질문이라도 있게 되면 이때까지의 수비병은 모두 후비병이었으므로 차제에 해산할 필요가 있어 그것을 대신할 상비병을 파견하는 것이며, 그런 수비병의 배치는 원래 조선정부의 요구에 의한 것이라고 대답하여 저들의 의혹을 사지 않도록 주의하시기 바랍니다."

89) 4월 17일에야 무쓰 외상은 고무라 공사에게 1월 28일자 기밀 제8호로 통지한 것처럼 육군대신이 상비병 교체투입을 5월 초순에 조치하겠다고 통고해 왔음을 타전한다. 『일관기록』, 二.和文電信往復控, (143)'駐韓後備兵 교대지시'(1896년 4월 17일), 陸奥→小村; 一.本省來機密公信, (17)'朝鮮駐屯 後備諸隊 交代 件'(機密送 第28號, 1896년 4월 18일). 그리고 5월 5월 무쓰는 예정대로 상비병 교체투입을 실행할 것이므로 조선정부에 통보할 것을 타전한다. 상비병의 규모가 서울 장병 333명(이 중 장교 14, 하사 29), 부산 136명(이 중 장교 5, 하사 10), 원산 137명(이 중 장교 6, 하사 10), 도합 606명이고 전시에는 966명으로 증편될 것임을 통보해준다. 一.本省來機密公信, (25)'守備隊 交代 件'(機密 제36호, 1896년 5월 5일). 그러나 이것은 투입이 예정된 수백 명의 헌병을 빼놓은 수치다. 하지만 이 조선주둔 왜군의 총 병력규모는 아관망명 후 1896년 5월 14일 '베베르-고무라 각서'에

시 한국주둔 왜군은 후비보병으로서 2개 대대(2,000)를 상회하는 병력을 보유하고 있는 상황이었다. 러시아해군은 당시 왜군 후비병 2,000명이나 5월 초순에 장차 교체투입될 왜군 상비병의 병력규모 1,450명에 대적할 만한 1,500명 규모의 현역수병을 동원하여 대기시킨 것으로 보인다. 따라서 러시아군 총 병력은 왜군을 130명 정도 상회하는 수준이 되었다.

한편, 러시아공관 수비에 투입된 러시아해군 총 병력은 사병 122명, 흐멜레프 중위, 디얀코프 소위, 카르네예프 러시아 육군대령 등 장교 4명, 공관 소속 카자크 병사 4명 등 총 130명이었다. 카르네예프 육군대령은 아무르관구 소속으로 조선의 실정을 파악하기 위해 조선에 파견된 탐사관이었는데 탐사여로에서 서울공사관에 들러 슈페예르 공사를 예방했고 1896년 2월 1일 공사의 안내로 고종을 알현하는 영광을 얻었다. 하지만 아관망명 직전인 10일 저녁 즈음, 때가 때인 만큼 슈페예르 공사는 그에게 "공사관을 방어할 준비를 하라고 명령했다".[90] 그리하여 우연치 않게 공사관 수비병력에 육군장교가 한 명 더 추가된 것이다.

아관수비대 병력 수를 두고 여러 의견이 오락가락한다. 렌슨은 막연하게 해군장교 몇 명, 해군사병 100명 이상이라고만 말한다.[91] 그러나 이것은 실제와 너무 오차가 큰 것이다. 영국공사관 서기관보 힐리어(Walter C. Hillier)는 본국에 총 인원을 120명과 야포 1문으로 보고하고, 독일영사 크리엔(Ferdinand Krien)은 약 120명과 야포 1문으로, 고무라는 해군장교 5명, 해병 120명 등 도합 125명이라고 타전했다.[92] 왜관의 보고가 좀 더 사실에 가깝다. 그런데 김영수는 『일본공사관기록』과

의해 800명과 헌병 200명, 도합 1,000명으로 제한된다.

90) 카르네예프 외 4인, 『내가 본 조선, 조선인』, 98쪽.

91) Lensen, *Balance of Intrigue*, 583쪽.

92) 참조: Lensen, *Balance of Intrigue*, 875-876쪽 각주35.

제정러시아대외정책문서보관소 자료를 바탕으로 135명이라고 계산하고, 대포는 포함 보브르에서 가져온 것이라고 말한다.93) 그러나 대포는 보브르 포함의 포가 아니라 원래 흐멜레프 중위에게 하달된 명령서에 기재된 아드미랄 코르닐로프 순양함의 바라노프스키 대포일 것이다. 임무수행의 당사자였던 러시아해군의 문서들을 취합해 다시 확인하면, 아관망명 시 최초의 러시아해군 총 병력 수는 아드미랄 코르닐로프 순양함에서 차출된 사병 100명과 장교 2명(흐멜레프 해군중위와 디얀코프 소위), 그리고 보브르함에서 차출된 사병 22명과 장교 1명(무사토프 해군중위94)), 공관 소속 카사크 병사 4명, 카르네예프 대령 등 총 130명이었다.

그러나 병력은 1주일 간격 또는 격주로 교대가 이루어졌다. 아드미랄 코르닐로프 호 함장 몰라스 대령은 이미 아관망명 겨우 열흘째인 2월 21일 보브르 호에서 파견된 병력을 그레마슈 호의 병력으로 교체했다.95) 각 함대는 각 전함 안에서 제각기 분업적으로 임무를 맡은 수병들이 너무 오래 상륙해 있으면 해군 본연의 전력이 약화될 것을 우려하여 여러 전함 간에 서울파견 상륙병력을 수시로 교대한 것이다.96) 교대 시마다 교대병력 간에 병력 수가 약간씩 차이가 생겼다.

---

93) 김영수, 『미젤의 시기』, 185쪽.

94) 카르네예브 외 4인, 『내가 본 조선, 조선인』, 81쪽.

95) 러시아해군문서(РГАВМФ)Ⅱ, 16, 서가417, 목록1, 사건893, 리스트322об.

96) 1896년 3월에는 순양함 '드미트리 돈스코이' 호의 상륙부대가 교대했고, 4월 3일(양력 4월 15일)에는 흐멜레프 중위의 안내로 아드미랄 코르닐로프 호의 상륙부대 84명이 장교 1명의 인솔하에 서울로 행군하여 교대했다. 러시아해군문서(РГАВМФ)Ⅱ, 18, 서가417, 목록1, 사건893, 리스트404~408об. 그 뒤에 '드미트리 돈스코이' 호의 상륙부대는 6월 중에도 서울로 파견되어 교대한 것으로 보인다. 그리고 1896년 7월 11일(23일경) 전함 '만주르' 호와 '오트바즈니' 호에서 각각 차출된 30명으로 구성된 60명의 상륙부대가 '드미트리 돈스코이' 호의 상륙부대와 교대했다. 러시아해군문서(РГАВМФ)Ⅱ, 34, 서가417, 목록1, 사건1340, 리스트563/575~578. 이런 파견병력 교대는 1897년 2월까지도 계속된다. 경운궁 환어를 경호한 부대는 2월 7일(19일) 서울공사관에 도착하여 교대한 '드미트리 돈스코이' 호의 상륙부대였다. 러시아해군문서(РГАВМФ)Ⅱ, 41, 서가417, 목록1, 사건1341, 리스트381~382.

또 시간이 갈수록 병력 수가 점점 늘어나 상륙부대는 2월 말경에 이미 135명에 달하기도 했다. 이것은 장교 5명과 카사크 병사 4명을 합하면 총 144명인 셈이다. 그래서 태평양함대사령관 알렉세예프 소장은 1896년 7월 하순경 병력 수가 심지어 150명까지 증가할 것으로 전망해서 막사건물의 신축을 고려할 정도였다.97) 김영수의 135명 수치나 카르네예프의 사병 135명 언급은 둘 다 2월 말의 병력 수와 관련된 것으로 보인다. 카르네예프는 "2월 10일 저녁" 현재 러시아수비병력이 장교 5명, 카사크 병사 4명, 해군상륙병력 135명(아드미랄 코르닐로프 호 100, 보브로 호 35)이었다고 기록했다.98) 즉, 총 144명이라는 말이다. 그는 2월 말의 최대병력 수를 "2월 10일 저녁"으로 소급시켜 잘못 기록한 것으로 보인다. 그가 서울에 도착해 고종을 알현하기(2월 1일) 전 슈페예르 공사를 만났을 때 이미 보브르 호 상륙부대의 2월 말 병력 수(아마 35명)를 2월 1일 이전으로 소급해 이 시점의 병력 수 22명을 35명으로 부풀려 기록하고 있기 때문이다.99)

## ▪경복궁 탈출과 아관 도착

고종과 왕세자는 1896년 2월 11일 새벽 "여인복장으로 변장하고"100) 수행원 없이 두 대의 교자에 나눠 타고 극비리에 동시에 움직였다. 나인들이 흔히 그러듯이 교자 안에 박朴 나인이 앞에 타고 고종

---

97) 알렉세예프 소장은 태평양함대사령관의 탐사보고서(1896년 7월 21일)에서 이렇게 말한다. "상륙부대의 주둔과 관련하여 저는 상륙부대를 위한 편리한 장소를 건설해야 한다고 생각합니다. 왜냐하면 지난겨울에(в прошлую зиму) 상륙부대는 최대 135명까지 증가했기 때문입니다. 저는 지난번 보고서에서도 상륙부대의 거주지 개선을 위해서 서울에 적절한 장소를 물색해야 한다고 주장했습니다. 현재 저는 겨울을 대비한 임시 장소를 물색했습니다. 만약 상륙부대가 150명을 초과한다면, 러시아공사관 주변의 조선가옥을 이용하여 이 인원을 수용할 수 있는 거주지를 마련해야 할 것입니다." 러시아해군문서(РГАВМФ) II, 34, 서가417, 목록1, 사건1340, 리스트563/575~578.

98) 카르네예프 외 4인, 『내가 본 조선, 조선인』, 98쪽.

99) 카르네예프 외 4인, 『내가 본 조선, 조선인』, 81쪽.

100) 박종효 편역, 『한국관련 러시아문서』, 89쪽.

은 그 뒤에 앉았다. 왕세자도 마찬가지로 그렇게 했다.101) 왕과 세자가 '여인복장으로 변장한 것'은 확고한 망명의지를 엿보게 한다. 왕과 왕세자의 교자는 경복궁 영추문迎秋門(광화문 밖에서 광화문을 마주보고 섰을 때 좌측 담에 있는 대문)을 향해 천천히 움직여 곧 영추문을 빠져나왔고, 내수사 앞길(서울지방경찰청 맞은편 '경희궁의 아침' 오피스텔 3단지 앞 인도)을 거친 뒤 새문고갯길(강북삼성병원과 경향신문사 사이의 장소, 옛 돈의문이 있던 자리)을 가로질러 러시아공관에 도착한 것으로 추정된다. 가마꾼들조차도 공사관에 도착해서야 왕이 가마에 타고 있었음을 알았을 정도로 모든 것이 극비리에 이루어졌다.102) 40여 명의 시종과 나인들도 각기 다른 궐문으로 궁궐을 빠져나왔다. 이들은 근처 도로에서 왕과 세자의 교자 행렬과 합류해 뒤따라왔다.103) 보부상들과 순검들이 도처에 깔려 있어 행렬은 안전했다.

교자에 대한 훈련대 수비병들의 검문은 없었다. 고종은 상궁과 나인이 교자를 타고 며칠 동안 밤낮없이 일정한 간격을 두고 여러 궐문으로 뻔질나게 드나들게 만듦으로써 여성이 탄 교자에 대한 검문을 두고 자주 마찰을 빚게 만들어 미리 여성용 교자 검문을 하지 못하게 만들어 놓았기 때문이다.104) 또 이범진은 추운 겨울날 몸을 떨며 경비

---

101) Gale, *Korean Sketches*, 208쪽; Underwood, *Fifteen Years among Top-Knot*, 175쪽; 『尹致昊日記(四)』, 1896년 2월 11일.

102) 카르네예프 외 4인, 『내가 본 조선, 조선인』, 99쪽.

103) 러시아해군문서(РГАВМФ) II, 23, 서가417, 목록1, 사건893, 리스트322об, 알렉세예프의 2월 7일(서양력 2월 20일) 보고: "수행원들은 길에서 합류하여 따라왔다".

104) *The Koran Repository* (January 1896), 2쪽('Special Supplement'); Hulbert, *The Passing of Korea*, 146쪽. 그러나 고무라 일본공사는 그릇된 보고를 하고 있다. "이때에 어째서 문을 지키던 친위병이 이를 검문하지 않았는가 하면, 이보다 앞서 (11월 28일 사변[춘생문사건]이 일어난 후) 국왕과 대원군의 이의가 있어서 궁녀에 한해서는 가마에 탄 채 검사 없이 통행을 허용하기로 결정했고, 이 결정이 몇 달 전에 門衛兵들에게 명령이 내려져 이를 실행 중이었습니다. 그러므로 조금도 의심받는 바 없이 통상적인 여궁이 탄 가마인 줄 알고서 그대로 보아 넘긴 결과 이번의 일이 벌어지기에 이른 것입니다." 『일관기록』, 三. 機密本省往來 一·二, (9)[親露派 李範晋 등의 음모에 대한 보고], (機密第12號, 1896년 2월 17일).

를 서는 수비병을 여러 날 동안 여러 가지 따뜻한 음식으로 대접했다. 수비병들은 왕이 탄 교자를 힐끗 쳐다보았고, 이에 박 나인이 "앞문을 그냥 내려두세요. 이렇게 추운 날 아침 왜 앞문을 들어야 하는가요?"라고 말했다. 그러자 수비병은 "통과"라고 외쳤다. 세자가 탄 두 번째 교자도 마찬가지로 대궐문을 통과했다.[105] 왕과 왕세자의 교자는 새벽 7시 30분 러시아공관 동쪽 담벼락의 쪽문에 도착했다.[106] 쪽문이 바로 열리자 두 대의 가마는 공관 안으로 들어왔다. 왕과 왕세자는 슈페예르와 베베르 공사의 영접을 받으며 무사히 치외법권 지역인 공관 경내로 '망명'하는 데 성공했다. 이후 왕은 슈페예르와 베베르 공사와 러시아해군 장병 130명의 비호 아래 들어갔다. 이로써 전 세계 역사상 유례없는 형태의 망명, 즉 국왕의 '국내망명'이 성공한 것이다. 왕과 세자는 공관의 준비된 두 거실에 각각 모셔졌고, 슈페예르는 곧 서울주재 외국사신들에게 고종의 아관망명 사실을 알렸다.[107]

### ■ 조선경찰과 서울조선군의 충성 확보

경무청 순검들이 제일 먼저 국왕에게 충성을 맹세하러 러시아공관에 도착했다. 이어서 친위대 군인들이 장교들의 인솔하에 러시아공관에 도착해 국왕에게 충성을 서약했다. 아관망명 당일 800명의 조선경찰과 2,000여 명의 서울주둔 조선군 친위대가 새로 임명된 군부대신

105) Gale, *Korean Sketches*, 208-209쪽.

106) 몰라스는 2월 20일 보고에서 고종과 왕세자의 공사관 도착 시간을 7시 10분으로 보고하고 있다. "서울주차 우리 대표의 입장에서 볼 때, 1월 30일(서양력 2월 11일) 7시 10분 조선국왕과 왕세자의 공사관 도착(Приезд)은 완전히 의외였습니다. 따라서 현재 거처하실 방을 준비하는 동안 집무실에서 국왕과 왕세자를 맞이해야 했습니다." 러시아해군문서(РГАВМФ) II, 23, 서가417, 목록1, 사건893, 리스트322об, 알렉세예프의 2월 7일(서양력 2월 18일) 보고. 그러나 슈페예르는 "7시 30분"이라고 본국에 보고했다. 박종효 편역, 『한국관련 러시아문서』, 89쪽. 현장에 있었던 카르네예프도 '7시 30분'으로 기록하고 있다. 카르네예프 외 4인, 『내가 본 조선, 조선인』, 99쪽.

107) 박종효 편역, 『한국관련 러시아문서』, 89쪽.

이윤용의 명에 따라 왕에게 대표단을 보낸 것이다. 서울에 주둔한 다른 모든 군부대도 이렇듯 충돌 없이 국왕의 휘하로 들어왔다.[108]

러시아수비부대의 일상임무는 초소근무와 공관주변 순찰이었다. 초소 간 거리가 상당히 멀어서 공관정문 앞에 있는 정원에는 바라노프스키 대포 1문을 설치했다.[109] 카르네예프는 공사관을 방어하기 위해 공사관 주변을 소구역으로 나누고 주야로 감시하기 위해 초소를 설치한 뒤에 총을 편히 거치할 수 있도록 사격지점의 벽에 흙을 더 쌓아 올리게 했다.[110] 그러나 아관수비는 러시아장병들만 담당한 것이 아니다. 러시아군인들은 조선군과 교대로 보초를 섰다.

이윤용은 친위대와 기타 군부대들에 자신은 왕명을 받들었고 모든 군대는 자기의 명령에만 복종하고 임무를 수행해야 한다고 말했다. 그리고 만일 군부대신의 명령에 반하는 장수가 있다면 군인들은 그 장수의 명령을 받들지 않아야 한다고 말했다. 그러고 나서 이윤용은 국왕을 보호하기 위해 러시아공사관 주위에 초소를 설치할 것을 명했다. 이렇게 하여 러시아군과 조선군이 교대로 보초를 서게 된 것이다.

그날 저녁 조선병사들은 러시아 영사관과 공사관 사이에 푸른색 천막을 세웠다. 일본식으로 훈련된 조선친위대 병사들은 러시아군인들과 교대로 보초를 섰고 소총을 공용했다. 조선병사들은 교대시간이 되면 러시아병사에게 소총을 넘겨주었다. 병사들은 레밍턴 소총(구경 7.62mm의 19세기 미국 소총)과 모제르 소총(19세기 독일제 소총)으로 무장했고, 1인당 실탄 80개들이 탄창 한 벌씩을 휴대했다.[111] 그러나 친일괴뢰군으로 훈련된 이 친위대를 믿을 수 없었다. 그리하여 고종은 아관망명 24일 뒤인 3월 4일 공병대에서 차출하여 친위대 4·5대대를 한꺼번

---

108) 『프랑스외무부문서(7)』, 133쪽(54. 국왕의 아관파천과 내각교체, 1896년 2월 15일).

109) 러시아해군문서(РГАВМФ) II, 23, 서가417, 목록1, 사건893, 리스트322об. 해군대장에 대한 알렉세예프의 2월 7일(서양력 2월 18일) 보고.

110) 카르네예프 외 4인, 『내가 본 조선, 조선인』, 98쪽.

111) 참조: 카르네예프 외 4인, 『내가 본 조선, 조선인』, 100-102쪽.

에 새로 증설했다.112) 그리고 간단한 훈련 뒤에 이 4·5대대로 하여금 러시아군과 교대로 아관을 수비하게 했다.

■ 역적내각의 붕괴와 백성의 '천토天討'

1896년 2월 11일 아관망명 당일 고종은 새로운 내각을 조직하고 김홍집 역적내각에 대한 체포령을 내렸는데, 다른 내각원들은 모두 달아나고 김홍집·유길준·정병하만이 경복궁에서 순검에 의해 체포되어 광화문 광장을 가로질러 오던 중 유길준은 왜군병영 앞에 이르자 병영 속으로 도망쳐 들어갔다. 그리하여 오후 2시경 김홍집과 정병하만이 붙들려오는 도중, 지방에서 국왕을 구하려 올라온 보부상들과 격분한 서울시민들이 김홍집과 정병하를 알아보고 순검들에게 달려들어 이들을 탈취해 달리 손쓸 새도 없이 격살해버리고 말았다. '백성의 천토天討'였다. 고종은 당일 조령에서 이를 "금수에 천리공조天理孔昭ᄒᆞ야 역괴逆魁가 복주伏誅ᄒᆞ얏다(지금에 천리가 매우 밝아서 역괴가 주살당했다)"고 평하고 유길준·조희연·장박·권형진·이두황·우범선·이범래·이진호 등 역적들을 기일 내에 체포하라는 명을 내렸다.113) 이들을 격살한 사람들은 아마 대부분 당일 이른 아침 새벽부터 궁문 앞에 모여든 수천 명의 보부상들과 지방청년들이었을 것이다. 그들의 시신은 종로 네거리에 옮겨져 한동안 지나가는 시민들에 의해 계속 훼손되었다. 을미왜변 당시 고향 보은에 있어 체포령 명단에 들지 않은 어윤중魚允中은 김홍집이 타살당하는 것을 전해 듣고 화가 자신에게도 미칠까 두려워 2월 17일 부인교를 타고 동대문으로 몰래 빠져나가 고향 보은으로 가려고 용인의 '어사리魚死里'라는 이름의 객점에 이르러서114)

112) 「勅令 第15號 親衛隊2大隊 增設에 관한 件」(1896년 3월 4일). 『韓末近代法令資料集(II)』, 49-50쪽.

113) 『高宗實錄』, 고종33(1896)년 2월 11일.

114) 황현, 『매천야록(중)』, 121쪽. 그러나 윤효정은 어윤중의 사지가 '魚死里'가 아니라 '魚悲울'이라고 한다. 尹孝定, 『風雲韓末秘史』, 201-203쪽. 정교는 어윤중을 죽인 사람들의

사람들에게 붙들려 타살되었다.[115] (고종은 어윤중을 사사로이 죽인 정원로·임길록·안관현 등이 체포된 뒤 열린 재판에서 1896년 6월 13일 재판장 한규설에 의해 선고된 사형·태형 등 중형을 경감하여 이들을 유배에 처하고 용인군수 김순병을 강등시켰다.[116]) 김윤식은 러시아공사관 앞에 나아가 석고대죄했으나 고종이 그의 평소 행동을 참작해 제주로 유배 보내는 것으로 끝내는 관용을 베풀었다.

그러나 왜인 '소시' 두목 아다치겐조(安達謙藏)가 왜국 외무성 첩보자금으로 발간하는 『한성신보』는 2월 11일 당일 '호외'를 발행하여 "전 총리대신 김홍집, 전 농상공부대신 정병하 양씨는 금일 내각에서 포박ᄒᆞ고 경무청으로 구인하야 오후 3시쯤에 동청문내(同廳門內)에서 순검에게 살육되야 사체는 문외에서 옷을 벗겨 …"라고 보도하기 시작했다.[117] 이에 일본공사도 본국 외무성에 순검이 김홍집과 정병하를 불법 처형한 것으로 보고하고 있다. "김홍집 총리가 내각을 나오자 … 경무청에서 파견된 순검이 이미 대궐 안에 들어와 있어서 즉시 총리를 압송해서 경무청에 구인했다. 또 한편으로는 순검 수십 명이 정병하 농상공부대신의 저택으로 향해 그를 붙잡아서 경무청에 구인했다. 이때 경관들이 김 총리를 청의 문 앞으로 끌어냈는데 인민들이 모여들어서 입추의 여지가 없음을 보자 칼을 뽑아들고 인민들을 쫓아

---

동네가 '魚肥洞'이고, 그의 사지는 '長西里'라고 한다. 정교, 『大韓季年史(2)』, 162쪽. 그러나 용인의 행정구역 명칭에 역사적으로 '魚肥洞'은 있었고 종종 우리말로 '어비울'로도 불렸지만 '魚悲울'은 없었다. '어비동'은 1914년 일제의 행정개편에 의해 장서리·수역·방목·장율·점촌·곽기 등과 1리로 통합되어 '魚肥里'로 불렸고, '어비동'은 1960년 저수지로 변해 수몰되었다. '어비동'이나 '어비리'의 우리말 지명은 '어비울'이지만, '魚悲울'이라고 표기된 적은 없었다. '魚悲울'은 어윤중이 이 근처에서 타살된 뒤 호사가들이 지어낸 말로 보인다. 그러므로 '어비동'이라는 정교의 기록이 신빙성이 있다. 그러나 '어사리'가 동네 이름이 아니라 객점 이름이라는 황현의 말도 신빙성이 없다고 할 수 없다. 그 객점이 민물매운탕집이라면 어비동 근처에서 매운탕집의 상호가 그런 이름을 달고 있다는 것은 그럴싸하기 때문이다.

115) 李光麟, 「一齊 魚允中」, 『改化期의 人物』(서울: 연세대학교출판부, 1993), 61-63쪽.

116) 참조: 정교, 『대한계년사(2)』, 162-163쪽.

117) 『漢城新報』. 1896년 2월 11일 '號外'.

버린 다음 김 총리를 차서 쓰러뜨리자마자 경관 수 명이 일제히 난도질해 가슴과 잔등을 내리쳤다. 이어서 또 정 농상공부대신을 끌어내 한칼에 참살하고 두 시체의 다리부분을 거친 새끼줄로 결박해서 이를 종로로 끌고 와서 시신을 들어 내놓게 하고는 거기에다 '대역무도大逆無道 김홍집金弘集 정병하鄭秉夏'라고 크게 쓴 장지를 붙였다. 그러자 길 위에 가득 차 있던 보부상들이 각기 시체를 향해서 큰 돌을 던지기도 하고 또 발로 짓이겨서 시체를 온전한 곳이 한 군데도 없도록 만들었다."[118] 『한성신보』 외에 다른 신문이 없던 때였기 때문에 이 허위 보도의 파장은 아주 컸다.

이 때문에 당시 일본공사관의 외교관들과 친하던 프랑스공사 르페브르도 "2월 11일 오후 경찰에 체포되었던 김홍집 내각총리대신과 정병하 농상공부대신이 서울 감옥의 문 앞에서 처형당했다"고 본국에 보고하고 있다. 그리고 2월 14일 발포된 국왕의 칙유에는 "문제의 두 대신을 법에 따라 재판하기 위해 경찰이 체포했는데 민중들이 경찰에게서 이들을 그들의 손으로 잡아채어 살해했다"고 되어 있지만 "이것은 유감스럽게도 사실이 아니다"라고 칙령을 부인하고 공사가 "물어본 모든 사람은 이들이 경찰에 의해 살해되었고 그들의 시신이 경찰에 의해 민중들의 손에 넘겨졌다고 이구동성으로 대답했다"고 덧붙였다.[119] 르페브르가 물어본 사람들은 그의 접촉범위가 본래 그렇고 그렇기 때문에 아마 모두 다 평소 『한성신문』을 읽는 친일개화파 지식인들이기 십상이었을 것이다.

박영효에 경도되고 용일이적容日利敵·반러의식에 찌든 시골양반 황현도 왜성대와 친일파들이 퍼트린 이야기를 재생산하고 있다. "김홍집, 정병하를 붙잡아 죽였다" 또는 "임금이 경무관에게 김홍집 등을

118) 『일관기록』, 三.機密本省往來 一三·二, (8)'조선국 대군주 및 세자궁 러시아공사관에 入御한 전말보고'(機密第11號, 1896년 2월 13일), 小村→西園寺.

119) 『프랑스외무부문서(7)』, 133-134쪽(54. 국왕의 아관파천과 내각교체, 1896년 2월 15일).

참하라고 명했다"는 것이다.[120] 또 친일파 정교도 "임금이 이에 경관에게 김홍집·정병하를 체포하도록 하고 경무관 안환에게 빨리 가서 베어 죽이도록 했고, 안환이 이 명을 받들고 경무청 문 앞에 도착했는데 두 사람이 마침 당도하니 총순 소응문(이완용의 심복)이 칼로 김홍집을 경무청 문 앞 소석교 위에서 찔러 죽이고 정병하도 베어 죽였다"고 말한다.[121] 친일파·일제밀정 윤효정은 1931년 『동아일보』에 '최근 60년 유사편편遺史片片' 제하에 후일담으로 연재한 『풍운한말비사』에서 마치 고종이 김홍집과 정병하에 대해 참형을 집행하라는 명을 내리고 순검들이 형을 집행한 것을 자신이 본 듯이 처형장면을 아주 '리얼하게' 묘사해놓고 있다.[122] 윤치호도 "오후 2시경 김홍집과 정병하가 어떤 형식의 재판도 없이 처형되었고, 그들의 시신은 폭도의 분노와 야만행위에 던져졌다"라고 기록하고 있다.[123] 뮈텔도 일기에 유사하게 기록하고 있다.[124] 역사학자 이현종도 윤효정의 이런 참형집행 이야기를 그대로 재현하고 있다.[125]

하지만 『고종실록』은 이들이 불의에 백성들에 의해 타살당한 것으로 기록하고 있다.[126] 슈페예르는 본국에 보낸 망명 당일의 공식보고서에서 동일한 취지로 보고하고 있다.[127] "국왕은 경찰들에게 모반자의 수뇌들을 체포하라는 명령을 내렸습니다. 1차 체포대상자는 전 내

---

120) 황현, 『매천야록(중)』, 115, 116쪽.

121) 정교, 『대한계년사(2)』, 157쪽.

122) 尹孝定, 『風雲韓末秘史』, 195-200쪽.

123) 『尹致昊日記(四)』, 1896년 2월 11일자.

124) 『뮈텔일기』, 1896년 2월 11일.

125) 李鉉淙, 「俄館播遷」, 한국사연구협의회, 『韓露關係100年史』(서울: 한국사연구협, 1984), 166쪽.

126) 『高宗實錄』, 고종33(1896)년 2월 11일조(양력) 및 2월 13일(고종 윤음), 2월 15일(내각칙유).

127) 러시아대외정책문서(АВПРИ), 서가150, 목록493, 사건5, 리스트25-31. 김종헌 편역, 『러시아문서번역집(II)』, 218-222쪽(64. 슈페예르의 1896년 1월 30일[2월 11일] 보고서); 외교통상부, 『이범진의 생애와 항일독립운동』, 143쪽.

무대신(총리대신의 오기)과 전 농상공부대신이었습니다. 경찰은 그들을 체포해 경찰서로 연행하는 도중에 그들에게 폭력을 가했습니다. 그런데 군중들이 갑자기 경찰들의 손에서 그들을 빼앗아 그 즉시 저잣거리에서 참수해버렸습니다. 그들의 시체 위에 광분한 시민들의 울분이 울려 퍼졌고 강력한 경찰부대가 이를 저지하면서야 사건은 종료되었습니다."[128] 아드미랄 코르닐로프 함대 함장 몰라스 해군대령도 "두 명의 전직 대신이 살해되었다"고 보고하고 있다.[129] 그리고 러시아공사관과 별개로 한국탐사 여정에 있던 카르네예프 러시아 육군대령도 "백성들의 증오를 사고 있던 김홍집과 정병하는 군중들에 의해 경찰의 손에서 끌려나와 저잣거리에서 참살당했다"라고 기록하고 있다.[130] 일본외무성에서 낸 『고무라외교사』도 "김홍집과 정병하는 격앙한 군중에 의해 참살되었다"고 기록하고 있다.[131] 미국인 헐버트도 "김홍집과 정병하는 군인들에 의해 체포된 즉시 군중들이 몰려들어 살해했다"고 적고 있다.[132] 미국공사 알렌도 "성난 군중(mob)에 의해 살해된 것"으로 기록하고 있다.[133] 당시 서울에 와 있었던 서재필도 여간 거짓말쟁이가 아니지만 그래도 김홍집과 정병하는 "도중에 그만 군중에게 붙잡혀 참살을 당하고 말았다"고 술회했다.[134] 최근 일본 역사가 와다

128) 러시아대외정책문서(АВПРИ), 서가150, 목록493, 사건5, 리스트25-31. 김종헌 편역, 『러시아문서번역집(II)』, 221쪽(64. 슈페예르의 1896년 1월 30일[2월 11일] 보고서).

129) 러시아해군문서(РГАВМФ) II, 16, 서가417, 목록1, 사건893, 리스트322об.

130) 카르네예프 외 4인, 『내가 본 조선, 조선인』, 100쪽.

131) 外務省 編著, 『小村外交史』(東京: 原書房, 1966), 81쪽. 金景昌, 「國王의 俄館播遷에서 還宮까지의 日露交涉始末」, 한국정치외교사학회 편, 『명성황후 시해사건과 아관파천期의 국제관계』(서울: 東林. 1998), 228쪽에서 재인용.

132) Hulbert, *The Passing of Korea*, 148쪽.

133) Allen, *Chronological Index*, 33쪽; Allen, *Korea: Fact and Fancy*, 195쪽.

134) 김도태, 『徐載弼博士自敍傳』, 241쪽. 그러나 김도태는 자신이 쓴 것으로 보이는 대목에서 "두 사람은 사변이 일어났다는 말을 듣고 경복으로 나아갔다가 순검에게 체포되어 경무청 대문 앞에서 참살을 당했다"(229쪽)고 써서 주의력 없이 서재필의 술회와 모순된 말을 하고 있다.

하루키도 그들이 "서울의 가두에서 살해됐다"고 말한다.[135)]

결론적으로 『한성신보』의 보도, 『일본공사관기록』의 보고서, 황현, 윤효정, 윤치호, 프랑스공사 르페브르의 보고, 뮈텔의 기록 등은 친일적으로 각색된 것으로 보인다. (김홍집 등 역적들에 대한 의병 처단은 1897년 1월에 뒤늦게 이루어졌다.[136)]) 어윤중은 사적 원한을 품은 자들에 의해 용인에서 피살되었다.[137)] 이것을 보면, 당시 서울시민들이 미우라와 왜군에 의한 국모시해의 공동정범들로서 조선멸망에 대한 조선인들의 정신적 승인을 받아내려고 단발을 강제한 역적괴뢰내각에 대한 적개심이 어느 정도였는지를 짐작할 수 있다.

■망명 당일의 풍경

『코리안 리포지터리』 1896년 2월호는 망명 당일의 정황을 이렇게 경악 속에서 보도하고 있다.

"국왕이 러시아공관에 계신다." 2월 11일 아침 청천벽력처럼 이런 소식이 들려왔다. "그게 사실이야? 사실이라면 그것은 무슨 의미지?" "이것이 일본과 러시아의 무력갈등의 시작일까?" 이런 그리고 이와 유사한 물음들이 한꺼번에 떠올랐다. 소식은 삽시간에 퍼져나갔고, 국왕의 소재와 그의 안전에 대한 확정적 정보를 가진 사람이 소수인 만큼 도시는 최대의 배설물 속에 내던져졌다. 믿을 만한 취재원으로부터 우리는 다음과 같은 설명을 독자들 앞에 내놓을 수 있었다. 아침 7시 조금 전 폐하, 왕태

---

135) 와다하루키, 『러일전쟁과 대한제국』, 39쪽.

136) 1897년 1월 27일 법무대신 조병식이 "신이 가만히 생각건대 두 역적이 죽던 날 일이 순식간에 벌어져서 미처 죄명을 명확히 밝히고 천토天討를 시원스레 행하지 못했으니 형벌을 제대로 시행하지 못한 것이 큽니다. 해부에서 앞으로 사실을 밝혀내서 죄명을 바로잡으려 하니 극률極律을 뒤미처 시행하소서"라고 아뢰니 고종이 윤허했다. 『高宗實錄』, 고종34(1897)년 1월 27일.

137) 참조: 『高宗實錄』, 고종33(1896)년 2월 11일 여섯 번째 기사 및 17일조(양력) 첫 번째 기사. 또 참조: 尹孝定, 『風雲韓末秘史』, 201쪽.

> 자 그리고 40명의 시종들이 궁궐을 떠나 정동의 러시아공관으로 향했다. 왕과 왕태자는 여성들이 쓰는 좁은 교자에 나눠 탔다. 피신이 결정된 이래 1주일 이상 궁녀들은 관심을 끄는 것을 피하기 위해 수많은 교자들을 몇몇 궐문으로 드나들도록 만들었다. 또한 국왕과 그의 아들은 같은 궐문으로 나오지 않았고 또 시종들은 마찬가지로 다른 궐문들로 빠져나왔다고 얘기된다. 모두 다 잘 빠져나왔다. 계획은 충실하게 수행되었고, 7시에 왕태자는 러시아공관의 북문을 노크했고, 물론 즉시 영접되었다. 우리는 이 피신이 왕이 시도하기에 대담한 일(bold thing)임을 실토하고, 왕이 공관건물의 널따란 거실로 들어설 때 창백한 얼굴로 몸을 떨고 있었다는 것을 알고도 놀라지 않는다. 왕은 밤에 많은 일을 하고 아침에 휴식을 취한다. 그가 대궐을 떠날 시간으로 아침 이른 시간을 택한 것은 놀랄 일이 아니고, 늘 경계심을 늦추지 않던 내각이 왕이 자고 있을 것으로 생각해 왕의 부재를 눈치채지 못한 것도 이상한 일이 아니다. 그러므로 몇 시간이 흐르고, 새 내각의 조각이 이루어지고 도성의 여러 지역에서 온 한국 대신들이 국왕의 면전에 소집되기 시작할 때까지 왕의 행방은 알려지지 않았다. 소환된 첫 대신은 전 총리 박정양이었다.[138]

『코리안 리포지터리』의 이 보도 속에 망명 당일의 정황과 고종의 심적 상태가 생생하게 묘사되고 있다. 백성들에게는 11일 아침 10시경이 되어서야 국왕이 거처하는 곳이 알려졌다. 백성들은 러시아공사관이 있는 거리로 모여들기 시작했고, 곧 대규모의 인파가 운집했다. 하지만 질서가 잘 유지되었다.[139]

아관망명의 소식은 더욱 멀리 장안 구석구석으로 퍼져나갔다. 뮈텔은 말한다. "이것(아관망명)이야말로 혁명이다. 백성들은 이를 기쁘게 받아들이고 또 그것을 그들의 해방으로 보고 있다고 말할 수 있다."[140]

---

138) *The Koran Repository* (February 1896), 84쪽('Special Supplement', 1쪽).

139) 러시아해군문서(РГАВМФ) II, 17, 서가417, 목록1, 사건893, 리스트32206.

슈페예르도 망명 당일 백성들의 민심을 본국에 이렇게 보고하고 있다. "기쁨과 환호로 가득 찬 민중들은 충성심과 존경심을 전하기 위해 국왕을 만나게 해달라고 요구하고 있습니다. 그런데 기쁨으로 충만한 이 분위기는 왜인들의 심각한 몰지각으로 인해 금방 암울해질 수 있다는 점이 불행입니다. 이런 몰지각은 사소한 사건에 의해서도 금방 '불상사'를 초래할 수 있습니다. 서울의 대부분의 식자층은 지나치게 흥분해 이를 전혀 예상치 않고 있습니다."[141] 친일성향의 프랑스공사 르페브르도 "일반 백성들은 반대는커녕 일본인들이 세운 정권의 붕괴를 열렬한 환호로 받아들였다"고 본국에 보고하고 있다.[142] 서울시민은 왕의 해방에 대해 대리만족적 해방감의 기쁨을 느낀 것이다.

■ 춘천파견 친위대에 대한 복귀조치

고종은 2월 11일 조령을 내려 의병진압을 위해 춘천지방에 파견된 친위대에 대해 복귀명령을 내렸다.

> 이번에 춘천 등지에서 인민이 소요를 일으킨 것(人民起鬧)은 단발 때문이 아니라 대체로 8월 20일(10월 8일) 사변(을미왜변) 때 쌓인 울분이 가슴에 가득 차서 그것을 계기로 폭발한 것을 묻지 않고도 분명히 알 수 있다. 지금 이미 국적國賊들을 의법 처단했고 잔여 무리도 차례로 다스릴 것이니 지난번에 강경했던 인민들도 아마 틀림없이 들어 알고는 옛날의 울분을 쾌설快雪할 것이다. 해당 지역에 주류하는 군대는 꼭 먼저 이 조칙을 춘천부에 모여 있는 백성들에게 보여 각기 귀화해 생업에 안착하도록 하고, 그 두목 이하에 대해서는 모두 내버려두고 묻지 않음으로써 모두 함께 유신하도록

---

140) 『뮈텔일기』, 1896년 2월 11일.

141) 러시아대외정책문서(АВПРИ), 서가150, 목록493, 사건5, 리스트25-31. 김종헌 편역, 『러시아문서번역집(II)』, 222쪽(64. 슈페예르의 1896년 1월 30일[2월 11일] 보고서).

142) 『프랑스외무부문서(7)』, 133쪽(54. 국왕의 아관파천과 내각교체, 1896년 2월 15일).

하며 너희 군대의 대소 무관과 병졸들은 즉일로 환군하라.143)

이렇게 하여 의병진압을 위해 지방으로 파견된 조선군대도 속속 서울로 돌아와 국왕을 배알하고 충성을 맹세했다. 국왕은 모든 병사에게 감사를 표하고 포상으로 100냥씩을 하사했다. 국왕은 돈 자루를 메고 나간 병사들이 각 병사들에게 포상금을 다 나눠줄 때까지 참을성 있게 공관 현관 앞에 서 있었다.144) 이렇게 하여 고종은 삽시간에 전체 '친위대'를 장악하고 러시아공관을 수비하게 했다.

■'아관파천'이 아니라 '아관망명'

우리말 사전에 '파천播遷'은 '임금이 도성을 떠나 다른 곳(지방)으로 피란하는 것'을 가리킨다. 그런데 고종은 도성을 떠나 지방으로 간 것이 아니라 도성의 러시아공관에 가 있었다. 그리고 피란해서 숨어 있으려고 간 것이 아니고, 반격의 싸움을 하려고 간 것이다. 일본인 학자 와다하루키조차도 '아관망명'은 고종이 러시아공사관으로 "단순히 도망친 것"이 아니라 일본의 청일전쟁 승리와 갑오왜란에 대한 "최대의 반격"이라고 말한다.145) 따라서 아관으로 간 것은 결코 '파천'이 아니다. 고종은 러시아와 국경을 맞댄 멀고 먼 함경도 최북단을 제외하면 '지방' 어디에도 파천할 곳이 없었기에 도성을 떠나지 않았고, 러시아황제의 공식적 비호약속을 얻어 도성 안의 — 당시 만국공법상 — 외국이나 다름없는 치외법권 지역인 러시아공관으로 '망명'한 것이다. 당연히 『고종실록』은 '아관파천'이라는 표현을 쓰지 않고, '이필주어移蹕駐御'라는 표현을 쓰고 있다.146) 이 말은 '이어移御'(임금이 거

143) 『高宗實錄』, 고종33(1896)년, 2월 11일.

144) 참조: 카르네예프 외 4인, 『내가 본 조선, 조선인』, 102쪽.

145) 와다하루키, 『러일전쟁과 대한제국』, 39쪽.

146) 『高宗實錄』, 고종33(1896)년 2월 11일(양) 첫 번째 기사.

처를 옮기는 것)와 '주필駐蹕'(임금이 거둥하는 중간에 어가를 멈추고 머무르거나 묵는 것)을 합성한 말이다. 신하들과 고종 자신은 '이필移蹕'이라고 표현하기도 하고, '아관주필駐蹕俄館' 또는 '아관이어俄館移御'라고도 표현했다.[147] 아관망명의 또 다른 당사자인 러시아 측은 "국왕의 이전 또는 이어移御(переезд Короля)" 또는 "정부의 대변동(правительственный переворот)"으로 표기하거나,[148] 또는 그냥 "대변동(переворот)"이라고 불렀다.[149]

그러나 『주한일본공사관기록』에 의하면 일본공사관은 아관망명 이틀 후부터 바로 '아관파천'으로 본국에 정보보고를 하고 있다.[150] 아직 정부대변지로 기능하던 시절 『독립신문』은 처음에 아마도 일본외무성 첩보기관지 『한성신보』의 표현을 모방해 '파천'이라는 표현을 썼지만,[151] 나중에는 "이어"로 고쳐 표현했다.[152] 김윤식도 『음청사』에서 '아관이어'라고 표현하고 있다.[153] 황현은 그냥 "주상이 출어出御하

---

147) 조병식 등은 상소문에서 "矧又移蹕露館 再更蓂曆(하물며 또 러시아공관으로 이필하신 지가 두 해가 되었습니다)"라고 표현한다. 이에 고종은 이렇게 비답한다. "移蹕由於不獲已而未卽還御 亦豈無默諒而然也? 朕不待卿等之請 而方俟工役之告竣. 卿等諒悉 勿復煩瀆." 『高宗實錄』, 고종34(1897)년 2월 11일(陽曆) 첫 번째 기사. 『독립신문』은 이 비답을 좀 달리 보도하고 있지만 '이필'을 순 한글로 표현하고 있다. "죵일품 죠병식 등이 언ᄉᆞ쇼를 올엿더니 비답이 나립셔기를 샹쇼ᄂᆞᆫ 자셔히 보앗ᄂᆞᆫ지라 이필은 말믈 엇지 못 홈에 말ᄆᆡ암아스되 곳 환어치 못홈은 ᄯᅩᄒᆞᆫ 엇지 묵묵히 혜아림이 업셔 그리 ᄒᆞ엿스랴. 짐이 경 등의 청을 기다리지 안코도 방쟝 공익(공역의 오자 – 인용자)이 ᄭᅳᆺ나기를 기다리니 경등은 혜아리고 다시 번독을 말나 ᄒᆞ옵셧더라." 『독립신문』, 1897년 2월 16일자 '관보'. 3월 유규열의 상소문 중에는 "駐蹕于他邦公館"이라고 하고, 중추원의관 강두흠의 상소문에서는 "移御俄館"이라고 한다. 『高宗實錄』, 고종33(1896)년 3월 4일 및 8일 기사.

148) 러시아해군문서(РГАВМФ) II, 23, 서가417, 목록1, 사건1340, 리스트169об.

149) 러시아해군문서(РГАВМФ) II, 27, 서가417, 목록1, 사건1340, 리스트253.

150) 국사편찬위원회 한국사데이터베이스, 『일관기록』 8권, 1.諸方記錄, (14)[俄館播遷 후 組閣](1896년 2월 13일).

151) "대군쥬 폐하ᄭᅴ셔 외국 공ᄉᆞ관에 파쳔ᄒᆞ여 환어ᄒᆞ실 긔약이 업고 …" 『독립신문』, 1896년 4월 23일자 논설.

152) 『독립신문』, 1896년 12월 26일 '논설': "이월 열하루날 대군주 폐하께서 위태하심을 이기지 못하셔서 대궐을 떠나시고 아라사공사관에 이어하셔서 아라사 공사에게 보호를 청하신즉 아라사 공사는 대군주 폐하에게 친밀한 항의가 있는 사람이요 또 팔월 사변을 분히 여기던 터이라 …".

셨는데 이범진·이윤용 등이 주상을 러시아공관으로 천거薦居케 한 것이다(上出御 李範晉李允用等遷上于俄公館)"라고 표현하고, 파천이라는 말은 쓰지 않고 있다.154)

당시 구미 외국인의 눈에도 그것은 '아관파천'이 아니라, '아관망명'이었다. 헐버트는 고종이 타국 공관으로 거처를 옮기는 것을 거듭 '망명(asylum)'이라고 말하고 있다. 가령 "왕은 러시아공관에서 망명을 얻기(to find asylum)로 결심했다"155) 또 "미국공관에서 망명을 구하려는(to secure asylum) 노력이 헛되게 된 뒤에 왕은 왕궁에서 몰래 빠져나와 러시아의 품 안에 몸을 던졌다"156)고 말했다. 그러나 헐버트는 고종의 이 아관망명에 대해 "이 행동은 물론 왕에 걸맞은 위엄으로부터의 고통스런 일탈(grievous lapse)이었지만 그 상황에서는 변명할 말이 많다(there is much to say by way of excuse)"라고 평하고 있다.157) 알렌도 "왕과 왕세자는 경복궁을 빠져나와 러시아공사관에 주필했다(took residence)"고 표현하거나,158) "조선 폐하가 궁을 빠져나와 러시아제국 공사관에서 피신처를 얻었다(took refuge)" 또는 "러시아는 조선국왕에게 망명처(비호)를 제공했다(gave asylum)"고 말한다.159) 그리고 『코리안 리포지터리(한국휘보)』는 "러시아공관의 국왕(The King at the Russian Legation)"이라는 제목의 특별보충판에서 사건을 요약 소개하면서는 "왕궁으로부터 왕과 왕세자의 비밀탈주(secret flight)"라고 표기했지만,160) "한국국왕 폐하는 몇몇

153) 金允植, 『續陰晴史(上)』, 391쪽. "上及太子移御貞洞俄館(주상과 태자가 정동 아관으로 이어했다)."

154) 황현, 『매천야록(중)』, 116-117쪽.

155) Homer B. Hulbert, *The History of Korea*, vol. 2 (Seoul: The Methodist Publishing House, 1905; 2013 reprinted by Nabu Press), 302쪽; Hulbert, *The Passing of Korea*, 146쪽.

156) Hulbert, *The Passing of Korea*, 345쪽.

157) Hulbert, *The History of Korea*, vol. 2, 302쪽; Hulbert, *The Passing of Korea*, 147쪽.

158) Horace N. Allen, *Chronological Index* (Seoul: Press of Methodist Publishing House, 1901), 33쪽; Allen, *Korea: Fact and Fancy*, 195쪽.

159) Horace N. Allen, *God, Mammon, and the Japanese* (Madison: The University of Wisconsin Press, 1944·1961·1966), 168, 289, 171쪽.

충성스런 신하들의 보기 드문 헌신에 의해 보필 받아 모든 의도와 고의에서 중금고重禁錮의 포로(close prisoner)였던 왕궁을 탈출하여(escaped from the Palace) 러시아공사의 우의적 도움(friendly assistance)을 구했다. 이 과감하고 전적으로 성공적인 이차移次(bold and altogether successful move)로 국왕은 적들의 악랄한 음모를 완벽하게 좌절시켰다. 적들은 해 질 녘이 되기 전에 모두 죽거나 도망쳤다".[161] 『코리안 리포지터리』에 의하면, 과감하게 움직인 쪽은 국왕이었던 반면, 도망친 쪽은 김홍집괴뢰내각의 역적들이었다고 묘사하고 있다.

'아관파천'이 아니라 '아관망명'이나 '이차'에 관한 기록상의 이런 표현들은 공감해석학적으로 충분히 납득이 가는 것들이다. 그렇다면 객관적으로는 '아관망명'이었지만, 정작 고종 자신은 이를 '아관파천', 즉 '난을 피해 도성을 버리고 지방으로 도망가는 것'으로 생각했는가? 고종의 당시 심정을 공감해석학적으로 짐작해본다면 결코 그러지 않았을 것이다. 미상불 고종 자신은 아관에서 러시아황제의 비호를 구하면서 이 망명·비호권이 만국공법상 보장되고 있음을 명확하게 알고 있었다. 그는 1896년 2월 13일 윤음에서 이렇게 말한다.

> 역괴난당들의 흉모궤계凶謀詭計가 그 정황이 감춰질 수 없게 됨에 가로막고 누르는데, 그 방도가 혹시 잘못될까 우려해서 외국에 이미 행해지는 관례대로 임시방편을 써 짐이 왕태자를 이끌고 대정동에 있는 아라사공사관에 잠시 이어했다(逆魁亂黨의 凶謀詭計가 情節이 莫隱홈이 防遏制伏ᄒᆞᄂᆞᆫ 方의 或疎虞홀가 慮ᄒᆞ야 外國에 已行ᄒᆞᆫ 例로 權宜ᄅᆞᆯ 用ᄒᆞ야 朕이 王太子ᄅᆞᆯ 率ᄒᆞ고 大貞洞에 在ᄒᆞᆫ 俄羅斯國 公使駐館에 暫御).[162]

---

160) *The Koran Repository* (February 1896), 83쪽('Special Supplement', 1쪽).

161) *The Koran Repository* (February 1896), 77쪽('Editorial Department').

162) 『高宗實錄』, 고종33(1896)년 2월 13일.

여기서 고종이 말하는 "외국에 이미 행해지는 관례"는 만국공법상(국제법상)의 근대적 망명관례를 말한다. 따라서 '아관이어'는 고종의 의식 속에서도 근대적 의미가 전무한 '파천', 즉 '지방으로의 피란'이 아니라, 명백히 만국공법상의 근대적 국제관례로 이해된 '망명'이었던 것이다. 따라서 객관적으로 보나 고종 자신에 의해 주관적으로 보나 고종의 아관이어는 국제법적 권리·의무와 무관한 '왕의 지방피란'의 높임말로서의 전통적 '파천'이 아니라, 국제법상의 '망명'인 것이다.

그러나 친일역적 유길준은 "국왕이 러시아공사관으로 도망쳤다(fleed)"고 불경하게 표현하고 있다.163) 반러·친일로 경도된 시기의 독립협회와 만민공동회에서 간사와 연사로 맹렬히 활동한 정교도 『대한계년사』에서 처음에 "러시아공사관으로 달아났다(奔)"는 불경한 표현을 썼다가 다시 "몰래 건춘문을 나가 러시아공사관으로 이어移御했다"고 고쳐 말하더니164) 최종적으로 "파천했다"는 그릇된 용어를 선택하고 있다.165) 상술했듯이 청년 시절 내내 일본을 선망해 일본을 우호적으로 생각했던 이승만도 청년기에 쓴 『독립정신』에서 "이해 12월에 대황제께옵서 아관으로 파천하시니" 또는 "아관으로 파천하신 후"라고 말하며166) 거듭 '아관망명'을 '아관파천'으로 격하시키고 있다. 윤효정은 일제강점기에 한 국내신문에 연재한 글에서 '노관파천露館播遷'이라고 쓰고 있다.167) 당시 일본공사관 기록과 일본외무성 공

---

163) 유길준, 「우리들이 작성한 개혁안」, 233, 235쪽.

164) 정교, 『大韓季年史(상)』卷之二, 137쪽: "大君主奔俄國公使館" 및 "潛出建春門而移御俄羅斯國公使館". 정교는 '영추문'을 '건춘문'으로 잘못 알고 있다.

165) 鄭喬, 『大韓季年史(상)』, 170쪽(1897년 11월 13일): "先是設武官學校於景祐宮 招日本士官教鍊武學生徒 及上播遷俄館之後罷遣(이에 앞서 무관학교를 경우궁에 개설하고 일본사관을 초치하여 생도를 가르치고 연무하게 했으나 주상이 아관으로 파천한 뒤에는 그만두고 가게 했다)". 또 11월 29일자 기록에서도 판결문을 옮겨 쓰면서 '파천'이라는 말을 쓰고 있다: "大皇帝陛下播遷于俄館已過一年不爲還御(대황제께서 아관에 파천한 지 이미 1년이 지났는데도 환어하지 못했다)". 또 176쪽, 184쪽, 231쪽 등도 보라. 또 『大韓季年史(하)』, 175, 176, 216, 232, 329쪽도 보라.

166) 이승만(리승만), 『독립정신』, 194, 231쪽.

식문서에서는 일본신문들과 같이 '아관파천' 또는 '노관파천'이라고 말한다.168) 따라서 '아관파천' 또는 '노관파천'이라는 용어는 왜인, 친일분자들,169) 이래저래 식민지교육을 받은 '일제세대' 식자들이 일제기록, 왜국신문, 일제강점기 신문이나 왜인들의 역사책에서 쓰던 그릇된 어법에서 유래한 것이다.170)

아관망명 뒤에도 왜군의 군사점령 상태가 계속되고 있었기 때문에 고종에 대한 친일자객들의 테러·암살·납치 위험은 상존했다. 이전까지 친일역적정부가 기르고 관리하던 친위대도 믿을 수 없는 군대였다. 가령 친위대 제1연대 제3대대장 이근용 참령, 제4대대장 서정규 참령, 4대대 소속 정창석 정위, 그리고 한선회·장윤선·김사찬·한원교·이승익·이용호·정봉림 등이 주동이 되어 1896년 10월에서 11월에 걸쳐 계획을 꾸며 이 계획에 따라 정부를 전복하고 국왕을 강제 환궁시키려는 음모가 11월 21일 발각되어 관련자들이 체포되었다.171) 이 강

---

167) 尹孝定, 『風雲韓末秘史』, 195쪽.

168) 가령 『일본공사관기록』에서는 "앞서 大君主의 俄館播遷 以後 各地 日本商人의 活動이 萎縮되고 反面 西北地方에서는 淸國商民들의 活動이 活潑하게 되었으므로 …". 『일관기록』, 機密各館往復 1896年 機密 第3號. 『일본공사관기록』에서 '아관파천'이라는 표현이 12번 정도 쓰이고, '露館播遷'이라는 용어가 14번 정도 쓰인다. 『일본외교문서』에서도 '俄館播遷'이라는 표현을 쓴다. 가령: "大君主의 俄館播遷 以後 日本人에 대한 本國人의 憎惡心이 더욱 심해져서 이날 鍾路에서 「斷髮令에 加擔한 罪를 바로잡는다」 하며 日本人 田中秀一을 打殺하는 등 각처에서 日本人을 습격하다." 일본외무성 편, 『日本外交文書』 第29卷 第353號 明治29(1896)年 2月 13日; 第358號 明治 29年 2月 16日; 『新聞集成』 明治 編年史 第9卷 明治 29年 2月(2, 18, 東京日日). 『일본외교문서』의 '아관파천'이라는 표현은 참조: 일본외무성 편, 『日本外交文書』, 第29卷 304號 明治29年 5月 4日; 305號 明治29年 5月 5日; 308號 明治29年 5月 7日; 310號 明治29年 5月 12日; 311號 明治 29年 5月 14日; 312號 明治 29年 5月 14日; 第354號 明治29年 2月 14日; 第371號 明治29年 2月 22日 등등.

169) 일진회장 이용구는 「일한합방성명서」에서 "播遷俄館于租界"라는 표현을 썼다. 『純宗實錄』, 순종2(1909)년 12월 4일.

170) 김영수는 "아관파천이라는 용어는 당대에 사용되지 않았다"거나 "아관파천이라는 용어가 널리 사용된 것은 일제강점기에 들어서였다"고 말한다. 김영수, 『미쩰의 시기』, 145쪽 각주6. 그러나 이것은 그릇된 주장이다. 당시 일본의 공식문서나 신문, 서적, 그리고 친일파들의 글에서 '아관파천' 또는 '노관파천'이라는 용어는 광범하게 쓰였기 때문이다.

제환궁 계획의 요지는 각 대신들을 살해하고 국왕을 납치해 환궁하는 것이다. 이를 위해 왜군에 도움을 청했는데 뜻밖의 상황을 고려해서 미리 왜인자객 50명을 고용해 병정과 순검의 복장으로 바꾸어 입히고 경운궁 쪽으로 잠입해 러시아군대나 타인이 그들을 막을 경우에는 그들이 저지하게 했다. 이근용 참령은 때를 틈타서 군사를 거느리고 입직하러 들어가서 상황을 살펴 내응하기로 했다. 그리고 미리 작성한 위조칙서 세 통 중 하나는 환궁한 후 러시아공사관에 보내 오래 머물러 폐를 끼쳤으니 미안하다고 예양을 차리는 내용이고, 하나는 각국의 공사관에서 군사를 조발調發해 보호해달라는 내용이며, 하나는 환궁한 후의 고시문이었다. 처음의 의도는 11월 19일 나라에 일이 있을 때 경운궁으로 옮겨 모시고 이어서 폐하를 위협해 경복궁으로 환궁하자는 것이었는데, 자객의 복장이 마련되지 못해 다음 날로 미루었다가 11월 20일에 또다시 계책을 꾸며 21일 독립협회 연회에서 내부대신 박정양, 외부대신 이완용, 농상공부대신 이윤용, 군부대신 민영환, 학부협판 김홍륙과 그 밖의 각부의 협판을 일시에 살해하고 22일 10시에 모두 김낙영의 집에 모이기로 했다. 유진구·유기환·전인규 등 고발인들도 거기에 가서 모였다. 한창 의논할 때 어떤 사람이 와서 이근용과 서정규 두 대대장이 잡혔다고 보고했다. 이창렬은 일이 제대로 되지 않았다고 생각하고 즉시 도망쳤다. 한선회·장윤선·김사찬·이용호는 돈과 재물을 마련하기도 하고 거짓칙서를 짓고 왜인과 함께 일을 모의했다.172) 친위대 내의 이 친일괴뢰군 출신들은 다행히 일망타진되었는데 고종은 이 사건을 계급강등으로 가볍게 처리하려고 했으나, 고발인들을 제외하고 범죄자들은 모두 유배형에 처해졌다.173) 이것은 이 계획이 실현되었더라면 참살당했을 박정양·이완용·

171) 『高宗實錄』, 고종33(1896)년 12월 15일; 황현, 『매천야록(중)』, 192쪽.

172) 『高宗實錄』, 고종34(1897)년 2월 1일.

173) 『高宗實錄』, 고종34(1897)년 3월 15일; 12월 14일.

김홍륙 등 대신들의 엄벌 주청이 있어서 그런 것으로 보인다. 아관 바깥이 이런 상황이었기 때문에 고종은 경운궁 환어還御 전까지 러시아공사관을 거의 벗어날 수 없었다. 그리고 "대신·협판들도 러시아공사관 안에 있으며 차제에 반대당 자객에게 피습당하는 것이 두려워 다시는 외출할 기색이 엿보이지 않았다".[174] 러시아공사관에 꾸려진 임시정부의 군주와 대신들이 모두 다 같이 처한 이런 신변위험 상황을 종합적으로 고려할 때도 고종은 완전한 '국내망명' 상태에 처한 것이다.

## 제2절 아관 국내망명정부의 수립과 왜군구축을 위한 고종의 노력

모든 망명정부가 그렇듯이 '국내망명정부'도 '임시정부'다. 고종은 2월 11일 망명한 당일 "을미년 8월 22일과 10월 10일의 명령은 역적 무리들이 위조한 것이므로 취소한다"는 조칙을 내려 김홍집 친일괴뢰내각을 붕괴시켰다.[175] "10월 10일 명령"은 조희연·권형진·이도재·허진·윤용선·어윤중에 대한 인사명령이므로 이것을 취소하면 기존 내각정부가 무너지는 것이다. 고종은 소위 제4차 김홍집괴뢰내각을 붕괴시킴과 거의 동시에 왜군의 철병을 거세게 요구하기 시작한다.

### 1) 신新의정부 관제의 창제와 의정부의 수립

174) 『일관기록』, 三.機密本省往來 一·二, (9)'親露派 李範晋 등의 음모에 대한 보고'(機密第12號, 1896년 2월 17일).

175) "을미년(1895) 8월 22일 조칙과 10월 10일 조칙(조희연, 권형진, 이도재, 허진, 윤용선, 어윤중 관련 인사명령)은 모두 역적 무리들이 속여 위조한 것이니 다 취소하라." 『高宗實錄』, 고종33(1896)년 2월 11일조(양력) 다섯 번째 기사.

■신정부의 구성과 법령폐지·취소 조치

고종은 바로 아관망명 당일 아관에서 '국내망명정부'를 꾸려 김병시(총리대신), 박정양(내부대신 겸 총리서리), 이범진, 이완용, 이윤용, 조병직, 윤용구, 이재정, 권재형, 윤치호, 이상재 등 친러·친미파를 요직에 등용했다. 신임 총리대신 김병시는 며칠 전에 향리에서 입경했는데 국왕이 시종을 보내 영접케 하여 동행해서 러시아공사관에 이르러 국왕을 배알했다. 국왕이 그를 총리대신에 임명하는 사령장을 줄 때 그는 눈물을 흘리며 이를 사양하면서 국왕의 러시아공사관 이어의 불가함을 말하고, 또한 하루속히 이 공사관을 떠나 대궐에 환어할 것을 주청하면서 오늘의 은명恩命을 대궐 안에 계시면서 하사하신다면 삼가 받겠지만 여기 이 러시아공사관에서는 결코 받을 수 없다고 주상하고 어전을 물러났다. 그러자 국왕이 시종을 시켜 김병시를 쫓아가 억지로 옷소매 속에 이 사령장을 넣도록 했지만 끝내 뿌리치고 공사관을 나갔다. 그러나 김병시는 고령에다가 너무 노쇠해서 총리대신을 맡더라도 국가의 바쁜 임무를 감당해내지 못할 판이었다. 그래서 박정양이 내부대신 겸 총리서리를 맡은 것이다.

고종은 이 내각의 조직을 끝내자마자 일련의 화급한 연락과 취소·개혁·수정·무효조치를 취해나갔다.

① 고종은 2월 15일 산둥반도 즈푸(芝罘)주재 러시아 부영사 침첸코를 통해 러시아황제에게 감사의 말을 전달했다.[176] 이에 2월 18일 이 전보를 즈푸로부터 받은 러시아외무성은 당일 서울의 슈페예르 공사에게 "국왕의 안전을 배려하면서 국왕의 보호를 지속하라"는 훈령으로 고종의 아관망명을 승인하는 전문을 보냈다.[177]

---

176) 러시아대외정책문서(АВПРИ), 서가150, 목록493, 사건5, 리스트84. 김종헌 편역, 『러시아문서번역집(II)』, 231쪽(70. 오수로베르호프의 1896년 2월 3일[15일] 비밀전문).

177) 러시아대외정책문서(АВПРИ), 서가150, 목록493, 사건5, 리스트87. 김영수, 『미쩰의 시기』, 196쪽에서 재인용.

② 고종은 2월 15일, 2월 18일 두 번의 조령을 내려 을미의병들에게 상황종료를 알리고 의진義陣들을 위무해 해산시켰다.[178]

③ 1896년 2월 18일 내부대신에 대한 훈시로 "단발하는 건件은 편함을 따름을 허한다"고, 즉, 단발 여부는 개인의 자유의사에 맡긴다'는 '두발편의령'을 선포했다.[179] (단발령을 내린 1895년 11월 15일부 조칙 자체의 취소는 1897년 8월 12일에 이루어진다.[180])

④ 고종은 1896년 7월 24일 국내망명정부 조령으로 친일내각의 음력폐지·양력전용 조치를 철회하고 양·음력을 겸용하라는 조서를 내렸다.[181] 이로써 오늘날까지 널리 통용되는 양·음력 병용 관행이 정착하게 된다.[182]

⑤ 고종은 8월 4일 역사전통과 인문지리를 무시하고 왕도의 격을 떨어뜨린 박영효의 23부제를 칙령 제35호에 의해 지방관 관제와 더불어 폐지하고,[183] 다산의 13부제에 근간을 둔 원래의 13도제를 칙령 제36호 「지방제도와 관제 개정에 관한 건」에 의해 재도입하고, 이에 따라 지방관직제도 등도 모조리 변경했다.[184]

### ■ 내각제의 폐지와 신新의정부제의 창설

---

178) 참조: 『高宗實錄』, 고종33(1896)년 2월 18일조(양력).

179) 『高宗實錄』, 고종33(1896)년 2월 18일.

180) 『高宗實錄』, 고종34(1897)년 8월 12일.

181) 『高宗實錄』, 고종33(1896)년 7월 24일조(양력): "조령을 내리기를, "국가에 있어 사전祀典은 더없이 엄하고 더없이 공경스러운 것인데 그때 내각의 역신들이 명령을 집행함에 있어서 제멋대로 줄인 것부터가 이미 더없이 통탄스럽다. 더구나 새 역서曆書와 옛 역서에는 원래 날짜가 차이나니 조심스럽고 신중히 하는 도리로 보아 더더욱 미안하다. 이제부터 종묘와 전궁殿宮, 각 능원陵園에 지내는 제사는 일체 옛 법대로 하며 일체 대사大祀, 중사中祀, 소사小祀의 날짜는 모두 옛 역서의 날짜대로 하라" 했다."

182) 이에 대한 상론은 참조: 임현수, 「대한제국시기 역법정책과 종교문화: '음력'의 탄생과 국가경축일 제정을 중심으로」, 한림대학교 한국학연구소 편, 『대한제국은 근대국가인가』 (서울: 푸른역사, 2006).

183) 『高宗實錄』, 고종33(1896)년 8월 4일.

184) 『高宗實錄』, 고종33(1896)년 8월 4일.

1896년 9월 24일의 망명정부 조령으로 내각제를 폐지하고 신구절충新舊折衷의 신新의정부제를 창설한다.

> 지난날 난역지배亂逆之輩가 국권을 농락하고 조정의 정사를 변경하고 심지어 의정부를 고쳐 '내각'으로 칭하고 경솔하게 많이 국전國典과 헌정제도를 고쳐 짓는 일이 있었고, 이로써 중앙과 지방을 무너뜨려 소요에 빠트리고 백관과 만민의 근심과 분노, 아픔과 놀람이 지금 3년이다. 국가의 오욕과 융성이 이것과 관계됨이 역시 크니 지금부터 내각을 폐지하고 다시 의정부로 칭한다. 전칙典則을 신정新定함에는 전통적 헌장을 따르고 신규를 참작했다. 무릇 민국의 편의와 관계되는 것은 참작정출하고 반드시 실행하는 데 힘써야 할 것이다(新定典則 是乃率舊章而參新規 凡係民國便宜者 斟酌折衷 務在必行). 그런데 요즈음 백도百度로 창황하고 개혁이 다단해서 당연히 민심이 안정되지 못하고 조령이 믿음을 얻지 못했다. 지금 이 전칙은 짐이 밤낮으로 근심하고 애써서 그 타당성을 얻은 것이니 모든 사람은 반드시 지실해야 한다.[185]

'솔구참신率舊參新' 또는 '구본신참舊本新參'의 '한국화' 개혁논리에 따라 고종이 친제한 '새 의정부제도'는 옛 의정부제도와 내각제를 신구절충한 것이다. 고종은 이 새 의정부를 설치함으로써 아관망명지의 '국내망명정부'의 중앙관제를 새로이 디자인했다.

고종은 친일괴뢰들이 국가존망지추의 전시에 중앙정부의 근대화를 양두구육의 명분으로 내세우고 왕권을 찬탈할 목적으로 설치한 — 의회가 없는 당시 조선 정치현실에 전혀 맞지 않는 — '최첨단(영국식) 내각제'를 폐지하고 내각제적 요소와 국왕친림하의 직접토의·재결제裁決制를 절충한 '새 의정부제도'를 수립한 것이다. 이 새 의정부제

---

185) 『高宗實錄』, 고종33(1896)년 9월 24일(양력).

도는 국왕친림의 러시아 국가평의회제도도 참고했지만 무엇보다도 고종이 1894년 12월 16일 도입했다가 친일괴뢰들의 영국식 내각제 설치로 폐기되고 말았던 국왕친림하의 직접토의·재결제의 내각제도를 부활한 것으로 봐야 할 것이다. 상술했듯이 당시 고종은 "짐이 지금부터 국정사무를 직접 여러 대신들과 토의해 재결한다"고 천명하고 종래의 의정부의 처소를 대궐 안으로 이전함과 동시에 의정부를 '내각'으로 개칭했었다.186)

이 '신新의정부제도'는 과거의 명칭만 답습했을 뿐이고, 과거의 의정부제도와 내용적으로 완전히 달랐다. 새 의정부에는 정견이 다른 여러(친러·친미·친일적) 당파대신들(동도서기파·서도서기파·일도일기파·독립협회·전통유생 출신 대신들)이 고루 참여했고 왕이 친림하여 회의에 직접 참여·토의하고 재결했기 때문이다.187) 신의정부는 훗날 '근대적 내각제'로 발전했던 영국 찰스 2세의 '신추밀원(New Privy Council)'의188) '정보위원회

186) 『高宗實錄』, 고종31(1894)년 12월 16일.

187) 의정부관제는 1896년 9월 24일 칙령 제1호로 반포되었다. 칙령은 3관, 총 36개조로 되어 있다. 앞부분 중요대목은 이렇다. "대군주 폐하께서 만기를 통령하여 의정부를 설치하셨다. 제1관 직원: 의정부는 아래에 열거한 직원으로 구성한다. 의정, 내부대신(찬정 겸임), 외부대신, 탁지부대신, 군부대신, 법부대신, 학부대신, 농상공부대신, 찬정 5인, 참찬 1인이다. 의정과 찬정 5인은 칙임관이고 각부各部 대신은 그 직권상으로 찬정을 겸임한다. 참찬은 칙임관인데 3품 이상의 관리로 의정이 추천하여 임명한다. 내부대신은 참정을 겸임하고 의정이 신병이나 기타 사고가 있을 경우에는 회의에서 수석이 되어 필요한 경우에는 의정의 사무를 서리한다. 각부의 서리대신도 각부의 대신과 똑같이 찬정의 권한을 가진다. 제2관 회의: 제1조. 회의 때에는 대군주 폐하가 편리한 대로 회의하는 자리에 친히 참가하며 혹은 왕태자 전하에게 명하여 대신 참가하게 한다. 제2조. 의정부의 직원만 가부를 표제標題하는 권한이 있다. 제3조. 회의는 의정이 개회하고 폐회한다. 제4조. 의정부는 아래에 열거한 사항을 의정한다(이하 생략)." 『高宗實錄』, 고종33(1896)년 9월 24일. 이 의정부관제는 1898년 6월 다시 개정된 관제로 대체된다. 『高宗實錄』, 고종35(1898)년 6월 18일. '대군주 폐하'가 '대황제 폐하'로 바뀌고 친림조항(제1조)이 "회의할 때에 대황제 폐하는 편의에 따라 회의석상에 친림하고 혹은 황태자(皇太子) 전하에게 명하여 대신 나가게 한다"로 바뀌었다. '편의에 따라'라는 구절이 삽입된 것이다.

188) 중국 명조 내각제를 모방한 찰스 2세의 신추밀원에 대한 상세한 분석은 참조: 황태연, 「윌리엄 템플의 중국 내각제 분석과 영국 내각제의 기획·추진: 공자의 분권적 제한군주정과 영국 내각제의 기원(2)」, 『정신문화연구』 제38권 제2호 통권139호(2015 여름호); 「찰스 2세의 내각위원회와 영국 의원내각제의 확립 - 공자의 분권적 제한군주정과 영국 내각제

(Committee of Intelligence)', 또는 이것의 변천으로 형성된 '내각위원회(cabinet council)'와 유사했다. 이 '정보위원회'나 '내각위원회'는 나머지 추밀원 위원들을 명예직 들러리로 밀어내고 국왕친림하에 국왕과의 면의面議를 통해 국정을 의논하고 의결하는 실권적 의정기구로서의 정부였기 때문이다.189) (찰스 2세는 '신추밀원'에 야당지도자 섀프츠베리 등 5명의 야당의원을 참여시켰다. 이것은 2년 뒤 고종이 중추원에 17인의 독립협회 위원들을 집어넣은 것과 유사하다. 그리고 찰스 2세는 섀프츠베리를 정보위원회에도 참여시켰다.190) 이것은 1898년 독립협회의 요구로 박정양을 의정부 의정에 임명한 것과 유사하다.)

고종의 이 새 의정부제가 단순한 '복고·반동'이 아니라 전래의 의정부제도를 국왕친림하의 직접토의·재결제도와 내각제의 절충으로 재창조한 신구절충 방식의 '혁신'이라는 것은 『독립신문』조차도 이를 신식제도로 환영하면서 자세히 설명한 것에서191) 확인된다. (그러나 강만길은 "아관파천으로 을미개혁이 중지되었을 뿐만 아니라 내각제도

의 기원(3)」, 『정신문화연구』 제39권 제3호 통권140호(2015 가을호).

189) 근대적 의원내각제의 맹아인 이 추밀원 '정보위원회'에 대해서는 참조: 황태연, 「윌리엄 템플의 중국 내각제 분석과 영국 내각제의 기획·추진」, 170-173쪽. 그리고 이 '정보위원회'에서 변천되어 나온 '내각위원회'에 대해서는 참조: 황태연, 「찰스 2세의 내각위원회와 영국 의원내각제의 확립」, 117-124쪽.

190) 찰스 2세는 신추밀원에 섀프츠베리·러셀·카벤디쉬·카펠·파월 등 하원의원 5인을 집어넣고 야당지도자 섀프츠베리를 추밀원장에 임명했다. 참조: 황태연, 「윌리엄 템플의 중국 내각제 분석과 영국 내각제의 기획·추진」, 168-169쪽. 그리고 찰스 2세는 정보위원회에도 섀프츠베리를 집어넣었다(171쪽).

191) 『독립신문』은 사설에서 내각제도와 의정부제도를 비교하고 의정부제도가 훌륭하다고 찬양하고 있다. 의정부관제는 제1관款 직원, 제2관 회의, 제3관 주안奏案으로 구성되는데, 그 중심이 되는 것은 제2관 '회의'라는 것이다. 이 의정부 '회의'는 국왕의 임석하에 의정 주재로 열리고 모든 정사는 대신들의 공적인 발언을 통해서 의결하도록 되어 있다. 독립협회에서도 제2관의 이 회의 방식을 높이 평가한다는 것이다. 이 회의방식을 그대로 따르면 종래의 내각제도의 폐단이 시정된다는 것이다. 내각제도에서 중대한 정치문제가 국왕과 대신, 대신과 대신 간의 사적인 논의로써 처리되는 폐단이 있는 반면, 의정부제도에서는 만사가 공적으로 토의되고 처리되어 사私가 없어질 것으로 평가했다. 『독립신문』, 건양원년(1896) 1월 6일자 논설.

를 폐지하고 의정부제를 부활하는 등 한때 복고적 정책을 폈다"라고 비난함으로써 왕후시해에 가담한 친일괴뢰 역당들의 사이비개혁인 '을미개혁'을 옹호했다.[192]) 고종은 새 의정부제도를 도입한 데 이어 1년 반 뒤 국권을 회복하기 위해 황제에 등극함으로써 내외의 도전세력에 대항해 왕권을 최대로 강화했다.

고종은 대한제국 창건 후에도 갑오경장기에 도입된 그릇된 반개혁적 제도를 전면적으로 철폐하고 새로운 황제전제제·군제·학제·식산제도·화폐제도 등 제도개혁을 계속해나갔다. 그 결과, 갑오경장기에 도입된 제도들은 거의 흔적 없이 사라졌다. 따라서 "아관파천 이후 대한제국에서 갑오개혁기의 신제가 전면 부정되고 옛 제도로 복귀한 예는 별로 없었다"는 평가는[193]) 갑오경장의 성과를 억지로 높이 평가하려다가 나온 그릇된 평가일 뿐이다.

### 2) 고종의 왜군철병 요구

#### ■고종의 반격: 친일파 축출과 왜군구축 문제

고종은 친일괴뢰정부를 무너뜨리고 1년 7개월 만에 자기가 임명한 의정과 대신들로 구성된 자주적 정부를 수립했고 이를 통해 왕권회복의 계기를 만들었다. 그러고 나서 고종은 바로 왜군철병을 요구하기 시작했다. 아관망명으로 즉각 러일 간에 조성된 국제적 세력균형은 일본의 조선강점 의도를 견제하고 위축시켜 고종에게 이런 철병요구를 제기할 수 있는 유리한 기회와 민족군대 양성 및 자주국방의 찬스를 만들어주었던 것이다.

---

192) 강만길, 『고쳐 쓴 한국근대사』, 199쪽.

193) 서영희, 『대한제국 정치사 연구』(서울: 서울대학교출판부, 2003·2005), 110, 113-114쪽. 임현수도 서영희의 그릇된 평가를 따른다. 참조: 임현수, 「대한제국시기 역법정책과 종교문화」, 189쪽.

이런 까닭에, 상술했듯이 청년기에 일본을 선망하고 일본을 우군으로 생각하던 이승만도 청년 시절에 쓴 『독립정신』에서 아관망명 이후의 상황을 우리나라의 네 번의 '좋은 기회' 중 하나로 파악했다.

> 아관으로 파천하신 후에 행치(좋은 기회를 이용하지 – 인용자) 못함이니 이때는 러·일 양국이 상치相峙하는 중이라, 우리가 우리 군사로 호위를 든든히 하며 우리 관민이 일심으로 합하여 날로 흥왕興旺할 방책을 강구하며 양국을 평균히 대접해 한편으로 조금도 치우치는 뜻이 없이 국권을 온전히 보호해 한 나라이라도 간여하지 못하게 할진데, 러·일 양국이 서로 항거해 참여치 못하게 할지니 영미 각국이 또한 공변된(공평한) 의론으로 찬성해 어느 나라이든지 행패하는 폐단이 없도록 할지라.[194]

상술했듯이 고종의 아관망명은 "도망친 것"이 아니라 "러시아공사관에서 스스로의 정치를 개시한 것", 아니 일본에 대한 "최대의 반격"이었다.[195] 이노우에가 1895년 고문정치를 기도하면서 조선정부에 밀어 넣은 왜인 고문관들은 계약 종료와 동시에 가차 없이 해고했고, 친일파 관찰사와 군수들을 제거하고 근왕세력으로 교체했다. 이렇게 하여 중앙정부에서 지방정부까지 친일세력이 소탕되었다.

이에 대해 러시아 육군정찰장교들은 이렇게 보고하고 있다. "계약이 종료된 정부의 왜인고문들은 급료의 절반을 받으면서 다시 예전의 지위에 머물 것을 요청했지만 거절당했다. 나라 안에 직책이 없는 왜인들은 다 사라졌다. 계약기간이 끝나는 대로 그들을 가차 없이 제거했기 때문이다. 그러나 서울과 개항장의 조선인 중에는 일본지지자가 다수 남았다. 전시에 돈을 잘 번 일꾼들, 왜인에게서 직위를 얻고 왜인이 만든 군대에서 아이들을 교육시키며 호의호식한 고관들이 그들

194) 이승만, 『독립정신』, 231쪽.

195) 와다하루키, 『러일전쟁과 대한제국』, 39쪽.

이다. 왜인 앞잡이들인 관찰사와 군수들은 점차 사라지고 국왕과 근왕세력으로 교체되었다."[196] 조병세의 대면상주에 의하면, 고종은 아관망명정부 시절 200여 명의 지방관을 경질했다.[197] 이들은 모두 박영효·김홍집·어윤중·유길준 등이 임명한 친일파들이었기 때문이다.

한편, 고종은 아관망명을 단행한 뒤 왜군구축에 착수했다. 이에 대해 슈페예르는 1896년 2월 25일 본국에 타전한 전문에서 이렇게 보고하고 있다.

> 이제 국왕은 조선에 아직 주둔하고 있는 왜군들을 철수시키는 것이 가능하고 이것이 왕조의 질서와 평안을 신속히 회복하기 위해 심지어 당연한 것으로 여기고 있습니다. 국왕은 서울에 충분히 강력한 왜군부대가 주둔하고 있음을 고려해 스스로 공사관을 떠나 구미공관 구역과 이웃한 곳에 위치한 궁궐로 환어하는 것도 불가능하다고 생각할 정도로 왜인을 심히 불신합니다.[198]

이 전문내용을 보면 아관망명으로 고종이 쟁취하려고 한 목표가 왜군철병이기도 하다는 것을 알 수 있다.

당시 1,200여 명 또는 2,000여 명의 왜군 정예병이 주둔하는 것으로 공식·비공식으로 알려졌으나, 실제는 이보다 더 많은 병력이 암약했던 것으로 보인다. 당시 조선에 군사정찰을 나왔던 러시아 육군장교들은 "왜인들은 잘 훈련된 4개 대대(4,000명)를 보유하고 있다"고 프리

---

196) 러시아대외정책문서(АВПРИ), 서가150, 목록493, 사건5, 리스트142-143об. 김종헌 편역, 『러시아문서번역집(II)』, 238-239쪽(76. 프리아무르군관구 임시사령관 그로데코프 중장이 1896년 5월 26일 총참모장에게 보낸 해독전문 사본).

197) 『일관기록(12)』, 三.本省往來報告, (7)'雜件'(1897년 4월 6일), 加藤→大畏.

198) 러시아대외정책문서(АВПРИ), 서가150, 목록493, 사건5, 리스트37-40об. 김종헌 편역, 『러시아문서번역집(II)』, 224쪽(66. 슈페예르가 로바노프에게 보낸 1896년 2월 14일[2월 25일] 보고서).

아무르군관구 사령관에게 보고하고 있기[199] 때문이다.

고종은 왜군철병을 요구할 수 있는 조건을 조성하기 위해 아관망명 직후 갑오·을미역적들을 처리한 뒤 전국의 의병들에게 역적들이 다 처단되었고 단발 여부도 개인의 자유와 편의로 정할 수 있게 되었음을 알리고 해산할 것을 명해 지방을 안정시킨 다음, 아관망명 21일 후인 1896년 3월 1일 경복궁 앞 광장에 주둔한 왜군병영의 이전을 요구했다.[200] 그리고 3월 2일에는 조선에 주둔 중인 모든 왜군의 철군을 요구하는 공문을 일본공사관에 보냈다.

> 1895년 윤5월 7일 전임 외부대신이 내환외우가 진정되고 병제兵制 정비가 되기까지 귀군貴軍을 국내 각처에 분산 주둔시켜 불우不虞에 대비할 것을 의뢰했던바, 다행히 귀국의 호의로 이것이 승낙되었음은 우리 정부가 깊이 감사하는 바다. 그러나 이제 우리 병제도 어지간히 정비되어 국내의 불우에 대비하기에 족하므로 각지에 분산 주둔해 있는 귀군은 속히 철수하기를 바란다.[201]

이에 대해 고무라주타로(小村壽太郎) 변리공사(대리공사)는 고종의 요구를 "공식적으로 거절할 이유가 없다"고 믿고 "1882년의 조약에 따라 이곳에 약간의 경비병을 두고 각 항에는 군함을 파견하며 또 순사를 증원해 우리 거류민의 보호를 완전히 하는 수밖에 없다고 생각"하면서도 다음과 같은 답변안을 본국에 제의했다. "지금 귀국 내지의 형세

---

199) 러시아대외정책문서(АВПРИ), 서가150, 목록493, 사건5, 리스트142-143об. 김종헌 편역, 『러시아문서번역집(II)』, 239쪽(76. 프리아무르군관구 임시사령관 그로데코프 중장이 1896년 5월 26일 총참모장에게 보낸 해독전문 사본).

200) 『일관기록』, 二.和文電信往復控, (77)'日本守備隊 兵營移轉 件'(1896년 3월 1일), 小村→西園寺.

201) 『일관기록』, 二.和文電信往復控, (81)'朝鮮政府의 日本軍 철수통고에 대한 意見具申 件'(1896년 3월 3일), 小村→西園寺.

는 매우 불온하므로 우리 재류민의 보호상 아직도 군대가 주둔할 필요를 인정한다. 그러므로 추후 귀국의 형세가 진정되고 우리 국민에 대해 위험의 두려움이 없어지게 되면 이곳에 공사관의 경비로서 약간을 주둔시키는 것 외에는 모두 우리 군대를 철수시키겠다."[202] 사이온지긴모치(西園寺公望) 외상은 "끝부분에 있는 '이곳에 공사관의 경비로 약간을 주둔시키는 것 외에는 모두'의 24자를 삭제하고 조선정부에 제출하라"고 훈령한다.[203] 사실상 고종의 요구를 묵살한 것이다.

이런저런 교신을 하며 고무라가 본국과 상의하는 사이에 시간만 자꾸 흘러갔다. 그리하여 조선정부의 외부와 왜성대 간에는 8일간 아무런 연락이 없었다. 그러다가 고무라는 3월 10일 밤 갑작스럽게 이완용에게 '철병거부' 답신을 보냈다.[204] 일본정부는 조선의 "내지 형세"가 "매우 불온하다"는 이유를 들어 왜군철수를 연기한다고 함으로써 고종의 철병요구를 공식적으로 거절한 것이다.

그러나 이 철병거부는 사실논리상 불합리한 것이 아니었다. 왜냐하면 고종의 요구가 "이제 우리 병제도 어지간히 정비되어 국내의 불우에 대비하기에 족하다"는 데 근거하고 있었으나, 관군은 고종의 거의밀지를 받고 봉기하거나 이미 봉기한 상태에서 밀지로 봉기를 추인받은 유인석·이소응·기우만·김하락 등의 의병해산 왕명에 대한 불복종과 이후 계속된 의병활동을 감당하지 못하고 이들을 진압하는 데 왜군의 조력을 받거나 왜군부대가 의병의 직접 공격을 받고 도처에서 의병과 전투 중에 있었기 때문이다.

상술했듯이 유인석은 정부가 망국적 '개화정책'을 중단하지 않는 한 국왕의 해산명령에도 복종하지 않을 것이라고 선언하고 배외주의

---

202) 『일관기록』, 二.和文電信往復控, (81)'朝鮮政府의 日本軍 철수통고에 대한 意見具申件'(1896년 3월 3일), 小村→西園寺.

203) 『일관기록』, 二.和文電信往復控, (88)'朝鮮政府 照會에 대한 日本回答 중 削字 件'(1896년 3월 6일), 西園寺→小村.

204) 참조: 『尹致昊日記(4)』, 1896년 3월 11일.

적 위정척사 관념 속에서 왜군과 관군 양자에 대한 의병전투를 계속하고 있었고, 이소응·기우만·김하락 등도 고종의 의병해산 명령을 무시하고 의진을 유지한 채 군사활동을 계속하고 있었다. 왜군철수를 급선무로 관철시키려는 국왕의 대일對日외교의 의도와 당대의 국내외 정세를 모르는 '무식한' 배외주의적·반근대적 위정척사파들의 이 존화주의적·반근왕적 불복종과 7월까지 계속된 대왜對倭 전투행위는 고종의 왜군구축 노력에 차질을 빚게 만들었다. 위정척사파들은 국왕의 통제를 무시하고 거부함으로써 동학농민군의 2차 봉기 이래 지속되어온 국왕과 백성의 연합항전의 큰 틀을 흔들어놓았고, 동시에 국왕의 국가통제력의 결함과 대對국민 통치력을 대외적으로 의심스럽게 만들고 자신들의 존재, 즉 조선의 근대화와 독립의 최대장애물인 배외적·존화주의적 반근대세력의 존재를 국제적으로 부각시켰다.

일본정부가 배외주의적 위정척사 의병들의 존재와 폭란을 구실로 철병을 거부하자 고종은 3월 17일 별수 없이 '급속한 왜군철수'를 '억지스럽고 어려운 일'로 인정하고 대신 경복궁 앞의 왜군 병영을 다른 곳으로 이전시키라고 요구한다.

> 조선정부는 지난 16일자로 현재 억지로 급속한 철수를 요구하기 어려운 사정이 있으므로 점차 왕성 앞의 병영을 양비청糧糒廳(일본인 잡거지 근방)으로 이전하기 바란다.[205]

이에 고무라는 병사이전 준비에 착수할 것을 지시한다.[206] 고무라가 1894년 8월 이래 궁궐의 주요 궐문에서 몇 발자국 떨어져 있는 왜군

205) 『일관기록』, 二.和文電信往復控, (97)'兵舍移轉에 관한 보고 件'(1896년 3월 17일), 小村→西園寺.

206) 『일관기록』, 二.和文電信往復控, (97)'兵舍移轉에 관한 보고 件'(1896년 3월 17일), 小村→西園寺.

병영에 주둔해온 왜병들을 다른 곳으로 이전해달라는 조선정부의 요구에 이의를 제기하지 않고 응한 것은 조선정부가 고무라에게 왜군이 궐문 근처에 있다는 사실 하나만으로도 국왕이 환궁을 기피한다는 견해를 전했기 때문이었다.[207)]

광화문 근처의 왜군부대가 이전을 결정했음에도 고종은 철병요구를 고수한다. 고종은 3월 23일 다시 왜군의 철군을 요구한다. 이에 일본 측은 '단호한 철병거절'을 회답한다.[208)] 그리고 2개월 후 고무라는 "똑같은 철군론撤軍論은 정부 부내에서 일어나지 않은 것으로 확신한다"고 본국에 타전했다.[209)]

그러나 고종은 포기하지 않고 이 철병요구를 러시아공사에게 대행케 하여 다시 철병을 계속 압박했다.[210)] 이후 러시아는 고종의 이익을 대변하여 일련의 러일협정문들을 통해 왜군의 부분적 철병을 관철시키는 데 성공한다. 그럼에도 고종은 대한제국 창건 후에도 일·러 수비병이 서울에 주둔하고 있는 것을 내심 걱정하여 전에 러시아수병들이 철수하지 않았을 때에 여러 차례 조선관리를 시켜 고무라에게 일본 수비병이 철수하면 러시아는 반드시 이에 따라 그들의 수비병을 철수하게 될 것이라고 비밀히 말했지만 고무라는 '적당한' 구실로 이를 거절해왔다. 그리고 1898년 5월 16일에도 다시 철병을 공식 요구했다.[211)] 이와 같이 고종은 아관망명 이후 왜군철군을 핵심쟁점으로 삼아 대일투쟁을 강화해나갔다. 하지만 유인석 등 위정척사세력은 불필

---

207) 『프랑스외무부문서(7)』, 150쪽(61. 궁궐근처 주둔 일본군의 이동, 1896년 3월 21일).

208) 『일관기록』, 二.和文電信往復控, (97)'兵舍移轉에 관한 보고 件'(1896년 3월 23일), 小村→西園寺.

209) 『일관기록』, 三.機密本省往來 一·二, (17)'守備隊 철수와 兵營 移轉 件'(1896년 5월 16일), 小村→西園寺.

210) 『일관기록』, 三.機密本省往來 一·二, (27)'2월 11일 사변의 善後處理에 관해 러시아公使와 協議한 件'(1896년 5월 20일), 小村→西園寺.

211) 『일관기록』, 一〇. 機密本省往信, (21)'우리 守備兵 撤回 要求에 관한 件'(1898년 6월 8일발), 加藤 辨理公使→西德二郎 外務大臣.

요하고 위험한 반근왕적 의병활동을 관군과 왜군에 의해 궤멸당하는 7월까지 계속 강행함으로써 왜군의 철병거부와 계속주둔에 구실을 만들어주었다.

그러나 고종은 철병압박을 포기하지 않았다. 고종은 이 왜군철병 문제를 베베르에게 위탁해 1896년 5월의 베베르-고무라 각서를 통해 왜군철병을 부분적으로 관철시킨다. 이 각서에 따라 왜군은 헌병 200명을 포함한 1,000명으로 제한되었다. 이 주둔왜병 제한 규정은 6월의 로마노프-야마가타 협정의 비밀조항 제2조에 의해 다시 확인된다.

### ■왜군주둔에 대한 친일개화파들의 지지와 외교책임자들의 배신

그러나 독립협회, 독립신문, 기타 일간지 등에 집결한 한국의 친일개화지식인들은 이 왜군철군 문제를 전혀 거론치 않고 묵인하려고 들었다. 심지어 독립신문 사장 서재필, 독립협회 회장 윤치호 등은 왜군의 주둔을 의병을 견제하는 무력으로서 다행으로 여기는 매국적 자세로 일관했다. 상술했듯이 아관망명 전에도 "왜군의 주둔이 이러한 폭발(의병봉기)을 막아줄 것"이라고 말했던 윤치호(당시 외부협판)는 왜군의 철수를 자주독립의 출발로 본 것이 아니라, 왜군주둔을 의병봉기에 대한 안전판으로 의지하는 심리를 가지고 있었다.

새 정부에 입각한 외부협판 유기환兪箕煥 같은 고위관리조차도 일본공사와 장단을 맞출 정도였다. 가토마스오(加藤增雄) 변리공사는 본국에 이렇게 보고하고 있다.

> 러시아가 호위수병을 모두 철수시켰는데도 불구하고 일본수비대는 여전히 계속 주둔하고 있는 상황이므로 폐하께서는 한국정부 당국자에게 재삼 일본수비대의 철수를 요구하면 어떠한가라고 재촉했는데 이에 대해 한국정부 당국자는 대답하기를, "일본은 한국 내의 정황이 뒷날 평온하게 되어서 추호도 위험하다는 걱정이 없어졌다고 인정되면 우리가 요구

하기 전에 스스로 철수할 것임은 의심할 여지가 없으며, 이것은 요컨대 우리 정부가 정려精勵를 다해 능히 내정을 정비해 국내 치안을 유지할 수 있는 설비를 갖추어서 외국인들로 하여금 위험하다는 걱정을 없애게 하는 것만 같지 못할 것"이라고 주상奏上해 일단은 이 일을 거부했습니다. 하지만 아무래도 폐하께서는 단지 외국이 군대를 철수하기만 하면 한국은 완전무결한 독립국이 될 것이라고 망신妄信하고 있으므로 폐하에게 아첨해 총애를 더욱 넓히려는 무리들은 은밀하게 그 뜻에 영합해, "일본 정부 및 공사가 굳이 군대를 철수하지 않으려고 하지는 않겠지만 당국 관리들이 무능하여 추호도 이것을 위해 진력하는 바가 없다"라고 모함하는 자가 있다고, 지난달 21일 외부협판 유기환 씨가 공사관에 와서 본관에게 이상과 같은 사정을 털어놓고 "오늘날의 형세에 비춰 보면 일본정부가 아직 철병에 동의할 수 없다는 사실을 믿을 뿐만 아니라 실제 당국의 지금의 평화는 일본병이 각처에 주둔하고 있는 것이 크게 기여하는 힘이 되는 것은 한국인 일반도 인정한다. 그러나 어떻든 폐하의 의혹이 아직 완전히 풀리지 않고 있으므로 우리의 지위를 유지하려면 형식상으로라도 우리 측에서 철거요구의 조회를 보내고 이에 대한 귀측의 회답을 얻어서 성의聖意를 석연하게 풀리도록 하지 않을 수 없다"는 은밀한 대화가 있었습니다.[212)]

유기환 외부협판은 이와 같이 "당국의 지금의 평화는 일본병이 각처에 주둔하고 있는 것이 크게 기여하는 힘이 되는 것은 한국인 일반도 인정한다"라고 친일파들의 견해를 일본공사에게 전하며 그와 내통하여 황제를 속이는 공모를 하고 있다. 유기환은 윤치호 같은 친일파에 의해서도 '친일파'로 지목되는 인물이었다.[213)] 고종은 '부드러운' 철병

---

212) 『일관기록』 12권, 一〇. 機密本省往信, (21)'우리 守備兵 撤回 要求에 관한 件'(1898년 6월 8일발), 加藤 辨理公使→西德二郎 外務大臣.

213) 『尹致昊日記(五)』, 1898년 11월 5일: "정부는 친일주구 유기환과 친러악당 조병식의

을 관철시키기 위해 일부러 일본공사관이 애호하는 유기환을 외무협판으로 썼을지도 모른다.

서재필도 『독립신문』 논설을 통해 일본군에 대한 근왕인사 홍종우의 왜군철병 요청 상소를 바로 고무라가 구사하는 왜적의 논리로 강력 비판하고 있다.

> 국중國中에 외국군사들이 와 있는 것은 국가에 큰 부끄러움이나 지금 대한大韓경계는 본국 군사와 순검이 아직까지도 능히 내란을 염려 없이 정돈할는지도 모르고 또 인민들이 열리지 못한 까닭에 외국사람을 대해 무리하게 대접하며 경계 없이 살해하려는 풍속이 가끔 있어 외국과 통상한 이후에 일본공사관이 두 번 화를 당했으며 기외에 일본사람이 대한사람에게 까닭 없이 얻어맞아 죽은 자가 많이 있으니 외국과 약조할 때에는 내 나라 사람이 저 나라에 가면 저 나라 정부와 인민이 내 나라 사람 보호해주기를 내가 내 나라 사람 보호하여 주는 것과 같이 하자는 것이라. 어떤 나라이든지 이 약조한 직무를 행하지 못하는 나라는 어찌할 수 없는 고로 내 군사와 내 순검을 보내 내 백성을 타국에까지 가서라도 보호해주는 것이 그 까닭이라. … 이 상소에 말했으되 러시아군사는 벌써 철환기국撤還其國했다 했으니 그건 언제 그리했는지 우리는 듣지 못했거니와 오늘도 본즉 러시아공사관 안에 수병이 근 백 명이 있으니 이 상소한 이들은 이런 새 까먹은 소문들은 어디서 들었는지 알 수 없더라. 우리도 대한에 외국군사가 하나라도 있는 것을 좋아 아니 하나 지금 대한인민의 학문 없는 것을 생각할진대 외국군사가 있는 것이 도로 다행한지라. 만일 외국군사가 없었더라면 동학과 의병이 그동안 벌써 경성에 범했을 터이요 경성 안에서 무슨 요란한 일이 있었을는지 모를러라. … 만일 외국군사가 지금 없을 지경이면 우리 생각에는 국중에 더 위태한 일이 있

---

손아귀에 들어 있다."

을까 두려워하노라. 대한서는 신민이 신민의 직무를 못하는 고로 일천이백만 명을 거느리신 대황제 폐하께서도 위태한 때를 당하셔서 대한 신민으로 하여금 황성을 보호하실 수가 없어 외국공관에 이어하사 외국보호를 입으셨는지라 전국 신민이 자기 임금 한 분을 변변히 보호를 못하면서 무슨 힘을 믿고 외국사람들을 보호해주려고 외국군사들을 가라 하는지 우리는 알 수 없더라.[214]

이런 식으로 '시무時務'를 좀 안다는 한국의 지식인들과 정부관리들은 서서히 자포자기하며 친일경향으로 점차 변하게 된다. 이런 가운데 고종과 근왕세력의 독립투쟁은 외롭고 어려울 수밖에 없었다.

## 제3절 2차 망명지의 확보: 확장된 국내망명 공간 경운궁

### 1) 환궁갈등

#### ■ 환어의 필수조건과 환궁을 둘러싼 음모

1896년 2월 13일 아관망명 직후 고종은 신민들에게 러시아공관에 잠시 망명했다가 곧 돌아오려고 한다고 알렸으나,[215] 2월 16일 안전이 확보되지 않아 "부득이('得已치 못하니')" 경운궁과 경복궁을 수리한 후에 경복궁으로 "환어還御"할 것인지, 경운궁으로 "이차移次"할 것인지를 자신이 알아서 정할 것이라고 다시 고쳐 알렸다.[216] 그리고 새로운 망명지를 확보할 때까지 일본공사, 친일파들, 원임대신들과 유생

214) 『독립신문』, 1898년 4월 14일 「논설」.

215) 『高宗實錄』, 고종33(1896)년 2월 13일(백성에 내린 윤음).

216) 『高宗實錄』, 고종33(1896)년 2월 16일.

들의 환궁 권고에도 '부득이한' 사정을 들어 환궁하지 않았다. '부득이한' 사정은 국왕의 신변안전 보장의 미확보, 즉 국제환경과 외부환경의 불안정, 경운궁 개축의 미완, 궁궐수비대 문제의 미해결 등이었다.

그러나 아관체류가 더 길어지자 유생들은 1894년 7월 23일 왜군이 경복궁을 침범해 국왕을 생포한 이래 국왕의 명령을 강취하여 경향 각지를 강점하고 유린하다가 1896년 10월 8일 재차 궁궐을 침범해 국모를 시해한 사실을 까맣게 잊은 채 순전한 명분상의 위신·체통 논리에서 거듭거듭 경복궁으로의 환궁을 요구했다.[217] 또는 일본과 친일파들은 왜군의 국토강점 상태를 이용해 정치적 영향력을 빨리 회복하려는 속셈에서 줄곧 경복궁으로의 환궁을 채근했다.[218] 하지만 이런 '환궁론'은 모두 국왕의 신변안전을 심각하게 위협하는 것이었다.

### ■ 이완용·민영환의 친일선회와 한·러 갈등

좀 앞질러 생각해보면, 1년 뒤 고종이 거처로 취한 경운궁 국내망명지에서의 대러외교는 아관에서보다 외부의 공작에 더 많이 노출될 수밖에 없을 것이다. 1897년을 경과하면서 미상불 정동파로 불리던 여러 신하들이 친일파로 변질되고 또 이들이 독립협회나 만민공동회

217) 일반 유생과 신하들의 환궁요구는 1896년 3월부터 시작되었다. 『高宗實錄』, 고종33(1896)년 3월 4일 유구열의 상소, 8일(양) 중추원의관 강두흠의 상소, 4월 23일 정범조의 소견, 7월 9일자 정성우의 상소, 고종34(1897)년 1월 12일 김종규의 상소, 1월 20일 강원형 상소, 2월 1일 조성훈 상소, 2월 11일 조병식의 주청, 2월 13일 유생 심희경의 상소, 조병식의 상소 등. 그리고 『독립신문』은 1896년 2월 대정동 오궁터 삼거리에 연좌한 경향 사람들의 환어상소, 6월 김현기라는 사람의 노상 환어상소, 11월 정동길 가운데 연좌한 전 군수 이시우 외 100여 명의 집단 환궁상소, 1897년 2월 대정동 오궁터 200여 명의 복합 환어상소 등을 보도하고 있다. 『독립신문』, 1896년 2월 4일자, 6월 20일자, 8월 6일자, 1897년 2월 9일 및 16일 잡보. 그러나 국왕과 정부의 뜻에 충실했던 창간 초기 『독립신문』은 (서재필의) 논설로 환궁요구를 비판하거나 아관망명에 대한 일본신문의 이간질 시도를 비판한다. 『독립신문』, 1896년 4월 23일자 논설, 11월 5일자 논설, 1897년 2월 13일자 논설.

218) 헐버트에 의하면, 일본변리공사 고무라주타로(小村壽太郎)가 아관망명 직후 러시아공관을 방문하여 고종에게 환궁을 강권했지만 고종은 거절했다. Hulbert, *The Passing of Korea*, 149쪽. 1897년 2월 일본변리공사 가토마스오(加藤增雄)도 환궁을 강력하게 주장했다.

를 배후조종해 반러 항의를 통해 한·러 관계를 흔들어대기에 이른다. 경운궁 환어 이후 조·러 관계는 일본공사를 대신해 암약한 친일파들의 이런 공작으로 오해가 쌓여 소원해져만 갔다. 하지만 고종은 러시아에 실망하고 러시아의 의도를 의심하기 시작했을지라도 끝내 반러 자세로 기울어지지 않았고, 또 그 시점에서는 그럴 수도 없었다.

그러나 이완용은 당시의 국익에 반하는 반러·친일 언동 조짐을 보이기 시작했고, 자신에 대한 고종의 신임이 식자 더욱 그 방향으로 기울어져갔다. 일제밀정 안경수가 가토 공사에게 밀고한 바에 의하면 이완용은 이미 1896년 12월경부터 친일로 기울어져 일찍부터 국왕의 환궁을 압박하려고 음모를 꾸미고 있었다. 이런 까닭에 이완용은 훗날 러시아고문 채용과 러시아교관 고용을 좌절시켜 한·러 관계와 한국군 육성에 큰 차질을 초래하는 '친일수훈'을 세운다.

고종의 총애를 잃기 시작한 외부대신 이완용은 1896년 12월 초 이미 이런 반러적 심정을 품고 있었다.

> 이제 우리들 형제(이완용과 이윤용)의 처지가 왕의 총애도 쇠약해지고 세력도 없을 뿐만 아니라 어느 일파가 크게 우리를 꺼리고 싫어하는 처지가 되어 나는 사직할 결심이 없지 않으나, 어찌하랴 미국공사 실이 중간에 서서 우리들 형제의 유임을 간절히 바라며 러시아공사 베베르로 하여금 국왕께 상주해 만류책을 쓰고 있다. 그래서 본의는 아니지만 실권 없는 지위를 지키며 오늘에 이르고 있는 형편이다. 그리고 내가 조석으로 두려움에 견디지 못하는 것이 러시아의 동향 바로 이것이다. 듣자 하니 러시아인들의 의논이 두 파로 갈라져 갑파는 조선의 내정에 간섭해 독전주의獨專主義를 취하는 것은 러시아정부의 본뜻이 아니라 하고, 또 이것에 반대하는 을파는 이 절호의 시기를 만나 되도록 손을 써 병제·경제는 물론 기타 적어도 정략상에 이익이 된다고 생각되는 것은 모두 이것을 한 손에 넣어 크게 러시아의 세력을 공고히 하지 않을 수 없다고 하는 데 있다.

이 두 파의 의론 중 가장 세력이 있고 착착 실행되고 있는 것은 즉 을파의 의논인 듯하다. (러시아공사 베베르는 실제 을파의 주장자다.)[219)]

이완용은 여기서 그치지 않고 "러시아의 전횡"이라고까지 표현하며 러시아를 비난하고 영국의 무관심을 거론한 다음, 슬그머니 안경수로 하여금 미국인 고문관 고용을 빙자해 왜성대 측과 다리를 놓아주기를 부탁한다.

무릇 일본은 전승의 위세로 아직 러시아의 전횡을 방관하고 마치 자고 있는 듯 고요히 소리도 못내는 것 같으니 매우 불가사의하지 않은가. 생각건대 그도 역시 오래 침묵하는 일은 없을 것이고 시기가 일단 오면 결연히 일어설 것이다. 그가 일어서는 날에는 우리나라가 일·러 강국의 사이에 끼게 되니 그 곤란은 알 만할 것이다. 만약 이제 와서 일본을 끌어들여 함께 배려책을 강구하기로 한다면 이것은 곧바로 일·러의 충돌을 촉진하는 길이므로 이것 역시 불가하다. 그렇다면 기타는 어떠냐고 말하건대 다만 미국 한 나라가 있을 뿐이다. 이에 미국인을 많이 고용해 국정자문을 받아 내정정리를 위임하면 그 나라의 품격으로 보아 그들은 화심禍心을 품고 있지 않고 공평무사해서 결과적으로 이를 이용해 러시아의 전횡을 방지하는 방편이 되리라. 그런데 이것마저 오늘날의 정세로 살피건대 우리나라 사람의 힘으로는 결행할 수 없으니, 즉 일본정부를 중개로 해서 그 알선에 의하는 수밖에 없을 것 같다. 일이 매우 급박하게 되었다. 청컨대 그대가 먼저 일본공사 가토 씨를 방문해 사정을 털어놓고 이 일을 상의해 가토 씨를 거쳐 우리의 절박한 뜻을 일본정부에 전달할 것을 청하면 어떠하겠는가.[220)]

219) 『일관기록』, 三.機密本省往來 一·二, (69)'安駉壽와의 談話內容 報告(2)'(機密第100號, 1896년 12월 22일), 加藤→大隈.

220) 『일관기록』, 三.機密本省往來 一·二, (69)'安駉壽와의 談話內容 報告(2)'(機密第100號,

그리고 이완용은 바로 이 말에 이어서 친일파 안경수를 매개로 자신의 서형 이윤용, 한규설, 민영환을 묶어 중심으로 세워 대신·협판 등 18명의 공동상소로 국왕의 환어를 압박하자는 음모를 꾸민다. 그러나 민영환이 첫째, 일탈자가 나와 국왕에게 먼저 고해바칠 위험, 둘째, 국왕 자신이 곧 환어할 가능성을 들어 이 음모에 반대해 이 음모는 무산된다.[221] 아무튼 이완용은 반러·친일로 슬슬 돌고 있었다.

그러다가 이완용은 1898년 3월경 완전히 반러·친일파로 변했다. 그는 러시아고문 파견을 배격할 목적에서 — 가토 공사가 러시아공사관으로부터 빼낸 정보를 제공하면서 후원하는[222] — 3월 13일의 종각 만민공동회를 몰래 조직하면서 본격적으로 반러·친일 활동을 개시한다. 이완용은 서재필과 같이 종각 근처에 만민공동회를 소집하기로 결의했다. 그리고 이 공동회에서 독립협회는 뒤에 배후조종만 하고 상당수의 연사를 골라 시민들에게 러시아고문으로 생긴 일을 설명하게 하고 대표단을 뽑아 각 부처로 보내 러시아고문들을 돌려보내라고 촉구하고 그렇지 않으면 인민들은 정부를 인정치 않을 것이라고 윽박지르도록 조종했다.[223] 친일파 이완용과 서재필이 윤치호와 함께 꾸민 이 집회는 3월 13일 예정대로 '만민공동회'라는 이름으로 성공리에 열렸다.[224] 3월은 러시아정부가 한반도에서 후퇴할 용의가 있다는 의도를 일본에 통보한 시점이었고, 또 러시아황제가 서울의 반러 시위에 경악했다는 사실을 슈페예르 공사가 한국 외부에 알리고 러시아의 도움을 받든지 안 받든지 양단간에 결정을 요구한 시점이었다.[225] 이

---

1896년 12월 22일), 加藤→大隈.

221) 참조: 『일관기록』, 三.機密本省往來 一·二, (69)'安駉壽와의 談話內容 報告(2)'(機密第100號, 1896년 12월 22일), 加藤→大隈.

222) 『尹致昊日記(五)』, 1898년 3월 9일.

223) 『尹致昊日記(五)』, 1898년 3월 10일.

224) 『尹致昊日記(五)』, 1898년 3월 13일.

225) 『尹致昊日記(五)』, 1898년 3월 10일.

완용은 서재필·윤치호와 더불어 이렇게 한·러 동반자 관계를 확실히 깨뜨리는 데 앞장섰다.

한편, 1896년 10월 21일 러시아에서 돌아온 민영환은 고종의 아관망명을 도운 이범진·이완용 등을 '역적'이라고 비난할 정도로 강한 반러·친일파로 변해 있었다. 그는 러시아에 실망해 환궁 주장에 앞장섰다. 이로 인해 조·러 관계는 자꾸 소원해져갔다. 안경수의 밀고에 의하면 러시아에서 귀국한 민영환은 반러·친일의 자포자기적 '한일韓日제휴론자'가 되어 있었고, 일본공사와의 비밀통로를 개설한다. 안경수는 당시 민영환의 말을 가토 공사에게 밀고한다.

> 민영환이 귀국하면 러시아 열기가 한층 더할 것이라는 것은 일반 민심의 경향이었는데, 어찌 된 일인지 귀국 후 민영환의 거동은 크게 이와 반대되었다. 즉, 영환은 귀국하자마자 환어설을 주창했고, 또한 2월 사변(아관망명)의 주동자를 지목해 '역적'이라고 하기에 이르렀기 때문에 이것을 말하든 저것을 말하든 러시아는 믿기가 어렵다는 의심을 자아내 이제 겨우 잘못 믿은 것을 알게 된 듯하다. 특히 민영환은 조선은 어떠한 경우에 있어서도 일본을 멀리해서 국가를 유지할 수 없으며, 반드시 한일 양국은 서로 동양에서 보전하지 않을 수 없다는 생각을 품고 이 일을 가지고 이미 국왕께 내주內奏했다고 한다. 그러나 그는 말하기를 "한일제휴를 구하기 위해서는 우선 양국 간에 엉킨 악감정을 융해하지 않을 수 없을지라도, 오늘의 경우에 있어서 조선이 러시아를 대하는 것과 동일한 환대로써 곧 일본을 대한다면 이것은 곧 러시아의 환심을 상하게 하여 득책이라 할 수 없을 것이다. 그러니 지금 잠시 오늘의 향방에 일임하고, 이면으로 통로를 열어 대소의 사항을 비밀리에 일본공사의 의견을 타진하는 것으로 하면 좋을 것이다. 그리고 이 임무는 저 스스로 감당할 것이다"라고 했다. 그리하여 이 같은 의견은 (민영환·)이윤용·이완용과 나(안경수) 도합 4명 사이에 협의·결정되었다. 그러므로 지금부터 나는 자주

귀관에 대해 서로 간 의견의 공통기관으로서 왕래할 것이므로 미리 이 일을 알아두기 바란다.[226]

을미왜변과 같은 왜적의 천인공노할 패도悖道행위를 왕후의 종친인 민영환은 이처럼 결정적인 시기에 왜적과 내통하는 친일파의 중심인물이 되어 국왕에게 이중플레이를 함으로써 국왕을 고립에 빠뜨리고 고종의 성총聖聰을 흐렸으며 고종의 친러·수원綏遠노선을 흔들어 망국을 부채질했다. 당시 민영환이 창립 후 얼마 지나지 않아 친일파들의 소굴이 된 독립협회와 『독립신문』의 총아가 된 것은 아마 이런 언동 때문이었을 것이다. 그리고 을사년 민영환의 자결은 자신의 이러한 친일매국 행위 속에 이미 프로그래밍되어 있었던 자기반성적 가책의 필연적 귀결이었던 것으로 보인다. 그래서 민영환의 「고국민유서告國民遺書」를 "이 영환은 한 번의 죽음으로써 … 우리 2천만 동포형제들에게 사죄를 하고자 합니다"라고 썼는지도 모른다.[227]

그렇지 않아도 당시 일본은 조선과 러시아를 이간질하기 위해 혈안이 되어 있었다. 일본정부는 러시아에 대한 조정대신들의 감정악화 흐름을 틈타 경운궁 환어 직후인 1897년 2월 26일 일본 중의원에서 로바노프-야마가타 의정서를 비밀협정문까지 포함해 공개하고 1897년 3월 2일 가토 공사를 통해 조선정부에도 이 비밀협정문이 달린 의정서 사본을 통보해주었다. 그러나 이 사본은 교묘하게 조작된 것이었다.[228] 가령 제2조 "러·일 양국 정부는 조선국의 재정상 및 경제상의 상황여건이 허용하는 한, 외부원조를 빌리지 않고 국내질서를 보전하기에 족하도록 내국인으로 조직된 군대 및 경찰을 창설하고

226) 『일관기록』, 三.機密本省往來 一·二, (70)'安駉壽와의 談話內用 報告(3)'(機密第101號, 1896년 12월 28일), 加藤→大隈重信.

227) 『梅泉野錄』 제4권, 광무9년 乙巳(1905년) ⑤ 13. 閔泳煥의 「告國民遺書」.

228) 배항섭, 「아관파천 시기 조선인의 러시아 인식」, 『한국사학보』 33호(2008. 11.), 349쪽.

유지하는 것을 조선국에 일임하기로 한다"는 문장구조를 슬쩍 뜯어고친 것이다. 구체적으로 그것이 어떤 내용으로 고쳐졌는지는 확실히 알 수 없지만, 정교가 한문으로 옮겨놓은 의정서 제2조 "조선이 정말로 용비冗費를 깎아낸다면 세입 없이 두루 지출되는 폐단이 없어질 것이고, 이 경우에 러·일 양국 정부는 마땅히 조선 대군주의 의향에 따른다. 대군주가 자력으로 육군을 창설해 기르고 경찰을 더 모집하는 것은 더욱이 그 국가의 재정이 응당 두루 족한 것을 보아 행하고, 타국의 협조에 의지하지 않는다(大君主以自力創棟陸軍增募巡捕尤視其國之策應足敷無藉他國之協助)"는 구절을 보면,[229] "타국의 협조에 의지하지 않는다"는 구절이 엉뚱한 데 붙어 있는 것을 알 수 있다. 고종은 이 왜곡된 문장만 보았다면 러시아가 일본과 마찬가지로 군대 양성을 위해 아무런 도움을 주지 않겠다고 약정해놓고 이 약정 사실을 자신에게 속이고 말로만 협조한다고 말한 것으로 오해할 수밖에 없었다. 이것을 바탕으로 짐작해보더라도 일본이 공개한 협정서 문구는 군사·재정지원이 둘 다 불가능한 것으로 되어 있는 것이기 때문이다.[230]

이로 인해 고종과 조선 조정은 더욱 러시아와 거리를 취하는 일시적 외교패착을 저지르게 된다. 고종과 왕비의 노력으로 가까스로 성립한 한반도에서의 러·일 균형은 이런 패착을 통해 다시 일본 쪽으로 기우는 식으로 약화되고 있었다. 입버릇처럼 임금에게 대고 성총을 흐리는 간신배를 물리치라고 외쳐대던 『독립신문』과 독립협회는 1897년 말부터 1898년 중반에 걸쳐 고종의 흐려져가는 '성총'을 다시 밝혀주기는커녕 러시아의 이권획득 및 군사교관·재정고문 파견에 대한 격렬한 반대투쟁을 통해 성총을 더욱 어둡게 만들었다. 이로 인해 고종은 '한반도에서의 러·일 세력균형의 관리·유지'라는 전략적 국제정치 과제에서 실패를 자초하여 그렇지 않아도 한반도에서 한 발을

---

229) 정교, 『大韓季年史(상)』, 145쪽.

230) 배항섭, 「아관파천 시기 조선인의 러시아 인식」, 349쪽.

빼려는 러시아를 약화시키는 방향으로 나아갔다. 물론 여기에는 슈페예르 러시아공사 등의 도발적 개입 기도, 서툴고 거친 외교적 언동 등 러시아 측의 실책도 한몫을 했다. 이런 과정에서 1898년 들어 일본과 친일파의 배후조정을 받아 더욱 과격해지기만 하는 『독립신문』과 독립협회 측의 격렬한 반러투쟁과 러시아공사관의 도발적 적극개입 기도 및 러시아정부의 극동정책 기조의 거듭된 동요가 조선의 대러 갈등을 증폭시키게 되었던 것이다.

그러나 고종은 자신이 예고한 대로 저 '부득이한' 사정들이 해결되자, 즉 '안전한 망명지'가 확보되자, 아관망명 1년 9일 만(1896. 2. 11.-1897. 2. 20.)인 1897년 2월 20일 (왕비가 살해된 경복궁으로 '환궁'한 것이 아니라) 새로운 망명지 경운궁으로 '이차'했다. 이 '경운궁 이차(환어)'는 고종 자신이 경운궁에 대한 일련의 기술적·군사적·외교적 안전장치를 대내외적으로 치밀하게 준비하고 적극적으로 강구함으로써 겨우 가능해진 것이었다.[231]

이 '경운궁 이차(환어)'는 경복궁으로의 '환궁'을 기대한 모든 적대세력의 의표를 찔렀다. 가토 일본공사는 고종의 아관망명 단행으로 타격당한 일본의 점령군 지위를 회복하기 위해 왜군병사들을 시켜 러시아공관 앞에서 환궁 시위까지 벌이게 했었고, 안경수 등 친일파들은 자신들의 권력복귀를 위해 '무조건 환궁'을 요구하거나 심지어 왕위양여 모반을 획책했고, 만국공법상의 '망명' 개념을 알지 못하는 유생들은 대책 없이 국왕의 위신과 체통을 들어 환궁을 요구했고, 민영환과 독립협회는[232] 러시아의 소극적 태도와 이권요구에 러시아에 반

231) 참조: 김소영, 「러시아와 일본, 또 한 번의 타협을 하다: 로젠-니시 의정서」, 430쪽. 최덕수 외 지음, 『조약으로 본 한국근대사』(파주: 열린책들, 2010·2011).

232) 러시아공사관 무관 스트렐비츠키(Ш. Стрельвицкий) 육군대령(동부시베리아 제2보병여단 소속)의 1897년 2월 22일(서양력 3월 3일경) 보고에 의하면, 1897년부터 독립협회는 환궁상소운동에 적극 나섰고, "이전 사신이었던 민영환"을 포함한 "민·김씨 등 한국최고 양반가문"은 독립협회의 환궁상소운동을 배후에서 지원했다. 러시아해군문서(РГАВМ

감을 갖고 경복궁으로의 환궁을 외쳤었다.

러시아공사관 측은 아직 국왕의 시위부대의 훈련과 병력이 미비하여 환어 시에 국왕의 신변이 안전하지 않고, 또 반러세력만이 강화되어 일본만이 좋아할 일이라고 생각했지만,[233] 고종은 경운궁(덕수궁)으로의 환어를 결심한 것이다. 훈련된 조선인 궁궐호위부대 '시위대'가 그간 불완전하나마 상당히 육성되었고 러시아군대가 러시아공사관에 그대로 주둔하는 한에서, 그리고 민영환-로바노프 각서로 약속된 러시아정부의 도덕적·정치적 신변보장이 환어 이후에도 유효한 한에서 고종은 덕수궁의 안전이 직간접적으로 보장될 수 있다고 판단해 자발적으로 환어를 결정한 것이다. 왜군을 위한 이적행위로 귀착되고 말 성리학적 봉건양반들의 명분론적 환궁상소에 굴복한 것이 아니라는 말이다.[234] 경운궁 환어는 유생들이 꿈에도 생각하지 못할 경운궁에 대한 복잡한 대내외적 안전보장 장치가 필요했다.

경운궁으로의 환어는 대내적 안전보장과 국제적 안전보장을 통해 경운궁이 '2차 국내망명지'로 확보됨으로써 비로소 가능했던 것이다. 대내적 안전보장은 첫째, 러시아수비병의 계속주둔, 둘째, 유사시 이 수비병을 경운궁 안으로 출동시켜 고종을 보호할 수 있는 러시아공사

---

Ф)Ⅱ, 7, 서가9, 목록1, 사건31, 리스트121~128.

233) 러시아공사관 무관 스트렐비츠키 육군대령은 말한다. "왕이 특별히 중차대한 이유도 없는데 러시아부대의 호위를 거절하고 반쯤 훈련된 한국인 군사들의 보호 아래, 아직도 완공되지 않은 궁으로 시위하듯 돌아가기로 결정했다는 것은 실로 믿기 어려웠다. 이 모든 일을 어찌나 서둘렀던지 국왕은 러시아공사에게 사전에 미리 알려준다거나, 러시아공사가 페테르부르크와 교섭하여 … 러시아정부의 견해를 알아볼 수 있는 시간도 주시지 않았다." 아무튼 그가 볼 때 이 갑작스런 환어는 "러시아에 적대적인 다른 세력의 영향력이 강화될 것"이고 "실로 일본인이 즐거워해야 할" 일이었다. 러시아해군문서(РГАВМФ)Ⅱ, 7, 서가9, 목록1, 사건31, 리스트121~128.

234) 하지만 러시아공사관 무관 스트렐비츠키 대령은 고종의 환어결정을 의정부까지 나선 환궁상소에 굴복한 것이라고 말하면서도, "혹자는 요즘 국왕이 스스로 외국 공관에서 상주하는 것이 부담되어서 왕이 비밀지시로 최근의 환궁선동을 진행한 것이라고 부언附言하는 이들도 있다"는 소문을 덧붙인다. 러시아해군문서(РГАВМФ)Ⅱ, 7, 서가9, 목록1, 사건31, 리스트121~128.

의 재량권, 셋째, 러시아공사관 수비병이 신속히 출동해 국왕을 효과적으로 보호할 수 있는 지근거리, 넷째, 조선군 왕궁수비대(시위대)의 훈련완료와 경운궁 배치였다. 한국의 독립을 담보하고 러·일 간의 국제적 세력균형은 미세 조율하는 베베르-고무라 각서(1896년 5월 14일), 경운궁 2차 국내망명지의 국제적 안전보장은 민영환-로바노프 각서(1896년 6월 30일), 로바노프-야마가타 협정(1896년 6월 9일), 로젠-니시 의정서(1898년 4월 25일) 등 일련의 러·일 협약에 의해 이루어진다.

### 2) 경운궁 국내망명지의 대내적 창설

#### ■ 아관 러시아수비병의 경운궁 경호 효과와 러시아공사의 용병 재량권

경운궁 이차지移次地는 여러 가지 의미에서 '제2차 망명지'요, 아관망명처의 '연장'으로서의 '확장된 국내망명지'였다. 그러나 이 경운궁은 원래 국왕이 거처하기에 전혀 안전하지 않았다. 왜냐하면 첫째, 왜군이 경향 각지에서 의병을 학살하며 여전히 총검을 휘두르고 다녔기 때문이다.

둘째, 이 아관망명 시기에 왜군과 자객을 동원한 한선회 등의 친로파 각부대신 살해 및 고종환궁 협박 미수사건(1896. 11. 20.)이 발생했듯이[235] 경운궁 망명시기에도 국왕위해 음모들이 속출할 수 있기 때문이다. (실제로 이 시기에 1898년 7월 친일괴뢰군 훈련대의 잔당을 동원한 안경수 무리의 황제폐위사건, 1898년 8월 김홍륙의 독다毒茶사건, 1900년 9월 황제·황태자 폐위와 의친왕 옹립 및 친일내각구성을 위한 15인 일본유학사관들의 '혁명협약서' 사건, 동년 동월 황제어가御駕 습격 또는 경운궁습격과 경복궁·창덕궁 강제환궁을 위한 유길준 일당의 반역음모[236] 등이 연달아 일어났다.) 한마디로 김홍집잔당, 박

235) 『高宗實錄』, 고종34(1897)년 2월 1일.

236) 『高宗實錄』, 고종41(1904, 광무8)년 3월 11일(양력).

영효무리, 유길준무리 등 친일세력들이나 일본공사관 및 일본낭인들과 작당한 또는 개인적 원한을 품은 정체불명세력들과 왜군이 '국내망명 중'의 국왕을 폐위 또는 시해하거나 그 권력을 찬탈하기 위해 또는 경운궁이나 행차를 기습하기 위해 여기저기서 호시탐탐 준동하고 있었다. 이 때문에 경운궁은 아주 위험했고, 경운궁 밖으로의 행차도 아주 위험하기 짝이 없었다.

셋째, 경운궁은 국제법상 아관보다 훨씬 더 위험했다. 아관은 만국공법상 치외법권 지역으로서 왜군이나 왜군의 끄나풀들이 범할 수 없었던 반면, 경운궁은 국제법적 치외법권 지역이 아니라서 왜군이 마음만 먹으면 언제든 경복궁처럼 범할 수 있었기 때문이다. 따라서 경운궁은 국내외의 다중적 안전보장 장치를 통해 국왕이 망명 가능한 '망명지'로 새로이 '창설'되어야 했다.

당시 경운궁을 대내적 차원에서 '국내망명지'로 창출해주는 것은 1) 러시아공사관 수비병의 잔류, 2) 러시아공사의 용병用兵 재량권, 3) 영미공관과의 거리상의 지근성至近性, 4) 러시아교관에 의해 양성된 1,000명의 시위대 병력이었다. 1896년 7월 1일 이미 러시아정부는 고종이 환어한 뒤에도 당분간 러시아수비대를 잔류시킬 것과 국왕의 신변안전에 대한 '도덕적' 보장을 훈령해둔 상태였다. 로바노프는 1896년 6월 2일(서양력 7월 1일경) 조선주재 러시아공사 베베르에게 환어 이후의 '도덕적 보장'을 위해 해군병력의 계속잔류와 증강 및 러시아의 도덕적 보장의무에 관한 비밀전보를 보냈다.

> 조선국왕은 러시아공관에 계속해서 체류할 수 있다. (하지만) 조선국왕이 환어를 희망할 경우에 러시아수비대는 대궐로 파견될 수 없다. 다른 열강의 간섭이 우려되기 때문이다. (그러나) 우리는 조선국왕의 신변안전을 위한 도덕적 의무를 지고 있다. 온갖 경우를 대비해 상륙부대는 러시아공관에 잔류하고 필요할 경우에는 증강할 수 있다.[237]

이것으로써 러시아수비대의 간접적 궁궐수비 효과는 거둘 수 있었다. 하지만 "조선국왕이 환어를 희망할 경우에 러시아수비대는 대궐로 파견될 수 없다"는 용병用兵제한과 '도덕적' 안전보장이라는 말의 모호성은 경운궁의 망명지로서의 안전성을 반감시키는 것이었다.

그러나 '도덕적' 안전보장 의무가 무엇을 뜻하는지는 민영환 특명전권공사가 페테르부르크에서 러시아외무성 아시아국장 카파니스트 백작과 교섭하던 중에 카파니스트 국장이 부연한 설명(1896년 6월 16일)에서 명확하게 드러난다. 로바노프가 말한 국왕의 신변안전의 "도덕적 보장"이란 바로 '(국제)정치적 보장', 즉 '한반도 안에서 일본의 행동에 대한 일정한 국제정치적 견제를 통해 국왕과 조선의 안전을 간접적·비군사적으로 보장하는 것'을 말한다는 것이다.[238] 이 '도덕적 보장'은 베베르-고무라 각서(1896년 5월 14일)와 로바노프-야마가타 협정(1896년 6월 9일)을 통해 이루어졌다.

그리고 궁궐진입과 관련된 러시아수비대의 용병에 대한 제한은 페테르부르크 교섭 중에 부분적으로 풀리게 된다. 카파니스트 국장은 "유사시에 (공사관 경내 주둔) 수비대가 국왕의 보호를 위해 궁궐 속으로 들어가는 것을 허용할 것인가"를 묻는 민영환의 질문에 대해 "그것은 약속할 수 없다"고 말하면서도 "그것은 서울주재 러시아대표가 상황에 따라 결정해야 할 일이다"라고 하여 긴급상황에서 국왕신변 보호를 위한 군사작전 구역을 궁궐 안으로까지 확장하는 문제를 결정할 권한을 공관장에게 용병재량권으로 일임하고 있다. 그러면서 그는 "베베르가 10월 8일(을미왜변 당일) 궁궐에 들어간 최초의 인물이었다고 들었다. 그가 그때 (휘하에) 어떤 수비대가 있었다면 아마 이 수비대를 데리고 들어갔을 가능성이 있다"라고 말했다.[239] 카파니스트

---

237) 러시아해군문서(РГАВМФ) II, 29, 서가417, 목록1, 사건1340, 리스트347~349.

238) 『尹致昊日記(四)』, 1896년 6월 16일자(119-220쪽).

239) 『尹致昊日記(四)』, 1896년 6월 16일자(220쪽).

의 이 말에서 유사시 국왕의 보호를 위한 궐내진입을 포함한 러시아수비병의 용병은 서울 공관장의 자유재량임이 분명해진다.

그러나 러시아수비병이 궐내에 주둔하는 것이 아니라 공사관에 주둔하고 있다면, 긴급상황이 발생할 시에 상황을 감지하는 것도 어렵고 뒤늦게 감지한 뒤에야 궁궐을 향해 출동해 제때 궁궐 안으로 진입하는 것도 어려울 것이다. 그렇다면 러시아수비대의 잔류와 증강, 도덕적 안전보장, 유사시 용병재량권 등은 다 무용지물이 될 위험이 있다. 이 위험을 줄이는 유일한 길은 고종이 러시아공관과 가장 가까운 지점에 환어할 장소를 망명지로 잡는 것이었다. 이런 측면에서 경운궁은 환어를 위해 선택할 수 있는 최적의 장소였다. 공사관과 지근거리에 있는 경운궁은 흔히 주장되듯이 유사시에 국왕이 다시 러시아공관으로 재빨리 되돌아갈 수 있는 곳이라서[240] 최적지인 것이 아니라, 러시아공사가 즉시 궁내상황을 파악하고 러시아수비병을 신속히 궐내에 진입시켜 아관경내의 치외법권 지역에서처럼 국왕에게 군사적 비호(asylum)를 제공할 수 있기 때문에 최적지인 것이다.

이런 의미에서 경운궁은 망명공간이 아관경내보다 확대된 '2차 망명지'로 기획된 것이다. 경운궁은 고종에 의해서만이 아니라 러시아정부에 의해서도 아관명명지로부터 연장된 '제2의 망명지'로 개념화되었던 것이다. 물론 경운궁이 선택된 것은 거리상의 지근성만이 아니라 그곳 주변에 가교·샛길 등 이동편의 시설들이 설치되어 있는 점과, 그 경운궁 주변에 미국공사관·프랑스공사관·영국공사관·독일영사관 등 외교공관들이 밀집해 있는 점도 고려한 것이다. 러시아공사

240) 황현은 이렇게 말한다. "경운궁은 서부 정릉방坊에 있는데, 곧 선조가 계사년(선조26년, 1593)에 돌아온 뒤에 머물던 곳이고 인목대비가 유폐에 처해진 서궁西宮이다. 지금 구미 각국의 공관이 다 대소大小 정동에 있고 러시아공관과는 더욱 지척이다(逼近). 임금은 늘 급변을 우려하여 러시아공관을 돌아갈 곳으로 간주한 까닭에 서궁을 수리하여 임시어소御所로 삼고자 했다. 그래서 임금은 대소신료와 재야유생들의 장주章奏가 수레에 가득 찰 정도로 환궁을 청했지만 끝내 듣지 않고 매일 토목공사에 전념케 했던 것이다." 황현, 『매천야록(중)』, 198-199쪽.

관과 경운궁 사이에는 아관망명 이전에 이미 '홍교'라고 불리는 구름다리가 설치되어 있었다. 또 경운궁 환궁에 즈음해서는 미국대사관을 가로지르는 샛길을 뚫어 러시아공관과 경운궁을 연결하는 비밀통로도 마련되었다.[241] 그리고 이 경운궁 주변이 구미외교공관이 밀집해 있는 지역이라서 국제도의상 왜군이 범궁하기 어려웠다. 이 때문에 경운궁은 '사실상의 치외법권 지역'으로 여겨질 수 있었다. 이런 여러 가지 점에서도 경운궁은 탁월한 선택이었다. 경운궁은 이런 고려에서 '확장된 망명지'로 선택된 것이다. 따라서 '경운궁으로의 환어'는 '아관망명지의 연장' 조치에 지나지 않은 점에서 '경복궁으로의 환궁'과 그 의미가 본질적으로 달랐던 것이다. 경운궁은 기본적으로 러시아공사관 수비대가 늘 근접해 주둔해 있고 러시아가 비호를 제공하는 한에서만 망명지로 기능할 수 있었기 때문이다.

이런 까닭에 경운궁 망명지는 러시아의 정치군사적 영향력이 한반도에서 지속되는 한에서만 안전하게 유지될 수 있었다. 만약에 러·일 세력균형체제가 흔들려 러시아의 정치군사적 영향력이 왜군에 비해 약화되거나 소멸한다면 고종은 다른 곳으로 망명해야 했다. 미상불 고종은 1904년 정월 일본의 동태가 수상해지고 러일전쟁 개전의 위험이 높아지자 불가피하게 러시아공사관에 피신처를 구하든지 아니면 러시아로 망명하는 문제에 관해 러시아 측의 협조가능성을 은밀히 타진했다.[242] 이번에는 '국내망명'과 '국외망명'을 둘 다 고려한 것이다.

---

241) 경운궁과 러시아공관 사이에 이차移次 직전에 설치된 지하 비밀통로가 있다거나 이차 직후 러시아공관과 경운궁을 잇는 구름다리 '홍교'를 설치했다는 야설이 전해져왔었다. 그러나 1981년 서울시와 문화재관리국이 러시아공관 부지를 공동 발굴했을 때, 이 야설은 사실이 아님이 밝혀졌다. 공관 밑에서 9평의 밀실과 20.3미터의 지하도가 발견되긴 했으나, 이것은 경운궁으로 통하는 통로가 아니었고, 이미 공관신축 당시(1880)에 축조되었던 것으로 밝혀졌다. '홍교'도 아관축조와 동시에 이미 설치된 것이었다. 참조: 『경향신문』, 1981. 10. 16일자 7면 기사. 이차에 즈음하여 설치된 것은 오직 샛길 비밀통로뿐이었다. 이 통로는 먼저 영국공관으로 나가 옛 미국대사관 터를 가로질러 러시아공사관으로 연결되었다. 고종과 러시아공사 부인 손탁 여사는 이차 후 가끔 이 샛길을 이용했다. 참조: 『조선일보』, 2003. 11. 11일자, 「이규태코너」 제62회 '덕수궁 비밀통로'.

또한 서울주재 러시아총영사관에서 외무성에 보낸 발신일자 없는 극비전문에 의하면 고종은 1908년 초에도 일본의 감시를 피해 외국으로 망명하기를 원했다.[243] 이번에는 완전한 '국외망명'이었다. 그리고 1908년 11월 20일 주일 러시아대사 말레프스키-말레비치(Н. А. Малевский -Малевич)가 러시아외무성에 보낸 비밀전문에 의하면, 1908년 11월에도 고종은 선편이나 육로로 러시아망명을 준비했다. 그러나 대일협상파 말레프스키-말레비치 대사는 극동정세의 긴장을 우려해 고종의 망명계획을 좌절시키기를 외무성에 요청했다.[244] 고종의 이 망명시도는 이즈볼스키(외무장관)·말레프스키-말레비치 등 러시아정부 내의 대일협상파들의 이러한 방해공작, 일제에 의한 러청은행 예치금의 불법인출 등에 의해 무산된 것으로 보인다. 그러나 고종은 1910년 6월경에 다시 연해주망명정부 수립을 기도했다.[245] 또 고종은 나라가 망한 뒤인 1918년에도 국외망명을 기도했다. 이번에는 북경망명이었다. 고종은 1907년 헤이그밀사사건으로 강제 폐위된 후 궁궐에 갇힌 지 10년 반이 되는 시점인 1918년 1월 8일 윌슨이 연두교서로 민족자결주의를 선언한 것을 기화로 1918년 말 이회영을 통해 북경에 행궁까지 마련하는 등 망명계획을 구체적으로 실행에 옮겼었다. 이 망명기도를 막으려는 일제의 야만적 대처가 1919년 1월 21일 고종의 독시毒弑였다. 이 고종 독시와 국상 애도물결은 3·1운동을 촉발했고, 3·1운동은 다시 대한민국 국호와 헌법상의 구황실우대 조항으로 대한제국의 법통을 이은 국외망명정부로서 '대한민국 상해임시정부'를 출범시

242) 박종효, 『한국관련 러시아문서』, 101쪽 '1904년 1월 21일 파블로프 공사가 외무성에 보낸 보고'.

243) 박종효, 『한국관련 러시아문서』, 73쪽.

244) 박종효, 『한국관련 러시아문서』, 74쪽.

245) 러시아대외정책문서(АВПРИ), 서가 "연해주총독", 목록579, 사건54, 리스트64-67. 「상해주재 상무관 괴예르를 대신해 동경주재 대사에게 보낸 보고서(1910년 6월 9일자)의 사본」, 221-224쪽. 외교통상부, 『이범진의 생애와 항일독립운동』. 이 책에서는 '상해주재 상무관 괴예르'를 '재정부 대리인'으로 오역 내지 부실번역을 하고 있다.

켰다. 아무튼 고종이 아관망명과 경운궁망명에 이어 해외망명을 여러 차례 기도한 것은 그의 불굴의 항일투쟁 의지를 입증해주는 것이다.

### ■1,000명의 '시위대' 창설과 경운궁 배치

경운궁이 러시아수비대가 주둔하는 러시아공사관으로부터 지근거리에 있을지라도 러시아수비병이 출동해 궐내진입을 시도할 때 궐문에서 왜군에 의해 일시 저지당한다면 궐내에서는 국왕이 왜군에 의해 이미 생포된 상황이 벌어질 수 있다. 이런 까닭에 국왕의 호위는 궐 밖에 있는 러시아수비대에만 의존할 수 없었다. 그래서 고종은 애당초 조선군 궁궐수비대를 러시아교관에 의해 훈련·육성할 것을 강력히 희망했었다. 민영환의 페테르부르크 특파목적에는 러시아병력의 파견만이 아니라 러시아교관단의 파견 요청도 들어 있었다.

러시아의 조선군 훈련·육성 지원은 고종의 기대에 못 미쳤지만, 러시아군사교관들은 내한한 이후 단기간 내에 조선군 시위대 조직에 놀라운 성과를 올렸다. 고종과 민영환은 러시아에 200명의 군사교관을 요청했지만, 러시아가 파견한 것은 겨우 푸차타(Д. В. Путята) 대령을 포함한 장교 4명(아파나시예프 중위, 식스텔 소위, 체르빈스키 군의관)과 하사관 10명 등 총 14명이었다.[246] 푸차타 대령은 민영환과 동행해 1896년 10월 21일 서울에 도착했다.[247] 그러나 서울에 도착한 러시아교관단은 비록 수적으로 적었지만 신속하게 일을 처리해나갔다.

푸차타교관단이 파악한 당시 서울의 조선군은 친일괴뢰군('훈련대' 3개 대대) 출신 군인들과 시위대 출신이 뒤섞여서 기강과 정신상태, 편제와 훈련 등이 엉망이었다. 서울에는 5개 대대 총 3,325명의 보병과 85명의 기마병이 있었다. 1896년 8월에 개설된 군사학교에서는 국왕에 충성스런 청년 중에서 선발된 33명의 생도가 국왕의 요청에 의해

246) 『한국관련 러시아문서』, 571쪽("러시아군사교관 제1대대와 제2대대 교육대장 보고서").
247) 현광호, 『대한제국의 재조명』, 214쪽.

러시아공사관 경비대장 흐멜레프 중위의 지휘 아래 급한 대로 일단 훈련을 시작한 상태였다. 군사학교는 공사관 곁에 위치해 있고 급식은 밥과 김치, 국으로 하루 세 차례, 군복은 감청색 상의에 바지는 각반을 착용하지 않고 늘어져 있었다. 군모는 검정색이고 모표는 하얀 배꽃을 달고 있었다. 무장은 러시아제 베르당 소총에 멜빵은 일제日製였다. 숙소는 온돌방이고, 소총은 이 안에 세워 놓았다. 훈련생은 매일 집에서 출퇴근하고 집에 갈 때는 한복을 입었다. 교육에는 전원이 출석하지 않고 많은 생도가 꾀병을 부렸다.[248]

5개 대대 총 3,325명의 조선군 보병부대는 대대편제와 유사했다. 조선군 대대편제는 장교가 대대장(참령) 1명, 중대장(정위), 4명, 보급장교 2명, 부관 1명, 초급장교 12명으로 총 20명이었다. 하사관 및 병사는 정교 6명, 보급하사 4명 등 총 665명으로 이루어져 있었다. 일반병사들은 다 '고용병들'이었다. 따라서 입대와 제대가 자유로웠고, 병사들의 봉급이 좋은 편이어서 군에 입대하려는 지원자가 많았다.[249]

조선군부는 2,200명의 교육훈련을 의뢰했으나 푸챠타는 교관요원 부족으로 800명을 주장해 1896년 11월 4일부터 교육생을 선발해 훈련에 들어갔다. 조선군은 다수가 노년이었고 또 병을 앓고 있었다. 따라서 아관망명 직후 3월 4일 아관경비를 위해 급조되어 아관보초를 러시아군과 교대로 서고 있는 친위대 제4대대와 제5대대에서 각각 200명과 280명, 제1·2·3대대에서 341명 등 총 821명을 엄선해 179명이 부족한 1개 대대를 조직했다. 교육대장에는 아파나시예프 중위가 임명되고 러시아 하사관들은 1인당 80명의 훈련을 담당했다.[250] 훈련생은 후에 더 보충해 1,000명으로 늘리고 러시아군대 편제에 따라 5

---

248) 『한국관련 러시아문서』, 571쪽("러시아군사교관 제1대대와 제2대대 교육대장 보고서").

249) Кореи (Санкт Петербург, 1900). 한국정신문화연구원, 『韓國誌』(성남: 정신문화연구원, 1984), 678쪽.

250) 『한국관련 러시아문서』, 571쪽("러시아군사교관 제1대대와 제2대대 교육대장 보고서").

개 중대로 편성했다. 대대장에는 조선군 대령을 임명했고, 장교와 하사관 자리도 조선군으로 채웠다. 러시아군인들은 제대에 편입되지 않고 교관으로서 감독역할만 담당했다. 러시아장교들은 교관단장 푸챠타에게만 복종했고, 조선 군부대신과 교섭했다. 러시아 하사관들은 조선군 장교보다 높게 대접받았고 조선군 장교들은 이들에게 경례를 올렸다. 제식훈련 시에는 러시아 하사관들이 조선군 장교도 지휘했다. 교관들은 러시아신병훈련 프로그램을 적용해 훈련을 시켰다. 훈련병은 출퇴근이 금지되고 병영에 숙영하게 되었다. 1896년 10월 말부터 바로 교육훈련이 실시되어 3주가 지나 단발소총이 지급되었다. 러시아교범에 따라 각개교련, 체조, 총기취급법, 분해결합, 사격법이 교육되었다.[251]

훈련을 마친 조선병사들은 교육을 받은 지 약 2개월 만인 12월 중순경 이미 왕궁을 호위할 수 있을 정도가 되었다는 평가를 받았다.[252] 고종은 이를 확인하고 1897년 2월 20일 덕수궁으로 환어했다. 국왕은 환어 후에 궁궐수비가 아직도 미흡했기 때문에 1897년 2월 말 교육훈련대에 보충병을 모집했다. 훈련대대는 주민들에게 대단한 인기를 끌어 200명 모집에 무려 1,000명이 응모했다.[253] 푸챠타는 궁궐호위를 맡은 조선군인들을 철저히 통제했는데 러시아교관에 의해 훈련된 조선군 병사들만을 골라 궁궐호위에 세웠다. 그는 러시아교관에 의해 훈련된 조선군사병들 중에서 장교를 선발해 궁궐수비대의 편제를 만들어나갔다. 그리하여 이 궁궐수비대는 러시아식으로 1개 대대 단위인데, 이 1개 대대는 5개 중대(1개 중대 200명)로 편성되고 장교 28명, 사관보 5명, 하사 71명, 나팔수 10명, 고수 10명, 치중병輜重兵 4명, 사병 900명 등 도합 1,028명으로 조직되었다.[254]

---

251) 『韓國誌』, 679쪽.

252) 현광호, 『대한제국의 재조명』, 214쪽.

253) 『韓國誌』, 679쪽.

국왕은 1897년 3월 16일 "친위 각대 중 먼저 초선抄選하여 연습한 병정들이 이제 숙달되어 곧 내숙위를 할 것이므로 대호隊號는 '시위대侍衛隊'로 칭하고, 그 편제와 예산은 군부와 탁지부에서 마련하라"라는 조칙을 내려 새로 편성된 이 궁궐수비대에 '내숙위'를 맡기고 '시위대'라는 부대명칭을 하사하고 군부와 탁지부에 시위대 예산 마련을 명했다.[255] 러시아교관단은 국왕의 요구에 따라 1897년 3월부터 교육을 마친 하사관과 병사 100명 이상을 서울의 친위대로 파견해 속성교육을 실시하고, 이 친위대도 시위대 편제로 개편했다.[256] 1897년 5월 28일에는 국왕의 사열을 받았다. 이 사열시간에 조선군인들은 그간 교육받은 체조에서부터 중대훈련까지 교육훈련의 성과를 보여주었다. 구령은 러시아어로 했다. 국왕은 이 장면을 보고 '열렬한 찬사'를 아끼지 않았다. 6월 교육대대는 협소한 병영에서 조폐국 건물로 이전해 내무반 생활이 가능해졌다. 이를 위해 내무교범이 국역되었다.[257]

1897년 7월 13일에는 러시아교관들의 지도 아래 병영의 봉급경리經理가 중대단위의 경리로 전환되어 한국장교들의 사병봉급 착복기회가 사라졌고, 이 덕에 사병들의 봉급이 최초로 전액이 지급되었다. 이것은 조선군인들에게 강한 인상을 남겼다. 전환국(조폐국) 사옥은 넓어서 병영생활에 아주 적합했다. 여기에는 군수창고, 궁중과 전화로 통하는 당직실, 예진실이 설치되었고, 영창도 만들어졌다. 목공소와 재봉소도 설치되어 여기서 매트리스와 베개를 생산했다. 러시아교관들은 병영에 필요한 물건들을 당시 서울의 빈약한 공업수준에서 구하기 힘들었지만, 동분서주하며 어떻게든 이 물건들을 마련하고 조달했

---

254) 『일관기록』, 一.機密本省往復, (4)'侍衛隊節制方畧書 送附의 件'(機密 第40號, 1897년 6월 24일), 加藤→大隈重信 外務大臣.

255) 「詔勅 侍衛隊編制·豫算을 軍部·度支部로 하여금 마련케 하는 件」(1897년 3월 16일 조칙). 『韓末近代法令資料集(II)』, 215-216쪽.

256) 『독립신문』, 1897년 3월 16일; 임재찬, 『舊韓末 陸軍武官學校 研究』, 20쪽.

257) 『韓國誌』, 679쪽.

다. 러시아교관들의 활동기간은 짧았지만 그들이 이룩한 성과는 지대했다. 1898년 3월 초 러시아교관들이 본국으로 돌아가고 교육대대의 지휘권은 한국장교들에게 넘어갔다.258)

이에 고종은 3월 26일 러시아교관들이 확립해놓은 군대질서와 방법을 그대로 보전하라는 칙령을 내렸다. "군대의 유효성의 유지에서 본질적인 핵심은 군조직과 관련된 만사에서 정규성(regularity)을 지키는 것이다. 우리 병사들이 전술에 익숙해진 것은 러시아군사교관들의 부단한 노력을 통해서인데, 이에 대해 우리는 아주 기뻐하는 바다. 교관들은 짐의 직무를 뒤에 남겨주고 떠나고 있다. 이에 짐은 각 연대의 장교들이 더 근면을 발휘해 러시아교관들에게서 배운 수칙과 체제를 지켜주기를 바란다. 짐의 소망을 군부에 전하라."259) 이렇게 하여 덕수궁수비대 '시위대'의 조직이 완성됨으로써 덕수궁이 확장된 '제2차 망명지'로 확보된 것이다.

그러나 물론 '무비武備'만으로는 경운궁의 2차 망명지가 튼실할 수 없었다. 망명지 밖의 왜군과 이 왜군을 등에 업은 친일세력을 제압하지 않는다면 국왕은 영원히 이 제2의 망명지에서 출입이 자유로울 수 없고 이 망명지에서의 거주와 일상생활도 안전할 수 없었기 때문이다. 경운궁으로 환어한 지 한참이 지난 1899년 5월에도 서울에 사는 고관대작의 집에 폭탄을 던지는 일이 벌어졌다. 밤만 되면 이런 일이 계속 벌어졌는데 신기선의 사랑채가 불타는 사건도 발생했다. 그러나 범인은 잡히지 않았다. 임금은 크게 두려워하며 여러 차례 러시아공관으로 잠행했다.260) 서울의 치안이 이런 지경이었기 때문에 고종은 애국적 군사력을 양성·확보하는 것과 동시에 경운궁에 세운

258) 『韓國誌』, 680-681쪽.

259) 『高宗實錄』, 고종35(1898, 광무2)년 3월 24일; 『官報』, 1898年 3月 26日; *The Independent*, March 29th, 1898(3면).

260) 황현, 『매천야록(중)』, 318쪽.

'국내망명정부'를 중심으로 공분한 항일애국민심을 굳게 결속하여 그간 상호 유리된 '민'과 '국'을 '민국일체'로 재결합함으로써 명실상부하게 '민국'을 건설하고 왕권을 강화해 삼천리강토의 수복과 국권회복을 기하려고 한다.

### 3) 러일협상을 통한 경운궁의 국제적 보장

#### ■ 베베르-고무라 각서

러시아가 일본의 고종위해危害 공작과 영토강점을 막는 동북아의 유일한 견제세력이었던 만큼 1897년 2월 20일 '경운궁 환어'는 단순히 고종의 개인적 용단의 문제가 아니라, 고종이 러시아공사를 시켜 일본과 협약함으로써 먼저 새 망명지의 안전을 국제적으로 보장해야만 실현될 수 있는 문제였다. 일본은 고종의 아관망명을 '허를 찔린 것'으로 느끼고 자신들에게 불리해진 국제상황을 개선하고 고종의 망명기간을 줄이고자 고종에 대한 일본공사의 환궁강권, 친일분자들을 이용한 환궁압박,[261] 친일조선인과 매수된 조선인들의 환궁상소, 환궁강제 역모 배후조종 등 갖은 직간접적 방법을 써서 조기환궁을 획책했다. 이에 맞서 고종은 러시아공사 베베르를 통해 일본공사관의 환궁압박 공작을 중단시키고 일본 측으로부터 '환어' 행렬과 환어예정지 경운궁의 안전을 보장받기 위해 왜군과 일본낭인들의 대궐재침再侵 위험을 사전에 제거하려고 했다.

고종의 이러한 의도는 1896년 5월 14일 교환된 베베르-고무라(小村壽太郎) 각서의 항목을 통해 내용적으로 확인할 수 있다. 『고종실록』은 이에 대해 이렇게 부실하게, 그리고 그릇되게 기록하고 있다.

---

261) 안경수는 이미 5월부터 백관을 모아 아관으로 몰아 환궁을 강청하는 음모를 꾸미고 다녔다. 참조: 『일관기록』, 三.機密本省往來 一·二, (24)'조선사변의 정황보고의 건'(기밀 제30호, 1896년 5월 15일), 小村→陸奥.

제1회 일로日露협상이 체결되었다. 우리나라 주재 일본공사 고무라와 러시아공사 베베르가 두 나라의 대표로 협정한 각서에 대략 이르기를, 1. 양 대표는 조선국왕에게 환궁을 충고할 사事, 1. 양 대표는 조선국왕에게 온화한 인물로 각신을 임명하고 너그럽고 인자한 태도로 신하와 백성들을 대할 것을 권고할 사라고 했다.[262]

따라서 그 구체적인 내용을 각서의 원문에 따라 정밀하게 알아볼 필요가 있다.

베베르-고무라 각서(1896년 5월 14일)

제1관. 조선국왕 폐하의 왕궁으로의 환어문제는 전적으로 폐하 자신의 재량판단(裁斷)에 일임하되, 러·일 양국 대표는 폐하가 환어하더라도 그의 안전상의 의혹을 품을 필요가 없다고 인정될 때에는 환어하기를 충고할 것이다. 또 이때 일본 대표는 일본인 장사(소시)의 취체取締에 엄밀한 조치를 취할 것을 보증한다.

제2관. 현임 내각대신들은 폐하의 자유의사로 임명되었고, 그들 대다수는 지난 2년간 대신이나 기타 고위직에 있으면서 관대하고 온화한 인물들로 알려져 있다. 러·일 양국 대표는 폐하가 관대하고 온화한 인물들을 그 내각대신에 임명하고, 또 그 신민들을 관인寬仁으로 대하기를 폐하에게 권고하는 것을 항상 그 목적으로 한다.

제3관. 러시아 대표는 다음 사항에 대해 일본 대표와 전적으로 의견을 같이한다. 즉, 조선국의 현 상황에서 부산과 일본 사이에 설치된 전신선 보호를 위해 몇몇 지점에 일본국 위병을 둘 필요가 있으며, 3개 중대의 병정으로 구성된 병영은 가급적 속히 철수하고 대신 헌병을

262) 『高宗實錄』, 고종33(1896)년 5월 14일 두 번째 기사.

다음과 같이 배치한다. 즉, 대구에 50명, 가흥 50명, 한성-부산 사이의 10개소 중간지국에 각 10명씩 배치한다. 또한 위의 배치는 변경될 수 있지만 헌병대의 총수는 200명을 초과할 수 없다. 그리고 이들 헌병도 장래 조선정부에 의해 안녕질서가 회복되게 되는 각 지역으로부터 점차 철수한다.[263)]

제4관. 조선인에게서 습격당하게 될 경우 한성 및 각 개항장에 있는 일본인거류지 보호를 위해 한성에 2개 중대, 부산에 1개 중대, 원산에 1개 중대의 일본병을 배치할 수 있다. 다만, 1개 중대의 인원은 200명을 초과할 수 없다. 이 군대는 거류지에서 가까운 곳에 주둔하되 앞에서 말한 습격의 우려가 없게 되면 이를 철수한다. 또 러시아공사관 및 영사관을 보호하기 위해 러시아정부도 위의 각지에서 왜군의 인원수를 초과하지 않는 위병을 배치할 수 있다. 그러나 이 위병은 내지가 완전히 평온해지는 대로 철수한다.[264)]

이 각서의 내용은 환궁을 요구하는 신하들과 유생들이 전혀 고려치 않은 국왕의 신변안전 조치와 관련된 내용들이 들어 있다. 제1관의 앞부분은 일단 고종의 의도가 받아들여진 것이다. "조선국왕 폐하의 왕궁으로의 환어문제는 전적으로 폐하 자신의 재량판단에 일임한다"는 구절은 앞서 소개된 『고종실록』의 기록("양 대표는 조선국왕에게 환궁을 충고할 사")과 반대이고 오히려 3개월 전의 대국민 윤음의 내용("경복궁으로 환어"할 것인지 "경운궁으로 이차"할지를 고종이 알아서 정할 것임)과[265)] 대동소

---

263) 그러나 정교는 이 각서 내용을 잘못 기록하고 있다(가령 "駐箚一營於仁川遠山間"). 정교, 『大韓季年史(상)』, 144쪽.

264) 外務省 編, 『日本外交年表竝主要文書(1)』(東京: 原書房, 1965), 1896(明治29) '朝鮮問題は關する日露兩國代表者間 覺書', 174-175쪽. 김소영, 「서울과 모스크바에서 그들만의 거래를 하다: 베베르-고무라 각서와 로바노프-야마가타 의정서」, 378-379쪽. 최덕수 외 지음, 『조약으로 본 한국근대사』(파주: 열린책들, 2010·2011).

265) 『高宗實錄』, 고종33(1896)년 2월 16일.

이하다. "러·일 양국 대표는 폐하가 환어하더라도 그의 안전상의 의혹을 품을 필요가 없다고 인정될 때에는 환어하기를 충고할 것이다"라는 내용은 일본의 의중을 반영한 것이나 충고 주체가 '러·일 양국 대표'로 되어 있는 점에서 고종의 의중을 반영한 베베르의 제동장치가 담겨 있다. 이것은 사이온지 일본 외무대신이 고무라에게 "국왕의 환궁은 매우 필요하므로 귀하는 그 목적을 위해 모든 노력을 다하라"고 명한 훈령에[266] 한참 못 미치는 합의였다.

그리고 "이때 일본 대표는 일본인 장사(소시)의 취체에 엄밀한 조치를 취할 것을 보증한다"는 구절은 을미왜변에 대한 일본의 책임을 일본정부가 아니라 일본낭인들에게 떠넘기면서도 일본정부의 간접적·도의적 책임을 국제적으로 확인함과 동시에 러시아가 일본정부에 재발방지 의무를 지운 것으로서 고종과 베베르의 공동득점이다. 제2관은 고종이 친일분자들과 일본거류민이라도 넓은 의미의 '신민'에 속하므로 차별하거나 탄압하지 않을 만한 '관대하고 온화한' 대신들을 특별히 가려 쓰기를 바라는 일본의 내정간섭적 의도와, 러·일이 조선을 양국의 '공동보호국'으로 여기는 기미가 비치고 있다.

제3·4관은 자국 공사관 경내에 고종의 안전을 떠맡은 점에서 외교적으로 유리한 입장에 있는 베베르 공사의 승리로서, 고종과 러시아가 공히 원하는 왜군의 주둔·작전·활동지역의 제한 및 궁극적 철수를 못 박은 조항들이다. 이로써 조선주둔 왜군은 1개 중대 200명이라는 러시아 편제를 적용당하는 수모를 받아들여 최대 일반병력 800명과 헌병 200명, 도합 1,000명으로 국한되었다. (그러나 왜군은 아관망명 직후 일시적으로 군사활동을 중단하는 제스처를 보였으나, 베베르-고무라 각서를 약속한 지 2개월도 되지 않은 7월 초 헌병 200명을 더 증원할 것을 결정하고[267] 9월에는 실제로 증파했고,[268] 1899년부터

266) 『일관기록』, 五.歐文電報往復控 二, (68)'日本 外務大臣의 제의에 대한 러시아 政府의 회답'(1896년 3월 2일), 西園寺→小村.

는 새로 육성된 한국군이 신속히 늘어나자 왜군 육군성은 한국정부에 통보도 하지 않고 베베르-고무라 각서를 위반하며 몰래몰래 병력을 계속 늘려나갔다. 1901년 러시아는 한반도주둔 왜군의 규모를 4개 대대 4,000명으로 추정했다. 그리고 왜국 육군성은 1903년 11월 30일 서울에 주한왜군 '통합사령부'를 설치했다.269)) 고종은 일단 러시아공관 망명으로 맺어진 러시아와의 '사실상의 동맹관계'를 활용해 러시아의 힘으로 왜군의 활동제한 및 부분철병을 강제하고 이로써 1896년 5월 시점의 '국내망명정부'와 2차 망명지 경운궁의 안전을 보장받으려는 자신의 의도를 관철시킨 것이다.

따라서 아관망명 3개월 뒤 맺어진 베베르-고무라 각서는 조선의 '아관 국내망명정부'를 국제적·공식적으로 승인하고 제2차 망명지의 안전을 보장받는 각서로서 궁극적으로 고종의 승리였다. 그러나 1개월 뒤 1896년 6월 러시아황제 대관식에 참석한 일본 육군대신 야마가타아리토모(山縣有朋)가 페테르부르크에서 러시아 외무장관 로바노프로스토프스키(Lobanoff Rostovsky)와 맺은 '로바노프-야마가타 협정'은 러시아의 일정한 후퇴를 담고 있고, 조선을 양국의 공동보호국으로 취급하려는 의도를 더욱 분명하게 드러낸다. 따라서 경운궁 망명지를 국제적으로 보장하기에 아직 미흡한 것이었다.

■ 로바노프-야마가타 협정

로바노프가 야마가타의 북위 39도선 한반도 분단 제안을 조선의 독립보장을 이유로 거부하고 맺은 의정서 중 중요한 제1·2조와 비밀조항을 보자.

---

267) 『일관기록』, 二.和文電信往復控, (228)'日本憲兵 增派 件'(1896년 7월 4일), 西園寺→加藤.

268) 『일관기록』, 三.機密本省往來 一·二, (47)'電信線 수비를 위해 增員된 憲兵 도착 件'(機密第67號, 1896년 9월 6일), 原→西園寺.

269) 참조: 현광호, 『대한제국의 재조명』, 199-200쪽.

## 로바노프-야마가타 협정(1896년 6월 9일)

### 공개조항

제1조. 러·일 양국은 조선의 재정곤란을 구제할 목적으로 조선국 정부의 일체 불필요한 지출을 살피고, 또 그 세출입의 평형을 이루도록 권고한다. 만약 불가피하다고 인정되는 개혁의 결과로 외채모집이 필요한 경우에는 양국 정부가 합의에 의해 조선국에 원조를 제공해야 한다.

제2조. 러·일 양국 정부는 조선국의 재정상 및 경제상의 상황여건이 허용하는 한, 외부원조를 빌리지 않고 국내질서를 보전하기에 족하도록 내국인으로 조직된 군대 및 경찰을 창설하고 유지하는 것을 조선국에 일임하기로 한다.

제3조(한성-러시아 간 전신선 가설 조항)와 제4조(후일의 상세 협상 관련 조항) 생략.

### 비밀조항

제1조. 원인의 내외 여하를 불문하고 만일 조선국의 안녕질서가 어지러워지거나 혹은 장차 어지러워질 염려가 있을 경우, 그리고 만일 러·일 양국 정부가 양국 신민의 안녕을 보호하고 또 전신선을 유지하는 임무를 가진 군대 이외에 그 합의로써 다시 군대를 파견해 내국관헌을 원조하는 것이 필요하다고 인정될 때에 양국정부는 그 군대 간의 모든 충돌을 예방하기 위해 양국 군대 사이에 전연 점령하지 않는 공지를 두어 각 군대의 용병用兵지역을 확정한다.

제2조. 조선국에서 본 의정서의 공개조항 제2조에 게재한 내국인 군대를 조직하게 될 때까지 러·일 양국은 조선국에서 러·일 동수의 군대를 배치하는 권리에 관해 베베르·고무라 양씨가 서명한 가협정은 그 효력을 가지며 조선국 대군주의 경호상 현존하는 상태도 역시 특히 이런 임무를 가진 내국인으로 조직된 일대一隊가 창설될 때까지 모두 이를 계속한다.[270]

제1조는 러·일 양국이 재정균형 권고, 개혁 관련 재정원조 등을 상호 약정함으로써 조선의 내정에 공동으로 간섭하여 조선을 '공동보호령(joint protectorate)'으로 대하는 의사를 표명한 것이다. 러시아가 조선에 대한 보호의 일익을 맡은 것은 고종의 아관망명으로 빚어진 러시아의 새로운 외교적 이득이었지만, 일본은 "합의에 의해"라는 구절을 얻어 조선에 간섭할 수 있는 공동지위와 전신선관리·군대주둔과 관련된 기득권을 재확인함으로써, 삼국간섭·왕후시해·아관망명 등 일련의 사건으로 조선에서의 일본의 지위가 계속 약화되던 불리한 기류의 진전에 일단 쐐기를 박았다. 이 협정에 따라 러시아는 일본과 합의하지 않는 한 조선에 차관을 제공할 수 없었다. 이 때문에 러시아는 앞서 1896년 6월 5일 민영환 특명전권공사와 가진 회담에서 고종이 민영환을 통해 요청한 차권공여를 7월 2일 민영환에게 전달된 회신에서 거부할 수밖에 없게 된다.[271]

제2조는 고종이 희구하는 신식군대 창설을 고종의 뜻대로 할 수 있게 한 것으로서, 기본적으로 고종의 의중을 반영한 것으로 보인다. 그러나 이것은 일본이 러시아군대의 고종 호위를 막으려고 한 것으로도 해석될 수 있다. 이 조항에 걸려 러시아는 민영환이 제기한, 고종 호위를 위한 러시아군대 파견 요청을 거부해야 했다. 다만 러시아는 고종의 요청을 순수하게 조선인으로만 구성된 국왕경호 부대 훈련·육성을

270) 外務省 編, 『日本外交年表竝主要文書(1)』, 1896(明治29) '朝鮮問題は關する日露議定書', 175-176쪽. 김소영, 「서울과 모스크바에서 그들만의 거래를 하다: 베베르-고무라 각서와 로바노프-야마가타 의정서」, 380-381쪽. 그러나 정교는 이 조약 내용을 잘못 기록하고 있고(가령 "大君主以自力創堜陸軍增募巡捕尤視其國之策應足敷無藉他國之協助"), 비밀조항의 존재도 모르고 있다. 정교, 『大韓季年史(상)』, 145쪽.

271) 참조: 김소영, 「서울과 모스크바에서 그들만의 거래를 하다: 베베르-고무라 각서와 로바노프-야마가타 의정서」, 383쪽. 윤치호는 로바노프의 서면답변이 7월 2일이 아니라 6월 30일에 넘어온 것으로 적고 있다. 거부의 표현은 "차관문제는 조선의 재정사정과 그 필요성이 완전히 알려질 때 고려될 것이다"이다. 『尹致昊日記(四)』, 1896년 6월 30일자. 이것은 비테가 이미 6월 7일 "차관은 조선의 재정상황이 검토되기까지 공여될 수 없다"고 한 말(『尹致昊日記(四)』, 6월 7일자)의 외교수사적 반복이다.

위한 14명의 러시아교관을 파견하는 것으로 갈음할 수밖에 없었다.[272)]

제3조 한성과 러시아 간 전신선 가설 조항은 니콜라이 2세 대관식에 파견된 민영환이 6월 5일 러시아에 요청한 것이 반영된 것이다. 양국의 병력증파에 관한 비밀조항 제1조는 양국이 베베르-고무라 각서 3·4조의 병력 제한조항과 달리 '제한 없는' 인원수의 대규모 병력을 파견할 수 있다는 것으로 해석될 수도 있는 조항이다. 따라서 이 조항은 유사시 조선을 공동으로 군사점거하겠다는 의사를 고종 몰래 약정한 것으로서 조선을 양국의 공동보호국으로 만든다는 계획을 보다 노골적으로 드러낸 것으로 해석될 수 있다.[273)] 다만 "내국관헌을 원조하는 것이 필요하다고 인정될 때"라는 단서가 붙은 한에서 공동간섭의 '자의성'은 일정하게 한정되어 있다. 그러나 이 비밀조항은 고종을 충분히 실망시킬 내용이었다. 로바노프가 일본 측에 이 비밀조항의 비공개를 요구한 것은 아마 이 때문이었을 것이다. 비밀조항 제2조는 베베르-고무라 각서를 재확인하는 기술적 조항이면서, 아관망명 상태를 국왕전담 경호부대의 창설 때까지 연장하는 조치를 담고 있다. 러시아의 요동진출에 대한 일본과 영미의 견제를 의식한 러시아는 대관식 특사 민영환을 통해 전달된 러시아 단독의 조선보호에 대한 고종의 요청과 군사재정 지원 요청을 거절했지만, 청국으로부터 만주경영권을 확보하고 이에 대한 일본과 영국의 간섭을 따돌리기 위해 영·일과의 타협을 택해 조선을 러·일 양국의 공동보호국으로 삼음으로써 일본의 기득권을 부분적으로 인정한 쪽으로 일정한 '양보'를 한 것이다.

러시아정부는 대관식에 즈음하여 페테르부르크를 방문한 이홍장

272) 참조: 김소영, 「서울과 모스크바에서 그들만의 거래를 하다: 베베르-고무라 각서와 로바노프-야마가타 의정서」, 384쪽.

273) 참조: 김소영, 「서울과 모스크바에서 그들만의 거래를 하다: 베베르-고무라 각서와 로바노프-야마가타 의정서」, 385쪽.

과 교섭해 '러청비밀군사동맹'(1896. 6. 3.)을 대가로 청국으로부터 동청철도부설권을 획득했다. 이 동맹조약에서 러시아는 일본의 침략에 대해 청국을 방어해주는 대신, 만주관통 시베리아철도를 건설할 권리를 얻었다. 또한 러시아는 이 조약 교섭과정에서 이홍장에게 조선의 영토보전을 약속했다. 이것을 보면 고종과 조선에 대한 러시아의 보호 및 원조 태도는 아무튼 진실했던 것으로 보인다.

고종은 베베르-고무라 각서와 로바노프-야마가타 의정서의 구체적 내용을 그 시점에 사본으로 통보받지 못했지만, 베베르의 구두 전언이나 외국신문 등을 통해 대강 알고 있었던 것 같다. 그리하여 고종은 조선에 공동보호국 지위를 강요하는 러·일 양국의 의도에 강한 거부감을 보인 것으로 보인다. 고종의 이런 의중은 당시 정부대변지 역할에 충실했던 시점에 나타난 이 의정서에 대한 『독립신문』의 냉소적 논설에서 잘 드러난다.[274]

■ 민영환-로바노프 각서(1896년 6월 30일)

고종은 독립확보를 위한 세 번째 요건인 '적절한 동맹국'을 얻기 위해 국내망명지에서 사투를 벌였다. 그는 우선 1896년 5월 민영환을 니콜라이 2세 대관식에 파견하여 6월 5일 러시아 외무장관 로바노프를 통해 5개항을 요청했다.

---

274) 『독립신문』, 1896년 5월 16일 '논설': "근일 일본신문들에 러시아와 일본이 조선을 같이 보호한다는 말이 많이 있으되 우리 생각에는 이 말이 실상이 없는 것 같거니와 우리가 이런 일은 원치도 않노라. 조선이 독립국이라 하면 세상에 행세하기도 독립국같이 하여야 할 터이요 남에게 대접받기도 독립국같이 받아야 할 터인데 만일 남의 보호국이 되면 '독립' 2자는 없어지는 것이요 만일 두 나라에 보호국이 되면 그것은 상전 둘을 얻는 것이니, 남은 있던 상전을 버리려고 사람을 몇 만 명씩 죽여가면서 싸움도 하는데 조선이 상전을 둘씩 한꺼번에 얻을 지경이면 아무리 조선사람들이 어리석고 남의 천대를 분히 여길 줄 모르더라도 할 말이 조금 있을 듯하노라. … 일본과 청국이 싸운 후에는 조선이 독립이 되었다고 말로는 했으되 실상인즉 일본 속국이 됨 같은지라 조선 내정과 외교하는 정치를 모두 진고개 일본공사관에서 조처했으니 독립국에도 남의 나라 사신이 그 나라 정부 일을 결정하는 나라도 또 있는지 우리는 듣고 보지 못했노라."

① 조선군이 신뢰할 수 있는 병력으로 훈련될 때까지 러시아군의 국왕보호 수비.

② 군사교관들의 파견.

③ 국왕 관리하의 궁내부재정·군사문제·광산·철도 등을 위한 고문 파견.

④ 양국에 이로운 조건으로 조선과 러시아 간 전신선 연결.

⑤ 일본차관을 갚기 위한 300만 엔의 차관 제공.[275]

이 5개항 요구는 사실상 군사·경제동맹의 요청이었다. 그러나 일본·영국·독일 등의 집단적 위력과 견제에 위축된 러시아는 조선의 제안에 미온적이었다. 특히 궁궐수비대와 차관 요구는 로바노프가 민영환의 이 5개항 요구에 대한 답변에 앞서 1896년 6월 9일 체결한 로바노프-야마가타 협정의 제1조와 비밀조항 제2조에 의해 러시아 단독으로 실행할 수 없는 상황이었다.

민영환사절단은 러시아와 일본이 조선에 "공동영향력(joint influence)"을 행사하려고 한다는 소문을 듣고 있었다. 따라서 민영환은 같은 날(6월 5일) 로바노프 대담에서 이런 '공동보호국' 지위를 거부하고 러시아 단독의 책임을 요구하는 말을 부연한다.

> 조선은 몇 년 전 양국을 긴밀한 우호관계로 묶는 비밀조약을 러시아와 체결했다. 우리는 러시아의 후원을 신뢰해 일본이 1894년 이래 요구한 모든 것에 동의하지 않았다. 이것이 일본을 일부 조선 반역자들과 함께 10월 8일의 범죄(을미왜란)를 저지르도록 몰고 갔다. 조선사람들은 이 부정을 통감하며 러시아에게 도움을 바라고 있다. 따라서 5개항 요구가 제시된 것이다. 러시아는 조선이 책임을 단독으로 맡기를 기대하는 유일한 나라다. 러시아의 도움은 조선정부를 보다 확고한 기반 위에 옮겨놓을 것이다.[276]

275) 윤치호는 민영환사절단의 서기관으로 수행하여 이 5개항을 영어로 통역했다. 『尹致昊日記(四)』, 1896년 6월 5일자.

6월 6일 차르를 알현했을 때에도 민영환은 같은 취지를 고했다. 통역을 맡은 윤치호가 "러시아와 일본의 공동영향력은 조선관리들 사이에 당파적 계모計謀를 배양하고 러시아와 일본 간에 성미를 긁는 복잡한 일들을 야기할 것입니다. 이러한 협정 아래서는 전시든 평시든 조선이 수난을 당할 것입니다. 폐하가 이러한 협정에 결코 동의하지 않기를 바랍니다"라고 부연했다. 차르는 러시아와 일본의 공동영향력이 언급될 때마다 고개를 흔들고 'No, No'를 연발했다."[277] 차르가 두말을 한 것이다.

이어서 민영환이 5개항을 반복하자 차르는 "귀하가 말한 것을 로바노프와 재무상 비테에게 말하시오. 이 두 사람은 귀하를 위해 일을 처리해줄 것이오. 귀하는 우리의 도움을 믿어도 됩니다"라고 말했다.[278] 이에 민영환은 다음 날 비테를 방문해 로바노프와 차르에게 말한 것을 반복하고 국왕의 호위를 보장하는 문제에서 잘 주선해주기를 요청했지만, 비테는 차르의 장담과 다른 반응을 보였다.

> 러시아는 조선의 질서와 평화를 지키고 일본이나 어떤 다른 나라가 조선을 취하거나 괴롭히는 것을 허용치 않을 것이다. 그러나 시베리아철도가 완공될 때까지 러시아는 아주 천천히 가야 한다. 따라서 외무성이 극동문제의 처리에서 취하는 어떤 조치든 임시적일 것이다. 현재 일본은 러시아보다 100배가 더 약한 나라일지라도 그 지리적 지근성에 의해 조선에서 보다 큰 영향력을 행사하는 데 보다 나은 상황에 있다. 그러나 러시아가 종국에 지배할 것임은 의심할 바 없다. 귀하의 요청에 관한 한, (1) 군사교관은 주어질 가능성이 아주 높다. (2) 고문에 관한 한, 우리는 서울 주재 공관의 관리참모들을 늘릴 수 있다. 그들이 당신을 도와줄 것이다.

276) 『尹致昊日記(四)』, 1896년 6월 5일자.
277) 『尹致昊日記(四)』, 1896년 6월 6일자.
278) 『尹致昊日記(四)』, 1896년 6월 6일자.

(3) 차관은 조선의 재정사정이 정밀 조사되기까지 공여될 수 없다. 조선의 재정이 관세에 의해 대표되는 만큼, 러시아는 믿을 만한 보장이 차관에 확보될 수 있도록 세관문제에서 더 많은 영향력을 가져야 한다. (4) 국왕호위 수비대에 관한 한, 조선의 국왕은 그 자신을 보호하기에 충분한 성격을 가져야 한다. 타인들이 어떻게 그를 보호하겠는가? (들어보시오, 들어보시오!) 내가 조선국왕의 자리에 있다면, 나는 대원군부터 시작해서 나의 모든 적을 처벌할 것이요.[279]

비테는 민영환과 교섭을 진행하는 것과 동시에 러시아정부가 국왕호위를 위한 러시아수비대 파견을 원천적으로 차단하고 차관공여 문제를 러일 간 협의사항으로 만드는 로바노프-야마가타 협정을 교섭하고 있으면서 이것을 비밀로 하고 한국 상황에서 통할 수 없는 엉뚱한 소리로 수비대·차관문제를 회피해 가고 있다. 조선은 겨우 8개월 전 조선훈련대가 왜군의 왕비시해를 도운 마당에 새로이 훈련된 조선시위대의 일부가 다시 친일파의 꼬임에 넘어가지 말란 법이 없는 상황이었고, 차관은 일본차관을 갚아 일본의 내정간섭을 당장 차단하기 위해 화급히 필요한 돈이었다. 한·러 교섭은 이렇게 어그러지는 방향으로 흘러가고 있었다.

민영환은 특히 국왕수비대 요청이 거부되는 것에 극히 불안하여 6월 13일 로바노프를 다시 만난다. 그러자 로바노프는 이렇게 말한다.

황제 폐하께 귀국의 사정과 요청을 보고하자 폐하는 러시아가 힘닿는 데까지 조선의 독립과 평화를 일본의 위협으로부터 지켜줄 것이라고 말했습니다. 조선국왕 폐하는 그가 원하는 동안 러시아공관에 체류해도 됩니다. 폐하는 그곳에서 수비대를 가질 것입니다.[280]

---

279) 『尹致昊日記(四)』, 1896년 6월 7일자.

280) 『尹致昊日記(四)』, 1896년 6월 7일자(213쪽).

그러자 다급해진 민영환은 '궁궐수비대' 문제를 다시 제기한다. "그러나 국왕은 영구히 공관에 체류할 수 없다. 국왕은 가급적 빨리 왕궁으로 돌아와야 한다. 국왕이 왕궁 바깥에 있는 한, 백성은 결코 편히 느끼지 못할 것이다. 귀국 정부가 국왕 자신의 대궐에서 폐하를 보호할 수비대를 빌려줄 수 없는가?" 민영환이 이렇게 묻자 로바노프는 "우리가 수비대를 궁궐 안으로 파견하면, 영국과 독일은 불쾌히 여길 것"이기 때문에 "그럴 수 없다"고 딱 잘라 거부하고 대신 국왕의 환궁 후 "도덕적 안전보장"을 제시한다.[281] 로바노프는 궁궐수비대를 불쾌히 여길 나라로 일본을 드는 것이 아니라 영국과 독일을 듦으로써 6월 7일의 로바노프-야마가타 협정에서 이미 궁궐수비대 문제를 일본에 양보한 사실을 숨기고 있다.

민영환은 요청을 바꿔 "귀관이 궁궐수비대를 보낼 수 없다면, 왕을 보호하고 조선군을 조직할 수 있을 큰 수의 군사교관, 가령 200명을 보낼 수 없는가?"라고 묻는다. 이에 대해 로바노프는 다시 "이 군사교관들이 서울주둔 왜군과 충돌에 빠질 수 있다"고 우려를 표명하고, 다음 사항을 덧붙였다. "(1) 우리 정부는 조선의 군사업무와 러시아교관 파견의 타당성을 정밀 조사하기 위해 장교 한 명을 파견할 것이다. (2) 차관에 관한 한, 재무장관이 조선재정 사정과 귀국의 상업·농업 상태를 면밀하게 조사할 목적으로 재정전문가 1명을 파견할 것이다. 이 보고에 우리 정부의 대對조선 차관공여의 호불호가 달려 있다. (3) 러시아와 조선 간의 전신선 연결에 관한 한, 우리는 서울 전신선을 블라디보스토크 선과 연결시키고 싶다. 그러나 우리가 조선의 사정과 상황을 더 많이 알기까지 중국항구와 조선 간의 해저케이블과 관련해서는 아무 결정도 하지 않을 것이다." 이에 대해 민영환은 좀 더 날카롭게 논변한다. "그러나 나는 귀하가 베베르와, 그곳에 나가 있는 귀

281) 『尹致昊日記(四)』, 1896년 6월 7일자(213-214쪽).

하의 해군당국에 조선의 군사업무의 사정을 보고하라고 왜 요청할 수 없는지를 모르겠다. 한국에 장교 1명을 보내고 그의 보고서를 기다리는 데 3-4개월이 걸릴 것이다. 그사이에 국왕은 공관에 거의 1년 가까이 계시게 되고 나라는 산산조각이 날 것이다."[282] 이렇게 따지자 로바노프는 일본과의 협정으로 국왕수비대 파견문제에서 손발이 묶여 수비대를 파견할 수 없으면서도 오히려 조선 측이 너무 늦게 요청을 했다고 짜증을 낸다.

> 우리는 베베르와 그곳(공관)에 나가 있는 해군당국을 지극히 전적으로 신뢰한다. 그러나 이러한 일은 철저한 조사를 위해 전문가를 요한다. 그래서 특별히 이 목적으로 장교가 보내져야 하는 것이다. 게다가 우리의 전신·우편 서비스는 귀하가 두려워하는 만큼 그렇게 많은 시간이 걸리지 않을 수준의 서비스인데, 귀하의 정부는 왜 우리에게 이 일을 더 일찍이, 가령 국왕이 공관으로 간 첫날이나 그 전날에 얘기하지 않았는가? 우리는 이 일을 하루 이틀에 정할 수 없다. 하지만 나는 군사교관에 대한 귀하의 요청을 내 동료들에게 보고해 귀하로 하여금 그들의 답을 듣게 할 것이다.[283]

아무튼 로바노프는 로바노프-야마가타 협약에 의해 궁궐수비병력을 추가로 파견할 수 없으면서도 이 협약의 내용을 비밀로 한 채 기본적으로 환궁 후에 국왕을 호위할 궁궐수비대를 보내지 않을 것이고 또 공관에 파견된 해군들이 신뢰할 수 있는 용사들인 한에서 환궁 후 궁궐수비를 위해 별도로 군사를 추가로 파견할 필요가 없다고 둘러대고 있다. 따라서 군사교관에 대해 더 알아보겠다는 뒷말은 빈말일 공산이 큰 것이었다.

282) 『尹致昊日記(四)』, 1896년 6월 7일자(214-215쪽).

283) 『尹致昊日記(四)』, 1896년 6월 7일자(215쪽).

5개항 중 가장 중요한 항목은 환궁 후 국왕을 호위할 강력한 러시아인 궁궐수비대의 파견이다. 1896년 6월 16일 민영환이 러시아외무성 아시아국장 카파니스트 백작에게 하는 말을 들어보면 민영환도 이것을 잘 알고 있었다. "5개항 제안들 중 가장 중요한 것은 수비대다. 그러나 귀하들이 우리에게 궁궐수비대를 줄 수 없다면, 귀하들은 왜 우리로 하여금 우리가 원하는 만큼의 많은 군사교관을 고용하게 할 수 없는가? 우리는 조선군의 조직을 위해 어떤 나라에서 온 교관이든 고용할 권리가 있다. 오직 이 경우에만 우리는 러시아장교를 원할 뿐이다."[284] 민영환은 다시 궁궐수비대 파견문제와 군사교관 파견문제를 결합하여 두 문제를 동시에 해결하는 수정제안을 하고 있다. 그러나 카파니스트는 이 두 문제를 다시 분리시킨다.

> 국왕의 보호 또는 신변안전과 병력조직 문제는 두 개의 별개 문제다. 둘을 뒤섞지 맙시다. 국왕의 신변안전에 관한 한, 우리도 귀하들만큼 많은 관심을 갖고 있다. 그러나 그 안전을 확보하는 수단이나 방법은 귀하가 우리 정부의 판단에 맡겨야 한다. 로바노프 공은 귀하에게 수비대가 궁궐 안으로 들어가는 것이 허용될 수 없다고 말했다. 그것은 국왕의 신변안전에 도움이 되기보다 오히려 더 해로울 수 있는 결과를 초래할 정치문제를 야기할 것이기 때문이다. 우리는 이 문제를 조선 일국의 국지적 이익의 관점에서만 고찰하는 것이 아니라, 전 정치세계의 일반복지의 관점에서도 고찰해야 한다. 더구나 우리가 이미 제시한 두 명제 ① 국왕은 그가 원하는 만큼 오랫동안 공관에 머무를 수 있다, ② 국왕은 사실 수비대 없이, 그러나 아무도 국왕을 해치지 않아야 한다는 러시아의 완전한 도덕적 보장(full moral assurance)을 가지고 궁으로 돌아간다는 것 이상의 무엇을 우리가 더 제공할 수 있겠는가? 국왕이 그렇게 원한다면, 우리는

---

284) 『尹致昊日記(四)』, 1896년 6월 16일자.

기꺼이 현재보다 더 큰 병력 수의 수비대를 궁궐로부터 단지 지근거리에 있는 공사관 안에 유지할 것이다.285)

카파니스트 백작의 이 설명에서 두 가지 중요한 사항을 알 수 있다. 첫째는 로바노프가 말한 국왕의 신변안전의 "도덕적 보장"이란 바로 '(국제)정치적 보장', 즉 '한반도 안에서 일본의 행동에 대한 일정한 국제정치적 견제를 통해 국왕과 조선의 안전을 간접적·비군사적으로 보장하는 것'을 말한다는 것이다. 이것은 베베르-고무라 각서와 로바노프-야마가타 협정을 통해 이미 이루어졌다. 둘째는 러시아정부가 수비대 없이 환궁하더라도 고종의 신변을 안전하게 보장하는 '제3의 길'을 생각하고 이것을 양보할 수 있다고 말하는 대목이다. 그것은 당시 수리 중이던 명례궁(경운궁=덕수궁)과 러시아공사관 간의 지리적 지근성에 주목하여 러시아공사관 경내의 러시아 주둔병력을 늘리는 길이다. 물론 이것도 '(국제)정치적 보장'을 전제로 하는 말이다. 고종이 이차移次 후에 거처하며 집무를 볼 경운궁이 고종에 의해서만이 아니라 러시아정부에 의해서도 아관명명지로부터 확장적으로 연장된 '제2의 망명지'로 개념화되었다는 것을 카파니스트 백작의 저 마지막 말보다 더 명확하게 보여주는 대목은 없을 것이다.

러시아가 국왕호위용 궁궐수비대의 특파를 거부하고 제3의 길을 권했기 때문에 아관망명 기간은 1년 9일로 길어질 수밖에 없었던 것이다. 물론 러시아는 이것을 더 원했을지도 모른다. 카파니스트 국장은 "유사시에 (공사관 경내 주둔) 수비대가 국왕의 보호를 위해 궁궐 속으로 들어가는 것을 허용할 것인가"를 묻는 민영환의 추가질문에 대해 "그것은 약속할 수 없다"고 말하면서도 "그것은 서울주재 러시아 대표가 상황에 따라 결정해야 할 일이다"라고 하여 유사시 국왕신변보호

285) 『尹致昊日記(四)』, 1896년 6월 16일자.

군사작전 구역을 궁궐 안으로까지 확장하는 문제를 결정할 권한을 현지 공관장의 고유권한으로 보고 공관장에게 일임하고 있다. 그러면서 그는 "베베르가 10월 8일 궁궐에 들어간 최초의 인물이었다고 들었다. 그가 그때 (휘하에) 어떤 수비대가 있었다면 아마 이 수비대를 데리고 들어갔을 가능성이 있다"라고 말했다.[286] 카파니스트의 이 말에서 경운궁의 '확장된 망명지' 성격과 거기서 선포된 대한제국의 '국내망명정부' 성격이 좀 더 분명해진다. 아무튼 왜군과의 협정을 의식하고 협정으로 불가능하게 된 궁궐수비대 파견을 러시아정부가 거부한 것은 러시아가 시베리아철도의 미완상태를 너무 의식한 나머지 한반도 및 극동에 대한 러시아의 정책태도가 아직 소극적이고 극동에서의 러시아 지위가 아직 국제정치적으로 약세라는 것을 잘 보여준다.

이와 별개로 민영환의 외교적 자질은 아주 형편없었다. 민영환은 시베리아철도 미완상태에서도 러시아를 한반도에 더욱 강하게 묶어둘 방책을 안출하려고 노력하기보다 러시아정부의 소극적 태도에 크게 실망해 한숨지었고,[287] 반러 자세로 돌아서서 반러 입장을 평생 굳히게 된다. 고종에게는 건전한 정신력을 가진 충성스런 유능외교관이 없었던 것이다. 민영환은 유능하지도 않았고, 그의 불건전한 정신력을 믿을 수도 없었다. 가령 윤치호는 유능하지만 서재필처럼 틈만 나면 사소하고 그릇된 논거로 국왕을 욕하고 능멸하는 불충한 자였고, 이완용은 부패하고 불충하고 무능한 기회주의자였고, 박정양은 유하고 온건하되, 유능하지도 않고 자기 인기 관리를 위해 기꺼이 임금을 사지에 있더라도 그냥 그대로 버려둘 만큼 불성실한 무소신의 기회주의자였다.

1896년 6월 30일 로바노프는 민영환이 요구한 서면답변을 보내왔다. 요지는 다음과 같다.

286) 『尹致昊日記(四)』, 1896년 6월 16일자.
287) 『尹致昊日記(四)』, 1896년 6월 16일자.

1. 국왕은 그가 원하는 기간 동안 러시아공사관에 머물러도 된다. 그가 자신의 궁궐로 돌아가야 하는 경우에 러시아정부는 그의 안전에 대해 책임을 질 것이다. 수비대는 공사관에 남아 서울주재 러시아공사의 처분에 따를 것이다.
2. 군사교관들로서 러시아정부는 이 주제에 관해 조선정부와 협상하기 위해 경험 많은 1명의 고위급 장교를 보낼 것이다. 염두에 둔 그의 첫 번째 목표는 국왕을 위한 조선군수비대의 구성이다. 경험 많은 또 다른 사람이 조선의 경제상황을 정밀 조사하고 필요한 경제적 조치를 찾아내기 위해 파견될 것이다.
3. 믿을 만한 이 두 관리는 서울주재 러시아공사의 지휘 아래 고문관으로 활동할 수도 있다.
4. 차관문제는 조선의 재정사정과 그 필요성이 완전히 알려질 때 고려될 것이다.
5. 러시아는 조선의 지상전신선과 러시아의 지상전신선을 연결시키는 데 동의하고, 이 프로젝트의 실현에 모든 가능한 지원을 줄 것이다.[288)]

민영환은 기본적으로 한국의 요구로부터 얼마간 발을 빼는 취지의 이 서면답변을 받아들고 다시 탄식하며 반러 자세를 굳히고 나서 먼저 자신의 외교적 무능을 탓하고 다음은 수행원들을 탓했다.

민영환으로부터 전신으로 러시아와의 협상결과를 보고받은 고종은 크게 실망했다. 그것도 그럴 것이 러시아는 영·미를 등에 업고 대드는 일본을 너무 두려워해 한반도에 군사개입을 꺼려 고종과 조선의 안전에 대한 군사적 보장을 거부했기 때문이다. 이것은 이미 「로바노프-야마가타 의정서」로 다시 확인된 바였다.

그럼에도 불구하고 「베베르-고무라 각서」(1896. 5. 24.), 「로바노프-야

288) 『尹致昊日記(四)』, 1896년 6월 30일자(233쪽).

마가타 의정서」(1896. 6. 9.), 「민영환-로바노프 각서」(1896. 6. 30.) 등 일련의 국제협정으로 한반도에서 러시아와 일본 간에 불완전하나마 세력균형체제가 수립되게 되었다. 이로써 조선을 멸망시킨 일제의 갑오공세는 일단 저지되었고, 갑오왜란은 소강상태로 들어갔다. 러시아는 끝내 대한對韓 차관을 제공하지 않았지만 1896년 10월 21일 푸챠타 대령 등 14명의 군사교관을 파견했다. 상술했듯이 고종은 이 소규모 교관단을 최대로 활용해 신속히 821명의 조선군 정예병을 엄선해 재훈련시키고 1896년 12월 중순경 훈련을 마치게 하여 경운궁 호위에 투입한 뒤 경운궁으로 환어하고, 이어서 바로 200명의 장정을 추가 모집해 신식군사 훈련을 수료케 함으로써 1897년 3월 16일 사상 초유로 정치적·군사적으로 신뢰할 만한 1,000여 명의 조선 신식군대 '시위대' 1개 대대를 창설하는 데 성공한다. (이 시위대는 5년 만에 3만 명으로 확대되는 대한제국 육군의 모체가 된다.) 고종의 신변에 대한 이 시위대 병력과 러시아공사관 내 러시아 병력의 군사적 안전보장과 러시아정부의 도덕적 안전보장 및 저 세 협정으로 수립된 러일 간 세력균형체제에 의해 경운궁은 러시아공관의 지근거리로 확장된 '제2차 국내망명지'로 재탄생했다. 이로써 경운궁으로의 환어가 이제 가능해진 것이다.

■ 대신들의 환어주청과 환어거행

이렇게 덕수궁에 대한 대내외적 안전보장 장치가 직간접적으로 수립되자 환어는 고종의 판단과 대신들 간의 교감을 통해 신속히 결정될 수 있었다. 1897년 2월 17일 김병시·조병세·정범조 원로 3대신이 각부대신을 동반하고 러시아공사관으로 들어가 매우 강하게 환어를 주청하고 밤이 되어서야 물러 나왔다. 이어서 2월 18일 각부대신이 내부에 집합해 일동의 의견을 확정한 뒤 그날 오후 6시 일동은 나란히 다시 입궐해 국민의 여망을 대표해서 환어를 주청한다는 뜻을 상주했다. 만약 국왕이 더 이상 환어할 뜻이 없을 때에는 일국의 인심은 점점 이반의 기미를 나타낼 시세가 필연이라고 상주한 것이다.

국왕은 이미 경운궁의 대내적 안전보장이 다 이루어진 상태였기 때문에 각 대신의 의견에 따라 환어하겠다고 약속했고 이로써 환어는 결정되었다. 2월 18일 밤 10시 내부대신 남정철과 외부대신 이완용 두 사람은 임금의 성지聖旨를 받들어 러시아공사를 예방하고 공식적으로 환어 결정을 알렸다. 공사는 보호에 관한 책임을 묻고 또한 말하기를 "폐하께서 적어도 우리 공사관에 계시는 동안 보호의 책임은 자연히 이 공사에게 있지만, 이미 공사관을 떠나시는 날에는 이 공사에게 그 책임이 없다. 그러므로 보호상의 책임을 확인할 필요가 있다"고 하여 함께 폐하의 어전에 나가 상주했다. 국왕은 "모든 대신이 끊임없이 환어해야 한다고 주청하고 보호의 일 역시 각 대신이 그 책임을 질 것이라고 해서 짐의 뜻은 이미 환어로 결정했다"라고 말했다. 러시아공사는 여기서 각 대신이 보호의 책임을 다한다고 한다면 공사로서도 이의가 없고, 또 그 환어 날짜는 이미 정했는지를 물었다. 이에 왕은 아직 결정하지 않았고, 근간에 길일을 택해 환어하겠다고 답했다.

러시아공사가 승낙하고 떠나자 각 대신 등은 황급히 의론을 조정하고 상주하되, "왕가의 행사는 길흉을 점칠 필요가 없고 또 이를 행하는 날이 즉 길일입니다. 이미 환궁하기로 결정한 이상 시일을 넘기지 말고 모레 20일에 실행하심이 좋겠습니다"라고 하여 그 재가를 청했다. 그러자 바로 조칙을 발표하고 밤중임에도 불구하고 궁내부 관리들에게 환어에 관한 일체의 준비를 시켜 다음 날 이른 아침을 기다려서 공식수속을 발표했다.[289] 1897년 2월 20일 왕은 환궁하고 나서 당

---

289) 참조: 『일관기록』, 五.機密本省往信 一·二, (8)'國王還御의 原因과 還御後의 形勢'(기밀 제10호, 1897년 3월 1일), 加藤→外務大臣 大隈. 베베르는 1897년 2월 19일 본국에 "고종은 여러 대신들의 환궁건의 의견을 수렴하고 나와 협의한 후 환궁을 결정했다"라고 타전했다. 박종효 편역, 『한국관련 러시아문서』, 93쪽.

일 러시아공사관의 협력에 사의를 표했다. 그리고 22일 밤에는 왕과 왕세자가 사적으로 베베르 공사를 찾아가 사의謝意를 표했다.[290] 이로써 1년 8일 동안의 아관명명이 마침내 완전히 끝나게 되었다.

갑오왜란으로부터 경운궁 환어까지를 요약하면, 을미왜변은 갑오왜란의 연장선상에서 벌어진 전쟁만행이고, 아관망명은 고종이 갑오왜란과 포로상태에서 러시아공사관의 치외법권 지역으로 탈출한 국내망명이면서, '갑오왜란'이라는 일제침략에 대한 고종의 일대 반격이었다. 이 반격으로 갑오왜란은 소강상태에 들어갔다. 고종은 경운궁 안전을 위한 시위대 육성, 러시아의 군사적·도덕적 안전보장, 러·일 세력균형체제의 구축 등 일련의 대내외적 보장 장치를 통해 조선주둔 왜군을 축소시키고 왜군의 가시적 준동을 제압하고 경운궁 환어의 전제조건을 확보해나갔던 것이다. 그리고 이것이 확보되고 난 뒤 고종은 경운궁으로 환어했다. 따라서 경운궁 환어는 갑오왜란이 일정한 수준에서 소강상태에 들어간 것을 의미하는 것이다.

고종의 향후 과제는 군사력과 경제력을 더욱 신장시켜 경운궁을 기점으로 경운궁 주변의 치안을 공고히 하고 왜군으로부터 서울 전역의 영토를 회복한 다음, 마지막 왜군까지도 반도에서 구축해 지방영토마저 되찾는 것이었다. 이를 위해 고종은 러시아군에 의해 육성된 1개 대대의 시위대를 근간으로 시급히 시위대를 더욱 확충하고 지방의 진위대를 창설해 신식병력과 군비를 강화해나갈 필요가 있었다. 러·일 양국의 공동보호국화 기도도, 왜적의 재침도 조선의 첨단무력의 강화에 의해서만 저지될 수 있기 때문이다.

일본은 고종의 경운궁 이차(1897년 2월 20일) 직후인 3월 2일 「베베르-고무라 각서」와 「로바노프·야마가타 협정」을 조선에 송부해 러시아에 실망해 있는 조선을 더욱 실망시켜 조선과 러시아의 사이를 더욱

290) 박종효 편역, 『한국관련 러시아문서』, 93쪽.

벌려 놓았다.291) 고종은 조선을 양국의 공동보호국으로 만들려는 러·일 양국의 의도가 드러난 「로바노프·야마가타 협정」의 이 비밀조항을 보고 러시아와 일본에 의해 나라가 분단당할 것을 두려워했다.

따라서 경운궁 환어 이후에도 고종은 러시아와 일본이 조선을 양국의 공동보호국으로 만들려는 기도를 분쇄하는 노력을 중단할 수 없었다. 고종은 조선이 참가하지 않은 어떠한 협정도 그 효력을 인정치 않겠다고 선언하고, 영·불·독에 구원을 요청했다. 그러나 아무 나라도 호응하지 않았다.

그러자 고종은 1897년 6월 22일 빅토리아 여왕 제관 60주년 기념식전에 민영환을 파견해 영국이 조선문제에 개입해줄 것을 요청했다. 그러나 영국의 외무차관 커즌(George N. Curzon)은 하원에서 조선의 독립을 지지한다고 하면서 오히려 방향을 러시아로 돌려 조선에 군사기지를 설치해 동아시아의 세력균형을 깨는 국가와 대적할 준비가 되어 있다고 선언함으로써,292) 조선독립 지지를 러시아의 조선진출에 대한 견제의 맥락에서만 활용했을 뿐이다. 일본은 일제밀정으로 변한 서재필의293) 누설이나 러시아협상단의 실언을 통해서든, 첩보를 통

---

291) 참조: 최덕수 외 지음, 『조약으로 본 한국근대사』, 385-386쪽. 혹자는 송부일자가 '3월 2일'이 아니라 '2월 24일'이고 각서와 의정서 사본을 넘겨주면서 그 '비밀조항'까지 넘겨준 것으로 말한다. 참조: 한국정치외교사학회(편), 『한국외교사』, 277쪽. 그러나 송부일자는 『舊韓國外交文書(3)』, '日案'[3](542-545쪽)에 '1897년 3월 2일'로 되어 있기 때문에 '3월 2일'이 옳은 것으로 보이고, 비밀조항까지 넘겨준 것은 아닌 것 같다. 이 『舊韓國外交文書(3)』에는 비밀조항이 실려 있지 않고, 『독립신문』도 다음에 이 조약들의 체결, 조약문 내용, 일본의 사본송부 등을 전하는 논설과 기사에서 비밀조항에 대해 보도하고 있지 않기 때문이다. 참조: 『독립신문』, 1896년 5월 16일자 '논설', 28일자 '논설', 1897년 2월 27일 통신, 3월 1일 '논설', 3월 4일 '논설', 9일 '잡보', 11일 '논설', 27일 '논설' 등. 다만 비밀조항은 일본신문에 보도된 것으로 보이고, 분명한 것은 일본외무성 첩보기관지인 『한성신보』에 보도되었다는 사실이다. 윤치호는 "서울사람들이 좀 전에 간조심포(漢城新報)에 보도된 러일 간 비밀조약에 관하여 상당히 흥분했다"고 적고 있기 때문이다. 『尹致昊日記(五)』, 1897년 3월 16일자.

292) 참조: 한국정치외교사학회(편), 『한국외교사』, 277-278쪽.

293) 서재필의 일제밀정 행각은 일본공사관 기록에 여기저기 보인다: 『일관기록』, 四.加藤公使時代極秘書類, (13)'露韓密約一件'(1897년 11월 17일), 加藤→西; 『일관기록』, 五.機密本

해서든 조선이 러시아에 사실상의 동맹을 요청한 것을 알았을 것이고, 영·미를 움직이는 데 이 정보를 십분 활용했을 것이다.

고종이 경운궁으로 환어한 뒤 러시아는 갑자기 일방적으로, 그리고 서툰 외교술과 위압으로 대한정책을 적극화한다. 러시아는 만주와 조선을 동시에 중시하는 비테 재무장관이 만주중시파 로바노프를 제치고 「로바노프-야마가타 협정」에도 불구하고 대한정책을 적극화하는 한·만韓滿 양면중시 정책으로 선회했다. 러시아는 비록 한반도보다 만주를 우선시하고 있었을지라도 한반도가 완전히 일본의 세력권으로 편입될 경우 장차 일본의 전략기지로 활용되어 만주를 위협할 위험이 있고, 만주와 블라디보스토크를 해로로 연결하는 중간연료공급지로 한반도의 남해안에 해군기지를 건설하지 않을 수 없었기 때문이다. 이 무렵 러시아의 동아시아 정책을 주도하던 비테는 남만주를 관통해 부동항으로 가는 철도부설권을 얻기 위해 부심했지만, 1897년 5월 이홍장과의 최후담판의 좌초로 궁지에 몰려 있었다.[294] 그러나 비테는 대한정책을 적극화화기 위해 1897년 9월 2일 베베르 주한공사를 해임하고 대신 대한對韓정책 적극파 슈페예르를 다시 파견했다. 그리고 비테는 1897년 9월 초 "한러은행 설립을 준비하고 한국의 세관관리를 수중에 넣으라"는 훈령을 내려 알렉세예프(К. А. Алексеев) 재정고문을 파견했다. 알렉세예프는 도착 즉시 세관관리 실태를 파악해 영국인 총세무사 브라운(M. Brown)의 비리를 포착, 브라운을 축출했고 조선 내 이권수취를 추진했다. 알렉세예프는 1897년 10월 25일 한국의 재정고문 및 총세무사로 임명되었고, 11월 10일경 모든 세관업무를 접수했다. 이로써 한반도에서 러시아의 약세는 잠시 만회되었다. 그러나 바로 이때

---

省往信, (28)'러시아士官 聘用에 관한 當地駐在外交官 기타 著名人士間의 담화'(機密第30號, 1897년 5월 25일), 加藤→大隈; 『일관기록』, 五.機密和文電信往復控 (268)'독립신문 인수에 관한 件'(往158號, 1897년 11월 25일), 加藤→小村; 一○.機密本省往信 (2)'獨立新聞 買收의 件'(機密第3號, 1898년 1월 15일), 加藤→西.

294) 배항섭, 「아관파천 시기 조선인의 러시아 인식」, 353쪽.

독립협회와 『독립신문』이 격렬한 반러운동을 일으키기 시작했다.

그런데 앞서(1897년 4월) 새로 외무장관에 기용된 무라비요프(M. H. Муравьёв)는 로바노프보다 더 완강한 만주중시파였다. 그는 독립협회의 이런 반러 움직임도 러시아가 한반도에서 발을 빼고 모든 외교력을 만주로 돌려야 할 이유들 중의 하나로 받아들였다. 비테 중심의 조선·만주 양면중시 노선은 무라비요프의 이 만주중시 노선에 부딪혀서 다시 꺾이게 된다. 무라비요프는 1897년 11월 14일 여순·대련항을 점령하고 1898년 1월 7일 일본에 새로운 협상을 제의하면서 알렉세예프와 푸차타교관단을 소환하고 한러은행을 폐쇄한다. 독립협회는 이것을 자신들의 반러운동의 성과로 착각하고 1898년 내내 기세를 올렸다. 이처럼 러시아와 조선의 대내외적 요인들이 복잡하게 뒤엉키면서 러시아의 대한정책은 거듭 요동을 쳤고, 대한제국의 정정政情도 그만큼 불안정했다.

1896년 2월 11일 아관망명 이후 러·일 관계를 요약해보면, 일본을 지나치게 의식한 러시아는 고종의 아관망명으로 조선에서 자국의 입지가 강화되었음에도 대체로 한반도보다 만주를 중시하는 정책기조를 견지해 「베베르-고무라 각서」와 「로바노프-야마가타 협정」을 연이어 체결함으로써 한반도를 두고 어정쩡하게 일본과 타협했다. 이 시기 러시아의 대한對韓정책은 머뭇거리며 일본의 눈치를 보는 기조를 탈피하지 못했다. 저 두 러일 협정에서 드러난, 조선을 '공동보호국화' 하려는 러·일의 기도는 러시아의 이런 주저와 타협 심리의 산물이었다. 하지만 고종은 아관망명 후 1년 8개월 만인 1897년 10월 11일 대한제국의 창건으로 러시아와 일본의 의표를 찌름으로써 러·일 양국의 공동보호국화 기도를 마침내 분쇄한다. 이는 『백성의 나라 대한제국』에서 상론된다.

# 결 어

이상으로 갑오왜란, 을미왜변, 아관망명, 러시아공사관 치외법권 지역에서의 국내망명정부 수립 등을 차례로 논함으로써 서언에서 약속한 몇 가지 사항들에 대해서 사료와 국민적 공감대에 부합되는 나름의 일관된 논지를 수립했다. 일단 '갑오경장기'는 '갑오왜란기'로 바꿔 불러야 하고, '아관파천'은 당시의 국내외적 정황상, 의미론상, 그리고 조선과 러시아의 교섭관계상 '아관망명'으로 고쳐 불러야 마땅하다. 그리고 이렇게 바꿔 불러야만 '갑오경장'이라는 친일매국적 개혁행위도 '근대화를 위해 역사적 의미가 있었다'는 식의 자포자기적·개화지상주의적 역사해석을 물리치고 이 시기를 항일 국민전쟁의 시기로 제대로 인식하고, '아관파천'이라는 명칭이 주입하는 친일적 국왕폄하 의도를 극복하고, 망명을 통해서라도 항일투쟁을 이어가려고 했던 고종의 불굴의 투쟁의지를 제대로 인식할 수 있다.

당시 유생들과 친일파들은 고종의 아관망명과 경운궁의 국내망명정부를 치욕으로 여겼고, 오늘날 대부분의 사가들도 그렇다. 그러나 국왕이 몸소 망명해 반제투쟁을 위해 수립한 '국내망명정부'는 이를 계승한 '대한민국 상해망명정부'와 마찬가지로 한국인의 '치욕의 상징물'이 아니라, 국망에도 굴하지 않고 치열하게, 끈질기게 쉴 새 없이 반제투쟁을 벌인 한국인의 세계적으로 유일무이한 '영광의 상징'일 것이다. 서구 제국주의와 일제에 의해 19세기 중후반과 20세기 초에 멸망한 아시아·아프리카 나라들(인도·알제리·모로코·사우디·이라크·이란·캄보디아·버마·월남·라오스·대만·필리핀) 중에서 국왕이나 국민이 — 작은 반란단체나 독립투쟁단체를 조직한 적이 있을지언정 — 국내외에서 '망명정부'를 세워 반제투쟁을 이어간 사례는 단 한 건도 발견되지 않기 때문이다. 바로 이런 점에서 러시아공관 경내의 '국내망명정부'든, 경운궁의 '대한제국 망명정부'든, 상해의 '대한민국임시정부'든 이 망명정부들은 '세계적으로 유일무이한' 민족사적 영광의 기록인 것이다.

아관망명과 국내망명정부를 이해하기 위한 전제는 1894년 6월 이후 조선의 국가상황을 '갑오왜란'의 '전쟁상태(belligerency)'로 재규정함으로써 국사학계에서 실종시킨 '전쟁'을 역사적으로 복원하여 '비상하게 긴박한' 역사상황을 제대로 읽는 것이다. 1945년까지 계속된 이 전쟁상태는 조약위반, 군사행동, 조선백성과 조선유생들, 그리고 동학농민군과 의병들의 상황판단 측면에서 충분히 입증되었다. 1894년 6월 이래의 조선상황을 '갑오경장'이 아니라 '갑오왜란'으로 이해해야만 조선이 자멸한 것이 아니라 군사정복에 의해 멸망했다는 사실이 부각되고, 청일전쟁도 조선의 보호국화와 식민화를 위한 갑오왜란에 부수된 전쟁일 뿐이라는 것이 드러날 수 있다. 그래야만 왜적의 서울 점령, 궁궐침공, 지방정복을 청일전쟁의 수행을 군사적으로 뒷받침하는 군사작전으로 왜소화하는 것을 막고, 조선에 대한 정복전쟁으로서의 갑오왜란을 역사의 중심으로 끌어들여 역사기술을 바로잡을 수 있는 것이다. 그리고 이래야만 청일전쟁에서의 청일 양측의 희생자 수의 합계보다 4배를 넘었던 갑오왜란에서의 조선 동학농민군과 의병의 전사자, 그리고 조선백성의 희생자도 역사의 조명을 받을 수 있는 것이다.

또한 갑오왜란의 발굴과 복원을 통해서만 을미왜변이 갑오왜란의 연장전으로 이해되고 이런 왜란상황 속에서 감행된 아관이차도 '망명'

으로 제대로 이해될 수 있는 것이다. 기존의 국사책들과 국사논문들이 그랬듯이 갑오왜란을 역사에서 지워버린다면 을미왜변과 아관망명이 일제에 대한 '항쟁' 관점에서 조명되는 것이 아니라, 민왕후의 경거망동과 자업자득, 고종의 비겁하고 치욕스런 '도망'이라는 개인행위 관점에서 흑칠되고 말 것이다.

남은 과제는 대한제국의 창건과 멸망을 1904(갑진)년의 일본의 재침, 즉 갑진왜란과 항일전쟁의 관점에서 조명하는 것이다. 그간 대한제국 연구는 '광무연간 개혁운동의 주류'를 광무개혁으로 보느냐, 아니면 독립협회·만민공동회의 민권운동으로 보느냐 하는 관점으로 갈려 싸웠다. 이 주류개혁 논쟁은 방금 위에서 전개한 관점에서 당시 대한제국과 고종황제 휘하의 대한국민이 처했던 처지와 고난상황에 대한 공감불능의 논쟁으로 보인다. 대한제국의 급선무, 제1과업은 '개혁'이 아니라 '독립전쟁'이었고, '개혁'도 이 '독립전쟁'에 종속되어야 하는 것이고, 모든 개혁은 이 독립전쟁에 기여하는 정도만큼만 유의미한 것이었다. 따라서 대한제국은 항일독립투쟁 과업이 왜적과의 직접투쟁과, 3대 안보조건(권위로운 국론통일기제로서의 왕권, 첨단무력, 적절한 동맹)의 확보투쟁에 직간접적으로 도움이 되지 않는 모든 개혁사안을 뒤로 밀쳐둘 수밖에 없었다. 따라서 대한제국 연구의 초점은 광무개혁이냐 독립협회·만민공동회의 민권운동이냐에 있는 것이 아니라, 당연히 대한제국의 항일독립투쟁에 있어야 하는 것이다. 광무개혁은 아무리 그 성과가 눈부실지라도 의당 독립투쟁 다음으로 취급되어야 하는 것이다. 그리고 독립협회와 만민공동회의 난동과 반란기도는 항일독립투쟁에 대한 유해성有害性 때문에, 그리고 민권투쟁과 거리가 먼, 민권과 왕권에 대한 양면적 찬탈 의도 때문에 정당하게 강력 논죄되어야 하는 것이다.

그다음에야 광무개혁에 대한 적절한 평가도 이루어질 수 있는 것이다. 여기서는 식민지근대화론자들이 주장하듯이 우리나라의 근대화가 비로소 일제식민지 시대에 시작된 것이 아니라, 정치·사회 측면에서든, 철도·교통·통신·전화電化사업, 도시개조와 식산흥업·기술발전 측면에서든 한국은 일제시대 이전에 일본에 버금가는 근대화를 이루어가고 있었다는 데 초점이 맞춰져야 할 것이다. 특히 대한제국의 신분해방은 세계 최첨단 수준으로서 일본제국을 앞질렀고, 전기보급·전화·전차·전등보급 등 물질적 측면의 근대화는 부문별로 일본을 앞지르거나 일본과 같은 수준으로 발전하고 있었다. 광무연간의 자주적 개혁은 2년간의 타율적 갑오개혁에 비할 때 개혁의 속도와 개혁방향의 정확성 면에서 비교가 되지 않았던 것이다. 일제강점과 식민화는 바로 한국의 이런 선진적 발전을 다시 뒤로 부분적으로 후퇴시키거나 파괴하거나 왜곡하는 난동과 탄압의 시작이었다. 이에 대한 연구 과제는 『백성의 나라 대한제국』(2017)에서 상론될 것이다.

이 저작들, 『갑오왜란과 아관망명』과 이 책의 연작인 『백성의 나라 대한제국』과 『대한제국과 갑진왜란』은 기존의 역사기술과 본질적으로 다른 역사이해를 추구하고 있다. 사료를 통해 역사를 접하다 보면 기존의 거의 모든 역사기술이 관점상의 근본적인 문제점으로 인해 '역사의 사실적 흐름'과 완전히 배치되게 은근히 또는 노골적으로 친일화되어 있는 편향이 발견된다. 조선의 공조판서 출신이면서도 일제강점기에 친일관료가 된 경기도 지역 유지의 자식으로서 조선총독부 조선사편수회의 촉탁을 지냈고 와세다대학교의 역사왜곡의 대가들인 쓰다소우키치(津田左右吉) 등 일본인 스승들의 영향을 평생 벗어나지 못한 이병도, 그리고 그의 1세대 좌우 제자들인 '일제세대' 이기백·한우근·김철준 등이 쥐락펴락한 기존의 교과서적 국사는 관점의 오류, 이에 따른 논제선정·열거·강세설정 면에서의 구조적 뒤틀림과 구체적 인식왜곡, 게으른 사료탐색과 미숙한 사료이해, 서양학문과의 치열한 경쟁에 노출되지 않은 국사학계라는 일종의 '온실' 속에서 살다 보니 불가피하게 야기되는 과학적 훈련의 미비와 불성실하고 불철저한 학문정신의 난맥상 등이 기존의 국사연구에 켜켜이 중첩되어 있다. 이 때문에 '갑오왜란'이 '갑오경장'의 포장으로 감춰져 역사책에서 실종되고, 이렇기 때문에 다시 '을미왜변'이 중립적 의미의 '을미사변'으로 왜곡되고, '아관망명'이 폄훼적 의미의 '아관파천'으로 뒤틀렸으며, 한국 근대화의 기점이 대한제국기로부터 일제시기로 자꾸 늦춰잡혀 한국 근대화를 일제총독부의 '덕택'으로 여기도록 논리적으로 강요당하게 되는 것이다. 이 책은 이런 왜곡을 근본적으로 바로잡는 역사를 논하기 위한 하나의 '정치철학적 몸부림'일 뿐이다.

# 참고문헌

## 1. 사 료

■한국사료

<실록류>


『世宗實錄』. 『成宗實錄』. 『肅宗實錄』.

『燕山君日記』. 『正朝實錄』. 『高宗實錄』.

『承政院日記』. 『日省錄』. 『고종시대사』.


<기타 사료 및 자료>


『甲午實記』. 『동학농민혁명자료총서』. 국사편찬위원회 한국사데이터베이스.

「甲午海營匪擾顚末」(甲午十月). 『東學亂記錄(下)』, 『한국사료총서』 제10집(하). 국사편찬위원회 한국사데이터베이스.

고광렬, 「三義士行狀」. 독립운동사편찬위원회, 『獨立運動史資料集(3)』(서울: 고려서림, 1971·1984).

『公山剿匪記』, 「牛金峙之師」. 『동학농민혁명사료총서(2)』. 국사편찬위원회 한국사데이터베이스.

『官報』.

『關草存案』, 甲午八月十日 關文草. 『各司謄錄(63)』(서울: 國史編纂委員會, 1992).

국가기록원 편, 『독립운동관련판결문』(서울: 국가기록원, 1909). 「1909년 林在德 공주지방재판소청주지부 판결문」(관리번호: CJA0000882).

국가보훈처, 『亞洲第一義俠 安重根(1·2·3)』(서울: 국가보훈처, 1995).

「국민보호와 공공안전을 위한 테러방지법」(2016년 3월 3일 제정·시행).

국사편찬위원회 편, 『尹致昊日記』(서울: 탐구당, 1975).

국사편찬위원회 편, 『韓國獨立運動史 - 資料1-37』(서울: 국사편찬위원회, 1965·2001).

국사편찬위원회 편, 『한국독립운동사자료(8·19)』, 「의병편1·12」(서울: 국사편찬위원회, 1979).

국학진흥연구사업추진위원회, 『예천 맛질 朴氏家 日記(4)』(성남: 한국학중앙연구원, 2006).

權用佾(權淸隱), 「丁未倭亂倡義錄: 權淸隱履歷誌」. 『창작과 비평』(1977 겨울호).

김구(도진순 주해), 『백범일지』(파주: 돌베개, 1997·2012).

金奎聲 역, 『金河洛 征討日錄』(서울: 계몽사, 1968).

김옥균, 「교육에 관한 건의」. 『한국근대사기초자료집(2)』. 국사편찬위원회 한국사데이터베이스.

金允植, 『續陰晴史(上·下)』. 『한국사료총서』 제11집. 국사편찬위원회 한국사데이터베이스.

김윤식, 『金允植全集(貳)』(서울: 아세아문화사, 1980).

독립운동사편찬위원회 편역, 『獨立運動史資料集(1·2·3) - 義兵抗爭史 資料集』(서울: 고려서림[재출간], 1971·1984).

독립기념관 한국독립운동사연구소 편, 「禹德淳 선생의 회고담」. 독립기념관 한국독립운동사연구소 편, 『안중근의사자료집』(서울: 국학자료원, 1999).

명성황후, 「명성황후 민비의 친필 한글밀서」. 『문학사상』(1974년 10월호).

민영호, 「관동창의록」. 閔龍鎬(이태길·민원식 역), 『復齋集』(출판사 없음, 1988).

朴珪壽, 「地勢儀銘幷序」. 『朴珪壽全集(上)』(서울: 아세아문화사, 1978) 朴珪壽, 「闢衛新編評語」. 『朴珪壽全集(上)』.

朴冀鉉, 『日史』. 『동학농민혁명사료총서』 7권. 국사편찬위원회 한국사데이터베이스.

박민일 해제, 「강원도에서 발굴된 문헌·자료에 대한 고찰(3) - 11. 睦衡信의

官兵·義兵生活 個人日誌」. 『강원문화연구』 제13집(1994).

朴泳孝, 「朝鮮內政에 關한 建白書」(1888). 『한국근대사기초자료집(2)』, 1. 근대교육의 모색, 5. '교육에 관한 건의(朴泳孝)'. 국사편찬위원회 한국사데이터베이스.

朴泳孝, 「甲申政變」. 『新民』 14(1926), 조일문·신복룡 편역, 『갑신정변 회고록』(서울: 건국대출판부, 2006).

朴寅湖, 『天道教書』(京城: 普書館, 1921). 『天道教書』(동학농민혁명사료총서 28권), 국사편찬위원회 한국사데이터베이스.

박정수·강순희 편술, 「운강선생 창의일록」. 독립운동사편찬위원회, 『獨立運動史資料集(1)』(서울: 고려서림, 1971·1984).

박정수·강순희 편술(구완회 역), 『창의사실기』(서울: 다운샘, 2014).

『朴定陽全集(3·6)』. 한국학문헌연구소 편(서울: 아세아문화사, 1984).

서재필, 「체미滯美 50년」. 이정식, 『서재필: 미국망명 시절』(서울: 정음사, 1984) [부록].

『先鋒陣日記』, 「原報狀」. 『동학농민혁명사료총서(16)』. 국사편찬위원회 한국사데이터베이스.

『宣諭榜文竝東徒上書所志謄書』, 「告示京軍與營兵以教示民」. 『동학농민혁명사료총서(10)』. 국사편찬위원회 한국사데이터베이스.

송병기·박용옥·박한설 편, 『韓末近代法令資料集(I·II·III)』(서울: 대한민국도서관, 1971).

송상도, 『騎驢隨筆』. 『한국사료총서』 제2집. 국사편찬위원회 한국사데이터베이스.

『隨錄』, 「甲午·李僉使在漢抵本官家書」. 『동학혁명자료총서(5)』. 국사편찬위원회 한국사데이터베이스.

申箕善, 「序」. 안종수, 『農政新編』(漢城, 廣印社, 1885[開國四百九十四年]; 서울: 韓國人文科學院, 1990).

申箕善, 『儒學經緯』. 한국학문헌연구소(편), 『申箕善全集(參)』(서울: 아시아문화사, 1981).

안중근, 『안중근 의사 자서전(安應七歷史)』(파주: 범우, 2014·2015).

안중근, 「東洋平和論」. 尹秉奭 譯編, 『安重根傳記全集』(서울: 국가보훈처,

1999).

『若史』(奎古4254-43) 권2.

『兩湖招討謄錄』. 『동학농민혁명사료총서』 6권. 국사편찬위원회 한국사데이터베이스.

吳駿善, 「沈南一實記」. 『독립운동사자료집(2)』(독립운동사편찬위원회, 1970).

우덕순, 「禹德淳先生의 懷古談」. 尹秉奭 譯編, 『安重根傳記全集』(서울: 국가보훈처, 1999).

「의병장 姜士文·安桂洪·권영회·심남일·姜武景 취조서」. 국사편찬위원회 편, 『韓國獨立運動史(1)』(서울: 탐구당, 1965).

이구영 편역, 『湖西義兵事蹟』(제천: 제천군문화원, 1994).

유길준, 「우리들이 작성한 개혁안」(1896년). 이광린, 『改化派와 開化思想研究』(서울: 일조각, 1989), '兪吉濬의 英文書翰'.

유길준, 『兪吉濬全書』 IV '정치경제편'(서울: 일조각, 1973).

李沂, 「一斧破劈」. 『호남학보』 2호(1908년 7월 25일).

이남규, 「비적의 소요와 왜병의 도성진입을 논한 상소」 및 「왜와의 절교를 청한 상소」. 『수당 이남규 문집(1)』(파주: 한국학술정보, 2007).

이남규, 「崔贊政 益鉉에게 답함」. 홍승균 역, 『수당 이남규 문집』(서울: 한국학술정보, 1999).

「李秉輝供草(三次)」. 『동학농민혁명사료총서』 18권, 국사편찬위원회 한국사데이터베이스.

이순구, 「山南義陣史」. 독립운동사편찬위원회, 『獨立運動史資料集(3)』(서울: 고려서림, 1971·1984).

이승만, 『독립정신』(로샌쥴리쓰: 대동서관, 1910). 이승만(리승만), 『독립정신』(서울: 정동출판사, 1993).

이승만, 「청년 이승만 자서전」. 이정식(권기봉 역), 『초대 대통령 이승만의 청년시절』(서울: 동아일보사, 2002) [부록 1], [248-316쪽].

이승만, (가칭) 「서재필과 『독립신문』 및 『매일신문』에 대한 나의 회고(18th April ~ 22th Dec. 1896)」. 유영익, 『젊은 날의 이승만』(서울: 연세대학교출판부, 2002·2004) 자료I [173-175쪽].

「(이승만)판결선고서」(1899년 7월 11일). 유영익, 『젊은 날의 이승만』(서울:

연세대학교출판부, 2002·2004), [17-19쪽].

李承熙, 「通諭東學徒文」. 東學農民戰爭百周年紀念事業會推進委員會, 『東學農民戰爭史料大系』 2(여강출판사, 1994).

李　瀷, 『星湖僿說』. 이익, 『국역 성호사설(X)』(서울: 민족문화추진회, 1977·1985).

李正圭, 「倡義見聞錄」. 독립운동사편찬위원회, 『獨立運動史資料集(1)』(서울: 고려서림, 1983).

이정규, 「종의록從義錄」. 독립운동사편찬위원회, 『獨立運動史資料集(2)』(서울: 고려서림, 1971·1984).

이진구 엮음, 「의사 이용규전義士李容珪傳」. 독립운동사편찬위원회, 『獨立運動史資料集(3)』(서울: 고려서림, 1971·1984).

임병찬, 『義兵抗爭日記(遯軒遺稿)』(마산·서울: 한국인문과학원, 1986).

임병찬, 「둔헌문답기遯軒問答記」. 독립운동사편찬위원회, 『독립운동사자료집(2)』(서울: 고려서림, 1970·1984).

「全琫準判決宣言書」. 東學關聯判決宣告書(『동학농민혁명사료총서』 18권). 국사편찬위원회 한국사데이터베이스.

鄭　喬, 『大韓季年史』. 『한국사료총서』 5집, 국사편찬위원회 한국사데이터베이스. 국역본: 정교, 『대한계년사(1-10)』(서울: 소명, 2004).

정석모, 『甲午略歷』. 『동학농민혁명사료총서』 5권, 국사편찬위원회 한국사데이터베이스.

정운경 엮음, 「동유록」. 독립운동사편찬위원회, 『獨立運動史資料集(1) - 義兵抗爭史 資料集』(서울: 고려서림, 1971·1984).

「帝國益聞社秘報章程」. 한국학중앙연구원 藏書閣도서 2-3532. 이태진, 『고종시대의 재조명』(서울: 태학사, 2000·2008), 393-402쪽, [자료] 「帝國益聞社秘報章程」.

「蔡應彦공술서」. 독립운동사편찬위원회 편, 『獨立運動史자료집(별집1)』(서울: 고려서림, 1971·1984).

『總理交涉事務衙門日記』.

최덕수 외 지음, 『조약으로 본 한국근대사』(파주: 열린책들, 2010·2011).

『한국독립운동사 자료』. 국사편찬위원회 한국사데이터베이스.

한국교회사연구소 역주, 『뮈텔주교일기(1)』(서울: 한국교회사연구소, 1986·2009).

韓國學文獻硏究所 편, 『舊韓末日帝侵略史料叢書(II) - 政治篇(2)』(서울: 아세아문화사, 1984).

「헤이그밀사 공한(La Haye le 27 Juin 1907)」. 독립운동사편찬위원회, 『獨立運動史資料集(3)』(서울: 고려서림, 1971·1984).

「湖西忠義徐相轍布告文」. 『羅巖隨錄』, 『동학농민혁명사료총서(2)』 국사편찬위원회 한국사데이터베이스.

황현(김종익 역), 『오하기문梧下記聞』(고양: 역사비평사, 1994).

黃玹, 『梅泉野錄』. 황현(이장희 역), 『매천야록梅泉野錄(상·중·하)』(서울: 명문당, 2008).

<신문잡지류>

『독립신문』. *The Independent*. 미디어가온 데이터베이스 '고신문'.

『皇城新聞』. 미디어가온 데이터베이스 '고신문'.

『매일신문』. 미디어가온 데이터베이스 '고신문'.

『제국신문』. 미디어가온 데이터베이스 '고신문'.

『大韓每日新報』. 미디어가온 데이터베이스 '고신문'.

『海潮新聞』.

『권업신문』. 미디어가온 데이터베이스 '고신문'.

『每日申報』. 미디어가온 데이터베이스 '고신문'.

『조선일보』.

『동아일보』.

『경향신문』.

『연합뉴스』.

『대동학회월보』. 국사편찬위원회 한국사데이터베이스.

『대조선독립협회회보』. 국사편찬위원회 한국사데이터베이스 '한국근현대잡지사료'.

『대한자강회월보』. 국사편찬위원회 한국사데이터베이스 '한국근현대잡지사료'.

『대한학회월보』. 국사편찬위원회 한국사데이터베이스 ‘한국근현대잡지사료’.
『대한협회회보』. 국사편찬위원회 한국사데이터베이스 ‘한국근현대잡지사료’.
『대한흥학보』. 국사편찬위원회 한국사데이터베이스 ‘한국근현대잡지사료’.
『서북학회월보』. 국사편찬위원회 한국사데이터베이스 ‘한국근현대잡지사료’.
『서우』. 국사편찬위원회 한국사데이터베이스 ‘한국근현대잡지사료’.
『호남학보』. 국사편찬위원회 한국사데이터베이스 ‘한국근현대잡지사료’.

■미국사료

“The Threat of Japan” of Theodore Roosevelt. *Papers of Theodore Roosevelt*, Manuscript Division [120-126쪽], Library of Congress.

Hulbert's Interview, “Appeals to the Public for Emperor of Korea - Envoy Complains that Roosevelt won't Restrain Japan”. *The New York Times*, December 14, 1905.

Hulbert, Homer B. Hulbert, “Japan Absorbing Korea – Mr. Hulbert Contradicts Prof. Ladd's Assertions, that All is Well”. *The New York Times*, May 16, 1905.

Hulbert, Homer B., “The Dishonesty of Mr. Roosevelt”. *The New York Times*, January 19, 1916. *The Fatherland* (January 19, 1916)에 전재.

Hulbert, Homer B., “American Policy in the Cases of Korea and Belgium – The Special Envoy of the Korean Emperor tells for the first Time the Full Story of his Attempt to Get President Roosevelt to Intervene against Japan”. *The New York Times*, March 5, 1916.

Ladd, George T., “Korea, Japan, and America – Professor Ladd tells Another Story of the 1905 Treaty”. *The New York Times*, March 9, 1916.

Special to The New York Times, “Decline to Comment on Hulbert Letter – Root and Adee Silent on Statement that Appeal for Korea was Ignored”. *The New York Times*, March 5, 1916.

“RUSSIA AGAINST KNOX PLAN; Neutralization of Manchurian Railways Is Not Acceptable at Present”. *The New York Times*, 1910. 1. 17.

■일본사료

金正明 編, 『日韓外交資料集成』(東京: 巖南堂書店, 1967).

무쓰무네미쓰(陸奧宗光), 『蹇蹇錄』(東京: 岩波文庫, 1943). 무쓰무네미쓰(김승일 역), 『건건록』(서울: 범우사, 1993·1994).

市川正明 편, 『日韓外交史料』(東京: 原書房, 1979).

스기무라후카시(杉村濬), 『在韓苦心錄』(1904). 한상열 역, 『서울에 남겨둔 꿈』(서울: 건국대학교출판부, 1993).

국가보훈처, 『亞洲第一義俠 安重根(1·2·3)』(서울: 국가보훈처, 1995).

市川正明 편, 『日韓外交史料』(東京: 原書房, 1979).

日本外務省 편, 『日本外交文書』(東京: 日本國際聯合協會, 1953).

『駐韓日本公使館記錄('일관기록')』. 국사편찬위원회 한국사데이터베이스.

일본국립국회도서관 헌정자료실 소장, 『陸奧宗光文書』.

『統監府文書』. 국사편찬위원회 한국사데이터베이스.

『日淸戰史草案』(日淸戰爭 第5篇 第11章 第3草案). 「조선왕궁에 대한 위협적 운동 계획」. 나카츠카, 『1894년, 경복궁을 점령하라!』, 66-70쪽 수록.

『東京日日新聞』. 『東京朝日新聞』. 『大阪朝日新聞』.

『時事新報』. 『郵便報知新聞』.

『二六新報』. 『동학농민혁명자료총서』. 『동학농민혁명사료총서』 22~23권 국사편찬위원회 한국사데이터베이스.

■중국사료

「텐진조약, 1885년 4월 18일」. 미야지마히로시·와다하루키·조경달·이성시 외 지음(최덕수 외 역), 『일본, 한국병합을 말하다』(파주: 열린책들, 2011), 「부록: 근대 한일관계사 관련사료 및 연표」.

『漢書』 제30권, 「藝文志」.

■영문사료

Gale, James S., *Korean Sketches, 1863-1937* (New York·Chicago·Toronto: Fleming H. Revell Company, 1898).

Palmer, Spencer J., (ed.), *Korean-American Relations: Documents Pertaining to the Far Eastern Diplomacy of the United States*, Vol. II – The Period of Growing Influence, 1887-1895 (Berley & Los Angeles: University of California Press, 1963).

Sands, William F., *Undiplomatic Memoirs* (London: John Hamilton, LTD., 1975).

Underwood, Lillias H., *Fifteen Years among Top-Knot* (Boston·New York·Chicago, American Tract Society, 1904).

*The Korean Repository*.

*Korea Review*.

■러시아사료

국방부군사편찬연구소 편역, 『러시아와 일본의 전쟁, 그리고 한반도(한러군사관계자료집[II])』(서울: 국방부군사편찬연구소, 2012).

김종헌·홍웅호 편역, 『러시아문서번역집(II·III·IV)』(서울: 선인, 2011).

러시아국립해군문서보관소(РГАВМФ, '러시아해군문서') II (1894~1899). 『해외사료총서』 16권, 국사편찬위원회 한국사데이터베이스.

박종효 편역, 『러시아국립文書保管所 소장 韓國관련 文書要約集('한국관련 러시아문서')』(서울: 한국국제교류재단, 2002).

제정러시아대외정책문서보관소(АВПРИ, '제정러시아대외정책문서').

Карнеев, В. П., и так да́лее, По Корее. Путешествия (Москва: Издательство Восточных Литературы, 1958). 카르네예프 외 4인(이르계바예브·김정화 역), 『내가 본 조선, 조선인』(서울: 가야넷, 2003).

Кореи (Санкт Петербург, 1900). 한국정신문화연구원 역, 『韓國誌』(성남: 한국정신문화연구원, 1984),

■프랑스사료

국사편찬위원회 편, 『프랑스외무부문서(7)』(과천: 국사편찬위원회, 2008).

한국교회사연구소 역주, 『뮈텔주교일기(1)』(서울: 한국교회사연구소, 1986·2009)

## 2. 경전류

『論語』. 『孟子』. 『書經』.
『易經』. 『禮記』. 『春秋左氏傳』.
『東經大全』. 윤석산 주해, 『東學經典』(서울: 동학사, 2009).
『龍潭遺詞』. 윤석산 주해, 『東學經典』(서울: 동학사, 2009).
『海月神師法說』. 『天道教經典』(서울: 天道教中央總部, 1990).

## 3. 국문·동양문헌

강길원, 「遯軒 林炳瓚의 生涯와 反日鬪爭」, 『全北史學』 28 (2005).
강만길, 「史觀: 敍述體系의 檢討」. 『창작과 비평』 32 (1974. 6.).
강만길, 「大韓帝國의 성격」. 『創作과 批評』 48 (1978 여름호).
강만길, 『고쳐 쓴 한국근대사』(서울: 창작과비평사, 1994·1997).
강범석, 『왕후모살 - 을미사변 연구』(서울: 솔출판사, 2010).
강상규, 「고종의 대내외 정세인식과 대한제국 외교의 배경」. 한림대학교 한국학연구소 편, 『대한제국은 근대국가인가』(서울: 푸른역사, 2006).
강효숙, 「제2차 동학농민전쟁시기 일본군의 농민군 진압」. 『한국민족운동사연구』 52 (2007). 계봉우, 『만고의사 안중근전』. 윤병석 편저, 『安重根傳記全集』(서울: 국가보훈처, 1999).
계승범, 「조선후기 중화론의 이면과 그 유산」. 인하대학교 한국학연구소, 『중국 없는 중화』(인천: 인하대학교출판부, 2009).
고영근, 「개화기의 국어연구단체와 국민보급활동」. 『한국학보』 제9권 1호 (1983. 3.).
구완회, 『한말 제천의병 연구』(서울: 선인, 2005·2006).
국방부전사편찬위원회, 『義兵抗爭史』(서울: 국방부전사편찬위원회, 1984).
국방부군사편찬연구소 편, 『建軍史』(서울: 국방부 군사편찬연구소, 2002).
국방부군사편찬연구소, 『한말 군 근대화 연구』(서울: 국방부군사편찬연구소, 2005).

權五榮, 「申箕善의 東道西器論 研究」. 『淸溪史學』 제1집(1984).

權寧培, 『檄文類를 통해서 본 舊韓末 義兵抗爭의 性格』. 1995년 경북대학교 박사학위논문.

權泰檍, 『韓國近代綿業史研究』(서울: 일조각, 1989).

權泰檍, 「統監府 시기 日帝의 對韓 農業施策」. 歷史學會 편, 『露日戰爭 前後 日本의 韓國侵略』(서울: 一潮閣, 1986·1993).

金秉濬, 「民衆으로 이러난 甲午大變亂, 東學軍都元帥 全琫準」. 『별건곤』 제14호(1928년 7월 1일).

권희영, 「일제시기 조선의 유학담론 - 공자명예훼손사건을 중심으로」. 『한국민족운동사연구』 63 (2010) [121-154쪽].

金道泰, 『徐載弼博士自敍傳』(서울: 을유문화사, 1972).

김도형, 『大韓帝國期의 政治思想研究』(서울: 지식산업사, 1994·2000).

김문용, 「동도서기론은 얼마나 유효한가?」. 『가치청바지 동서양의 가치는 화해할 수 있을까?』(서울: 웅진, 2007).

김문자, 『명성황후 시해와 일본인』(파주: 태학사, 2011).

김백철, 「영조대 '민국' 논의와 변화된 왕정상」. 이태진·김백철 (엮음), 『조선후기 탕평정치의 재조명(上)』(서울: 태학사, 2011).

김백철, 『조선후기 영조의 탕평정치』(파주: 태학사, 2010).

金庠基, 『東學과 東學亂』(서울: 한국일보사, 1975).

김소영, 「러시아와 일본, 또 한 번의 타협을 하다: 로젠-니시 의정서」. 최덕수 외, 『조약으로 본 한국근대사』(파주: 열린책들, 2010·2011).

김양식, 「吳知泳 『東學史』의 집강소 오류와 기억의 진실」. 『한국사연구』 170 (2015).

김영모, 『韓末支配層研究』(서울: 한국문화연구소, 1972).

김영수, 『미쩰의 시기: 을미사변과 아관파천』(서울: 경인문화사, 2012·2013).

金容燮, 『韓國近代農業史研究(상·하)』(서울: 일조각, 1975).

金容燮, 「서평: 愼鏞廈, 『독립협회연구』」. 『韓國史研究』 12 (1976).

金容燮, 「光武年間의 量田事業에 關한 一研究」. 『아세아연구』 11권 3호 (1968).

金雲泰, 『日本帝國主義의 韓國統治』(서울: 박영사, 1986·1999).

金仁杰, 「17·8세기 향촌사회 신분구조변동과 '儒·鄕'」. 『한국문화』11 (1990).
김재호, 「대한제국에는 황제만 산다」. 교수신문 (엮음), 『고종황제 역사청문회』 (서울: 푸른역사, 2008).
김재호, 「『고종시대의 재조명』, 조명 너무 세다」. 교수신문 (엮음), 『고종황제 역사청문회』(서울: 푸른역사, 2005·2008).
김재호, 「국가재정 움켜쥐는 게 근대화인가?」. 교수신문 (엮음), 『고종황제 역사청문회』(서울: 푸른역사, 2008).
金正明, 『朝鮮駐箚軍歷史』(東京: 岩南堂書店, 1967).
김종수, 「돈헌 임병찬의 생애와 복벽운동」. 『전북사학』 제44호 (2014).
김정인, 「동학·동학농민전쟁과 여성」. 동학농민혁명기념사업회 편, 『동학농민혁명의 동아시아적 의미』(서울: 서경, 2002).
김종윤, 「淸末 開明專制論 新釋」. 『중국학논총』 제37집(2012. 12.).
김주필, 「'한글'(명칭) 사용의 역사적 배경과 특징」. 『반교어문연구』 제35집 (2013. 8.).
김태웅, 「1920·30년대 오지영의 활동과 『동학사』 간행」. 『역사연구』 2 (1993).
김호일, 「의암 유인석 장군과 안중근」. 『의암학연구』 8 (2011).
김희곤, 「거룩한 순국을 택한 이만도」. 『순국』 통권259호 (2012, 8.).
나라사키(楢崎桂園), 『韓國丁未政變史』(京城: 日韓書房, 1907. 12.).
나카츠카아키라(中塚明), 박맹수 역, 『1894년, 경복궁을 점령하라!』(서울: 푸른역사, 2002).
나카츠카아키라·이노우에가쓰(츠)오·박맹수, 『동학농민전쟁과 일본』(서울: 모시는사람들, 2014).
南宮檍, 『朝鮮最近史』(개성, 1945). 『조선니약이』 권5(류달영 편)의 단행본 출간.
노대환, 「조선후기 '西學中國原流說'의 전개와 그 성격」. 『역사학보』 제178집 (2003. 6).
노대환, 「19세기 후반 申箕善의 현실인식과 사상적 변화」. 『동국사학』 제53집 (2012. 12).
다카시로코이치(高成幸一), 『후쿠자와 유키치의 조선정략론 연구 - 시사신보 조선관련 평론 1882-1900을 중심으로』(서울: 선인, 2013).

려증동, 『부왜역적 기관지 독립신문 연구』(진주: 경상대학교, 1991).
리종현, 「최제우와 동학」. 『갑오농민전쟁 100돌 기념논문집』(서울: 집문당, 1995).
목수현, 「大韓帝國期 國家 視覺象徵의 淵源과 變遷」. 『美術史論壇』 제27호 (2008, 12월).
미타니히로시(三谷博), 「일본에서 초기 '공론' 미디어: 『평론신문』의 경우」. 조선시대공공성구조변동연구단 주최 국제학술심포지엄, 『조선시대 공공성의 구조변동 - 국가·공론·민의 공공성, 길항과 접합의 역사』 (2013. 11. 1. 동국대학교 학술문화관).
민두기, 『日本의 歷史』(서울: 지식산업사, 1976).
박득준, 『조선근대교육사』(서울: 한마당, 1989).
박맹수, 『사료로 보는 동학과 동학농민혁명』(서울: 모시는사람들, 2009·2010).
박성수 외 4인 공저, 『현대사 속의 국군』(서울: 전쟁기념사업회, 1990).
박성수 주해, 『渚上日月』(서울: 민속원, 2003).
박성수, 「독립운동사의 맥락과 정통성: '광복군성립보고서'를 중심으로」. 『삼균주의연구논집』 제28집 (삼균학회 편, 2007).
박은식(김도형 역), 『한국통사』(대구: 계명대학교출판부, 1998).
박은식, 「論幼學」. 『서우』 제8호(1907년 7월 1일).
박은식, 『한국독립운동지혈사』(서울: 소명출판, 2008).
박정규, 「독립신문의 의의와 한계」. 『신문과 방송』 통권184호(1986. 1.).
박정심, 「신기선의 『유학경위』를 통해 본 동도서기론의 사상적 특징」. 『역사와 현실』 제60집(2006).
朴齊家(안대회 교감·역주), 『北學議』(파주: 돌베개, 2013).
박종근, 『淸日戰爭과 朝鮮』(서울: 일조각, 1989).
朴鐘涍, 『激變期의 한·러 關係史』(서울: 선인, 2015).
박지원(김혈조 역), 『열하일기(1-3)』(파주: 돌베개, 2009·2014).
박찬승, 「1894년 농민전쟁의 주체와 농민군의 지향」. 한국역사연구회, 『1894년 농민전쟁연구(5)』(서울: 역사비평사, 2003).
박찬승, 『한국근대 정치사상사 연구』(서울: 역사비평사, 1992).
박 환, 「이범진과 연해주지역 한인민족운동」. 외교통상부, 『이범진의 생애와 항일독립운동』(서울: 외교통상부 러시아·CIS과, 2003).
반병률, 「노령 연해주 한인사회와 한인민족운동(1905-1911)」. 『한국근현대사연구』 7 (1997).
반병률, 「러시아에서의 안중근의 항일독립운동에 대한 재해석」. 『한국독립운동사연구』 34 (2009. 12.).
방광석, 「메이지정부의 한국지배정책과 이토히로부미」. 이성환·이토유키오, 『한국과 이토히로부미』(서울: 선인, 2009).
배우성, 『조선과 중화』(파주: 돌베개, 2014).
배항섭, 「1894년 동학농민전쟁에 나타난 토지개혁 구상 - '평균분작' 문제를 중심으로」. 『사총』 43 (1994).
배항섭, 「대원군과 전봉준의 밀약설 고찰」. 『역사비평』 41 (1997).
배항섭, 「아관파천 시기 조선인의 러시아 인식」. 『한국사학보』 33호(2008. 11.).
배항섭, 「동도서기론의 구조와 전개양상」. 『사림』 제42호(2012).
변태섭·신형식, 『한국사통론』(서울: 삼영사, 1986·2007).
보훈처, 『독립운동사(1)』(서울: 보훈처, 1970).
사회과학원 력사연구소, 『조선전사(근대·1)』(서울: 푸른숲, 1988).
서영희, 『대한제국 정치사 연구』(서울: 서울대학교출판부, 2003·2005).
서영희, 「일제의 폭력과 수탈을 잊었는가?」. 교수신문 편, 『고종황제 역사청문회』(서울: 푸른역사, 2005).
서영희, 「국가론적 측면에서 본 대한제국의 성격」. 한림대학교한국학연구소 편, 『대한제국은 근대국가인가』(서울: 푸른역사, 2006).
서인한, 『대한제국의 군사제도』(서울: 혜안, 2000).
서중석, 『신흥무관학교와 망명자들』(서울: 역사비평사, 2001).
손병규, 「明治戶籍과 光武戶籍의 비교연구」. 『泰東古典硏究』 第24輯(2008).
송원섭, 『무궁화』(서울: 세명서관, 2014).
신규수, 「遯軒 林炳瓚의 救國運動」. 『歷史와 社會』 제34집(2005년 여름).
신복룡, 『동학사상과 갑오농민혁명』(서울: 선인, 개정판 2006).
愼鏞廈, 「書評: 金容燮, 『韓國近代農業史硏究』」. 『韓國史硏究』 13 (1976).
愼鏞廈, 「'광무개혁론'의 문제점」. 『創作과批評』 1978 가을호.
愼鏞廈, 『獨立協會硏究(上)』(서울: 일조각, 1976·2006).

申一澈, 『申采浩의 歷史思想硏究』(서울: 고려대학교출판부, 1981·1983).
심헌용, 『한러군사관계사』(서울: 국방부군사편찬연구소, 2007).
岳 裔, 「三要論」. 『대한흥학보』 제12호 (1910년 4월 20일).
안병욱, 「조선후기 自治와 抵抗組織으로서의 鄕會」. 『성신여대논문집』 18 (1986).
안병욱, 「19세기 임술민란에 있어서의 '鄕會'와 '饒戶'」. 『한국사론』 14 (1986).
안 천, 「안중근 의사의 존황애국사상 연구 - 별똥별철학사상을 중심으로」. 『皇室學論叢』 11 (2010).
야스카와주노스케(安川壽之補), 이향철 역, 『후쿠자와 유키치의 아시아침략 사상을 묻는다』(서울: 역사비평사, 2011·1912).
양상현, 「대한제국의 군제개편과 군사예산」. 『역사와 경제』 61 (2006. 12.).
오영섭, 「한말 의병운동의 근왕적 성격」. 『한국민족운동사연구』 15 (1997).
오영섭, 「한말 의병운동의 발발과 전개에 미친 고종황제의 역할」. 『동방학지』 128 (2004).
오영섭, 『고종황제와 한말의병』(서울: 선인, 2007)
오영섭, 『한국 근현대사를 수놓은 인물들(1)』(서울: 경인문화사, 2007).
오영섭, 「안중근의 의병운동」. 이태진 외, 『영원히 타오르는 불꽃』(파주·서울: 지식산업사, 2010·2011).
오영섭, 「『(역사소설) 동학사』의 12개조 폐정개혁안」. 『시대정신』 68 (2015 가을).
吳知泳, 『東學史』(1926년 초고본). 『동학농민혁명자료총서』 1권, 국사편찬위원회 한국사데이터베이스.
吳知泳, 『歷史小說 東學史』(京城: 永昌書舘, 昭和15年[1940]). 영인본: 오지영, 『東學史』, 『東學思想資料集(2)』(서울: 아세아문화사, 1979).
와다하루키(和田春樹), 『러일전쟁과 대한제국』(서울: 제이앤씨, 2011).
왕현종, 「한말 지세제도의 개혁과 성격」. 『韓國史硏究』 77 (1992).
왕현종, 「대한제국의 量田·地契事業의 추진과정과 성격」. 한국역사연구회 근대사분과토지대장연구반, 『대한제국의 토지조사사업』(서울: 민음사, 1995).
왕현종, 『한국 근대국가의 형성과 갑오개혁』(서울: 역사비평사, 2003·2005).

왕현종, 「1894년 농민군의 폐정개혁 추진과 갑오개혁의 관계」. 『역사연구』 27 (2014).
외교통상부, 『이범진의 생애와 항일독립운동』(서울: 외교통상부 러시아CIS과, 2003).
兪吉濬(蔡壎 역주), 『西遊見聞』[1895](서울: 명문당, 2003).
유길준, 「우리들이 작성한 개혁안」(1896년). 「兪吉濬의 英文書翰」. 이광린, 『改化派와 開化思想 硏究』(서울: 일조각, 1989).
柳永益, 『甲午更張硏究』(서울: 일조각, 1990).
柳永益, 「甲午·乙未年間 朴泳孝의 改革活動」. 『國史館論叢』 제36집(1992).
柳永益, 『東學農民蜂起와 甲午更張』(서울: 일조각, 1998).
柳漢喆, 「日帝 駐箚軍의 韓國侵略 過程과 組織」. 『한국독립운동사 연구』 6 (1992. 12.).
유홍렬, 「朝鮮鄕約의 成立」. 『震檀學會』 9 (1938. 7.).
尹慶老, 「梁起鐸과 民族運動」. 『국사관논총』 10 (1989).
윤병석, 『李相卨傳』(서울: 일조각, 1984).
윤병석, 『한말 의병장 열전』(천안: 독립기념관 한국독립운동사연구소, 1991).
윤병석 편역, 『安重根傳記全集』(서울: 국가보훈처, 1999).
윤석산, 「오지영의 『동학사』는 과연 역사소설인가?」. 『신인간』 692 (2008. 5.).
윤석산 주해, 『東學經典』(서울: 동학사, 2009).
尹孝定, 『風雲韓末秘史』(서울: 수문사, 1984).
원유한, 「갑오개혁」. 국사편찬위원회 편, 『한국사(17)』(서울: 탐구당, 1984).
이강훈, 『大韓民國臨時政府史』(서울: 서문당, 1975·1977).
이광린, 「서재필의 「독립신문」 刊行에 대하여」. 『韓國開化思想硏究』(서울: 일조각, 1979).
이광린, 『韓國開化思想硏究』(서울: 일조각, 1979).
이광린, 「大韓每日申報 刊行에 관한 一考察」. 이광린 등, 『大韓每日申報硏究』(서울: 서강대인과학연구소, 1986).
이광린, 『改化派와 開化思想 硏究』(서울: 일조각, 1989).
이광린, 「一齊 魚允中」. 『改化期의 人物』(서울: 연세대학교출판부, 1993).
李光洙, 「朴泳孝 氏를 만난 이야기 - 甲申政變懷古談」. 『東光』 19(1931).

조일문·신복룡 편역, 『갑신정변 회고록』(서울: 건국대출판부, 2006).
李丁圭, 「友堂 李會榮 略傳」, 『又觀文存』(서울: 삼화인쇄, 1974).
이기백, 『한국사신론』(서울: 일조각, 1999·2015).
이노우에가츠오(井上勝生), 「일한전쟁을 재검토하다」. 剛德상 편저, 『カラ版錦繪の中の朝鮮と日本』(東京: 岩波書店, 2007).
이노우에가츠오(井上勝生), 「동학농민군의 섬멸작전과 일본정부」. 미야지마 히로시·와다하루키·조경달·이성시 외 지음(최덕수 외 역), 『일본, 한국 병합을 말하다』(파주: 열린책들, 2011).
이노우에가쓰(츠)오, 「일본군 최초의 제노사이드 작전」. 나카츠카아키라·이노우에가쓰오·박맹수, 『동학농민전쟁과 일본』(서울: 모시는사람들, 2014).
이노우에가쿠고로(井上角五郎), 『漢城之殘夢』(1891). 이노우에가쿠고로(한상열 역), 『서울에 남겨둔 꿈』(서울: 건국대학교출판부, 1993).
李敦化, 『天道敎創建史』(서울: 천도교중앙종리원, 1943). 李敦化 編述, 『天道敎創建史』(서울: 天道敎中央宗理院, 1943). 『東學思想資料集(2)』(서울: 아세아문화사, 1979).
이명화, 「愛國歌 형성에 관한 연구」. 『실학사상연구』 10·11 (1999).
이명화, 「독립운동단체의 풍운아 이갑(李甲)」. 『순국』 통권252호(2012. 1.).
이미륵, 『압록강은 흐른다(상)』(서울: 다림, 2000·2004).
이민원, 『俄館播遷 전후의 韓露關係, 1895-1898』, 한국정신문화연구원 한국학대학원 1994년 박사학위논문.
이상찬, 「1894-5년 지방제도 개혁의 방향」. 『震檀學報』 제67권 (1989).
이상찬, 「大韓獨立義軍府」. 『李載龒박사還曆기념 韓國史學論叢』(1990).
이선근(진단학회 편), 『한국사: 현대편』(서울: 을유문화사, 1963).
이선민, 『'대한민국' 국호의 탄생』(서울: 나남, 2013).
이영학, 「대한제국의 경제정책」. 한국역사연구회 토지대장연구반 편, 『대한제국의 토지제도와 근대』(서울: 혜안, 2010).
이완범, 「국호 '대한민국'의 명명」. 『황해문화』 가을(2008).
이윤상(대표집필), 「'광무개혁' 연구의 현황과 과제」. 『역사와 현실』 8 (1992).
이윤상, 『1894-1910 재정제도와 운영의 변화』, 1996년 서울대 국사학과 박사학위 논문.

이윤상, 「대한제국기 국가와 국왕의 위상제고 사업」. 『震檀學報』 95 (2003).
이윤상, 「대한제국의 생존전략」. 『역사학보』 188 (2005).
이윤상, 「대한제국의 경제정책과 재정상황」. 한림대학교 한국학연구소 편, 『대한제국은 근대국가인가』(서울: 푸른역사, 2006).
이원택, 「개화기 '예치'로부터 '법치'로의 사상적 전환」. 『정치사상연구』 14집 2호(2008 가을).
李丁圭, 「友堂 李會榮 略傳」. 『又觀文存』(서울: 삼화인쇄, 1974).
이종각, 『미야모토 소위, 명성황후를 찌르다』(서울: 메디치미디어, 2015).
이종해, 「輔國安民이 옳으냐, 保國安民이 옳으냐」, 『신인간』 제271호(1970).
이태룡, 『한국 의병사(하)』(서울: 에이케이 커뮤니케이션즈, 2014).
이태진, 『고종시대의 재조명』(파주: 태학사, 2000·2008).
이태진, 「일본도 광무 근대화 성과 예의 주시했다」. 교수신문 편, 『고종황제 역사청문회』(서울: 푸른역사, 2005·2008).
이태진, 「안중근의 하얼빈의거와 고종황제」. 이태진 외, 『영원히 타오르는 불꽃』(서울: 지식산업사, 2010·2011).
이태진, 『새 韓國史』(서울: 까치, 2012).
이헌창, 「개화기 한국과 중국·일본의 경제교류」. 단국대학교 동양학연구소, 『개화기 한국과 세계의 상호 교류』(서울: 국학자료원, 2004).
李熙根, 「1894년 執綱所의 設置와 運營」. 『史學志』 31 (1998. 12.).
임종국, 『日本軍의 朝鮮侵略史(I)』(서울: 일월서각, 1988).
林采郁, 「남북한 '애국가'의 성격과 歷史性」. 『北韓』 4월호(1986).
임현수, 「대한제국시기 역법정책과 종교문화: '음력'의 탄생과 국가경축일 제정을 중심으로」. 한림대학교 한국학연구소 편, 『대한제국은 근대국가인가』(서울: 푸른역사, 2006).
장영숙, 「대한제국기 고종의 정치사상 연구」. 『한국근대사연구』 제51집 (2009 겨울).
장영숙, 「동도서기론의 정치적 역할과 변화」. 『역사와 현실』 통권60호(2006. 6).
電氣通信事業八十年社編纂委員會 편, 『電氣通信事業八十年社』(서울: 大韓民國 遞信部, 1966).
전우용, 『한국 회사의 탄생』(서울: 서울대학교출판원, 2011).

丁若鏞(全州大湖南學硏究所 譯), 『國譯與猶堂全書』「經集 II·III·IV」(전주: 전주대학교출판부, 1989).

정일성, 『일본을 제국주의로 몰고 간 후쿠자와 유키치 - 탈아론을 외치다』(서울: 지식산업사, 2012).

정진석, 『大韓每日申報와 裵說』(서울: 나남, 1987).

정진석, 『양기탁』(서울: 기파랑, 2015).

정창렬, 「러일전쟁에 대한 대한제국의 대응」. 역사학회 편, 『노일전쟁 전후 일본의 한국침략』(서울: 일조각, 1990).

鄭昌烈, 「露日戰爭에 대한 韓國人의 對應」. 歷史學會 편, 『露日戰爭 前後 日本의 韓國侵略』(서울: 一潮閣, 1986·1993).

조경달, 「갑오농민전쟁의 이상과 현실」. 동학농민혁명기념사업회 편, 『동학농민혁명의 동아시아적 의미』(서울: 서경, 2002).

조경달(박맹수 역), 『이단의 민중반란』(서울: 역사비평사, 2008).

조경달, 『민중과 유토피아』(서울: 역사비평사, 2009).

조동걸, 「地契事業에 대한 定山의 農民抗擾」, 『사학연구』 제33집(1981).

조동걸, 『한말 의병전쟁』(천안: 독립기념관 한국독립운동사연구소, 1989).

조소앙, 「大同團結宣言」(1918). 三均學會(편), 『素昂先生文集(上)』(서울: 횃불사, 1979).

조소앙, 「광복군총사령부성립보고서」(1940). 三均學會(편), 『素昂先生文集(上)』(서울: 횃불사, 1979).

주진오, 『19세기 후반 개화개혁론의 구조와 전개』. 연세대 박사논문 (1995).

주진오, 「독립협회의 개화론과 민족주의」. 『현상과 인식』 제20권 1호(1996. 3월).

주진오, 「대한제국의 수립과 정치변동」. 한국사연구회 편, 『새로운 한국사 길잡이(하)』(서울: 지식산업사, 2008).

주진오, 「사회사상적 독립협회연구의 확립과 문제점」. 『한국사연구』 제149권(2010. 6.).

朱熹 集註(林東錫 譯註), 『四書集註諺解 - 論語』(서울: 學古房, 2006).

지복영, 『역사의 수레를 끌고 밀며 - 항일무장독립운동과 백산 지청천 장군』(서울: 문학지성사, 1995).

陳德奎, 「大韓帝國의 權力構造에 관한 政治史的 認識」. 陳德奎, 『大韓帝國研究(1)』(서울: 이화여대한국문화연구원, 1983).
차명수, 「제13장 경제성장·소득분배·구조변화」. 김낙년 편, 『한국의 경제성장 1910-1945』(서울: 서울대학교출판부, 2006).
채 백, 『독립신문연구』(서울: 한나래, 2006).
春夢子, 「巷謠」. 『서북학회월보』 제17호(1909년 11월 1일).
최덕규, 「해제」. 와다하루키, 『러일전쟁과 대한제국』(서울: 제이앤씨, 2011).
최덕규, 「러시아의 동아시아정책과 고종의 연해주 망명정부 구상」. 『서양사학연구』 제25집 (2011. 12.).
최덕규, 「고종황제와 안중근의 하얼빈의거(1904-1910)」. 『한국민족운동사연구』 73 (2012).
최덕규, 「고종황제의 독립운동과 러시아 상하이정보국(1904-1909)」. 『한국민족운동사연구』 81 (2014. 12.).
최문형, 『명성황후 시해의 진실을 밝힌다』(서울: 지식산업사, 2001·2006).
최봉룡, 「안중근 의거의 중국에 대한 영향과 그 평가」. 이태진 외, 『영원히 타오르는 불꽃』(서울: 지식산업사, 2010·2011).
최윤수, 「東道西器論의 재해석」. 『동양철학』 제20집(2003).
키쿠치겐조(菊池謙讓), 『近代朝鮮史』(大陸研究所, 소화12[1935]·15[1940]).
한국역사연구회 근대사분과토지대장연구반, 『대한제국의 토지조사사업』(서울: 민음사, 1995).
한국정치외교사학회 편, 『한국외교사(I)』(서울: 집문당, 1993).
한상도, 「대한민국임시정부의 독립군 군사간부 양성」, 『백범과 민족운동연구』 제2집(2004).
한영우, 『명성황후, 제국을 일으키다』(파주: 효형출판, 2006). 『명성황후와 대한제국』(서울: 효형출판사, 2001)의 제목 바꾼 재판.
한영우, 『다시 찾는 우리역사』(파주: 경세원, 초판 1997; 전면개정판 2004·2014).
한영우, 『科擧, 출세의 사다리(1-4)』(파주: 지식산업사, 2013).
한영우, 「대한제국을 어떻게 볼 것인가」. 한림대학교 한국학연구소, 『대한제국은 근대국가인가』(서울: 푸른역사, 2006).
한용원, 『대한민국 국군 100년사』(서울: 오름, 2014).

한우근, 『동학농민봉기』(서울: 세종대왕기념사업회, 1974·2000).

한우근, 『韓國通史』(초판 1970, 개정판 1986, 파주: 한국학술정보, 한우근전집 간행위원회 편, 2001·2003).

韓㳓劤, 『韓國通史』(서울: 을유문화사, 1970·2003).

韓哲昊, 「甲午更張中(1894-1896) 貞洞派의 改革運動과 그 意義」. 『國史館論叢』 제36집(1992).

韓哲昊, 『親美改化派硏究』(서울: 國學資料院, 1998).

허복 편, 「旺山許蔿先生擧義事實大略」. 독립운동사편찬위원회, 『獨立運動史資料集(2)』(서울: 고려서림, 1971·1984).

허종호, 「갑오농민전쟁의 성격과 특징」. 원종규 외, 『갑오농민전쟁 100돌 기념논문집』(서울: 집문당, 1995).

현광호, 『고종은 외세에 어떻게 대응했는가』(서울: 신서원, 2011).

현광호, 『대한제국의 재조명』(서울: 선인, 2014).

현기실, 「輔國安民이냐 保國安民이냐」, 『신인간』 제271호 (1970).

홍순권, 『韓末 湖南地域 義兵運動史 硏究』(서울: 서울대출판부, 1994).

홍영기, 『대한제국기 호남의병 연구』(서울: 일조각, 2004).

홍윤기, 『일본문화사 신론』(서울: 한누리미디어, 2011).

홍현보, 「개화기 나랏글 제정과 '한글'의 발전과정 연구」. 『한글』 제277호 (2007, 가을).

황의돈, 『安義士(重根)傳』. 윤병석 편역, 『安重根傳記全集』(서울: 국가보훈처, 1999).

황태연, 『지배와 이성』(서울: 창작과비평사, 1996).

황태연, 『공자와 세계(1·2·3): 공자의 지식철학(상·중·하)』(파주: 청계, 2011).

황태연, 『공자와 세계(4·5): 서양의 지식철학(상·하)』(파주: 청계, 2011).

황태연, 「서구 자유시장론과 복지국가론에 대한 공맹과 사마천의 무위시장 이념과 양민철학의 영향」. 『정신문화연구』 제35권 제2호 통권127호 (2012년 여름호).

황태연, 「공자의 공감적 무위·현세주의와 서구 관용사상의 동아시아적 기원(상·하)」. 『정신문화연구』 2013년 여름호·가을호(제36권 제2·3호, 통권 131·132호).

황태연, 「공자의 분권적 제한군주정과 영국 내각제의 기원 (1) - 윌리엄 템플의 중국 내각제 분석과 찰스 2세의 헌정개혁」. 『정신문화연구』 제37권 제2호 통권135호 (2014 여름호).

황태연, 「윌리엄 템플의 중국 내각제 분석과 영국 내각제의 기획·추진: 공자의 분권적 제한군주정과 영국 내각제의 기원(2)」. 『정신문화연구』 제38권 제2호 통권139호 (2015 여름호).

황태연, 「찰스 2세의 내각위원회와 영국 의원내각제의 확립: 공자의 분권적 제한군주정과 영국 내각제의 기원(3)」. 『정신문화연구』, 제39권 제3호 통권140호(2015 가을).

황태연, 『감정과 공감의 해석학(1)』(파주: 청계, 2014·2015).

황태연, 『감정과 공감의 해석학(2)』(파주: 청계, 2015·2016).

황태연, 「'대한민국' 국호의 기원과 의미」. 『정치사상연구』 제21집 1호(2015 봄).

황태연, 『대한민국 국호의 유래와 민국의 의미 - 국호에 응축된 한국 근대사』 (파주: 청계, 2016).

황태연·박명호, 『분권형대통령제 연구』(서울: 동국대학교출판부, 2003).

후쿠자와유키치(福澤諭吉), 임종원 역, 『문명론의 개략(文明論之槪略)』[1875] (서울: 제이앤씨, 2012).

후쿠자와유키치, 「脫亞論」[1885. 3. 16.]. 慶應義塾 編, 『福澤諭吉全集(全21卷)』 제8권 (東京: 岩波書店, 1926·1960). 미야지마히로시·와다하루키·조경달·이성시 외 지음(최덕수 외 역), 『일본, 한국병합을 말하다』 (파주: 열린책들, 2011). [부록] 「근대 한일관계사 관련사료 및 연표」.

## 4. 서양문헌

Adam, Ulrich, *The Political Economy of J. H. G. Justi* (Oxford, Berlin, Frankfurt am Main, New York, Bern: Peter Lang, 2006).

Allen, Horace N., *Chronological Index* (Seoul: Press of Methodist Publishing House, 1901).

Allen, Horace N., *Korea: Fact and Fancy* (Seoul: Methodist Publishing House, 1904).

Allen, Horace N., *God, Mammon, and the Japanese* (Madison: The University of Wisconsin Press, 1944·1961·1966).

Chang, Y. Z., "China and the English Civil Service Reform". *The American Historical Review*, XLVII, 3 (April 1942).

Cooley, Charles H., *Human Nature and the Social Order* (New Brunswick·London: Transaction Publishers, 1902·1922·1930·1964·1984, 7th printing 2009).

Creel, Herrlee G., *Confucius* (New York: The John Day Company, 1949).

Davis, Walter W., "China, the Confucian Ideal, and the European Age of Enlightenment", *Journal of the History of Ideas*, Vol. 44, No. 4 (Oct.-Dec. 1983).

Dennett, Tyler, "President Roosevelt's Secret Pact with Japan", *The Current History Magazine* (Oct., 1924).

Du Halde, P., *The General History of China*, 4 Volumes. Translated by Brookes (London: Printed by and for John Watts at the Printing-Office in Wild Court near Lincoln's Inn Fields, 1736; 2nd ed. 1739).

Esthus, Raymond A., "The Taft-Katsura Agreement—Reality or Myth?" *Journal of Modern History*, 31-1 (1959): 46-51쪽.

Fendler, Karoly, 「日本의 韓國倂合과 오스트리아-헝가리 帝國의 對韓觀」. 『한국학의 과제와 전망』(한국정신문화연구원 주최 학술대회 자료집, 1988) 제1분과 발제문.

Friedrich II, *Anti-Machiavel ou Essai de Critique dur le Prince de Machiavel*, Publie' par Mr. de Voltaire (a Bruxelle, Chez R. Francois Foppens, M. DCC. XL[1740]). 영역본: King of Prussia Frederick II, *Anti-Machiavel: or an Examination of Machiavel's Prince*, published by Mr. de Voltaire (London: Printed for T. Woodward, MDCCLI[1741]).

Harrington, James, *The Commonwealth of Oceana* (1656). James Harrington, *The Commonwealth of Oceana and A System of Politics*. Edited by J. G. A. Pocock (Cambridge·New York: Cambridge University Press, 1992·2008).

Hobsbawm, Eric J., *Nations and Nationalism since 1780* (Cambridge: Cambridge University Press, 1993). 홉스봄, 『1780년 이후의 민족과 민족주의』(서울: 창작과비평사, 1994).

Hulbert, Homer B., *The Passing of Korea* (New York: Double Day, Page & Company, 1906).

Hulbert, Homer B., *The History of Korea*, vol. 2 (Seoul: The Methodist Publishing House, 1905; 2013 reprinted by Nabu Press).

Hulbert, Homer B., "American Policy in the Cases of Korea and Belgium – The Special Envoy of the Korean Emperor tells for the first Time the Full Story of his Attempt to Get President Roosevelt to Intervene against Japan". *The New York Times*, March 5, 1916.

Hulbert, Homer B., "The Dishonesty of Mr. Roosevelt". *The New York Times*, January 19, 1916.

Hulbert, Homer B., "Japan Absorbing Korea – Mr. Hulbert Contradicts Prof. Ladd's Assertions, that All is Well". *The New York Times*, May 16, 1905.

Hulbert's Interview, "Appeals to the Public for Emperor of Korea - Envoy Complains that Roosevelt won't Restrain Japan". *The New York Times*, December 14, 1905.

Hume, David, "Whether the British government inclines more to absolute monarchy, or to a republic"(1741). David Hume, *Political Essays*. Edited by Knud Haakonssen (Cambridge·New York·Melbourne: Cambridge University Press, first Published 1994. Fifth printing 2006).

Israel, Jonathan I., *Enlightenment Contested* (Oxford: Oxford University Press, 2006).

Israel, Jonathan I., *Democratic Enlightenment* (Oxford: Oxford University Press, 2012).

Justi, Johann H. G., "Die Notwendigkeit einer genauen Belohnung unf Berstrafung der Bedienten eines Staats". Johann H. G. Justi, *Gesammelte politische und Finanzschriften über wichtige Gegestände der Staatskunst, der*

*Kriegswissenschaft und des Cameral und Finanzwesens*, Bd.1 (Koppenhagen und Leibzig: Auf Kosten der Rorhenschen Buchhandlung, 1761).

Justi, Johann H. G., "Vortreffliche Einrichtung der Sineser, in Ansehung der Belohnung und Bestrafung vor die Staatsbedienten". Justi, *Gesammelte politische und Finanzschriften* …, Bd.1 (Koppenhagen und Leibzig: Auf Kosten der Rorhenschen Buchhandlung, 1761).

Ladd, George T., "Korea, Japan, and America – Professor Ladd tells Another Story of the 1905 Treaty". *The New York Times*, March 9, 1916.

Larsen, Kirk W., and Joseph Seeley, "Simple Conversation or Secret Treaty", *The Journal of Korean Studies*, vol.19 No.1 (Spring 2014).

Lensen, George A., *Balance of Intrigue: International Rivalry in Korea & Manchuria, 1884-1899*, 2nd vol. in two volumes (New York: University Presses of Florida, 1982).

Lee, Yur-bok, "American Policy toward Korea during the Sino-Japanese War", *The Journal of Social Science and Humanities* 43 (June 1976).

Maddison, Angus, "Historical Statistics for the World Economy: 1-2008 AD."(2012). (http//www.ggdc.net/maddison/oriindex.htm. 최종검색일: 2012.10.19.).

Maddison, Angus, *The World Economy - Historical Statistics* (Paris: Development Center of the OECD, 2003).

Maverick, Lewis A., *China - A Model for Europe*, Vol. II (San Antonio in Texas: Paul Anderson Company, 1946).

McKenzie, Frederick A., *Korea's Fight for Freedom* (Old Tappan, New Jersey: Fleming H. Revell Company, 1920). 맥켄지 (이광린 역), 『韓國의 獨立運動』(서울: 일조각, 1969·1972).

Mckenzie, Frederic A., *The Tragedy of Korea* (London: Hodder and Syoughton, 1908; Reprinted in 1969 by Yonsei University Press). 맥켄지(이광린 역), 『韓國의 獨立運動』(서울: 일조각, 1969·1972).

Menzel, Johanna M., "The Sinophilism of J. H. G. Justi". *Journal of the History of Ideas*, Vol. 17, No.3 (June 1956).

Pavlov, Dmitri B., "The Russian 'Shanghai Service' in Korea, 1904-1905". *Eurasian Review* (Vol. 4, Nov. 2011).

Pavlov, Dmitrii B., "Russia and Korea in 1904-1905: 'Chamberlain' A. I. Pavlov and his 'Shanghai Service'". John W. M. Chapman and Inaba Chiharu (ed.), *Rethinking the Russo-Japanese War, 1904-5*, Vol. II (Kent: Global Oriental, 2007).

Ray, Orman P., *Major European Governments* (Boston·London: Ginn and Company, 1931).

Reichwein, Adolf, *China und Europa im Achtzehnten Jahrhundert* (Berlin: Oesterheld & Co. Verlag, 1922); 영역본: *China and Europe - Intellectual and Artistic Contacts in the Eighteenth Century* (London and New York: Kegan Paul, Trench, Turner & Co., LTD and Alfred A. Knopf, 1925).

Roosevelt, Theodore, "Twisted Eugenics". *The Outlook* (New York), Jan. 3, 1914.

Rose, George, *1904 Korea through Australian Eyes*. 조지 로스, 『호주 사진작가의 눈을 통해 본 한국 1904』(서울: 교보문고, 2004).

Scheler Max, *Wesen und Formen der Sympathie* (1912년 초판의 제목을 바꾼 증보판, 1922), hrg. v. Manfred S. Frings (Bern·München: Francke Verlag, 1973 [6. Aufl.]).

Schmid, Andre, *Korea between Empires, 1895-1919* (New York: Columbia University Press, 2002).

Special to *The New York Times*, "Decline to Comment on Hulbert Letter - Root and Adee Silent on Statement that Appeal for Korea was Ignored". *The New York Times*, March 5, 1916.

Têng, Ssu-yü(鄧嗣禹), "Chinese Influence on the Western Examination System." *Harvard Journal of Asiatic Studies*, Vol.7, No.4 (Cambridge, 1943).

Tikhonov, Vladimir, *Social Darwinism in Korea: The Beginnings (1880s~1910s) - "Survival" as an Ideology of Korean Modernity* (Leiden·Boston: Brill, 2010).

von Beyme, Klaus, *Die parlamentarische Demokratie: Entstehung und Funktionsweise*

*1789-1999* (Opladen: Westdeutscher Verlag, 1999).

Wang, Dave, "Benjamin Franklin and China", *The Official Website of Benjamin Franklin's 300th Anniversary* (2005).

Wilz, John Edward, "Did the United States Betray Korea in 1905?", *Pacific Historical Review*, Vol.54, No.3 (Aug., 1985): 243-270쪽.

# 찾아보기